TEXTES
DE
DROIT ROMAIN

TEXTES

DE

DROIT ROMAIN

PUBLIÉS ET ANNOTÉS

PAR

Paul Frédéric GIRARD

PROFESSEUR AGRÉGÉ A LA FACULTÉ DE DROIT DE PARIS

PARIS

LIBRAIRIE NOUVELLE DE DROIT ET DE JURISPRUDENCE

ARTHUR ROUSSEAU

ÉDITEUR

14, RUE SOUFFLOT ET RUE TOULLIER, 13

1890

PRÉFACE

Les raisons qui nous déterminent à présenter ce nouveau recueil aux maîtres et aux élèves des Facultés françaises n'ont pas besoin, croyons-nous, d'être bien longuement exposées. Parmi les ouvrages de même nature employés dans nos écoles, le seul qui soit récent est le remarquable travail de notre excellent maître, M. Garsonnet, dans lequel les textes sont fractionnés et distribués suivant un ordre systématique au lieu d'être insérés dans leur forme originale et qui, par conséquent, est avant tout un livre didactique destiné à fournir le cadre et la justification d'un cours; il n'est ni ne veut être un instrument impersonnel de consultation anonyme, donnant indifféremment pour toutes les recherches et tous les enseignements les matériaux qu'on ne trouve pas ou qu'on trouve moins commodément dans le *Corpus juris civilis*. Pour ce dernier office, nous n'avons aujourd'hui chez nous que des ouvrages déjà anciens, dont par suite le texte n'est plus d'accord avec l'état présent de la critique, dans lesquels manquent aussi par suite tous les monuments de découverte récente. Sans entreprendre plus que les auteurs de ces recueils une véritable publication savante, basée sur un examen direct des sources, qui aurait excédé la somme de temps et de savoir dont nous pouvions disposer, nous avons essayé d'offrir au public français un manuel d'usage courant, moins incomplet et moins imparfait que ne sont devenus par la seule force du temps des livres composés à leur date avec beaucoup de conscience et de sagacité.

C'est assez dire que notre but n'a pu être de dispenser de recourir aux éditions savantes et documentées établies, par exemple, pour les Institutes de Gaius par MM. Studemund et Krueger, pour les Sentences de Paul et les Règles d'Ulpien par M. Krueger, pour les fragments du Vatican par M. Mommsen, pour les inscriptions juridiques par les collaborateurs du *Corpus inscriptionum Latinarum* à la tête desquels il faut encore nommer M. Mommsen. Nous avons voulu seulement faire pénétrer dans un cercle plus large les résultats de l'œuvre critique dont ces auteurs ont été les brillants ouvriers, et, si nos espérances ne sont pas déçues, notre travail aura pour résultat, comme tous les travaux de vulgarisation qui ne demeurent pas stériles, d'attirer de nouveaux lecteurs aux ouvrages de première main. C'est dans cette pensée de propagande scientifique et d'incitation aux recherches individuelles que nous avons donné aux notices explicatives qui précèdent les divers documents, une ampleur plus considérable que n'eût requis l'usage et que nous les avons, ainsi que les notes, toujours rédigées en français. C'est aussi pour cela que, tout en cherchant à présenter un texte aussi lisible et aussi simple que peut le souhaiter l'enseignement le plus modeste, nous avons, sauf pour quelques détails de pure orthographe, partout signalé par une différence de caractères les mots et les lettres restitués par conjecture, et que nous avons pour les points les plus importants indiqué dans les notes tant la physionomie originale des sources que les principales leçons proposées.

Quant à la distribution et à la composition de notre livre, les monuments relatifs au droit romain qui nous ont été transmis en dehors des compilations de Justinien et des recueils antérieurs de constitutions impériales se répartissent en trois catégories : les actes législatifs au sens le plus large du mot, les ouvrages de doctrine et les titres concrets, issus de la pratique. C'est cette division que nous avons prise pour base, sans nous dissimuler qu'elle prête comme toute autre à la discussion, tout simplement parce qu'elle nous a semblé la plus commode et la plus claire. En rapprochant notre première et notre troisième parties, non seulement du *Manuale* de Pellat, où elles manquaient à peu près complètement, mais de l'*Enchiridion* de Giraud, qui marquait déjà une préoccupation louable d'attirer l'attention du grand public juridique sur des sources trop négligées, on reconnaîtra sans peine la largeur du nouveau pas fait par nous dans la voie ouverte par M. Giraud. A vrai dire, nous restons encore à ce point de vue fort au-dessous du recueil allemand des *Fontes* de Bruns, qui donne tous les titres juridiques tandis que nous reproduisons seulement les principaux en nous contentant de signaler les autres ; cependant notre postériorité nous permet de publier quelques titres que la date de leur découverte a empêchés de prendre place dans la 5e édition, soigneusement révisée et très supérieure à toutes les précédentes, donnée de cet ouvrage en 1887 par M. Mommsen : nous citerons les deux actes de Pompéi placés en tête du paragraphe des mancipations fiduciaires et la petite inscription de Chagnon (Loire) mise à la fin de celui des Servitudes. Dans notre seconde partie, que les habitudes de l'enseignement français nous eussent malaisément dispensé de terminer par les Institutes de Justinien, nous avons auparavant reproduit sans exception tous les fragments de jurisconsultes parvenus jusqu'à nous d'une manière indépendante : cela comprend tous les textes donnés dans le *Manuale* et l'*Enchiridion*, mais cela en comprend aussi une quantité notable d'autres, dont les uns étaient déjà dans les deux premiers volumes, seuls parus, de l'excellente *Collectio librorum juris antejustiniani* de MM. Krueger et Studemund, dont certains, tels que les fragments de Paris et de Berlin des

Réponses de Papinien et le fragment de Berlin *de judiciis* ne se trouvaient jusqu'à présent dans aucune collection de ce genre sauf dans la *Jurisprudentia antejustiniana* du savant et hypothétique Huschke, dont les derniers enfin, comme le petit fragment de Bruxelles des Institutes de Paul et le fragment de Vienne attribué vraisemblablement au commentaire sur l'édit du même Paul, ne figuraient encore dans aucun recueil scolaire. En ce point au moins nous avons sur nos devanciers un avantage que nous pouvons affirmer avec d'autant moins de scrupules que le mérite n'en revient pas à nous, mais exclusivement à la marche du temps et au jeu naturel des choses.

EXPLICATION DES ABRÉVIATIONS ET DES RENVOIS

Dans tout le livre, les caractères romains ordinaires indiquent le texte original tel qu'il nous a été transmis par les inscriptions ou les manuscrits. Les additions ou les corrections faites aux passages mutilés ou corrompus sont distinguées par des caractères italiques. Les parenthèses ( ) désignent la solution d'abréviations contenues dans les inscriptions ; les crochets [ ] des mots ou des lettres qui se trouvent à tort dans les textes originaux. Pour quelques-unes des inscriptions les plus longues dépourvues d'autre division, nous avons signalé le commencement et la fin des lignes par des traits verticaux | numérotés de distance en distance. Nous avons en outre placé entre astérisques * * les passages des Sentences de Paul qui ne se trouvent pas dans la *lex Romana Wisigothorum* et entre apostrophes ' ' ceux des Institutes de Justinien pour lesquels nous possédons le texte dont ils ont été extraits.

Les renvois aux auteurs classiques sont faits, selon la division des ouvrages, par deux ou trois chiffres séparés par des virgules se rapportant aux livres, chapitres et paragraphes. La nécessité d'une méthode de renvois uniforme nous a fait également adopter pour le Digeste et le Code le système de notation, déjà suivi par quelques auteurs modernes, dans lequel le premier chiffre se rapporte au livre, le second au titre, le troisième à la loi, le quatrième, s'il y a lieu, au paragraphe. *D.*, 19, 5, 14, 3 = Digeste, livre 19, titre 5, loi ou fragment 14, paragraphe 3. *C.*, 3, 31, 12, 2 = Code, livre 3, titre 31, loi ou constitution 12, paragraphe 2. Nos indications se rapportent aux éditions données du Digeste et du Code par M. Mommsen (*Digesta Justiniani Augusti, recognovit Th. Mommsen*, 2 vol. in-4°, Berlin, 1866-1870 ; éd. stéréotypes en 1 vol., Berlin, 1872 et ss.) et M. Krueger (*Codex Justinianus, recognovit P. Krueger*, in-4°, Berlin, 1877 ; éd. stéréotypes, Berlin 1877 et ss.). Mais, pour les passages où il existe une divergence de numérotage, nous avons noté entre parenthèses les chiffres des éditions antérieures. Les citations de Gaius, de Justinien et d'Ulpien faites sans indication d'ouvrage sont naturellement relatives aux Institutes des deux premiers et aux

Règles du troisième. On reconnaîtra aussi facilement les abréviations usuelles employées pour les renvois aux Sentences de Paul : *Sent.;* aux Fragments du Vatican : *F. V.*; à la *Collatio legum Romanarum et Mosaicarum* : *Coll.* et à la *Consultatio veteris cujusdam jurisconsulti* : *Cons.* Sans préjudice des indications spéciales contenues dans la notice qui précède chacun des textes, on trouvera ci-dessous la liste générale des livres et recueils modernes auxquels des renvois sont faits en abrégé.

Abh. = *Abhandlungen* des académies de Berlin, de Leipzig. etc.

ACCARIAS, *Précis* ou ACCARIAS = *Précis de droit romain par C. Accarias*, I, 4e éd. II, 3e éd., 2 vol. in-8°, Paris, 1886 et 1882.

Archivio = *Archivio giuridico*, in-8°, Pise, 1867 et ss.

Bull. arch. comm. = *Bullettino della commissione archeologica municipale*, 4 vol. in-8°, Rome, 1872-1876 — *Bullettino della commissione archeologica communale di Roma*, in-8°, Rome, 1877 et ss.

BRUNS, *Fontes* ou BRUNS = *Fontes juris Romani antiqui edidit Carolus Georgius Bruns, editio quinta cura Theodori Mommseni*, in-8°, Fribourg-en-Brisgau, 1887.

BRUNS, *Kl. Schr.* = *Kleinere Schriften von Carl Georg Bruns*, 2 vol. in-8°, Weimar, 1882.

C. I. Gr. = *Corpus inscriptionum Graecarum auctoritate et impensis academiae litterarum regiae Borussicae editum*, 4 vol. in-folio, Berlin, 1828-1877.

C. I. L. = *Corpus inscriptionum Latinarum consilio academiae litterarum Borussicae editum*, in-folio, Berlin, 1863 et ss.

Eph. ep. = *Ephemeris epigraphica, corporis inscriptionum Latinarum supplementum*, gr. in-8°, Rome et Berlin, 1873 et ss.

ESMEIN, *Mélanges* = *Mélanges d'histoire du droit et de critique : droit romain*, par A. Esmein, in-8°, Paris, 1886.

FITTING, *Alt. d. Schr.* = *Ueber das Alter der Schriften der rœmischer Juristen von Hadrian bis Alexander*, von Hermann Heinrich Fitting, in-4°, Bâle, 1860.

GIRAUD = *Novum enchiridion juris Romani recensuit et edidit Car. Giraud*, in-18°, Paris, 1873. — *Appendix : Gaii institutionum commentarii quattuor, edidit Car. Giraud*, in-18°, Paris, 1881.

Gromatici. V. *Roemische Feldmesser.*

HENZEN. V. ORELLI.

Hermes = Hermes, *Zeitschrift für klassische Philologie*, in-8°, Berlin, 1866 et ss.

Hirschfeld, *Untersuch.* = *Untersuchungen auf dem Gebiete der Roemischen Verwaltungsgeschichte*, von Otto Hirschfeld, I, in-8°, Berlin, 1876.

Huschke, *J. ant.*, *J. a.*, ou Huschke = *Jurisprudentiae antejustinianae quae supersunt. Composuit Ph. Eduardus Huschke*, ed. 5, in-18, Leipzig, 1886.

Huschke, *Gaius* = *Gaius, Beitraege zur Kritik und Verstaendniss seiner Institutionen*, von Ph. E. Huschke, in-8°, Leipzig, 1855.

Karlowa, *R. R. G.* — *Roemische Rechtsgeschichte von Otto Karlowa*, I: *Staatsrecht und Rechtsquellen*, gr. in-8°, Leipzig, 1885.

Krueger, *Collectio, Coll. libr.* ou Krueger = *Collectio librorum juris antejustiniani ediderunt P. Krueger et G. Studemund* : I. *Gai institutiones ediderunt P. Krueger et G. Studemund*, ed. 2, 1884. — II. *Ulpiani liber singularis regularum, Pauli libri quinque sententiarum, fragmenta minora saeculorum p. Chr. n. secundi et tertii recensuit Paulus Krueger*, 1878, 2 vol. in-8°, Berlin, 1884-1878.

Krueger, *Gesch. d. Q.* = *Geschichte der Quellen und Litteratur des Roemischen Recht*, von Paul Krueger, in-8°, Leipzig 1888.

K. V. I. = *Kritische Vierteljahrschrift für Gesetzgebung und Rechtswissenschaft*, in-8°, Munich, 1859 et ss.

Lenel, *Ed.*, *E. P.* = *Das Edictum perpetuum, ein Versuch zu dessen Wiederherstellung*, von Otto Lenel, gr. in-8°, Leipzig, 1883.

Lenel, *Pal.* = *Palingenesia juris civilis, secundum auctores et libros disposuit Otto Lenel*, 2 vol. in-folio, Leipzig, 1888-1889.

Mommsen, *Staatsrecht* = *Roemisches Staatsrecht*, von Theodor Mommsen, I, 3e éd. II, 3e éd. et III, 3 vol. in-8°, en 5 parties, Leipzig, 1887-1888; traduction française sous le titre : *Le droit public romain par Mommsen, traduit par P. F. Girard*, tomes I, VI, 1, VI, 2, 3 vol. in-8°, Paris, 1887-1889.

Mommsen, *Roem. Gesch.* = *Roemische Geschichte von Th. Mommsen*, I, II, III, 7e éd. 1881-1882. V, 2e éd. 1885. 4 vol. in-8°, Berlin, 1881, 1882, 1885; traduction française des trois premiers sous le titre : *Histoire romaine par Mommsen, traduite par C. A. Alexandre*, 8 vol. in-8°, Paris, 1863-1872, et des sui-

vants sous le titre *Histoire romaine par Mommsen, traduite par R. Cagnat*, in-8º, Paris, 1887 et suiv.
— V. BRUNS, *Fontes*.

N. R. Hist. = *Nouvelle revue historique de droit français et étranger*, in-8º, Paris, 1877 et ss.

ORELLI = *Inscriptionum Latinarum amplissima collectio. Edidit J. Casp. Orellius*, 1828. — *Volumen tertium collectionis Orellianae supplementa emendationesque exhibens. Edidit Guill. Henzen*, 1856, 3 vol. gr. in-8º, Zurich, 1828-1856.

PELLAT = *Manuale juris synopticum concinnavit et recognovit C. A. Pellat*, 8º éd. 1 vol. in-18, Paris, 1887.

R. Arch. = *Revue archéologique*, in-8º, Paris, 1854 et ss.

R. Wolowski = *Revue de législation et de jurisprudence publiée sous la direction de MM. Wolowski*, etc., 47 vol. in-8º, Paris, 1834-1853.

R. de législat. = *Revue de législation ancienne et moderne, française et étrangère*, 6 vol. in-8º, Paris, 1870-1876.

R. int. de l'ens. — *Revue internationale de l'enseignement publiée par la Société de l'enseignement supérieur*, gr. in-8º, Paris, 1881 et ss.

Roem. Feldmesser = *Die Schriften der Roemischen Feldmesser herausgegeben und erlaütert von F. Blum, Lachmann, und Th. Mommsen*, 2 vol. in-8º, Berlin, 1848-1852.

Sitzungsberichte — *Sitzungsberichte* des académies de Berlin, Vienne, Munich, etc.

STUDEMUND — *Gai institutionum commentarii quattuor. Codicis veronensis denuo collati apographum fecit Guill. Studemundus*, in-4º, Leipzig, 1874.
— V. KRUEGER.

Studi e doc. — *Studi e documenti di storia e diritto*, in-4º, Rome, 1880 et ss.

Z. G. R. — *Zeitschrift für geschichtliche Rechtswissenschaft*, 15 vol. in-8º, Berlin, 1815-1850.

Z. R. G. — *Zeitschrift für Rechtsgeschichte*, 13 vol. in-8º, Weimar, 1862-1878 (suite du précédent).

Zsavst. R. A. ou Zsavst. = *Zeitschrift der Savigny-Stiftung für Rechtsgeschichte, Romanistiche Abtheilung*, in-8º, Weimar, 1880 et ss. (suite du précédent).

Zeitschrift de Grünhut = *Zeitschrift für private und oeffentliche Recht, herausgegeben von Prof. Grünhut*, in-8º, Vienne, 1878 et ss.

PREMIERE PARTIE

LES LOIS

PREMIÈRE PARTIE

CHAPITRE PREMIER

LEGES

Nous rassemblons, dans ce chapitre, sous le nom collectif de *leges*, une restitution des *leges regiae* qui, selon toute apparence, ne sont pas des lois au sens strict, une restitution des XII Tables, qui appartiennent au contraire au cercle des lois centuriates, puis, sans distinction entre les lois comitiales et les plébiscites, à peu près toutes les autres lois votées par le peuple dont le texte nous est parvenu, et enfin quelques exemples de *leges datae* impériales.

§ 1. *LEGES REGIAE.*

La conservation à l'époque historique de véritables lois du temps des rois nous est affirmée par la combinaison de trois ordres de témoignages : par la mention d'un recueil de *leges regiae* qu'aurait composé un pontife nommé Papirius, soit à la fin de la Royauté, soit au commencement de la République. (Pomponius, *D.*, 1, 2, 2, 2 et 36 ; Paul, *D.*, 50, 17, 144 ; Macrobe, *Sat.*, 3, 11, 5 ; Servius, *ad Aen.*, 12, 836) ; ensuite par des textes assez nombreux qui rapportent, sur des points concrets de droit privé, de droit pénal ou de droit religieux les dispositions des prétendues lois royales ; enfin par l'assertion, d'ailleurs isolée, de Pomponius, *D.*, 1, 2, 2, 2, selon laquelle ces lois, que d'autres textes ont l'air de présenter comme de simples édits religieux, (v. Denys, 3, 36, Tite-Live, 1, 32), auraient été de véritables lois curiates votées par les comices sur la proposition de tel ou tel roi. Et il y a en effet des auteurs qui, avec quelques nuances, admettent plus ou moins intégralement les trois points, qui estiment que les comices par curies ont exercé le pouvoir législatif dès la fondation de Rome et qu'ils ont voté des lois royales dont un recueil a été dressé par Papirius aux environs de l'époque de l'expulsion des rois. Voir notamment, Moritz Voigt, *Ueber die leges regiae*, 1876 ; Ferrini, *Storia delle fonti del diritto romano*, 1885, pp. 1-4 ; Accarias, *Précis de Droit romain*, 1, 4ᵉ éd., 1886, pp. 65 et 66.

Cependant l'opinion la plus répandue et la meilleure à notre sens conteste à la fois que les *leges regiae* aient été de véritables lois votées par le peuple et que le recueil qui en a été mis sous le nom de Papirius ait été autre chose qu'une compilation apocryphe de la fin de la République. V. en ce sens Dirksen, *Versuche zur Kritik und Auslegung der Quellen*, 1823, pp. 234-358 ; Rubino, *Untersuchungen über römische Verfassung*, 1839, p. 399 et ss. ; Karlowa, *R. R. G.*, 1, pp. 105-107 ; Krueger, *Gesch. d. Q.* pp. 1-8 ; A. Pernice, *Zsavst.*, 7, 1886, *R.*

Abth., 2, 153 ; P. Jœrs, *Römische Rechtswissenschaft zur Zeit der Republik*, 1, 1888, pp. 59-65. D'abord les *leges regiae* ne sont pas, ainsi que pourrait faire croire le sens le plus vulgaire du mot *leges*, des lois votées par les comices ; car la conclusion tirée de ce mot ne pourrait avoir une valeur qu'à condition de porter partout ; or il y a au moins une catégorie de *leges regiae* auxquelles elle ne peut s'appliquer ; ce sont les prescriptions d'ordre religieux, qui n'ont certainement jamais fait l'objet d'un vote populaire ; et l'obstacle existe en réalité pour toutes ; car même celles qui présentent un certain caractère pénal ou civil sont encore au fond des prescriptions religieuses. Ce sont là tout simplement de vieilles règles traditionnelles, peut-être antérieures en partie à la fondation de Rome, qui ont été conservées par la jurisprudence sacerdotale et qui ont été mises sous l'autorité arbitrairement choisie de tel ou tel roi, presque toujours sous celle de Romulus et de Numa, précisément parce qu'on n'en connaissait pas l'origine. La meilleure preuve qu'il n'y avait pas encore de lois positives votées par le peuple au temps des rois est du reste dans l'agitation qui fut faite sous la République afin d'obtenir une législation écrite et qui aboutit à la rédaction des XII Tables ; c'est même probablement pour échapper à cette objection que Pomponius a inventé une autre allégation peu vraisemblable, qui lui est propre, celle selon laquelle toutes les lois curiates votées sous les rois auraient été abrogées en bloc à la suite de la fondation de la République. — Quant au recueil des *leges regiae*, au *jus Papirianum*, que Pomponius est d'ailleurs seul à considérer comme un recueil de lois civiles, qui, d'après la version déjà citée représentée par Denys, n'est qu'un recueil de jurisprudence ecclésiastique, il est bien difficile de l'attribuer sérieusement soit, avec Pomponius, à un pontife du temps de Tarquin l'Ancien, soit, avec Denys, à un pontife de la République. L'existence en est attestée pour la première fois au temps de César si le Granius Flaccus cité par Paul, *D.*, 50, 17, 144, est bien véritablement le contemporain du dictateur. Le recueil des *leges regiae*, qui ne semble avoir été connu ni de Cicéron, ni de Varron, est ensuite invoqué par Verrius Flaccus, par Tite-Live, par Denys et par les écrivains postérieurs. Il n'apparaît donc que des siècles après la date qui lui est assignée. Et la solution de continuité est attestée par la tradition même qui le concerne ; car les récits qui représentent les édits royaux comme ayant été affichés par Ancus et réédités par Papirius, puis détruits lors du sac des Gaulois en 464, disent bien qu'ils furent alors reconstitués ; mais ils ne disent pas qu'ils aient été alors réaffichés ; ils semblent même impliquer le contraire ; et c'est seulement beaucoup plus tard que la collection reparaît sans que l'on sache d'où elle sorte.

Les principaux essais de restitution des *leges regiae* qui ont été faits de notre temps sont le travail capital de Dirksen, qui donne une analyse de toutes les tentatives antérieures, et l'ouvrage de M. Voigt. Dirksen relevait 21 *leges regiae*. M. Voigt qui exclut certaines dispositions, qui en ajoute d'autres, s'arrête au chiffre de 14. M. Bruns arrive à un chiffre beaucoup plus élevé ; mais il excède, semble-t-il, le cadre du *jus Papirianum* et même des *leges regiae* entendues au sens romain en reproduisant sans distinction tous les témoignages relatifs aux institutions quelconques des différents rois. Nous nous sommes contentés de reproduire ci-dessous les textes qui prétendent analyser ou donner dans leur teneur les dispositions de la pseudo-législation royale, sauf à indiquer dans les notes les autres textes relevés par M. Bruns ou par M. Voigt.

I. ROMULUS.

1. Denys, 2, 40[1] : Ἦν δὲ τὰ ὑπ' ἐκείνου τότε ὁρισθέντα — ἔθη περὶ τὰς πατρωνείας τοιάδε · τοὺς μὲν πατρικίους ἔδει τοῖς ἑαυτῶν πελάταις ἐξηγεῖσθαι τὰ δίκαια,... δίκας τε ὑπὲρ τῶν πελατῶν ἀδικουμένων λαγχάνειν... καὶ τοῖς ἐγκαλοῦσιν ὑπέχειν..., Τοὺς δὲ πελάτας ἔδει τοῖς ἑαυτῶν προστάταις θυγατέρας τε συνεκδίδοσθαι γαμουμένας, εἰ σπανίζοιεν οἱ πατέρες χρημάτων, καὶ λύτρα καταβάλλειν πολεμίοις, εἴ τις αὐτῶν ἢ παίδων αἰχμάλωτος γένοιτο· δίκας τε ἁλόντων ἰδίας ἢ ζημίας ὀφλόντων δημοσίας ἀργυρικὸν ἐχούσας τίμημα ἐκ τῶν ἰδίων λύεσθαι χρημάτων.... Κοινῇ δ' ἀμφοτέροις οὔτε ὅσιον οὔτε θέμις ἦν κατηγορεῖν ἀλλήλων ἐπὶ δίκαις ἢ καταμαρτυρεῖν ἢ ψῆφον ἐναντίαν ἐπιφέρειν.... Εἰ δέ τις ἐξελεγχθείη τούτων τι διαπραττόμενος, ἔνοχος ἦν τῷ νόμῳ τῆς προδοσίας, ὃν ἐκύρωσεν ὁ Ῥωμύλος, τὸν δὲ ἁλόντα τῷ βουλομένῳ κτείνειν ὅσιον ἦν ὡς θῦμα τοῦ καταχθονίου Διός[2].

2. Denys, 2, 25 : Ὁ δὲ Ῥωμύλος... ἕνα... νόμον... καταστησάμενος εἰς σωφροσύνην... ἤγαγε τὰς γυναῖκας. Ἦν δὲ τοιόσδε ὁ νόμος· γυναῖκα γαμετὴν τὴν κατὰ γάμους ἱεροὺς συνελθοῦσαν ἀνδρὶ κοινωνὸν ἁπάντων εἶναι χρημάτων τε καὶ ἱερῶν[3].

3. Denys, 2 25 : Ταῦτα... οἱ συγγενεῖς μετὰ τοῦ ἀνδρὸς ἐδίκαζον· ἐν οἷς ἦν φθορὰ σώματος, καὶ... εἴ τις οἶνον εὑρεθείη πιοῦσα γυνή, ἀμφότερα γὰρ ταῦτα θανάτῳ ζημιοῦν συνεχώρησεν ὁ Ῥωμύλος[4].

4. Plutarque, Rom., 22 : Ἔθηκε δὲ καὶ νόμους τινάς (ὁ Ῥωμύλος), ὧν σφοδρὸς μέν ἐστιν ὁ γυναικὶ μὴ διδοὺς ἀπολείπειν ἄνδρα, γυναῖκα δὲ διδοὺς ἐκβάλλειν ἐπὶ φαρμακείᾳ τέκνων ἢ κλειδῶν ὑποβολῇ καὶ μοιχευθεῖσαν· εἰ δ' ἄλλως τις ἀποπέμψαιτο, τῆς οὐσίας αὐτοῦ τὸ μὲν τῆς

---

[1]. Remplacé par Dirksen par le texte des XII Tables, 8, 21 : PATRONUS SI CLIENTI FRAUDEM FECERIT SACER ESTO, en partant de l'idée possible, mais non certaine, de l'identité des deux textes. — [2]. (Constitutum tunc est ab illo jus patronatus tale : patricios oportebat clientibus suis jus interpretari, lites pro eis, si injuria afficerentur, intendere, agentibus adesse ; clientes vero oportebat patronos suos juvare in collocandis filiabus, si parentes opibus carerent, ab hostibus redimere eos si ipsi aut liberi capti essent, et litium tam privatarum aestimationes quam publicas nullas, si condemnati essent, pro eis solvere. Communiter autem utrisque jus fasque non erat invicem se accusare, testimonium adversum alterum dicere vel suffragium contra eum ferre. Quod si quis ejusmodi alicujus facinoris convictus esset, proditionis lege, quam Romulus sanxerat, obnoxius fuit, eumque interficere, ut Diis sacrum, cuilibet licebat). — [3]. (Romulus una lege lata ad modestiam adduxit mulieres. Quae lex haec erat : uxorem, quae nuptiis sacratis (confarreatione) in manum mariti convenisset, communionem cum eo habere omnium bonorum et sacrorum). Exclu par Voigt. — [4]. (De his cognoscebant cognati cum marito : de adulteriis et si qua vinum bibisse argueretur ; hoc utrumque enim morte punire Romulus concessit). Exclu par Voigt.

γυναικὸς εἶναι, τὸ δὲ τῆς Δήμητρος ἱερὸν κελεύων· τὸν δ᾽ ἀποδόμενον γυναῖκα θύεσθαι χθονίοις θεοῖς¹.

5. Denys, 2, 26, 27 : (Ὁ Ῥωμύλος) ἅπασαν... ἔδωκεν ἐξουσίαν πατρὶ καθ᾽ υἱοῦ, καὶ παρὰ πάντα τὸν τοῦ βίου χρόνον ἐάν τε εἴργειν, ἐάν τε μαστιγοῦν, ἐάν τε δέσμιον ἐπὶ τῶν κατ᾽ ἀγρὸν ἔργων κατέχειν, ἐάν τε ἀποκτιννύναι προαιρῆται... Ἀλλὰ καὶ πωλεῖν ἐφῆκε τὸν υἱὸν τῷ πατρί... καὶ τοῦτο συνεχώρησε τῷ πατρί, μέχρι τρίτης πράσεως ἀφ᾽ υἱοῦ χρηματίσασθαι... μετὰ δὲ τὴν τρίτην πρᾶσιν ἀπήλλακτο τοῦ πατρός².

6. Denys, 2, 15 : Εἰς ἀνάγκην κατέστησε (ὁ Ῥωμύλος) τοὺς οἰκήτορας... ἅπασαν ἄρρενα γενεὰν ἐκτρέφειν, καὶ θυγατέρων τὰς πρωτογόνους, ἀποκτιννύναι δὲ μηδὲν τῶν γεννωμένων νεώτερον τριετοῦς, πλὴν εἴ τι γένοιτο παιδίον ἀνάπηρον ἢ τέρας εὐθὺς ἀπὸ γονῆς. Ταῦτα δ᾽ οὐκ ἐκώλυσεν ἐκτιθέναι τοὺς γειναμένους, ἐπιδείξαντας πρότερον πέντε ἀνδράσι τοῖς ἔγγιστα οἰκοῦσιν, ἐὰν κἀκείνοις συνδοκῇ. Κατὰ δὲ τῶν μὴ πειθομένων τῷ νόμῳ ζημίας ὥρισεν ἄλλας τε καὶ τῆς οὐσίας αὐτῶν τὴν ἡμίσειαν εἶναι δημοσίαν³.

7. SI NURUS SACRA DIVIS PARENTUM ESTOD⁴.

1. (Constituit quoque leges quasdam, quarum illa dura est, quae uxori non permittit divertere a marito, at marito permittit uxorem repudiare propter veneficium circa prolem vel subjectionem clavium vel adulterium commissum, si vero aliter quis a se dimitteret uxorem, bonorum ejus partem uxoris fieri, partem Cereri sacram esse jussit ; qui autem venderet uxorem diis inferis immolari). Cf. Schlesinger, *Z. R. G.*, 8, 1869, p. 59. Girard, *N. R. Hist.*, 1887, p. 424. — 2. (Romulus omnem potestatem in filium patri concessit, idque toto vitae tempore, sive eum carcere includere, sive verberare, sive vinctum ad opera rustica detinere sive occidere vellet, etiam vendere filium permisit patri ; quin etiam hoc concessit patri, ut usque ad tertiam venditionem per filium acquireret : post tertiam vero venditionem liberabatur filius a patre). Cf. Papinien, *Coll.*, 4, 8 : 'Cum patri lex regia dederit in filium vitae necisque potestatem' et XII tables, 4, 2. Exclu par Voigt. — 3. (Necessitatem imposuit Romulus civibus, omnem virilem prolem educare et filias primogenitas, necare vero nullum fetum triennio minorem, nisi natum mutilum aut monstrum statim post partum, quos a parentibus exponi non prohibuit, dummodo eos prius ostenderent quinque vicinis proximis, iique id comprobassent ; in eos vero, qui legibus istis non obtemperarent, poenas statuit cum alias tum etiam hanc, bona eorum pro parte dimida publicari). Cf. XII tables, 4, 1. — 4, Festus, v. Plorare : 'Plorare... significat... apud antiquos plane inclamare. In regis Romuli et Tatii legibus si nurus sacra divis parentum estod in Servi Tullii haec et si parentem puer verberit ast olle plorassit paren... puer divis parentum esto id est clamarit dix...' Voigt restitue la lacune en lisant : 'si nurus socrui obambulassit, sacra divis parentum estod'. M. Mommsen propose plus vraisemblablement de lire : 'In regis Romuli et Tatii legibus haec est : 'si parentem puer verberit, ast olle plorassit parens, puer divis parentum sacer estod' id est clamarit. Adjicitur : 'si nurus, sacra divis parentum estod' in Servi Tulli' et par conséquent de rapporter notre disposition à Servius et l'autre à Romulus. — M. Bruns relève

II. NUMA POMPILIUS.

1. Denys, 2, 27 : Ἐκ τῶν Νομᾶ... νόμων, ἐν οἷς καὶ οὗτος γέγραπται· ἐὰν πατὴρ υἱῷ συγχωρήσῃ γυναῖκα ἀγαγέσθαι, κοινωνὸν ἐσομένην ἱερῶν τε καὶ χρημάτων κατὰ τοὺς νόμους, μηκέτι τὴν ἐξουσίαν εἶναι τῷ πατρὶ πωλεῖν τὸν υἱόν[1].

2. Festus, v. *Termino* : Numa Pompilius statuit eum qui terminum exarasset et ipsum et boves sacros esse[2].

3. PAELEX ARAM JUNONIS NE TANGITO ; SI TANGET, JUNONI CRINIBUS DEMISSIS AGNUM FEMINAM CAEDITO[3].

4. CUJUS AUSPICIO CLASSE PROCINCTA OPIMA SPOLIA CAPIUNTUR JOVI FERETRIO BOVEM CAEDITO ; QUI CEPIT, AERIS CCC DARIER OPORTEAT. SECUNDA SPOLIA, IN MARTIS ARAM IN CAMPO SOLITAURILIA, UTRA VOLUERIT, CAEDITO ; *QUI CEPIT, AERIS CC DATO*. TERTIA SPOLIA, JANUI QUIRINO AGNUM MAREM CAEDITO ; C QUI CEPERIT EX AERE DATO. CUJUS AUSPICIO CAPTA, DIS PIACULUM DATO[4].

5. Lydus, *De mensibus*, 1, 31 : Καὶ τοῦτο δὲ πρὸς τοῦ Νουμᾶ διατέθειται, ὥστε τοὺς ἱερεῖς χαλκαῖς ψαλίσιν, ἀλλ' οὐ σιδηραῖς ἀποκείρεσθαι[5].

6. Pline, *H. n.*, 32, 2, 20 : Numa constituit ut pisces, qui squamosi non essent, ni pollucerent[6].

7. Pline, *H. n.*, 14, 12, 88 : Ex imputata vite libari vina diis nefas statuit (Numa)[7].

8. VINO ROGUM NE RESPARGITO[8].

9. Plutarque, *Numa*, 12 : (Ὁ Νομᾶς) τὰ πένθη καθ' ἡλικίας καὶ χρόνους ἔταξεν, οἷον παῖδα μὴ πενθεῖν νεώτερον τριετοῦς, μηδὲ πρεσβύτερον πλείονας μῆνας ὧν ἐβίωσεν ἐνιαυτῶν μέχρι τῶν δέκα, καὶ περαιτέρω μηδεμίαν ἡλικίαν· ἀλλὰ τοῦ μακροτάτου πένθους χρόνον εἶναι δεκαμηνιαῖον, ἐφ' ὅσον καὶ χηρεύουσιν αἱ τῶν ἀποθανόντων γυναῖκες· ἡ δὲ πρότερον γαμηθεῖσα βοῦν ἐγκύμονα κατέθυεν ἐκείνου νομοθετήσαντος[9].

encore des indications qu'il considère comme se rapportant aux lois de Romulus dans les textes suivants : Denys, 2, 9 ; 2, 12-14 ; 2, 21 et 22 ; Macrobe, *Sat.*, 1, 12, 38 ; 1, 13, 20 ; Plutarque, *Rom.*, 22.

1. (E legibus Numae, in quibus etiam haec est scripta : si pater filio permiserit uxorem ducere, quae ex legibus particeps sit et sacrorum et bonorum, patri non amplius jus esse filium vendendi). Cf. Plutarque, *Num.* 17. — 2. Cf. Denys, 2, 74. — 3. Festus, v. *Paelices*. Cf. Aulu-Gelle, 4, 3. Exclu par Voigt. — 4. Festus, v. *Opima*. Cf. Plutarque, *Marc.*, 8 ; Servius, *Ad Aen.*, 6, 860. Exclu par Voigt. — 5. (Id quoque a Numa institutum est, ut sacerdotes aheneis forficibus, non ferreis tonderentur). Exclu par Voigt. — 6. Cf. Festus, v. *Pollucere*. Exclu par Voigt. — 7. Cf. Plutarque, *Numa*, 14. Exclu par Voigt. — 8. Pline, *H. n.*, 14, 12, 88. Exclu par Voigt. — 9. (Numa officium lugendi secundum aetates et tempora constituit, ut puerum trimo minorem ne quis lugeat, majorem ne plures menses, quam annos vixerit, usque ad decem : nec quemquam cujusvis aetatis

10. Marcellus, *lib.* 28 *Digestorum*, D., 11,8,2 : Negat lex regia mulierem, quae praegnans mortua sit, humari, antequam partus ei excidatur ; qui contra fecerit, spem animantis cum gravida peremisse videtur.

11. SI HOMINEM FULMEN (?) OCCISIT, NE SUPRA GENUA TOLLITO. HOMO SI FULMINE OCCISUS EST, EI JUSTA NULLA FIERI OPORTET[1].

12. SI QUI HOMINEM LIBERUM DOLO SCIENS MORTI DUIT, PARICIDAS ESTO[2].

13. Servius, *ad Egl.* 4, 43 : In Numae legibus cautum est, ut si quis imprudens occidisset hominem, pro capite occisi *agnatis* ejus in contione offerret arietem[3].

14. SI QUISQUAM ALIUTA FAXIT, IPSOS JOVI SACER ESTO[4].

III. TULLUS HOSTILIUS.

1. Denys, 3, 22 : Ἔστι δὲ καὶ νόμος... δι' ἐκεῖνο (τῶν Ὁρατίων) κυρωθεὶς τὸ πάθος, ᾧ καὶ εἰς ἐμὲ χρῶνται,... κελεύων, οἷς ἂν γένωνται τρίδυμοι παῖδες, ἐκ τοῦ δημοσίου τὰς τροφὰς τῶν παίδων χορηγεῖσθαι μέχρι ἥβης[5].

IV. SERVIUS TULLIUS.

1. SI PARENTEM PUER VERBERIT, AST OLLE PLORASSIT, PUER DIVIS PARENTUM SACER ESTO[6].

---

ultra ; sed longissimi luctus tempus esse decem mensium. Per quod spatium uxoribus quoque defunctorum a secundis nuptiis abstinendum est ; et si qua prius nupserit, bovem fetam immolare debebat ex illius lege). *Cf.* Vat. fr. 321. Exclu par Voigt.

1. Festus, v. *Occisum*. Exclu par Voigt. — 2. Festus, v. *Parrici*. — 3. Cf. Servius, *Ad Georg.*, 3, 387. Omis par Dirksen. — 4. Festus, v. *Aliuta* : 'Aliuta antiqui dicebant pro aliter —; hinc est illud in legibus Numae Pompili', etc. Bruns ajoute à ces textes, comme relatifs aux lois de Numa : Denys, 2, 63-74 ; Plutarque, *Numa*, 10, 17 ; Macrobe, *Sat.*, 1, 13 ; Tite-Live, 1, 19. — 5. (Lex lata est propter illum casum, jubens, si cui trigemini nascerentur filii, ei de publico alimenta ad pubertatem usque suppeditari). Omis par Dirksen. Voigt attribue également à Tullus Hostilius la disposition sur les coups aux parents rapportée par Festus, v. *Plorare*, et y ajoute encore, en partant de Denys, 1, 78, et de Caton, dans Festus, v. *Probrum*, rapprochés de Tacite, *Ann.*, 12, 8, une disposition sur le châtiment de la vestale qui a manqué à son vœu de chasteté et, en invoquant Varron, *De r. r.*, 25, 4 ; Pline, *H. n.*, 8, 45, 180, la défense sous peine capitale d'abattre un bœuf employé à l'agriculture. Bruns cite, outre Denys, 3, 22, comme se rapportant à des lois de Tullus, Cicéron, *De re p.*, 2, 17 ; Tite-Live, 1, 26 ; Denys, 3, 30 ; Tacite, *Ann.*, 12, 8. — 6. Festus, v. *Plorare*. Rapporté par Voigt à Tullus. Remplacé par Mommsen, en vertu de la transposition signalée p., 4, n. 6, par : 'si nurus, sacra divis parentum esto'. — Bruns cite en outre : pour les lois de Servius, Tite-Live, 1, 42 ; Denys, 4, 15 ; 4, 22 ; 4, 13 ; 4, 25 ; pour Ancus, Tite-Live, 1, 42 ; pour Tarquin l'Ancien, Cicéron, *De re p.*, 2, 20 ; Denys, 3, 61-62, et pour Tarquin le Superbe, Denys, 4, 43.

§ 2. — LOI DES XII TABLES (an 304 de Rome).

Nous n'avons point à discuter l'histoire traditionnelle de la confection des XII Tables telle qu'elle se trouve notamment exposée dans Tite-Live, 3, 9-57; Denys, 10, 1-60; et Pomponius, *Enchiridii liber singularis*, D., 1, 2, 2, §§ 3, 4, et 24. Cf. Schwegler, *Römische Geschichte*, 3, 1 et ss.; Mommsen, *Staatsrecht*, 2, 716-718; Karlowa, *R. R. G.*, 1, pp. 108-116; Krueger, *Gesch. d. Q.*, pp. 8-14. Il suffit pour notre sujet de noter que, selon ces relations, les lois confectionnées par le premier et le second collège de décemvirs furent, après leur ratification par le peuple, gravées sur douze tables, d'ivoire (*eburneæ*), dit Pomponius au Digeste, de bois (*eboreæ*), disait-il peut-être en son *Enchiridion*, de bronze, selon la tradition la plus autorisée, mais qu'elles ne survécurent pas dans cette forme première au sac de Rome par les Gaulois, où les tables de bois auraient été brûlées, où celles de bronze furent sans doute emportées avec le reste du butin par les vainqueurs. Elles furent ensuite reconstituées, comme les autres titres officiels, fidèlement quant au fond, selon toute vraisemblance, mais en une langue déjà rajeunie. Et, dans ce texte qui paraît avoir encore été plusieurs fois modernisé, elles ont fait l'objet non seulement d'innombrables citations incidentes, mais de commentaires spéciaux soit de grammairiens, comme L. Aelius Stilo Preconinus, le maître de Varron, et probablement Q. Valerius Soranus, soit de jurisconsultes, comme Sex. Aelius Paetus Catus, comme Antistius Labeo et comme Gaius dont l'ouvrage divisé en six livres a fourni 18 fr. au Digeste (Lenel, *Palingenesia* 1, pp. 242-246). La subsistance nous en est attestée jusqu'à une date que certains témoignages, d'ailleurs suspects, rendraient singulièrement moderne. Cependant il ne nous en est parvenu intégralement aucun exemplaire ni aucun commentaire; de telle sorte qu'on en est réduit, pour la connaissance de leur plan et de leur contenu, à des restitutions artificielles. Voir aujourd'hui surtout Dirksen, *Uebersicht der bisherigen Versuche zur Kritik und Herstellung des Textes der Zwölf-Tafelnfragmente*, 1824, et Rudolf Schoell, *Legis duodecim tabularum reliquiæ*, 1866, dont il convient de rapprocher quelques leçons proposées par M. Mommsen dans la dernière édition des *Fontes* de Bruns; le texte proposé avec un commentaire étendu par M. Moritz Voigt, *Die XII Tafeln*, 1883, 1, pp. 693-737, et reproduit par M. Cogliolo, *Manuale delle fonti del diritto romano*, 1, 1885, p. 3-8, est d'un maniement moins sûr. Il convient d'ailleurs, dans l'étude de ces restitutions, de distinguer deux points : la restitution plus ou moins littérale du contenu des XII Tables et celle de leur ordonnance matérielle. Quant au premier point, qui est le plus important, nous avons des renseignements très abondants et très précis qui nous font connaître des dispositions nombreuses de la loi soit dans leurs termes, soit dans leur sens. Relativement au second, il y a, sur le plan général des XII Tables, deux ordres de renseignements à peu près également sûrs, mais d'une efficacité limitée : ce sont d'abord les témoignages positifs qui indiquent quelques dispositions comme appartenant à une table déterminée; c'est ensuite l'ordre général suivi par Gaius que l'on peut légitimement supposer avoir observé, dans les six livres de son commentaire, l'ordre du texte commenté. Mais le second renseignement ne fournit qu'un cadre très indécis, sans assignation fixe d'aucune matière à une table déterminée. Le premier ne donne cette place fixe qu'à cinq ou six dispositions. On a pris l'habitude d'aller beaucoup plus loin dans cette voie en partant de deux suppositions toutes deux contestables. On suppose, d'une part, que chaque table était divisée en un certain nombre de lois, comme une loi moderne l'est en articles, et, d'autre part, que Gaius commente dans chacun de ses livres toutes les lois contenues dans deux tables, de sorte que l'incertitude se bornerait au classement des matières dans chacune des sections de Gaius où on les dispose ensuite d'après d'autres considérations plus ou moins variables. C'est par cette méthode dont l'emploi remonte à Jacques Godefroy et dont la légitimité est encore soutenue aujourd'hui par M. Voigt, pp. 52 et ss. et par M. Ferrini, *Storia delle Fonti*, p. 59, que Dirksen est arrivé au classement aujourd'hui usuel par tables et par lois. Mais il faut bien remarquer que, sans parler des instruments postérieurs de classement, qui sont encore plus arbitraires, les deux hypothèses préliminaires sont elles-mêmes condamnées par toutes les vraisemblances. D'une part, il est absolument contraire aux habitudes des Romains de prendre les tables sur lesquelles ils inscrivent une loi comme divisions de fond de cette loi. Les exemples que nous possédons, par exemple la loi Rubria et la loi Cornelia *de XX quæstoribus*, nous montrent les Romains gravant sur leurs tables de bronze comme nous écrivons sur les pages d'un cahier, sans nous inquiéter d'interrompre au bas d'une page la phrase qui continuera au haut de la suivante. Le seul argument pour prétendre qu'il en ait été autrement de la loi des XII Tables est dans un texte de Festus, v. *Reus*, qui porte la mention : *secunda tabula secunda lege* ; mais il n'est aucunement probant ; car il peut n'y avoir là qu'une indication matérielle ou même une corruption de *II tabula XII legis* remplacé faussement par *II tabula II lege*. D'autre part, la supposition que Gaius ait commenté deux tables dans chaque livre est en désaccord avec les faits concrets, par exemple avec le fr. de Gaius D., 50, 16, 184, d'après lequel il commentait dans son livre II qui devrait se rapporter aux tables III et IV, le mot *hostis* de la disposition attribuée par Festus, v. *Reus*, à la table II. V. en ce sens Schoell, p. 70 et ss.; Bruns, p. 16, note 1 ; Krueger, *Gesch.*, *d. Q.* p. 13 ; Pernice, *Zsavst*, 7, 1886, R. A., 2, 159. C'est donc, comme MM. Schoell et Bruns, uniquement pour ne pas troubler les habitudes de citation et faute d'un procédé de classification plus scientifique que nous reproduisons ici les textes dans la disposition généralement suivie depuis Dirksen.

TABULA I.

1. SI IN JUS VOCAT, [ITO]. NI IT, ANTESTAMINO : IGITUR EM CAPITO. 2. SI CALVITUR PEDEMVE STRUIT, MANUM ENDO JACITO. 3. SI MORBUS AEVITASVE VITIUM ESCIT, [QUI IN JUS VOCABIT] JUMENTUM DATO. SI NOLET, ARCERAM NE STERNITO.

SOURCES : I, 1 : Porphyrio, ad Hor., *Sat.*, 1, 9, 65. Cicéron, *De leg.*, 2, 49. Aulu-Gelle, 20, 1, 25. *Ad. Her.*, 2, 13, 19. Cf. Festus, v. *Em.* — Mommsen, supprime la restitution de Heindorf : ITO.

2. Festus, v. *Struere* ; *Pedem struit*. Cf. Nonius, v. *Calvitur* ; D., 50, 16, 233, pr.

3. Aulu-Gelle, 20, 1, 25 ; Varron, *De l. L.*, 5, 140. Cf. Aulu-Gelle, 20, 1, 11 ; 20, 1, 27-29 ; Nonius, v. *Arcera*.

4. Adsiduo vindex adsiduus esto; proletario civi qui volet vindex esto.

5. Nex*i mancipiique* forti sanatique idem jus esto.

6. Rem ubi pacunt, orato. 7. Ni pacunt, in comitio autni foro ante meridiem caussam coiciunto. Com peroranto ambo praesentes. 8. Post meridiem praesenti litem addicito. 9. [Si ambo praesentes,] solis occasus suprema tempestas esto.

10. Aulu-Gelle, 16,10,8 : Cum proletarii et assidui et sanattes et vades et subvades et XXV asses et taliones... evanuerimt, omnisque illa XII tabularum antiquitas... lege Aebutia lata consopita sit...

TABULA II.

1. Gaius, 4,14 : De rebus mille aeris plurisve quingentis assibus, de minoris vero quinquaginta assibus sacramento comtendebatur; nam ita lege XII tabularum cautum erat. At si de liber*tate* hominis controversia erat, etsi pretiosissimus homo esset, tamen ut L assibus sacramento contendere*tur*, eadem lege cautum est.

2. . . . Morbus sonticus . . aut status dies cum hoste . . quid horum fuit *vitium* judici arbitrove reove, eo dies diffissus esto.

3. Cui testimonium defuerit, is tertiis diebus ob portum obvagulatum ito.

TABULA III.

1. Aeris confessi rebusque jure judicatis XXX dies justi

4. Aulu-Gelle, 16, [10, 5. Cicéron, *Top.*, 2, 10. Cf. Festus, v. *Assiduus*, *Vindex*; Nonius, v. *Proletarii* ; Gaius, *l. 1 ad leg. XII tab.* D., 2, 4, 22, 1 ; l. 2, D., 50, 16, 234, 1. — V. sur l'orthographe *adsiduus*, Mommsen, *Staatsrecht*, 3, p. 237, n. 3 = tr. fr. 6, 1, p. 268, n. 2, et sur la rédaction du dernier membre de phrase, 3, p. 238, n. 3. = tr. fr. 6, 1, p. 269, n. 3. — V. encore sur la place traditionnelle donnée ici à cette disposition et les objections graves soulevées contre elle par le c. 61 de la *lex coloniae Genetivae*, Exner, *Z.R.G.*, 13, 1875, p. 392 ; Lenel, *Zasvst. R. A.*, 2, 1881, p. 48 ; Wlassak, *Rœm. Processgesetze*, 1888, p. 102, n. 34.

5. Mommsen, *Rœm. Gesch.* 1, 100 = tr. fr., 1,137. Schoell : Nexi *mancipique cum p. R. idem* Forti sanati*sque supra infraque jus esto*'. — Festus, v. *Sanates*. Cf. v. *Forctes* ; *Horctum* ; Aulu-Gelle, 16, 10, 8 (n° 10).

6-9. *Auct. ad Her.*, 2, 13, 20 ; Aulu-Gelle, 17, 2, 10 ; Priscien, 10, 5, 32 ; Quintilien, 1, 6 ; Censorinus, *De die natali*, 23, 24 ; Varron, *De l. L.*, 7, 51 ; Macrobe, *Sat.*, 1, 3, 14 ; Festus, v. *Suppremum*. Cf. Gaius, 1, 15 et les observations de Mommsen dans Bruns, p. 18.

II, 2. Festus, v. *Sonticum*. Aulu-Gelle, 20, 1, 27. Cicéron, *De officiis*, 1, 12, 27. Cf. Festus, v. *Status dies*. Festus, v. *Reus*. Ulpien, D., 2, 11, 2, 3.

3. Festus, v. *Portum* ; v. *Vagulatio*.

III, 1-4. Aulu-Gelle, 20, 1, 42-45. Cf. la *lex coloniae Genetivae*, c. 61.

1. Aulu-Gelle, 15, 13, 11. Cf. Gaius, D., 42, 1, 4, 5.

SUNTO. 2. POST DEINDE MANUS INJECTIO ESTO. IN JUS DUCITO. 3. NI JUDICATUM FACIT AUT QUIS ENDO EO [IN JURE] VINDICIT, SECUM DUCITO, VINCITO AUT NERVO AUT COMPEDIBUS XV PONDO, NE MINORE, AUT SI VOLET MAJORE VINCITO. 4. SI VOLET SUO VIVITO. NI SUO VIVIT, QUI EUM VINCTUM HABEBIT, LIBRAS FARRIS ENDO DIES DATO. SI VOLET PLUS DATO.

5. Aulu-Gelle, 20,1,46-47 : Erat autem jus interea paciscendi, ac nisi pacti forent, habebantur in vinculis dies sexaginta. Inter eos dies trinis nundinis continuis ad praetorem in comitium producebantur, quantaeque pecuniae judicati essent, praedicabatur. Tertiis autem nundinis capite poenas dabant, aut trans Tiberim peregre venum ibant.

6. TERTIIS NUNDINIS PARTIS SECANTO. SI PLUS MINUSVE SECUERUNT, SE FRAUDE ESTO.

7. ADVERSUS HOSTEM AETERNA AUCTORITAS ESTO.

TABULA IIII.

1. Cicéron, *De leg.*, 3,8,19 : Cito necatus tamquam ex XII tabulis insignis ad deformitatem puer.

2. SI PATER FILIUM TER VENUM DUUIT, FILIUS A PATRE LIBER ESTO.

3. Cicéron, *Phil.*, 2,28,69 : Illam suam suas res sibi habere jussit, ex XII tabulis clavis ademit, exegit.

4. Aulu-Gelle, 3,16,12 : Comperi, feminam... in undecimo mense post mariti mortem peperisse, factumque esse negotium, quasi marito mortuo postea concepisset, quoniam decemviri in decem mensibus gigni hominem, non in undecimo scripsissent.

TABULA V.

1. Gaius, 1,144—145 : Veteres.... voluerunt feminas, etiamsi perfectae aetatis sint, in tutela esse ;.... exceptis virgi-

---

2. Cf. Gaius, 4, 21.
3. Cf. Gaius, *lib. 2 ad leg. XII tab.*, D., 50, 16, 234, 1. Tite-Live, 8, 28. Festus, v. *Nervum*. Sur les mots entre crochets, cf. Mommsen, dans Bruns, p. 20, et sur la transposition généralement admise de *majore et minore*, Schoell, p. 122.
4. Cf. Gaius, *lib. 2 ad leg. XII tab.*, D., 50, 16, 134, 2.
6. Aulu-Gelle, 20, 1, 48-52 ; Quintilien, 3, 6, 84 ; Tertullien *Apol.* 4 ; Dion Cassius, fr. 42.
7. Cicéron, *De off.*, 1, 12.
IIII, 1. Cf. plus haut, *leges regiae*, Romulus, 6.
2. Gaius, 1, 135 ; Ulpien, 10, 1. Cf. Gaius, 4, 79. Denys, 2, 27.
3. Cf. Gaius, *l. 3 ad leg. XII tab.*, D., 48, 6, 43.
4. Cf. Ulpien, *l. 14 ad Sabinum*, D., 38, 16, 3, 9. 11.
V, 1. Aulu-Gelle, 1, 12, 18.

nibus Vestalibus, quas.... liberas esse voluerunt: itaque etiam lege XII tabularum cautum est.

2. Gaius, 2,47 : Mulieris, quae in agnatorum tutela erat, res mancipi usu capi non poterant, praeterquam si ab ipsa tutore *auctore* traditae essent id*que* ita lege XII tabularum *cautum erat*.

3. UTI LEGASSIT SUPER PECUNIA TUTELAVE SUAE REI, ITA JUS ESTO. 4. SI INTESTATO MORITUR, CUI SUUS HERES NEC ESCIT, ADGNATUS PROXIMUS FAMILIAM HABETO. 5. SI ADGNATUS NEC ESCIT, GENTILES FAMILIAM HABENTO.

Gaius, 1,155 : Quibus testamento.... tutor datus non sit, iis ex lege XII *tabularum* agnati sunt tutores.

7. a. SI FURIOSUS ESCIT, AST EI CUSTOS NEC ESCIT, ADGNATUM GENTILIUMQUE IN EO PECUNIAQUE EJUS POTESTAS ESTO.

— b. Ulpien, *lib.* 1 *ad Sabinum*, *D.* 27,10,1 : Lege XII tabularum prodigo interdicitur bonorum suorum administratio. — Ulpien, 12,2 : Lex XII tabularum prodigum, cui bonis interdictum est, in curatione jubet esse agnatorum.

8, a. Ulpien, 29, 1 : Civis Romani liberti hereditatem lex XII tabularum patrono defert, si intestato sine suo herede libertus decesserit. — b. EX EA FAMILIA *QUI LIBERATUS ERIT, EJUS BONA* IN EAM FAMILIAM *REVERTUNTOR*.

9. Gordien, *C.*, 3,36,6 : Ea, quae in nominibus sunt, ipso jure in portiones hereditarias ex lege XII tab. divisa sunt. — Dioclétien, *C.*, 2,3, 26 : Ex lege XII tabularum aes alienum hereditarium pro portionibus quaesitis singulis ipso jure divisum.

10. Gaius, *lib. 7 ad ed. provinciale*, *D.* 10,2,1, *pr.* : Haec

2. Cf. Gaius, 1, 157.

3. Formule très fréquemment rapportée, mais dans des rédactions divergentes : 'Uti legassit suae rei, ita jus esto' (Gaius, 2, 224 ; *Inst.*, 2, 22 , *pr.* ; Pomponius, *D.*, 50, 16, 120); 'Uti legassit quisque de sua re, ita jus esto' (*Nov.* 22, 2, *pr.*) 'Paterfamilias uti super familia pecuniaque sua legassit (ou 'legaverit'), ita jus esto' (Cicéron, *De inv.*, 2, 50 ; *Auctor ad Her.*, 1, 13) ; 'Uti legassit super pecunia tutelave rei suae, ita jus esto' (Ulpien, 11, 14). Cf. Paul, *D.*, 50. 16, 53, *pr. D.*, 26, 2, 20, 1. Gaius, *D.* 26, 2, 1, *pr.*

4. Ulpien, 26, 1 = *Coll.* 16, 4, 1. Ulpien, *l.* 46 *ad ed. D.* 50, 16, 195, 1. Paul *l. 6 Reg.*, *D.* 28, 2, 2. Cicéron, *De inv.* 2, 50.

5. Ulpien, *lib. Reg.* (*Coll.*, 16, 4, 2).

6. Ulpien, 11, 3.

7. a. *Auct. ad Her.*, 1, 13, 23 = Cicéron, *De inv.*, 2, 50. Cicéron, *Tusc.*, 3, 5, 11. Festus. v. *Nec.*

b. *Inst.* 1, 23, 3. Cf. *D.* 27, 10, 13.

8. Restitution proposée par Mommsen *Staatsrecht*, 3, p. 22, n. 5 = tr. fr. 6, 1, p. 23, n. 4, en partant d'Ulpien, *D.*, 50, 1, 16, 195, 1. Cf. Gaius, 3, 40. *Coll.*, 16, 8, 2 ; 9, 2; Gaius, 1, 165 = *Inst.* 1, 17.

9. Cf. Paul, *l.* 23 *ad ed. D.*, 10, 2, 25, 9. 13. C. 4, 16, 7. 8, 36, 1.

10. Cf. Festus, v, *Erctum citum* ; Aulu-Gelle, 1, 9, 12 ; Servius, *Ad Aen.* 8, 642

actio (familiae erciscundae) proficiscitur e lege XII tabularum.

TABULA VI.

1. CUM NEXUM FACIET MANCIPIUMQUE, UTI LINGUA NUNCUPASSIT, ITA JUS ESTO.

2. Cicéron, *De off.*, 3,16 : Cum ex XII tabulis satis esset ea praestari, quae essent lingua nuncupata, quae qui infitiatus esset, dupli poenam subiret, a juris consultis etiam reticentiae poena est constituta.

3. Cicéron, *Top.*, 4,23 : Usus auctoritas fundi biennium est,.... ceterarum rerum omnium.... annuus est usus.

4. Gaius, 1,111 : Lege XII tabularum cautum est, ut si qua nollet eo modo (usu) in manum mariti convenire, ea quotannis trinoctio abesset atque eo modo *usum* cujusque anni interrumperet.

5. a. SI [QUI] IN JURE MANUM CONSERUNT..... b. (?) Paul, *lib.* 1 *Manual.*, *Vat. fr.*, 50 : Et mancipationem et in jure cessionem lex XII tabularum confirmat.

6. Tite-Live, 3,44 : Advocati (Virginiae)... postulant, ut (Ap. Claudius)... lege ab ipso lata vindicias det secundum libertatem.

7. TIGNUM JUNCTUM AEDIBUS VINEAVE E CONCAPI NE SOLVITO.

8. . . QUANDOQUE SARPTA, DONEC DEMPTA ERUNT . .

9. Ulpien, *l.* 37 *ad edictum*, *D.*, 47,3,1, *pr.* : Lex XII tabularum neque solvere permittit tignum furtivum aedibus vel vineis junctum neque vindicare,.... sed in eum, qui convictus est junxisse, in duplum dat actionem.

TABULA VII.

1. Varron, *De l. L.*, 5,22 : XII tabularum interpretes ambitum parietis circuitum esse describunt. — *Festus* : Ambitus... dicitur circuitus aedificiorum, patens.... pedes duos et semissem. — Volusius Maecianus, *Assis distr.*, 46 : Sestertius duos

---

VI, 1. Festus, v. *Nuncupata*. Cicéron, *De or.*, 1,57. Cf. Paul, *Vat. fr.*, 50. Gaius 1, 119; 2, 104; Varron, *De l. L.*, 6, 60.

3. Gaius, 2, 42. 54. Cicéron, *Pro Caec.*, 19.

4. Aulu-Gelle, 3, 2, 12 et ss.

5 a. Aulu-Gelle, 20, 10, 7 et ss. — b.? V. en ce sens, Bruns, p. 24. Cf. de Jhering, *Espr. du Dr. R.*, 3, p. 235, n, 298.

6. Denys, 11, 30. Pomponius, *lib. sing. Enchiridii*, *D.*, 1, 2, 2, 24. Tite-Live, 3, 56.

7-9. Festus, v. *Tignum*; v. *Sarpiuntur*. Cf. Paul, *l.* 21 *ad ed.*, *D.*, 6, 1, 23, 6. Julien, *l.* 6 *ad Min. D.* 6, 1, 59.

asses et semissem (valet)... lex.... XII tabularum argumento est, in qua duo pedes et semis 'sestertius pes' vocatur.

2. Gaius, *l. 4 ad legem XII tabularum, D.*, 10,1,13 : Sciendum est in actione finium regundorum illud observandum esse, quod (in XII tabulis) ad exemplum quodammodo ejus legis scriptum est, quam Athenis Solonem dicitur tulisse. Nam illic ita est : Ἐάν τις αἱμασιάν, *etc.*

3. a. Pline, *H. n.*, 19,4,50 : In XII tabulis.... nusquam nominatur villa, semper in significatione ea 'hortus', in horti vero 'heredium'. — b. Festus : *Tuguria a tecto appellantur domicilia rusticorum* sordida..., quo nomine *Messalla in explan*atione XII ait etiam . . . *signific*ari.

4. Cicéron, *De leg.*, 1, 21 : Usus capionem XII tabulae intra V pedes esse noluerunt.

5. a. Si jurgant. . . — b. Cicéron, *De leg.*, 1, 21 : Controversia est nata de finibus, in qua e *XII tres* arbitri fines regemus.

6. Gaius, *l. 2 ad ed. prov., D.*, 8,3,8 : Viae latitudo ex lege XII tabularum in porrectum octo pedes habet, in anfractum, id est ubi flexum est, sedecim.

7. Viam muniunto : ni sam delapidassint, qua volet jumento agito.

8. a. Si aqua pluvia nocet, . . . — b. Paul, *l. 16 ad Sab., D.*, 43,8,5 : Si per publicum locum rivus aquae ductus privato nocebit, erit actio privato ex lege XII tabularum, ut noxa domino sarciatur.

9. a. Ulpien, *l. 71 ad ed., D.*, 43,27,1,8 : Lex XII tabularum efficere voluit, ut XV pedes altius rami arboris circumcidantur. — b. Pomponius, *l. 34 ad Sab., D.*, 43,27,2 : Si arbor ex vicini fundo vento inclinata in tuum fundum sit, ex lege XII tabularum de adimenda ea... agere potes.

10. Pline, *H. n.*, 16,5,15 : Cautum est lege XII tabularum, ut glandem in alienum fundum procidentem liceret colligere.

11. Justinien, *Institutiones*, 2,1,41 : Venditae (res)... et traditae non aliter emptori adquiruntur, quam si is venditori pre-

---

VII, 3. a. Cf. Festus, v. *Hortus*; v. *Heredium*. — b. Cf. Pomponius, *l.* 30 *ad Sab. D.*, 50, 16, 180.

5. a. Cicéron, *De re p. l.* 4, dans Nonius, v. *Jurgium*.
6. Cf. Varron, *De l. L.* 7, 15. Festus, v. *Viae*.
7. Festus, v. *Viae*. Cf. Cicéron, *Pro Caecina*, 19.
8. Pomponius, *l.* 7 *ex Plautio, D.*, 40, 7, 21, *pr.* Cf. Cicéron, *Top.*, 9.
9. Cf. Paul, *Sent.* 5, 6, 13 ; Festus, v. *Sublucare*.
10. Cf. Gaius, *l. 4 ad leg. XII tab., D.*, 50, 16, 236, 1.
11. Cf. Pomponius, *l.* 31 *ad Q. Mucium, D.*, 18, 1, 19.

tium solverit vel alio modo ei satisfecerit, veluti expromissore aut pignore dato. Quod cavetur quidem etiam lege XII tabularum.

12. Ulpien, 2,4 : Sub hac condicione liber esse jussus si decem milia heredi dederit, etsi ab herede abalienatus sit, emptori dando pecuniam ad libertatem perveniet : idque lex XII tabularum jubet.

TABULA VIII.

1. a. QUI MALUM CARMEN INCANTASSIT..... b. Cicéron, *De re p.*, 4,12 : XII tabulae cum perpaucas res capite sanxissent, in his hanc quoque sanciendam putaverunt : si quis occentavisset sive carmen condidisset, quod infamiam faceret flagitiumve alteri.

2. SI MEMBRUM RUPSIT, NI CUM EO PACIT, TALIO ESTO.

3. Paul, *Lib. sing. et tit. de injuriis, Collatio*, 2,5,5 : Injuriarum actio aut legitima est aut honoraria. Legitima ex lege duodecim tabularum : qui injuriam alteri facit, V et XX sestertiorum poenam subit. Quae lex generalis fuit ; fuerunt et speciales velut manu fustive si os fregit libero, trecentorum, si servo, CL poenam subit sestestiorum.

4. SI INJURIAM [ALTERI] FAXSIT VIGINTI QUINQUE POENAE SUNTO.

5. Festus, v. *Rup [s] it* : Rupit in XII significat damnum dederit.

6. Ulpien, *l. 18 ad ed.*, *D.* 9,1,1, *pr.* : Si quadrupes pauperiem fecisse dicetur... lex (XII tabularum) voluit aut dari id quod nocuit... aut aestimationem noxiae offerri.

12. Cf. Pomponius, *l. 13 ad Q. Mucium*, *D.*, 40, 7, 29, 1 ; Modestin, *l.* 9. *Different. D.*, 40, 7, 25 ; Festus, v. *Statuliber*.

VIII, 1. a. Pline, *H. n.*, 28, 2, 10-17. Placé par Schœll et Dirksen, n° 25 ; v. en sens contraire Bruns, n° 1. — b. Cf. Cicéron, *Tusc.*, 4, 2 ; Festus, v. *Occentassit* ; Arnobe, *Adv. gent.*, 4, 34 ; Horace, *Sat.*, 2, 1, 82, et Porphyrio, *ad h. l.* ; Horace *Ep.*, 2, 1, 52 ; Paul, *Sent.*, 5, 4, 2 ; Cornutus, *ad Pers. Sat.*, 1, 137.

2. Festus, v. *Talionis* ; Aulu-Gelle, 20, 1, 14. Cf. Gaius, 3, 223. Paul, *Sent.*, 5 4, 6. Priscien, *Gramm.*, 6, 13, 69.

3. V. sur ce texte, dans lequel on croit généralement trouver les termes des XII Tables, Mommsen, dans Bruns, *ad h. l.* Cf. les textes cités, n° 2.

4. Aulu-Gelle, 20, 1, 12. Cf. Festus, v. *Viginti quinque* ; Gaius, 3, 223 ; Aulu-Gelle, 16, 10, 8.

5. Sur cet article de Festus, qui ne semble pas se rapporter au n° 2, cf. Pernice, *Zur Lehre von der Sachbeschædigungen*, 1867, p. 3 ; Karlowa, *Process der Legisaktionen*, 1872, p. 118 et les renvois. L'article *sarcito* qu'on en a rapproché pour inventer une prétendue action *de rupitiis sarciendis* (encore défendue par Sell, *Die actio de rupitiis sarciendis*, 1877), peut selon l'observation de Mommsen dans Bruns, *ad h. l.*, être rapporté à d'autres textes connus des XII tables ; v. les fr. 10 et 14.

6. Cf. *Inst.* 4, 9, *pr.* Festus, v. *Pauperies. Noxia*.

7. Ulpien, *l.* 41 *ad. Sabinum*, *D.*, 19,5,14,3 : Si glans ex arbore tua in fundum meum cadat, eamque ego immisso pecore depascam,... neque ex lege XII tabularum de pastu pecoris, quia non in tuo pascitur, neque de pauperie... agi posse.

8. a. QUI FRUGES EXCANTASSIT... b... NEVE ALIENAM SEGETEM PELLEXERIS...

9. Pline, *H. n.*, 18,3,12 : Frugem... aratro quaesitam noctu pavisse ac secuisse puberi XII tabulis capital erat, suspensumque Cereri necari jubebant,... impubem praetoris arbitratu verberari noxiamve duplionemve decerni.

10. Gaius, *l. 4 ad XII tab.*, *D.*, 47,9,9 : Qui aedes acervumve frumenti juxta domum positum combusserit, vinctus verberatus igni necari (XII tabulis) jubetur, si modo sciens prudensque id commiserit ; si vero casu, id est neglegentia, aut noxiam sarcire jubetur, aut, si minus idoneus sit, levius castigatur.

11. Pline *H. n.*, 17,1,7 : Cautum est XII tabulis, ut qui injuria cecidisset alienas (arbores), lueret in singulas aeris XXV.

12. SI NOX FURTUM FAXSIT, SI IM OCCISIT, JURE CAESUS ESTO.

13. LUCI . . . SI SE TELO DEFENDIT, . . . ENDOQUE PLORATO.

14. Aulu-Gelle, 11,18,8 : Ex ceteris... manifestis furibus liberos verberari addicique jusserunt (Xviri) ei, cui furtum factum esset ; servos... verberibus affici et e saxo praecipitari ; sed pueros impuberes praetoris arbitratu verberari voluerunt noxiamque... sarciri.

15. a. Gaius, 3,191 : Concepti et oblati (furti) poena ex lege XII tabularum tripli est. — b. . . . LANCE ET LICIO. . .

16. a. SI ADORAT FURTO, QUOD NEC MANIFESTUM ERIT... b. DUPLIONE DAMNUM DECITITO.

17. Gaius, 2,45 : Furtivam (rem) lex XII tabularum usu capi prohibet.

8. a. Pline, *H. n.*, 28, 2, 10-17. Cf. Senèque, *Nat. q.*, 4, 7. — b. Servius, *ad Egl.* 8, 99. Cf. Augustin, *Civ. Dei*, 8, 19. Apulée, *Apol.*, 47.

10. Cf. la glose de Leyde, M. Cohn. *Zsavst.*, 2, 1881, *R. A.*, p. 112.

11. La loi employait le verbe *succidere*; Cf. Gaius, 4, 11 ; Paul, *l. 9 ad Sab.*, *D.* 47, 7, 1 ; 5 *pr.* *l.* 18 *ad ed*, *D.* 12, 2, 28, 6.

12. Macrobe, *Sat.*, 1, 4, 19. Aulu-Gelle, 8, 1.

13. Cicéron, *Pro Tullio*, 20, 47. 21, 50. Festus, v. *Sub vos placo*. Cf. Gaius, *l.* 7 *ad ed.* *D.*, 9, 2, 4, 1, *l.* 13 *ad ed.* *D.*, 47, 2, 54, 2. *l.* 1, *ad*, *l. XII tab. D.*, 50, 16, 233, 2. Aulu-Gelle, 11, 18, 6. Ulpien, *l.* 18 *ad ed.*, *Collatio*, 7, 3, 2.

14. Cf. Gaius, 3, 186. Aulu-Gelle, 20, 1, 7.

15 a. Cf. Gaius, 3, 186-187. — b. Festus, v. *Lance et licio*. Cf. Gaius, 3, 192. Aulu-Gelle, 11, 18, 7. 16, 10, 8. Glose des Inst. de Turin, *Z. R. G.*, 7, 1866, p. 44, n° 466.

16 a Festus, v. *Nec*. Cf. Festus, v. *Adorare*. — b. Cf. Gaius, 3, 190. Aulu-Gelle, 11, 18, 15.

17. Cf. Gaius, 2, 49. *Inst.*, 2, 6, 2. Julien, *l.* 44. *Dig.*, *D.*, 41, 3, 33, *pr.*

18. a. Tacite, *Ann.*, 6,16 : XII tabulis sanctum, ne quis unciario fenore amplius exerceret. — b. Caton, *De r. r., praef.* : Majores.... in legibus posiverunt furem dupli condemnari, feneratorem quadrupli.

19. Paul, *Sentent.*, 2,12,11 : Ex causa depositi lege XII tabularum in duplum actio datur.

20. a. Ulpien, *l. 35 ad ed., D.*, 26,10,1,2 ; Sciendum est .... suspecti crimen e lege XII tabularum descendere. — b. Tryphoninus, *l. 14 disputat., D.*, 26,7,55,1 : Si.... tutores rem pupilli furati sunt, videamus an ea actione, quae proponitur ex lege XII tabularum adversus tutorem in duplum, singuli in solidum teneantur.

21. PATRONUS SI CLIENTI FRAUDEM FECERIT, SACER ESTO.

22. QUI SE SIERIT TESTARIER LIBRIPENSVE FUERIT, NI TESTIMONIUM FATIATUR, INPROBUS INTESTABILISQUE ESTO.

23. Aulu-Gelle, 20,1,53 : Ex XII tabulis.... si nunc quoque.... qui falsum testimonium dixisse convictus esset, e saxo Tarpeio dejiceretur.

24. a. SI TELUM MANU FUGIT MAGIS QUAM JECIT, aries subjicitur. — b. Pline, *H. n.*, 18,3,12 : Frugem ... furtim... pavisse XII tabulis capital erat. 8,9 : ... gravius quam in homicidio.

25. Gaius, *lib. 4 ad leg. XII tab., D.*, 50,16,236 : Qui venenum dicit, adjicere debet, utrum malum an bonum ; nam et medicamenta venena sunt.

26. Porcius Latro, *Decl. in Cat.*, 19 : XII tabulis cautum esse cognoscimus, ne quis in urbe coetus nocturnos agitaret.

27. Gaius, *lib. 4 ad leg. XII tab., D.*, 47,22,4 : His (sodalibus) potestatem facit lex (XII tabularum), pactionem quam velint sibi ferre, dum ne quid ex publica lege corrumpant ; sed haec lex videtur ex lege Solonis translata esse.

TABULA VIIII.

1. 2. Cicéron, *De leg.*, 3,4,11 ; 19,44 : Privilegia ne inroganto. De capite civis nisi per maximum comitiatum... ne ferunto... Leges praeclarissimae de XII tabulis tralatae duae, quarum altera privilegia tollit, altera de capite civis rogari nisi maximo comitiatu vetat.

3. Aulu-Gelle, 20,1,7 : Duram esse legem putas, quae

---

20. Cf. Cicéron, *De off.*, 3, 15 ; *De or.*, 1, 36, 166-167.
21. Servius, *ad. Aen.*, 6, 609. Cf. *Leges regiae*, Romulus, 1.
22. Aulu-Gelle, 15, 13 ; 7, 7 ; cf. *Inst.*, 2, 10, 6.
24. a. Cicéron, *Top.*, 17 ; *Pro Tull.*, 21, 51 ; *De or.*, 3, 39, 158 ; cf. Augustin, *De lib. arb.*, 1, 4 ; Festus, v. *Subici. Subicere.*
VIIII, 1-2. Cf. Cicéron, *Pro Sest.*, 30 ; *De domo*, 17 ; *De re p.*, 2, 36.

judicem arbitrumve jure datum, qui ob rem judicandam pecuniam accepisse convictus est, capite poenitur ?

4. Pomponius, *lib. sing. enchirid.*, D., 1,2,23 : Quaestores... qui capitalibus rebus praeessent,... appellabantur quaestores parricidii, quorum etiam meminit lex XII tabularum.

5. Marcien, *lib. 14 Instit.*, D., 48,4,3 : Lex XII tabularum jubet eum, qui hostem concitaverit quive civem hosti tradiderit, capite puniri.

6. Salvien, *De gubern. dei*, 8,5 : Interfici... indemnatum quemcunque hominem etiam XII tabularum decreta vetuerunt.

TABULA X.

1. HOMINEM MORTUUM IN URBE NE SEPELITO NEVE URITO.

2. ... HOC PLUS NE FACITO : ROGUM ASCEA NE POLITO.

3. Cicéron, *De leg.*, 2,23 : Extenuato igitur sumptu tribus riciniis et tunicula purpurae et decem tibicinibus tollit etiam lamentationem.

4. MULIERES GENAS NE RADUNTO, NEVE LESSUM FUNERIS ERGO HABENTO.

5. a. HOMINE MORTUO NE OSSA LEGITO, QUO POST FUNUS FACIAT. — b. Cicéron, *l. c.* : Excipit bellicam peregrinamque mortem.

6 a. Cicéron, *l. c.* : Haec praeterea sunt in legibus :... 'seriolis unctura tollitur omnisque circumpotatio' ... 'Ne sumptuosa respersio, ne longae coronae, ne acerrae praetereantur'. — b. Festus, v. *Murrata* : Murrata potione usos antiquos indicio est, quod... XII tabulis cavetur, ne mortuo indatur.

7. QUI CORONAM PARIT IPSE PECUNIAVE EJUS VIRTUTISVE ERGO ARDUUITUR EI, *AST EI PARENTIVE EJUS MORTUO DOMI FORISVE IMPONETUR SE FRAUDE ESTO.*

8. ... NEVE AURUM ADDITO. AT QUI AURO DENTES JUNCTI ESCUNT, AST IM CUM ILLO SEPELIET URETVE, SE FRAUDE ESTO.

4. Cf. Festus, v. *Quaestores. Parrici.* Omis par Schoell.

6. Rapporté par Schoell à 8, 24. V. en sens contraire les observations de Bruns.

X. Reproduite et analysée toute entière dans Cicéron, *De leg.* 2, 23. 24. Cf. Huschke, Z. R. G., 11, 1872, pp. 138-142.

1. Cicéron, *De leg.*, 2, 23, 58.

2. *Op. cit.*, 2, 23, 59.

3. Cf. *id op.*, 2, 25, 64. Festus, v. *Recinium* ; Nonius, v. *Recinium*.

4. Cicéron, *De leg.*, 2, 24, 65 ; 2, 23, 59. Cf. Cicéron, *Tusc.*, 2, 23 ; Pline, *H. n.*, 11, 58, 157. Servius, *ad Aen.*, 12, 606 ; Festus, v. *Radere*.

5. a. Cicéron, *De leg.*, 2, 23, 60.

6. a. Cf. *Leges regiaes*, Numa, 8. Festus, v. *Resparsum* ; *Acerra*.

7. Restitution de Mommsen, *Staatsrecht*, 1, 426. V. une autre restitution dans Schœll. — Pline, *H. n.*, 21, 3, 7. Cf. Cicéron, *De leg.*, 2, 24, 60.

8. Cicéron, *De leg.*, 2, 24, 60.

9. Cicéron, *De leg.*, 2,24,61 : Rogum bustumve novum vetat propius LX pedes adici aedes alienas invito domino.

10. Cicéron, *De leg.*, 2,24,61 : Forum bustumve usu capi vetat.

TABULA XI.

1. Cicéron, *De rep.*, 2,36.37 : (Decemviri) cum X tabulas summa legum aequitate prudentiaque conscripsissent, in annum posterum Xviros alios subrogaverunt, ... qui duabus tabulis iniquarum legum additis conubia ... ut ne plebi cum patribus essent, inhumanissima lege sanxerunt.

2. Macrobe, *Sat.*, 1,13,21 : Tuditanus refert, libro tertio magistratuum, Xviros, qui tabulis duas addiderunt, de intercalando populum rogasse. Cassius eosdem scribit auctores.

3. Cicéron, *Ad Att.*, 6,1,8 : E quibus (libris de rep.) unum ἱστορικὸν requiris de Cn. Flavio Anni f. Ille vero ante Xviros non fuit... Quid ergo profecit, quod protulit fastos? Occultatam putant quodam tempore istam tabulam, ut dies agendi peterentur a paucis.

TABULA XII.

1. Gaius, 4, 28 : Lege ... introducta est pignoris capio, veluti lege XII tabularum adversus eum, qui hostiam emisset nec pretium redderet ; *item* adversus eum, qui mercedem non redderet pro eo jumento, quod quis ideo locasset, ut inde pecuniam acceptam in dapem, id est in sacrificium, impenderet.

2. a. SI SERVUS FURTUM FAXIT NOXIAMVE NOXIT. — b. Gaius, 4, 75, 76 : Ex maleficiis filiorum familias servorumque... noxales actiones proditae sunt, uti liceret patri dominove aut litis aestimationem sufferre, aut noxae dedere. — Constitutae sunt aut legibus aut edicto praetoris : legibus velut furti lege XII tabularum, *etc.*

3. SI VINDICIAM FALSAM TULIT, SI VELIT IS . . . TOR ARBITROS

---

9. 10. Cf. Festus, v. *Forum*; *Bustum*.

XI. M. Schoell place les fastes dans cette table, avec Mommsen, en partant du fr. 3.

XI, 1. Cf. Denys, 10, 60. Tite-Live, 4, 5. Gaius, *l.* 6 *ad* XII *tab.*, D., 50, 16, 233.

2. Cf. Macrobe, *Sat.* 1, 13, 12, 15 ; Censorinus, *De die nat.*, 20, 6. Celse, *l.* 39, *Dig.*, D., 50, 16, 98, 1.

3. Cf. Cicéron, *Pro Mur.*, 11. Pline, *Hn.*, 33, 1, 17 ; Tite-Live, 9, 46 ; Macrobe, *Sat.*, 1, 15.

XII, 1. Cf. Festus, v. *Daps.*; Gaius, *l.* 6 *ad. leg.* XII *tab.*, D., 50, 16, 238, 2.

2. Ulpien. *l.* 18 *ad ed.*, D., 9, 4, 2, 1. Cf. Festus, v. *Noxia*. D., 47, 6, 5. 50, 16, 238, 3. Paul., *Sent.*, 2, 31, 7.

3. Festus, v. *Vindiciae*.

TRIS DATO, EORUM ARBITRIO . . . FRUCTUS DUPLIONE DAMNUM DECI-
DITO.

4. Gaius, *l.* 6 *ad leg. XII tab.*, *D.*, 44, 6, 3 : Rem, de qua controversia est, prohibemur (lege XII tabularum) in sacrum dedicare : alioquin dupli poenam patimur,... sed duplum utrum fisco an adversario praestandum sit, nihil exprimitur.

5. Tite-Live, 7, 17 : In XII tabulis legem esse, ut quodcumque postremum populus jussisset, id jus ratumque esset.

FRAGMENTS NON CLASSÉS.

1. Festus v. *Nancitor* : Nancitor in XII nactus erit, prenderit. — Cf. 12, 1.

2. Festus : Quando ... in XII ... cum c littera ultima scribitur.

3. Festus : 'Sub vos placo' ... significat ... 'supplico', ut in legibus 'transque dato' et 'endoque plorato'[1].

4. Donatus, *Ad Ter. Eun.*, 3, 3, 9 : 'Dolo malo' quod ... addidit 'malo' ... ἀρχαϊσμός est, quia sic in XII a veteribus scriptum est.

5. Cicéron, *De rep.*, 2, 31 : Ab omni judicio poenaque provocari licere indicant XII tabulae compluribus legibus.

6. Cicéron, *De off.*, 3, 31 : Nullum... vinculum ad adstringendam fidem jurejurando majores artius esse voluerunt : id indicant leges in XII tabulis.

7. Pline, *H. n.*, 7, 60, 212 : XII tabulis ortus... et occasus nominantur. — Cf. 1, 9.

8. Gaius, 1, 122 : Olim aereis tantum nummis utebantur, et erant asses, dupondii, semisses, quadrantes, nec ullus aureus vel argenteus nummus in usu erat, sicuti ex lege XII tabularum intellegere possumus[2].

9. Gaius, *l.*5 *ad leg. XII tab.*, *D.*, 50, 16, 230 : Duobus negativis verbis quasi permittit lex (XII tabularum) magis quam prohibuit : idque etiam Servius (Sulpicius) animadvertit.

10. Gaius, *l.* 6 *ad leg. XII tab.*, *D.*, 50, 16, 238, 1 : 'Detestatum' est testatione denuntiatum.

11. Sidoine Apollinaire, *Ep.*, 8, 6, 7 : Per ipsum fere tempus, ut decemviraliter loquar, lex de praescriptione tricennii fuerat 'proquiritata'.

12. a. Philoxène, *Gloss.* : Duicensus, διταβ. (= XII tabulis)

---

5. Cf. Tite-Live, 9, 34.
1. Cf. 8, 13, et Schoell, p. 29.
2. Cf. Mommsen, *Histoire de la monnaie romaine*, tr. de Blacas, 1, 1 ECS p. 180.

δεύτερον ἀπο γεγραμμενος. — b. Festus, v. *Duicensus* : Duicensus dicebatur cum altero, id est filio census[1].

§ 3. — *LEGES ROGATAE* POSTÉRIEURES AUX XII TABLES.

Nous reproduisons ici la presque totalité des lois ou des plébiscites dont le texte nous a été transmis, intégralement ou en partie, soit par des inscriptions, soit par des auteurs littéraires, en y comprenant même le fragment osque de Bantia, qui n'est pas une loi romaine, mais qui est une loi locale, et l'inscription de Luceria, qui n'est pas une loi romaine, ni même peut-être une loi locale, mais qui nous transmet sans doute des dispositions prises à l'imitation d'une loi romaine. Si nous avons résolument exclu, ici comme ailleurs, les documents plus ou moins remaniés que l'on trouve déjà dans le Digeste et les ouvrages des jurisconsultes, les seuls textes étrangers aux recueils juridiques omis par nous dans ce paragraphe sont : les inscriptions contenant des débris de lois incertaines, principalement relatives à la matière des *repetundæ*, que l'on trouvera toutes C. I. L. I, 207-211. 1502 et pour partie dans Bruns, pp. 116-118, puis les citations d'une loi Plætoria *de juris dictione*, d'une loi Silia *de ponderibus*, et d'une loi Sulpicia *rivalicia*, faites la première par Censorinus, les deux autres par Festus, qui sont reproduites dans Bruns, pp. 43, 44 et 46.

1. INSCRIPTION DE LUCERIA (500-550 ?).

C. I. L., IX, 782, cf. p. 667 ; Bruns, p. 241. Pierre aujourd'hui perdue, trouvée à Lucera en Apulie, sur l'emplacement de l'ancienne colonie latine de Luceria et commentée par MM. Mommsen, *Eph. ep.* II, 298 et Bruns, *Z. R. G.*, 12, 1873, 127-143=*Kl. Schr.*, 2, 305-319. Appartient d'après les caractères et la langue à la première moitié du VIe siècle et reproduit probablement comme législation locale le droit en vigueur à Rome. Elle défend de déposer des immondices, de porter un cadavre ou de faire un sacrifice funéraire dans un bois sacré, et, comme sanction, elle porte contre le contrevenant, soit une amende arbitraire prononcée sans jugement par le magistrat, soit une amende judiciaire fixe, probablement de 50 sesterces (L ; la pierre : I) qui pourra être réclamée par le premier venu par *manus injectio pro judicato*. Elle est corrélative pour l'objet avec d'autres dispositions connues, notamment avec l'inscription *C. I. L.*, XII, 2426 = Bruns, p. 246, contre *qui mixserit spurciti(am) fecerit* dans un cours d'eau, avec le sénatus-consulte relatif au *pagus Montanus*, (v. plus bas) et avec l'édit : *in loco sacro facere inve eum immittere quid veto, D.*, 43, 6, 1, *pr.* Elle est surtout intéressante en ce qu'elle fournit le plus ancien exemple connu du concours électif de l'amende arbitraire du magistrat et de l'amende judiciaire ainsi que par la façon dont elle organise cette seconde poursuite : 1° par une action populaire, dont le montant serait, d'après M. Bruns, acquis au demandeur, comme dans l'action populaire proprement dite, mais appartient plutôt, selon l'opinion de M. Mommsen, à la cité, comme dans les actions populaires appelées procuratoires ; 2° par une procédure de *manus injectio pro judicato*, dont l'établissement doit sans doute être antérieur à la loi Vallia de Gaius, 4, 25, et donne par conséquent un indice pour la fixation de la date de cette loi.

1. Cf. Max Cohn, *Zsavst.* 2, 1881, R. A., p. 113.

In hoce loucarid[1] stircus ne *quis* fundatid[2], neve cadaver projecitad, neve parentatid[3]. Sei quis arvorsu[4] hac faxit, ceivium quis volet pro joudicatod n(umum) L[5] manum injectio estod. Seive magisteratus volet moltare, *licetod*.

2. LOI PAPIRIA (512-632).

Plébiscite proposé par un tribun nommé L. Papirius et rapporté par Festus, v. *Sacramentum*, p. 344. Il transfère à des comices présidés par le préteur urbain la nomination des triumvirs capitaux que ce préteur avait probablement faite jusqu'alors directement, et il attribue ou confirme aux triumvirs le recouvrement des *sacramenta*, seulement promis avec la garantie de *prædes* pour le cas de perte du procès dans la période récente des Actions de la loi au lieu d'être comme anciennement consignés d'avance. V. sur le premier point Mommsen, *Staatsrecht*, 2, 595 ; sur le second, de Jhering, *Scherz und Ernst in der Jurisprudenz*, 1884, p. 212-219 et les renvois. La loi Papiria se place, selon l'observation de Mommsen entre l'an 512 (et non 507), où fut établi le second préteur dont elle suppose l'existence, et l'an 632, où la loi Acilia prouve que les triumvirs sont déjà nommés par le peuple en les classant parmi les magistrats.

(Sacramentum aes significat... Qua de re lege L. Papiri, tr. pl., sanctum est his verbis) :

Quicumque praetor posthac factus erit, qui inter cives jus dicet, tres viros capitales rogato, hique tresviri *capitales* quicumque *posthac facti* erunt, sacramenta exigunto judicantoque eodemque jure sunto, uti ex legibus plebeique scitis judicareque esseque oportet.

3. LOI OSQUE DE BANTIA (570-650).

Table de bronze écrite sur les deux côtés qui a été découverte en 1790, à Oppido en Lucanie, sur l'emplacement de l'ancienne Bantia et qui est actuellement au musée national de Naples. Elle porte sur une face une inscription latine et sur l'autre notre inscription osque dont la première édition scientifique a été donnée par M. Mommsen, *Die unteritalischen Dialekte*, 1850, pp. 145-168, et relativement au sens de laquelle les savants commencent, après d'assez longues hésitations, à tomber d'accord sur les points principaux. En face de l'interprétation absolument divergente proposée par M. Huschke en 1856 (*Oskische und Sabellische Sprachdenkmäler*, 1856, pp. 59-140) et reprise par lui en 1874 (*Die Multa und das Sacramentum*, 1874, p. 61 et ss., 104 et ss.), les versions admises par Kirchhof, *Das Stadtrecht von Bantia*, 1853 ; L. Lange, *Die oskische Inschrift der tabula Bantina und die römische Volksgerichte*, 1853 ; Bücheler, *Fontes juris*, pp. 46-51 ; Michel Bréal, *Mémoires de la Société de linguistique*, 4, 1881, pp. 331-400 ; Esmein, *Mélanges*, p. 323-338 ; Mommsen, *Staatsrecht*, 3, 700-702 = tr. fr., 6, 2, 333-335, se rencontrent pour les principes et la méthode et ne diffèrent que sur des points isolés. Selon l'opinion de

---

1. = luco. 2. = fundito. 3. = parentato. 4. = adversus. 5. Le titre : I ; Mommsen : L = quinquaginta.

M. Kirchhof qui avait été antérieurement contestée par M. Mommsen (*Unterital. Dialekte*, p. 145 et ss., *C. I. L*, I, pp. 46-47), mais qui est aujourd'hui admise par MM. Bréal, pp. 399-400, Karlowa, *R. R. G.*, 1, p. 430, Esmein, p. 324, et Mommsen lui-même *Staatsrecht*, 3, p. 700 = tr. fr. 6, 2, p. 333, cette loi constitue un statut municipal donné à la ville fédérée de Bantia par des commissaires romains. M. Kirchhof a établi qu'elle ne peut être antérieure à l'an 570 et qu'elle doit se placer dans la première moitié du VIIe siècle. Les dispositions qui nous en ont été transmises et qui sont remarquables par leur analogie avec les institutions romaines règlent : le droit d'intercession, qui semble y être subordonné à l'autorisation du Sénat ; la juridiction du peuple, non pas, comme ont pensé à tort certains auteurs, en matière civile, mais, de même qu'à Rome et, sauf une ou deux questions de délai, avec les mêmes formes, en matière criminelle, pour les procès capitaux et les grosses amendes ; puis le cens et la procédure à suivre contre celui qui s'y soustrait ; ensuite, semble-t-il, le droit de plaider dans la forme des *legis actiones* et l'amende prononcée contre ceux qui y font obstacle ; enfin l'éligibilité aux magistratures, que notre loi organise, pour la censure, la préture, la questure et même le tribunat du peuple, selon des principes analogues à ceux de la loi Villia et où elle transforme même en droit ce qui n'était qu'un fait à Rome en faisant de l'occupation préalable des magistratures inférieures une condition légale d'accès à la censure.

1. | ....o. nom. ust izic ro...............
2. | ....sva. l. vs q. moltam angii, v... mn........
3. .... | ...deivast maimas carneis senateis tanginud am*pert.*
    ....*jurabit maximae partis senatus sententia, dummodo*
4. .... | XL osii... pon ico egmo comparascuster. Svae
   non minus | XL *adfuerint cum ea res consulta erit. Si*
5. pis pertemust, pruterpan... | deivatud sipus comenei perum
   quis peremerit, priusquam..., | jurato sciens in comitio sine
6. dolom mallom siom ioc comono mais egmas tovti | cas amnud pan
    dolo malo, se ea comitia magis rei publi | cae causa, quam
   pieisum brateis avti cadeis amnud, inim idic siom dat senate*is* |
   cujuspiam gratiae aut inimicitae causa, idque se de senatus
7. tanginud maimas carneis pertumum. Piei ex comono pertemest,
   sententia maximae partis perimere. Cui sic comitia perimet,
8. izic eizeic zicelei | comono ni hipid.
    is eo die comitia ne habeat.
    (2.) Pis pocapit post exac comono hafiest meddis dat
    Qui quandoque post hac comitia habebit magistratus de
9. castrid lovfit[2] | en eituas, factud povs tovto deivatuns
   capite[1] *aut*[2] *in pecuniam, facito ut populus jurati*
10. tanginom deicans, siom dat eizasc idic tangineis | deicum, pod
    sententiam dicant, se de eis id sententiae dicere, quod

1. Bréal, Bücheler: *fundo* ; mais voir Lange, p. 24 et ss., Esmein, p. 329 et ss. Mommsen, p. 702, note 1 = tr. fr. p. 335, note 1. — 2. Cf. Bréal, p. 329 et 405.

valaemom tovticom tadait ezum, nep fefacid pod pis dat eizac
optumum publicum censeat esse, neve fecerit quo quis de ea
egmad mins | deivaid dolud malud. Svaepis contrud exeic fefacust 11.
re minus juret dolo malo. Siquis contra hoc fecerit
avtī comono hipust, molto etan | to estud n. cIↃ cIↃ. In svaepis 12.
aut comitia habuerit, multa tanta esto : n. MM. Et siquis
ionc fortis meddis moltaum herest, ampert minstreis aeteis
eum fortius magistratus multare volet, dumtaxat minoris partis
eituas moltas moltaum licitud. 13.
pecuniae multas multare liceto.

(3.) Svaepis pru meddixud altrei castrovs avti eituas | zicolom 14.
Siquis pro magistratu alteri capitis[1] *aut pecuniae diem*
discust, izic comono ni hipid ne pon op tovtad petirupert
dixerit, is comitia ne habeat nisi cum apud populum quater
urust sipus perum dolom | mallom, in trutum zico(lom) tovto 15.
oraverit sciens sine dolo malo et definitum diem populus
peremust petiropert. Neip mais pomtis[2] com preivatud actud |
perceperit quater. Neve magis quinquies cum privato agito
pruter pam medicatinom didest, in pon posmom con preivatut 16.
prius quam judicationem dabit, et cum postremum cum-privato
urust, eisucen ziculud | zicolom XXX nesimum comonom ni 17.
oraverit, ab eo die diem XXX proximum comitia ne
hipid. Svaepis contrud exeic fefacust, ionc svaepis herest meddis 18.
habuerit. Siquis contra hoc fecerit, eum siquis volet magistratus
moltaum licitud, ampert mistreis aeteis eituas licitud.
multare liceto, dumtaxat minoris partis pecuniae liceto.

(4.) Pon censtur | bansae tovtam censazet, pis cevs bantins 19.
Cum censores Bantiae populum censebunt, qui civis Bantinus
fust, censamur esuf in eituam, poizad ligud | iosc censtur 20.
fuerit, censetor ipse et pecuniam, qua lege ii censores
censaum angetuzet. Avt svaepis censtomen nei cebnust dolud
censere proposuerint. At siquis in censum non venerit dolo
mallud, | in eizeic vincter, esuf comenei lamatir pr. meddixud 21.
malo, et ejus vincitur, ipse in comitio veneat pr(aetoris) magisterio
tovtad praesentid perum dolum | mallom, in amiricatud allo 22.
populo praesente sine dolo malo, et immercato cetera
famelo in ei(tuo) sivom, paci eizeis fust, pae ancensto fust, 23.
familia et pecunia tota quae ejus fuerit, quae incensa fuerit,
tovtico estud.
publica esto.

(5.) Pr. svae praefucus pod post exac bansae fust, svaepis
Praetor sive praefectus qui posthac Bantiae erit, siquis

---

1. Même observation que p. 24 note 1. — 2. M. Bréal finit ici le paragraphe 3 et fait un nouveau paragraphe de la fin de l'alinéa.

24. op eizois com | altrud ligud acum herest avti pru medicatud
apud eos cum altero lege agere volet aut pro judicato
25. manim aserum eizazunc egmazum, | pas exaiscen ligis scriftas
*manum asserere earum rerum quae hisce in legibus scriptae
set, ne pim pruhipid mais zicolois X nesimois. Svae pis
sunt, ne quem prohibeat magis diebus X proximis. Si quis*
26. contrud | exeic pruhipust, molto etanto estud n. cIo. In svaepis
contra hoc prohibuerit, multa tanta esto: n. M. Et siquis
27. ionc meddis moltaum herest, licitud, | ampert minstreis aeteis
eum magistratus multare volet, liceto, dumtaxat minoris partis
eituas moltas moltaum licitud.
pecuniae multas multare liceto.
28.   (6.) Pr. censtur bansae | ni pis fuid, nei svae q. fust,
    Praetor censor Bantiae ne quis sit, nisi quaestor fuerit,
nep censtur fuid, nei svae pr. fust. In svaepis pr. in svae |
neve censor sit, nisi praetor fuerit. Et siquis praetor et si
29. pis censtur avti   q.   pis[1] im nerum fust, izic post
quis censor aut quaestor, quis .... fuerit, is post
30. eizuc tr. pl. ni fuid. Svaepis ....
  ea trib. pleb. ne sit. Siquis ....
31. facus fust, izic amprufid facus estud. Idic medicim eizuc | ......
factus erit, is improbe factus esto. Id magistr— eo | ......
32. .... medicim .... um VI nesimum | ......
.... *magist* .... *VI proximum* | ......
33. .... um pod | ......
.... *quod* | ......
.... medicim | ......
.... *magistr.* | ......

4. LOI LATINE DE BANTIA (621-636).

Inscription gravée sur la seconde face de la table de bronze dont l'autre côté portait l'inscription qui précède. *C. I. L.*, I. n. 197; Bruns, p. 51-53. C'est certainement un fragment d'une loi romaine, d'un plébiscite. Mais comme nous n'avons que la conclusion de la loi, sa *sanctio*, d'ailleurs très développée, on ne peut sûrement en déterminer l'objet. Kirchhof, *Stadtrecht von Bantia*, pp. 90-97, supposait que c'était une loi judiciaire. M. Karlowa, *R. R. G.*, 1, p. 431, a proposé d'y voir une loi *repetundarum*, peut-être la loi Junia votée entre la loi Calpurnia de 605 et la loi Acilia de 630-631, ce qui expliquerait la publication de cette loi romaine, intéressante pour les alliés, dans la ville fédérée de Bantia, et ce qui mettrait dans un rapport quelconque avec la *quaestio* qu'elle organisait, le *judex ex hace lege vel*

---

1. V. sur cette construction de la fin du texte, Bréal, p. 397-398. Cf. Mommsen *Staatsrecht*, 1, p. 552, n. 2.

plebei scito factus cité à la fin de la liste des magistrats ordinaires, qui est la particularité la plus problématique du fragment. Ainsi que l'a montré M. Mommsen, sa date est fixée entre les années 621 et 636, par la mention parmi les magistrats ordinaires de *tres viri agris dandis adsignandis* qui ne peuvent être que les *tres viri lege Sempronia* créés en 621 et supprimés en 636.

.... neque provinciam ....
..... in sena*tu seive* in poplico joudicio ne sen*tentiam rogato tabellamve nei dato* .... *neive is testumon*ium deicito neive quis mag(istratus) testumonium poplice ei de*ferri neive denontiari sinito. Neive joudicem eum neive arbitrum neive recuperatorem* dato. Neive is in poplico luuci praetextam neive soleas *habeto*, neive quis *mag(istratus) ibei praetextam soleasve habere eum sinito*. Mag(istratus) queiquomque comitia conciliumve habebit, eum sufragium ferre nei sinito, *neive eum censor in senatum legito neive in senatu* relinquito.

(2.) Sei *tr(ibunus) pl(ebei)*, *q(uaestor)*, IIIvir *cap(italis)*, IIIvir *a(greis) d(andeis) a(dsignandeis)*, *joudex*, quei ex hace lege plebeive scito factus erit, senatorve fecerit gesseritve, quo ex hace lege *quae fieri oporteat minus fiant, quaeve ex* h(ace) l(ege) facere oportuerit oportebitve non fecerit sciens d(olo) m(alo); seive advorsus hance legem fecerit *sciens d(olo) m(alo)*, H S... *n(ummum) populo dare damnas esto*[1] et eam pequniam quei volet magistratus exsigito. Sei postulabit quei petet, pr(aetor) recuperatores....... *quos quotque dari* oporteat dato, jubetoque eum, sei ita pariat, condumnari popul(o), facitoque joudicetur. Sei condemnatus *erit, quanti condemnatus erit, praedes* ad q(uaestorem) urb(anum) det, aut bona ejus poplice possideantur facito. Sei quis mag(istratus) multam inrogare volet *quei volet, dum minoris* partus familias taxsat, liceto, eiq(ue) omnium rerum siremps lexs esto, quasei sei is haace lege *pequniam, quae s(upra) s(cripta) e(st), exegisset*.

(3.) *Co(n)s(ul)*, *pr(aetor)*, *aid(ilis)*, *tr(ibunus) pl(ebei)*, *q(uaestor)*, IIIvir *cap(italis)*, IIIvir *a(greis) d(andeis) a(dsignandeis)*, quei nunc est, is in diebus V proxsumeis, quibus queique eorum sciet h(ance) l(egem) populum plebemve *jousisse, jouranto, utei i(nfra) s(criptum) est*. Item dic(tator), co(n)s(ul), pr(aetor), mag(ister) eq(uitum), cens(or), aid(ilis), tr(ibunus) pl(ebei), q(uaestor), IIIvir cap(italis), IIIvir a(greis) d(andeis) a(dsignandeis), joudex ex h(ace) l(ege) plebive scito *factus... queiquomque eorum* post hac factus erit, eis in diebus V prox-

---

(1) Rudorff, Bruns, Huschke; Mommsen : 'sciens d(olo) m(alo) : multa tanta esto iis... nummum.'

sumeis, quibus quisque eorum mag(istratum) inperiumve inierit, jouranto, *utei i(nfra) s(criptum) est. Eis consistunto pro aede* Castorus palam luci in forum vorsus, et eidem in diebus V apud q(uaestorem) jouranto per Jovem deosque *Penateis: sese quae ex h(ace) l(ege) oportebit* facturum, neque sese advorsum h(ance) l(egem) facturum scientem d(olo) m(alo), neque seese facturum neque intercessurum, *quo, quae ex h(ace) l(ege) oportebit, minus fiant.* Quei ex h(ace) l(ege) non jouraverit, is magistratum inperiumve nei petito neive gerito neive habeto, neive in senatu *sententiam deicito deicereve eum* ni quis sinito, neive eum censor in senatum legito. Quei ex h(ace) l(ege) joudicaverit, is facito apud q(uaestorem) urb(anum) *ejus quei ita utei s(upra) s(criptum) e(st) jourarit nomen perscriptum siet*; quaestorque ea nomina accipito, et eos, quei ex h(ace) l(ege) apud sed jurarint, facito in tabuleis *popliceis perscribat*.

(4.) *Quei senator est eritve inve senatu sententiam* deixerit post hance legem rogatam, eis in diebus X proxsumeis, quibus quisque *eorum sciet hance legem populum plebemve jousisse*, jouranto apud quaestorem ad aerarium palam luci per Jovem deosque Penateis: *sese quae ex h(ace) l(ege) oportebit facturum esse, neque sese advorsum hance legem facturum esse, neque seese, quominus sei*..
.... se hoice leegei........ anodni..... uraverint........
.... e quis magistratus p.......
.... uti in taboleis popl*iceis*......
.... trinum nondin*um*..........
.... is erit uu............

5. LOI ATINIA (fin du VIe siècle ou début du VIIe).

Loi dont le texte est rapporté par Aulu-Gelle, 17, 7, et qui vient, dans des conditions incertaines, compléter ou renouveler la disposition des XII Tables, sur l'usucapion des choses volées. V. sur les divers systèmes, Esmein, *Mélanges*, p. 183, n. 2. Placée parfois en 555 ou 622, à raison des textes de Tite-Live (33, 22 ; *Ep.*, 59) qui mentionnent à ces deux dates des tribuns du nom d'Atinius. Mais l'indication la plus sûre est contenue dans le texte d'Aulu-Gelle, qui établit, d'une part, qu'elle était déjà connue des jurisconsultes M'. Manilius cos. 605, P. Mucius Scaevola, cos. 621, et M. Junius Brutus, car il les montre tous trois en discutant l'application, et, d'autre part, qu'elle était alors toute récente, car la question discutée est celle de son effet rétroactif.

(Legis veteris Atiniae verba sunt :)
Quod subruptum erit, ejus rei aeterna auctoritas esto[1].

1. Cf. *D.* 41, 3, 4, 6.

6. LOI ACILIA REPETUNDARUM (631-632).

Fragments découverts à une époque et dans un lieu incertains et conservés aujourd'hui en original (7 au musée national italien, 2 à Vienne) ou en copie, (2 fragments connus au XVIe siècle et aujourd'hui perdus) d'une table de bronze portant sur une face une loi *repetundarum* et sur le revers une loi agraire. La disposition des fragments a été rétablie principalement par Klenze, *Fragmenta legis Serviliæ repetundarum*, 1825, dont le travail a été repris et complété par Mommsen qui a donné un tableau *C. I. L.*, I, pp. 52-53. La loi est divisée en chapitres non numérotés précédés de rubriques. Jusqu'aux temps modernes, l'opinion dominante, encore adoptée par Klenze, y voyait une loi Servilia *repetundarum* des environs de 643. M. Mommsen a démontré, par des arguments tirés de son système de remises judiciaires, que c'est une loi antérieure à la loi Servilia, et par des indications chronologiques tirées de son contexte, qu'elle doit être placée en 631 ou 632. Quant au premier point, nous savons que, tandis que les lois antérieures ne limitaient pas le nombre des *ampliationes* prononcées pour plus ample délibéré par les juges, la loi Servilia ne permettait qu'une seule *comperendinatio*, après laquelle les jurés devaient nécessairement se prononcer (Cicéron, *Verr. l.* 1, 9, 1, 7. 4, 15) ; or notre loi ne défend pas expressément les *ampliationes* multiples et se contente de frapper en pareil cas les jurés d'une amende. C'est donc une loi antérieure qui, venant après les lois Calpurnia et Junia qu'elle cite, ne peut être que la seule autre loi connue dans l'intervalle, celle proposée par le tribun M'. Acilius Glabrio. Quant à sa date fixée à l'une des deux années où C. Gracchus occupa le tribunat, elle résulte, en dehors d'indices se rapportant à des périodes chronologiques plus larges, de ce que les *triumviri lege Rubria coloniæ* (*in Africam*) *deducendæ* y sont supposés en exercice alors que cette loi fut proposée en 631 par un collègue de C. Gracchus et abrogée en 633 après sa chute. Ce texte, très important pour l'histoire de la procédure des *quæstiones* et même pour celle du *sacramentum*, qu'il montre avoir d'abord été appliquée ici par les lois Calpurnia et Junia, a été publié par M. Mommsen dans le *C. I. L.*, I, n. 198 ; mais le même auteur l'a réédité depuis, avec des corrections nouvelles dans la 5e éd. des *Fontes juris* de Bruns, pp. 63-71, d'après laquelle nous le donnons. Il a été commenté notamment par MM. Mommsen, *C. I. L.*, Berlin, 1861 ; I, p. 64 et ss. ; Rudorff, *Ad legem Aciliam*, Berlin, 1861 ; Huschke, *Z. R. G.*, 5, 1866, p. 46 et ss. ; Zumpt, *Röm. Criminalrecht*, 1, 1865, p. 99 et ss. ; De Ruggiero, *Dizionario epigrafico*, 1886, pp. 41-44.

M'. *Acilius* (?)..... *tr(ibuni) pl(ebei) plebem joure rogaverunt, plebesque joure scivit in*..... *ante diem*..... *Tribus*..... *principium fuit, pro tribu*..... *preimus scivit*[1].....

Quoi[2] *socium nominisve Latini exterarumve nationum, quoive in arbitratu dicione potestate amicitiave populi Romani,* | ... *ab eo quei dic(tator), co(n)s(ul), pr(aetor), mag(is-* 2. *ter) eq(uitum), cens(or), aid(ilis), tr(ibunus) pl(ebei), q(uaestor), IIIvir cap(italis), IIIvir (agris) d(andis) a(dsignandis), tribu-*

---
1. V. plus bas la *præscriptio* complète dans la loi Quinctia de 745.
2. Rudorff intercale sans preuves : *civei Romano*.

nus mil(itum) l(egionibus) IIII *primis aliqua earum fuerit, queive filius eorum quojus erit, queive quojusve pater senator siet, in annos singulos pequniae quod siet amplius HS...*
3. *n(ummum)...* | *... pro inperio prove potestate ipsei regive populove suo, parentive suo, queive in potestate manu mancipio suo parentisve sui siet fuerit quoive ipse parensve suos filiusve suos heres siet, ablatum captum coactum conciliatum aversumve siet: de ea re ejus petitio nominisque delatio esto, pr(aetoris) quaestio esto, joudicium joudicatio leitisque aestumatio, queiquomque joudi-*
4. *cium ex h. l. erunt, eorum hace lege esto* | *... Sei quis deicet praetorem nomen ex h. l. ita non recepisse utei delatum esset, neque joudicium ex h. l. ita datum esse utei peteret: de ea re ejus petitio nominisque delatio esto, pr(aetoris) quaestio esto, joudicium joudicatio leitisque aestumatio, quei quom-*
5. *que joudicium ex h. l. erunt, eorum hace lege esto...* | s ju...
...De quo ex h. l. joudicatum erit et contra h. l. fecisse deicetur, postquam ea res joudicata erit, aut quojus nomen praevaricationis caussa delatum erit, aut quoium nomen ex h. l. ex reis exemptum erit: seiquis ejus nomen ad praetorem denuo detolerit,... quaestio ejus pr(aetoris) esto; joudicium joudicatio lei-
6. *tisque* | *aestumatio quei quomque joudicium ex h. l. erunt, eorum h. l. esto. Sei quis alieno nomine... ex h. l. petere nomenve deferre volet, de ea re ejus petitio nominisque delatio esto, quaestio ejus pr(aetoris) esto, joudicium joudicatio leitisque aestumatio, quei quomque joudicium ex h. l. erunt, eorum h. l. esto. Is eum unde petet in jous educito ad pr(aetorem), quojus ex h. l. in eum annum quaestio erit, ante k. Sept. quae eo*
7. *anno erunt et nomen deferto...* | *deque eo homine de h. l... ita uti i. s. est res agitor. Post k. Sept. sei quod nomen deferetur, sei is quei petet volet, is praetor de ea re recuperatores dato. Quojus eorum ita nomen ex h. l. post k. Sept., quae eo anno fuerint, delatum erit, quei eorum eo joudicio condemnatus erit, quanti ejus rei slis aestumata erit, tantam pequniam quei*
8. *eum condemnaverit dato..* | *.. eaque pecunia quei eum condemnaverit ejus esto. Pr(aetor), quei ex h. l. quaeret, facito, quidquid ita... joudicatum erit, id utei privato solvatur, quei eorum petet.*

De heisce, dum mag(istratum) aut inperium habebunt, joudicium non fiet. — Dic(tator), cos., pr., mag. eq., cens., aid., tr. pl., q., IIIvir cap., IIIvir a. d. a., tr. mil. leg. IIII primis aliqua earum, dum mag(istratum) aut impe-
9. *rium habebit, nei in jous educitor...* | *... Quei eorum ex eo*

mag(istratu) inperiove abierit, quo minus *in jous educatur*, *e(jus) h. l. n(ihilum) r(ogato)*...

De patroneis dandeis. — Quei ex h. l, pequniam petet nomenque detulerit, quojus eorum ex h. l. ante k. Sept. petitio erit, sei eis volet sibei patronos in eam rem darei, pr(aetor), ad quem *nomen detulerit*... | *patronos civeis Roma-* 10. *nos ingenuos ei dato, dum* neiquem eorum det sciens d(olo) m(alo), quoiei is, *quojus nomen delatum erit,* ..... *gener socer vitricus privignusve siet, queive eiei sobrinus siet propiusve* eum ea cognatione attigat, queive eiei sodalis siet, queive in eodem conlegio siet, quoiave in fide is erit majoresve in majorum fide fuerint, *queive in fide ejus erit, majoresve in majorum fide fuerint*... | ... queive quaestione joudicioque publico 11. condemnatus siet, *quod circa eum in senatum legei non liceat,*... neive eum quei ex h. l. joudex in eam rem erit, neive eum quei ex h. l. patronus datus erit.

De patrono repudiando. — Quei ex h. l. patronus datus erit, sei is *moribus suspectus erit, is quoi ex h. l. datus erit cum repudiato*... | ...*Tum quos ex h. l. patronos dare licet,* 12. eorum pr(aetor), quei ex h. l. quaeret, alium patronum eiei quem *volet dato*...

De CDL vireis in hunc annum legundis[1]. — Pr(aetor), quei inter peregrinos jous deicet, is in diebus X proxum(eis), quibus h. l. populus plebesve jouserit, facito utei CDLviros legat, quei in hac ceivitate HS $\overline{CCCC}$ *n(ummum) plurisve census siet*.; | ... *dum nei quem eorum legat, quei tr. pl., q.,* 13. *IIIvir cap., tr. mil. l. IIII primis aliqua earum, IIIvirum a. d. a. siet fueritve, queive in senatu siet fueritve, queive mercede conductus depugnavit depugnaverit*... queive quaestione joudicioque puplico condemnatus siet quod circa eum in senatum legei non liceat, queive minor anneis XXX majorve annos LX gnatus siet, queive in urbem Romam propiusve urbem Roman *p(assus) M. domicilium non habeat, queive ejus mag(istratus), quei s(upra) s(criptus) e(st), pater frater filiusve siet, queive ejus, quei in senatu siet fueritve, pater* | *frater filius-* 14. *ve siet, queive transmare* erit.

Quos legerit, eos patrem tribum cognomenque indicet. — Quei ex h. l. in hunc annum quaeret, ... is die... ex quo legerit, eorum, quei ex h. l. CDLvireis in eum annum lectei erunt, ea nomina omnia in tabula, in albo, atramento

---

1. Ce paragraphe et le suivant sont presque textuellement identiques à ceux qui occupent les lignes 16 à 18, de sorte que l'on peut les compléter les uns par les autres.

scriptos, patrem tribum cognomenque tributimque discriptos habeto, eosque propositos suo magistratu servato. Sei quis describere volet, is pr(aetor) permittito potestatemque scribendi,
15. quei | volet, facito. Pr(aetor), quei legerit, quos ex h. l. CDLviros legerit, facito recitentur in contione, juratoque sese eos ex h. l. legise, de quibus sibei consultum sit... optumos eos joudices futuros esse quosque oetiles joudices exaestumaverit esse; eosque CDLviros, quos ex h. l. legerit, is pr(aetor) omnis in taboleis puplicis scriptos in perpetuo habeto.

De CDLvireis quotannis *legundis*. — *Praetor, quei*
16. *post h. l. rogatam ex h. l. joudex factus erit...* | *... is in diebus X proxumeis, quibus quisque eorum eum mag(istratum) coiperit*, facito utei CDLviros ita legat, quei hace *civitate HS* $\overline{CCCC}$ *n. plurisve census siet... d*um ne quem eorum legat, quei tr. pl., q., IIIvir cap., tr. mil. l. IIII primis aliqua earum, triumvir a. d. a. siet fueritve, queive in senatu siet fueritve, queive mercede *conductus depugnavit depugnaverit... queive quaestione joudicioque puplico condemnatus siet quod circa eum in*
17. *senatum legei non liceat,* | *queive minor annis XXX majorve annos LX gnatus siet*, queive in urbe Romae propiusve urbem Romam *p(assus) M domicilium non habeat queive ejus ma(gistratus), quei s(upra) s(criptus) e(st), pater frater filiusve siet*, queive ejus quei in senatu siet fueritve pater frater filiusve siet, queive trans mare erit.

Quos legerit, eos patrem tribum cognomenque indicet. — Quei ex h. l. in eum *annum quaeret, is die... ex quo legerit, eorum, quei ex h. l. CDLvirei in eum annum lectei*
18. *erunt* | *ea nomina omnia in tabula, in albo atramento scriptos, patrem tribum cognomenque tributimque discriptos habeto, eosque propositos suo magistratu servato... Sei quis describere volet, is pr(aetor) permittito, potestatemque scribundi*, quei volet, facito. Pr(aetor) quei legerit, [is eos] quos ex h. l. CDLviros legerit, facito in conctione recitentur, jouratoque sese eos ex h. l. legise, de quibus sibei consul*tum siet optumos eos joudices futuros esse, quosque oetiles joudices exaestumaverit esse; eosque CDLviros, quos ex h. l. legerit, is pr(aetor)*
19. *omnes* | *in taboleis puplicis scriptos in perpetuo habeto.*

De nomine deferundo judicibusque legundeis. — Quei ex h. l. pequniam ab arvorsario petet,... *is eum, unde petet, postquam CDLvirei ex h. l. in eum annum lectei erunt, ad judicem, in eum annum quei ex h. l. factus erit, in jous educito nomenque ejus deferto; sei dejuraverit ca*lumniae causa non postulare, *is praetor nomen recipito facito-*

que, ... | ... *utei die* .. *ex eo die, quo quojusque quisque nomen* 20.
detolerit, is quojus nomen delatum erit de CDLvireis, quei in
eum annum ex h. l. lectei erunt, arvorsario edat eos om*nes*,
... *quoi is queive ei, quojus nomen delatum erit, gener socer vitricus privignusve siet, queive ei sobrinus siet propiusve eum ea cognatione attingat, queive ei sodalis siet, queive in eodem conlegio siet*; facitoque coram arvorsario *is quei ita ediderit jouret: in CDLvireis, quei in eum annum ex h. l. lectei sient, non reliquisse se* | *nisei quei se earum aliqua necesitudine quae* 21.
supra scripta sient non attigeret, scientem d(olo) m(alo); itaque is edito, jouratoque. Ubei is ita ediderit, tum in eam
quaestionem quei quojusque ita nomen detolerit, is praetor, quojus ex hac lege quaestio erit, facito utei is die vicensumo ex
eo die, quo quojusque quisque *nomen* detolerit, Cviros ex
eis, quei ex h. l. CDLvirei in eum annum lectei erunt, quei
vivat, legat e*datque*... | *dum nei quis jou*dex siet, quoi is 22.
queive ei, quei petet, gener socer vitricus privignusve siet,
queive ei sobrinus *siet propiusve eum ea cognatione attingat*,
... *queive in eodem conlegio siet, queive* ei sodalis siet, queive
tr. pl., q., IIIvir cap., IIIvir a. d. a., tribunus mil. l. IIII
primis *aliqua* earum siet fueritve, queive in senatu siet fueritve, queive l. Rubria *IIIvir col(oniae) ded(ucendae) creatus siet fueritve* .. | .. *queive ab urbe Roma plus* ... *passuum* abe- 23.
rit, queive trans mare erit; neive amplius de una familia
unum, neive eum *legat edatve, quei pecuniae captae condemnatus est erit aut quod cum eo lege Calpu*rnia aut lege Junia sacramento actum siet, aut quod h. l. nomen *delatum siet*. Quos
is Cviros ex h. l. ediderit, de eis ita facito jouret palam apud
se coram arvorsario *nullum se edidise scientem d(olo) m(alo)*,
quem ob earum causarum aliquam, *quae supra scripta sient*...
| *inter Cviros edere non liceat, queive se earum aliqua* necesi- 24.
tudine atingat, quae supra scripta sient. *Is unde petitum erit,
quominus*... *Sei is quei petet, ita C viros* ediderit juraritque,
tum eis pr(aetor) facito, utei is unde petetur die LX *postquam
ejus nomen delatum erit, quos C is quei petet ex h. l.* ediderit, de eis judices quos *volet L legat*... | *Quei ex h. l. nomen* 25.
detolerit, sei is quojus nomen ex h. l. *delatum erit, L judices
ex h. l.* non legerit ediderit*ve seive ex CDLvireis, quei in eum
annum ex h. l. lectei erunt, quei se affinitate cognatione* sodalitate atingat, queive in eodem conlegio siet, ex h. l. non
ediderit, tum ei per eum pr(aetorem) adversariumve mora
non erit *quo minus legat edatve quos volet L de eis C, quos ex
h. l.* ediderit,. | .. *dum nei quem eorum, quem ex h. l. legere non* 26.

liceat, sciens d(olo) m(alo) joudicem legat. Quei ita lectei erunt, eis in eam rem joudices sunto eorumque ejus *rei ex h. l. joudicatio leitisque aestumatio esto.*

Judicum patronorumque nomina utei scripta in taboleis habeantur. — Pr(aetor), quei ex h. l. quaeret, facito *eos L viros, quos* is quei petet et unde petetur ex h. l. legerint ediderint, eosque patronos, *quos quei petet ex h. l. dederit | .. in taboleis pupliceis scriptos habeat.* Ea nomina quei petiverit et unde petitum erit, quei eorum volet, ex taboleis popliccis *describendi is pr(aetor) potestatem facito...*

Eisdem joudices unius rei in perpetuom sient. — Quei judices ex *h. l. lectei erunt*, quam in rem eis judices lectei erunt, *ejus rei joudices in perpetuom sunto |* .. quei pequniam ex *h. l.* capiet, eum ob eam rem, quod pequniam ex h. l. ceperit, *nei... neive tribu* moveto, neive equom adimito, neive quid ei *ob* eam rem fraudei esto.

.... scripta sient. — Pr(aetor) quei ex h. l. | *De judicio in eum, quei mortuos* erit aut in exilium abierit. — Quoium nomen ex h. l. delatum erit, *sei is prius mortuos erit... aut in exilium* abierit, quam ea res judicata erit, pr(aetor), ad quem ejus nomen de*latum erit*, eam rem ab eis item quaerito, *quei joudicium ex h(ace) l(ege) erunt, quasei sei is quojus nomen ex h. l. delatum erit, viveret inve ceivitate esset.. |*

De inquisitione facienda. — Praetor postquam nomen ex h. l. ad se delatum erit, facito, utei joudicium, *primo quoque die fiat, eique, quei ex h. l. nomen detolerit, dies quot satis erunt, det, utei* quod recte factum esse volet, dum nei quid advorsus h. l. fiat, *ad inquisitionem faciundam;* neive post h. l. rogatam.. | jubetoque conquaeri in terra Italia in oppedeis foreis conciliaboleis, *ubei jure deicundo praesse solent, aut extra Italiam in oppedeis foreis* conciliaboleis, ubei joure deicundo praesse solent. In quibus die*bus eum quei petet prae*tor quei ex h. l. quaeret, *conquaerere jouserit.. | ..*

Testibus ut denuntietur. — Pr(aetor) joudiciumque post*quam* audierit, quod ejus rei quaerundai censeant refere, et *causam probaverit, quibus is quei petet denuntiaverit, eos homi*nes d(um) t(axat) IIL testimonium deicere jubeto et quom ea res agetur quam in rem quisque testis erit, *in eam rem facito eis omnes adsient testimoniumque deicant, dum nei quem* testimonium deicere jubeat, quei... | *quoia in fide is unde petetur siet, majoresve in majorum ejus* fide *fuerint,* queive in fide ejus siet, majoresve *in majorum ejus fide fuerint,* queive *ejus, quojus ex h. l. nomen delatum erit* causam deicet dumtaxat unum, queive ejus parentisve ejus *leibertus leibertave* siet.

De *inroganda multa*... | 34.

De *testibus tabulisque custodiendis*. — *Is quei petet, sei quos ad testimonium deicendum evocarit* secumve duxerit dum taxat homines IIL earum *rerum causa, de quibus id joudicium fiet*... ea, quai ita conquaesiverit et sei qua tabulas libros leiterasve po*plicas preivatasve producere proferreque volet*... | .. ive de ea re volet apud pr(aetorem), is praetor ei 35. moram ne *facito, quominus*... rat.

Praetor utei interroget. — Pr(aetor) quei ex h. l. quæret | ...   36.

Joudices utei jourent antequam considant. — *Pr(aetor) quei ex h. l. quaeret, quei in eam* rem joudices erunt, ante quam primum caussa *dicetur*... *apud se jourent facito*. Judices, quei in eam rem erunt, omnes pro rostreis in forum *vorsus jouranto*... *facturumque se, utei quod recte factum* 37. *esse volet*, utei testium, quei *in* eam rem erunt, verba audiat, ... *neque se facturum quo* eam rem minus joudicet, nisei sei quae causa erit, quae eiei *ex h. l. quo eam rem minus joudicet permittet*... | ... *Quei ita apud se jourarint eorum nomina is praetor* 38. *facito in contione* recitentur, proscripta propositaque palam apud *forum habeto,... neve nisei ita jourarit de ea re considere sinito quemquam eorum quei ex* eis C joudices L lectei erunt.

Joudex nei quis disputet. —... | ... *Sei... causam sibi* 39. *esse deicet, quominus ad id* judicium adesse possit, de ea re praetori, quei ex hace *l(ege) quaeret cognoscere... jus esto*.

De *judicio proferendo vel referendo*. — Quam rem pr(aetor) ex h. l. egerit, sei eam rem proferet, quoi.. | .. sei 40. *referre* poterit, facito quojus deicet nomen referre.... rit utei is ad sese veniat aut adferatur coram eo, quei postulave- 41. rit.... *volet, quojus ex h. l. nominis delatio erit, ei ejus rei petitio esto.. de que ea re hace lege judicium litisque aestumatio essto, quasei sei ejus*.. | *Sei joudex, quei eam rem* 42. quaeret, ex h. l. causam non *noverit...., is praetor* coram *judicibus* in contione pro rostris sententia ita pronontiato: 'fecisse videri'.. | .. *Sei de ea re* judicium fieri oportebit, ter- 43. *tio die facito judicium fiat*.... *Sei joudex, quei eam* rem quaeret, ex h. causam non noverit, pr(aetor) quei ex h. l. quaeret.. | 44.

Joudices utei jourent, in consilium antequam eant. — *Pr(aetor), quei ex h. l. quaeret, joudices, quei ex h. l. in*

eam rem erunt, in consilium ante quam ibunt, facito jurent: sese.... *neque facturum quo* quis suae alterius sententiae
45. certior siet, quod per *dolum malum fiat*.. | .. aturum esse.

Judices multam supremam debea*nt*... — *sei joudex, quei eam rem quaeret causam non noverit, quei eorum j*ou-
46. dex.. | .. *excusatione primo quoque die deferatur, isque quaestor.*

Judices in consilium quomodo eant. — Pr(aetor), quei ex h. l. ju*dicium exercebit*..... *Judex quei ad id delectus*
47. *erit, sei rem, de qua*.. | .. *agitur, plus tertiae parti judicum, quei aderunt, quom ea res agetur, non liquere* deixerit, praetor *quei ex* h. l. quaeret ita pronon*tiato et ad rem denuo agendam alium diem dato*.... *eoque die eorum judicum* quei
48. quomque aderunt judicare *jubeto*.. | .. *Ad quem praetorem ita relatum erit judicum plus tertiam partem negare judicare*, is HS n(ummum) ccIↄↄ, quotiens quomque amplius bis in uno ju*dicio judicare negarint*,.... *singulis quei judicare negarint multam dicito. Tum quam ob rem et quantum pequniae*
49. *dixerit, publice proscribito*... |

De reis quomodo judicetur. — Ubi duae partes judicum, *quei aderunt, causam sibi liquere deixerint....pr(aetor), quei de ea re quaeret, utei eis judices,* quei judicare negarint,
50. semovan*tur, facito*.... | rem agito. Tum praetor quom soueis viatoribus apparitoribusque nei de ju*dicio judex discedat curato*.... *sitellamque latam digitos*.. altam digitos XX, quo jou-
51. dices sorticolas conjeciant *apponi facito*.. | .. *quojusque judicis* is praetor sorticolam unam buxeam longam digitos IIII, l*atam digitos*.. ab utraque parte ceratam.... in qua sorticola ex *altera parti littera A scripta siet, ex altera* parti C, in manu palam dato *alteramque utram velit litteram eum judicem indu-*
52. *cere jubeto*.. | .. *Judex ita inducito* eamque sortem ex hace lege apertam bracioque aperto littero digiteis opertam pala*m ad eam sitellam deferto eamque sortem in populum*.... *itemque* in eos ceteros singilatim ju*dices versus ostendito*,
53. *itaque in eam sitellam conjecito*....

Sententiae quomodo pronontientur. — *Quei judex pronontiationis faciundai causa ad sitellam sorti veniet, is in* eam sitellam manum demitito, et eam devexam populo *ostendito*.... *judicium*.... *quamque in cum* reum *sententiam*
54. *ea sors habuerit*, is ei.. | .. *palam prononciato, ubei A littera scripta erit 'absolvo', ubei C littera scripta erit 'condemno'*, ubei nihil scriptum erit 'seine suffragio'. Ex qua sorti prononuntiarit, eam sortem proxsumo judici... *in manum* transdito.

De *numerandis sententiis* — ... | .. 55.

De *reo apsolvendo*. — *Nisei eae sententiae ibei plurumae erunt* 'condemno', *praetor, quei ex h. l. quaeret, eum reum pronontiato non fecisse videri.* De quo reo pr(aetor) ita pronontiaverit, quod postea non fecerit, quod praevaricationis causa factum non erit, is ex hace lege ejus rei apsolutus esto.

De reo condemnando. — *Sei eae sententiae* ibei plurumae erunt 'condemno', pr(aetor), *quei ex h. l. quaeret, eum reum pronontiato fecisse videri..* | ... 56.

De *eadem re ne bis agatur*. — *Quei ex h. l. condemnatus aut apsolutus erit, quom eo h. l., nisei quod post ea facierit, aut nisei quod praevaricationis caussa factum erit, aut nisei de litibus aestumandis, aut nisei de sanctioni hojusce legis, actio nei esto*... | .. 57.

De *praedibus dandis bonisve possidendis*. — *Judex, quei eam rem quaesierit, earum rerum, quei ex h. l.* condemnatus erit, q(uaestori) praedes facito det de consili majoris partis sententia, quantei eis censueri*nt; sei ita* praedes datei non erunt, bona ejus facito puplice possideantur conquaerantur veneant. *Quantae pequniae ea bona venierint, tantam pequniam ab emptore judex, quei eam rem quaesierit, exigito*... | ... 58. quaestorique eam pequniam et quanta fuerit scriptum transdito; quaestor accipito et in taboleis popliceis scriptum habeto.

De leitibus aestumandeis. — *Quei ex hace* lege condemnatus erit, ab eo quod quisque petet, quojus ex hace lege peti*tio erit, id praetor, quei eam rem quaesierit, eos judices, quei eam rem judicaverint, aestumare jubeto*... | .. quod ante 59. h. l. rogatam consilio probabitur captum coactum ablatum avorsum conciliatumve esse, eas res omnis simpli, ceteras res omnis, quod post hance legem rogatam co*nsilio* probabitur captum coactum ablatum avorsum conciliatumve esse, dupli ; idque ad qua*estorem, quantum siet quojusque nomine ea lis aestumata siet facito deferatur.*

De *pequnia ex aerario solvenda*. — *Quei judici, quei eam rem quaesierit, consilioque ejus majorei parti*... | ... *satisfece-* 60. *rit, nomine suo* parentisve suei, quoive ipse parensve suos heres siet, leitem aestumatam esse ; queive eiei judicei consilioque ejus majorei parti eorum satis fecerit, regis populeive ceivisve suei nomine litem aestumatam esse sibei : *quanta ea pequnia erit, is judex facito*... | ... *sei de ea re praedes dati erunt* 61. *seive quantae pequniae eae lites aestumatae erunt, tanta pequnia ex* hace lege *in aerario posita erit ob eam rem quod eo nomine lis aestumata erit, in triduo proxsumo, quo ita satis fac-*

tum erit, ex hace lege solvatur ; neive quis judex neive quaestor facito sciens dolo malo, *quo minus ita satis fiat, itaque*
62. *solvatur...* | ...

De tributo indicendo. — *Quanti judex, quei eam rem quaesierit, leites aestumaverit, sei is judex* ex hace lege pequniam omnem ad quaestorem redigere non potuerit, tum in diebus X proxsumeis, quibus *quae potuerit* redacta erit, judex quei eam rem quaesierit, queive judex hace lege factus *erit, tri-*
63. *butum indicito...* | *diemque edito, qua is quojus parentisve quojus ejusve quoi ipse parensve suos heres siet, ita lites* aestumatae erunt, *aut* quojus regis populeive nomine lis aestumata erit, legati adessint, dum nei longius C dies edat.

De tributo servando. — Ubei ea dies venerit, quo die jusei erunt adesse, judex, quei *eam rem quaesierit, quanta pequnia de ejus, quei ex h. l. condemnatus est, bonis redacta erit, tantam pequniam in eas lites, quae aestumatae erunt, pro portioni*
64. *tribuito...* | ... *Queique ei judici consilioque ejus majori parti eam litem aestumatam esse sibei satis* fecerit, ei primo quoque die quaestorem solvere jubeto, quaestorque eam pequniam eis sed fraude sua solvito.

Reliquom in aerario siet. — Quod eorum nomine, quei non aderit, tributus factus *erit* ; *quaestor in aerario ser-*
65. *vato...* |

De tributo proscribendo. — *Quei* praetor ex hace lege tribuendei causa prodeixerit, is, utei quod recte factum esse volet facito, quomodo prode*ixerit* ea omnia majore parte diei ad eam diem, donec solutum erit, apud forum palam, ubei de plano *recte legi possitur, proscripta propositaque ha-*
66. *beat...* praetor, *quei eum tributum* | fecerit dies... proxumos, ex ea die, qua tributus factus erit, apud forum palam, ubei de plano recte legi possitur, proscri*bito*.

Pequnia post quinquenium populei fiet. — Quae pequnia ex hace lege in aerarium posita erit, quod in anneis quinque proxumeis *ex ea die, qua tributus factus erit* ejus pequniae quaestor *ex h. l. non solverit, populei esto*.

De pecunia a praedibus exigenda. — *Quaestor quoi aerarium provincia obvenerit, quoi quaestori ex h. l. praedes da-*
67. *tei erunt, queive quaestor deinceps* | eandem provinciam habebit, eis faciunto, utei quod recte factum esse volet, quod ejus is reus non solverit, ab eis praedibus primo quoque die pequnia exigatur.

Pequnia in fiscis opsignetur. — Quae quomque pequnia ex hace lege ad *quaestorem redacta erit, is quaestor* ea *pequ-*

nia facito in fiscis siet, fiscique signo suo opsignentur,... singulisque fiscis inscribatur | quis praetor litis aestumaverit et unde ea pequnia redacta siet quantumque in eo fisco siet. Quaestor, quei quom*que erit, utei quod* recte factum esse volet, facito in diebus V proxumeis, quibus quomque eiei aerarium provincia obvenerit, *fisci resignentur, et sei ea pequnia, quam in eo fisco esse inscriptum erit, ibei inventa erit, denuo opsignentur...* 68.

Quaestor utei solvat. — Quoi | pequniam ex hace lege quod sine malo pequlatu fiat, pr(aetor) *quei aerarium provinciam optinebit, sed fraude sua extra ordinem dato solvitoque.* 69.

Quaestor moram nei facito. — Quaestor...

Judicium nei quis inpediat. — Quod | ex hace lege judicium fieri oportebit, quom ex hace lege fieri oportebit, nei quis magistratus prove magistratu prove *quo inperio potestateve erit facito, quominus setiusve fiat judiceturve*; neive quis eum, quei ex hace lege judicium exercebit, neive eum, quei *ex h. l. judicabit, neive eum, quei ex h. l. petet neive eum, unde petetur,... ab eo judicio avocato neive* | avocarier jubeto, neive abducito neive abducier jubeto, neive facito quo quis eorum minus ad id judicium adesse possi*t, quove quoi eorum minus in eo judicio* verba audeire in consilium eire judicare liceat; neive judicium dimitere jubeto, nisei quom senatus joure vocabitur... *aut nisei quom centuriae aut* | tribus intro vocabuntur, extra quam sei quid in saturam feretur. 70. 71. 72.

Judex[1] *deinceps faciat principe cessante, item quaestor. — Sei is praetor quei ex hace lege quaeret, seive is quaestor quoi aerarium vel urbana provincia obvenerit, eo magistratu joudiciove inperiove abierit abdicaverit mortuosve erit ante quam ea omnia joudicata soluta factave erunt, quae eum praetorem eumve quaestorem ex h. l. judicari jubere solvere facere oportet; queiquomque deinceps praetor ex h. l. quaeret, queive* (79)

Judex deinceps faciat principe cessante, item quaestor. — Sei is praetor quei ex hace lege quaeret seive is quaestor quoi aerarium vel urbana provincia obvenerit, eo magistratu judiciove inperiove abierit abdicaveritve *mortuosve erit* ante quam ea omnia joudicata soluta factave erunt, quae eum praetorem eumve quaestorem ex h. l. judicari jubere solvere facere oportet; queiquomque deinceps praetor ex h. l. quaeret, queive

---

1. Les lignes 72-78 paraissent être répétées textuellement lignes 79-85, probablement pour corriger quelques défectuosités de leur premier texte, par exemple, l'omission de la rubrique *judex deinceps faciat* ligne 72; afin de faciliter la comparaison, nous reproduisons, comme Bruns, les lignes du second texte immédiatement au-dessous des lignes correspondantes du premier.

73. *quaestor aerarium vel urbanam | provinciam habebit, is, utei*
(80) quaestor aerarium vel urbanam | provinciam habebit, is, utei
quod recte factum esse volet, facito, utei ea omnia quod ex hace
quod recte factum esse volet, facito, utei ea omnia *quod ex hace*
lege factum non erit faciant, fiantque quae ex hace lege fieri
lege factum non erit faciant, fiantque quae ex hace lege fieri
oporteret, sei *apud eum ea res acta esset; deque ea re eiei*
oporteret, sei apud eum ea res acta esset; deque ea re eiei
praetori quaestorique omnium rerum, quod ex hace lege factum
praetori quaestorique omnium rerum, quod ex *hace lege factum*
non erit, siremps lex esto, qua*sei sei apud eum ea res acta*
non erit, siremps lex esto, quasei sei apud eum ea res acta
esset...
esset...

De rebus ex lege Calpurnia Juniave judicatis. —
De rebus ex lege Calpurnia Juniave judicatis. —

74. Quibusquomjoudicium | fuitfueritve ex lege, quam L. Calpurnius
(81) Quibusquom | joudicium fuit fueritve ex lege *quam L. Calpurnius*
L. f. tr(ibunus) pl(ebei) rogavit, exve lege, quam M. Junius D.
L. f. tribunus plebei rogavit, exve lege, *quam M. Junius D.*
f. tr. pl. rogavit, quei eorum eo *joudicio apsolutus vel con-*
f. tr. pl. rogavit, quei eorum eo joudicio apsolutus vel con-
demnatus est eritve, quo magis de ea re ejus nomen hace lege
demnatus est eritve, quo magis de ea re ejus nomen hace lege
deferatur quove magis de ea re quom *eo ex h. l. agatur, ejus*
deferatur quove magis de ea re quom eo ex h. l. agatur, ejus
h. l. nihilum rogato. Queique contra h. l. fecise dicentur,........
h. l. nihilum rogato. Queique contra h. l. fecise dicentur,........

75. ... *nisei lex rogata erit ante quam ea res facta* | erit, quom
(82) ... nisei lex | rogata erit, ante quam ea res facta erit, quom
eis hace lege actio nei esto.
eis hace lege actio nei esto.

De praevaricatione. — Praetor, quei ex hace lege
De praevaricatione. — Praetor, quei ex hace lege
quaeret, qua de re ei praetori eisque *judicibus, quei ex h. l.*
quaeret, qua quis de re ei praetori eisque judicibus, quei ex h. l.
ad eam rem joudicandam adfuerint, quei vivent, eorum
ad eam rem joudicandam adfuerit, quei vivent, eorum
majorei parti satis factum erit, nomen quod ex *h. l. quis*
majori parti satis fecerit eum quei ex h. l. nomen
detolerit praevaricationis causa eum detulisse...
detolerit, praevaricationis causa id detulisse...

76. | De ceivitate danda. — Sei quis eorum, quei ceivis
(83) | De ceivitate danda. — Sei quis eorum, quei ceivis
Romanus non erit, ex hace lege alterei nomen... *ad prae-*
Romanus non erit, ex hace lege alterei nomen... ad prae-

*tor*em quojus ex hace lege quaestio erit, detolerit, et is eo
torem, quojus ex hace lege quaestio erit, detolerit, et is eo
judicio hace lege condemnatus erit, tum eis quei ejus nomen
joudicio hace lege condemnatus erit, tum eis quei ejus nomen
detolerit, quojus eorum opera maxime unius eum condemnatum
detolerit, quojus eorum opera maxime unius eum condemnatum
esse constiterit... | sei volet ipse filieique, quei eiei gnatei 77.
esse constiterit.. | ... sei volet ipse filieique, quei eiei gnatei (84)
erunt, quom ceivis Romanus ex hace lege fiet, nepotesque
erunt, quom.. ceivis Romanus ex hace lege fiet, nepotesque
tum eiei filio gnateis ceivis Romanei justei sunto et in quam
tum eiei filio gnatei ceivis Romanei justei sunto et in quam
tribum, quojus is nomen ex h. l. detolerit, sufragium tulerit,
tribum, quojus is nomen ex h. l. detolerit, sufragium tulerit,
in eam tribum sufragium ferunto inque eam tribum
in eam tribum sufragium ferunto inque eam tribum
censento, militiaeque eis vocatio[1] esto, aera stipendiaque
censento militiaeque eis vocatio esto, aera stipendiaque
omnia eis merita sunto. Nei qui magistratus prove magistratu
eis omnia merita sunto. Nei qui magistratus prove magistratu
.... ejus h. l. | nihilum rogato. 78.
..... | ..... ejus h. l. nihilum rogato. (85)

De provocatione vocationeque danda. — Sei quis
De provocatione vocationeque danda. — Sei quis
eorum, quei nominis Latini sunt..... quei eorum in
eorum, quei nominis Latini sunt...... quei eorum in
sua quisque civitate dictator praetor aedilisve non fuerint,
sua quisque civitate dictator praetor aedilisve non fuerint,
ad praetorem, quojus ex hace lege quaestio erit, ex h. l. alterei
ad praetorem, quojus ex h. l. quaestio erit, ex h. l. alterei
nomen detolerit et is eo judicio h. l. condemnatus erit, tum quei
nomen detolerit et is eo judicio h. l. condemnatus erit, tum quei
ejus nomen detolerit, quojus eorum opera maxime unius eum con-
ejus nomen detolerit, quojus eorum opera maxime unius eum con-
demnatum esse constiterit, sei ceivis Romanus ex h. l. fierei nolet,
demnatum esse constiterit, sei ceivis Romanus ex h. l. fierei nolet,
ei postea ad p. R. provocare liceto tamquam sei ceivis
ei postea ad p. R. provocare liceto tamquam sei ceivis
Romanus esset. Item ipsei filieisque nepotibusque ex filio | ejus 79.
Romanus esset. Item ipsei filieisque nepotibusque ex filio | ejus
militiae munerisque poplici in sua quojusque ceivitate
militiae munerisque poplici in sua quojusque ceivitate
vocatio immunitasque esto. |

---

1. C'est-à-dire *vacatio*, comme dans la loi Julia municipalis, ligne 93.

(86) ... i petetur, de ea re ejus *optio esto*, utrum velit vel in sua
(87) ceivitate... | ...*habere* liceto.
*Sei quis ceiv*is Romanus ex hace lege alte*rei nomen detolerit*.. |
(88) Quoi ex h*ace lege provocatio* erit esseve oportebit... | ..*praetor*
(89) *quei inter peregrinos jous deicet*.... | ....
(90) .... atei q.........................

7. LOI AGRAIRE (643).

C. I. L., I, 200; Bruns, pp. 72-88. Loi agraire inscrite sur le revers de la table dont la face portait la loi *de repetundis*, de telle sorte que la reconstitution de la disposition des fragments de la loi agraire, opérée après la mort de Klenze par Rudorff, *Z. G. R.*, 10, 1839, p. 1 et ss. s'est trouvée faire la preuve du travail symétrique préalablement accompli par Klenze pour les fragments de la loi *de repetundis*; Comme le travail de Klenze, celui de Rudorff a été révisé et corrigé dans le 1er vol. du *Corpus* par M. Mommsen, duquel nous reproduisons la restitution en tenant compte des modifications légères qu'il y a apportées dans la dernière éd. de Bruns. La date de la loi avait déjà été très solidement établie par Rudorff : après avoir montré que non seulement elle était nécessairement postérieure à C. Gracchus contre l'œuvre duquel elle est dirigée, mais qu'elle ne pouvait être antérieure aux années 641, 642 et 643, dont elle nomme les consuls, ni postérieure à l'an 644, après lequel de nouveaux censeurs succédèrent à ceux de 639 qu'elle cite comme les derniers ayant été en fonctions, il a fixé la loi au printemps ou à l'été de 643 en partant de la mention qui y est faite au futur de récoltes à opérer sous les consuls de cette année. Mais il y a eu, d'après Appien, *B. c.*, 1, 27, trois lois dirigées contre l'œuvre de Gracchus : une première permettant à ceux qui avaient reçu des terres en vertu de la loi Sempronia de les aliéner ; une seconde attribuée par Appien à Sp. Thorius, défendant de faire de nouvelles assignations et concédant aux possesseurs déjà investis une possession héréditaire moyennant le paiement d'un *vectigal*; enfin une troisième leur faisant remise de ce *vectigal*, et Rudorff admettait encore, avec une doctrine traditionnelle, que la loi de nos fragments était la seconde, la loi Thoria. M. Mommsen a démontré que notre loi qui, dans ses lignes 19 et 20, abroge le *vectigal* est en réalité la troisième loi d'Appien. M. Karlowa, *R. R. G.*, 1, pp. 433-437 qui, s'appuie, pour attribuer à Appien une confusion de noms, sur deux textes ambigus de Cicéron, *Brut.*, 36, 136, et *De orat.*, 2, 70, 284, soutient que notre loi serait la loi Thoria ; mais il reconnaît comme certain qu'elle est bien la dernière loi d'Appien votée en 643.
— La loi se divise en trois parties dont la première, lignes 1-44, concerne l'*ager Italicus*, la seconde, lignes 45-95, l'*ager Africanus*, la troisième, lignes 96-105, l'*ager Corinthiacus*, et ces parties comprennent elles-mêmes chacune un certain nombre de chapitres, mais ni parties ni chapitres ne sont distingués ni par des chiffres, ni par des rubriques. On en trouvera une analyse sommaire dans Karlowa, *R. R. G.*, 1, 435-437, et un commentaire complet, *C. I. L.*, I, pp. 86-106. La loi de 643, fondamentale pour l'histoire de l'*ager publicus*, présente en outre un intérêt considérable pour le droit privé, notamment en ce que c'est le monument épigraphique le plus ancien qui contienne des vestiges certains de la procédure formulaire établie

par la loi Aebutia et d'institutions qui ne peuvent, à notre sens, lui être antérieures ; v. en particulier les actions fictices de la *pignoris capio* (Gaius, IV, 32), lignes 36 et 42 ; la mention de la *bonorum venditio*, du *magister* et du *curator*, ligne 56, et les exceptions ou prescriptions signalées ligne 38, sur lesquelles M. Mommsen a depuis longtemps appelé l'attention des jurisconsultes et qui ont tout récemment été étudiées par M. Eisele, *Abhandlungen zum römischen Civilprocess*, 1889, pp. 19-24. C'est aussi le texte le plus précis que nous possédions sur le mode de nomination des récupérateurs, qu'elle montre clairement, ligne 37, n'être pas proposés par le demandeur au défendeur, comme le *judex unus*, mais être désignés par le magistrat, — dix jours après la comparution *in jus*, — en un nombre plus élevé qu'il n'est nécessaire, — ici 11, — et être ramenés, par les récusations réciproques des parties, à un chiffre variable qui ne peut descendre au-dessous de 3. V. encore sur la clause *nec vi nec clam nec precario* de l'interdit *unde vi* la ligne 18 et sur les *praedes praediaque* les lignes 47 et 74.

    ... *Tr(buni) pl(ebei) plebem joure rogarunt plebesque joure scivit in... a(nte) d(iem)... Tribus... princ*ipium fuit, pro tribu Q. Fabius Q. f. primus scivit.   1.

    Quei ager poplicus populi Romanei in terram Italiam P. Muucio L. Calpurnio *co(n)s(ulibus)*[1] *fuit, extra eum agrum, quei ager ex lege plebeive sc(ito), quod C. Sempronius Ti. f. (tribunus) pl(ebei) rogavit, exceptum cavitumve est nei divideretur... quem quisque de eo agro loco ex lege plebeive sc(ito) vetus possessor sibei* agrum locum sumpsit reliquitve, quod non modus major siet, quam quantum unum hominem ex lege plebeive sc(ito) sibei sumere *relinquereve licuit*;   2.

    quei ager publicus populi Romanei in terra Italia P. Muucio L. Calpurnio co(n)s(ulibus) fuit, extra eum agrum, quei ager ex lege plebeive sc(ito), quod C. Sempronius Ti. f. tr(ibunus) pl(ebei) rogavit, exceptum cavitumve est nei divideretur... quem agrum locum quoieique de eo agro loco ex lege plebeive sc(ito) III vir sortito ceivi Romano dedit adsignavit, quod non in eo agro loco est, quod ultra... | ...   3.

    4.

    quei ager publicus populi Romanei in terra Italia P. Muucio L. Calpurnio co(n)s(ulibus) fuit, extra eum agrum, quei ager ex lege plebeive scito, quod C. Sempronius Ti. f. tri(bunus) pl(ebei) rogavit, exceptum cavitumve est nei divideretur, de eo agro loco quei ager locus ei, quei agrum privatum in publicum commutavit, pro eo agro loco a III *viro datus commutatus redditus est*;

    quei ager publicus populi Romanei in terra Italia P. Muucio L. Calpurnio co(n)s(ulibus) fuit, extra eum agrum,

---

1) An de Rome 624.

quei ager ex lege *plebeive sc(ito), quod C. Sempronius Ti. f. tr(ibunus) pl(ebei) rogavit, exceptum cavitumve est nei divideretur...* | ... quod ejus quisque agri locei publicei in terra Italia, quod ejus extra urbem Romam est, quod ejus in urbe oppido vico est, quod ejus IIIvir dedit adsignavit, quod... | ...*tum cum haec lex rogabitur habebit possidebitve ;*...

quei ager publicus populi Romanei in terra Italia P. Muucio L. Calpurnio co(n)s(ulibus) fuit, extra eum agrum, quei ager ex lege plebive scito, quod C. Sempronius Ti. f. tr(ibunus) pl(ebei) rog(avit), exceptum cavitumve est nei divideretur, quod quoieique de eo agro loco agri locei aedificiei... quibus... | ...in terra Italia IIIvir dedit adsignavit reliquit inve formas tabulasve retulit referive jusit :

ager locus aedificium omnis quei supra scriptus *est.... extra eum agrum locum de quo supra exceptum cavitumve est, privatus esto...* | ...*ejusque locei agri aedificii emptio venditio ita, utei ceterorum locorum agrorum aedificiorum privatorum est, esto* ; censorque queicomque erit facito, utei is ager locus aedificium, quei *ex hace lege privatus factus est, ita, utei ceteri agri loca aedificia privati, in censum referatur.... deque eo agro loco aedificio eum, quoium is ager locum aedificium erit, eadem profiterei jubeto, quae de cetereis agreis* | *loceis aedificieis quoium eorum quisque est profiterei jusserit.... est* ; neive quis facito, quo, quojus eum agrum locum aedificium possessionem ex lege plebeve scito *esse oportet oportebitve, eum agrum locum aedificium possessionem minus oetatur fruatur habeat possideatque....* neive quis de ea re ad senatum referto.. | ... neive pro magistratu inperiove sententiam deicito neive ferto, quo quis eorum, quoium eum agrum locum aedificium possesionem ex lege plebeive scito esse *oportet oportebitve.... eum agrum locum aedificium possesionem minus oetatur fruatur habeat possidęatque quove possesio invito, mortuove eo heredibus ejus inviteis auferatur.*

Quei ager publicus populi Romanei in terram Italiam P. Muucio L. Calpurnio co(n)s(ulibus) fuit.. | .. quod ejus III virei a(gris) d(andis) a(dsignandis) viasieis vicaneis, quei in terra Italia sunt, dederunt adsignaverunt reliquerunt : neiquis facito quo minus ei oetantur fruantur habeant possideantque, quod ejus possesor.... *agrum locum aedificium* non *abalienaverit, extra eum agrum..* | *.. extraque eum agrum, quem ex hace lege venire dari reddive oportebit.*

Quei ager locus aedificium ei, quem in *viasieis* vicanisve ex s(enatus) c(onsulto) esse oportet oportebitve, *ita datus adsignatus relictusve est eritve....* quo magis is *ager* locus aedificium privatus siet, quove magis *ejus agri locei emptio venditio ita, utei ceterorum locorum privatorum est, siet, quove magis eum agrum locum censor, queiquomque erit in censum referat* | *quove magis is ager locus aliter, atque utei est, siet,* 13. ex hace lege n(ihilum) r(ogato).

Quei ager locus publicus populi Romanei in terra Italia P. Muucio L. Calpurnio co(n)s(ulibus) fuit, extra eum agrum, quei ager ex lege plebive *scito, quod C. Sempronius Ti. f. tr(ibunus) pl(ebei) rogavit, exceptum cavitumve est nei divideretur..* | *.. extraque eum agrum, quem vetus possesor ex lege plebeive scito sibei sumpsit reliquitve, quod non modus major siet, quam quantum unum hominem sibei sumere relinquereve licuit, sei quis tum cum haec lex rogabitur* | *agri colendi causa* 14. in eum agrum agri jugra non amplius XXX possidebit habebitve : *is ager privatus esto.*

Quei in agrum compascuom pequdes majores non plus X pascet, *quaeque ex eis minus annum gnatae erunt postea quam gnatae erunt... queique ibei pequdes minores non plus... pascet, quaeque ex eis minus annum gnatae erunt post ea quam gnatae erunt : is pro iis pequdibus...* | *...populo aut publicano vectigal* 15. *scripturamve nei debeto, neive de ea re satis dato neive solvito.*

Ager publicus populi Romanei, quei in Italia P. Mucio L. Calpurnio co(n)s(ulibus), fuit, ejus agri IIIvir a(gris) d(andis) a(dsignandis) ex lege plebeive scito sortito quoi ceivi Romano *agrum dedit adsignavit,... quod ejus agri neque is abalienavit abalienaveritve, neque heres ejus abalienavit abalienaveritve quoive ab eo hereditate testamento deditioneve obvenit, queive ab eorum quo emit, quei eorum de ea re ante eid(us) Mar-* 16. *t(ias) primas in jous adierit ad eum, quem ex h(ace) l(ege) de eo agro jus deicere oportebit, is de ea re ita jus deicito decernitoque, utei possesionem secundum eum heredemve ejus det, quoi sorti is ager datus adsignatusve fuerit, quod ejus agri non abalienatum erit ita utei* s(upra) s(criptum) est.

Ager publicus populi Romanei quei in Italia P. Mucio L. Calpurnio co(n)s(ulibus) fuit, quod ejus agri IIIvir agris dandis *a(dsignandis) veteri possesori prove vetere* possesionem dedit adsignavit reddidit, quodque ejus agri IIIvir a(gris) d(andis) a(dsignandis) *in urbe oppido vico dedit adsignavit reddidit,* | *quod* 17. *ejus agri neque is abalienavit abalienaveritve neque heres ejus, queive ab eo hereditate testamento deditioneve obvenit, queive ab* eorum quo emit: quei eorum de ea re ante eidus Martias

primas in jous adierit ad eum, quem ex h(ace) l(ege) de eo agro jus deicere oportebit, is de ea re ita jus deicito *decernitoque, utei possesionem secundum eum heredemve ejus det*... quoi is ager vetere prove vetere possesore datus adsignatusve *redditusve fuerit, queive agrum in urbe oppido vico acceperit, quod ejus agri non abalienatum erit ita utei s(upra) s(criptum)*
18. *est*... | ...

Sei quis eorum, quorum ager s(upra) s(criptus) est, ex possesione vi ejectus est, quod ejus is quei ejectus est possederit, quod neque vi neque clam neque precario possederit ab eo, quei eum ea possessione vi ejecerit : *quem ex h(acc) l(ege) de ea re jous deicere oportebit, sei is quei ita ejectus est, ad eum de ea re in jous adierit ante eidus Martias,* quae post h(ance) l(egem) rog(atam) primae erunt, facito, utei is, quei ita vi
19. ejectus est, *in eam possesionem unde vi ejectus est, restituatur* | .

Quei ager locus aedificium publicus populi Romani in terra Italia P. Muucio L. Calpurnio co(n)s(ulibus) fuit, quod ejus ex *lege plebeive scito* exve h(ace) l(ege) privatum factum est eritve, pro eo agro loco aedificio proque scriptura pecoris, quod in eo agro pascitur, postquam vectigalia constiterint, quae post h(ance) l(egem) *rogatam primum constiterint: nei quis mag(istratus) prove mag(istratu)... facito quo quis populo aut* publicano pequniam scripturam vectigalve det dareve debeat, neive
20. quis *facito...* | quove quid ob eam rem populo aut publicano detur exsigaturve, neive quis quid postea quam vectigalia consistent, quae post h(ance) l(egem) rog(atam) primum constiterint, ob eos agros *locos aedificia populo aut publicano dare debeat, neive scripturam pecoris quod in eis agreis* pascetur, populo aut publicano dare debeat.

Ager locus publicus populi Romanei, quei in terra Italia
21. P Muucio L. Calpurnio co(n)s(ulibus) fuit,.. | .. *extra eum agrum, quem agrum L. Caecilius Cn. Domitius cens(ores)* a(nte) d(iem) XI k(alendas) Octobris oina quom[1] agro, quei trans Curione est, locaverunt, quei in eo agro loco *civis* Romanus sociumve nominisve Latini, quibus ex formula togatorum *milites in terra Italia inperare solent,.... agrum locum* publicum populi Romanei de sua possesione vetus possesor prove vetere possesore *dedit, quo in agro loco oppidum coloniave ex*
22. *lege plebeive scito constitueretur deduceretur conlocaretur,..* | .. quo in agro loco IIIvir id oppidum coloniamve ex lege plebeive sc(ito) constituit deduxitve conlocavitve : quem agrum

---

1. = una cum.

*locum*ve pro eo agro locove de eo agro loco, quei publicus populi Roman*ei in terram Italiam P. Mucio L. Calpurnio co(n)s(ulibus) fuit.... extra eum* agrum locum, quei ager locus ex lege plebeive sc(ito), quod C. Semproni(us) Ti. f. tr(ibunus) pl(ebei) rog(avit) exscep*tum cavitumve est nei divideretur,...* | ...
IIIvir *dedit reddidit adsignavit, ejus quoi is ager datus redditus* 23. *adsignatusve erit,* quoive ab eo heredive ejus is ager locus testamento hereditati deditionive obvenit obveneritve, *queive ab eo emit emeritve,* queive ab emptore ejus emit emeritve, is ager privatus esto.

Quei *ager publicus populi Romani fuit, quem IIIvir de eo agro loco pro eo agro loco quo* coloniam deduxsit ita utei s(upra) s(criptum) est, agrum locum aedificium dedit reddidit adsignavit, quei *pr(aetor) consolve de eo agro ex h(ace) l(ege) jous deicet,* | *quo de eo agro ante eidus Martias primas in jous adi-* 24. *tum erit, is de ea re jous ita deicito decernitoque, utei possesionem secundum eum h*eredem*ve ejus det,* quoi IIIvir eum agrum locum pro eo agro loco, quo coloniam deduxit, dedit *reddidit* adsignavitve ; facitoque is pr(aetor) consolve, quo de ea re in jous aditum erit, *utei quei ex eo agro quei supra scriptus est vi ejectus est, ita utei s(upra) s(criptum) in eum agrum restituatur.*

Ager locus quei supra scriptus est, quod ejus agrei locei post *h(ance)* l(egem) rog(atam) publicum populei Romanei erit, extra eum agrum, *quei publico usui destinatus est vel publice locatus est, in eo agro quei volet pascito..* | .. neive is 25. ager compascuos esto, neive quis in eo agro agrum oqupatum habeto neive defendito, quo *minus quei velit compascere liceat.* Sei quis faxsit, quotiens faxit, in agri jugra singula L *HS* n*(ummos)....* dare debeto ei, queiquomque id publicum fruendum redemptum comductumve habebit.

Boves, equos, *mulos, asinos oves, capras, sues... in eo agro loco, quei post h(ance) l(egem) rog(atam) publicus populei* | *Romanei erit, pascere ad eum numerum pecudum, quei* numerus 26. pecudum in h(ace) l(ege) scriptus est, liceto, neive quid quoi ob eam rem vectigal neive scripturam *dare de*beto.

Quod quisque pecudes in calleis viasve publicas itineris causa indu*xerit ibeique paverit,.... pro eo pecore, quod ejus in call*ibus vieis*ve publiceis pastum impulsum itineris causa erit, neiquid populo neive publicano dare debeto...* | ... 27.

Quei *ager publicus populi Romanei in terra Italia P. Mucio L. Calpurnio co(n)s(ulibus) fuit, de eo agro loco quem agrum locum populus ex publico in privatum* commutavit, quo pro agro loco ex privato in publicum tantum modum agri locei commutavit, *is ager locus domneis privatus ita, utei quoi optuma lege privatus est, esto.*

Quei ager ex privato *in publicum commutatus est, quo pro agro tantus modus agri publici ex* publico imprivatum commutatus est, de eo agro siremps lex esto, quansei is ager P. Mucio L. *Calpurnio co(n)s(ulibus) publicus fuisset.*

Quei ager pro agro patrito ex publico in privatum commu-
28. *tatus est,...* | .. *pr(aetor) co(n)s(ol)ve quanti agri patriti publicani publicum L. Caecilio Cn. Domitio* cens(oribus) redemptum habent, censoribus, queiquomque post hac facteis erunt, ei faciunto *id publicum, sei* volent, tantidem pro patrito redemptum habeant p(ro) p(atrito) supsignent.

IIvirum, quei... *quae viae publicae per* terram Italiam P. Mucio L. Calpurnio co(n)s(ulibus) *fuerint, eas faciunto pa-*
29. teant vacuaeque sien*t.....!*

Quod quoieique ex hace lege ita, utei s(upra) s(criptum) est, in agreis, q*uei in Ita*lia sunt, quei P. Mucio L. Calpurnio co(n)s(ulibus) publiceis populi R*omanei fuerunt, ceivi* Romano facere licebit, item Latino peregrinoque, quibus M. Livio L. Calpurnio *co(n)s(ulibus) in eis agris id facere... ex lege plebeive* sc(ito) exve *foedere licuit, sed fraude sua facere liceto.*

Quod ex h(ace) l(ege) ita, utei s(upra) s(criptum) est, in agreis, quei *(supra) s(cripti) sunt, Latinum peregrinumque fa-*
30. *cere vel non facere oportebit..* | .. *sei eorum* quis quod *eum ex h(ace) l(ege) f*acere oportuerit, non fecerit, quodve quis eorum h(ace) l(ege) *prohibitus erit, fecerit* : *mag(istratus)* prove mag(istratu), quo de ea re in jous aditum erit, quod ex h(ace) l(ege) petetur, item judicium judicem *recuperatoresve facito ei, quei ex h(ace) l(ege) petet, et in eum ita det, utei ei* et in eum judicium judicem recuperatoresve ex h(ace) l(ege) dare oporteret, sei quis de ea re judicium *petisset, quod civem Roma-*
31. *num contra h(ance) l(egem) fecisse diceret...* | ..

Sei quei ager... *seive quei ager colonieis seive moinicipieis seive quae pro moinicipieis colonieisve sunt, civium Rom(anorum) nominisve* Latini poplice deve senati sententia ager fruendus datus *est, seive quei in trientabuleis est, quei... fruentur, queive* pro colonia moinicipiove prove moinicipieis
32. fruentur queive in trientabuleis *fruentur... quod ejus* | *agri... a colonia moinicipiove prove moinicipieis habebunt quodve ejus agri eis in trientabuleis testamento hereditate deditione ob-*venit obveneritve, quibus ante h(ance) *l(egem) rog(atam) eum agrum locum* conductum habere frui possidere defendere li-

cuit, extra eum agrum locum, *quem ex h(ace) l(ege)... venire dari reddive* oportebit, id, utei quicquid quoieique ante h(ance) l(egem) r(ogatam) licuit, ita ei habere *oeti frui possidere defendere post h(ance) l(egem) rog(atam(liceto*.... | 33.

Quei ager locus publicus p*opulei* Romanei *in terra* Italia P. Mucio L. Calpurnio co(n)s(ulibus) fuit, quod ejus agri loci ex lege *plebeive scito exve h(ace) l(ege) privatum factum est, ante eidus Martias primas sei quid* de eo agro loco ambigetur, co(n)s(ulis) pr(aetoris) quei quomque erit, de ea re juris *dictio, judici judicis recuperatorumve datio esto*... | ...*Neive mag(istratus) prove magistratu de eo agro loco jous deicito neive decernito neive judicium neive judicem neive* recuperatores dato, nisei co(n)s(ul) pr(aetor)ve. Quod vadimonium ejus rei causa *co(n)s(ul) pr(aetor)ve promitti jusserit, quei ab eo de ea re mag(istratus) appellati erunt, quo minus ejus* rei causa decernant, ejus h(ace) l(ege) n(ihilum) r(ogato). Quod judicium judex recuperatoresve *ejus rei causa dati erunt quei ab eo de ea re mag(istratus) appellati erunt* | *quominus ejus rei causa decernant, ejus h(ace) l(ege) n(ihilum) rogato.* 34.

35.

Quei ager locus post h(ance) l(egem) rog(atam) publicus populi Romani *in terra Italia erit, sei quid de eo agro loco ambigetur,* co(n)s(ulis) pr(aetoris) cens(oris) queiquomque *tum erit, de ea re juris dictio, judici judicis recuperatorum datio esto ita), u(tei) e(is) e r(e) p(ublica) f(ideque) s(ua) v(idebitur) e(sse)... Neive mag(istratus) prove mag(istratu)... de eo* agro loco jous deicito neive de *eo agro decernito* neive judicium neive | *judicem neive recuperatores dato, nisei* co(n)s(ul) pr(aetor) cens(or)... Quod judicium judex recuperatoresve ejus rei causa a co(n)s(ule) pr(aetore) cens(ore)ve dati erunt, sei quis ab eo de ea re mag(istratus) adpellaverit, quoi eorum id judicium e re publica non esse videbitur, quo *minus id impediat vel* intercedat, e(jus) h(ace) l(ege) n(ihilum) r(ogato). 36.

Quoi publicano e(x) h(ace) l(ege) pequnia debebitur *nei quis mag(istratus)*... *quid ob eam* rem facito, quo quis pro agro minus aliterve scripturam *vectigalve det, atque utei ex h(acc) l(ege)* | *dare debet debebitve*... *Sei quid publicanus ejus rei causa sibi deberei darive oportere deicat,* de ea re co(n)s(ul) prove co(n)s(ule) praetor prove pr(aetore), quo in jous adierint, in diebus X proxsumeis qui*bus de ea re in jous aditum erit... recuperatores ex civibus* L, quei classis primae sient, XI dato; inde alternos | dum *taxat quaternos is quei petet et is unde petetur, quos volent rejiciant facito... quei supererunt tres pluresve, eos primo quoque die de ea re judicare jubeto,* quae res soluta 37.

38.

non siet inve judicio non siet judicatave non siet, quod ejus praevaricationus *causa... vel per dolum malum petitorum patrono-*
39. *rumve* factum non siet. Sei major pars eorum recuperatorum ... id sententia *pronontiato, quod ejus* rei joudicandae maxsume verum esse comperrit, facitoque... *quod ita joudicatum erit, se dolo malo utei is, quei* judicatus erit dare opor*tere,*
40. *solvat* | ...

Quas in leges plebeive scita de ea re, quod, quei agrum publicum p(opuli) R(omani) ita habebit possidebit fruetur, utei ex h(ace) l(ege) licebit, eum earum quae *agrum, quem ita habebit, h*abere possidere fru*ive* vetet; quasve in leges pl(ebei)ve sc(ita) de ea re, *quod earum quae ei, quei agrum publicum populi Romani aliter habebit* possidebit fruetur, quam ex h(ace) l(ege) licebit, eum agrum, quem *ita habebit, habere possidere fruive permittat, is, quei earum legum plebeive scitorum quo jurare*
41. *jubetur jubebitur, non juraverit: ei poena multa remissa esto...* | ... *neive ei ob eam rem mag(istratum)* quem minus petere capere gerere habereque liceto, neive q*uid ei ea res fraudi esto.*

Si quae lex plebeve sc(itum) est, quae mag(istratum), quem ex h(ace) l(ege) *de aliqua re decernere oportet, de ea re decernere vetet, is magistratus de ea re nihilo minus decernito.*
42. | .. *quaeque eis legibus plebive scitis facere quis prohibetur, quod quem eorum haec lex facere jubebit, ea omnia ei sed f*raude sua facere liceto, inque eas leges pl(ebei)ve sc(ita) de ea re, quod ex *hace lege non decernere.... aliterve* decernere oportebit, sed fraude sua nei jurato, neive *ei ea res fraudi mullae*
43. *poenaeve esto..* | ..

... tus est, dedit adsignavitve, quemve agrum locum de eo agro loco.... *ex lege* pl(ebei)ve sc(ito), quod M. Baebius
44. tr(ib.) pl(eb.) IIIvir coloniae deducend*ae rogavit..* | .. *datum* adsignatum esse fuiseve joudicaverit, utei in h(ace l(ege) sc(riptum) est, quei l.... extra eum agrum locum, quei ager
45. locus in ea cen*turia supsicivove..* | .. *extraque* eum agrum locum, quem ex hace lege colonei eive quei in colonei numero *scriptei sunt obtinebunt.... oportet* oportebitve, quod ejus
46. agri locei quoieique emptum est,.. | .. *neive magis* manceps praevides praediaque soluti sunto. Eaque nomina mancupum.... *quaestor*, quei aerarium provinciam optinebit, in ta-
47. bleis *publiceis scripta habeto..* | .. *de* mag(istratu) Romano emit, is pro eo agro loco pequniam neive praevides neive *praedia populo nei dato.... neive de ea re quis ob eam* rem, quod praes
48. factus est, populo obligatus esto.. | .. *quei ob eum agrum* locum manceps praesve factus est, quodque *praedium* ob

LOI AGRAIRE DE 643   51

eam rem in publico obligatum est.... quei ager locus in Africa
est, quei Romae publice... | ... *heredisve* ejus esto, isque ager   49.
locus privatus vectigalisque u..... tus erit; quod ejus agri
locei extra terra Italia est.. | *socium nominisve Latini, quibus*   50.
ex formula togatorum milites in terra Italia inperare solent,
eis p*opuleis*,... ve agrum locum queiquomque habebit posside-
bit.... | ... queive ibei.... *ejusve rei procurandae causa erit*,   51.
in eum agrum locum, inmittito.... *se dolo malo*.

Quei agerlocus in Africa est, quod ejus agri... | ...*possideat*   52.
fruaturque item, utei, sei is ager locus public*e*...

II*vir, quei ex h(ace) l(ege) factus creatusve erit*, in biduo
proxsumo, quo factus creatusve erit, edici*to*... | *in diebus* XXV   53.
proxsumeis, quibus id edictum erit... *datum* adsignatum siet,
idque quom *profitebitur cognitores*... | mum emptor siet ab   54.
eo quojus homin*is privatei ejus agri loci venditio fuerit*,... L.
Calpurni(o) co(n)s(ulibus) facta siet, quod ejus postea ne-
que ipse n*eque*... | ... *praefectus milesve in provinciam erit*...   55.
*colono eive, quei in colonei nu*mero scriptus est, datus adsigna-
tus est, quodve ejus... ag... | *utei curator ejus profiteatur*,   56.
item ute*i*... *ex eo* edicto, utei is, quei ab bonorum emptore
magistro curatoreve *emerit*,... | *Sei quem quid edicto* II*virei ex*   57.
h(ace) l(ege) profiteri oportuerit, quod edicto IIvir (ei) professus ex h(ace) l(ege) no*n erit*,... *ei eum agrum* locum neive emp-
tum neive adsignatum esse neive fuise judicato. Q... | ... *do*,   58.
ei ceivi Romano tantundem modu*m agrei locei*,... quei ager
publice non veniet, dare reddere commutavere liceto.

II*vir, quei ex h(ace) l(ege) factus creatusve erit*... | ...*de eis*   59.
agreis ita rationem inito, itaque h... et, neive unius hominis
nomine, quoi ex lege Rubria quae fuit colono eive quei *in co-*
lonei numero scriptus est agrum, quei in Africa est, dare
oportuit | *licuitve*,... *data adsigna*ta fuise judicato... Neive   60.
unius hominus *nomine, quoi*... *colono eive, quei in colonei nu-*
mero scriptus est, agrum quei in Africa est, dare oportuit li-
cuitve, amplius jug(era) CC in *singulos homines* | *data adsi-*   61.
gnata esse fuiseve judicato... *neive majorem numerum in Africa*
hominum in coloniam coloniasve deductum esse fuiseve judicato
quam quantum *numerum ex lege Rubria quae fuit*... a III*vi-*
*ris coloniae dedu*cendae in Africa hominum in coloniam coloniasve deduci oportuit licuitve.

| II*vir, quei ex h. l. factus creatusve erit*... re Rom...   62.
agri... *datus adsignatus*... *quod ejus agri ex* h(ace) l(ege) ad-
joudicari licebit, quod ita comperietur, id ei heredeive ejus
adsignat*um* esse judicato... | *quod quandoque ejus agri* lo-   63.

cei ante kal. J... *quoiei emptum* est ab eo, quojus ejus agri locei hominus privati venditio fuit tum, quom is eum agrum
64. locum emit, quei | ... *et eum agrum locum, quem ita emit emerit,* planum faciet feceritve emptum esse, *quem agrum locum neque ipse* neque heres ejus, neque quoi is heres erit abalienaverit, quod ejus agri locei ita planum factum erit, IIvir ita...
65. | ...*dato reddito,* quod is emptum habuerit quod ejus publice non venieit. *Item IIvir, sei is* ager locus, quei ei emptus fuerit, publice venieit, tantundem modum agri locei de eo agro loco, quei ager locus *in Africa est, quei publice non venieit, ei*
66. *quei ita emptum habuerit,* | *dato reddito ;...* queique ager locus ita ex *h(ace) l(ege) datus redditus erit, ei, quojus ex h(ace) l(ege) factus* erit, HS n(ummo) I emptus esto, isque ager locus privatus vectigalisque ita, *utei in h(ace) l(ege) supra* scriptum est, esto.

Quoi colono eive, quei in colonei numero scriptus est, ager locus in ea centuria supsicivove *de eo agro, quei ager in Africa est, datus adsignatus est, quae centuria quodve supsi-*
67. *civom Romae publice venieit venieritve,..* | ... *si quid ejus agri IIvir, quei ex h(ace) l(ege) factus creatusve erit, ei colono heredeive ejus minus adjudicaverit, tum tantundem modum agri locei pro eo agro loco* de eo agro loco, quei ager locus in Africa est, quod ejus publice non venieit, ei heredeive ejus IIvir, quei ex h(ace) l(ege) factus creatusve erit, reddito. |
68. Quoi colono eive, quei in colonei numero scriptus est fuitve, *ager in ea centuria supsicivove de eo agro, quei in Africa est, datus adsignatus est, quae centuria quodve supsicivom Romae publice venieit venieritve, si quid ejus agri IIvir, quei ex h(ace) l(ege) factus creatusve erit, ei quei ab eo colono heredeve ejus emit habuitve, minus adjudicaverit, tum tantundem modum agri ei, quem ita emise habuiseve* comperietur, heredeive ejus de agro, quei ager in Africa est, pro eo agro *IIvir reddito* quoieique ita reddiderit, ei adsignatum fuisse judicato.

Quoi agrum de eo agro, quei ager in Africa est, quei colono eive, *quei in colonei numero scriptus est fuitve, datus adsi-*
69. *gnatus est, magistratus Romae publice vendiderit...* | .. *si quid ejus agri IIvir quei ex h(ace) l(ege) factus creatusve erit ei, quoi ita emptum esse comperietur, emptorive ejus pro curatoreve ejus heredive quojus eorum minus* adjudicaverit; tum tantundem modum agri ei, quoi ita emptum esse comperietur, *emptorive ejus* pro curatoreve ejus heredive quojus eorum de eo agro, quei ager in Africa est, pro eo agro IIvir reddito ; quoi ita
70. reddiderit, *ei adsignatum* | *fuisse judicato.* Quantae quis pequ-

niae ab populo mercassitur, quam pequniam qui agrum locum publicum in Africa emerunt emerintve pro eo agro loco populo dare debent debebuntve,... *quod ejus* pequniae adsignatum discriptum adsignatumve in tabuleis publiceis est eritve : *tantam pequ*niam populo ex eid(ibus) Mart(is), quae, post ea quam vectigalia consistent, quae post h(ance) l(egem) r(ogatam) primum consistent, primae erunt, in*ferto.* | 71.

    Quam pequniam quei agrum locum publicum in Africa emit emeritve, pro eo agro loco populo dare debet debebitve, ab eo quei eam pequniam ab populo mercassitur ex eidibus Martis eisdem exigito... neive quis eam pequniam propiore die exsigito, atque uteique in h(ace) l(ege) s(criptum) est ; neive, quod pequniae ob eam rem propiore die exactum e*rit, atque uteique* in h(ace) l(ege) (scriptum) e(st), is quei pequniam populo dare debebit, ei, quei eo nomine ab populo mercassitur, ob eam rem pequniam ei nei *minus solvito*.. | .. *planum* fiat; neive   72. quis mag(istratus) neive pro mag(istratu) facito neive quis senator decernito, quo ea *pequnia*, quae pro agreis loceis aedificieis, quei s(upra) s(cripti) sunt, populo debetur debebiturve, aliter exsigatur atque uteique in h(ace) l(ege) s(criptum) est.

    Quei agrum locum publicum in Africa emit emeritve.. | . *sei ea pequnia, quam eo nomine populo debet debebitve, in diebus.. proxsumeis, quibus is ager locus Romae publice venieit* venierit, populo soluta non erit, is pro eo agro loco in diebus CXX proxsumeis ea *praedia*.... quae s(upra) s(cripta) s(unt), arb(itratu) p(raetoris), quei inter ceives tum Romae jous deicet, satis supsignato.   73.

    Pr(aetor), quei inter ceives Romae jous deic*et*.... | *nisei*   74. praedium ante ea ob eum agrum locum in publico obligatum erit in public*um*ve *praes datus* erit, agrum locum, quo pro agro loco satis ex h(ace) l(ege) arb(itratu) pr(aetoris) supsignatum non erit, pequnia praesenti vendito. Que*i*.. | ..   75.

    Quei ager locus in Africa est, quei Romae publice venie*it* venieritve, quod ejus agri *locei, quei popul*eis libereis in Africa sunt, quei eorum *in* ameicitiam populi Romanei bello Poenicio proxsumo manserunt, queive a*d imperatorem populi Romanei bello Poenicio proxsumo ex hostibus perfugerunt, quibus propterea ager datus adsignatus est d(e) s(enati) s(ententia), quisque eorum habuerunt,..* | .. *pro eo agro loco* IIvir *in diebus..*   76. *proxsumeis, quibus* IIvir ex h(ace) *(lege) fact*us creatusve erit, facito, quantum agri loci quojusque in populi leiberei inve eo agro *loco, quei ager* locus perfugis datus adsignatusve est, ceivis Romanei ex h(ace) l(ege) factum erit, quo pro agro

77. loco ager locus *ceivi* Romano ex h(ace) l(ege) | *datus redditus commutatusve non erit,... tantundem modum agri loci quoieique populo leibero perfugeisve detur adsignetur....*

IIvir, quei ex h(ace) l(ege) factus creatusve erit, is in diebus CL proxsumeis, quibus factus creatusve erit, facito, quando Xvirei, *quei ex* lege Livia factei createive sunt fueruntve, eis hominibus agrum in Africa dederunt adsignaveru*ntve,*
78. quos stipendium | *pro eo agro populo Romano pendere oportet, sei quid ejus agri ex h(ace) l(ege) ceivis Romanei esse oportet oportebitve,.... de agro, quei publicus populi Romanei in Africa est, tantundem, quantum de agro stipendario ex h(ace) l(ege) ceivis* Romanei esse oportet oportebitve, is stipendiarieis det adsignetve idque in formas publicas facito utei *referatur i(ta) u(tei) e r(e) p(ublica) f(ide)* q(ue) e(i) e(sse) v(idebitur).

IIvir, quei ex h(ace) l(ege) factus creatusve erit, is facito in diebus CCL proxsumeis, quibus h(ance) *l(egem)* populus
79. plebesve juserit, | *utei extra eum agrum locum, quei ex lege Rubria quae fuit colono eive, quei in colonei numero scriptus est, datus adsignatus est.... quo pro agro loco ager locus commutatus redditusve non erit;* extraque eum agrum, quei ager intra finis populorum leiberorum Uticensium Hadrumetinorum Tampsitanorum Leptitanorum Aquillitanorum Usalitanorum Teudalensium, quom in ameicitiam populei Romani
80. proxumum | *venerunt, fuit; extra que eum agrum locum, quei ager locus eis hominibus, quei ad imperatorem populi Romani bello Poenicio proxsumo ex hostibus perfugerunt,.... datus adsignatusve est de s(enati)* s(ententia); extraque eum agrum, quei ager ex h(ace) l(ege) privatus factus erit, quo pro agro loco ager locus redditus commutatusve *non erit;* extraque eum agrum locum, quem IIvir ex hace lege stipendiarieis dederit adsignaverit, quod ejus ex h(ace) l(ege) in formam publicam
81. rellatum | *erit; extraque eum agrum, quem agrum.... P. Cornelius imperator leibereis* regis Massinissae dedit, habereve fruive jusi*t*; extraque eum agrum locum ubei oppodum Chartago fuit quo*ndam*; *x*traque eum agrum locum, quem Xvirei, quei ex *lege* Livia factei createive fuerunt, Uticensibus
82. reliquerunt adsignaverunt: ceterum | *agrum omnem, quei in Africa est, habeant possideant fruanturve, quei de eo agro vectigal decumas scripturamve pro pecore populo aut publicano dare debent debebuntve...*

Queiquomque de eo agro vectigal decumas scripturamve pro pecore ex lege Sempronia dare non solitei sunt, quei ager eis ex h(ace) l(ege) datus redditus commutatus eri*t,* *quei eorum* *eum agrum habebit* possidebit frueturve, pro eo agro loco nei vectigal neive decumas neive scripturam, quod post h(ance) l(egem) r(ogatam) fruetur, dare debeto. |

 Quem agrum locum populus Romanus ex h(ace) l(ege) locabit, quem agrum locum Latinus peregrinusve ex h(ace) l(ege) possidebit, is de eo agro loco... vectigal decumas scripturam populo aut publicano item dare debeto, utei pro eo agro loco, quem agrum locum populus Romanus ex h(ace) l(ege) locabit, quem agrum locum ceivis Romanus ex h(ace) l(ege) possidebit, dare oportebit.   83.

 Pr(aetor), quojus arb(itratu) pro agro loco, quei Romae publice venierit, e(x) h(ace) l(ege) | *satis supsignari oportet... praedia emptoris* ter tanti invito eo quei dabit accipito ; facitoque, quei ex h(ace) l(ege) praedia dederit, utei ei satis sup*signetur neive quis quid faxsit*, quo minus ex h(ace) l(ege) praedium queiquomque velit supsignet pequniamve solvat praesque, quei quomque ex h(ace) l(ege) fieri volet, fiat. | 84.

 Quantum vectigal decumas scripturamve pecoris eum, quei agrum locum aedificium in Africa possidebit... quei ager locus populorum leiberorum, perfugarum non fuerit, pro eo agro aedificio locoque ex l(ege) dicta, quam L. Caecilius Cn. Domitius cens(ores) agri aedificii loci vectigalibusve publiceis fruendeis locandeis vendundeis legem deixerunt, publicano dare oportuit : | *tantundem post* h(ance) l(egem) rog(atam) *quei agrum locum aedificium in Africa possidet possidebit... publicano vectigal decumas scripturam*que pecoris dare debeto, neive amplius ea aliubeive aliterve dare debeto, pequsque nei *aliter alieisve legibus* in eo agro pascito.   85. 86.

 Quae vectigalia in Africa publica populi Romani sunt, quae L. Caecilius Cn. Domiti(us) cens(ores) fruenda | *locaverunt vendideruntve, queiquomque mag(istratus) post h(ance) l(egem) rog(atam) ea vectigalia locabit vendetve, quominus publicano eam legem dicat... quo plus* populo dare debeat solvatque, e(jus) h(ace) l(ege) n(ihilum) r(ogato) .   87.

 Mag(istratus) prove mag(istratu), queive pro eo imperio judicio *potestateve erit... queiquomque, quae* publica populi Romani in Africa sunt eruntve, vectigalia fruenda locabit vendetve, quom ea vectigalia fruenda locabit vendetve, | *nei eis vectigalibus legem deicito, quo inviteis ieis, quei eum agrum possidebunt, publicano quid facere liceat*,... quod ei non licuit facere ex lege dicta, quam L. Caeci(lius) Cn. Domiti(us) cens(ores), quom eorum agrorum vectigalia fruenda locaverunt *vendideruntve, eis agris legem* deixerunt; neive quod in eis agreis   88

pequs *pascetur,* scripturae pecoris legem deicito, quo invi-
89. teis eis, quei eum agrum possidebunt, | *aliter pascatur quam pastum est ex lege dicta, quam L. Caecilius Cn. Domitius censores, quom eorum agrorum vectigalia fruenda locaverunt vendiderunt-ve, legem deixerunt.*

Quae vectigalia fruenda in Africa Cn. Paperius cos. vendidit locavitve, quominus ea lege sient pareantque, quam legem Cn. Paperius cos. eis vendundeis *locandeis deixit,* e(jus) h(ace) l(ege) n(ihilum) r(ogato).

Quei *ager in Africa est,... quae viae in eo* agro ante quam Cartago capta est fuerunt eae omnes publicae sunto limites-
90. que inter centurias...

IIvir, quei ex *h(ace) l(ege) factus creatusve erit, sei apud eum, quoi ager in Africa adsignatus est, eum agrum professus erit, ei eum agrum, quem* agrum in eo numero agri professus erit, quo in numero eum agrum, quem is, quoi adsigna*tus est, professus erit, profiteri non oportuit,... nei dato* neive reddito neive adjudicato. Quei eam rem *ita* indicio fuerit, ei ejus
91. agri, quod is indicio ejus, | *quei eam rem ita indicaverit, in eo numero agri, quo non oportuit, professus esse judicatus erit,... partem... magistratus, qui de ea re judicaverit, dato adsignato.*

Quibuscum transactum est, utei bona, quae habuisent, agrumque, quei eis publice adsignatus esset, haberent *possiderent fruerentur, eis... quantus* modus agri de eo agro, quei eis publice *datus adsignatus* fuit, publice venieit, tantundem
92. modum | *agri de eo agro, quei publicus populi Romani in Africa est, quei publice non venieit, magistratus commutato.*

Quei in Africa agrum possesionemve *agrive possesionisve superficium* habet *posssidetv*e fruiturve, quem agrum possesionemve quojusve agri possesionisve superficium q(uaestor) pr(aetor)ve pu*blice vendiderit...* ob eum agrum locum possessionem *agrive superficium* scripturam pecoris nei dato neive
93. | *vectigal solvito...* is ager ex s(enatus) c(onsulto) datus adsignatus est, ei agrei, quei s(upra) s(criptei) s(unt), possesionesque, ea omnia eorum hominum... *dum magistratus quo de* ea re in jous aditum erit, *ita de ea re judicium det,* utei de ea
94. re in *h(ace)* l(ege) s(criptum) est, neive | ... os comportent, quibus ex h(ace) l(ege) ager locus datus redditus commutatus adsignatus est... *agrum locum ex h(ace) l(ege) dari reddi adsi-*
95. *gnari...* eum agrum locum ceivis Romanus | ... *qui fructus in eo agro loco natei erunt* quodque in eo agro loco vinei oleive fiet, quae messis vindemiaque P. Cornelio L. Calpurnio cos.
96. *posteave fiet...* eos fructus... quei eum agrum tum... |

Quei ex l*(ace)* l*(ege)* IIvir *factus creatusve erit, is in diebus... proxsume*is, quibus ex h(ace) l(ege) IIvir factus creatusve erit, agrum locum, quei Corinthiorum *fuit*... extra eum a*grum locum*... | ... *agrum locum*, quem ex h(ace) (lege) venire oportebit, omnem me*tiundum* terminosque statui *curato*...ma... | ... *opus*que locato eique operei diem deicito, u*bei* *perf*ectum siet ; facitoque... | *quod ejus* agri loci aedifici quoieique *emptum* erit, is ejus pecuniae, q... | *manceps praedia praevidesque* nei magis solutei sun*to* ; *eaque* nomina mancupum *is quaestor, quei aerarium provinciam optinebit, in tabuleis publiceis scripta habeto*... | *ab ipsis here*dibusque eorum persequtio e*sto*.

Quei ager locus aedi*ficium*... | ...*dare damnas esto*. Pr(aetor) *prove* pr*(aetore), quo de ea re in jous* adi*tum erit*... | ..ive*nerit* n....... iei | .... possesiones....... | .... pli........

97.
98.
99.
100.
101.
102.
103.
104. 105.

8. — Loi Cornelia de XX quaestoribus (673).

C. I. L., I, 202 ; Bruns, pp. 88-91. Table de bronze écrite sur deux colonnes sans numérotage d'alinéas et portant en marge la mention : *VIII de* XX *q*, découverte à Rome au XVIe siècle et aujourd'hui conservée à Naples, dans laquelle M. Mommsen, *Ad legem de scribis et viatoribus*, Kiel, 1843, a le premier reconnu la 8e table de la loi de 673 par laquelle, selon Tacite, *Ann.*, 11, 22, Sulla porta le nombre des questeurs à vingt. Le passage reproduit en tête de notre table de la *praescriptio* écrite en gros caractères qui courait en une seule ligne sur toutes les tables de la loi : *principium fuit pro tribu*, implique qu'il y avait encore une table et probablement une seule après celle-ci (v. plus bas la *praescriptio* complète de la loi Quinctia de 745). Les seules dispositions de la loi de 673 qui nous soient conservées par ce monument sont celles relatives aux appariteurs des questeurs. Il en résulte que les décuries d'appariteurs des questeurs, dont le personnel fut alors augmenté par corrélation avec l'augmentation du nombre des magistrats, n'étaient pas nommés par les magistrats qui les avaient à leur service, mais par leurs prédécesseurs des trois années antérieures, de telle sorte que chaque décurie d'appariteurs en exercice une année déterminée près des questeurs se composait jusqu'à l'an 673, de 9 appariteurs et depuis l'an 674, de 12 appariteurs nommés par tiers par les questeurs des trois années précédentes. V. Mommsen, *C. I. L.*, I, p. 110 et *Staatsrecht*, 1, 338, n. 2 = tr. fr., 1, 383, n. 2. Ce texte est aussi celui qui établit le plus sûrement que, tandis qu'à son époque les autres magistrats entraient en fonctions le 1er janvier, les questeurs le faisaient dès le 5 décembre. V. Mommsen, *Ad legem de scribis et viatoribus*, p. 6, et *Staatsrecht*, 1, p. 605, n. 4.

L. Cornelius L. f. dictator..... *populum joure rogavit populusque joure scivit in*..... *(ante) d(iem)*..... *Tribus*...... principium fuit ; pro tribu...... *preimus scivit*.

VIII de XX q(uaestoribus).

......*ad* q(uaestorem) urb(anum), quei aerarium provinciam optinebit, eam mercedem deferto ; quaestorque, quei aerarium provinciam optinebit, eam pequniam ei scribae scribeisque heredive ejus solvito, idque ei sine fraude sua facere liceto, quod sine malo pequlatuu fiat, olleisque hominibus eam pequniam capere liceto.

Co(n)s(ules) quei nunc sunt, iei ante k. Decembreis primas de eis, quei cives Romanei sunt, viatorem unum legunto, quei in ea decuria viator appareat, quam decuriam viatorum ex noneis Decembribus primeis quaestoribus ad aerarium apparere oportet oportebit. Eidemque co(n)s(ules) ante k. Decembreis primas de eis, quei cives Romanei sunt, praeconem unum legunto, quei in ea decuria praeco appareat, quam decuriam praeconum ex noneis Decembribus primeis quaestoribus ad aerarium apparere oportebit. Deinde eidem co(n)s(ules) ante k. Decembreis primas viatorem unum legunto, quei in ea decuria viator appareat, quam decuriam viatorum ex noneis Decembribus secundeis quaestoribus ad aerarium apparere oportet oportebit. Eidemque co(n)s(ules) ante k. Decembreis primas praeconem unum legunto, quei in ea decuria praeco appareat, quam decuriam praeconum ex noneis Decembribus secundeis quaestoribus ad aerarium apparere oportet oportebit. Deinde eidem co(n)s(ules) ante k. Decembreis primas viatorem unum legunto, quei in ea decuria viator appareat, quam decuriam viatorum ex noneis Decembribus tertieis quaestoribus ad aerarium apparere oportet oportebit. Eidemque co(n)s(ules) ante k. Decembreis primas praeconem unum legunto, quei in ea decuria praeco appareat, quam decuriam praeconum ex noneis Decembribus tertieis quaestoribus ad aerarium apparere oportet oportebit. Eosque viatores eosque praecones omneis, quos eo ordine dignos arbitrabuntur, legunto. Quam in quisque decuriam ita viator lectus erit, is in ea decuria viator esto item utei ceterei ejus decuriae viatores erunt. Quamque in quisque decuriam ita praeco lectus erit, is in ea decuria praeco esto ita utei ceterei ejus decuriae praecones erunt. Sirempsque eis viatoribus deque eis viatoribus q(uaestori) omnium rerum juus lexque esto, quasei sei ei viatores in eam decuriam in tribus viatoribus antea lectei sublectei essent, quam in quisque decuriam eorum ex hac lege viator lectus erit. Sirempsque eis praeconibus deque eis praeconibus quaestori omnium rerum juus lexque esto, quasei sei ei praecones in eam decuriam in tribus praeconibus antea lectei sublectei essent, quam in quisque decuriam eorum ex hac lege praeco lectus erit.

Quos quomque quaestores ex lege plebeive scito viatores legere sublegere oportebit, ei quaestores eo jure ea lege viatores IIII legunto sublegunto, quo jure qua lege q(uaestores), quei nunc sunt, viatores III legerunt sublegerunt; quosque quomque quaestores ex lege plebeive scito praecones legere sublegere oportebit, ei quaestores eo jure ea lege praecones IIII legunto sublegunto, quo jure qua lege quaestores, quei nunc sunt, praecones III legerunt sublegerunt, dum ni quem in eis viatoribus praeconibus legundeis sublegundeis in ejus viatoris praeconis locum viatorem praeconem legant sublegant, quojus in locum per leges plebeive scita viatorem praeconem legei sublegi non licebit; itaque de eis quattuor viatoribus quaestor queiquomque erit viatores sumito habeto, utei ante hanc legem rogatam de tribus viatoribus viatores habere sumere solitei sunt; itaque de eis quattuor praeconibus quaestor queiquomque erit praecones sumito habeto, utei ante hanc legem rogatam de tribus praeconibus praecones habere sumere solitei sunt. Itemque eis viatoribus praeconibus, quei ex hac lege lectei erunt, vicarium dare subdere jus esto licetoque, utei ceteris viatoribus praeconibus, qua in quisque decuria est, vicarium dare subdere juus erit licebitque; itemque quaestor(es) ab eis vicarios accipiunto, utei aa cetereis viatoribus praeconibus vicarios accipei oportebit.

Viatores praecones, quei ex hac lege lectei sublectei erunt, eis viatoribus praeconibus magistratus prove mag(istratu) mercedis item tantundem dato, quantum ei viator(ei) praeconei darei oporteret, sei is viator de tribus viatoribus isque praeco de tribus praeconibus esset, quei ante hanc legem rogatam utei legerentur institutei sunt.

Quas in decurias viatorum praeconum consul ex hac lege viatores praecones legerit, quorum viatorum praeconum nomina in eis decurieis ad aedem Saturni in pariete intra caulas proxsume ante hanc legem *scripta erunt eorum viatorum praeconum ad quaestorem urbanum, quei aerarium provinciam optinebit, eam mercedem deferto.*

9. — Loi Antonia de Termessibus (683).

C. I. L., I, 204; Bruns, p. 91. Table de bronze trouvée à Rome au XVIe siècle, aujourd'hui conservée à Naples. Contient le début d'un plébiscite accordant la qualité de cité libre à la ville de Termessus Major en Pisidie. L'index : *I de Termesi. Pisid. maj.* montre que la loi remplissait plusieurs tables dont celle-ci est la première. On a calculé, en partant des parties restantes de la *praescriptio* qui se continuait le long de toutes les tables et en occupait les trois premières lignes, qu'il devait y avoir en tout quatre ou cinq tables. Celle que nous possédons est divisée en deux colonnes dont l'une, aujourd'hui fort endommagée, était encore intacte au XVIe siècle et a été copiée alors par Mariangelus Accursius de qui nous donnons le texte sans observations pour les passages actuellement illisibles. Les indications chronologiques qu'elle renferme montrent que la loi a été votée après la première guerre de Mithridate, postérieurement au commencement du consulat de L. Gellius et de Cn. Lentulus, c'est-à-dire au 1er avril 682, probablement en 683. Les citoyens de Termessus Major existant avant le 1er avril 682 et leurs descendants sont reconnus comme *liberi, amici et socii populi Romani*, leurs relations judiciaires avec les citoyens romains sont maintenues sous l'empire des règles existant en 663, et leurs propriétés leur sont également garanties telles qu'ils les possédaient avant l'explosion de la guerre de Mithridate. Parmi les autres droits appartenant aux *civitates liberae*, notre table leur accorde, outre la propriété de leur territoire en tant qu'il ne s'y trouve point enclavées de terres domaniales romaines, le droit de *suis legibus uti*, ceux d'établir librement des douanes maritimes et terrestres sauf à l'encontre des fermiers des impôts romains, de ne recevoir de troupes en quartier d'hiver qu'en vertu d'un sénatus-consulte et de n'être soumis à d'autres réquisitions qu'à celles prévues par une loi Porcia d'ailleurs inconnue. Un commentaire étendu mais un peu ancien de la loi Antonia a été donné par Dirksen, *Versuche zur Kritik der Quellen*, 1823, pp. 137-202. Les principales dispositions s'en trouvent aussi étudiées dans le chapitre des *Sujets autonomes* du *Staatsrecht* de Mommsen, 3, 1, pp. 685, n. 2; 687, n. 4; 688, n. 1; 690, n. 6; 691, nn. 2 et 4; 692, n. 1; 706, n. 3 = tr. fr., 6, 2, pp. 315, n. 2; 317, n. 4; 318, n. 1; 321, n. 2; 322, nn. 1 et 3; 323, n. 1.; 339, n. 4.

C. Antonius M. f., Cn. Cornelius... f., Q. Marcius... f., L. Hostilius... f., C. Popilius... f., M. Valerius... f., C. Antius... f., Q. Caecilius... f., L. V.....f., C. Fundanius C. f. tr(ibunei) pl(ebei) de s(enatus) s(ententia) plebem *joure rogaverunt plebesque joure scivit in... a(nte) d(iem)... tribus... principium fuit; pro tribu... preimus scivit*[1].

I de Termesi(bus) Pisid(is) maj(oribus).

Quei Thermeses majores Peisidae fuerunt, queique eorum legibus Thermesium majorum Pisidarum ante k. April., quae fuerunt L. Gellio Cn. Lentulo cos[2]. Thermeses majores Pisidae factei sunt, queique ab eis prognati sunt erunt, iei omnes postereique eorum Thermeses majores Peisidae leiberi amicei socieique populi Romani sunto, eique legibus sueis ita utunto, itaque ieis omnibus sueis legibus Thermensis majoribus Pisideis utei liceto, quod advorsus hanc legem non fiat.

Quei agrei quae loca aedificia publica preivatave Thermensium majorum Pisidarum intra fineis eorum sunt fue-

---

1. Inscription de la loi restituée par Mommsen à l'aide de l'inscription du même collège de tribuns, *C. I. L.*, I, 593.
2. Cos. 682.

runtve L. Marcio Sex. Julio cos[1]. quaeque insulae eorum sunt
fueruntve ieis consolibus, quei supra scriptei sunt, quodque
earum rerum ieis consulibus iei habuerunt possederunt usei
fructeique sunt, quae de ieis rebus locata non sunt, utei antea habeant possideant; quaeque de ieis rebus agreis loceis
aedificeis locata sunt, ac ne locentur sancitum est sanctione,
quae facta est ex lege rogata L. Gellio Cn. Lentulo cos.,
ea omnia Thermeses majores Pisidae habeant possideant;
ieisque rebus loceis agreis aedificeis utantur fruantur ita,
utei ante Mitridatis bellum, quod preimum fuit, habuerunt
possederunt usei fructeique sunt.

Quae Thermensorum majorum Pisidarum publica preivatave praeter loca*ta*[2] agros aedificia sunt fueruntve ante
bellum Mitridatis, quod preimum factum est, quodque earum
rerum iei antea habuerunt possederunt usei fructeive sunt,
quod ejus ipsei sua voluntate ab se non abalienarunt, ea omnia Termensium majorum Pisidarum, utei sunt fuerunt, ita
sunto itemque ieis ea omnia habere possidere uutei frueique
liceto.

Quos Thermenses majores Pisidae leiberos servosve bello
Mitridatis ameiserunt, magistratus prove magistratu, quoia
de ea re juris dictio erit quoque de ea re in jous aditum erit,
ita de ea re jous deicunto judicia recuperationes danto, utei
iei eos recuperare possint.

Nei quis magistratus prove magistratu legatus neive quis
alius meilites in oppidum Thermesum majorum Pisidarum
agrumve Thermensium majorum Pisidarum hiemandi caussa
introducito, neive facito, quo quis eo meilites introducat
quove ibei meilites hiement, nisei senatus nominatim, utei
Thermesum majorum Pisidarum in hibernacula meilites de-
ducantur, decreverit; neive quis magistratus prove magistratu
legatus neive quis alius facito neive imperato, quo quid magis
iei dent praebeant ab ieisve auferatur, nisei quod eos ex lege
Porcia dare praebere oportet oportebit.

Quae leges quodque jous quaeque consuetudo L. Marcio
Sex. Julio cos. inter civeis Romanos et Termenses majores Pisidas fuit, eaedem leges eidemque jous eademque consuetudo
inter ceives Romanos et Termenses majores Pisidas esto;
quodque quibusque in rebus loceis agreis aedificieis oppideis
jouris Termensium majorum Pisidarum ieis consulibus, quei

---

1. Cos. 663.
2. Le bronze: 'loca'; Mommsen: 'loca*ta*'; Gradenwitz, *Berliner philologische Wochenschrift* 1889, p. 20: '*locata* loca'.

supra scriptei sunt, fuit, quod ejus praeter loca*ta* agros aedificia ipsei sua voluntate ab se non abalienarunt, idem in eisdem rebus loceis agreis aedificieis oppideis Termensium majorum Pisidarum jous esto ; et quo minus ea quae in hoc capite scripta sunt ita sint fiant, ejus hac lege nihilum rogatur.

Quam legem portorieis terrestribus maritumeisque Termenses majores Phisidae capiundeis intra suos fineis deixserint, ea lex ieis portorieis capiundeis esto, dum nei quid portori ab ieis capiatur, quei publica populi Romani vectigalia redempta habebunt ; quos per eorum fineis publicanei ex eo vectigali transportabunt *fructus, eorum portorium Termenses majores Pisidae ne capiunto*.

10. — Loi Julia agraria (loi Mamilia Roscia Peducaea Alliena Fabia des *Gromatici*) (695).

Loi dont trois chapitres nous ont été conservés comme appartenant à une prétendue loi Mamilia Roscia Peducaea Alliena Fabia, dans la collection des *Gromatici*, éd. Lachmann, 1, 263, mais dont le dernier chapitre est cité, D., 47, 21, 3, comme venant d'une *lex agraria quam Gaius Caesar tulit*, ce dont on a conclu qu'ils devaient en réalité provenir d'une *lex Julia agraria* attribuée par Mommsen, *Röm. Feldmesser* 2, 221, à César et par Rudorff, même ouvrage, 2, 244, à Caligula. La *lex, coloniae Genetivae*, qui reproduit, dans son chapitre 104, presque textuellement le second des chapitres de la prétendue loi Mamilia et qui fait allusion, dans son chapitre 97, à une loi agraire Julia a donné raison à M. Mommsen qui place la loi en 695. Nous en donnons le texte d'après la 5ᵉ éd. des *Fontes*.

K. L. III[1]. Quae colonia hac lege deducta quodve municipium praefectura forum conciliabulum constitutum erit, qui ager intra fines eorum erit, qui termini in eo agro statuti erunt, quo in loco terminus non stabit, in eo loco is, cujus is ager erit, terminum restituendum curato, ut*i* quo*d* recte factum esse volet ; idque magistratus, qui in ea colonia municipio praefectura foro conciliabulo jure dicundo praeerit, facito ut fiat.

K. L. IIII. Qui limites decumanique hac lege deducti erunt, quaecumque fossae limitales in eo agro erunt, qui ager hac lege datus adsignatus erit, ne quis eos limites decumanosque obsaeptos neve quid *in eis* molitum neve quid ibi opsaeptum habeto, neve eos arato, neve eas fossas opturato neve opsaepito, quominus suo itinere aqua ire fluere possit.

[1] Signifie, selon Mommsen, ou *K(aput) LIII* ou *K(apitu)l(um) III* ; la loi portait seulement des chiffres que les compilateurs ont fait précéder du mot *Kaput* ou *Kapitulum*.

Si quis adversus ea quid fecerit, *is* in res singulas, quotienscumque fecerit, HS IIII colonis municipibusve eis, in quorum agro id factum erit, dare damnas esto, *eju*sque pecuniae qui volet petitio hac lege esto.

K. L. V. Qui hac lege coloniam deduxerit, municipium praefecturam forum conciliabul*um* constituerit, in eo agro, qui ager intra fines ejus coloniae municipii fori conciliabuli praefecturae erit, limites decumanique ut fiant terminique statuantur curato : quosque fines ita statuerit, *ii* fines eorum sunto, dum ne extra agrum colonicum territoriumve fines ducat. Quique termini hac lege statuti erunt, ne quis eorum quem ejicito neve loco moveto sciens dolo malo. Si quis adversus ea fecerit, is in terminos singulos, quos ejecerit locove moverit sciens dolo malo, HS V m(ilia) n(ummum) in publicum eorum, quorum intra fines is ager erit, *dare damnas* esto ; deque ea re curatoris, qui hac lege erit, juris dictio reciperatorumque datio addictio esto. Cum curator hac lege non erit, tum quicumque magistratus in ea colonia municipio praefectura foro conciliabulo jure dicundo praeerit, ejus magistratus de ea re jurisdictio judicisque datio addictio esto ; inque eam rem is, qui hac lege indicium dederit, testibus publice dumtaxat in res singulas X denuntiandi potestatem facito ita, ut ei e re publica fideque sua videbitur. Et si is, unde ea pecunia petita erit, condemnatus erit, eam pecuniam ab eo deve bonis ejus primo quoque die exigito ; ejusque pecuniae quod receptum erit partem dimidiam ei, cujus unius opera maxime is condemnatus erit, *dato*, partem dimidiam in publicum redigito. Quo ex loco terminus aberit, si quis in eum locum terminum restituere volet, sine fraude sua liceto facere, neve quid cui is ob eam rem hac lege dare damnas esto.

11. Loi Rubria de Gallia cisalpina (705-712).

C. I. L., I, 115. Bruns, pp. 95-100. Table de bronze découverte en 1760, près de Plaisance, dans les ruines de l'ancienne Veleia, et aujourd'hui conservée à Parme. C'est, nous apprend le chiffre qui la surmonte, la quatrième table d'une loi relative à l'administration judiciaire de la Gaule cisalpine et divisée en chapitres numérotés parmi lesquels elle nous conserve la fin du chapitre XIX, les chapitres XX, XXI, XXII, et le début du chapitre XXIII. Ainsi qu'a montré Puchta, *Kleine civilistische Schriften*, 1851, pp. 71-73, le nom même de la loi, ou plus exactement du plébiscite Rubrien est donné par les formules qui y sont rapportées. Il est également certain que la loi Rubria est postérieure à la concession de la cité faite à la Gaule cisalpine en 705. Mais, tandis que la plupart des jurisconsultes qui l'ont commentée, (Puchta, *op. cit.*, pp. 518-544, Savigny, *Vermischte Schriften*, 3, 1850, pp. 319-326. 377-400, Huschke, *Gaius*, pp. 203-242; Karlowa, *R. R. G.* 1, pp. 440-443) supposent qu'elle a été en outre postérieure à la réunion de la Gaule cisalpine à l'Italie opérée en 712, M. Mommsen conclut, *C. I. L.*, I, p. 118, précisément du nom de Gaule cisalpine donné par le texte à cette région qu'il doit être antérieur à son absorption officielle dans l'Italie, et, en partant de l'idée que le fragment d'Este (voir pl. bas, p. 69) en fait partie, il place même aujourd'hui (*Hermes*, 16, 1881, pp. 24-41) la loi Rubria, comme la loi Roscia et ce fragment lui-même, en 705. — C'est un document de la plus haute importance pour l'histoire de l'organisation judiciaire et de la procédure au début de la période formulaire. En laissant de côté le point de savoir si elle doit être complétée par le fragment d'Este, notre table à elle seule fournit peut-être le tableau le plus précis que nous ayons de la division de l'autorité judiciaire entre le pouvoir central et les pouvoirs locaux dans les cités de citoyens. Les magistrats municipaux y sont représentés comme compétents *in infinitum* en certaines matières et dans les autres en général jusqu'au taux de 15.000 sesterces. Pour les affaires qui ne sont pas de leur ressort, ils assurent la comparution du défendeur devant la juridiction romaine en le forçant à s'y engager par un *vadimonium*. Pour celles de leur ressort, ils ont non seulement le droit d'organiser le procès *in jure* et de le faire trancher *in judicio*, mais celui de faire procéder à l'exécution sur la personne (*duci jubere*) ; au contraire, l'exécution sur les biens (*missio in possessionem*), comme en principe toutes les attributions qui sortent du cercle de la juridiction proprement dite, restent réservés aux magistrats de Rome. Voir notamment, sur ces solutions fournies par l'ensemble de la loi et sur leur intérêt pour l'histoire générale, Mommsen *Staatsrecht*, 3, pp. 815-818 = tr. fr., 6, 2, pp. 466-469. Pris séparément, le chapitre XIX signale, en matière d'*operis novi nuntiatio*, une exception tirée de la *remissio* prononcée par les magistrats municipaux, sur laquelle on trouvera les divers systèmes dans Burckhardt, *Operis novi nuntiatio* (continuation de Glück, série des livres 39 et 40, 1re partie) 1871, pp. 261-269. Le chapitre XXIII semble soumettre les actions en partage à des règles spéciales de compétence. Cf. Mommsen, *Jahrbuch des gemeinen Rechts*, 2, 1858, p. 237 ; *C. I. L.*, I, p. 118, et Lenel, *Zsavst.*, 2, 1881, p. 42. Le chapitre XX donne aux magistrats municipaux le pouvoir d'accorder, à défaut de caution *damni infecti*, non pas la *missio in possessionem*, qui leur fut plus tard partiellement déléguée par le préteur, mais une action fictice, semblable à celle qui serait délivrée si la stipulation prescrite par le préteur pérégrin avait été faite, et il existe un grand nombre de systèmes sur le sens de ce renvoi à l'édit du préteur pérégrin. Il a été expliqué tantôt par la supposition que l'édit du préteur urbain n'aurait pas encore à cette époque contenu des formules de stipulation pour le *damnum infectum*, ou tout ou moins pour celui relatif à un *vitium aedium*. — v. dans le 1er sens Huschke, *Gaius*, p. 212, et dans le 2e Burckhardt, *Cautio damni infecti* (continuation de Glück, série des livres 39 et 40, 2e p.) 1875, pp. 99-111 ; — tantôt par l'emploi dans l'édit du préteur urbain du verbe *spondere* interdit aux pérégrins, — v. Savigny, *Verm. Schr.*, 3, 399 ; — tantôt enfin par l'idée que l'édit du préteur pérégrin substituait aux *missiones in possessionem* une action *in factum* parce que ces *missiones* et particulièrement la seconde tendaient à procurer l'usucapion de la propriété quiritaire et, en attendant, l'action publicienne fictice du délai de l'usucapion, l'une et l'autre inaccessibles aux pérégrins, et que la loi Rubria s'approprie cette même action *in factum* parce que le droit d'ordonner des *missiones* est refusé aux magistrats municipaux, — cf. Dirksen, *Observationes ad selecta legis Galliae cisalpinae capita*, 1812, p. 25 et ss. et surtout Karlowa, *R. R. G.*, 1, pp. 469-472. Les chapitres XXI et XXII dont l'interprétation la plus minutieuse et, croyons-nous, la plus exacte a été présentée par M. Demelius, *Die Confessio im römischen Civilprocess*, 1880, pp. 127-164, se rapportent aux défendeurs qui font une *confessio in jure*, ou ne répondent pas, ou refusent leur concours à l'organisation de l'instance, soit sur une *actio certae creditae pecuniae*, — c'est-à-dire, montrent les actions qui constituent le terme opposé, sur une *condictio certae pecuniae* dont c'est donc là le nom officiel, — soit sur une action différente. Au 1er cas, le chapitre XXI prescrit aux magistrats municipaux de procéder, pourvu que le taux de la demande n'excède pas leur compétence, à l'exécution sur la personne comme s'il y avait jugement. Au second, le chapitre XXII renvoie les parties devant l'autorité judiciaire de Rome, qui pourra, selon que l'individu consentira à se défendre régulièrement, ou transformera sa *confessio incerti* en une *confessio certae pecuniae*, ou persistera dans sa résistance, soit organiser le procès, soit ordonner l'exécution, soit prononcer une *missio in possessionem* qui ne peut émaner que d'elle et en vue de laquelle l'affaire est renvoyée à Rome. V. sur tous ces points Demelius et les auteurs qu'il cite. Il convient encore de signaler comme un document précieux pour l'histoire des débuts de la procédure formulaire l'énumération des diverses *intentiones* sur lesquelles peut intervenir la *confessio*, qui est donnée dans le chapitre XXII, et qui malheureusement n'a encore été commentée avec quelque détail que par M. Demelius, *op. cit.*, pp. 147-150.

XIX. Quom ex h(ac) l(ege) operis novi nuntiationem IIvir IIII vir praefectusve ejus municipei remeisserit, quod de ea re judicium datum judicareve jussum judicatumve erit, id ratum ne esto ; quodque quisque quomq(ue) d(e) e(a) r(e) decernet interdeicetve seive sponsionem fierei judicareive jubebit judiciumve quod d(e) e(a) r(e) dabit, is in id decretum interdictum sponsionem judicium exceptionem addito addive jubeto : 'Q(ua) d(e) r(e) operis novi nuntiationem IIvir IIIIvir praefectusve ejus municipei non remeisserit'.

XX. Qua de re quisque, et a quo, in Gallia Cisalpeina damnei infectei ex formula restipularei satisve accipere volet, et ab eo quei ibei j(ure) d(eicundo) p(raerit) postulaverit, id que non k(alumniae) k(aussa) se facere juraverit : tum is, quo d(e) e(a) r(e) in jus aditum erit, eum, quei in jus eductus erit, d(e) e(a) r(e) ex formula repromittere et, sei satis darei debebit, satis dare jubeto decernito. Quei eorum ita non repromeisserit aut non satis dederit, sei quid interim damni datum factumve ex ea re aut ob e(am) r(em) eove nomine erit, quam ob rem, utei damnei infectei repromissio satisve datio fierei *jubeatur*, postulatum erit : tum mag(istratus) prove mag(istratu) IIvir IIIIvir praefec(tus)ve, quoquomque d(e) e(a)

r(e) in jus aditum erit, d(e) e(a) (r(e) ita jus deicito judicia
dato judicareque jubeto *cogito*, proinde atque sei d(e) e(a)
r(e), quom ita postulatum esset, damn*ei* infectei ex formula
recte repromissum satisve datum esset. D(e) *e(a) r(e)* quod ita
judicium datum judicareve jussum judicatumve erit, jus ratumque esto, dum in ea verba, sei damnei infectei repromissum non erit, judicium det itaque judicare jubeat: 'J(u-
dex) e(sto). S(ei), antequam id judicium q(ua) d(e) r(e) a(gitur) factum est, Q. Licinius damni infectei eo nomine q(ua)
d(e) r(e) a(gitur) eam stipulationem, quam is quei Romae
inter peregrinos jus deicet in albo propositam habet, L. Seio
repromeississet: tum quicquid eum Q. Licinium ex ea stipulatione L. Seio d(are) f(acere) oporteret ex f(ide) b(ona)
d(um) *t(axat)* HS¹ e(jus) j(udex) Q. Licinium L. Seio, sei ex
decreto IIvir(ei) IIIIvir(ei) praefec(tei)ve Mutinensis, quod
ejus *is* IIvir IIIIvir praefec(tus)ve ex lege Rubria, seive id
pl(ebei)ve sc(itum) est, decreverit, Q. Licinius eo nomine
qua d(e) r(e) a(gitur) L. Seio damnei infectei repromittere noluit, c(ondemnato); s(ei) n(on) p(aret), a(bsolvito)';
aut sei damnei infectei satis datum non erit, in ea verba
judicium det: 'J(udex) e(sto). S(ei), antequam id judicium
q(ua) d(e) r(e) a(gitur) *f*actum est, Q. Licinius damnei infectei eo nomine q(ua) d(e) r(e) a(gitur) ea stipulatione, quam
is quei Romae inter peregrinos jus deicet in albo propositam
habet, L. Seio satis dedisset: tum q(uic)q(uid) eum Q. Licinium ex ea stipulatione L. Seio d(are) f(acere) oporteret
ex f(ide) b(ona) d(um) t(axat), e(jus) j(udex) Q. Licini*um*
L. Seio, sei ex decreto IIvir(ei) IIIIvir(ei) praef(ectei)ve Mutinensis, quod ejus is IIvir IIIIvir praefect(us)*ve* ex lege Rubria,
seive id pl(ebei)ve sc(itum)est, decreverit, Q. Licinius eo
nomine q(ua) d(e) r(e) a(gitur) L. Seio damnei infectei satis
dare noluit, c(ondemna to); s(ei) n(on) p(aret), a(bsolvito)';
dum IIvir IIIIvir j(ure) d(eicundo) praefec(tus)ve d(e) e(a) r(e)
jus ita deicat curetve, utei ea nomina et municipium colonia locus in eo judicio, quod ex ieis quae proxsume s(cripta)
s(unt) accipietur, includantur concipiantur, quae includei
concipei s(ine) d(olo) (malo) oporteret debebitve², ne quid
ei quei d(e) e(a) r(e) aget petetve captionei ob e(am) r(em)
aut eo nomine esse possit; neive ea nomina, *quae* in earum
qua formula, quae s(upra) s(criptae) s(unt), *scripta sunt* aut

---

(1) Espace laissé en blanc pour le chiffre sur la table.
(2) Mommsen : 'oport*exe* ei videbuntur'.

Mutinam in eo judicio includei concipei curet, nisei iei, quos
inter id judicium accipietur leisve contestabitur, ieis nominibus fuerint, quae in earum qua formula s(upra) s(cripta)
(sunt), et nisei sei Mutinae ea res agetur; neive quis mag(istratus) prove mag(istratu), neive quis pro quo imperio
potestateve erit, intercedito neive quid aliud facito, quo minus
de ea re ita judicium detur judiceturque.

XXI. A quoquomq(ue) pecunia certa credita, signata
forma p(ublica) p(opulei) R(omanei), in eorum quo o(ppido)
m(unicipio) c(olonia) p(raefectura) f(oro) v(eico) c(onciliabulo) c(astello) t(erritorio)ve, quae sunt eruntve in Gallia cisalpeina, petetur, quae res non pluris HS $\overline{XV}$ erit, sei is eam
pecuniam in jure apud eum, quei ibei j(ure) d(eicundo)
p(raerit), ei quei eam petet, aut ei quojus nomine ab eo
petetur, d(are) o(portere) debereve se confessus erit, neque
id quod confessus erit solvet satisve faciet, aut se sponsione
judicioque utei oportebit non defendet, seive is ibei d(e) e(a)
r(e) in jure non responderit, neque d(e) e(a) r(e) sponsionem
faciet neque judicio utei oportebit se defendet: tum de eo,
a quo ea pecunia peteita erit, deque eo, quoi eam pecuniam
d(arei) o(portebit), s(iremps) res lex jus caussaque o(mnibus)
o(mnium) r(erum) esto atque utei esset esseve oporteret, sei
is, quei ita confessus erit, aut d(e) e(a) r(e) non responderit aut se sponsione judicioque utei oportebit non defenderit, ejus pecuniae iei, quei eam suo nomine petierit quoive
eam d(arei) o(portebit), ex judicieis dateis judicareve recte
jusseis jure lege damnatus esset fuisset. Qu*e*ique quomque
IIvir IIIIvir praefec(tus)ve *i*bei j(ure) d(eicundo) p(raerit), is
eum, quei ita quid confessus erit neque id solvet satisve
faciet, eum*ve*, quei se sponsione judiciove utei oportebit
non defenderit aut in jure non responderit neque id solvet
satisve faciet, t(antae) p(ecuniae), quanta ea pecunia erit de
qua tum inter eos ambigetur, dum t(axat) HS $\overline{XV}$ s(ine)
f(raude) s(ua) duci jubeto; queique eorum quem, ad quem
ea res pertinebit, duxserit, id ei fraudi poenaeve ne esto;
quodque ita factum actum jussum erit, id jus ratumque esto.
Quo minus in eum, quei ita vadimonium Romam ex decreto
ejus, quei ibei j(ure) d(eicundo) p(raerit), non promeisserit
aut vindicem locupletem ita non dederit, ob e(am) r(em)
judicium recup(erationem) is, quei ibei j(ure) d(eicundo)
p(raerit), ex h. l. det judicareique d(e) e(a) r(e) ibei curet,
ex h. l. n(ihil) r(ogatur).

XXII. A quo quid praeter pecuniam certam creditam,

signatam forma p(ublica) p(opulei) R(omanei), in eorum quo
o(ppido) m(unicipio) c(olonia) p(raefectura) f(oro) v(eico)
c(onciliabulo) c(astello) t(erritorio)ve, quae sunt eruntve in
Gallia cis Alpeis, petetur, quodve quom eo agetur, quae res
non pluris HS XV erit, et sei ea res erit, de qua re omnei
pecunia ibei jus deicei judiciave darei ex h. l. o(portebit),
sei is eam rem, quae ita ab eo petetur deve ea re cum eo
agetur, ei quei eam *rem* petet deve ea re aget, aut iei quojus
nomine ab eo petetur quomve eo agetur in jure apud eum,
quei ibei j(ure) d(eicundo) p(raerit), d(are) *(facere)* p(raes-
tare) restituereve oportere aut se debere, ejusve eam rem
esse aut se eam habere, eamve rem de qua arguetur se
fecisse obligatumve se ejus rei noxsiaeve esse confessus erit
deixseritve neque d(e) e(a) r(e) satis utei oportebit faciet
aut, sei sponsionem fierei oportebit, sponsionem non faciet,
aut non restituet, neque se judicio utei oportebit defendet,
aut sei d(e) e(a) r(e) in jure nihil responderit, neque d(e) e(a)
r(e) se judicio utei oportebit defendet: tum de eo a quo ea
res ita petetur quomve eo d(e) e(a) r(e) ita agetur, deque eo,
quoi eam rem d(arei) f(ierei) p(raestarei) restitui satisve d(e)
e(a) r(e) fierei oportebit, s(iremps) l(ex) r(es) j(us) c(aussa)-
q(ue) o(mnibus) o(mnium) r(erum) e(sto), atque utei esset
esseve oporteret, sei is, quei ita quid earum rerum confessus erit aut d(e) e(a) r(e) non responderit neq(ue) se judicio
utei oportebit defenderit, de ieis rebus Romae apud pr(aetorem) eumve quei de ieis rebus Romae j(ure) d(eicundo)
p(rae)esset in jure confessus esset, aut ibei d(e) e(a) r(e)
nihil respondisset aut judicio se non defendisset; p(raetor)
q(ue) isve quei d(e) e(is) r(ebus) Romae j(ure) d(eicundo)
p(raerit) in eum et in heredem ejus d(e) e(is) r(ebus) omnibus ita jus deicito decernito eosque duci bona eorum possideri proscreibeive veneireque jubeto, ac sei is heresve ejus
d(e) e(a) r(e) jure apud eum pr(aetorem) eumve quei Romae
j(ure) d(eicundo) *praesset*, confessus esset aut d(e) e(a) r(e)
nihil respondisset, neque se judicio utei oportuisset defendisset; dum ne quis d(e) e(a) r(e) nisei pr(aetor) isve quei
Romae j(ure) d(eicundo) p(raerit) eorum quojus bona possi-
derei proscreibei veneire duceique eum jubeat.

XXIII. Queiquomque in eorum quo o(ppido) m(unicipio)
c(olonia) p(raefectura) f(oro) v(eico) c(onciliabulo) t(erritorio)-
ve quae in Gallia Cisalpeina sunt erunt, j(ure) d(eicundo)
p(raerit), is inter eos, quei de famili*a* erceiscunda deivi-
dunda judicium sibei darei reddeive in eorum quo o. m. c.

p. f. v. c. c. t. ve[1], quae s(upra) s(cripta) s(unt), postulaverint, ita jus deicito decernito judicia dato judicare jubeto, utei in eo o. m. c. p. f. v. c. c. t. ve, in quo is, quojus *de boneis agetur, domicilium habuerit...*

12. FRAGMENT D'ESTE (705-712).

Inscription gravée sur une table de bronze découverte en 1880, à Este, sur l'emplacement de l'ancienne Ateste, en Gaule cisalpine. Nous en donnons ci-dessous le texte d'après la restitution de M. Mommsen, *Fontes*, pp. 100-101. Elle a en outre été publiée et commentée par MM. Alibrandi, *Studi e documenti*, 2, 1881, p. 1 et ss.; Mommsen, *Hermes*, 16, 1881, pp. 24-41 ; Esmein, *Mélanges*, pp. 269-292. Elle nous fait connaître deux chapitres d'une loi certainement relative aux modifications de compétence nécessitées par la concession du droit de cité à des communes. L'un permet aux parties de rendre par leur accord les autorités municipales compétentes en matière d'actions infamantes jusqu'à concurrence d'une valeur de 10.000 sesterces ; l'autre défend de *revocare* à Rome les procès qui jusqu'à la loi Roscia étaient de la compétence des magistrats municipaux. Mais les commentateurs sont en désaccord sur les circonstances précises pour lesquelles la loi a été faite. M. Esmein et M. Alibrandi, qui supposent un déplacement de la table opéré dans le cours des temps, pensent que cette loi trouvée au delà du Pô, se rapporte à la concession du droit de cité faite à toute l'Italie jusqu'au Pô après la guerre sociale, et que tant la loi Roscia, attribuée par M. Esmein au tribun L. Roscius de 687, que notre loi complémentaire, qui parait de la même année que la loi Roscia, auraient été relatives à la répartition de la juridiction en Italie ; M. Esmein semble même incliner à considérer notre texte comme un fragment de la loi Roscia. Tous les autres auteurs admettent que le texte a été fait pour le territoire dans lequel il a été trouvé et que par conséquent il ne peut être antérieur à l'an 705, où la cité fut conférée à la Gaule cisalpine, ni postérieur à l'an 712, où la Gaule cisalpine fut réunie à l'Italie. M. Mommsen y voit même, par une conclusion fort naturelle, un nouveau fragment de la loi Rubria relative à la juridiction dans la même région, puis il voit dans la loi Roscia la loi qui donna la cité aux Cisalpins en 705, et il en déduit comme date désormais certaine de la loi Rubria rendue la même année la date de 705. Mais, en dehors de diversités peu importantes de langue et d'orthographe, le rattachement des deux textes à la même loi ne se concilie pas très aisément avec le maximum de 10.000 sesterces indiqués dans l'un et celui de 15.000 indiqué dans l'autre. M. Mommsen voit dans les 10.000 sesterces un taux spécial aux actions infamantes. D'autres, comme M. Karlowa, *R. R. G.*, 1, p. 442, et M. Krueger, *Gesch. d. Q.*, p. 73, préfèrent y voir le taux général de la loi distincte dont nous aurions ici les fragments, et qui, d'après M. Karlowa notamment, serait la loi qui régit la Gaule cisalpine de 705 à 712, tandis que la loi Rubria serait postérieure à la réunion de la Gaule cisalpine à l'Italie. — Quant aux dispositions du texte, M. Karlowa regarde celle sur la *revocatio* comme une disposition définitive s'appliquant à tous les procès postérieurs, tandis que tous les autres auteurs la considèrent comme une disposition transitoire exclusivement relative aux procès déjà organisés lors de son entrée en

---

[1] V. la solution des abréviations au début du chapitre.

vigueur. Le chapitre relatif aux actions infamantes, qui vient confirmer l'hypothèse selon laquelle ces actions étaient en principe soustraites à la juridiction municipale, est en outre remarquable par la formule *suo nomine quodve ipse earum rerum quid gessisse dicetur* qu'il emploie pour les actions contractuelles et sur laquelle on pourra comparer les explications de MM. Mommsen, p. 39, et Esmein, p. 289, et par la façon différente dont il désigne la poursuite *furti*, pour laquelle il exclut l'action noxale, et l'action d'injures, pour laquelle il ne dit rien de pareil, — pas plus d'ailleurs que la loi Julia municipale, — peut-être parce que l'action noxale d'injures n'existait point encore à cette époque.

Quei post hanc legem rogatam in eorum quo oppido municipio colonia praefectura foro veico conciliabulo castello territoriove, quae in Gallia Cisalpeina sunt eruntve, ad IIvirum IIIIvirum praefectumve in judicium fiduciae aut pro socio aut mandati aut tutelae suo nomine quodve ipse earum rerum quid gessisse dicetur, adducetur, aut quod furti, quod ad hominem liberum liberamve pertinere deicatur[1], aut injuriarum agatur : sei is, a quo petetur quomve quo agetur, d(e) e(a) r(e) in eo municipio colonia praefectura judicio certare *volet* et si ea res HS ccloo[2] minorisve erit, quo minus ibei d(e) e(a) r(e) judex arbiterve addicatur detur, quove minus ibei d(e) e(a) r(e) judicium ita feiat, utei de ieis rebus, quibus ex h(ac) l(ege) judicia data erunt, judicium fierei exerceri oportebit, ex h(ac) l(ege) n(ihilum) r(ogatur).

Quojus rei in quoque municipio colonia praefectura quojusque IIvir(i) ejusve, qui ibei lege foedere pl(ebi)ve sc(ito) s(enatus)ve c(onsulto) institutove jure dicundo praefuit, ante legem, seive illud pl(ebi) sc(itum) est, quod L. Roscius a. d. V. eid. Mart. populum plebemve rogavit, quod privatim ambigetur, juris dictio judicis arbitri recuperatorum datio addictiove *fuit* quantaeque rei pequniaeve fuit : ejus rei pequniaeve quo magis privato Romae revocatio sit quove minus quei ibei j(ure) d(icundo) p(raerit) d(e) e(a) r(e) jus dicat judicem *arbitrumve det* utei ante legem, sive illud pl(ebi) sc(itum) est, *quod L. Roscius a. d. V eidus Mart. populum plebemve rogavit, ab eo quei ibei j(ure) d(icundo) p(raerit) jus dici judicem arbitrumve dari oportuit, ex h(ac) l(ege) n(ihilum) r(ogatur).*

13. Loi Julia municipalis (709).

C. I. L., I, 206 ; Bruns, pp. 101-110. Loi latine gravée sur l'une des faces de deux tables de bronze portant à l'autre face un texte grec plus ancien découvertes en 1732 à Héraclée en Lucanie et présentement

---

(1) Cf. *D.* 39, 4, 1, *pr.*
(2) = 10.000.

conservées au musée de Naples. Cette loi, qui exclut des honneurs municipaux, ligne 121, ceux qui ont fait trafic des têtes mises à prix, est nécessairement postérieure non seulement à l'abdication de Sulla, mais à la chute du régime aristocratique en 684. Elle est, d'autre part, antérieure à l'an 711, où le mois de Quinctilis mentionné ligne 98 prit le nom de Julius, et même à l'an 710, où le nombre total des édiles fut élevé de 4 à 6. Mais M. de Savigny a démontré dans un article reproduit *Vermischte Schriften*, 3, 1850, pp. 279-412, que nous avons là une loi de César de l'an 709, dont l'une des dispositions, celle des lignes 94 et 104 sur l'inéligibilité des *praecones* pendant qu'ils font ce métier et seulement alors, est citée d'une manière indéniable par Cicéron, *Ad fam.*, 8, 18, et il lui rapporte également soit les textes des compilations de Justinien qui semblent traiter d'une loi *municipalis* générale (v. par ex. *D.* 50, 9, 3. *C.* 7, 9, 1), soit l'inscription de Padoue, *C. I. L.*, V, 2864, d'un *IIIIvir aediliciae potestatis e lege Julia municipali*. Cette opinion est aujourd'hui généralement admise, quoique elle ait encore été contestée récemment, surtout sur les derniers points, par M. Karlowa, *R. R. G.*, 1, pp. 438-440. — Nous n'avons point le commencement de la loi; elle paraît en revanche finir avec la deuxième table. Les dispositions qui nous en ont été transmises se rapportent à la fois à la police de la ville de Rome, comme celles sur les *professiones frumentariae*, sur l'entretien de la voie publique et le droit d'y circuler, et à l'organisation des cités de citoyens, comme celles sur l'éligibilité au décurionat et aux magistratures locales et celle sur la confection du cens dans les cités italiques, ce qui faisait M. de Savigny considérer la loi comme une *lex satura* proposée au mépris de la loi Caecilia Didia, tandis que M. Mommsen y voit simplement une loi *municipalis*, faite par César précisément pour montrer que Rome n'est plus désormais que le premier des municipes. Les dispositions en sont surtout intéressantes pour la connaissance de l'administration de la ville de Rome et du régime municipal. Mais en outre le catalogue des causes d'indignité donné aux lignes 108 et ss. peut fournir des renseignements utiles sur certaines des institutions privées auxquelles il se rapporte; voir notamment sur la rédaction alternative de la disposition qui vise la loi Plaetoria et sur l'argument qu'on en peut tirer en faveur de l'existence simultanée d'une action publique et d'une action civile, Karlowa, *Römische Civilprozess zur Zeit der Legis Actionen*, 1872, pp. 352-353; sur le sens de la clause : *quei in jure... abjuraverit bonamve copiam juravit juraverit*, Gallinger, *die Offenbarungseid des Schuldners*, 1884, et les auteurs cités; sur la place occupée par l'action de dol Pernice, *Marcus Antistius Labeo*, 2, 1878, p. 97, et de Jhering, *Faute en droit privé*, 1880, p. 41; sur l'absence de l'action de dépôt, qui parait donc ne pas encore exister en 709, Ubbelohde, *Zur Geschichte der benannten Realcontracte*, 1870, pp. 32-34; de Jhering, *op. cit.*, p. 41. Cf. en outre sur le transfert de créance opéré de l'État à des particuliers en matière de voirie, lignes 20-45, Bruns, *Kl. Schr.*, 2, pp. 18-27, Heyrowsky, *Rechtliche Grundlage der Leges contractus*, 1881, pp. 22-25, 51-52, et les auteurs cités.

... Quem h(ac) l(ege) ad co(n)s(ulem) profiterei oportebit sei is, quom eum profiterei oportebit, Romae non erit, tum quei ejus|negotia curabit, is eadem omnia, quae eum, quojus negotia curabit, sei Romae esset, h(ace) l(ege) profiterei |

oporte*ret*, item isdemque diebus ad co(n)s(ulem) profitemino. |

Quem h(ac) l(ege) ad co(n)s(ulem) profiterei oportebit, sei is pup(illus) seive ea pu(pilla) erit, tum quei ejus pu(pilli)
5. pu(pillae)ve tutor erit, item eadem | que omnia in iisdem diebus ad co(n)s(ulem) profitemino ita utei e*t* quae quibusque die*b*us eum eamve, sei pup(illus) pu(pilla)ve non ess*et*, h(ac) l(ege) profiterei oporteret. |

Sei co(n)s(ul), a*d* quem h(ac) l(ege) professiones fierei oportebit, Romae non erit, tum is, quem profiterei oportebit, quod eum profiterei | oportebit, ad pr(aetorem) urb(anum) aut, sei is Romae non erit, ad eum pr(aetorem), quei inter peregrinos jus deicet, profitemino, ita utei | eum ad co(n)s(ulem) sei tum Romae esset, h(ac) l(ege) profiterei oporteret. |

10. Sei ex eis co(n)s(ulibus) et pr(aetoribus), ad quos h(ac) l(ege) professiones fierei oportebit, nemo eorum Romae erit, tum is, quem profiterei oportebit, | [et] quod eum [eum] profiterei oportebit ad tr(ibunum) pl(ebei) profitemino, ita ute*i* eum ad co(n)s(ulem) pr(aetorem)*que* ur(banum) eumque queiinter peregri | nos jus deicet, sei tum Romae esset, h(ac) l(ege) profiterei oporteret. |

Quod quemqu*e*m h(ac) l(ege) profiterei oportebit, is, apud quem ea professio fiet, ejus quei profitebitur nomen, et ea quae pro | fessus erit, et quo die professus sit, in tabulas pu-
15. blicas referunda curato, eademque omnia quae uteique in tabulas | rettulerit *ita* in tabulam in album referunda *curato*, idque aput *f*orum, et quom frumentum populo dabitur, ibei ubei frumentum populo dabitur cottidie majorem partem diei propositum habeto, u(nde) d(e) p(lano) r(ecte) l(egi) p(ossit). |

Queiquomque frumentum populo dabit damdumve curabit, nei quo*i* eorum, quorum nomina h. l. ad cos. pr(aetorem) tri(bunum) pl(ebei) in ta | bula in albo proposita erunt, frumentum dato neve dare jubeto neve sinito. Quei adversus ea eorum quoi frumentum | dederit, is in tr(itici) m(odios) I HS Iↄↄↄ[1] populo dare damnas esto, ejusque pecuniae quei volet petitio esto. |

20. Quae viae in urbem Rom(am) propiusve u(rbem) R(omam) p(assus) M ubei continente habitabitur, sunt erunt, quojus ante aedificium earum quae | *via* crit, is eam viam arbitratu ejus aed(ilis), quoi ea pars urbis h. l. obvenerit, tueatur; isque aed(ilis) curato, uti quorum | ante aedificium erit quamque viam h. l. quemque tueri oportebit, ei omnes eam viam

---

(1) = Singulos sestertium 50,000.

arbitratu ejus tueantur, neve eo | loco a*qua* consistat, quominus commode populus ea via utatur.

Aed(iles) cur(ules) aed(iles) pl(ebei), [quei nunc sunt], queiquomque post h(anc) l(egem) r(ogatam) factei createi erunt eumve mag(istratum) inierint, iei in diebus V proxumeis, | quibus eo mag(istratu) designatei erunt eumve mag(istratum) inierint, inter se paranto aut sortiunto, qua in partei urbis quisque | eorum vias publicas | in urbem Roma*m*, propiusve u(rbem) Ro(mam) p(assus) *M*, reficiundas sternendas curet, ejusque rei procurationem | habeat. Quae pars quoique aed(ilei) ita h(ac) l(ege) obvenerit, ejus aed(ilis) in eis loceis quae in ea partei erunt viarum reficien | darum tuemdarum procuratio esto, utei h(ac) l(ege) oportebit.

Quae via *inter* aedem sacram et aedificium locumve publicum et inter aedificium privatum est erit, ejus | viae partem dimidiam is aed(ilis), quoi ea pars urbis obvenerit, in qua parte ea aedis sacra erit seive aedificium | publicum seive locus publicus, tuemdam locato. |

Quemquomque ante suum aedificium viam publicam h(ac) l(ege) tueri oportebit, quei eorum eam viam arbitratu ejus aed(ilis), | quojus oportuerit, non tuebitur, eam viam aed(ilis), quojus arbitratu eam tuerei oportuerit, tuemdam locato; | isque aed(ilis) diebus ne minus X antequam locet aput forum ante tribunale suom propositum habeto, quam | viam tuendam et quo die locaturus sit, e*t* quorum ante aedificium ea via sit; eisque, quorum ante aedificium | ea via erit, procuratoribusque eorum domum denuntietur facito, se eam viam locaturum, et quo die locaturus | sit; eamque locationem palam in foro per q(uaestorem) urb(anum) eumve quei aerario praerit facito. Quamta pecunia eam | viam locaverit, tamtae pecuniae eum eosque, quorum ante aedificium ea via erit pro portioni, quantum | quojusque ante aedificium viae in longitudine et in latitudine erit, q(uaestor) urb(anus) queive aerario praerit in tabulas | publicas pecuniae factae referundum curato. Ei quei eam viam tuemdam redemerit, tamtae pecuniae eum eos | ve adtribuito sine d(olo) m(alo). Sei is quei adtributus erit eam pecuniam diebus XXX proxumeis, quibus ipse aut pro | curator ejus sciet adtributionem factam esse ei, quoi adtributus erit, non solverit neque satis fecerit, is | quantae pecuniae adtributus erit tamtam pecuniam et ejus dimidium ei, quoi adtributus erit, da*r*e debeto, | inque eam rem is, quo quomque de ea re aditum erit, judicem

45. judiciumve ita dato, utei de pecunia credita | *judicem* judiciumve dari oporte*ret*. |

Quam viam h(ac) l(ege) tuemdam locari oportebit, aed(ilis), quem eam viam tuendam locare oportebit, is eam viam per | q(uaestorem) urb(anum) queive aerario praerit tuemdam locato, utei eam viam arbitratu ejus, quei eam viam locandam | curaverit, tueatur. Quamtam pecuniam ita quaeque via locata erit, t(antam) p(ecuniam) q(uaestor) ur(banus) queive aerario praerit | redemptorei, quoi e lege locationis dari oportebit, heredeive ejus damdam adtribuendam curato. |

50. Quo minus aed(iles) et IIIIvir(ei) vieis in urbem purgandeis, IIvir(ei) vieis extra propiusve urbem Rom(am) passus M | purgandeis, queiquomque erunt, vias publicas purgandas curent ejusque rei potestatem habeant, | ita utei legibus pl(ebei)ve sc(itis) s(enatus)ve c(onsultis) oportet oportebit, eum h(ac) l(ege) n(ihil) r(ogatur). |

Quojus ante aedificium semita in loco erit, is eam semitam, eo aedificio perpetuo lapidibus perpetueis | integreis continentem, constratam recte habeto arbitratu ejus aed(ilis),
55. quojus in ea parte h(ac) l(ege) viarum | procura*tio* erit. |

Quae viae in u(rbem) R(omam) sunt erunt intra ea loca, ubi continenti habitabitur, ne quis in ieis vieis post k(alendas) Januar(ias) | primas plostrum interdiu post solem ortum, neve ante horam X diei ducito agito, nisi quod aedium | sacrarum deorum inmortalium caussa aedificandarum operisve publice faciumdei causa advehei | portari oportebit, aut quod ex urbe ex ve ieis loceis earum rerum, quae publice demoliendae
60. loca*tae* erunt, publi | ce exportarei oportebit, et quarum rerum caussa plostra h(ac) l(ege) certeis hominibus certeis de causeis agere | ducere licebit. |

Quibus diebus virgines Vestales r*egem* sacrorum flamines plostreis in urbe sacrorum publicorum p(opuli) R(omani) caussa | vehi oportebit, quaeque plostra triumphi caussa, quo die quisque triumpha*bit*, ducei oportebit, quaeque | plostra ludorum, quei Romae aut urbei Romae *p(ropius) p(assus)* M publice feient, inve pompam ludeis circiensibus ducei agei
65. opus | erit: quo minus earum rerum caussa eisque diebus plostra interdiu in urbe ducantur agantur, e(jus) h(ac) l(ege) n(ihil) r(ogatur). |

Quae plostra noctu in urbem inducta erunt, quo minus ea plostra inania aut stercoris exportandei caussa | post solem ortum h(oris) X diei bubus jumenteisve juncta in u(rbe)

R(oma) et ab u(rbe) R(oma) p(assus) M esse liceat, e(jus) h(ac) l(ege) n(ihil) r(ogatur). |

Quae loca publica porticusve publicae in u(rbe) R(oma) p(ropius)ve u(rbei) R(omae) p(assus) M sunt erunt, quorum locorum quojusque porticus | aedilium eorumve mag(istratuom), quei vieis loceisque publiceis u(rbis) R(omae) p(ropius)ve u(rbei) R(omae) p(assus) M purgandeis praerunt, legibus | procuratio est erit, nei quis in ieis loceis inve ieis 70. porticibus quid inaedificatum inmolitumve habeto, | neve ea loca porticumve quam possideto, neve eorum quod saeptum clausumve habeto quo minus eis loceis porticibusque populus utatur pateantve, nisi quibus uteique leg(ibus) pl(ebei)ve s(citis) s(enatus)ve c(onsultis) concessum permissumve est. |

Quibus loceis ex lege locationis, quam censor aliusve quis mag(istratus) publiceis vectigalibus ultrove tributeis | fruendeis tuendeisve dix*it* dixerit, eis, quei ea fruenda tuendave conducta habebunt, ut utei fruei liceat | *aut* utei ea ab eis 75. custodiantur, cautum est, ei quo minus ieis loceis utantur fruantur ita, utei quoique eorum | *ex lege locat*ionis ieis *sine d(olo) (malo)* utei fruei licebit, ex h(ac) l(ege) n(ihil) r(ogatur). |

Quos ludos quisque Romae p(ropius)ve u(rbei) R(omae) p(assus) M faciet, quo minus ei eorum ludorum caussa scaenam pulpitum ceteraque, quae ad eos ludos opus erunt, in loco publico ponere statuere eisque diebus, quibus eos faciet, loco publico utei | liceat, e(jus) h(ac) l(ege) n(ihil) r(ogatur). |

Quei scribae librarei magistratibus apparebunt, ei quo 80. minus loceis publiceis, ubei is, *quoi* quisque eorum apparebunt, | juserit, apparendi caussa utantur, e(jus) h(ac) l(ege) n(ihil) r(ogatur). |

Quae loca serveis publiceis ab cens(oribus) habitandei utendei caussa adtributa sunt, ei quo minus eis loceis utantur, e(jus) h(ac) l(ege) n(ihil) r(ogatur). |

Queiquomque in municipieis coloneis praefectureis foreis conciliabuleis c(ivium) R(omanorum) IIvir(ei) IIIIvir(ei) erunt aliove | quo nomine mag(istratum) potestatemve su*f*ragio eorum, quei quojusque municipi coloniae praefecturae | for*i* 85. conciliabuli erunt, habebunt: nei quis eorum que*m* in eo municipio coloni*a* praefectur*a f*oro conciliabu | lo *in* senatum decuriones conscriptosve legito neve sublegito neve coptato neve recitandos curato, | nisi in demortuei damnateive locum ejusve quei confessus erit se senatorem decurionem conscreiptumve | ibei h(ac) l(ege) esse non licere. |

Quei minor annos XXX natus est erit, nei quis eorum post k(alendas) Januar(ias) secundas in municipio colonia
90. praefe | ctura IIvir(atum) IIIIvir(atum) neve quem alium mag(istratum) petito neve capito neve gerito, nisei quei eorum stipendia | equo in legione III aut pedestria in legione VI fecerit, quae stipendia in castreis inve provincia majorem | partem sui quojusque anni fecerit, aut bina semestria, quae ei pro singuleis annueis, procedere oporteat, *cum eo quod ei legibus pl(ebei)ve sc(iteis) procedere oportebit*[1], | aut ei vocatio rei militaris legibus pl(ebei)ve sc(itis) exve foidere erit, quocirca eum inveitum merere non | oporteat. Neve quis, quei praeconium dissignationem libitinamve faciet, dum eorum
95. quid faciet, in muni | cipio colonia praefectura IIvir(atum) IIIIvir(atum) aliumve quem mag(istratum) petito neve capito neve gerito neve habeto, | neve ibei senator neve decurio neve conscriptus esto neve sententiam dicito. Quei eorum ex eis, quei s(upra) s(criptei) (sunt), | adversus ea fecerit, is HS Iɔɔɔ p(opulo) d(are) d(amnas) e(sto), ejusque pecuniae quei volet petitio esto.

Queiquomque in municipio colonia praefectura post k(alendas) Quinct(iles) prim(as) comitia IIvir(eis) IIIIvir(eis) aleive quoi mag(istratui) | rogando subrogandove habebit, is ne quem, quei minor anneis XXX natus est erit, IIvir(um)
100. IIIIvir(um), queive ibei | alium mag(istratum) habeat, renuntiato neve renuntiarei jubeto, nisi quei stipendia equo in legione III, aut stipendia pedestria in legione VI fecerit, quae stipendia in castreis inve provincia majorem partem sui | quojusque anni fecerit, aut bina semestria, quae ei pro singuleis annueis procedere oporteat, cum eo | quod ei legibus pl(ebeive) sc(iteis) procedere oportebit, aut ei vocatio rei militaris legibus pl(ebei)ve sc(iteis) exve foedere | erit, quo circa eum invitum merere non oporteat. Neve eum, quei praeconium dissignationem libitinamve faciet, dum eorum quid |
105. faciet, IIvir(um) IIIIvir(um), queive ibei mag(istratus) sit, renuntiato, neve in senatum neve in decurionum conscriptorumve numero legito sublegito coptato neve sententiam rogato neve dicere neve | ferre jubeto sc(iens) d(olo) m(alo). Quei adversus ea fecerit, is HS Iɔɔɔ p(opulo) d(are) d(amnas) esto, ejusque pecuniae quei volet petitio esto.

Quae municipia coloniae praefecturae fora conciliabula c(ivium) R(omanorum) sunt erunt, nei quis in eorum quo municipio | colonia praefectura *foro* conciliabulo *in* senatu

---

1) Cf. lignes 102, 103.

decurionibus conscreipteisque esto, neve quoi ibi in eo
ordine | sententiam deicere ferre liceto, quei furtei quod 110.
i*p*se fecit fecerit condemnatus pactusve est erit; | queive
judicio fiduci*ae* pro socio, tutelae, mandatei, injuriarum deve
d(olo) m(alo) condemnatus est erit; queive lege | Plaetoria
ob eamve rem, quod adversus eam legem fecit fecerit, con-
demnatus est erit; queive depugnandei | caussa auctoratus
est erit fuit fuerit; queive in jure *bonam copiam abjuravit*
abjuraverit, bonamve copiam juravit juraverit; queive sponsoribus creditoribusve sueis renuntiavit renuntiaverit se sol-
dum solvere non posse, aut cum eis | pactus est erit se sol- 115.
dum solvere non posse; prove quo datum depensum est erit;
quojusve bona ex edicto | ejus, qu(ei) j(ure) d(eicundo) prae-
fuit praefuerit, — praeterquam sei quojus, quom pupillus
esset reive publicae caussa abesset | neque d(olo) m(alo)
fecit fecerit quo magis r(ei) p(ublicae) c(aussa) a(besset),
possessa proscriptave sunt erunt, — possessa proscriptave sunt
erunt; queive judicio publico Romae | condemnatus est erit,
quo circa eum in Italia esse non liceat, neque in integrum
restitu*t*us est erit; queive in eo | municipio colonia praefec-
tura foro conciliabulo, quojus erit, judicio publico condem-
natus est erit; quemve | k(alumniae) praevaricationis caussa 120.
accussasse fecisseve quod judicatum est erit; quoive aput
exercitum ingnominiae | caussa ordo ademptus est erit;
quemve imperator ingnominiae caussa ab exercitu decedere
jus*it* juserit; | queive ob caput c(ivis) R(omanei) referundum
pecuniam praemium aliudve quid cepit ceperit; queive cor-
pore quaestum | fecit fecerit; queive lanistaturam artemve
ludicram fecit fecerit; queive lenocinium faciet. Quei |
adversus ea in municipio colonia praefectura foro concilia-
bulo *in senatu* decurionibus conscripteisve *fuerit* | sentem- 125.
tiamve dixerit, is HS Iɔɔɔ p(opulo) d(are) d(amnas) esto,
ejusque pecuniae quei volet petitio esto. |

Quoi h(ace) l(ege) in municipio colonia praefectura foro
conciliabulo senatorem decurionem conscriptum esse, | inque
eo ordine sentemtiam dicere ferre non licebit, nei quis,
quei in eo municipio colonia praefectura | foro conciliabulo
senatum decuriones conscriptos habebit, eum in senatum
decuriones conscriptos | ire jubeto sc(iens) d(olo) m(alo);
neve eum ibei sentemtiam rogato neive dicere neive ferre
jubeto sc(iens) d(olo) m(alo); neve quis, que*i* | in eo munici- 130.
pio colonia praefectura foro conciliabulo sufragio eorum
maxumam potestatem habebit, | eorum quem ibei in sena-

tum decuriones conscriptos ire, neve in eo numero esse neve sentemtiam ibei dicere | ferreve sinito sc(iens) d(olo) malo); neve quis ejus rationem comitieis conciliove *habeto, neive quis quem, sei adversus ea comitieis conciliove* creatum est, renuntiato; neve quis, quei ibei mag(istratum) potestatemve habebit, eum cum senatu decurionibus conscript*eis ludos* spectare neive in convivio | publico esse sinito sc(iens) d(olo) m(alo). |

135. Quibus h(ac) l(ege) in municipio colonia praefectura foro conciliabulo in senatu decurionibus conscripteis esse | non licebit, ni quis eorum in municipio colonia praefectura foro conciliabulo IIvir(atum) IIIIvir(atum) aliamve | quam potestatem, ex quo honore in eum ordinem perveniat, petito neve capito; neve quis eorum ludeis, | cumve gladiatores ibei pugnabunt, in loco senatorio decurionum conscriptorum sedeto neve spectato ; | neve convivium publicum is inito; neive quis, sei
140. adversus ea creatum renuntiatum erit, ibei IIvir IIIIvir | esto, neve ibei m(agistratum) potestatemve habeto. Quei adversus ea fecerit, is Hs Iᴐᴐᴐ p(opulo) d(are) d(amnas) esto, ejusque pecuniae quei | volet petitio esto. |

Quae municipia coloniae praefecturae c(ivium) R(omanorum) in Italia sunt erunt, quei in eis municipeis coloneis | praefectureis maximum mag(istratum) maximamve potestatem ibei habebit tum, cum censor aliusve | quis mag(istratus) Romae populi censum aget, is diebus LX proxumeis, quibus
145. sciet Romae censum populi | agi, omnium municipium colonorum suorum queique ejus praefecturae erunt, q(uei) c(ives) (Romanei) erunt, censum | agito, eorumque nomina praenomina patres aut patronos tribus cognomina et quot annos | quisque eorum habet, et rationem pecuniae ex formula census, quae Romae ab eo, qui tum censum | populi acturus erit, proposita erit, ab ieis jurateis accipito ; eaque omnia in tabulas publicas sui | municipi referunda curato ; eosque libros per legatos, quos major pars decurionum conscriptorum |
150. ad eam rem legarei mittei censuerint tum, cum *ea* res consuleretur, ad eos, quei Romae *c*ensum agent, | mittito ; curatoque, utei, quom amplius dies LX reliquei erunt ante quam diem ei, queiquomque Romae | censum ag*et*, finem populi censendi faciant, eos adea*nt* librosque ejus | municipi coloniae praefecturae | edant ; isque censor, seive quis alius mag(istratus) censum populi aget, diebus V proxumeis, quibus legatei ejus | municipi coloniae praefecturae adierint, eos libros
155. census, quei ab ieis legateis dabuntur, accipito | s(ine) d(olo)

m(alo), exque ieis libreis, quae ibei scripta erunt in tabulas publicas referunda curato, easque tabulas | eodem loco, ubei ceterae tabulae publicae erunt, in quibus census populi perscriptus erit, condendas curato. |

Qui pluribus in municipieis coloneis praefectureis domicilium habebit et is Romae census erit, quo magis | in municipio colonia praefectura h(ac) l(ege) censeatur, e(jus) h(ac) l(ege) n(ihil) r(ogatur). |

Quei lege pl(ebei)ve sc(ito) permissus est *f*uit, utei leges in municipio fundano municipibusve ejus municipi daret, | sei 160. qui*d* is post h(anc) l(egem) r(ogatam) in eo anno proximo, quo h(anc) l(egem) populus juserit, ad eas leges *addiderit commutaverit conrexerit*, municipis fundanos | item teneto, utei oporteret, sei eae res ab eo tum, quom primum leges eis municipibus lege pl(ebei)ve sc(ito) dedit, | ad eas leges additae commutatae conrectae essent; neve quis intercedito neve quid facito, quo minus | ea rata sint, quove minus municipis fundanos teneant eisque optemperetur. |

14. Loi quinctia (745).

Loi tribute proposée en 745 par le consul T. Quinctius et rapportée intégralement par Frontin, *De aquis urbis Romae*, 129. Le texte corrompu en a été restitué d'abord par M. Buecheler, dans son éd. de Frontin, 1858, puis, plus complètement, par M. Petschenig, *Wiener Studien*, 6, 1884, p. 249 et ss., d'après lequel il a été publié par M. Mommsen dans la dernière éd. des *Fontes*, p. 112. En dehors de l'utilité spéciale qu'elle présente pour la connaissance du régime des eaux de Rome, cette loi présente le double intérêt général d'être le seule qui nous ait été transmise intégralement avec sa *praescriptio* complète et d'être le texte qui fait le mieux ressortir l'existence distincte des comices par tribus dans lesquels le vote est émis par la *populus* et non par la *plebs*, au Forum et non au Champ de Mars, *pro tribu* et non par centuries. Cf. Mommsen, *Staatsrecht*, 3, 332, n. 1 = tr. fr. 6, 1, 367, n. 1.

T. Quinctius Crispinus consul populum jure rogavit populusque jure scivit in foro pro rostris aedis divi Julii pr(idie) K. Julias. Tribus Sergia principium fuit, pro tribu Sex...... L. f. Virro *primus scivit*.

Quicumque post hanc legem rogatam rivos specus fornices fistulas tubulos castella lacus aquarum publicarum, quae ad urbem *Romam* ducuntur *ducentur*, sciens dolo malo foraverit ruperit foranda rumpendave curaverit pejorave fecerit, quo minus eae aquae earumve quae qua*q*ua in urbem Romam ire cadere *fluere* pervenire du*ci possit* quove minus in urbe Roma et in iis *aedificiis*, quae aedificia urbi continentia sunt erunt, in is hortis praediis locis, quorum hortorum praediorum locorum dominis possessoribusve aqua data vel adtributa est vel erit, saliat distribuatur dividatur in castella lacusque mittatur, is populo Romano *HS*. centum milia dare damnas esto ; et qui d(olo) m(alo) quid eorum ita fecerit, id omne sarcire reficere restituere aedificare ponere e*xcid*ere demolire damnas esto sine dolo malo ; eaque omnia ita, ut *recte factum esse volet*, quicumque curator aquarum est erit, *aut* si curator aquarum nemo erit, tum is praetor, qui inter cives et peregrinos jus dice*t*, multa pignoribus cogit*o* c*o*ercito ; eique curatori aut, si curator non erit, tum ei praetori eo nomine cogend*i* coercend*i* mult*ae* dicend*ae* siv*e* pignoris capiendi jus potestasque esto. Si quid eorum servus fecerit, dominus ejus HS. centum milia populo R*(omano) d(are) damn(as) e(sto)*. Si qui *locus* circa rivos specus fornices fistulas tubulos castella lacus aquarum publicarum, quae ad urbem Romam ducuntur et ducentur, terminatus es*t* et erit, ne quis in eo loco post hanc legem rogatam quid obponit*o* molit*o* obsaepit*o* figit*o* statuit*o* ponit*o* conlocat*o* arat*o* serit*o* ; neve in eum quid immittit*o*, praeterquam rerum faciendarum reponendarum causa quod hac lege licebit oportebit. Qui adversus ea quid fecerit, adversus eum siremps *lex j*us causaque omnium rerum omnibusque esto, atque uti esset esseve oportere*t*, si is adversus hanc legem rivum specum rupisset forassetve. Quo minus in eo loco pascere herbam fenum secare sentes *tollere liceat*, *e(jus) h(ac) l(ege) n(ihil) r(ogatur)*. Curatores aquarum qui nunc sunt quique erunt faciunto, ut in eo loco, qui locus circa fontes et fornices et muros et rivos et specus terminatus est, arbores vites vepres sentes ripae maceriae salicta harundineta tollantur excidantur effodiantur excodicentur, uti quod recte factum esse volet ; eoque nomine iis pignoris capio multae dic*tio* coercitioque esto, idque iis sine fraude sua facere liceto, jus potestasque *esto*. Quo minus vites arbores, quae villis aedificiis maceriisve inclusae sunt, maceriaeve, quas curato*res* aquarum causa cognita ne demolirentur dominis permiserunt, quibus inscripta insculptave essent ipsorum qui permisissent curatorum nomina, maneant, hac lege nihilum rogato*r*. Quo minus ex iis fontibus rivis specibus fornicibus aquam sumere haurire iis, quibuscumque curatores aquarum permiserunt permiserint, praeterquam rota calice machina licea*t*, dum ne qui puteus neque foramen novum fiat, ejus hac lege nihilum rogato*r*.

15. LEX DE IMPERIO VESPASIANI (69-70 après J.-C.).

C. I. L., VI, 930 ; Bruns, pp. 182-183. Table de bronze découverte à Rome, au XIVe siècle, et contenant la fin du texte législatif conférant le pouvoir à Vespasien. Les attributions de l'empereur étant déterminées par un sénatus-consulte qui était ensuite approuvé par acclamation par le peuple, le texte se sert à la fois des tournures habituelles des sénatus-consultes et de celles des lois. L'acte se désigne lui-même comme une loi *(utique quae hanc legem rogatam...)* et il se termine, comme les lois, par une sanction impérative déclarant licite tout fait positif ou d'abstention accompli *hujusce legis ergo*. Mais, sans doute parce que le sénatus-consulte était incorporé dans la loi à l'aide d'une formule telle que : *Ratum esto quod senatui placuit uti...*, les divers pouvoirs de l'empereur sont énumérés dans une série de clauses commençant, conformément au langage des sénatus-consultes, par *uti... liceat...*, ce qui a fait parfois le classer faussement parmi les sénatus-consultes, quoique ce soit en réalité une loi. V. en ce dernier sens Karlowa, *R. R. G.*, 1, p. 635 ; Krueger, *Gesch. der Q.*, p. 228. Cf. d'ailleurs sur les questions de fonds soulevées par notre titre, Mommsen, *Staatsrecht*, 2, p. 877-879 ; Karlowa, *R. R. G.*, 1, p. 494 et ss. et la dissertation spéciale de M. Mispoulet, *Institutions politiques des Romains*, 2, 1882, pp. 367-379, qui contient, pp. 371-375, une traduction française du texte.

.... foedusve cum quibus volet facere liceat ita, uti licuit divo Aug(usto), Ti. Julio Caesari Aug(usto), Tiberioque Claudio Caesari Aug(usto) Germanico ;

utique ei senatum habere, relationem facere, remittere, senatus consulta per relationem discessionemque facere liceat ita, uti licuit divo Aug(usto), Ti. Julio Caesari A(ugusto), Ti. Claudio Caesari Augusto Germanico ;

utique cum ex voluntate auctoritateve jussu mandatuve ejus praesenteve eo senatus habebitur, omnium rerum jus perinde habeatur servetur, ac si e lege senatus edictus esset habereturque ;

utique quos magistratum potestatem imperium curationemve cujus rei petentes senatui populoque Romano commendaverit, quibusque suffragationem suam dederit promiserit, eorum comitis quibusque extra ordinem ratio habeatur ;

utique ei fines pomerii proferre promovere cum ex republica censebit esse, liceat ita, uti licuit Ti. Claudio Caesari Aug(usto) Germanico ;

utique quaecunque ex usu rei publicae majestate*que* divinarum hum*an*arum publicarum privatarumque rerum esse censebit, ei agere facere jus potestasque sit, ita uti divo Aug(usto), Tiberioque Julio Caesari Aug(usto), Tiberioque Claudio Caesari Aug(usto) Germanico fuit ;

utique quibus legibus plebeive scitis scriptum fuit, ne divus Aug(ustus), Tiberiusve Julius Caesar Aug(ustus), Tiberiusque Claudius Caesar Aug(ustus) Germanicus tenerentur, iis legibus plebisque scitis imp(erator) Caesar Vespasianus solutus sit; quaeque ex quaque lege rogatione divum Aug(ustum), Tiberiumve Julium Caesarem Aug(ustum), Tiberiumve Claudium Caes(arem) Aug(ustum) Germanicum facere oportuit, ea omnia imp(eratori) Caesari Vespasiano Aug(usto) facere liceat;

utique quae ante hanc legem rogatam acta gesta decreta imperata ab imperatore Caesare Vespasiano Aug(usto) jussu mandatuve ejus a quoque sunt, ea perinde justa rataq(ue) sint, ac si populi plebisve jussu acta essent.

Sanctio.

Si quis hujusce legis ergo adversus leges rogationes plebisve scita senatusve consulta fecit fecerit, sive quod eum ex lege rogatione plebisve scito s(enatus)ve c(onsulto) facere oportebit, non fecerit hujus legis ergo, id ei ne fraudi esto, neve quit ob eam rem populo dare debeto, neve cui de ea re actio neve judicatio esto, neve quis de ea re apud se agi sinito.

§ 4. *LEGES DATAE*.

Les *leges datae* sont, par opposition aux lois véritables, aux *leges rogatae*, des dispositions qui n'ont pas été votées directement par le peuple ou par la plèbe, mais qui ont été rendues, par délégation du peuple, par le sénat ou un magistrat supérieur, comme sont, par exemple certains actes de concession du droit de cité et les lois d'organisation des provinces et des colonies. Il faudrait même, selon une opinion proposée par M. Mommsen, y comprendre en outre toutes les instructions générales formulées par les magistrats en vertu de leurs pouvoirs, par exemple les édits des magistrats chargés de l'administration de la justice. V. en ce sens Mommsen, *Staatsrecht*, 3, 310 et ss. = tr. fr., 6, 1, p. 253 et ss., et en sens contraire, Krueger, *Gesch. d. Q.*, p. 15, note 48. Les *leges datae* que nous reproduisons ici appartiennent toutes au cercle étroit indiqué en premier lieu. Il comprend en outre, la *lex metalli Vipascensis*, règlement d'un district minier dont 9 chapitres nous ont été conservés par une table de bronze trouvée en 1876 à Aljustrel en Portugal (*Eph. ep.* III, p. 165; Bruns, p. 247; Flach, *N. R. hist.*, 1878, p. 269 et ss.); un fragment de loi coloniale trouvé dans le lit du Tibre auprès de Todi (*C. I. L.*, I, 1409; Bruns, p. 149) et un autre fragment analogue gravé sur une lame de bronze conservée à Florence (*C. I. L.*, I, p. 263, sous le n° 1409; Bruns, p. 149); enfin le curieux fragment législatif découvert à Narbonne en 1888 (*C. I. L.*, XII. 6038).

1. LEX COLONIAE GENETIVAE JULIAE (an de Rome 710).

Tables de bronze découvertes en 1870 et 1874, à Osuna en Andalousie, sur l'emplacement de l'ancienne Urso, et contenant des fragments importants du statut municipal de la colonie de citoyens romains déduite en cet endroit. La déduction de la colonie eut lieu, d'après notre titre, *jussu C. Caesaris dict. imp. et lege Antonia senat(us) que c(onsulto) pl(ebi)que(scito)*, c'est-à-dire, du vivant de César en 710, en vertu d'une loi d'ensemble proposée par Antoine à son instigation et d'un sénatus-consulte et d'un plébiscite spéciaux à notre colonie. Le document dont nous avons les fragments n'est ni l'un ni l'autre de ces actes législatifs, mais une simple *lex data* rendue, par délégation du peuple, par l'auteur de la déduction de la colonie. Et le texte que nous en possédons n'est pas lui-même le texte original, mais une réédition de la fin du premier siècle. La loi, qui doit avoir rempli au moins neuf tables, y était gravée sur cinq colonnes et divisée en chapitres dont les chiffres sont indiqués en marge des tables. Nous possédons un fragment d'une première table contenant les c. 61-69 ; un fragment d'une deuxième table contenant les c. 69-82 ; une table entière contenant les c. 91-106, et un fragment d'une quatrième table contenant les c. 122-134. Le texte en est donné dans Bruns, pp. 119-136. Il a été antérieurement publié et commenté en Allemagne par M. Mommsen, *Eph. ep.*, II, 1874, pp. 105-107; 221-232 ; III, 1877, pp. 87-112, et en France, par M. Giraud, *Les bronzes d'Osuna*, 1874 ; *les bronzes d'Osuna, remarques nouvelles*, 1875 ; *les nouveaux bronzes d'Osuna*, 1876. V. aussi les observations de Bruns, *Kl. Schr.*, 2, 282-297, et Bonnier dans Ortolan, *Explication historique des Instituts*, 1, 12e éd., 1884, pp. 798-807. Les bronzes d'Osuna sont pour les colonies de citoyens un document d'une importance égale à celle des tables de Salpensa et de Malaca pour les colonies latines, et, par suite de la symétrie existant entre les institutions de la métropole et celles de ses colonies, ils éclairent sous de nombreux rapports le régime de la capitale. Mais ils présentent en outre un intérêt considérable pour l'étude du droit privé. Nous citerons seulement les informations absolument nouvelles, données par leur c. 129 sur la procédure des actions soumises à des récupérateurs et surtout celles fournies sur la procédure de *manus injectio* par leur c. 61 : 1° il nous présente dans une nouvelle rédaction officielle, telles qu'elles étaient à la veille de leur abrogation, après avoir subi l'action du temps et de toutes les lois intermédiaires, ces mêmes dispositions sur la *manus injectio judicati* pour lesquelles Aulu-Gelle nous a en partie conservé (20, 1, 42-45) en partie résumé (20, 1, 46-47) les termes des XII tables ; 2° il fournit, au moins selon l'interprétation que nous croyons la meilleure, la preuve directe de la condamnation au double du *vindex* depuis longtemps considérée comme vraisemblable (l'interprétation divergente de M. Exner, *Z.R.G.*, 13, 1878, pp. 394-398, nous semble inadmissible ; car, si les mots *si quis in eo vim faciet* se rapportaient au vol du *judicatus* arraché à son créancier, il y aurait vol manifeste et la peine serait du quadruple et non du double) ; 3° enfin il prouve à la fois que la procédure de *manus injectio* ne fut pas supprimée par la loi Aebutia, certainement bien antérieure à 710, et que la dernière loi qui abrogea cette procédure avec ce qui restait des Actions de la Loi, n'était point encore votée en 710, l'année de la mort de César.

LXI..... *Cui quis ita* manum injicere jussus erit, judicati jure manus injectio esto itque ei s(ine) f(raude) s(ua) facere liceto. Vindex arbitratu IIviri quive j(ure) d(icundo) p(raerit) locuples esto. Ni vindicem dabit judicatumve faciet, secum ducito. Jure civili vinctum habeto. Si quis in eo vim faciet, ast ejus vincitur, dupli damnas esto colonisq(ue) ejus colon(iae) HS ccIɔɔ ccIɔɔ[1] d(are) d(amnas) esto, ejusque pecuniae cui volet petitio, IIvir(o) quive j(ure) d(icundo) p(raerit) exactio judicatioque esto.

LXII. IIviri quicumque erunt, iis IIviris in eos singulos lictores binos, accensos sing(ulos), scribas binos, viatores binos, librarium, praeconem, haruspicem, tibicinem habere jus potestasque esto. Quique in ea colonia aedil(es) erunt, iis aedil(ibus) in eos aedil(es) sing(ulos) scribas sing(ulos), publicos cum cincto limo IIII, praeconem, haruspicem, tibicinem habere jus potestasq(ue) esto. Ex eo numero, qui ejus coloniae coloni erunt, habeto. Iisque IIvir(is) aedilibusque, dum eum mag(istratum) habebunt, togas praetextas, funalia, cereos habere jus potestasq(ue) esto. Quos quisque eorum ita scribas lictores accensos viatorem tibicinem haruspicem praeconem habebit, iis omnibus eo anno, quo anno quisque eorum apparebit, militiae vacatio esto, neve quis eum eo anno, quo mag(istratibus) apparebit, invitum militem facito neve fieri jubeto neve eum cogito neve jus jurandum adigito neve adigi jubeto neve sacramento rogato neve rogari jubeto, nisi tumultus Italici Gallicive causa. Eisque merces in eos singul(os), qui IIviris apparebunt, tanta esto :

in scribas sing(ulos) HS cIɔ cc, in accensos sing(ulos) HS dcc, in lictores sing(ulos) HS dc, in viatores sing(ulos) HS cccc, in librarios sing(ulos) HS ccc, in haruspices sing(ulos) HS d, praeconi HS ccc,

qui aedili(bus) appareb(unt) :

in scribas sing(ulos) HS dccc, in haruspices sing(ulos) HS c,[2] in tibicines sing(ulos) HS ccc, in praecones singulos HS ccc. Itque iis s(ine) f(raude) s(ua) kapere liceto.

LXIII. IIviri, qui primi ad pr. k. Januar. mag(istratum) habebunt, apparitores totidem habento, *quot* sing(ulis) apparitores ex h(ac) l(ege) habere lice*t*. Iisque apparitorib(us) merces tanta esto, quantam esse oporteret, si partem IIII anni *appar*uissent, ut pro portione, quam diu apparuissent, mercedem pro eo kaperent, itque iis s(ine) f(raude) s(ua) c(apere) l(iceto).

LXIIII. IIvir(i) quicumque post colon(iam) deductam erunt, ii in diebus X proxumis, quibus eum mag(istratum)

---

1. = 20.000 sesterces.
2. = D. Mommsen corrige : 500 ; cf. l'énumération précédente.

gerere coeperint, at decuriones referunto, cum non minus duae partes aderint, quos et quot dies festos esse et quae sacra fieri publice placeat et quos ea sacra facere placeat. Quot ex eis rebus decurionum major pars, qui tum aderunt, decreverint statuerint, it jus ratumque esto, eaque sacra eique dies festi in ea colon(ia) sunto.

LXV. Quae pecunia poenae nomine ob vectigalia, quae colon(iae) G(enetivae) Jul(iae) erunt, in publicum redacta erit eam pecuniam ne quis erogare neve cui dare neve attribuere potestatem habeto nisi at ea sacra, quae in colon(ia) aliove quo loco colonorum nomine fiant, neve quis aliter eam pecuniam s(ine) f(raude) s(ua) kapito, neve quis de ea pecunia ad decuriones referundi neve quis de ea pecunia sententiam dicendi jus potestat(eum)que habeto. Eamque pecuniam ad ea sacra, quae in ea colon(ia) aliove quo loco colonorum nomine fient, IIviri s(ine) f(raude) s(ua) dato attribuito itque ei facere jus potestasq(ue) esto. Eique cui ea pecunia dabitur s(ine) f(raude) s(ua) kapere liceto.

LXVI. Quos pontifices quosque augures G. Caesar, quive jussu ejus colon(iam) deduxerit, fecerit ex colon(ia) Genet(iva), ei pontifices eique augures c(oloniae) G(enetivae) J(uliae) sunto, eiq(ue) pontifices auguresque in pontificum augurum conlegio in ea colon(ia) sunto, ita uti qui optima lege optumo jure in quaque colon(ia) pontif(ices) augures sunt erunt. Iisque pontificibus auguribusque, qui in quoque eorum collegio erunt, liberisque eorum militiae munerisque publici vacatio sacro sanctius esto, uti pontifici Romano est erit, aeraque militaria ei omnia merita sunto. De auspiciis quaeque ad eas res pertinebunt augurum juris dictio judicatio esto. Eisque pontificib(us) auguribusque ludis, quot publice magistratus facient, et cum ei pontific(es) augures sacra publica c(oloniae) G(enetivae) J(uliae) facient, togas praetextas habendi jus potestasq(ue) esto, eisque pontificib(us) auguri(bus)q(ue) ludos gladiatoresq(ue) inter decuriones spectare jus potestasque esto.

LXVII. Quicumque pontif(ices) quique augures c(oloniae) G(enetivae) J(uliae) post h(anc) l(egem) datam in conlegium pontific(um) augurumq(ue) in demortui damnative loco h(ac) l(ege) lectus cooptatusve erit, is pontif(ex) augurq(ue) in c(olonia) Jul(ia) in conlegium pontifex augurq(ue) esto, ita uti qui optuma lege in quaque colon(ia) pontif(ices) auguresq(ue) sunt erunt. Neve quis quem in conlegium pontificum kapito sublegito cooptato nisi tunc cum minus tribus pontificib(us) ex iis, qui c(oloniae) G(enetivae) sunt, erunt. Neve quis quem in conlegium augurum sublegito cooptato nisi tum cum minus tribus auguribus ex eis, qui colon(iae) G(enetivae) J(uliae) sunt, erunt.

LXVIII. IIviri praef(ectus)ve comitia pontific(um) augurumq(ue), quos h(ac) l(ege) *facere* oportebit, ita habeto prodicito, [ita] uti IIvir(um) creare facere sufficere h(ac) l(ege) o(portebit).

LXIX. IIviri qui post colon(iam) deductam primi erunt, ei in suo mag(istratu) et quicumq(ue) IIvir(i) in colon(ia) Jul(ia) erunt, [ii] in diebus LX proxumis, quibus eum mag(istratum) gerere coeperint, ad decuriones referunto, cum non minus XX aderunt, uti redemptori redemptoribus[*que*], qui ea redempta habebunt quae ad sacra resq(ue) divinas opus erunt, pecunia ex lege locationis adtribuatur solvaturq(ue). Neve quisquam rem aliam at decuriones referunto neve quot decurionum decretum faciunto antequam eis redemptoribus pecunia ex lege locationis attribuatur solvaturve d(ecurionum) d(ecreto), dum ne minus XX atsint, cum e(a) r(es) consulatur. Quot ita decreverint, ei IIvir(i) *r*edemptori redemptoribus attribuendum *s*olvendumque curato, dum ne ex ea pecunia *s*olvant adtribuant, quam pecuniam ex h(ac) l(ege) *ad ea* sacra, quae in colon(ia) aliove quo loco publice fiant, dari adtribui oportebit.

*L*XX. *II* viri quicum*q*ue erunt ei praeter eos, qui primi post h(anc) l(egem) *facti* erunt, ei in suo mag(istratu) munus ludosve scaenicos Jovi Junoni Minervae deis deabusq(ue) quadriduom m(ajore) p(arte) diei, quot ejus fieri *pote*rit, arbitratu decurionum faciunto inque eis ludis eoque munere unusquisque eorum de sua pecunia ne minus HS∞ ∞ consumito et ex pecunia publica in sing(ulos) IIvir(os) d(um) t(axat) HS∞ ∞ sumere consumere liceto, itque eis s(ine) f(raude) s(ua) facere liceto, dum ne quis ex ea pecun(ia) sumat neve adtributionem faciat, quam pecuniam h(ac) l(ege) ad ea sacra, quae in colon(ia) aliove quo loco publi*ce* fient, dari adtribui oportebit.

LXXI. Aediles quicumq(ue) erunt in suo mag(istratu) munus ludos scaenicos Jovi Junoni Minervae triduom majore parte diei, quot ejus fieri poterit, et unum diem in circo aut in foro Veneri faciunto, inque eis ludis eoque munere unusquisque eorum de sua pecunia ne minus HS∞ ∞ consumito deve publico in sing(ulos) aedil(es) HS∞ sumere liceto, eamq(ue) pecuniam IIvir praef(ectus*v*e) dandam adtribuendam curanto itque iis s(ine) f(raude) s(ua) c(apere) liceto.

LXXII. Quotcumque pecuniae stipis nomine in aedis sacras datum inlatum erit, quot ejus pecuniae eis sacris superfuerit, quae sacra, uti h(ac) l(ege) d(ata) oportebit, ei deo deaeve, cujus ea aedes erit, facta *fuerint*, ne quis facito neve curato neve intercedito, quo minus in ea aede consumatur, ad quam aedem ea pecunia stipis nomine data conlata erit, neve quis eam pecuniam alio consumito neve quis facito, quo magis in alia re consumatur.

LXXIII. Ne quis intra fines oppidi colon(iae)ve, qua aratro circumductum erit, hominem mortuom inferto neve ibi humato neve urito neve hominis mortui monimentum aedificato. Si quis adversus ea fecerit, is c(olonis) c(oloniae) G(enetivae) Jul(iae) HS IↃↃ d(are) d(amnas) esto, ejusque pecuniae cui volet petitio persecutio exactioq(ue) esto. Itque quot inaedificatum erit IIvir aedil(is)ve dimoliendum curanto. Si adversus ea mortuus inlatus positusve erit, expianto uti oportebit.

LXXIV. Ne quis ustrinam novam, ubi homo mortuus combustus non erit, pro*p*ius oppidum passus D facito. Qui adversus ea fecerit, HS IↃↃ c(olonis) c(oloniae) G(enetivae) Jul(iae) d(are) d(amnas) esto, ejusque pecuniae cui volet petitio persecutioq(ue) ex h(ac) l(ege) esto.

LXXV. Ne quis in oppido colon(ia) Jul(ia) aedificium detegito neve demolito neve disturbato, nisi si praedes IIvir(um) arbitratu dederit se rea*e*dificaturum, aut nisi decuriones decreverint, dum ne minus L adsint, cum e(a) r(es) consulatur. Si quis adversus ea fec*erit*, q(uanti) e(a) r(es) e(rit), t(antam) p(ecuniam) c(olonis) c(oloniae) G(enetivae) Jul(iae) d(are) d(amnas) e(sto), ejusq(ue) pecuniae qui volet petitio persecutioq(ue) ex h(ac) l(ege) esto.

LXXVI. Figlinas teglarias majores tegularum CCC tegulariumq(ue) in oppido colon(ia) Jul(ia) ne quis habeto. Qui habuerit *it* aedificium isque locus publicus coloni(ae) Juli(ae) esto, ejusq(ue) aedificii *qui volet petitio esto, quantique ea res erit*[1] quicumque in c(olonia) G(enetiva) Jul(ia) j(ure) d(icundo) p(raerit), s(ine) d(olo) m(alo) eam pecuniam in publicum redigito.

LXXVII. Si quis vias fossas cloacas IIvir aedil(is)ve publice facere immittere commutare aedificare munire intra eos fines, qui colon(iae) Jul(iae) erunt, volet, quot ejus sine injuria privatorum fiet, it is facere liceto.

1. Complément proposé par Mommsen.

LXXIIX. Quae viae publicae itinerave publica sunt *erunt* intra eos fines, qui colon(iae) dati erunt, quicumq(ue) limites quaeque viae quaeque itinera per eos agros sunt erunt fueruntve[1], eae viae eique limites eaque itinera publica sunto.

LXXIX. Qui fluvi rivi fontes lacus aquae stagna paludes sunt in agro, qui colon(is) hujus*ce* colon(iae) divisus erit, ad eos rivos fontes lacus aquas[que] stagna paludes itus actus aquae haustus iis item esto, qui eum agrum habebunt possidebunt, uti iis fuit, qui eum agrum habuerunt possederunt. Itemque iis, qui eum agrum habent possident habebunt possidebunt, itineris aquarum lex jusque esto.

LXXX. Quot cuique negotii publice in colon(ia) de decuri(onum) sententia datum erit, is cui negotium datum erit ejus rei rationem decurionib(us) reddito refertoque in dieb(us) CL proxumis *quibus* it negotium confecerit quibusve it negotium gerere desierit, quot ejus fieri poterit s(ine) d(olo) m(alo).

LXXXI. Quicumque IIvir(i) aed(iles)ve colon(iae) Jul(iae) erunt, ii scribis suis, qui pecuniam publicam colonorumque rationes scripturus erit, antequam tabulas publicas scribet [tractetve], in contione palam luci nundinis in forum jusjurandum adigito per Jovem deosque Penates 'sese pecuniam publicam ejus colon(iae) concustoditurum rationesque veras habiturum esse, u(ti) q(uod) r(ecte) f(actum) e(sse) v(olet) s(ine) d(olo) m(alo), neque se fraudem per litteras facturum esse sc(ientem) d(olo) m(alo)'. Uti quisque scriba ita juraverit, in tabulas publicas referatur facito. Qui ita non juraverit, is tabulas publicas ne scribito neve aes apparitorium mercedemque ob e(am) r(em) kapito. Qui jus jurandum non adegerit, ei HS Iɔɔ multa esto, ejusq(ue) pecuniae cui volet petitio persecutioq(ue) ex h(ac) l(ege) esto.

LXXXII. Qui agri quaeque silvae quaeq(ue) aedificia c(olonis) c(oloniae) G(enetivae) J(uliae), quibus publice utantur, data adtributa erunt, ne quis eos agros neve eas silvas vendito neve locato longius quam in quinquennium, neve ad decuriones referto neve decurionum consultum facito, quo ei agri eaeve silvae veneant aliterve locentur. Neve si venierint, itcirco minus c(oloniae) G(enetivae) Jul(iae) sunto. Quique iis rebus fructus erit, quot se emisse dicat, is in juga sing(ula) inque annos sing(ulos) HS C c(olonis) c(oloniae)

---

1. M. Mommsen propose de remplacer : 'quicumque..... fueruntve' par 'quique limites per eos agros sunt erunt'.

G(enetivae) J(uliae) d(are) d(amnas) *esto, ejusque pecuniae cui volet petitio persecutioque ex hac lege esto.*

Manquent deux colonnes allant de la fin du c. LXXXII au commencement du c. XCI.

XCI. *Si quis ex hac lege decurio augur pontifex coloniae Genetivae Juliae factus creatusve* erit, tum quicumque decurio augur pontifex hujusque col(oniae) domicilium in ea col(onia) oppido propiusve it oppidum p(assus) ∞ non habebit annis V proximis, unde pignus ejus quot satis sit capi possit, is in ea col(onia) augur pontif(ex) decurio ne esto, quique IIviri in ea col(onia) erunt, ejus nomen de decurionibus sacerdotibusque de tabulis publicis eximendum curanto, u(ti) q(uod) recte f(actum) e(sse) v(olet), idq(ue) eos IIvir(os) s(ine) f(raude) s(ua) f(acere) l(iceto).

XCII. IIviri quicumque in ea colon(ia) mag(istratum) habebunt, ei de legationibus publice mittendis ad decuriones referunto, cum m(ajor) p(ars) decurion(um) ejus colon(iae) aderit, quotque de his rebus major pars eorum qui tum aderunt constituerit, it jus ratumque esto. Quamque legationem ex h(ac) l(ege) exve d(ecurionum) d(ecreto), quot ex h(ac) l(ege) factum erit, obire oportuerit neque obierit qui lectus erit, is pro se vicarium ex eo ordine, uti hac lege de(curionum)ve *decreto* d(ari) o(portet), dato. Ni ita dederit, in res sing(ulas), quotiens ita non fecerit, HS ccIɔɔ colon(is) hujusque col(oniae) d(are) d(amnas) e(sto), ejusque pecuniae cui volet petitio persecutioque esto.

XCIII. Quicumque IIvir post colon(iam) deductam factus creatusve erit quive praef(ectus) [qui] ab IIvir(o) e lege hujus coloniae relictus erit, is de loco publico neve pro loco publico neve ab redemptore mancipe praed(e)ve donum munus mercedem aliutve qui kapito neve accipito neve facito, quo quid ex ea re at se suorumve quem perveniat. Qui atversus ea fecerit, is Hs ccIɔɔ ccIɔɔ c(olonis) c(oloniae) G(enetivae) Jul(iae) d(are) d(amnas) e(sto), ejusque pecuniae cui volet petitio persecutioque esto. |

XCIIII. Ne quis in hac colon(ia) jus dicito neve cujus in ea colon(ia) juris dictio esto nisi IIvir(i) aut quem IIvir praef(ectum) reliquerit aut aedil(is), uti h(ac) l(ege) o(portebit). Neve quis pro eo imper(io) potestat(e)ve facito, quo quis in ea colonia jus dicat, nisi quem ex h(ac) l(ege) dicere oportebit.

XCV. Qui reciperatores dati erunt, si eo die quo jussi erunt non judicabunt, IIvir prae*f*(ectus)ve ubi e(a) r(es) a(gitur) eos rec(iperatores) eumque cujus res a(gitur) adesse jubeto diemque certum dicito, quo die atsint, usque ateo, dum e(a) r(es) judicata erit, facitoque, uti e(a) r(es) in diebus XX proxumis, quibus d(e) e(a) r(e) rec(iperatores) dati jussive erunt judicare, judic(etur), u(ti) q(uod) r(ecte) f(actum) e(sse) v(olet). Testibusque in eam rem publice dum taxat h(ominibus) XX, qui colon(i) incolaeve erunt, quibus is qui rem quaeret volet, denuntietur facito. Quibusq(ue) ita testimonium denuntiatum erit quique in testimonio dicendo nominati erunt, curato, uti at it judicium atsint. Testimoniumq(ue), si quis quit earum rer(um), quae res tum agetur, sciet aut audierit, juratus dicat facito, uti q(uod) r(ecte) f(actum) e(sse) v(olet), dum ne omnino amplius h(omines) XX in judicia singula testimonium dicere cogantur. Neve quem invitum testimonium dicere cogito, qui ei, *cuia*[1] r(es) tum agetur, gener socer, vitricus privignus, patron(us) lib(ertus), consobrinus *sit* propiusve eum ea cognatione atfinitateve contingat. Si IIvir praef(ectus)ve, qui *ex* re colon(iae) petet, non aderit[2] ob eam rem, quot ei morbus sonticus, vadimonium, judicium, sacrificium, funus familiare feriaeve denicales erunt, quo minus adesse possit sive is propter magistratus potestatemve p(opuli) R(omani) minus atesse poterit : quo magis eo absente de eo cui *is* negotium facesset recip(eratores) sortiantur rejiciantur res judicetur, ex h(ac) l(ege) n(ihil) r(ogatur). Si privatus petet et is, cum de ea re judicium fieri oportebit, non aderit neque arbitratu IIvir(i) praef(ecti)ve ubi e(a) r(es) a(getur) excusabitur *ei* harum quam causam esse, quo minus atesse possit, morbum sonticum, vadimonium, judicium, sacrificium, funus familiare, ferias denicales eumve propter mag(istratus) potestatemve p(opuli) R(omani) atesse non posse : post ei earum *rerum*, quarum h(ac) l(ege) quaestio erit, actio ne esto. Deq(ue) e(a) r(e) siremps lex resque esto, qu*asi* si neque judices *d*electi[3] neq(ue) recip(eratores) in eam rem dati essent.

XCVI. Si quis decurio ejus colon(iae) ab IIvir(o) praef(ecto)ve postulabit, uti ad decuriones referatur, de pecunia publica deque multis poenisque deque locis agris aedificis publicis quo facto quaeri judicarive oporteat : tum IIvir quive juri dicundo praerit d(e) e(a) r(e) primo quoque die decuriones consulito decurionumque consultum facito fiat, cum non

---

1. Cf. Cicéron, *Verr.*, 1, 54, 142 : 'cuia res est'.
2. M. Mommsen intercale : '*cum de ea re judicium fieri oportebit, eo absente de eo cui is negotium facesset reciperatores sortiuntor rejiciuntor res judicator ; si non aderit*'.
3. Mommsen ; Huschke : 'rejecti' ; le texte : 'relecti'.

minus m(ajor) p(ars) decurionum atsit, cum ea res consuletur. Uti m(ajor) p(ars) decurionum, qui tum aderint, censuer(int), ita jus ratumque esto.

XCVII. Ne quis IIvir neve quis pro potestate in ea colon(ia) facito neve ad decur(iones) referto neve d(ecurionum) d(ecretum) facito fiat, quo quis colon(is) colon(iae) patron(us) sit atopteturve praeter eum, cui c(olonis) a(grorum) d(andorum) a(tsignandorum) j(us) ex lege Julia est, eumque, qui eam colon(iam) deduxerit, liberos posterosque eorum, nisi de m(ajoris) p(artis) decurion(um) *qui tum aderunt* per tabellam senten*tia*, cum non minus L aderunt, cum e(a) r(es) consuletur. Qui atversus ea *f*ecerit, HS Iↄↄ colon(is) ejus colon(iae) d(are) d(amnas) esto, ejusque pecuniae colon(orum) ejus colon(iae) cui volet petitio esto.

XCVIII. Quacumque munitionem decuriones hujusce coloniae decreverint, si m(ajor) p(ars) decurionum atfuerit, cum e(a) r(es) consuletur, eam munitionem fieri liceto, dum ne amplius in annos sing(ulos) inque homines singulos puberes operas quinas et in [jumenta plaustraria] juga sing(ula) operas ternas decernant. Eique munitioni aed(iles) qui tum erunt ex d(ecurionum) d(ecreto) praesunto. Uti decurion(es) censuerint, ita muniendum curanto, dum ne invito ejus opera exigatur, qui minor annor(um) XIIII aut major annor(um) LX natus erit. Qui in ea colon(ia) intrave ejus colon(iae) fines domicilium praediumve habebit neque ejus colon(iae) colon(us) erit, is eidem munitioni uti colon(us) pareto.

XCVIIII. Quae aquae publicae in oppido colon(ia) Gen(etiva) adducentur, IIvir, qui tum erunt, ad decuriones, cum duae partes aderunt, referto, per quos agros aquam ducere liceat. Qua *pa*rs major decurion(um), qui tum aderunt, duci decreverint, dum ne per it aedificium, quot non ejus rei causa factum sit, aqua ducatur, per eos agros aquam ducere j(us) p(otestas)que esto, neve quis facito, quo minus ita aqua ducatur.

C. Si quis colon(us) aquam in privatum caducam ducere volet isque at IIvir(um) adierit postulabitque, uti ad decurion(es) referat, tum is IIvir, a quo ita postulatum erit, ad decuriones, cum non minus XXXX aderunt, referto. Si decuriones m(ajor) p(ars), qui tum atfuerint, aquam caducam in privatum duci censuerint, ita ea aqua utatur, quot sine privat*i* injuria fiat, j(us) potest(as)que e(sto).

CI. Quicumque comitia ma*g*istrat*i*bus creandis subrogandis habebit, is ne qu*em* eis comitis pro tribu accipito neve renuntiato neve renuntiari jubeto, qui *in earum* qua causa erit, *e qua* eum h(ac) l(ege) in colon(ia) decurionem nominari creari inve decurionibus esse non oporteat non liceat.

CII. IIvir qui h(ac) l(ege) quaeret jud(icium)*ve* exercebit, quod judicium uti uno die fiat h(ac) l(ege) praestitu*tum* non est, ne quis eorum ante h(oram) I neve post horam XI diei quaerito neve judicium exerceto. Isque IIvir in singul(os) accusatores, qui eorum delator erit, ei h(oras) IIII, qui subscriptor erit, h(oras) II accusandi potest(atem) facito. Si quis accusator de suo tempore alteri concesserit, quot ejus cuique concessum erit, eo amplius cui concessum erit dicendi potest(atem) facito. Qui de suo tempore alteri concesserit, quot ejus cuique concesserit, eo minus ei dicendi potest(atem) facito. Quot horas omnino omnib(us) accusatorib(us) in sing(ulas) actiones dicendi potest(atem) fieri oporteb(it), totidem horas et alterum tantum reo quive pro eo dicet in sing(ulas) actiones dicendi potest(atem) facito.

CIII. Quicumque in col(onia) Genet(iva) IIvir praef(ectus)ve j(ure) d(icundo) praerit, *eum* colon(os) incolas[que] contributos*que* quocumque tempore colon(iae) fin(ium) *defend*endorum[1] causa armatos educere decurion(es) cen(suerint), quot m(ajor) p(ars) qui tum aderunt decreverint, id e(i) s(ine) f(raude) s(ua) f(acere) l(iceto). *Ei*que IIvir(o) aut *quem* IIvir armatis praefecerit idem jus eademque animadversio esto, uti tr(ibuno) mi*l*(itum) p(opuli) R(omani) in exercitu p(opuli) R(omani) est, itque e(i) s(ine) f(raude) s(ua) f(acere) l(iceto) j(us) p(otestas)que e(sto), dum it, quot m(ajor) p(ars) decurionum decreverit, qui tum aderunt, fiat.

CIIII[2]. Qui limites decumaniqu*e* intra fines c(oloniae) G(enetivae) deducti factiqu*e* erunt, quaecum(que) fossae limitales in eo agro erunt, qui jussu C. Caesaris dict(atoris) imp(eratoris) et lege Antonia senat(us)que c(onsultis) pl(ebi)que s(citis) ager datus atsignatus erit, ne quis limites decumanosque opsaeptos neve quit immolitum neve quit ibi ospaeptum habeto, neve eos arato, neve eis fossas opturato neve opsaepito, quo minus suo itinere aqua ire fluere possit. Si quis atversus ea quit fecerit, is in res sing(ulas), quotienscumq(ue) fecerit, HS∞ c(olonis) c(oloniae) G(enetivae) J(uliae) d(are) d(amnas) esto, ejusq(ue) pecun(iae) cui volet petitio p(ersecutio)q(ue) esto.

CV. Si quis quem decurion(um) indignum loci aut ordinis

1. Ou 'tuendorum'; le bronze : 'dividendorum'.
2. Chapitre extrait de la loi Julia agraria, c. 4 ou 54 (p. 62).

decurionatus esse dicet, praeterquam quot libertinus erit, et
ab IIvir(o) postulabitur, uti de ea re judicium reddatur, IIvir
quo de ea re in jus aditum erit, jus dicito judiciaque reddito.
Isque decurio, qui judicio condemnatus erit, postea decurio
ne esto neve in decurionibus sententiam dicito neve IIvir(a-
tum) neve aedilitatem petito neve quis IIvir comitis suffragio
ejus rationem habeto neve IIvir(um) neve aedilem renuntiato
neve renuntiari sinito.

CVI. Quicumque c(olonus) c(oloniae) G(enetivae) erit,
quae jussu C. Caesaris dict(atoris) ded(ucta) est, ne quem in
ea col(onia) coetum conventum conjurationem...

(Manque une table allant de la fin du c. CVI au début du c. CXXIII).

CXXIII.[1] *IIvir ad quem de ea re in jus aditum erit, ubi judicibus, apud quos ea res agetur, majori parti eorum planum factum
non erit, eum de quo judicium datum est decurionis loco indignum
esse, eum* qui accusabitur ab his judicibus eo judicio absolvi
jubeto. Qui ita absolutus erit, quod judicium *praevaricatio-*
n(is) causa factum non sit, is eo judicio h(ac) l(ege) absolutus esto.

CXXIIII. Si quis decurio c(oloniae) G(enetivae) decurionem c(oloniae) G(enetivae) h(ac) l(ege) de indignitate accusabit, eum*que* quem accusabit eo judicio h(ac) l(ege) condemnarit, is qui quem eo judicio ex h(ac) l(ege) condemnarit, si
volet, in ejus locum qui condemnatus erit sententiam dicere,
ex h(ac) l(ege) liceto itque eum s(ine) f(raude) s(ua) jure lege
recteq(ue) facere liceto, ejusque is locus in decurionibus sententiae dicendae rogandae h(ac) l(ege) esto.

CXXV. Quicumque locus ludis decurionibus datus *ats*i-
gnatus relictusve erit, ex quo loco decuriones ludos spectare
o(portebit), ne quis in eo loco, nisi qui tum decurio c(oloniae) G(enetivae) erit, quive tum magistratus imperium potestatemve colonor(um) suffragio [geret] jussuque C. Caesaris
dict(atoris) co(n)s(ulis) prove co(n)s(ule) habebit, quive pro
quo imperio potestateve tum in c(olonia) Gen(etiva) erit, quibusque locos in decurionum loco ex d(ecreto) d(ecurionum)
col(oniae) Gen(etivae) d(ari) o(portebit), quod decuriones
decr(everint), cum non minus dimidia pars decurionum
adfuerit cum e(a) r(es) consulta erit, [ne quis praeter eos, qui

---

1. La table qui contient ces derniers chapitres semble avoir été écrite postérieurement aux précédentes, probablement pour remplacer une table perdue, sans
que d'ailleurs cette hypothèse elle-même rende compte de toutes ses défectuosités.
Les formules y sont prolixes et les interpolations très fréquentes ; elle est tout
entière écrite en lettres plus petites et plus serrées ; les chapitres 129-131, écrits en
lettres encore plus petites, semblent avoir été ajoutés après coup.

s(upra) s(cripti) s(unt), qui locus decurionibus datus atsignatus relictusve erit, in eo loco] sedeto neve quis alium in ea loca sessum ducito neve sessum *d*uci jubeto s*ciens* d(olo) m(alo). Si quis adversus ea sederit sc(iens) d(olo) m(alo) *sive* quis atversus ea sessum duxerit ducive jusserit sc(iens) d(olo) m(alo), is in res sing(ulas), quotienscumque quit d(e) e(a) r(e) atversus ea fecerit, HS I⊃⊃ c(olonis) c(oloniae) G(enetivae) J(uliae) d(are) d(amnas) esto, ejusque pecuniae *q*ui eorum volet rec(iperatorio) judicio aput IIvir(um) praef(ectum)ve actio petitio persecutio ex h(ac) l(ege) [j(us) potest(as)que] e(sto).

CXXVI. IIvir, aed(ilis), praef(ectus) quicumque c(oloniae) G(enetivae) J(uliae) ludos scaenicos faciet, sive quis alius c(oloniae) G(enetivae) J(uliae) ludos scaenicos faciet, colonos Genetivos incolasque hospites*que* atventoresque ita sessum ducito, ita locum dato distribuito atsignato, uti d(e) e(a) r(e) [de eo loco dando atsignando] decuriones, cum non min(us) L decuriones, cum e(a) r(es) c(onsuletur), in decurionibus adfuerint, decreverint statuerint s(ine) d(olo) m(alo). Quot ita ab decurionibu(s) de loco dando atsignando statu*tum* decretum erit, it h(ac) l(ege) j(us) r(atum)q(ue) esto. Neve is qui ludos faciet aliter aliove modo sessum ducito neve duci jubeto neve locum dato ne*ve* dari jubeto neve locum attribuito neve attribui jubeto neve locum atsignato neve atsignari jubeto neve quit facito, quo aliter aliove modo, adque uti locus datus atsignatus attributusve erit, sedeant, neve facito, quo quis alieno loco sedeat, sc(iens) d(olo) m(alo). Qui atversus ea fecerit, is in res singulas, quotienscumque quit atversus ea fecerit, HS I⊃⊃ c(olonis) c(oloniae) G(enetivae) J(uliae) d(are) d(amnas) e(sto), ejus*que* pecuniae cui volet rec(iperatorio) judicio a*p*ut IIvir(um) praef(ectum)ve actio petitio persecutioque h(ac) l(ege) [jus potestasque] esto.

CXXVII. Quicumque ludi scaenici c(oloniae) G(enetivae) J(uliae) fient, ne quis in orchestram ludorum spectandor(um) causa praeter mag(istratum) prove mag(istratu) p(opuli) R(omani), quive j(ure) d(icundo) p(raerit) *e*t si quis senator p(o-puli) R(omani) est erit fuerit, et si quis senatoris f(ilius) p(o-puli) R(omani) est erit fuerit, et si quis praef(ectus) fabrum ejus mag(istratus) prove magistrat*u*, qui provinc(iarum) Hispaniar(um) ulteriorem [Baeticae praerit] optinebit, erit, et quos ex h(ac) l(ege) decurion(um) loco [decurionem] sedere oportet oportebit, [praeter eos qui s(upra) s(cripti) s(unt) ne quis in orchestram ludorum spectandorum causa] sedeto, [neve quisque mag(istratus) prove mag(istratu) p(opuli) R(omani) q(ui) j(ure) d(icundo) p(raerit) ducito], neve quem quis sessum ducito, neve in eo loco sedere sinito, uti q(uod) r(ecte) f(actum) e(sse) *v(olet)* s(ine) d(olo) m(alo).

CXXVIII. II(vir) [aed(ilis)] praef(ectus) c(oloniae) G(enetivae) J(uliae) quicumque erit, is suo quoque anno mag(istratu) imperioq(ue) facito curato, quod ejus fieri poterit, u(ti) *q(uod)* r(ecte) f(actum) *e(sse)* v(olet), s(ine) d(olo) m(alo), mag(istri) ad fana templa delubra, que*m* ad modum decuriones censuerin*t*, suo quoque anno fiant e*i*que [d(ecurionum) d(ecreto)] suo quoque anno ludos circenses, sacrificia pulvinariaque facienda curent, que*m* a*d* modum [quitquit] de iis rebus, mag(istris) creandis, *lu*dis circensibus faciendis, sacrificiis procu*r*andis, pulvinaribus faciendis decuriones statuerint decreverint, [ea omnia ita fiant]. Deque iis omnibus rebus quae s(upra) s(criptae) s(unt) quotcumque decuriones statuerint decreverint, it jus ratumque esto, eiq(ue) omnes, at quos ea res pertinebit, quot quemque eorum ex h(ac) l(ege) facere oportebit, faciunto s(ine) d(olo) m(alo). Si quis atversus ea *f*ecerit quotiens*cum*que quit atversus ea fecerit, HS ccIↃↃ c(olonis) c(oloniae) G(enetivae) J(uliae) d(are) d(amnas) e(sto), ejusque pecun(iae) cui eorum volet rec(iperatorio) judic(io) aput IIvir(um) praef(ectum)*ve* actio petitio persecutioq(ue) e(x) h(ac) l(ege) [jus pot(estas)] esto.

CXXIX. IIvir(i) aediles praef(ectus) c(oloniae) G(enetivae) J(uliae) quicumque erunt decurionesq(ue) c(oloniae) G(enetivae) J(uliae) quicumque erunt, ei omnes d(ecurionum) d(ecretis) diligenter parento optemperanto s(ine) d(olo) m(alo) faciuntoque uti quot qu*em*q(ue) eor(um) decurionum d(ecreto) agere facere o(portebit) ea omnia agant *f*aciant, u(ti) q(uod) r(ecte) f(actum) (esse) v(olet) s(ine) d(olo) m(alo). Si quis ita non fecerit sive quit atversus ea fecerit sc(iens) d(olo) m(alo), is in res sing(ulas) HS ccIↃↃ *c(olonis)* c(oloniae) G(enetivae) J(uliae) d(are) d(amnas) e(sto), ejusque pecuniae cui eor(um) volet rec(iperatorio) judic(io) aput IIvir(um) praef(ectum)ve actio petitio persecutioque ex h(ac) l(ege) [jus potestasque] e(sto).

CXXX. Ne quis IIvir [aed(ilis)] praef(ectus) c(oloniae) G(enetivae) J(uliae) quicumque erit ad decurion(es) c(oloniae) G(enetivae) *r*eferto neve decurion(es) consulito neve d(ecretum) d(ecurionum) facito neve d(e) e(a) r(e) in tabulas p(ublicas) referto neve referri jubeto neve quis decur(io) d(e) e(a) r(e), q(ua) d(e) r(e) a(getur), in decurionib(us) sententiam di-

cito neve d(ecretum) d(ecurionum) scribito, neve in tabulas
publicas referto, neve referundum curato, quo quis senator
senatorisve f(ilius) p(opuli) R(omani) c(oloniae) G(enetivae)
patronus atoptetur sumatur fiat nisi de trium partium d(ecurionum) [d(ecreto)] sentent(ia) per tabellam facito et nisi de
eo homine, de quo tum referetur consuletur, d(ecretum) d(e-
curionum) fiat, qui, cum e(a) r(es) a(getur), in Italiam sine imperio privatus erit. Si quis adversus ea ad decurion(es) rettulerit d(ecurionum)ve d(ecretum) fecerit faciendumve curaverit inve tabulas publicas rettulerit referrive jusserit sive quis
in decurionib(us) sententiam dixerit d(ecurionum)ve d(ecretum scripserit inve tabulas publicas rettulerit referendumve
curaverit, in res sing(ulas), quotienscumque quit atversus ea
fecerit, is HS ccclɔɔɔ c(olonis) c(oloniae) G(enetivae) J(uliae)
d(are) d(amnas) e(sto), ejusque pecuniae cui eor(um) volet rec(iperatorio) judi(cio) aput IIvir(um) interregem prae-
f(ectum) actio petitio persecutioque ex h(ac) l(ege) [j(us) po-
test(as)que] e(sto).

CXXXI. Neve quis IIvir [aed(ilis)] praef(ectus) c(oloniae)
G(enetivae) J(uliae) quicumque erit ad decuriones c(oloniae)
G(enetivae) referto neve d(ecuriones) consulito neve d(ecretum) d(ecurionum) facito neve d(e) e(a) r(e) in tabulas publicas referto neve referri jubeto neve quis decurio d(e) e(a) r(e)
in decurionib(us) sententiam dicito neve d(ecretum) d(ecurionum) scribito neve in tabulas publicas referto neve referundum curato, quo quis senator senatorisve f(ilius) p(opuli)
R(omani) c(oloniae) G(enetivae) J(uliae) hospes atoptetur,
hospitium tesserave hospitalis cum quo fiat, nisi de majoris
p(artis) decurionum sententia per tabellam [facito] et nisi
de eo homine, de quo tum referetur consuletur, d(ecretum)
d(ecurionum) fiet, qui, cum e(a) r(es) a(getur), in Italiam sine
imperio privatus erit. Si quis adversus ea ad decuriones rettulerit d(ecretum)ve d(ecurionum) fecerit faciendumve curaverit inve tabulas publicas rettulerit referrive jusserit sive
quis in decurionibus sententiam dixerit d(ecretum)ve d(ecurionum) scripserit inve tabul(as) public(as) rettulerit referendumve curaverit, is in res sing(ulas), quotienscumque
quit atversus ea fecerit, HS ccIɔɔ c(olonis) c(oloniae) G(enetivae) Juliae d(are) d(amnas) e(sto), ejusque pecuniae cui
eorum volet recu(peratorio) judic(io) aput IIvir(um) prae-
f(ectum)ve actio petitio persecutioque h(ac) l(ege) [jus potes-
t(as)que] esto.

CXXXII. Ne quis in c(olonia) G(enetiva) post h(anc)

l(egem) datam petitor kandidatus, quicumque in c(olonia) G(enetiva) J(ulia) mag(istratum) petet, *magistratus* petendi causa in eo anno, quo quisque anno petitor kandidatus mag(istratum) petet petiturusve erit, [mag(istratus) petendi] convivia facito neve at cenam que*m* vocato neve convivium habeto neve facito sc(iens) d(olo) m(alo), quo quis suae petitionis causa convi*vi*um habeat ad cenamve que*m* vocet, praeter [dum] quod ipse kandidatus petitor in eo anno, *quo* mag(istratum) petat voca*rit* dum taxat *in* dies sing(ulos) h(ominum) VIIII [convi*vi*um habeto], si volet, s(ine) d(olo) m(alo). Neve quis petitor kandidatus donum munus aliudve quit det largiatur petitionis causa sc(iens) d(olo) m(alo). Neve quis alterius petitionis causa convivia facito neve quem ad cenam vocato neve convivium habeto, neve quis alterius petitionis causa cui quit *do*num munus aliutve quid dato donato largito sc(iens) d(olo) m(alo). Si quis atversus ea fecerit, HS I∞ c(olonis) c(oloniae) G(enetivae) J(uliae) d(are) d(amnas) e(sto), ejusque pecuniae cui eor(um) volet rec(uperatorio) judic(io) aput IIvir(um) praef(ectum)*ve* actio petitio persec(utio)que ex h(ac) l(ege) [j(us) potest(as)que] esto.

CXXXIII. Qui col(oni) Gen(etivi) Jul(ienses) h(ac) l(ege) sunt erunt, eorum omnium uxores, quae in c(olonia) G(enetiva) J(ulia) h(ac) l(ege) sunt, [eae mulier*es*] legibus c(oloniae) G(enetivae) J(uliae) virique parento juraque [ex h(ac) l(ege)], quaecumque in hac lege scripta sunt, omnium rerum ex h(ac) l(ege) habento s(ine) d(olo) m(alo).

CXXXIV. Ne quis IIvir [aedil(is)] praefectus c(oloniae) G(enetivae), quicumque erit, post h(anc) l(egem) ad decuriones c(oloniae) G(enetivae) referto neve decuriones consulito neve d(ecretum) d(ecurionum) facito neve d(e) e(a) r(e) in tabulas publicas referto neve referri jubeto neve quis decurio, cum e(a) r(es) a(getur), in decurionibus sententiam dicito neve d(ecretum) d(ecurionum) scribito neve in tabulas publicas referto neve *r*eferendum curato, quo cui pecunia publica a*liudve* quid honoris habendi causa munerisve *d*and*i* p*o*llicendi *prove* statua danda ponenda detur donetur. . . . .

2. Lois de Salpensa et Malaca (ans 81-84 après J.-C.).

C. I. L., II, 1963-1964; Bruns, pp. 136-148. Tables de bronze au nombre de deux trouvées en octobre 1851, en Espagne, dans les environs de Malaga et portant des restes des statuts municipaux des villes latines de Salpensa et de Malaca. Les deux statuts sont des *leges datae* relatives à l'organisation dans ces deux villes du *jus Latii* qui leur avait été conféré par Vespasien en même temps qu'aux autres villes espagnoles (Pline, *H. n.*, 3, 3, 30), et se placent entre l'avènement de Domitien, le 11 septembre 81, et le commencement de 84, où cet empereur reçut le titre de *Germanicus* qu'il n'y porte pas encore. Les deux lois étaient sans doute rédigées sur un modèle uniforme, et c'est ce qui explique que la table de Salpensa ait pu être transférée à Malaca, probablement pour combler les lacunes de l'exemplaire qu'on y possédait de la loi locale. La table de Salpensa est écrite sur deux colonnes, celle de Malaca sur cinq. Toutes deux sont divisées en chapitres numérotés avec des rubriques indiquant l'objet des chapitres et précédées de la lettre R. Elles nous donnent les chapitres 21-29 de la 1re loi et 51-69 de la 2e. Leur authenticité a été contestée peu après leur découverte par M. Laboulaye, *Les tables de Malaca et de Salpensa*, 1856, puis plus tard par M. Asher, et défendue par M. Giraud, *Les tables de Salpensa et de Malaca*, 1851; *La Lex Malacitana*, 1868; elle n'est plus discutée aujourd'hui. Ce sont les seuls fragments que nous possédions de statuts municipaux latins, et elles présentent à ce point de vue un intérêt de premier ordre; en outre elles fournissent un grand nombre d'indications relatives au droit public et privé qui ont été relevées dans le commentaire d'ensemble donné de ces lois par M. Mommsen, *Die Stadtrechte der latinischen Gemeinden Salpensa und Malaca*, (*Abh. der sächs. Gesellschaft*, 1855, pp. 363-507), et aussi en partie dans les ouvrages précités. Nous signalerons en particulier, dans la loi de Salpensa, les c. 22, 25, 28, en matière d'acquisition de la cité, d'affranchissement et de tutelle, et surtout, dans la loi de Malaca, les c. 62-65 relativement aux théories de la *cautio praedibus praediisque*, de la *venditio lege praediatoria* et de la *venditio in vacuum* pour lesquelles ils sont les documents les plus complets et qu'ils disent expressément régler conformément au droit de la capitale. Voir sur ces derniers points, outre Mommsen, *op. cit.*, pp. 466-478, Heyrowski, *Rechtliche Grundlage der Leges contractus*, 1881, pp. 43-48, 57-59 et les nombreux auteurs cités par lui. V. aussi sur les actions populaires procuratoires établies dans ces lois, Mommsen, *op. cit.*, pp. 461-466.

I. LOI DE SALPENSA.

R(ubrica). Ut magistratus civitatem Romanam consequantur.

XXI. . . . Quei IIvir aedilis quaestor ex hac lege factus erit, cives Romani sunto, cum post annum magistratu abierint, cum parentibus conjugibusque ac liberis, qui legitumis nuptis quaesiti in potestatem parentium fuerint, item nepotibus ac neptibus filio natis natabus, qui quaeque in potestate parentium fuerint; dum ne plures c(ives) R(omani) sint, quam quod ex h(ac) l(ege) magistratus creare oportet.

R. Ut qui civitat(em) Roman(am) consequantur, maneant in eorundem m(ancipi)o m(anu) potestate.

XXII. Qui quaeve ex h(ac) l(ege) exve edicto imp(eratoris) Caesaris Aug(usti) Vespasiani imp(eratoris)ve Titi Caesaris Aug(usti), aut imp(eratoris) Caesaris Aug(usti) Domitiani p(atris) p(atriae) civitatem Roman(am) consecutus consecuta erit : is ea in ejus, qui c(ivis) Roman(us) h(ac) l(ege) factus erit, potestate manu mancipio, cujus esse deberet, si civitate [Romana] mutatus mutata non esset, esto idque jus tutoris optandi habeto, quod haberet, si a cive Romano ortus orta neq(ue) civitate mutatus mutata esset.

R. Ut qui c(ivitatem) R(omanam) consequentur, jura libertorum retineant.

XXIII. Qui quaeve *ex* h(ac) l(ege) exve edicto imp(eratoris) Caes(aris) Vesp(asiani) Aug(usti), imp(eratoris)ve Titi Caes(aris) Vespasian(i) Au(gusti), aut imp(eratoris) Caes(aris) Domitiani Aug(usti) c(ivitatem) R(omanam) consecutus consecuta erit: is in libertos libertasve suos suas paternos paternas, qui quae in c(ivitatem) R(omanam) *non* venerit, deque bonis eorum earum et is, quae libertatis causa imposita sunt, idem jus eademque condicio esto, quae esset, si civitate mu*tatus* muta*ta* non esset.

R. De praefecto imp(eratoris) Caesaris Domitiani Aug(usti).

XXIIII. Si ejus municipi decuriones conscriptive municipesve imp(eratori) Caesari Domitian(o) Aug(usto) p(atri) p(atriae) IIviratum communi nomine municipum ejus municipi detulerint, imp(erator)que Domitian*us* Caesa*r* Aug(ustus) p(ater) p(atriae) eum IIviratum receperit et loco suo praefectum quem esse jusserit : is praefectus eo jure esto, quo esset si eum IIvir(um) j(ure) d(icundo) ex h(ac) l(ege) solum creari oportuisset isque ex h(ac) l(ege) solus IIvir jure d(icundo) creatus esset.

R. De jure praef(ecti), qui a IIvir(o) relictus sit.

XXV. Ex IIviris qui in eo municipio j(ure) d(icundo) p(raeerunt), uter postea ex eo municipio proficiscetur neque eo die in id municipium esse se rediturum arbitrabitur, quem praefectum municipi non minorem quam annorum XXXV ex decurionibus conscriptisque relinquere volet, facito ut is juret per Jovem et divom Aug(ustum) et divom Claudium et divom Vesp(asianum) Aug(ustum) et divom Titum Aug(ustum) et genium imp(eratoris) Caesaris Domitiani Aug(usti) deosque Penates : quae IIvir(um), qui j(ure) d(icundo) p(raeest), h(ac) l(ege) facere oporteat, se, dum praefectus erit, d(um) t*(axat)* quae eo tempore fieri possint facturum, neque adversus ea *f*acturum scientem d(olo) m(alo) ; et cum ita juraverit, praefectum eum ejus municipi relinquito. *E*i qui ita praefectus relictus erit, donec in id municipium alteruter ex IIviris adierit, in omnibus rebus id jus eaque potestas esto, praerterquam de praefecto relinquendo et de c(ivitate) R(omana) consequenda, quod jus quaeque potestas h(ac) l(ege) IIviris *qui* jure dicundo praeerunt datur. Isque dum praefectus erit quotiensque municipium egressus erit, ne plus quam singulis diebus abesto.

R. De jure jurando IIvir(um) et aedil(ium) et q(uaestorum).

XXVI. Duovir(i) qui in eo municipio *j(ure)* d(icundo) p(raesunt), item aediles *qui* in eo municipio sunt, item quaestores qui in eo municipio sunt, eorum quisque in diebus quinq(ue) proxumis post h(anc) l(egem) datam, quique IIvir(i) aediles quaestoresve postea ex h(ac) l(ege) creati erunt, eorum quisque in diebus quinque proxumis, ex quo IIvir aedilis quaestor esse coeperit, priusquam decuriones conscriptive habeantur, juranto pro contione per Jovem et divom Aug(ustum) et divom Claudium et divom Vespasianum Aug(ustum) et divom Titum Aug(ustum) et genium Domitiani Aug(usti) deosque Penates : se, quodquomque ex h(ac) l(ege) exque re communi m(unicipum) m(unicipi) Flavi Salpensani censeat, recte esse facturum, neque adversus h(anc) l(egem) remve communem municipum ejus municipi facturum scientem d(olo) m(alo), quosque prohibere possit prohibiturum ; neque se aliter consilium habiturum neq(ue) aliter daturum neque sententiam dicturum, quam ut *ex* h(ac) l(ege) exqu*e* re communi municipum ejus municipi censeat fore. Qui ita non juraverit, is HS X (milia) municipibus ejus municipi d(are) d(amnas) esto, ejusque pecuniae deque ea pecunia municipum ejus municipi cui volet, cuique per hanc legem licebit, actio petitio persecutio esto.

R. De intercessione IIvir(um) et aedil(ium) *et* q(uaestorum).

XXVII. Qui IIvir(i) aut aediles aut quaestores ejus municipi erunt, his IIvir(is) inter se et cum aliquis alterutrum eorum aut utrumque ab aedile aedilibus aut quaestore quaestoribus appellabit, item aedilibus inter se, *item quaestoribus inter se* intercedendi, in triduo proxumo quam appellatio facta erit poteritque intercedi, quod ejus adversus h(anc) l(egem) non fiat, et dum ne amplius quam semel quisque eorum in eadem re appelletur, jus potestasque esto, neve quis adversus ea qui*d*, quom intercessum erit, facito.

R. De servis apud IIvir(um) manumittendis.

XXVIII. Si quis municeps municipi Flavi Salpensani, qui Latinus erit, aput IIvir(os), qui jure dicundo praeerunt ejus municipi, servom suom servamve suam ex servitute in libertatem manumiserit, liberum liberamve esse jusserit, dum ne quis pupillus neve quae virgo mulierve sine tutore auctore quem quamve manumittat, liberum liberamve esse jubeat: qui ita manumissus liberve esse jussus erit, liber esto, quaeque ita manumissa liberave *esse* jussa erit, libera esto, uti qui optumo jure Latini libertini liberi sunt erunt; *d*um is qui minor XX annorum erit ita manumittat, si causam manumittendi justa*m* esse is numerus decurionum, per quem decreta h(ac) l(ege) facta rata sunt, censuerit.

R. De tutorum datione.

XXIX. Cui tutor non erit incertusve erit, si is e*a*ve municeps municipi Flavi Salpensani erit, et pupilli pupillaeve non erunt, et ab IIviris, qui j(ure) d(icundo) p(raeerunt) ejus municipi postulaverit, uti sibi tutorem det, *et* eum, quem dare volet, nominaverit: *t*um is, a quo postulatum erit, sive unum sive plures collegas habebit, de omnium collegarum sententia, qui tum in eo municipio intrave fines municipi ejus erit, causa cognita, si ei videbitur, eum qui nominatus erit tutorem dato. Sive is e*a*ve, cujus nomine ita postulatum erit, pupil(lus) pupillave erit, sive is, a quo postulatum erit, non habebit collegam, *collegave* ejus in eo municipio intrave fines ejus municipi nemo erit: *t*um is, a quo ita postulatum erit, causa cognita in diebus X proxumis ex decreto decurionum, quod, cum duae partes decurionum non minus adfuerint, factum erit, eum, qui nominatus erit, quo ne ab justo tutore tutela *a*beat, ei tutorem dato. Qui tutor h(ac) l(ege) datus erit, is ei, cui datus erit, quo ne ab justo tutore tutela *a*beat, tam justus tutor esto, quam si is c(ivis) R(omanus) et *ei* adgnatus proxumus c(ivis) Romanus tutor esset.

II. LOI DE MALACA.

R. *De nominatione candidatorum.*

LI. *Si ad quem diem professio* fieri oportebit, nullius nomine aut pauciorum, quam tot quod creari oportebit, professio facta eri*t*, sive ex his, quorum nomine professio facta erit, pauciores erunt quorum h(ac) l(ege) comitiis rationem habere oporteat, quam tot *quot* creari oportebit: tum is qui comitia habere debebit proscribito, ita u(t) d(e) p(lano) r(ecte) l(egi) p(ossint), tot nomina eorum, quibus per h(anc) l(egem) eum honorem petere licebit, quod derunt ad eum numerum, ad quem creari ex h(ac) l(ege) oportebit. Qui ita proscripti erunt, ii, si volent, aput eum, qui ea comitia habiturus erit, singuli singulos ejjusdem condicionis nominato, ique item, qui tum ab is nominati erunt, si volent, singuli singulos aput eundem eademque condicione nominato ; isque, aput quem ea nominatio facta erit, eorum omnium nomina proponito, ita ut d(e) p(lano) r(ecte) l(egi) p(ossint), deque is omnibus item comitia habeto, perinde ac si eorum quoque nomine ex h(ac) l(ege) de petendo honore professio facta esset intra praestitutum diem petereque eum honorem sua sponte coepissent neque eo proposito destitissent.

R. De comitiis habendis.

LII. Ex IIviris qui nunc sunt, item ex is, qui deinceps in eo municipio IIviri erunt, uter major natu erit, aut, si ei causa quae inciderit q(uo) m(inus) comitia habere possit, tum alter ex his comitia IIvir(is), item aedilibus, item quaestoribus rogandis subrogandis h(ac) l(ege) habeto ; utique ea distributione curiarum, de qua supra conprehensum est, suffragia ferri debebunt, ita per tabellam ferantur facito. Quique ita creati erunt, ii annum unum aut, si in alterius locum creati erunt, reliqua parte ejjus anni in eo honore sunto, quem suffragis erunt consecuti.

R. In qua curia incolae suffragia ferant.

LIII. Quicumque in eo municipio comitia IIviris, item aedilibus, item quaestoribus rogandis habebit, ex curiis ducito unam, in qua incolae, qui cives R(omani) Latinive cives erunt, suffragium ferant, eisque in ea curia suffragi latio esto.

R. Quorum comitis rationem haberi oporteat.

LIIII. Qui comitia habere debebit, is primum IIvir(os) qui jure dicundo praesit ex eo genere ingenuorum hominum, de quo h(ac) l(ege) cautum conprehensumque est, deinde proximo quoque tempore aediles item quaestores ex eo genere ingenuorum hominum, de quo h(ac) l(ege) cautum comprehensumque est, creandos curato ; dum ne cujjus comitis rationem habeat, qui IIviratum petet, qui minor annorum XXV erit, quive intra quinquennium in eo honore fuerint;

item qui aedilitatem quaesturamve petet, qui minor quam annor(um) XXV erit, quive in earum qua causa erit, propter quam, si c(ivis) R(omanus) esset, in numero decurionum conscriptorumve eum esse non liceret.

R. De suffragio ferendo.

LV. Qui comitia ex h(ac) l(ege) habebit, is municipes curiatim ad suffragium ferendum vocato ita, ut uno vocatu omnes curias in suffragium vocet, eaeque singulae in singulis consaeptis suffragium per tabellam ferant. Itemque curato, ut ad cistam cujjusque curiae ex municipibus ejjus municipi terni sint, qui ejjus curiae non sint, qui suffragia custodiant, diribeant, et uti ante quam id faciant quisque eorum jurent: se rationem suffragiorum fide bona habiturum relaturumque. Neve prohibito, q(uo) m(inus) et qui honorem petent singulos custodes ad singulas cistas ponant. Iique custodes ab eo qui comitia habebit, item ab his positi qui honorem petent, in ea curia quisque eorum suffragi*um* ferto, ad cujjus curiae cistam custos positus erit, eorumque suffragia perinde justa rataque sunto ac si in sua quisque curia suffragium tulisset.

R. Quid de his fieri oporteat, qui suffragiorum numero pares erunt.

LVI. Is qui ea comitia habebit, uti quisque curiae cujjus plura quam alii suffragia habuerit, ita priorem ceteris eum pro ea curia factum creatumque esse renuntiato, donec is numerus, ad quem creari oportebit, expletus sit. Qua in curia totidem suffragia duo pluresve habuerint, maritum, quive maritorum numero erit, caelibi liberos non habenti, qui maritorum numero non erit; habentem liberos non habenti; plures liberos habentem pauciores habenti praeferto prioremque nuntiato ita, ut bini liberi post nomen inpositum aut singuli puberes amissi virive potentes amissae pro singulis sospitibus numerentur. Si duo pluresve totidem suffragia habebunt et ejjusdem condicionis erunt, nomina eorum in sortem cojicito, et uti cujjusque nomen sorti ductum erit, ita eum priorem alis renuntiato.

R. De sortitione curiarum et is, qui curiarum numero pares erunt.

LVII. Qui comitia h(ac) l(ege) habebit, is relatis omnium curiarum tabulis nomina curiarum in sortem cojicito, singularumque curiarum nomina sorte ducito, et ut cujjusque curiae nomen sorte exierit, quos ea curia fecerit, pronuntiari jubeto; et uti quisque prior majorem partem numeri curiarum confecerit, eum, cum h(ac) l(ege) juraverit caveritque de pecunia communi, factum creatumque renuntiato, donec tot magistratus sint quod h(ac) l(ege) creari oportebit. Si totidem curias duo pluresve habebunt, uti supra conprehensum est de is qui suffragiorum numero pares essent, ita de is qui totidem curias habebunt facito, eademque ratione priorem quemque creatum esse renuntiato.

R. Ne quid fiat, quo minus comitia habeantur.

LVIII. Ne quis intercedito neve quit aliut facito, quo minus in eo municipio h(ac) l(ege) comitia habeantur perficiantur. Qui aliter adversus ea fecerit sciens d(olo) m(alo), is in res singulas HS X(milia) municipibus municipii Flavi Malacitani d(are) d(amnas) e(sto), ejjusque pecuniae deque ea pecun(ia) municipi ejjus municipii qui volet, cuique per h(anc) l(egem) licebit, actio petitio persecutio esto.

R. De jure jurando eorum, qui majorem partem numeri curiarum expleverit.

LIX. Qui ea comitia habebit, uti quisque eorum, qui IIviratum aedilitatem quaesturamve petet, majorem partem numeri curiarum expleverit, priusquam eum factum creatumque renuntiet, jusjurandum adigito in contionem palam per Jovem et divom Augustum et divom Claudium et divom Vespasianum Aug(ustum) et divom Titum Aug(ustum) et genium imp(eratoris) Caesaris *Domitiani* Aug(usti) deosque Penates se quae ex h(ac) l(ege) facere oportebit facturum, neque adversus h(anc) l(egem) fecisse aut facturum esse scientem d(olo) m(alo).

R. Ut de pecunia communi municipum caveatur ab is, qui IIviratum quaesturamve petet.

LX. Qui in eo municipio IIviratum quaesturamve petent quique propterea, quod pauciorum nomine quam oportet professio facta esset, nominatim in eam condicionem rediguntur, ut de his quoque suffragium ex h(ac) l(ege) ferri oporteat : quisque eorum, quo die comitia habebuntur, ante quam suffragium feratur arbitratu ejus qui ea comitia habebit praedes in commune municipum dato pecuniam communem eorum, quam in honore suo tractaverit, salvam is fore.

Si d(e) e(a) r(e) is praedibus minus cautum esse videbitur, praedia subsignato arbitratu ejjusdem. Isque ab iis praedes praediaque sine d(olo) m(alo) accipito, quoad recte cautum sit, uti quod recte factum esse volet. Per quem eorum, de quibus IIvirorum quaestorumve comitiis suffragium ferri oportebit, steterit, quo m(inus) recte caveatur, ejjus qu*i* comitia habebit rationem ne habeto.

R. De patrono cooptando.

LXI. Ne quis patronum publice municipibus municipii Flavi Malacitani cooptato patrociniumve cui deferto, nisi ex majoris partis decurionum decreto, quod decretum factum erit, cum duae partes non minus adfuerint et jurati per tabellam sententiam tulerint. Qui aliter adversus ea patronum publice municipibus municipii Flavi Malacitani cooptaverit patrociniumve cui detulerit, is HS X (milia) n(ummum) in *p*ublicum municipibus municipii Flavi Malacitani d(are) d(amnas) e(sto)[1]; e*t* is, qu*i* adversus h(anc) l(egem) patronus cooptatus cui*v*e patrocinium delatum erit, ne magis ob eam rem patronus municip*u*m municipii Flavi Malaci*tani* esto.

R. Ne quis aedificia, quae restituturus non erit, destruat.

LXII. Ne quis in oppido municipii Flavi Malacitani quaeque ei oppido continentia aedificia erunt, aedificium detegito destruito demoliundumve curato, nisi *de* decurionum conscriptorumve sententia, cum major pars eorum adfuerit, quod restitutu*r*us intra proximum annum non erit. Qui adversus ea fecerit, is quanti e(a) r(es) e(rit), t(antam) p(ecuniam) municipibus municipi Flavi Malacitani d(are) d(amnas) e(sto), ejusque pecuniae deque ea pecunia municipi ejus municipii, qui volet cuique per h(anc) l(egem) lice*b*it, actio petitio persecutio esto.

R. De locationibus legibusque locationum proponendis et in tabulas municipi referendis.

LXIII. Qui IIvir j(ure) d(icundo) p(raeerit), vectigalia ultroque tributa, sive quid aliut communi nomine municipum ejjus municipi locari oportebit, locato. Quasque locationes fecerit quasque leges dixerit, quanti quit locatum sit et *qui* praedes accepti sint quaeque praedia subdita subsignata obli-

---

1. Le graveur peut avoir ici omis la formule officielle : 'ejusque pecuniae deque ea pecunia municipi ejus municipii qui volet cuique per hanc legem licebit, actio petitio persecutio esto', qui suit dans les c. 58, 62, 67. Cf. Bruns. *Z. R. G.*, 3, 364 = *Kl. Schr.*, 1, 332, n. 80.

gatave sint quique praediorum cognitores accepti sint, in tabulas communes municipum ejus municipi referantur facito et proposita habeto per omne reliquom tempus honoris sui, ita ut d(e) pl(ano) r(ecte) l(egi) p(ossint), quo loco decuriones conscriptive proponenda esse censuerint.

R. De obligatione praedum praediorum cognitorumque.

LXIV. Quicumque in municipio Flavio Malacitano in commune municipum ejjus municipi praedes facti sunt erunt, quaeque praedia accepta sunt erunt, quique eorum praediorum cognitores facti sunt erunt : ii omnes et quae cujjusque eorum tum *fuerunt* erunt, cum praees cognitorve factus est erit, quaeque postea esse, cum ii obligati esse coeperunt coeperint, *ii omnes* qui eorum soluti liberatique non sunt non erunt aut non sine d(olo) m(alo) sunt erunt, eaque omnia, *quae* eorum soluta liberataque non sunt non erunt aut non sine d(olo) m(alo) sunt erunt, in commune municipum ejjus municipii item obligati obligataque sunto, uti ii *eave* p(opulo) R(omano) obligati obligatave essent, si aput eos, qui Romae aerario praessent, ii praedes iique cognitores facti eaque praedia subdita subsignata obligatave essent. Eosque praedes eaque praedia eosque cognitores, si quit eorum, in quae cognitores facti erunt, ita non erit, qui quaeve soluti liberati soluta liberataque non sunt non erunt aut non sine d(olo) m(alo) sunt erunt, IIviris, qui ibi j(ure) d(icundo) praerunt, ambobus alterive eorum ex decurionum conscriptorumque decreto, quod decretum cum eorum partes tertiae non minus quam duae adessent factum erit, vendere legemque his vendundis dicere jus potestasque esto ; dum eam legem is rebus vendundis dicant, quam legem eos, qui Romae aerario praeerunt, e lege praediatoria praedibus praedisque vendundis dicere oporteret, aut, si lege praediatoria emptorem non inveniet, quam legem in vacuom vendendis dicere oporteret; et dum ita legem dicant, uti pecuniam in foro[1] municipi Flavi Malacitani referatur luatur solvatur. Quaeque lex ita dicta erit, justa rataque esto.

R. Ut jus dicatur e lege dicta praedibus et praedis vendundis.

LXV. Quos praedes quaeque praedia quosque cognitores IIviri municipii Flavi Malacitani h(ac) l(ege) vendide-

1. Le Bronze: 'Pecuniam in fore'. Mommsen : 'pecunia inde redacta in commune'. Bruns : 'pecunia in publicum municipum'. Laboulaye-Giraud. 'pecuniam in foro'.

rint, de iis quicumque j(ure) d(icundo) p(raeerit), ad quem de ea re in jus aditum erit, ita jus dicito judiciaque dato, ut ei, qui eos praedes cognitores ea praedia mercati erunt, praedes socii heredesque eorum iique, ad quos ea res pertinebit, de is rebus agere easque res petere persequi recte possit.

R. De multa, quae dicta erit.

LXVI. Multas in eo municipio ab IIviris praefectove dictas, item ab aedilibus quas aediles dixisse se aput IIviros ambo alterve ex is professi erunt, IIvir, qui j(ure) d(icundo) p(raeerit), in tabulas communes municipum ejjus municipi referri jubeto. Si cui ea multa dicta erit aut nomine ejjus alius postulabit, ut de ea ad decuriones conscriptosve referatur, de ea decurionum conscriptorumve judicium esto. Quaeque multae non erunt injustae a decurionibus conscriptisve judicatae, eas multas IIviri in publicum municipum ejjus municipii redigunto.

R. De pecunia communi municipum deque rationibus eorundem.

LXVII. Ad quem pecunia communis municipum ejjus municipi pervenerit, heresve ejjus isve ad quem ea res pertinebit, in diebus XXX proximis, quibus ea pecunia ad eum pervenerit, in publicum municipum ejjus municipi eam referto. Quique rationes communes negotiumve quod commune municipum ejus municipi gesserit tractaverit, is heresve ejjus *isve* ad quem ea res pertinebit in diebus XXX proximis, quibus ea negotia easve rationes gerere tractare desierit quibusque decuriones conscriptique habebuntur, *rati*ones edito redditoque decurionibus conscriptisve cuive de his accipiendis cognoscendis ex decreto decurionum conscriptorumve, quod decretum factum erit cum eorum partes non minus quam duae tertiae adessent, negotium datum erit. Per quem steterit, q(uo) m(inus) ita pecunia redigeretur referretur quove minus ita rationes redderentur, is, per quem steterit q(uo) m(inus) rationes redderentur quove minus pecunia redigeretur referret*ur*, heresque ejus isque ad quem ea res qua de agitur pertinebit, q(uanti) e(a) r(es) erit, tantum et alterum tantum municipibus ejjus municipi d(are) d(amnas) e(sto), ejusque pecuniae deque ea pecunia municipum municipii Flavi Malacitani, qui volet cuique per h(anc) l(egem) licebit, actio petitio persecutio esto.

R. De constituendis patronis causae, cum rationes reddentur.

LXVIII. Cum ita rationes reddentur, IIvir, qui decuriones conscriptosve habebit, ad decuriones conscriptosve referto, quos placeat publicam causam agere, iique decuriones conscriptive per tabellam jurati d(e) e(a) r(e) decernunto, tum cum eorum partes non minus quam duae tertiae aderunt, ita ut tres, quos plurimi per tabellam legerint, causam publicam agant, iique qui ita lecti erunt tempus a decurionibus conscriptisve, quo causam cognoscant actionemque suam ordinent, postulanto, eoque tempore quod is datum erit transacto eam causam uti quod recte factum esse volet agunto.

R. De judicio pecuniae communis.

LXIX. Quod m(unicipum) m(unicipii) Flavi Malacitani nomine petetur ab eo, qui ejus municipi municeps incolave erit, quodve cum eo agetur quod pluris HS cIɔ sit neque tanti sit, ut *de ea re proconsulem jus dicere judiciaque dare ex hac lege oporteat : de ea re IIvir praefectusve, qui jure dicundo praerit ejus municipii, ad quem de ea re in jus aditum erit, jus dicito judiciaque dato...*

3. Diplômes militaires.

Leges datae impériales concédant à des soldats dont le temps de service arrivait à son terme, certains privilèges : s'ils étaient Romains, le *conubium* avec la première femme qu'ils épouseraient après leur congé ; s'ils ne l'étaient pas, le droit de cité pour eux et leurs enfants et le *conubium* avec leur femme actuelle ou, lorsqu'ils n'étaient pas encore mariés, avec la première femme qu'ils épouseraient par la suite. La concession était faite en bloc à tous les soldats d'une même catégorie par une décision commune qui était gravée sur une table de bronze et affichée à Rome. Mais il en était en outre rédigé pour chaque soldat un extrait authentique gravé sur deux plaques de bronze de façon à faire une sorte de carnet dont les deux faces intérieures contenaient le diplôme écrit sur toute leur largeur et dont les faces extérieures portaient l'une une reproduction du texte et l'autre les cachets et les noms de sept témoins (voir sur cette disposition Paul, *Sent.*, 5, 25, 6), et la figure de Bruns, pp. 233-234). Il ne nous a été transmis que des restes insignifiants de constitutions originales de cette espèce ; au contraire, le nombre des extraits individuels que nous en possédons et que l'on désigne communément sous le nom de diplômes militaires s'augmente tous les jours. Les deux recueils principaux en ont été dressés par M. Léon Renier, *Recueil des diplômes militaires*, 1876 (inachevé), et par M. Mommsen, *C. I. L.*, III, pp. 843-919, continué *Eph. ep*, II, pp. 452-466 ; IV, 181-187 ; 495-515 ; V, 92-104 ; 610-617 ; 652-656. V. en outre Karlowa *R. R. G.*, 1, pp. 626-628 ; Cagnat, *Cours d'épigraphie latine*, 2ᵉ éd., 1889, pp. 264-269 ; Krueger, *Gesch. d. Q.*

pp. 230, 231 et 241. Nous donnons comme Bruns, deux exemples de ces carnets ou diptyques, l'un relatif à un citoyen, de l'an 76 (*C. I. L.*, III, p. 853 ; Bruns, pp. 235-236), l'autre relatif à un pérégrin, de l'an 71 (*C. I. L.*, III, p. 853 ; Bruns, pp. 231-235 ; Renier, n. 14, pp. 56-59).

1. DIPLOME D'UN SOLDAT PÉRÉGRIN (an 71 après J.-C.).

Imp. Caesar Vespasianus Aug(ustus), pont(ifex) max(imus), tribunic(ia) pot(estate) II, imperator VI, p(ater) p(atriae), co(n)s(ul) III, desig(natus) IIII.

Veteranis[1], qui militaverunt[2] in classe Ravennate sub Sex. Lucilio Basso, qui sena et vicena[3] stipendia aut plura meruerunt et sunt deducti in Pannoniam[4] quorum nomina subscripta sunt ipsis liberis posterisque eorum[5] civitatem[6] dedit et conubium cum uxoribus, quas tunc habuissent, cum est civitas is data, aut si qui caelibes essent, cum iis quas postea duxissent, dumtaxat singuli[s] singulas.

Non(is) April(ibus) Caesare Aug(usti) f(ilio) Domitiano, Cn. Pedio Casco co(n)s(ulibus).

Platori Veneti f(ilio), centurioni, Maezeio.

Descriptum et recognitum ex tabula aenea, quae fixa est Romae in Capitolio ad aram gentis Juliae[7], de foras podio sinisteriore, tab(ula) — pag(ina) II loc(o) XXXXIIII[8].

2. DIPLOME D'UN SOLDAT CITOYEN (an 76 après J.-C.).

Imp. Caesar Vespasianus Augustus, pontifex maximus, tribunic(ia) potestat(e) VIII, imp(erator) XVIII, p(ater) p(atriae), censor, co(n)s(ul) VII, design(atus) VIII.

Nomina speculatorum qui in praetorio meo militaverunt, item[9] militum qui in cohortibus novem praetoriis et quat-

---

1. D'autres diplômes: 'equitibus et peditibus' ; 'trierarchis et remigibus' ; 'classicis'. — 2. D'autres : 'qui militant'. — 3. Chez les soldats de la flotte, 26 et plus tard 28 *stipendia* ; chez les soldats auxiliaires, 25 ; les légionnaires, 20 ; les prétoriens, 16. — 4. D'autres diplômes : 'et sunt dimissi honesta missione' ; 'emeritis et dimissis honesta missione' ; ou, joint à ce qui suit : 'honestam missionem et civitatem dedit' ; d'autres encore : 'qui militant... item dimissis honesta missione'. — 5. La clause : 'ipsis posterisque eorum', qui se trouve dans tous les diplômes antérieurs à 145, disparaît à partir de cette date, probablement à la suite d'un changement de législation excluant de l'acquisition de la cité les enfants déjà nés (cf. Mommsen, *Eph. ep.*, IV, p. 510, et Gaius, 1, 57) ; à partir de l'an 217, on trouve la formule : 'ipsis filiisque eorum, quos susceperint ex mulieribus, quas secum concessa consuetudine vixisse probaverint'. — 6. D'autres ajoutent : 'Romanam qui eorum non haberent'. — 7. D'autres diplômes indiquent d'autres lieux ; depuis Domitien, ils portent tous : 'In muro post templum divi Augusti ad Minervam'. — 8. Suivent, sur la table extérieure, les noms des sept témoins dont les cachets étaient apposés sur le lien qui fermait le diptyque. — Les mots 'Non (is) aprilibus... Maezeio' et 'in capitolio'... jusqu'à la fin sont moins profondément gravés dans les deux textes, et l'ont été, pense Mommsen, *C. I. L.*, III, p. 904, après la vérification faite par les témoins. — 9. D'autres diplômes de soldats des cohortes prétoriennes ne mentionnent pas les speculatores.

tuor urbanis, subjeci[1], quibus fortiter et pie militia functis jus tribuo[1] conubi[2], dum taxat cum singulis et primis uxoribus, ut etiamsi peregrini juris feminas matrimonio suo junxerint, proinde liberos tollant, ac si ex duobus civibus Romanis natos. A(nte) d(iem) IV non(as) Decembr(es), Galeone Tettieno Petroniano, M. Fulvio Gillone co(n)s(ulibus).

Coh(ortis) VI pr(aetoriae) L. Ennio L. f. Tro(mentina) Feroci, Aquis Statellis.

Descriptum et recognitum ex tabula aenea, quae fixa est Romae in Capitolio in basi Jovis Africi.

CHAPITRE II

SÉNATUS-CONSULTES

Afin de ne pas augmenter outre mesure les dimensions de ce recueil, nous en avons exclu tous les sénatus-consultes dont le texte nous a été transmis par le Digeste (sc. Vellaeanum de l'an 46, *D.*, 16, 1, 2, 1 ; sc. Ostorianum antérieur à l'an 47, *D.*, 38, 4, 1, *pr.*; sc. Trebellianum de l'an 56, *D.*, 36, 1, 1, 1. 2 ; sc. Macedonianum rendu sous Vespasien (69-79), *D.*, 14, 6, 1; sc. Rubrianum, attribué à l'an 103, *D.*, 40, 5, 26, 7 ; sc. Juncianum, de l'an 127, *D.*, 40, 5, 28, 4 ; sc. Juventianum, de l'an 129, *D.*, 5, 3, 20, 6; sc. Orfitianum, de l'an 178, *D.*, 38, 17, 1, *pr.* 9. 12), et nous y reproduisons seulement quelques-uns des autres sénatus-consultes les plus connus ou les plus intéressants pour le droit privé. Le nombre en a, dans les dernières années, été très accru, surtout quant aux sénatus-consultes de langue grecque, dont on trouvera une liste complète et un texte fort bien établi dans la dissertation de M. Viereck, *Sermo Graecus quo senatus populusque Romanus magistratusque populi Romani usque ad Tiberii Caesaris aetatem in scriptis publicis usi sunt*, 1888, pp. 1-54. Parmi ceux de langue latine, nous citerons en outre, comme transmis par des inscriptions, le sénatus-consulte *de Tiburtibus*, de l'an 595, ceux sur les jeux séculaires, des années 737 et 800, l'*oratio* de Claude sur la concession du *jus honorum* aux habitants de la *Gallia comata*, celui de l'an 138, sur l'ouverture de marchés à Begua en Tunisie, celui de Cyzique, du milieu du second siècle, sur l'autorisation d'une association de jeunes gens, et, comme transcrits dans des ouvrages littéraires, ceux sur l'expulsion des philosophes et des rhéteurs de 593 (Suétone, *De clar. rhet.*, 1) et sur l'attribution du nom d'Auguste au mois de *sextilis* (Macrobe, *Sat.*, 1, 12, 35) que l'on trouvera tous dans Bruns, ainsi que l'un des sénatus-consultes sur les aqueducs, de l'an 743, rapportés dans Frontin, et l'une des *auctoritates senatus*, c'est-à-dire des sénatus-consultes frappés d'in-

---

1. Quand la lex émane de deux empereurs : 'subjecimus, tribuimus'.
2. Cf. Gaius, 1, 57.

tercession, de 703, rapportées dans Cicéron, *Ad fam.*, 8, 8, 6. 7. 8. — M. Hübner a également donné, *De senatus populique Romani actis* (Fleckeisen, *Jahrbücher für classische Philologie*, Supplementband 3, 1859, p. 623 et ss.) une liste complète des sénatus-consultes connus au moment où il écrivait.

1. SÉNATUS-CONSULTE DES BACCHANALES (an 568 de Rome).

C. I. L., I, 196 ; X, 104. Bruns, p. 151. Table de bronze découverte en 1640 à Tiriolo, dans l'ancien territoire des Bruttii et conservée aujourd'hui à Vienne. Elle contient le texte officiel du sénatus-consulte relatif à la conjuration des Bacchanales, (cf. Tite-Live, 39, 8-19) suivi d'une lettre des consuls invitant les autorités de l'*ager Teuranus* (Tiriolo) à le faire afficher et exécuter.

Q. Marcius L. f., S(p.) Postumius L. f., cos. senatum consoluerunt n(onis) Octob. apud aedem Duelonai. Sc(ribendo) arf(uerunt) M. Claudi(us) M. f., L. Valeri(us) P. f., Q. Minuci(us), C. f.

De Bacanalibus quei foideratei esent ita exdeicendum censuere :

Neiquis eorum Bacanal habuise velet ; sei ques esent, quei sibei deicerent necesus ese Bacanal habere, eeis utei ad pr(aetorem) urbanum Romam venirent, deque eeis rebus, ubei eorum verba audita esent, utei senatus noster decerneret, dum ne minus senatoribus C adesent quom ea res cosoleretur.

Bacas vir nequis adiese velet ceivis Romanus neve nominus Latini neve socium quisquam, nisei pr(aetorem) urbanum adiesent, isque *de* senatuos sententiad, dum ne minus senatoribus C adesent quom ea res cosoleretur, jousiset. Censuere.

Sacerdos nequis vir eset; magister neque vir neque mulier quisquam eset. — Neve pecuniam quisquam eorum comoinem *h*abuise velet ; neve magistratum, neve pro magistratu*d*, neque virum *neque mu*lierem quiquam fecise velet. — Neve post hac inter sed conjourase *neve* comvovise neve conspondise neve conpromesise velet, neve quisquam fidem inter sed dedise velet. Sacra in oquoltod ne quisquam fecise velet ; — neve in poplicod neve in preivatod neve exstrad urbem sacra quisquam fecise velet, — nisei pr(aetorem) urbanum adieset, isque de senatuos sententiad, dum ne minus senatoribus C adesent quom ea res cosoleretur, jousiset. Censuere.

Homines plous V oinvorsei virei atque mulieres sacra ne quisquam fecise velet, neve interibei virei plous duobus, mulieribus plous tribus arfuise velent, nisei de pr(aetoris) urbani senatuosque sententiad, utei suprad scriptum est.

Haice utei in coventionid exdeicatis ne minus trinum noundinum, senatuosque sententiam utei scientes esetis — eorum sententia ita fuit: 'sei ques esent, quei avorsum ead fecisent, quam suprad scriptum est, eeis rem caputalem faciendam censuere' — atque utei hoce in tabolam ahenam inceideretis, ita senatus aiquom censuit, uteique eam figier joubeatis, ubei facilumed gnoscier potisit; atque utei ea bacanalia, sei qua sunt, exstrad quam sei quid ibei sacri est, ita utei suprad scriptum est, in diebus X, quibus vobeis tabelai datai erunt, faciatis utei dismota sient. — In agro Teurano.

2. Sénatus-consulte sur le pagus Montanus.

C. I. L., VI, 3823. Bruns, pp. 171-172. Table de marbre écrite sur les deux faces, trouvée à Rome en 1875 et contenant un fragment d'un sénatus-consulte du temps de la République, sur la défense de déposer des ordures ou des décombres dans une certaine zone située en dehors des murs, dans le quartier de la porte Esquiline. On remarquera la sanction donnée au sénatus-consulte par voie de *manus injectio* et de *pignoris capio*. — Nous joignons, comme M. Mommsen, à ce sénatus-consulte, un édit du préteur, probablement, d'après la formule employée, du préteur urbain (cf. Tertullien, *De Pud.*, 1 ; Suétone, *Caes.*, 80 ; *Vitell.*, 15), découvert un peu plus tard en deux exemplaires dans la même région (Lanciani, *Bull. arch. comm.*, 1882, p. 159. 1884, p. 58 ; Mommsen, *loc. cit.*) et dans lequel, ainsi que dans bien d'autres exemples (cf. *D.*, 38, 14, 1, 18, 1, 2, 1. 40, 5, 26, 7. 40, 5, 28, 4), le préteur paraît intervenir pour mettre à exécution l'ordre du Sénat, et une autre inscription encore plus laconique simplement peinte sur un dernier cippe, découvert vers la même époque et dans les mêmes lieux. — Cf. sur les deux titres, outre Mommsen et Lanciani, *loc. cit.*, O. Richter, *Topographie von Rom*, dans Iwan Müller, *Handbuch der klassischen Alterthumswissenschaft*, 3, 1889, p. 896.

1. Sénatus-consulte.

... eisque curarent tu*erentur*que *a*rbitratu aedilium pleibeium, *quei*comque essent, neive ustrinae in eis loceis regionibusve, nive foci ustrinae caussa fierent, nive stercus terramve intra ea loca fecisse conjecisseve veli*t* quei haec loca ab paago Montano *redempta habebit* ; et uti, si is stercus in eis loceis fecerit terramve in ea loca jecerit, in eum HS ... manus injectio pignorisq(ue) ca*pio siet.*

2. Édit du préteur.

a. L. Sentius C. f. pr(aetor) de sen(atus) sent(entia) loca terminanda coër(avit).

B(onum) f(actum). — Nei quis intra terminos propius urbem ustrinam fecisse velit, neive stercus cadaver injecisse velit.

b. Stercus longe aufer, ne malum habeas.

3. Sénatus-consultes Hosidien (44-46 après J.-C.)
et Volusien (56 après J.-C.).

C. I. L., X, 1401; Bruns, pp. 179-181. Table de bronze contenant le texte de deux sénatus-consultes relatifs aux ventes de propriétés bâties, découverte à Herculanum vers l'an 1600 et dont il n'existe plus aujourd'hui que des copies. Le premier sénatus-consulte, le sénatus-consulte Hosidien, rendu sous l'inspiration de Claude entre les années 44 et 46, est dirigé contre l'industrie de ceux qui achètent des maisons pour les démolir et en vendre les matériaux, et il punit ce trafic en déclarant la vente nulle, quant au vendeur, et en prononçant contre l'acheteur une amende égale au double du prix, sans préjudice de la confiscation éventuelle de l'immeuble. Le sénatus-consulte Volusien, rendu, sous Néron, en l'an 56, au sujet d'un cas particulier, dispose que le sénatus-consulte Hosidien s'applique exclusivement lorsque la vente de constructions en ruines destinées à être démolies a lieu dans un but de spéculation. Les deux sénatus-consultes ont été commentés, malheureusement d'après une copie défectueuse, par Bachofen, *Ausgewæhlte Lehren des Rœmischen Civilrechts*, 1848, pp. 185-227.

I. Cn. Hosidio Geta, L. Vagellio cos. X. k. Octobr. S. C.

Cum providentia optumi principis tectis quoque urbis nostrae et totius Italiae aeternitati prospexerit, quibus ipse non solum praecepto augustissimo sed etiam exsemplo suo prodesset, conveniretq(ue) felicitati saeculi instantis pro portione publicorum operum etiam privatorum custodire, deberentque apstinere se omnes cruentissimo genere negotiationis, neque inimicissimam pace faciem inducere ruinis domum villarumque, placere : si quis negotiandi causa emisset *quod*quod aedificium, ut diruendo plus adquireret quam quanti emisset, tum duplam pecuniam, qua mercatus eam rem esset, in aerarium inferri, utique de eo nihilo minus ad senatum referretur. Cumque aeque non oportere*t* malo exsemplo vendere quam emer*e*, *ut* venditores quoque coercerentur, qui scientes dolo malo contra hanc senatus voluntatem vendidissent, placere : tales venditiones inritas fieri. Ceterum testari senatum, dominis *nihil* constitui, qui rerum suarum possessores futuri aliquas *partes* earum mutaverint, dum non negotiationis causa id factum *sit*.

Censuere. In senatu fuerunt CCCLXXIII.

II. Q. Volusio, P. Cornelio cos. VI non. Mart. S. C.

Quod Q. Volusius, P. Cornelius verba fecerunt de postulatione necessario*rum* Alliatoriae Celsil*l*ae, q. d. e. r. f. p., d. e. r. i. c. :

Cum S.C., quod factum est Hosidio Geta et L. Vagellio cos. clarissimis viris, ante d*iem* X. k. Oct. auctore divo Claudio, cautum esset, ne[1] quis domum villamve dirueret, quo *plus* sibi adquireret, neve quis negotiandi causa eorum quid emeret venderetve, poenaq(ue) in emptorem, qui adversus id S.C. fecisset, constituta esset, *ut* qui quid emisset duplum ejus quanti emisset in aerarium inferre cogeretur et ejus qui vendidisset inrita fieret venditio, de iis autem, qui rerum suarum possessores futuri aliquas partes earum mutassent, dum modo non negotiationis causa mutassent, nihil esset novatum ; et necessari Alliatoriae Celsi*ll*ae, uxoris Atilii Luperci ornatissimi viri, exposuissent huic ordini, patrem ejus Alliatorium Celsum emisse fundos cum aedificis in regione Mu*t*inensi, qui vocarentur campi Macri, in quibus locis mercatus a*g*i superioribus solitus esset temporibus, jam per aliquod annos desisset haberi, eaque aedificia longa vetustate dilaberentur neque refecta usui essent futura, quia neque habitaret in iis quisquam nec vellet in deserta *ac* ruentia commigrare : ne quid fraudi multae poenaeq(ue) esset Celsillae, si ea aedificia, de quibus in hoc ordine actum esset, aut demolita fuissent, aut ea condicione sive per se sive cum agris vendidisset, ut emptori sine fraude sua ea destruere tollereque liceret ; in futurum autem admonendos ceteros esse, ut apstinerent se a tam foedo genere negotiatio*nis*, hoc praecipue saeculo, quo excitari nova et ornari [in] universa, quibus felicitas orbis terrarum splenderet, magis conveniret, quam ruinis aedificiorum ullam partem deform*are* Italiae et adhuc retinere priorum temporum *incuriam quae universa affecisset* ita ut diceretur senectute ac tumulo jam rem Romanam perire.

Censuere. In senatu *fuerunt*...

CHAPITRE III

EDITS DES MAGISTRATS

Nous réunissons dans ce chapitre deux catégories de documents : les édits du préteur et des édiles codifiés par Julien, qui ne nous ont pas été transmis directement, mais dont la restitution est aujourd'hui, quant aux grandes lignes, absolument certaine, et est, pour l'intelli-

---

1. Reproduit presque textuellement depuis ce mot, jusqu'aux mots *de iis autem qui rerum*... par Paul, 54 *ad ed.*, D., 18, 1, 52.

1. ÉDIT DU PRÉTEUR.

L'édit du préteur urbain a, comme on sait, été codifié, sous le règne d'Hadrien (117-138), par le jurisconsulte Salvius Julien, à l'œuvre duquel un sénatus-consulte donna un caractère stable, probablement en enjoignant aux préteurs postérieurs d'y conformer leurs édits annuels (*D.*, const. *Tanta*, § 18; const. Δεδώκεν, § 18; Victor, *De Caes.*, 19; Eutrope, 8, 9). L'année précise de cet événement n'est pas connue; car la date de 131 donnée par St. Jérôme est, a démontré M. Mommsen, une addition arbitraire faite par l'auteur à Eutrope, qui est là sa source unique. Cependant M. Krueger, *Gesch. d. Q.*, p. 86, n. 9, considère l'édit de Julien comme nécessairement antérieur à l'an 129 où le même Julien en avait déjà emprunté l'ordre pour la première partie de son *Digeste*; quant au plan général de l'édit, pour la restitution duquel le principal instrument est fourni par l'ordre uniforme des commentaires sur l'édit d'Ulpien et de Paul, du commentaire sur l'édit provincial de Gaius, de la première partie du *Digeste* de Julien et d'autres sources moins abondantes, il n'y a plus désormais guère à recourir aux travaux antérieurs à ceux de Rudorff, *De juris dictione edictum. Edicti perpetui quae reliqua sunt*, 1869, et surtout de Lenel, *Das Edictum perpetuum*, 1883. Cf. dans la littérature plus récente, Brinz, *Kritische Vierteljahrschrift*, 11, 1869, pp. 471-502; *Zsavst.* 4, 1884, R. A., pp. 164-176; Glasson, *Étude sur Gaius*, 2e éd. 1885, pp. 271-302; Gradenwitz, *Zsavst.*, 8, 1887, pp. 251-259; Karlowa, *R. R. G.*, 1, pp. 628-641; Krueger, *Gesch. d. Q.*, pp. 84-92; l'ouvrage de M. Jousserandot, *l'Édit perpétuel restitué et commenté*, 2 vol. in-8°, 1883, est dépourvu de toute valeur. — On peut tenir aujourd'hui pour établi que l'édit de Julien comprenait quatre parties principales, relatives, avec un grand nombre d'inversions et de digressions qu'explique en partie son caractère traditionnel, la 1re à l'introduction de l'instance jusqu'à la *litis contestatio*, la dernière à son exécution depuis la *sententia*, la 3e et la 4e aux diverses voies de droit principales ainsi séparées selon qu'elles rentrent dans la *juris dictio* ou dans l'*imperium*. Sans préjudice de cette division fondamentale, qui ne s'y manifestait peut-être pas extérieurement, le corps de l'édit se répartissait matériellement en un certain nombre de titres désignés par des rubriques et peut-être numérotés, dont chacun renfermait dans un ordre donné les édits particuliers et les modèles d'actions relatifs à chaque matière, avec cette différence, absolue selon les uns, très habituelle selon les autres, que probablement jamais, et tout au moins presque jamais, la formule n'est précédée d'un édit qui la promette quand c'est la formule d'une action civile tandis qu'elle l'est ordinairement quand c'est la formule d'une action prétorienne (v. surtout Wlassak, *Edikt und Klageform*, 1882; *Zeitschrift* de Grünhut, 1884, pp. 255-266). Enfin cet édit principal en quatre parties, subdivisé en titres, est suivi d'une sorte d'appendice, contenant, dans trois derniers titres, les formules des interdits, des exceptions et des stipulations prétoriennes. M. Lenel en a donné dans la dernière édition de Bruns, pp. 188-214, une restitution sommaire que nous reproduisons presque textuellement. Nous ne nous en sommes guère écarté que pour relever quelques points de détail, sur lesquels les publications postérieures ou nos recherches propres nous ont conduit à des solutions différentes de celles de M. Lenel et surtout pour admettre, en quelques endroits, les conclusions de son grand ouvrage plus largement qu'il n'a cru pouvoir se le permettre dans la revision d'un travail déjà fait par Bruns. C'est ainsi qu'afin de donner une vue précise de l'ensemble du document, il nous a paru avantageux de reproduire, malgré quelques incertitudes, la division intégrale de l'édit en titres tracée par l'auteur, en ayant d'ailleurs soin de distinguer par trois ordres de caractères : capitales ordinaires, capitales inclinées et italiques, les rubriques de ces titres dont les termes nous sont attestés directement, celles pour lesquelles ils sont empruntés aux titres correspondants du Digeste et du Code et celles pour lesquelles ils sont simplement restitués quant au sens. Nous avons aussi plus d'une fois ajouté, dans le corps des titres, des rubriques qui se trouvent dans l'ouvrage de M. Lenel et qui ne sont pas dans Bruns. Pour le surplus, nous nous bornons, comme M. Lenel, à reproduire au texte les édits dont les termes nous ont été transmis pour tout ou partie, en indiquant les formules que nous possédons seulement dans les notes, avec les sources, en reproduisant à la marge les chiffres des commentaires de Paul et d'Ulpien et en signalant par des italiques les lettres et les mots qui ne se trouvent plus dans nos sources actuelles.

U. 1. 2.
P. 1. 2.

I. AD MUNICIPALEM.[1]

U. 1.
P. 1.

1. Si quis jus dicenti non obtemperaverit[2], *quanti ea res erit, judicium dabo.*

2. Si quis in jus vocatus non ierit sive quis eum vocaverit, quem ex edicto non debuerit[3],...., *judicium dabo.*

3. *De damno infecto* — ... ejus rei ... dum ei, qui aberit, prius domum denuntiari jubeam ..... In eum qui quid eorum, quae supra scripta sunt, non curaverit, quanti ea res est, cujus damni infecti nomine cautum non erit, judicium *dabo*[4].

4. De fugitivis[5].

U. 2.
P. 2.

5. *De vadimonio Romam faciendo*[6].

U. 3.
P. 3.

II. DE JURIS DICTIONE [7] *ipsius praetoris.*

1. *De albo corrupto*[8].

2. Quod quisque juris in alterum statuerit, ut ipse eodem jure utatur[9]. — Qui magistratum potestatemve habebit, si quid in aliquem novi juris statuerit *sive* quis apud eum, qui magistratum potestatemve habebit, aliquid novi juris obtinuerit, quandoque postea adversario ejus postulante *ipsum* eodem jure

---

1. *Rubr. D.*, 50, 1. M. Lenel admet l'existence de deux titres relatifs à la juridiction ; d'autres les réunissent en un seul. — 2. *Rubr. D.*, 2, 3. — 3. *Rubr. D.*, 2, 5. — 4. *D.*, 39, 2, 4, 1. 5. 7. — 5. *D.*, 11, 4, 1, 4-8. — 6. *D.*, 2, 11, 1. 50, 16, 3, *pr.* — 7. *Rubr. D.*, 2, 1. — 8. *D.*, 2, 1, 7, *pr.* — 9. *Rubr. D.*, 2, 2.

uti oportebit[1], praeterquam si quis eorum *quid* contra eum fecerit, qui ipse eorum quid fecisset[2].

III. DE EDENDO [3].

..... Argentariae mensae exercitores *ei, qui juraverit non calumniae causa postulare edi sibi* rationem quae ad se pertineat, edent adjecto die et consule[4]..... Argentario, eive, qui iterum edi postulabit, causa cognita edi jubebo[5].

IIII. DE PACTIS [6] et conventionibus.

Pacta conventa, quae neque dolo malo neque adversus leges plebis scita senatus consulta edicta *decreta* principum neque quo fraus qui eorum fiat facta erunt servabo[7].

V. DE IN JUS VOCANDO [8].

1. In jus vocati, ut eant aut *vindicem* dent[9].
2. Parentem, patronum patronam, liberos parentes patroni patronae in jus sine permissu meo ne quis vocet[10].
3. ..... Si quis parentem, patronum patronam, liberos aut parentes patroni patronae, liberosve suos eumve, quem in potestate habebit, vel uxorem, vel nurum in *jus*[11] vocabit : qualiscumque *vindex*[12] accipiatur[13].
4. ..... In bona ejus, qui *vindicem*[14] dedit, si neque potestatem sui faciet neque defendetur, iri jubebo[15].
5. Ne quis eum, qui in jus vocabitur, vi eximat neve faciat dolo malo quo magis eximeretur[16].

VI. [17]. DE POSTULANDO [18].

1. *Qui omnino ne postulent.* — Minor annis decem et septem, surdus qui prorsus non audit .....; si non habebunt advocatum ego dabo[19].
2. Qui pro aliis ne postulent[20]. — *Mulieres, caecus utrisque luminibus orbatus, qui corpore suo muliebria passus erit,*

---

1. D., 50, 16, 8, pr. — 2. D., 2, 2, 1, 1, 4. — 3. Rubr. D., 2, 13. — 4. D., 2, 13, 4, pr. cbn. 6, 2, 9, 3. — 5. D., 2, 13, 6, 8. — 6. Rubr. D., 2, 14. — 7. D., 2, 14, 7, 7. — 8. Gaius, 4, 46. Rubr. D., 2, 4. — 9. Rubr. D., 2, 6 : In jus vocati ut eant aut satis vel cautum dent, cf. Gaius, 4, 46. — 10. D., 2, 4, 4, 1. La formule corrélative à cet édit est rapportée par Gaius, 4, 46. — 11. D.: Judicium — 12. D.: fidejussor judicio sistendi causa. — 13. D., 2, 8, 2, 2. — 14. D. : judicio sistendi causa fidejussorem. — 15. D., 42, 4, 2, pr., cf. D., 2, 8, 2, 5. — 16 Rubr. D., 2, 7, cbn. 2, 7, 3, 2. 4, 2. — 17. V. plu sbas le fr. d'Ulpien, libro ad edictum sexto, TITULO SEXTO, qui pro aliis ne postulent. — 18. Ulpien, D., 3, 1, 1, pr. Rubr. D., 3, 1. — 19. D., 3, 1, 1, 3-4. — 20. D., 3, 1, 1, 5.

qui capitali crimine damnatus erit, qui operas suas, ut cum bestiis depugnaret, locaverit[1].

3. Qui nisi pro certis personis ne postulent. — Qui lege plebis scito senatus consulto edicto decreto principum nisi pro certis personis postulare prohibentur, hi pro alio, quam pro quo licebit, in jure apud me ne postulent[2]. Qui ab exercitu ignominiae causa ab imperatore eove, cui de ea re statuendi potestas fuerit, dimissus erit : qui artis ludicrae pronuntiandive causa in scaenam prodierit : qui lenocinium fecerit : qui in judicio publico calumniae praevaricationisve causa quid fecisse judicatus erit : qui furti, vi bonorum raptorum, injuriarum, de dolo malo et fraude suo nomine damnatus pactusve erit : qui pro socio, *fiduciae*[3], tutelae, mandati, depositi suo nomine non contrario judicio damnatus erit : qui eam, quae in potestate ejus esset, genero mortuo, cum eum mortuum esse sciret, intra id tempus, quo elugere virum moris est, antequam virum elugeret, in matrimonium collocaverit eamve sciens *quis* uxorem duxerit non jussu ejus, in cujus potestate est : et qui eum, quem in potestate haberet, eam, de qua supra comprehensum est, uxorem ducere passus fuerit : quive suo nomine non jussu ejus, in cujus potestate esset, ejusve nomine quem quamve in potestate haberet bina sponsalia binasve nuptias in eodem tempore constitutas habuerit : qui ex his omnibus qui supra scripti sunt, in integrum restitutus non erit : pro alio ne postulent, praeterquam pro parente, patrono patrona, liberis parentibusque patroni patronae, liberisve suis, fratre sorore, uxore, socero socru, genero nuru, vitrico noverca, privigno privigna, pupillo pupilla, furioso furiosa, cui eorum a parente aut de majoris partis *tribunorum* sententia aut ab eo, cujus de ea re jurisdictio fuit, ea tutela curatiove data erit[4].

VII. De vadimoniis.

1. Qui satisdare cogantur vel jurato promittant vel suae promissioni committantur[5].

2. Si ex noxali causa agatur, quemadmodum caveatur[6] — ...... in eadem causa eum exhibere, in qua tunc est, donec judicium accipiatur[7].

3. De eo per quem factum erit, quo minus quis *vadimonium* sistat[8].

1, *D.*, 3, 1, 1, 5-6. — 2. *D.*, 3, 1, 1, 8. — 3. Gaius, 4, 182. — 4. *D.*, 3, 2, 1, cbn. 3, 1, 1, 9. 1, 11. 3, pr., Cf. Gaius, 4, 182. — 5. *Rubr. D.*, 2, 8 ; cf. Gaius, 4, 185. — 6. *Rubr. D.*, 2, 9. — 7. *D.*, 2, 9, 1, pr. — 8. *Rubr. D.*, 2, 10 : quo minus quis in judicio sistat.

VIII. DE *cognitoribus et* PROCURATORIBUS ET DEFENSORIBUS [1].

1. *Qui ne dent cognitorem.* — .... et qui eam, quam in potestate habet, genero mortuo, cum eum mortuum esse sciret, in matrimonium collocaverit eamve sciens uxorem duxerit, et qui eum, quem in potestate haberet, earum quam uxorem ducere passus fuerit : quaeve virum parentem liberosve suos, uti moris est, non eluxerit: quaeve cum in parentis sui potestate non esset, viro mortuo, cum eum mortuum esse sciret, intra id tempus, quo elugere virum moris est, nupserit[2].

2. *Qui ne dentur cognitores*[3].

3. *De cognitore ad litem suscipiendam dato.* — Cognitorem[4] ad litem suscipiendam datum, pro quo consentiente dominus judicatum solvi exposuit, judicium accipere cogam[5].

4. *De cognitore abdicando vel mutando.* — Ei qui cognitorem dederit, causa cognita permittam eum abdicare vel mutare[6].

5. *Quibus alieno nomine item per alios agere non liceat.* — Alieno nomine, item per alios agendi potestatem non faciam in his causis, in quibus ne dent cognitorem neve dentur edictum comprehendit[7].

6. *Quibus municipum nomine agere liceat*[8].

7. *De defendendo eo, cujus nomine quis aget et de satisdando.* — Cujus nomine quis actionem dari sibi postulabit, is eum viri boni arbitratu defendat : et ei *quocum aget* quo nomine aget id ratum habere eum, ad quem ea res pertinet, boni viri arbitratu satisdet[9].

8. *Quod adversus municipes agatur*[10].

9. Quod cujuscumque universitatis nomine vel contra eam agatur[11].

10. *De negotiis gestis*[12]. — Si quis negotia alterius sive quis negotia, quae cujusque cum is moritur fuerint, gesserit, judicium eo nomine dabo[13].

VIIII. DE CALUMNIATORIBUS, [14].

In eum qui, ut calumniae causa negotium faceret, vel non faceret pecuniam accepisse dicetur, intra annum in quadruplum ejus pecuniae quam accepisse dicetur, post annum simpli *judicium dabo*[15].

---

1. *Rubr. D.*, 3, 3. — 2. *F. V.*, 320. — 3. Cf. *F. V.*, 322. — 4. *D.*, 3, 3, 8, 3: procuratorem ; cf. Gaius, 4, 101. — 5. *D.*, 3, 3, 8, 3: — 6. *F. V.*, 341. — 7. *F. V.*, 322: — 8. *D.*, 3, 4, 3; cf. 7, pr. — 9. *D.*, 3, 3, 33, 3. — 10. *D.*, 3, 4, 7, pr. — 11. *Rubr. D.*, 3, 4. — 12. *Rubr. D.*, 3, 5. — 13. *D.*, 3, 5, 3, pr. — 14. *Rubr. D.*, 3, 6. — 15. *D.*, 3, 6, 1, pr.

X. DE IN INTEGRUM RESTITUTIONIBUS[1]

1. Quod metus causa gestum erit ratum non habebo[2].

2. De dolo malo[3]. — Quae dolo malo facta esse dicentur, si de his rebus alia actio non erit et justa causa esse videbitur, *intra annum* judicium dabo[4].

3. De minoribus viginti quinque annis[5]. — Quod cum minore quam viginti quinque annis natu gestum esse dicetur, uti quaeque res erit, animadvertam[6].

4. De capite minutis[7]. — Qui quaeve, posteaquam quid cum his actum contractumve sit, capite deminuti deminutae esse dicentur, in eos easve, perinde quasi id factum non sit, judicium dabo[8].

5. Quod falso tutore gestum[9] esse dicatur[10]. — Quod eo auctore, qui tutor non fuerit,....., si id actor ignoravit, dabo in integrum restitutionem. In eum, qui, cum tutor non esset, dolo malo auctor factus esse dicetur, judicium dabo, ut, quanti ea res erit, tantam pecuniam condemnetur[11].

6. Ex quibus causis majores viginti quinque annis in integrum restituuntur[12]. — Si cujus quid de bonis, cum is metus aut sine dolo malo rei publicae causa abesset inve vinculis servitute hostiumque potestate esset, posteave *non utendo deminutum esse*[13] sive cujus actionis eorum cui dies exisse dicetur: item si quis quid usu suum fecisset aut, quod non utendo amissum sit[14], consecutus actioneve qua solutus ob id, quod dies ejus exierit, cum absens non defenderetur inve vinculis esset secumve agendi potestatem non faceret aut cum eum invitum in jus vocari non liceret neque defenderetur, cumve magistratus de ea re appellatus esset, sive cui per magistratus[15] sine dolo ipsius actio exempta esse dicetur: earum rerum actionem intra annum, quo primum de ea re experiundi potestas erit; item, si qua alia mihi justa causa esse videbitur, in integrum restituam, quod ejus per leges plebis scita senatus consulta edicta decreta principum licebit[16].

Quae alienatio judicii mutandi causa facta erit *dolo malo*, *in integrum restituam*[17].

---

1. *Rubr. D.*, 4, 1. — 2. *D.*, 4, 2, 1. — 3. *Rubr. D.*, 4, 3. — 4. *D.*, 4, 3, 1, 1. — 5. *Rubr. D.*, 4, 4. — 6. *D.*, 4, 4, 1, 1. — 7. *Rubr. D.*, 4, 5. — 8. *D.*, 4, 5, 2, 1. — 9. M. Lenel révoque en doute le mot *gestum* et penche à limiter l'édit au cas d'instance judiciaire; cf. *D.*, 27, 6, 3, 6. — 10. *Rubr. D.*, 27, 6. — 11. *D.*, 27, 6, 1, 2, 1, 6, 7, pr. — 12. *Rubr. D.*, 4, 6. M. Lenel place cet édit et le précédent dans l'ordre inverse; mais l'ordre indiqué au texte est attesté par le commentaire de Pomponius qui traite de l'édit sur le *falsus tutor* aux livres 30 (*D.*, 27, 6, 1, 2, 1, 4, 7, 3) et 31 (*D.*, 27, 6, 9, pr.) et de l'autre édit seulement au livre 31 (*D.*, 4, 6, 17, 15). — 13. Inséré par Mommsen sur l'autorité des Basiliques. — 14. Cf. *D.*, 4, 6, 21, pr. — 15. *D.*: pro magistratu; cf. *D.*, 4, 6, 26, 4. — 16. *D.*, 4, 6, 1, 1. — 17. *D.*, 4, 7, 8, 1. 4, 3. 3, 4.

XI. *DE RECEPTIS*.

1. Qui arbitrium pecunia compromissa receperit, *eum sententiam dicere cogam*.
2. Nautae caupones stabularii quod cujusque salvum fore receperint nisi restituent, in eos judicium dabo.
   Argentarii quod pro alio solvi receperint ut solvant.

XII. *DE SATISDANDO*.

XIII. *Quibus causis praejudicium fieri non oportet*.

XIIII. *DE JUDICIIS OMNIBUS*.

1. De interrogationibus in jure faciendis. — Qui in jure interrogatus *an heres vel quota ex parte sit* responderit, *in eum ex sua responsione judicium dabo*.... *omnino non respondisse*...
2. De jurejurando. — Si is cum quo agetur condicione delata juraverit, ejus rei [de qua jusjurandum delatum fuerit], neque in ipsum neque in eum ad quem ea res pertinet actionem dabo...
3. *Quando cum praescriptione agatur*.
4. De noxalibus actionibus — ... Si is, in cujus potestate esse dicetur, negabit se in sua potestate servum habere : utrum actor volet, vel dejerare jubebo in sua potestate non esse neque se dolo malo fecisse, quo minus esset, vel judicium dabo sine noxae deditione.

1. *Rubr.* D., 4, 8. — 2. D., 4, 8, 3, 2. 15. — 3. D. 4, 9, 1, *pr.* — 4. Découverte de Lenel. Cf. notamment au livre 14 d'Ulpien., D., 13, 5, 27. 17, 1, 28.46, 3, 52, et, au livre 13 de Paul, D., 13, 5, 42. — 5. *Rubr.* C., 2, 56 (57). — 7. M. Lenel, duquel nous avons respecté la disposition, termine ici la partie préliminaire de l'édit et fait la seconde s'ouvrir par un titre 'De judiciis omnibus' traitant des matières indiquées au texte. Peut-être cependant vaudrait-il mieux faire encore entrer dans la partie préliminaire ces dispositions relatives aux interrogations in jure, au serment et aux actions noxales, c'est-à-dire en majorité à des matières dans lesquelles il y a lieu à l'insertion d'une *praescriptio* et en faire un titre : 'quibus in causis praescribitur', symétrique au titre : 'quibus causis praejudicium fieri non oportet' pour faire commencer seulement la seconde partie de l'édit par le titre suivant, auquel la rubrique : *de judiciis* pourrait sans difficulté s'appliquer. — 8. *Rubr.* D., 5, 1. Paul, *Sent.*, 1, 12. Sur la divergence existant à partir d'ici entre l'ordre de Paul et de Gaius d'une part, et celui d'Ulpien et de Julien de l'autre, et sur les raisons qui doivent faire considérer l'ordre des premiers comme celui de l'édit, cf. Lenel, *E. P.*, p. 7 et ss. ; v. en sens contraire Glasson, *Gaius*, p. 282. — 9. *Rubr.* D., 11, 1. — 10. D., 11, 1, 4, 1.11, 1, 11, 2. — 11. D., 11, 1, 11, 5, cf. 11, 4. — 12. *Rubr.* D., 12, 2. — 13. Lenel, suivi par Demelius, *Schiedseid und Beweiseid im roemischen Civilprozesse*, 1887, intercale : 'sive, cum jurare paratus esset jus jurandum ei remissum fuerit', arg. D., 12, 2, 6 ; 9, 1. v. en sens contraire Gradenwitz, *Zsavst.*, 8, 1887, p. 275. — 14. Glose ou plutôt interpolation, selon Gradenwitz, *loc. cit.* — 15. D., 12, 2, 3, *pr.* ; 7, *pr.* L'édit sur l'action née du serment volontaire venait ensuite, arg. D., 12, 2, 9, 1. — 16. *Rubr.* D., 9, 4. — 17. D., 9, 4, 21, 2.

XV. De his quae cujusque in bonis sunt.

De Publiciana in rem actione[1]. — 1. Si quis id, quod.... ex justa causa a domino et nondum usucaptum petet, judicium dabo[2]. 2. *Ei*, qui bona fide emit, ... judicium dabo[3].

De his qui dejecerint vel effuderint. — 1. Unde in eum locum, quo volgo iter fiet vel in quo consistetur, dejectum vel effusum quid erit, quantum ex ea re damnum datum factumve erit, in eum, qui ibi habitaverit, in duplum judicium dabo. Si eo ictu homo liber perisse dicetur, *sestertium* quinquaginta *milium nummorum*[4] judicium dabo. Si vivet nocitumque ei esse dicetur, quantum ob eam rem aequum judici videbitur eum cum quo agetur condemnari, tanti judicium dabo. Si servus insciente domino fecisse dicetur, in *formula*[5] adjiciam: aut noxae[6] dedere[7].

2. Ne quis in suggrunda protectove supra eum locum quo volgo iter fiet inve quo consistetur id positum habeat, cujus casus nocere cui possit. Qui adversus ea fecerit, in eum *sestertium* decem *milium nummorum*[8] in factum judicium dabo. Si servus insciente domino fecisse dicetur, *eum aut defendi* aut noxae dedi jubebo[9].

De servo corrupto. — Qui servum servam alienum alienam recepisse persuasisseve quid ei dicetur dolo malo, quo eum eam deteriorem faceret, in eum quanti ea res erit in duplum judicium dabo[10]. Si servus servave fecisse dicetur[11] .....

De aleatoribus. — Si quis eum, apud quem alea lusum esse dicetur, verberaverit damnumve ei dederit sive quid eo tempore e domo[12] ejus subtractum erit, judicium non dabo. In eum, qui aleae ludendae causa vim intulerit, uti quaeque res erit, animadvertam[13].........

Si judex litem suam fecerit[14].

Si hereditas petatur[15]. — Si pars hereditatis petatur[16]. .... — De possessoria her. pet[17]. — De fideicommissaria her. pet[18].

---

1. *Rubr., D.,* 6, 2. — 2. *D.,* 6, 2, 1, *pr.* : Si quis id quod traditur ex justa causa non a domino; Lenel: 'Si quis id quod *mancipatur* traditum ex justa causa a domino'; Cuq, *N. Rev. hist.*, 1877, pp. 625-629 : 'si quis id quod traditur ex justa causa'; Appleton, *Histoire de la propriété prétorienne*, 1889, p. '88 : si quis id quod mancipatur traditum ex justa causa (a domino?) et nondum usucaptum petet judicium dabo. Ei qui bona fide emit simile judicium dabo'. — 3. *D.,* 6, 2, 7, 11. — 4. *D.*: quinquaginta aureorum. — 5. Gradenwitz, *Zsavst*, 8, 1887, p. 257; *D.*: in judicio. — 6. *D.*: noxam. — 7. *D.,* 9, 3, 1, *pr.* — 8. *D.*: solidorum decem. — 9. *D.,* 9, 3, 5, 6. Restitution de Gradenwitz, *Zsavst*, 8, 1887, p. 257. Lenel efface : aut noxae dedi jubebo. *D.,* 9, 3, 1, *pr.* — 10. *D.,* 11, 3, 1, *pr.* — 11. *D.,* 11, 3, 5, 3. — 12. *Fl.*, dolo. — 13. *D.,* 11, 5, 1, *pr.*, 1, 3. — 14. *D.,* 50, 13, 36. — 15. Paul, *Sent.*, 1, 13 b. *D.,* 5, 3. — 16. *Rubr. D.,* 5, 4. — 17. *Rubr. D.,* 5, 5. — 18. *Rubr. D.,* 5, 6.

Si singulae res petantur[1]. U.16.17. P. 21.

Si ager vectigalis[2] *petatur*[3]. U. 17. P. 21.

Si usus fructus petatur vel ad alium pertinere negetur[4].

Si servitus vindicetur vel ad alium pertinere negetur[5].

De modo agri[6]. U. 18. P. 21.

Si quadrupes pauperiem fecisse dicetur[7]. U. 18. P. 22.

Ad legem Aquiliam[8]. 1. Si fatebitur injuria occisum esse: in simplum*[9]. . . . . . .

2. *In factum adversus nautas caupones stabularios*[10]. U.19.20. P.23.24.

Finium regundorum. Familiae erciscundae. Communi dividundo[11].

De fidejussore et sponsore[12]. U.20.22. P.24.25.

Si mensor falsum modum dixerit[13]. U. 24. P. 25.

Ad exhibendum[14]. U. 24. P. 26.

XVI. DE RELIGIOSIS ET SUMPTIBUS FUNERUM [15]. U. 25. P. 27.

1. Sive homo mortuus ossave hominis mortui in locum purum alterius aut in id sepulchrum, in quo jus non fuerit, illata esse dicentur[16], ...

2. De sepulchro violato[17]. — Cujus dolo malo sepulchrum violatum esse dicetur, in eum in factum judicium dabo, ut ei, ad quem pertineat, quanti ob eam rem aequum videbitur, condemnetur. Si nemo erit, ad quem pertineat, sive agere nolet : quicumque agere volet, ei *sestertium* centum *milium nummorum*[18] actionem dabo. Si plures agere volent, cujus justissima causa esse videbitur, ei agendi potestatem faciam. Si quis in sepulchro dolo malo habitaverit aedificiumve aliud quam quod sepulchri causa factum sit, habuerit, in eum, si quis eo nomine agere volet, *sestertium* ducentorum *milium nummorum*[19] judicium dabo[20].

3. Quod funeris causa sumptus factus erit, ejus reciperandi nomine in eum, ad quem ea res pertinet, judicium dabo[21].

1. *D*., 6, 1 : de rei vindicatione. V. pour la formule de la rei vindicatio, Gaius, 4, 41. 51. Cicéron, *In Verr*. 2, 2, 12. — 2. *D*.: id est emphyteuticarius. — 3. *Rubr. D*., 6, 3. — 4. *Rubr. D*., 7, 6. — 5. *Rubr. D*., 8, 5. — 6. Découverte de Lenel; v. notamment les livres cités de Paul et d'Ulpien et Paul, *Sent*., 2, 17, 4. — 7. *Rubr. D*., 9, 1. Cf. *Coll*., 7, 3. — 8. *Rubr. D*., 9, 2. — 9. Cf. *Coll*., 2, 4. 12, 7 et la restitution de Lenel, *Zsavst*. 8, 1887, 195-198. — 10. *D*., 4, 9, 6. 7. — 11 *Rubr. D*., 10, 1-3. — 12. Paul, *Sent*., 1, 20 — 13. *Rubr. D*., 11, 6. — 14. *Rubr. D*., 10, 4. — 15 *Rubr. D*., 11, 7. — 16. *D*., 11, 7, 2, 2. Le texte finit par : qui hoc fecit, in factum actione tenetur et poena pecuniaria subjicietur. — 17. *Rubr. D*., 47, 12. — 18. *D*.: centum aureorum. — 19. *D*.: ducentum aureorum. — 20. *D*., 47, 12 3, pr. — 21. *D*., 11, 7, 12, 2.

XVII. DE REBUS CREDITIS [1].

1. Si certum petetur[2]. — .... eum a quo jusjurandum[3] petetur, solvere aut jurare cogam... Sacerdotem Vestalem et flaminem Dialem in omni mea jurisdictione jurare non cogam[4].

2. De eo quod certo loco dari oportet[5].

3. De pecunia constituta[6]. — Qui pecuniam debitam constituit[7] *se soluturum eove nomine se satisfacturum esse, in eum judicium dabo*......

4. De compensationibus[8].

5. Commodati vel contra[9]. — Quod quis commodasse dicetur, de eo judicium dabo[10].

6. De pigneraticia actione vel contra[11].

XVIII. *Quod cum magistro navis, institore eove qui in aliena potestate est negotium gestum esse dicetur.*

1. De exercitoria actione[12]. — *Quod cum magistro navis gestum erit ejus rei nomine, cui ibi praepositus fuerit, in eum, qui eam navem exercuerit, judicium dabo*[13]. Si is, qui navem exercuerit, in al*terius*[14] potestate erit ejusque voluntate navem exercuerit, quod cum magistro ejus gestum erit, in eum, in cujus potestate is erit qui navem exercuerit, judicium *dabo* [15].

2. De institoria actione[16].

3. De tributoria actione[17].

4. Quod cum eo, qui in aliena potestate est, negotium gestum esse dicetur[18]. — a. *De peculio, de in rem verso, quod jussu*[19]. — Quod cum eo, qui in alterius potestate esset, negotium gestum erit[20],......

b. Post mortem ejus qui in alterius potestate fuerit, posteave quam is emancipatus manumissus alienatusve fuerit, dumtaxat de peculio et si quid dolo malo ejus, in cujus potestate *fuerit*[21], factum erit, quo minus peculii esset, in anno,

---

1. *D.*, 12, 1, 1, 1 : 'Quoniam multa ad contractus varios pertinentia jura sub hoc titulo, praetor inseruit, ideo rerum creditarum titulum praemisit :... sub hoc titulo praetor et de commodato et de pignore edixit'. — 2. *Rubr. D.*, 12, 1. Formule dans Gaius, 4, 41. 50. — 3. Gradenwitz, *Zsavst*, 8, 1887, p. 275 : certum. Vestiges possibles d'une autre disposition signalée par le même, *Berl. Phil. Wochenschr.*, 1889, p. 20, dans *D.*, 12, 2, 34, 7. — 4. *D.*, 12, 2, 34, 6. Aulu-Gelle, 10, 15, 31. — 5. *Rubr. D.*, 13, 4. — 6. *Rubr. D.*, 13, 5. — 7. *D.*, 13, 5, 1, 1. — 8. *Rubr. D.*, 16, 2. Formule de *l'argentarius*, Gaius, 4, 64. Rubrique placée dans Bruns à la fin du titre ; mais cf. *E. P.*, p. XIII. — 9. *Rubr. D.*, 13, 6. — 10. *D.*, 13, 6, 1, pr. — 11. *Rubr. D.*, 13, 7. — 12. *Rubr. D.*, 14, 1, 1-18. — 14. Gradenwitz, *Zsavst.*, 8, 1887, p. 258 : patris dominive; *D.* : aliena. — 15. *D.*, 14, 1, 1, 19. — 16. *Rubr. D.*, 14, 3. — 17. *Rubr. D.*, 14, 4. — 18. *Rubr. D.*, 14, 5. — 19. *D.*, 15, 1, 1, 1. — 20. *D.*, 15, 1, 1, 2. — 21. *D.* : est.

quo primum de ea re experiundi potestas erit, judicium dabo[1].

c. In eum qui emancipatus aut exheredatus erit quive abstinuit se hereditate ejus, cujus in potestate cum moritur fuerit, ejus rei nomine, quae cum eo contracta erit, cum is in potestate esset, sive sua voluntate sive jussu ejus in cujus potestate *fuerit*[2], contraxerit, sive in peculium ipsius [sive in patrimonium ejus, cujus in potestate fuerit, ea res redacta fuerit, actionem causa cognita dabo in quod facere potest[3].

4. Ad senatus consultum Vellaeanum[4].

XVIIII. *De bonæ fidei judiciis* [5].   U.30-32. P.31-34.

1. Depositi vel contra[6]. — Quod neque tumultus neque incendii neque ruinae neque naufragii causa depositum sit, in simplum, earum autem rerum, quae supra comprehensae sunt, in ipsum in duplum, in heredem ejus, quod dolo malo ejus factum esse dicetur qui mortuus sit, in simplum, quod ipsius, in duplum judicium dabo[7].   U. 30. P. 31.

2. *Fiduciae vel contra*[8].
3. Mandati vel contra[9].   U. 31. P. 32.
4. Pro socio[10].
5. Empti venditi[11].   U. 32. P. 33.
6. Locati conducti[12].   U. 32. P. 34.
7. *De aestimato*[13].

XX. *DE RE UXORIA* [14].   U.33.34. P.35-37.

1. Soluto matrimonio dos quemadmodum petatur[15]; 2. De *alterutro*[16]; 3. *De rebus amotis*[17].....

XXI. *De liberis et ventre.*   U. 34 P. —

De agnoscendis liberis[18].

De inspiciendo ventre custodiendoque partu[19]. — Si mulier

1. *D.*, 15, 2, 1, *pr.* — 2. *D.* : erit; Gradenwitz, *Zsavst.*, 8, 1887, p. 259 : jussu parentis, jussu patris familias ? — 3. *D.*, 14, 5, 2, *pr.* — 4. *Rubr. D.*, 16, 1 ; cf. *D.*, 16, 1, 8; 7-15. — 5. Lenel : contractibus; mais cf. Gradenwitz, *Interpolationen in den Pandekten*, 1888, pp. 105-110, v. aussi Pernice, *Zsavst.*, 9, 1888, R. A., p. 196. — 6. *Rubr., D.*, 16, 3. Formules *in jus* et *in factum* dans Gaius, 4, 47. — 7, Vestiges signalés par Gradenwitz, *Berl. Wochenschrift*, 1889, p. 20, de l'édit sur le *judicium contrarium* dans *D.*, 16. 3, 5, *pr.* ? — 8. Découverte de Lenel; cf. *D.*, 13, 7, 22. 24. 18, 3, 3. 50, 17, 45 du livre 30 d'Ulpien et *D.*, 41, 1, 31. 46, 12, 12 du livre 31 de Paul, qui traitent du gage le 1ᵉʳ au livre 28 et le 2ᵉ au livre 29. — 9. *Rubr. D.*, 17, 1. — 10. *Rubr. D.*, 17, 2. — 11. Cf. *Rubr. D.*, 19, 1. Formule : Gaius, 4, 40. 59. 131 a. Cicéron, *De off.*, 3, 16, 66. — 12. *Rubr. D.*, 19, 2. — 13. Cf. *Rubr. D.*, 19, 3 cbn. 19, 3, 1, *pr.* Le préteur ne paraît pas avoir proposé de formule générale *praescriptis verbis*. Rubrique placée entre *pro socio* et *empti venditi* par Lenel, *E. P.*; mais cf. le même, *Paling.*, 1, pp. 1034, n° 2, 1039, n° 1. — 14. Cf. *Rubr. F. V.*, 94-122. —15. *Rubr. D.*, 24, 3. — 16. *C.*, 5, 13, 1, 3a: edictum praetoris quod de alterutro introductum est. — 17. Cf. *Rubr. D.*, 25, 2. — 18. *Rubr. D.*, 25, 3. — 19. *Rubr. D.*, 25, 4.

mortuo marito praegnatem se esse dicet, his ad quos ea res pertinebit procuratori*bus*ve eorum bis in mense denuntiandum curet, ut mittant, si velint, quae ventrem inspicient. Mittantur autem mulieres liberae dumtaxat quinque haeque simul omnes inspiciant, dum ne qua earum dum inspicit invita muliere ventrem tangat. Mulier in domu honestissimae feminae pariat, quam ego constituam. Mulier ante dies triginta quam parituram se putat, denunciet his ad quos ea res pertinet, procuratoribusve eorum, ut mittant, si velint, qui ventrem custodiant. In quo conclavi mulier paritura erit, ibi ne plures aditus sint quam unus : si erunt, ex utraque parte tabulis praefigantur. Ante ostium ejus conclavis liberi tres et tres liberae cum binis comitibus custodiant. Quotienscumque ea mulier in id conclave aliudve quod sive in balineum ibit, custodes, si volent, id ante prospiciant et eos qui introierint excutiant. Custodes, qui ante conclave positi erunt, si volent, omnes, qui conclave aut domum introierint, excutiant. Mulier, cum parturire incipiat, his ad quos ea res pertinet procuratoribusve eorum denuntiet, ut mittant, quibus praesentibus pariat. Mittantur mulieres liberae dumtaxat quinque, ita ut praeter obstetrices duas in eo conclavi ne plures mulieres liberae sint quam decem, ancillae quam sex. Hae, quae intus futurae erunt, excutiantur omnes in eo conclavi, ne qua praegnas sit. Tria lumina, ne minus, ibi sint. Quod natum erit, his ad quos ea res pertinet procuratoribusve eorum, si inspicere volent, ostendatur. Apud eum educetur, apud quem parens jusserit. Si autem nihil parens jusserit aut is, apud quem voluerit educari, curam non recipiet, apud quem educetur, causa cognita constituam. Is apud quem educabitur quod natum erit, quoad trium mensum sit bis in mense, ex eo tempore quoad sex mensum sit, semel in mense, a sex mensibus quoad anniculus fiat, alternis mensibus, ab anniculo quoad fari possit, semel in sex mensibus, ubi volet, ostendat. Si cui ventrem inspici custodirive adesse partui licitum non erit factumve quid erit, quominus ea ita fiant, uti supra comprehensum est : ei, quod natum erit possessionem causa cognita non dabo. Sive quod natum erit, ut supra cautum est, inspici non licuerit, quas utique actiones me daturum polliceor his, quibus ex edicto meo bonorum possessio data sit, eas, si mihi justa causa videbitur esse, ei non dabo[1].

Si ventris nomine muliere in possessionem missa eadem possessio dolo malo ad alium translata esse dicetur[2].

1. *D.*, 25, 4, 1, 10. — 2. *Rubr. D.*, 25, 5.

Si mulier ventris nomine in possessione calumniae causa fuisse dicetur[1].

XXII. DE TUTELIS [2].

U.35.36.
P. 38.

1. De administratione tutorum[3]. 2. De falso tutore. 3-6[4].— Tutelae vel contra ; de rationibus distrahendis ; de eo qui pro tutore negotia gessit ; de magistratibus conveniendis.

XXIII. DE FURTIS [5].

U.37.38.
P. 39.

1[6]...... a. Si is, qui testamento liber esse jussus erit, post mortem domini ante aditam hereditatem subripuisse aut corrupisse quid dicetur[7].

b. Furti adversus nautas caupones stabularios[8].

c. Si familia furtum fecisse dicetur[9].

d. Quod familia publicanorum furtum fecisse dicetur[10], si *hi* ad quos ea res pertine*bit* non exhibe*buntur*, in dominum sine noxae deditione judicium dabo[11].

e. Arborum furtim caesarum[12].

2.....[13] De tigno juncto[14].

XXIIII. DE JURE PATRONATUS [15].

U. 38.
P. 40.

1. De operis libertorum[16]. 2. Si ingenuus esse dicetur[17].

XXV[18]. DE BONORUM POSSESSIONIBUS [19]

U.39-40.
P.41-44.

A. Si tabulae testamenti extabunt[20] *non minus quam septem testium signis signatae*[21].— 1. De bonorum possessione contra tabulas[22]. 2. De legatis praestandis c. t. bonorum possessione petita[23]. 3. De collatione bonorum[24]. 4. De dotis collatione[25]. 5. De conjungendis cum emancipato liberis ejus[26].

6. De ventre in possessionem mittendo et curatore ejus[27].

U. 41.

---

1. *Rubr. D.*, 25, 6 : esse dicetur ; *index Flor.* : fuisse dicatur. — 2. *Rubr. D.*, 26, 1. — 3. Cf. *Rubr. D.*, 26, 7. — 4. *Rubr. D.*, 27, 3-5. 8. — 5. *D.*, 50, 16, 195, 3. — 6. Actions prétoriennes. M. Lenel met les actions civiles et les actions prétoriennes nées du Furtum dans l'ordre inverse ; mais les actions prétoriennes précèdent en général les actions civiles dans les différents titres de l'édit, v. par exemple, p. 122, le titre De his quae cujusque, et l'ordre inverse suivi par Ulpien, livres 37, 38, ne prouve rien, puisque précisément on voit au titre précité le même Ulpien déranger, après Julien et Pomponius, l'ordre de l'édit, pour mettre les moyens civils avant les prétoriens. — 7. *Rubr. D.*, 47, 4. — 8. *Rubr. D.*, 47, 5. — 9. *Rubr. D.*, 47, 6. — 10. Les mots 'item si damnum injuria fecerit' ont été intercalés par Ulpien ou par Tribonien. — 11. *D.*, 39, 4, 12, 1. — 12. *Rubr. D.*, 47, 7. — 13. Actions civiles ; partie de la formule utile furti nec manifesti étendue aux pérégrins dans Gaius, 4, 37. — 14. *Rubr. D.*, 47, 3. — 15. *Rubr. D.*, 37, 14. — 16. *Rubr. D.*, 38, 1. — 17. *Rubr. D.*, 40, 14. — 18. C'est à ce titre que commence la 3ᵉ partie de l'édit (*imperium*). — 19. *Rubr. D.*, 37, 1. — 20. *Rubr. D.*, 37, 2. — 21. Cf. Gaius, 2, 119. 147. Ulpien, 28, 6. — 22. *Rubr. D.*, 37, 4. — 23. *Rubr. D.*, 37, 5. — 24. *Rubr. D.*, 37, 6. — 25. *Rubr. D.*, 37, 7. — 26. *Rubr. D.*, 37, 8. — 27. *Rubr. D.*, 37, 9.

— Ventrem cum liberis in possessionem esse jubebo[1].....

7. Edictum Carbonianum[2].

8. De bonorum possessione secundum tabulas[3].

9. De bonis libertorum[4]....... a. Si quis manumissus manumissa moritur[5].... b. Si donum munus operas redemerit[6] *libertus, patrono bonorum possessionem non dabo.*

10. Si quid in fraudem patroni factum sit.

11. *De liberis patroni*[7].

12. *Quibus bonorum possessio liberti non datur.*

13. In eo qui a patre avove paterno proavove paterni avi patre *manumissus moritur, idem jus servabo atque si ex servitute manumissus esset*[8].

14. De bonorum possessione ex testamento militis[9].

B. Si tabulae testamenti nullae extabunt[10]. 1. Unde liberi[11].

2. Tum quem ei heredem esse oporteret, si intestatus mortuus esset[12].

3. *Unde cognati*[13]. 4. *Unde familia patroni*[14]. 5. *Unde patronus patroni.*

6. *Unde vir et uxor*[15]. 7. *Unde cognati manumissoris*[16].

C. *Clausulae generales.* — 1. Quibus non competit bonorum possessio[17].

2. Ut ex legibus senatusve consultis bonorum possessio detur. — Uti me quaque lege senatusve consulto bonorum possessionem dare oportebit, ita dabo[18].

3. *Successorium edictum*[19].

XXVI. DE TESTAMENTIS [20].

1. De condicionibus institutionum[21].

2. Testamenta quemadmodum aperiantur inspiciantur et describantur[22].

3. Si quis omissa causa testamenti ab intestato vel alio modo possideat hereditatem[23].

---

1. *D.*, 40, 4, 13, 3. — 2. Cf. *Rubr. D.*, 36, 10. — 3. *Rubr. D.*, 37, 11. Ancien édit, qui fut un peu modifié par les préteurs suivants, dans Cicéron, *In Verr.* 1, 45, 117: 'Si de hereditate ambigitur et tabulae testamenti obsignatae non minus multis signis quam e lege oportet ad me proferentur, secundum tabulas testamenti potissimum possessionem dabo'. — 4. *Rubr. D.*, 38, 2. — 5. Probus, *Einsidl.* 51. — 6. *D.*, 50, 16, 53, pr.; 194. — 7. *Rubr. D.* 38, 5. — 8. *D.*, 37, 12, 1, 1. 2. — 9. *Rubr. D.*, 37, 13. — 10. *D.*, 38, 6, *Rubr.* et 1, 1. Vetus edictum tralaticium (modifié dans l'édit de Julien) dans Cicéron, *In Verr.*, 2, 1, 44: 'Si tabulae testamenti non proferentur, tum uti quemque potissimum heredem esse oporteret, si is intestatus mortuus esset, ita secundum cum possessio daretur'. — 11. *Rubr. D.*, 38, 6: Si tabulae testamenti nullae extabunt: unde liberi. — 12. *D.*, 38, 7, 1. — 13. *Rubr. D.*, 38, 8. — 14. *D.*, 50, 16, 195. 196. — 15. *Rubr. D.*, 38, 11. — 16. Ulp. 28, 7. — 17. *Rubr. D.*, 38, 13. — 18. *D.*, 38, 14, 1, pr. — 19. Cf. *Rubr. D.* 38, 9. — 20. *D.*, 28, 5, 32. 33; Gaius, lib. I. II de testamentis, ad edictum praetoris urbani. — 21. *Rubr. D.*, 28, 7. — 22. *Rubr. D.*, 29, 3. — 23. *Rubr. D.*, 29, 4.

4. Quorum testamenta ne aperiantur[1]. P. 46.

XXVII. DE LEGATIS [2].   U.51.52, P.47.48:

..... 1. Ut legatorum servandorum causa caveatur[3]. 2. Ut in possessionem legatorum servandorum causa esse liceat[4].   U. 52. P. 48.

XXVIII. DE OPERIS NOVI NUNTIATIONE[5].   U. 52. P. 48.

XXVIIII. DE DAMNO INFECTO[6].   U. 53. P. 48.

Damni infecti suo nomine promitti, alieno satisdari jubebo ei, qui juraverit non calumniae causa id se postulare eumve cujus nomine aget postulaturum fuisse, in eam diem, quam causa cognita statuero. Si controversia erit, dominus sit necne qui cavebit, sub exceptione satisdari jubebo. De eo opere, quod in flumine publico ripave ejus fiet, in annos decem satisdari jubebo. Eum, cui ita non cavebitur, in possessionem ejus rei, cujus nomine, ut caveatur, postulabitur, ire et, cum justa causa esse videbitur, etiam possidere jubebo. In eum, qui neque caverit neque in possessione esse neque possidere passus erit, judicium dabo, ut tantum praestet, quantum praestare eum oporteret, si de ea re ex decreto meo ejusve, cujus de ea re jurisdictio fuit quae mea est, cautum fuisset. Ejus rei nomine, in cujus possessionem misero, si ab eo, qui in possessione erit, damni infecti nomine non satisdabitur, eum, cui non satisdabitur, simul in possessione esse jubebo[7].

XXX. De aqua et AQUAE PLUVIAE ARCENDAE [8].   U. 53. P. 49.

XXXI. DE LIBERALI CAUSA [9].   U.53.54: P.50.51.

1. Si ex servitute in libertatem petatur. 2. Si ex libertate in servitutem petatur. 3. Si controversia erit, utrum ex servitute in libertatem petatur an ex libertate in servitutem[10].....

XXXII. DE PUBLICANIS [11].   U. 55. P. 52.

Quod publicanus ejus publici[12] nomine vi ademerit quodve familia publicanorum, si id restitutum non erit, in duplum

---

1. *Rubr. D.*, 29, 5. — 2. *D.*, 30, 65. 69. 73 : Gaius, lib. I. II. III de legatis ad ed. praet. — 3. *Rubr. D.*, 36, 3. — 4. *Rubr. D.*, 36, 4. — 5. *D.*, 39, 1, 9 : Gaius ad ed. urb. tit. de operis novi nuntiatione. — 6. *D.*, 39, 2, 8, 19 : Gaius ad ed. pr. urb. tit. de damno infecto. — 7. *D.*, 39, 2, 7, pr. — 8. *D.*, 39, 3, 13 : Gaius ad ed. pr. urb. tit. de aquae pluviae arcendae. — 9. *D.*, 40, 12, 2. 4. 6. 9. 11 : Gaius, ad ed. pr. urb. tit. de liberali causa. — 10. *C.*, 7, 16, 21. Cf. *D.*, 40, 12, 7, 5. Thalet., *Bas.*, 48, 20, 21. — 11. *D.*, 39, 4, 5 : Gai. ad ed. pr. urb. tit. de publicanis. — 12. *Flor.* : publicani. *Basil.*, 56, 1, 1 : ὀνόματι τοῦ τέλους.

aut, si post annum agetur, in simplum judicium dabo. Item si damnum injuria furtumve factum esse dicetur, judicium dabo. Si hi ad quos ea res pertinebit non exhibebuntur[1], in dominos sine noxae deditione judicium dabo[2].

XXXIII. DE PRAEDIATORIBUS [3].

XXXIIII. De vi turba incendio ruina naufragio rate nave expugnata.

Vi bonorum raptorum et de turba[4]. — Si cui dolo malo hominibus coactis damni quid factum esse dicetur sive cujus bona rapta esse dicentur, in eum, qui id fecisse dicetur, judicium dabo. Item si servus fecisse dicetur, in dominum judicium noxale dabo[5]. Cujus dolo malo in turba damni[6] quid factum esse dicetur, in eum in anno, quo primum de ea re experiundi potestas fuerit, in duplum, post annum in simplum judicium dabo[7].

De incendio ruina naufragio rate nave expugnata[8]. — In eum, qui ex incendio ruina naufragio rate nave expugnata quid rapuisse recepisse dolo malo damnive quid in his rebus dedisse dicetur: in quadruplum in anno, quo primum de ea re experiundi potestas fuerit, post annum in simplum judicium dabo. Item in servum et in familiam judicium dabo[9].

XXXV. De injuriis [10].

1. ......[11] Qui autem injuriarum agit, certum dicat, quid injuriae factum sit[12], et taxationem ponat non majorem quam quanti vadimonium fuerit[13].

2. Qui adversus bonos mores convicium cui fecisse cujusve opera factum esse dicetur, quo adversus bonos mores convicium fieret : in eum judicium dabo[14].

3. Ne quid infamandi causa fiat. Si quis adversus ea fecerit, prout quaeque res erit, animadvertam[15].

4. Qui servum alienum adversus bonos mores verberavisse deve eo injussu domini quaestionem habuisse dicetur, in eum judicium dabo. Item si quid aliud factum esse dicetur, causa cognita judicium dabo[16].

1. *D.*, 39, 4, 1, 6. — 2. *D.*, 39, 4, 1, *pr.* — 3. *D.*, 23, 3, 54 : Gaius, ad ed. pr. tit. de praediatoribus, Cf. *D.*, 50, 16, 39. 40. — 4. *Rubr. D.*, 47, 8. — 5. *D.*, 47, 8, 2, *pr.* Formules dans Cicéron, *Pro Tullio*, 3, 7. 13, 31. — 6. *Flor.*: damnum. Cf. *D.*, 47, 8, 4, 4. 6, cbn. 2, *pr.* — 7. *D.*, 47, 8, 4, *pr.* — 8. *Rubr. D.*, 47, 9. — 9. *D.*, 47, 9, 1, *pr.* — 10. *Rubr. D.*, 47, 10. — 11. Aulu-Gelle, 20, 1, 13 : 'praetores... injuriis..... aestumandis recuperatores se daturos edixerunt'. — 12. *D.*, 47, 10, 7, *pr.* complété par *Coll.*, 2, 6, 1. — 13. *Coll.*, 2, 6, 4 : 'formula proposita est : quod Auli Agerii pugno mala percussa est'. — 14. *D.*, 47, 10, 15, 2. — 15. *D.*, 47, 10, 15, 25. Fragment de la formule, *Coll.*, 2, 6, 5 : Quod N° N° illum (mss. ; Lenel : *fimum* ; Huschke: *sibilum*) immisit A° A° infamandi causa. — 16. *D.*, 47, 10, 15, 34.

5. Si ei, qui in alterius potestate erit, injuria facta esse dicetur et neque is, cujus in potestate est, praesens erit neque procurator quisquam existat, qui eo nomine agat : causa cognita ipsi, qui injuriam accepisse dicetur, judicium dabo[1].

XXXVI. *Qui nisi sequantur ducantur* [2]. U.58.59. P. 56.

1. Condemnatus, ut pecuniam solvat[3]...... U. 58.
2. ... cujus de ea re jurisdictio est[4].... U. 59.

XXXVII. QUI NEQUE SEQUANTUR NEQUE DUCANTUR [5]. U. 59.

XXXVIII. QUIBUS EX CAUSIS IN POSSESSIONEM EATUR [6]. U.59-61. P.57.58.

1. *Quod cum pupillo contractum erit, si eo nomine non defendetur, ejus rei servandae causa bona ejus possideri jubebo. Si is pupillus in suam tutelam venerit eave pupilla viripotens fuerit et recte defendetur; eos, qui bona possident, de possessione decedere jubebo*[7].

2. *Qui fraudationis causa latitabit, si boni viri arbitratu non defendetur, ejus bona possideri vendique jubebo*[8];

3. *Qui absens judicio defensus non fuerit*[9] *ejus bona possideri jubebo*, et ejus, cujus bona possessa sunt a creditoribus, veneant, praeterquam pupilli et ejus, qui rei publicae causa sine dolo malo afuit[10]. U. 60.

4. a. Cui heres non extabit[11].....
b. De jure deliberandi. — Si tempus ad deliberandum petet, dabo[12].....
c. Si pupilli pupillae nomine postulabitur tempus ad deliberandum, an expediat eum hereditatem retinere[, et hoc datum sit[13]] : si justa causa esse videbitur, bona interea deminui nisi [si] causa cognita boni viri arbitratu vetabo[14]. P. 58.
d. .... Si per eum eamve factum erit, quo quid ex ea hereditate amoveretur[15], *abstinendi potestatem non faciam*. U. 61.
Qui capitali crimine damnatus erit[16].

1. *D.*, 47, 10, 17, 10. — 2. *Rubr.* restituée arg. *D.*, 50, 16, 48. Commencement de la 4ᵉ partie de l'édit (exécution). — 3. *D.*, 42, 1, 4, 3. — 4. *D.*, 42, 1, 5, *pr.* — 5. *D.*, 50, 16, 48 : Gaius, ad ed pr. urb. tit. qui neque sequantur neque ducantur. — 6. *Rubr. D.*, 42, 4. — 7. *D.*, 42, 4, 5, 2. — 8. *D.*, 42, 4, 7, 1. Cicéron, *Pro Quinctio*, 19, 60 : 'edictum qui fraudationis causa latitarit'. — 9. Cicéron, *Pro Quinctio*, 19, 60. — 10. *D.*, 42, 4, 6, 1. — 11. Cicéron, *Pro Quinctio*, 19, 60. — 12. *D.*, 28, 8, 1, 1. — 13. Glose ou interpolation, cf. *D.*, 28, 8, 1, 1. Cf. Gradenwitz, *Zsavst.*, 8, 1887, p. 257. — 14. *D.*, 28, 8, 7, *pr*. — 15. *D.*, 29, 2, 71, 3. — 16. Clause ancienne : 'qui exsilii causa solum verterit', dans Cicéron, *Pro Quinctio*, 19, 60.

U.61.62.
P.58.59.

XXXVIIII. *DE BONIS POSSIDENDIS proscribendis VENDUNDIS*[1].

1. Qui ex edicto meo in possessionem venerint, eos ita videtur in possessione esse oportere. Quod ibidem recte custodire poterunt, id ibidem custodiant. Quod non poterunt, id auferre et abducere licebit. Dominum invitum detrudere non placet[2].

U. 62.
P. 59.

2. ...... Si quis cum in possessione bonorum esset, quod eo nomine fructus ceperit, ei, ad quem ea res pertinet, non restituat : sive, quod impensae sine dolo malo fecerit, ei non praestabitur : sive dolo malo ejus deterior causa possessionis facta esse dicetur, de ea re judicium in factum dabo[3].

3. Si quis dolo malo fecerit, quo minus quis permissu meo ejusve cujus ea jurisdictio fuit, *quae mea est*[4], in possessionem bonorum sit, in eum in factum judicium, quanti ea res *erit*[5], ob quam in possessionem missus erit, dabo[6].

U.63.64.
P.60.61.

XXXXI. *Quemadmodum a bonorum emptore vel contra eum agatur.*

U. 63.
P. 60.

1. *De Rutiliana actione*[7].
2. *De privilegiariis creditoribus*.....

U. 64.

3. Quod postea contractum erit, quam is, cujus bona venierint, consilium *fraudandorum creditorum*[8] ceperit, fraudare sciente eo qui contraxerit, ne actio eo nomine detur[9].
4. *De Serviana actione*[10].
5. De separationibus[11].

U.65.66.
P. 62.

XXXXI. *DE CURATORE BONIS DANDO* [12].

1. *De administratione curatoris.*

U. 66.

2. Quae fraudationis causa gesta erunt cum eo, qui fraudem non ignoraverit, de his curatori bonorum vel ei, cui de ea re actionem dare oportebit, intra annum, quo experiundi potestas fuerit, actionem dabo. Idque etiam adversus ipsum, qui fraudem fecit, servabo[13].

U. 66.
P. 62.

XXXXII. DE RE JUDICATA [14].

U.67-73.
P.63.68.
U. 67.
P. 63.

XXXXIII. *DE INTERDICTIS* [15].

a. Quorum bonorum ex edicto meo illi possessio data est,

---

1. *Cf.* Prob., 5, 24 : b. e. e. p. p. v. q. i. = bona ex *edicto* possideri proscribi venirique jubebo. Gaius, 3, 79. — 2. Cicéron, *Pro Quinctio*, 27, 84. — 3. *D.*, 42, 5, 9, *pr.* — 4. Cf. *D.*, 39, 2, 7, *pr.* — 5. *D.*, 43, 4, 1, *pr.*: fuit. Cf. *eod.*, 1, 5. — 6. *D.*, 43, 4, 1, *pr.* — 7. Gaius, 4, 45. — 8. Mommsen ; *Dig.* : receperit. — 9. *D.*, 42, 5, 25. — 10. Gaius, 4, 35. — 11. *Rubr. D.*, 42, 6. — 12. *Rubr. D.*, 42, 7. — 13. *D.*, 42, 8, 1, *pr.* — 14. *Rubr. D.*, 42, 1 ; *D.*, 25, 2, 2 : Gaius, ad ed. pr. urb. tit. de re judicata. Fin de la 4ᵉ partie générale de l'édit. — 15. *Rubr. D.*, 43, 1.

quod de his bonis pro herede aut pro possessore possides possideresve, si nihil usucaptum esset, quodque[1] dolo malo fecisti, uti desineres possidere, id illi restituas[2].

b. Quod legatorum[3]. — Quod de his bonis, *quorum possessio ex edicto meo illi data est*, legatorum nomine non voluntate *illius* possides quodque dolo malo fecisti quo minus possideres, id, si *eo nomine* satisdatum est sive per *illum* non stat ut satisdetur, *illi restituas*[4].

c. *A quo hereditas petetur, si rem nolit defendere.* — Quam hereditatem[5]. U. 68.

d. Ne vis fiat ei, qui *legatorum servandorum causa* in possessionem missus erit. Ne vis fiat ei, quae *ventris nomine* in possessionem missa erit[6].

e. De tabulis exhibendis[7]. — Quas tabulas Lucius Titius ad causam testamenti sui pertinentes reliquisse dicetur, si hae penes te sunt aut dolo malo tuo factum est, ut desinerent esse, ita eas illi exhibeas. Item si libellus aliudve quid relictum esse dicetur, decreto comprehendam[8]. P. 64.

f. *Interdictum possessorium.* g. *Interd. sectorium*[9].

Ne quid in loco sacro *religioso sancto* fiat[10]. — a. In loco sacro facere inve eum immittere quid veto[11].....

b. Quo quave illi mortuum inferre invito te jus est, quo minus illi eo eave mortuum inferre et ibi sepelire liceat, vim fieri veto[12].

c. Quo illi jus est invito te mortuum inferre, quo minus illi in eo loco sepulchrum sine dolo malo aedificare liceat, vim fieri veto[13].

De locis et itineribus publicis[14]. Ne quid in loco publico vel itinere fiat[15].

a. Ne quid in loco publico facias inve eum locum immittas, qua ex re quid illi damni detur, praeterquam quod lege senatus consulto edicto decretove principum tibi concessum est. De eo, quod factum erit, interdictum non dabo[16].

b. In via publica itinereve publico facere immittere quid, quo ea via idve iter deterius sit fiat, veto[17].

---

1. *Flor.* : Quod quidem. — 2. *D.*, 43, 2, 1, *pr.* — 3. *Rubr. D.*, 43, 3. — 4. *D.*, 43, 1, rapproché de *F. Vat.*, 90, qui donne comme formule d'un interdit quod legatorum utile : 'Quod de his bonis legati nomine possides quodque uteris frueris quodque dolo malo fecisti, quominus possideres utereris fruereris'. — 5. Ulpien, *Inst.*, 4. — 6. *Rubr. D.*, 43, 4, cf. *D.*, 43, 4, 3 ; 36, 4, 5, 27. — 7. *Rubr. D.*, 43, 5. — 8. *D.*, 43, 5, 1, *pr.* — 9. Gaius, 4, 145. 146. — 10. *Rubr. D.*, 43, 6. — 11. *D.*, 43, 6, 1, *pr.* — 12. *D.*, 11, 8, 1, *pr.* — 13. *D.*, 11, 8, 1, 5. — 14. *Rubr. D.*, 43, 7. — 15. *Rubr. D.*, 43, 8. — 16. *D.*, 43, 8, 2, *pr.* — 17. *D.*, 43, 8, 2, 20.

c. Quod in via publica itinereve publico factum immissum habes, quo ea via idve iter deterius sit fiat, restituas[1].

d. Quo minus illi via publica itinereve publico ire agere liceat, vim fieri veto[2].

e. Quo minus loco publico, quem is, cui locandi jus fuerit, fruendum alicui locavit, ei qui conduxit sociove ejus e lege locationis frui liceat, vim fieri veto[3].

f. Quo minus illi viam publicam iterve publicum aperire reficere liceat, dum ne ea via idve iter deterius fiat, vim fieri veto[4].

De fluminibus. Ne quid in flumine publico ripave ejus fiat quo pejus navigetur[5].

a. Ne quid in flumine publico ripave ejus facias neve quid in flumine publico neve in ripa ejus immittas, quo statio iterve navigio deterior sit fiat[6].

b. Quod in flumine publico ripave ejus factum[7] sive quid in id flumen ripamve ejus immissum habes, quo statio iterve navigio deterior sit fiat, restituas[8].

c. In flumine publico inve ripa ejus facere aut in id flumen ripamve ejus immittere, quo aliter aqua fluat, quam priore aestate fluxit, veto[9].

d. Quod in flumine publico ripave ejus factum sive quid in *id* flumen ripamve ejus immissum habes, si ob id aliter aqua fluit atque uti priore aestate fluxit, restituas[10].

e. Quo minus illi in flumine publico navem ratem agere quove minus per ripam *ejus* onerare exonerare liceat, vim fieri veto. Item, ut per lacum fossam stagnum publicum navigare liceat, interdicam[11].

f. Quo minus illi in flumine publico ripave ejus opus facere ripae agrive qui circa ripam est tuendi causa liceat, dum ne ob id navigatio deterior fiat, si tibi damni infecti in annos decem viri boni arbitratu vel cautum vel satisdatum est aut per illum non stat, quo minus viri boni arbitratu caveatur vel satisdetur, vim fieri veto[12].

Unde vi[13]. — a. De vi *(non armata)*. Unde in hoc anno tu illum vi dejecisti aut familia tua dejecit[14], cum ille possideret, quod nec vi nec clam nec precario a te possideret[15], eo illum

---

1. *D.*, 43, 8, 2, 35. — 2. *D.*, 43, 8, 2, 45. — 3. *D.*, 43, 9, 1, *pr.* — 4. *D.*, 43, 11, 1, *pr.* — 5. *Rubr. D.*, 43, 12. — 6. *D.*, 43, 12, 1, *pr.* — 7. *Flor* : fiat ; cf. *D.*, 43, 12, 1, 22. — 8. *D.*, 43, 12, 1, 19. — 9. *D.*, 43, 13, 1 *pr.* — 10. *Ibid.* 1, 11. — 11. *D.*, 43, 14, 1, *pr.* — 12. *D.*, 43, 15, 1, *pr.* — 13. *Rubr. D.*, 43, 16. — 14. *D.*, 43, 16, 1, *pr.* Ancienne rédaction de cette clause dans Cicéron, *Pro Tullio*, 19, 44. — 15. Cicéron, *loc. cit.*

quaeque ille tunc ibi habuit restituas[1]. Post annum de eo, quod ad eum qui vi dejecit pervenerit, judicium dabo[2].

b. De vi armata. Unde tu illum vi hominibus coactis armatisve dejecisti aut familia tua dejecit, eo illum quaeque ille tunc ibi habuit restituas[3].

c. Si uti frui prohibitus esse dicetur[4].

d. *Ne vis fiat ei, qui damni infecti in possessionem missus erit*[5].

Uti possidetis[6]. — a. Uti nunc possidetis eum fundum, quo de agitur, quod nec vi nec clam nec precario alter ab altero, possidetis, *quo minus ita possideatis*, adversus ea vim fieri veto[7]. U. 69.70. P. 65.

b. Uti eas aedes, q. d. a., n. v. n. cl. n. pr. alter ab altero possidetis, quo minus ita possideatis, vim fieri veto[8].

c. ...... neque pluris, quam quanti res erit, intra annum, quo primum experiundi potestas fuerit, *sponsionem restipulationemque facere*[9] permittam.

d. *Uti eo fundo q. d. a. n. v. n. cl. n. pr. alter ab altero utimini fruimini, quos minus ita utamini fruamini, vim fieri veto*[10].

A quo fundus petetur si rem nolit defendere[11]. — a. *Quem fundum*[12].

b. Quem usumfructum.... vindicare *vult*........, *si rem nolis defendere eoque nomine tibi satisdatum est aut per te stat quo minus satisdetur, restituas*[13].

De superficiebus[14]. — Uti ex lege locationis sive conductionis superficie q. d. a. nec vi n. cl. n. pr. alter ab altero fruimini, quo minus *ita* fruamini, v. f. v. Si qua alia actio de superficie postulabitur, causa cognita dabo[15]. U. 70.

De itinere actuque privato[16]. — a. Quo itinere actuque [privato], q. d. a., [vel via] hoc anno nec v. n. c. n. p. ab illo usus es, quo minus ita utaris, v. f. v.[17] U. 70. P. 66.

b. Quo itinere *actuque q. d. a. is, a quo emisti*, hoc anno n. v. n. c. n. p. *ab illo* usus est, quo minus *ita utaris*, v. f. v.[18]

c. Quo itinere actuque hoc anno non v. n. c. n. p. ab *illo* usus es, quo minus id iter actumque, ut tibi jus est, reficias,

---

1. Cicéron, *Pro Caecina*, 30, 88 rapproché de *D.*, 43, 16, 1, *pr*. — 2. Édit relatif à l'action in factum de *Fr. V.*, 312, réuni dans le Dig. à l'interdit. — 3. Ancien interdit, Cicéron, *Pro Caecina, passim*; ad *fam.* 15, 16, 3 : 'Unde tu aut familia aut procurator tuus illum vi hominibus coactis armatisve dejecisti, eo restituas'. — 4. Cf. *Fr. Vat.*, 91. — 5. *D.*, 43, 4, 4, *pr.* 4. — 6. *Rubr. D.*, 43, 17. — 7. Festus v. *Possessio*. — 8. *D.*, 43, 17, 1, *pr.* — 9. *D.* : agere. Relatif à la *sponsio*, conjecture Lenel. — 10. Cf. *Fr. V.*, 90, rapproché de *D.*, 48, 18, 1, *pr.* — 11. *D.*, 39, 2, 45. Cf. *Fr. V.*, 92. — 12. Ulpien, *Inst.*, 4. — 13. *Fr. V.*, 92; Paul, *Sent.*, 1, 11, 1. — 14. *Rubr. D.*, 43, 18. — 15. *D.*, 43, 18, 1, *pr.* — 16. *D.*, 43, 19. — 17. *D.*, 43, 19, 1, *pr.* — 18. Cf. *D.*, 43, 1, 2, 3. 43, 20, 1, 37.

v. f. v. Qui hoc interdicto uti volet, is adversario damni infecti, quod per ejus *operis*[1] vitium datum sit, caveat[2].

De aqua cottidiana et aestiva[3]. — a. Uti hoc anno aquam, q. d. a., non v. n. cl. n. p. ab illo duxisti, quo minus ita ducas, v. f. v.[4]

b. Uti priore aestate aquam, q. d. a., nec v. n. cl. n. p. ab illo duxisti, quo minus ita ducas, v. f. v.[5]

c. *Item* inter heredes *et* emptores et bonorum possessores interdicam[6].

d. Quo ex castello illi aquam ducere ab eo, cui ejus rei jus fuit, permissum est, quo minus ita uti permissum est ducat, v. f. v.. Quandoque de opere faciendo interdictum erit, damni infecti caveri jubebo[6].

De rivis[7]. — Rivos specus septa reficere purgare aquae ducendae causa quo minus liceat illi, dum ne aliter aquam ducat, quam uti *hoc anno aut* priore aestate non v. n. c. n. p. a te duxit, v. f. v[8].

De fonte[9]. — Uti de eo fonte, q. d. a., hoc anno nec v. n. c. n. p. ab illo usus es, quo minus ita utaris, v. f. v. De lacu puteo piscina item interdicam[10].

Quo minus fontem, q. d. a., purges reficias, ut aquam coercere utique ea possis, dum ne aliter utaris atque uti hoc anno non v. n. c. n. p. ab illo usus es, v. f. v[11].

De cloacis[12]. — a. Quo minus illi cloacam, quae ex aedibus ejus in tuas pertinet, q. d. a., purgare reficere liceat, v. f. v. Damni infecti, quod operis vitio factum sit, caveri jubebo[13].

b. Quod in cloaca publica factum sive [ea] immissum habes, quo usus ejus deterior sit fiat, restituas. Item ne quid fiat immittaturve, interdicam[14].

Quod vi aut clam factum erit, ut restituatur[15]. — Quod vi aut clam factum est, qua de re agitur, id, *si non plus quam annus est*[16] cum experiendi potestas est, restituas[17].

Si opus novum nuntiatum erit. — a. Quod jus sit illi prohibere, ne se invito fiat, in eo nuntiatio teneat. Ceterum nuntiationem missam facio[18].

b. Quem in locum nuntiatum est, ne quid operis novi fieret, q. d. r. a., quod in eo loco, antequam nuntiatio missa fieret aut in ea causa esset, ut remitti deberet, factum est, id restituas[19].

---

1. Cf. D., 43, 19, 5, *in fine.* — 2. D., 43, 19, 3, 11. — 3. *Rubr.* D., 43, 20. — 4. D., 43, 20, 1, *pr.* — 5. D., 43, 20, 1, 23. — 6. D., 43, 20, 1, 37-38. — 7. *Rubr.* D., 43, 21. — 8. D., 43, 21, 1, *pr.* — 9. *Rubr.* D., 43, 22. — 10. D., 43, 22, 1, *pr.* — 11. D., 43, 22, 1-6. — 12. *Rubr.* D., 43, 23. — 13. D., 43, 23, 1, *pr.* — 14. D., 43, 23, 1, 5. — 15. *Rubr.* D., 43, 24. — 16. Cf. D., 43, 24, 15, 4-6. — 17. D., 43, 24, 1, *pr.* — 18. D., 43, 25, 1, *pr.* — 19. D., 39, 1, 20, *pr.*

c. Quem in locum nuntiatum est, ne quid operis novi fieret, q. d. r. a., si de ea re satisdatum est, quod ejus cautum sit, aut per te stat quo minus satisdetur : quo minus illi in eo loco opus facere liceat, v. f. v[1].

De precario[2]. — Quod precario ab illo habes aut dolo malo fecisti, ut desineres habere, q. d. r. a., id illi restituas[3].

a. De arboribus caedendis[4]. — Quae arbor ex aedibus tuis in aedes illius impendet, si per te stat, quo minus eam adimas, tunc, quo minus illi eam arborem adimere sibique habere liceat, v. f. v[5].

b. Quae arbor ex agro tuo in agrum illius impendet, si per te stat, quo minus pedes quindecin a terra eam altius coerceas, tunc, quo minus illi ita coercere lignaque sibi habere liceat, v. f. v[6].

De glande legenda[7]. — Glandem, quae ex illius agro in tuum cadat, quo minus illi tertio quoque die legere auferre liceat, v. f. v[8].

De homine libero exhibendo[9]. — Quem liberum dolo malo retines, exhibeas[10].

a. De liberis exhibendis item ducendis[11]. — Qui quaeve in potestate Lucii Titii est, si is eave apud te est dolove malo tuo factum est, quo minus apud te esset, ita eum eamve exhibeas[12].

b. Si Lucius Titius in potestate Lucii Titii est, quo minus eum Lucio Titio ducere liceat, v. f. v[13].

De liberto exhibendo[14].

Utrubi[15]. — Utrubi hic homo q. d. a. majore parte hujusce anni nec v. n. c. n. p. ab altero fuit, quo minus is eum ducat, v. f. v[16].

U. 72.
P. 68.

De migrando[17]. — Si is homo, q. d. a., non est ex his rebus, de quibus inter te et actorem convenit, ut, quae in eam habitationem, q. d. a., introducta importata ibi nata factave essent, ea pignori tibi pro mercede ejus habitationis essent, sive ex his rebus est et ea merces tibi soluta eove nomine satisfactum est aut per te stat, quo minus solvatur : ita, quo minus ei, qui eum pignoris nomine induxit, inde abducere liceat, v. f. v[18].

U. 73.
P. 68.

b. Salvianum interdictum[19]. *Formula Serviana, et quasi Serviana.*

1. D., 39, 1, 20, 9. — 2. Rubr. D., 43, 26. — 3. D., 43, 26, 2, pr. — 4. Rubr. D., 43, 27. — 5. D., 43, 27, 1, pr. — 6. D., 43, 27, 1, 7. — 7. Rubr. D., 43, 28. — 8. D., 43, 28, 1, pr. — 9. Rubr. D., 43, 29. — 10. D., 43, 29, 1, pr. — 11. Rubr. D., 43, 30. — 12. D., 43, 30, 1, pr. — 13. D., 43, 30, 3, pr. — 14. Cf. Gaius, 4. 162. — 15. Rubr. D., 43, 31. — 16. Cf. D., 43, 31, 1, pr. Gaius, 4, 160. 150. — 17. Rubr., D., 43, 32. — 18. D., 43, 32, 1, pr. — 19. Rubr. D., 43, 33.

8.

Quae in fraudem creditorum facta sunt ut restituantur[1]. — Quae Lucius Titius fraudandi causa sciente te in bonis, quibus de [ea re] agitur, fecit: ea illi, si eo nomine, q. d. a., actio ei ex edicto meo competere[2] esseve oportet et[3] si non plus quam annus est cum de ea re, q. d. a., experiundi potestas est, restituas. Interdum causa cognita, et si scientia non sit, in factum actionem permittam[4].

XXXXIIII. DE EXCEPTIONIBUS [5].

Si quis *vadimoniis*[6] non obtemperaverit[7]. — a. *E. pacti conventi*: si inter $A^m\ A^m$ et $N^m\ N^m$ non convenit, ne ea pecunia peteretur[8].

b. - f. *E*^{es} *quod* $N^s\ N^s$ *rei publicae causa afuerit, quod valetudine vel tempestate vel vi fluminis prohibitus, quod sine dolo malo ipsius a magistratu retentus, quod rei capitalis antea condemnatus fuerit, quod dolo malo* $A^i\ A^i$ *factum sit, quo minus vadimonium sisteret*[9].

2. *E. litis dividuae et rei residuae*[10].

3. *Si alieno nomine agatur*: *e*^{es} *cognitoriae, procuratoriae, tutoriae, curatoriae.*

4. a. *E. mercis non traditae*: Si ea pecunia, q. d. a., non pro ea re petitur, quae venit neque tradita est[11].

b. *E. redhibitionis*[12].

5. *E. temporis*[13].

6. Quod praejudicium hereditati (fundo partive ejus) non fiat[14].

7. *E. rei judicatae*[15] *vel in judicium deductae*[16]: Si ea res, q. d. a., judicata *vel in judicium deducta* non est inter $N^m\ N^m$ et $A^m\ A^m$[17].

8. *E. rei venditae et traditae*[18].

9. a. *E. doli mali*[19]. — Si in ea re nihil dolo malo $A^i\ A^i$ factum est neque fit[20].

b. *E. metus*[21]. — Si in ea re nihil metus causa factum est[22].

---

1. *Rubr. D.*, 42, 8. — 2. Probablement interpolé; cf. Gradenwitz, *Zsavst.*, 8, 1887, p. 256. — 3. Flor.: ei. — 4. *D.*, 42, 8, 10; 'in factum actionem permittam', sans doute interpolé; cf. Gradenwitz, *Zsavst.*, 8, 1887, p. 256. — 5. *Rubr. D.*, 44, 1. — 6. *D.*: 'cautionibus in judicio sistendi causa factis'. — 7. *Rubr. D.*, 2, 11. — 8. Gaius, 4, 119, cf. *D.*, 2, 11, 2, *pr.* — 9. *D.*, 2, 11, 2, 1. 4-9. 4, *pr.* 4, 1-5, *pr.*; cf. *D.*, 22, 3, 19, 1. — 10. Gaius, 4, 122. — 11. *D.*, 50, 16, 66. 19, 1, 25. Gaius, 4, 126*. — 12. *D.*, 21, 1, 59. 44, 1, 14. — 13. *D.*, 44, 3, 1. — 14. *D.* 44, 1, 13. 16. 18. 10, 2, 1, 1. — 15. *Rubr. D.*, 44, 2. — 16. Exception unique, visant à la fois les deux cas, selon Lenel; cf. Gaius, 4, 121 : 'quod metus causa *aut* dolo malo *aut* quod contra..., *aut* quod res judicata est *vel* in judicium deducta'. V. cependant les objections d'Eisele, *Abhandlungen zum roemischen Civilprocess*, 1889, pp. 4-8. — 17. Cf. *D.*, 44, 2, 9, 2. — 18. *Rubr. D.*, 21, 3. — 19. *Rubr. D.*, 44, 4. — 20. Gaius, 4, 119. *D.*, 44, 4, 2, 1. 2, 3-5. — 21. *Rubr. D.*, 44, 4. — 22. *D.*, 44, 4, 4, 33.

10. Quarum rerum actio non datur¹.—a. E. *juris jurandi*; U. 76.
b. *negotii in alea gesti*; c. *onerandae libertatis causa*². P. 71.

11. Si quid contra legem senatusve consultum factum esse dicetur³.

XXXXV. DE STIPULATIONIBUS⁴.
U.77-81.
P.72-78.

1. *Vadimonium sisti.*   U. 77.

2. *Pro praede litis et vindiciarum*⁵.   U. 77. P. 74.

3. *Judicatum solvi*⁶.   U. 78.

4. *De conferendis bonis et dotibus.*   U. 79.

5. Si cui plus quam per legem Falcidiam licuerit legatum esse dicetur⁷.   U. 79. P. 75.

6. Evicta hereditate legata reddi⁸.

7. Usufructuarius quemadmodum caveat⁹.

8. Legatorum servandorum causa¹⁰.

9. Rem pupilli vel adulescentis salvam fore¹¹.   U. 79. P. 76.

10. Ratam rem haberi¹².   U. 80. P. 76.

11. *De auctoritate*¹³.   U.80.81. P.76.77.

12. Ex operis novi nuntiatione¹⁴.   U. 81.

13. Damni infecti¹⁵.   U. 81. P. 78.

2. ÉDIT DES ÉDILES CURULES.

Il n'est pas douteux que l'édit des édiles curules a été codifié par Julien, en même temps que celui du préteur urbain. V. notamment Justinien, const. Omnem, § 4. const. Tanta, § 6. Le langage de Justinien, joint à une confusion de Paul, *Sent.*, 1, 15, 2, qui attribue au préteur l'édit *de feris*, porterait même à croire qu'il se serait alors fondu dans

---

1. *Rubr. D.*, 44, 5. Exceptions fondées sur les causes pour lesquelles le préteur avait déclaré dans les précédentes parties de l'album qu'il refuserait l'action. — 2. *D.*, 44, 5, 1-2. — 3. *Gaius*, 4, 121. — 4. *Rubr. D.*, 46, 5: 'De stipulationibus praetoriis'; mais le préteur ne devait pas dans son édit qualifier lui-même ces stipulations du nom de praetoriae; cf. C. Ferrini, *Rivista italiana per le scienze giuridiche*, 1886, pp. 37-38.— 5. Lenel; cf. *D.*, 46, 7, 6, où Ulpien paraît aborder l'étude de la caution judicatum solvi dans son livre 78. — 6. *Rubr. D.*, 46, 7. — 7. *Rubr. D.*, 35, 3. — 8. *D.*, 5, 3, 17. 29, 4, 1, 9. — 9. *Rubr. D.*, 7, 9. — 10. Cf. *Rubr. D.*, 36, 3. — 11. *Rubr. D.*, 46, 6. — 12. *Rubr. D.*, 46, 8. — 13. Découverte de Lenel qui place à cet endroit 1° l'action au double résultant de la mancipation, v. notamment *D.*, 22, 1, 51, 1, du livre 80 d'Ulpien et *D.*, 50, 16, 72, du livre 76 de Paul, 2° une stipulation de garantie dont ils traitent tous deux au livre suivant et que M. Lenel croit être la satisdatio secundum mancipium, mais qui est simplement à notre sens la stipulatio duplae ordinaire, cf. *N. R. Hist.* 1884, pp. 419-422. — 14. *D.*, 39, 1, 13, 1, 45, 1, 4, 2. — 15. *D.*, 45, 1, 4, 2.

l'édit prétorien. Mais Gaius, 1, 6, atteste qu'après la réforme, les édiles continuèrent à rendre leur édit distinct comme le préteur le sien, sauf naturellement à se conformer comme lui au sénatus-consulte qui avait prescrit aux magistrats futurs la reproduction de l'œuvre de Julien, et le langage de Justinien tout au moins peut se rapporter aux commentaires de l'édit dans lesquels le second était devenu une annexe du premier, de telle sorte que par exemple les 81 livres sur l'édit du préteur et les 2 livres sur l'édit des édiles d'Ulpien sont représentés par l'*index Florentinus*, comme un commentaire sur l'édit en 83 livres. Suivant une disposition symétrique à celle de l'édit du préteur, l'édit des édiles se compose d'une partie principale, contenant les édits suivis des formules d'action correspondantes, et d'un appendice, contenant la formule de la *stipulatio duplae*. Nous reproduisons ci-dessous la restitution qui en a été donnée par M. Lenel dans Bruns.

U. 1.
P. 1, 2.
1. *De mancipiis vendundis*[1]. — Qui mancipia vendunt, certiores faciant emptores, quid morbi vitiive cuique sit, quis fugitivus errove sit noxave solutus non sit : eademque omnia cum ea mancipia venibunt, palam recte pronuntianto. Quod si mancipium adversus ea venisset sive adversus quod dictum promissumve fuerit, cum veniret, fuisset, quod ejus praestari oportere dicetur : emptori omnibusque, ad quos ea res pertinet, judicium dabimus, ut id mancipium redhibeatur, si quid autem post venditionem traditionemque deterius emptoris opera familiae procuratorisve ejus factum erit, sive quid ex eo post venditionem natum adquisitum fuerit, et si quid aliud in venditione ei accesserit, sive quid ex ea re fructus pervenerit ad emptorem, ut ea omnia restituat, item, si quas accessiones ipse praestiterit, ut recipiat. Item si quod mancipium capitalem fraudem admiserit, mortis consciscendae sibi causa quid fecerit, inve harenam depugnandi causa ad bestias intromissus fuerit, ea omnia in venditione pronuntianto : ex his enim causis judicium dabimus. Hoc amplius, si quis adversus ea sciens dolo malo vendidisse dicetur, judicium dabimus[2].

U. 2.
P. 2.
2. *De jumentis*. — Qui jumenta vendunt, palam recte dicunto, quid in quoque eorum morbi vitiique sit, utique optime ornata vendendi causa fuerint, ita emptoribus tradantur. Si quid ita factum non erit, de ornamentis restituendis jumentisve ornamentorum nomine redhibendis in diebus sexaginta, morbi autem vitiive causa inemptis faciendis in sex mensibus, vel quo minoris cum venirent fuerint, in anno judicium dabimus. Si jumenta paria simul venierint et alterum in ea causa fuerit, ut redhiberi debeat, judicium dabimus, quo utrumque

---

1. Aulu-Gelle 4, 2, 1 : 'In edicto aedilium curulium qua parte de mancipis vendundis cautum est'. — 2. *D.*, 21, 1, *pr.* Commencement d'un ancien édit dans Aulu-Gelle, 4, 2 : 'titulus *servorum* singulorum scriptus sit curato ita, ut intelligi recte possit, quid' etc., Fragment de la formule redhibitoire, *D.*, 21, 1, 25, 9.

redhibeatur[1]. Quae de jumentorum sanitate diximus, de cetero quoque pecore omni venditores faciunto[2].

3. — *De feris*. Ne qui scanem, verrem vel *maialem*[3], aprum, lupum, ursum, pantheram, leonem, qua volgo iter fiet, ita habuisse velit, ut cuiquam nocere damnumve dare possit[4]. Si adversus ea factum erit et homo liber ex ea re perierit, *sestertium ducentorum milium nummorum*[5], si nocitum homini libero esse dicetur, quanti bonum aequum judici videbitur, *judicium dabimus*. Ceterarum rerum, quanti damnum datum factumve sit, dupli *judicium dabimus*[6].

4. *Duplae stipulatio*.

U. 2.
P. 2.

U. 2.
P. 2.

3. DÉCRET DU PRÉTEUR D'ESPAGNE ULTÉRIEURE, L. AEMILIUS PAULUS (an 565 de Rome).

C. I. L., II, 5041 ; Bruns, p. 215. Inscription gravée sur une plaque de bronze trouvée en 1866, en Espagne, aux environs de Cadix, et actuellement conservée au musée du Louvre. Décret rendu par le célèbre Paul Émile, (L. Aemilius Paulus, l'inscription ne donne pas le *cognomen* exclu de la langue officielle) au cours de son commandement d'Espagne Ultérieure de 563-565. Paul Émile, préteur d'Espagne Ultérieure en 564, prorogé en 565, (qui par conséquent serait, en 565, un propréteur et non, comme dit Bruns, un proconsul, si la distinction terminologique de la magistrature et de la promagistrature ne semblait elle-même plus récente, cf. Mommsen, *C. I. L.*, XIV, 4263 et *Staatsrecht*, 13, p. 638, n. 1) fut acclamé *imperator* à la suite d'une victoire remportée dans le cours de l'année 564 et résigna son commandement dans l'automne de 565 : l'inscription datée du 19 janvier qui le qualifie d'*imperator* doit donc être du 19 janvier 565. Le général y délie les habitants de *Turris Lascutana* des liens de vassalité dans lesquels ils étaient par rapport aux Hastenses, les déclare *liberi* et les maintient jusqu'à nouvel ordre dans la propriété pérégrine (*possidere habereque*) de leur territoire. Cf., sur ce texte, Huebner, *Hermes*, 3, 1868, p. 243 et ss. ; Mommsen, *Hermes* 8, p. 261 et ss., et *Staatsrecht*, 3, p. XVII, n. 1 [= tr. fr. 6, 2, pp. 364, n. 3 ; 362, n. 5 ; 381, n. 2 ; Karlowa, *R. R. G.*, 1, 447.

L. Aimilius L. f. inpeirator decreivit utei quei Hastensium servei in turri Lascutana habitarent leiberei essent ; agrum oppidumqu(e) quod ea tempestate posedisent item possidere habereque jousit, dum populus senatusque Romanus vellet. Act(um) in castreis a. d. XII k. Febr.

4. DÉCRET DU PROCONSUL DE SARDAIGNE L. HELVIUS AGRIPPA (an 69 après J.-C.).

C. I. L., X, 7852 ; Bruns, pp. 216-217. Table de bronze découverte en mars 1866 à Esterzili en Sardaigne et relative à une contestation de

1. *D.*, 21, 1, 38, *pr*. — 2. *D.*, 21, 1, 38, 5. — 3. *D.*: minorem ; Huschke, *Zur Pandekten Kritik*, 1875, p. 52 : maialem. — 4. *D.*, 21, 1, 40, 1. 42. — 5. *D.*: solidi ducenti. — 6. Cf *D.*, 21, 1, 42.

limites survenue entre les deux cités des Patulcenses Campani et des Galillenses dont les territoires avaient été officiellement délimités par M. Metellus, le consul de 639 qui triompha *ex Sardinia* en 643. L'inscription contient une copie d'un jugement rendu à ce sujet après de longues controverses, que M. Mommsen *Hermes*, 2, 1867, pp. 102-127 ; 3, 1868, pp. 167-170, avait d'abord placé en l'an 58 après J.-C. en partant d'une transcription fausse de M. Baudi de Vesme et de l'idée que la copie en date du 18 mars 59 devait avoir été prise à l'aerarium de Rome après l'expiration des pouvoirs du gouverneur ; mais, bien que ces solutions soient purement et simplement reproduites par M. Karlowa, *R. R. G.*, 818-820, M. Mommsen les a depuis corrigées en démontrant que le scribe dont il est question au sujet de la copie est un scribe du questeur d'Agrippa et que l'original est de la même année que cette copie; *Staatsrecht*, 1, p. 348, n. 2 = tr. fr., 1, p. 394, n. 6, et *C. I. L.*, *loc. cit.* Le débat roulait sur un empiétement des Galillenses qui avaient occupé par violence des *praedia* attribués aux Patulcenses sur le plan cadastral de Metellus, et il avait, avant Agrippa, déjà été soumis à deux gouverneurs successifs : à M. Juventius Rixa, *procurator Augusti*, qui avait décidé que les Patulcenses devaient être maintenus dans leurs limites; mais qui, sa décision n'ayant pas été exécutée par les Galillenses, leur donna, dans un nouvel édit, jusqu'au 1er octobre pour vider les lieux litigieux ; puis, sans doute, à la suite de la transformation de la Sardaigne en province du Sénat, au proconsul Caecilius Simplex, auquel les Patulcenses demandèrent, afin de justifier leurs prétentions, de prendre au *tabularium principis*, une copie de l'original de la table de Metellus, et qui leur accorda pour cela un nouveau délai de 3 mois expirant au 1er décembre de l'année suivante, en spécifiant que, faute de production dans ce délai, l'affaire serait décidée d'après l'exemplaire du plan existant dans la province. Le nouveau proconsul Agrippa consentit encore à leur accorder, pour la réception de cette pièce, un nouveau délai de 2 mois allant jusqu'au 1er février suivant. Mais, ce nouveau délai étant expiré sans succès, il rend, à la date du 3 mars 69, notre décret dans lequel il ordonne aux Galillenses de délaisser les *praedia* usurpés par eux, faute de quoi ils encourront pour leur longue résistance une peine qui, selon M. Mommsen, serait celle de la *seditio*. Notre titre reproduit une copie du décret prise 15 jours après, sans doute par les Patulcenses, sur le registre des *acta* du gouverneur qui leur a été communiqué, au siège du gouvernement, par le *scriba quaestorius* Cn. Egnatius Fuscus. Il se distingue d'autres actes nombreux de limitation qui nous ont été transmis en ce qu'il se rapporte moins à une contestation de limites qu'à son exécution, et il présente par là un sérieux intérêt non seulement pour la connaissance de l'histoire administrative de la Sardaigne (*Hermes* et *C. I. L.*, *loc. cit.*) ou de l'organisation du conseil du magistrat (*Staatsrecht*, 1, 316, n. 1 = tr. fr., 1, 356, n. 3), mais pour celle des voies d'exécution : on y remarquera la façon dont, même en matière extraordinaire et en province, le magistrat s'abstient encore, à la fin de la dynastie julienne, de procéder en matière réelle à l'exécution directe et recourt de préférence à l'expédient de la menace d'une poursuite criminelle (Mommsen, *Hermes*, *loc. cit.*, cf. Karlowa, *R. R. G.*, 1, p. 820).

Imp. Othone Caesare Aug. cos. XV k. Apriles descriptum et recognitum ex codice ansato[1] L. Helvi Agrippae procons(u-

1. C'est-à-dire un *codex* fait de *tabulae* réunies par une *ansa*.

lis), quem protulit Cn. Egnatius Fuscus scriba quaestorius, in quo scriptum fuit it quod infra scriptum est tabula V ceris[1] VIII et VIIII et X :

III idus Mart. L. Helvius Agrippa proco(n)(sul) caussa cognita pronuntiavit :

Cum pro utilitate publica rebus judicatis stare conveniat et de caussa Patulcensium M. Juventius Rixa vir ornatissimus procurator Aug(usti) saepius pronuntiaverit :

Fines Patulcensium ita servandos esse, ut in tabula ahenea a M. Metello ordinati essent,

ultimoque pronuntiaverit :

Galillenses frequenter retractantes controversiam nec parentes decreto suo se castigare voluisse, sed respectu clementiae optumi maximique principis contentum esse edicto admonere, ut quiescerent et rebus judicatis starent et intra k. Octobr. primas de praedis Patulcensium recederent vacuamque possessionem traderent ; quod si in contumacia perseverassent, se in auctores seditionis severe animadversurum ;

et postea Caecilius Simplex vir clarissimus ex eadem caussa aditus a Galillensibus dicentibus :

tabulam se ad eam rem pertinentem ex tabulario principis adlaturos,

pronuntiaverit :

humanum esse dilationem probationi dari,

et in k. Decembres trium mensum spatium dederit,

intra quam diem nisi forma allata esset, se eam, quae in provincia esset, secuturum ;

ego quoque aditus a Galillensibus excusantibus, quod nondum forma allata esset, in k. Februarias quae p(roximae) f(uerunt) spatium dederim, et moram illis possessoribus intellegam esse jucumdam :

Galillenses ex finibus Patulcensium Campanorum, quos per vim occupaverant, intra k. Apriles primas decedant. Quodsi huic pronuntiationi non optemperaverint, sciant se longae contumaciae jam saepe denuntiatae animadversioni obnoxios futuros.

In consilio fuerunt : M. Julius Romulus, leg. pro pr(aetore). T. Atilius Sabinus, q(uaestor)pro pr(aetore). M. Stertinius Rufus f(ilius) *(et 5 autres noms)*. Signatores : Cn. Pompei Ferocis, Aureli Galli *(et 9 autres noms)*.

1. Cf. Mommsen, dans Bruns, ed h. l. et *Hermes*, 20, 1885, p. 280.

5. ÉDIT DU GOUVERNEUR DE NUMIDIE SUR LES RÉCEPTIONS ET LES FRAIS DE JUSTICE (361-363).

Eph. ep., V, n. 697 et pp. 629-632 ; Bruns, pp. 288-289. Inscription découverte en 1882 à Thamugadi en Numidie et contenant un édit rendu sous Julien, par conséquent entre la fin de 361 et le milieu de 363 par le gouverneur de Numidie, consulaire, *sexfascalis*, Ulpius Mariscianus. Cet édit, qui a été commenté par M. Mommsen, *Eph. ep.*,V, pp. 632-646, et M. A. Pernice, *Zsavst.*, 7, 1886, R. A., 2, pp. 112-139, se divise en deux parties. La première réglemente l'ordre de réception, en cinq séries, des personnes admises aux audiences du gouverneur. La seconde, qui est de beaucoup la plus importante au point de vue du droit privé, fixe en denrées les taxes judiciaires que pourront exiger des plaideurs les employés de son tribunal et les avocats et les scribes accrédités près de lui. Elle a pour intérêt fondamental d'attester, à une époque sensiblement plus ancienne qu'on n'admettait communément, l'existence de diverses particularités de la procédure byzantine, soit des taxes judiciaires elles-mêmes, qu'on pensait auparavant n'avoir apparu que dans la seconde moitié du Ve siècle, soit de la procédure écrite, à laquelle elle semble bien attribuer une étendue plus large que ne voudrait l'opinion courante.

Ex auc*to*ritate Ulpi Marisciani v(iri) c(larissimi) consularis sexfascalis, promoti primo a domino nostro invicto principe Juliano, ordo salutationis factus et ita ad perpetui*ta*tis memoriam aere incisus :

Primo senatores et comites et ex comitibus et adminis*tr*atores.

Secundo princeps, corni*cu*lari*us*, Palatini.

Ter*ti*o coronati...

Quarto promoti officiales,..... tus cum ordi... ni.

*Quinto(?) officiales ex ordine.

Item quam*ta c*ommoda consequi debeat princeps : Ad officialem intra civitatem dandum Italicos tritici modios quinque aut pretium frumenti ; intra decimum modios septem aut pretium modiorum septem ; etiam per dena milia bini modi vel eorum praetia subcrescant ; si mitte*n*dus sit trans mare, centum modi vel modiorum centum praetium sufficiet.

Cornicularius et conmentariensis medietatem hujus summae commodi nomine consequentur.

Scolastici in postulatione simplici quincue modios trittici vel quinque modiorum praetia consequentur ; in contradictione decem modios tritici vel decem modiorum praetium consequantur ; in urguenti qua*e* finienda sit, quindeci modios vel quindeci modiorum praetia consequantur.

Exceptores in postulatione quinque modios tritici vel quinque modiorum praetium consequantur ; in contradictione duodeci modios tritici vel duodeci modiorum praetium consequantur ; *in* definita causa viginti modios trittici vel viginti modiorum praetia consequantur.

Carta in postulatione s*implici singulae* sufficiunt majores ; in contradictionibus quatern*ae* majores ; in definito negotio numquam amplius quam sex a litigatore exigi oportebit.

Libellensis in libello uno duos modios tritici vel duorum modiorum pretium debebit accipere.

Officialis missus intra civitate duos modios trittici vel duorum modiorum pretium consequatur.

CHAPITRE IV.

CONSTITUTIONS IMPÉRIALES.

Nous donnons ici quelques-unes des constitutions impériales antérieures à Dioclétien qui ont été conservées par des inscriptions : deux édits d'Auguste et de Claude, deux rescrits de Vespasien, un rescrit de Domitien, un rescrit de Commode. Les constitutions impériales, soit antérieures, soit postérieures à Dioclétien qui nous sont parvenues en dehors des recueils juridiques spéciaux sont très nombreuses. M. Haenel a rassemblé dans *son Corpus legum ab imperatoribus Romanis ante Justinianum latarum*, Leipzig, 1857, celles qui étaient connues à cette époque. Parmi celles dont le texte est fourni par des inscriptions, il faut ajouter, pour la première période, aux constitutions reproduites ici, un édit de Claude de l'an 48 sur la poste impériale, découvert à Tégée en Arcadie (*Eph. ep.*, V, n. 187) ; un fragment de bronze trouvé dans les environs de Séville et contenant probablement les débris d'une *epistula* de Trajan ou d'Hadrien sur les procès entre le fisc et les particuliers (*Eph. ep.*, II, n. 149 ; Bruns, p. 227) ; des exemplaires multiples d'une inscription placée par ordre de Marc-Aurèle et de Commode aux limites de la zone de perception de *vectigalia* dont la détermination reste incertaine (*C. I. L.*, VI, 1016 et *Eph. ep.*, IV, 787 ; Bruns, pp. 227-228) ; une *epistula* de l'an 201 des empereurs Sévère et Caracalla sur l'immunité de certains droits de douane réclamée par les habitants de Tyra en Bessarabie (*C. I. L.*, III, 781, et p. 1009 ; Bruns, pp. 230-231) ; enfin, un rescrit d'empereurs incertains qui appartient peut-être déjà à l'époque de Dioclétien, sur la constitution en cité de la ville des Tymandeni en Pisidie (*Hermes*, 20, 1885, p. 321 ; Bruns, p. 150). Un certain nombre de constitutions de Dioclétien et de ses successeurs ont également été conservées par des inscriptions ; ce sont : l'*edictum Diocletiani de pretiis rerum venalium*, de l'an 301, dont divers exemplaires ont été conservés partiellement soit dans le texte latin, soit dans la traduction grecque (*C. I. L.* III, pp. 801-844 et 1055-1058 ; *Eph. ep.*, IV, p. 180 ; V, n. 245-246 ; commentaires de Mommsen, *Abh. d. sæchs. Gesellschaft*, 3, 1851, pp. 1-80, et Waddington, (*Édit de Dioclétien établissant le maximum dans l'empire romain*, 1864) ; une inscription conservée seulement par des copies donnant l'original d'un édit de Constantin morcelé *C. Th.*, 9, 5, et *C. Just.*, 9, 8, 3. (*C. I. L.*, V, 2781) ; une inscription d'Orcistus en Phry gia salutaris contenant deux rescrits de Constantin qui se placent, l'un entre 323 et 326 et l'autre au 30 juin 331, et une lettre du préfet du prétoire Ablabius accompagnant le premier (*C. I. L.*, III, 352; texte meilleur, Bruns, pp. 419-421, *Hermes*, 22, 1887, p. 309); une inscription d'Hispellum en Ombrie contenant un autre édit de Constantin sur la création d'une assemblée distincte des Umbri et d'un temple de la famille impériale dans cette ville (Henzen, 5580); une inscription de l'île d'Amorgos reproduisant la constitution de Julien sur les *judices pedanei* abrégée *C. Just.*, 3, 3, 5 (*C. I. L.* III, 459); une constitution d'Anastase trouvée à Ptolemaïs, sur l'un des *duces*, probablement celui de Pentapolis, et son *officium* (*C. I. Gr.*, III, 5187; cf. Krueger, *Kritik des Justinianischen Codex*, 1867, pp. 186-202; Waddington, *R. Arch.*, 1868, 2, pp. 417-430; Zachariae von Lingenthal, *Sitzungsberichte* de Berlin, 1879, p. 134). Nous croyons devoir en outre signaler les fragments de papyrus trouvés en Thébaïde et conservés à Paris et à Leyde, qui contiennent les originaux de deux rescrits du Ve siècle adressés à des particuliers (N. de Wailly, *Mémoires de l'acad. des inscr.*, 15, 1, 1842, pp. 399-423; commentaire de Mommsen, *Jahrbuch des deutschen Rechts*, 6, 1863, pp. 398-416), ainsi qu'un autre papyrus égyptien de Leyde contenant les fragments d'un 8e rescrit publié plus récemment par M. K. Wessely, *Ein bilingues Majestætsgesuch aus dem Jahre 391-2 n. Chr.*, 1888, (cf. U. Wilken, *Berliner philologische Wochenschrift*, 1888, p. 1205).

1. Édit d'Auguste sur l'aqueduc de Venafrum (737-743).

Édit d'Auguste relatif à l'aqueduc offert par lui à la ville samnite de Venafrum dans laquelle il avait déduit une colonie. Inscription découverte en 1846 par M. Mommsen sur un bloc de marbre qui était alors encastré dans un mur et qui en a été extrait seulement en 1876 pour être déposé dans la maison d'un particulier. Le meilleur texte s'en trouve aujourd'hui *C. I. L.*, X, 4842. Un commentaire étendu, basé sur sa première lecture, en a été donné *Z. G. R.* 15, 1848, pp. 287-386, par M. Mommsen qui a démontré par d'autres inscriptions de Venafrum que l'aqueduc a été construit par Auguste et que l'édit émane de lui. L'empereur réglemente le fonctionnement de l'aqueduc construit par lui et notamment enlève à la juridiction locale le jugement de certaines infractions à ce règlement, pour les soumettre à la justice de Rome, à des récupérateurs nommés par le préteur pérégrin. La date précise de l'édit d'Auguste est incertaine. Cependant M. Mommsen conjecture que, puisqu'il renvoie les procès en question au préteur pérégrin, et non pas aux *curatores aquarum*, institués en 743, et qu'en outre il ne contient aucune trace des peines établies en 745 par la loi Quinctia, il doit être antérieur à ces deux années. D'autre part, la loi *de judiciis privatis* à laquelle il renvoie, d'après son texte aujourd'hui certain, étant nécessairement la loi Julia *judiciorum privatorum*, il faut, si l'on admet le raisonnement par lequel M. Wlassak, *Römische Processgesetze*, 1888, pp. 173-188, a placé cette loi en 737, décider que l'édit d'Auguste ne peut être antérieur à cette année; et l'incertitude se trouve limitée entre les années 737 et 743.

Edictum imp. Caesaris Augusti.... (manquent 6 lignes)....
Venafranorum nomine.... *jus sit liceatque.*
Qui rivi specus saepta fontes.... que aquae *ducendae* re-

ficiundae causa supra infrave libram *facti aedi*ficati structi sunt, sive quod aliut opus ejus aquae ducendae *reficiundae* causa supra infrave libram factum est, uti quidquid earum rerum factum est, ita esse habere itaque reficere reponere restituere resarcire semel saepius, fistulas canales tubos ponere, aperturam committere, sive quid aliut ejus aquae ducendae causa opus *erit*, facere placet: dum qui locus ager in fundo, qui Q. Sirini (?) L. f. Ter. *est esseve* dicitur, et in fundo, qui L. Pompei M. f. Ter. Sullae est esseve dicitur, m*ace*ria saeptus est, per quem locum subve quo loco specus ejus aquae p*er*venit, ne ea maceria parsve quae ejus maceriae aliter diruat*ur tollat*ur, quam specus reficiundi aut inspiciendi causa : *neve quid ibi priv*ati sit, quominus ea aqua ire fluere ducive possi*t*.... Dextra sinistraque circa eum rivum circaque o*pera*, *quae ejus aq*uae ducendae causa facta sunt, octonos pedes agrum *vacuom esse placet*; per quem locum Venafranis eive, qui Venafranorum *nomine opus sumet* (?), iter facere ejus aquae ducendae operumve ejus aquae *ductus faciendorum* reficiendorum *causa*, quod ejus s(ine) d(olo) m(alo) fiat, jus sit liceatque, quaeque ea*rum rerum* cujus faciendae reficiendae causa opus erunt, quo proxume poterit, advehere adferre adportare, quaeque inde exempta erunt, quam maxume aequaliter dextra sinistraque p(edes) VIII jacere, dum ob eas res damn*i* infecti jurato promittatur. Earumque rerum omnium ita habendarum colon(is) (?) Ven*afr*anis jus potestatemque esse placet, dum ne ob id opus dominus eorum cujus agri locive, per quem agrum locumve ea aqua ire fluere ducive solet invius fiat ; neve ob id opus minus ex agro suo in partem agri quam transire transferre transvertere recte possit ; neve cui eorum, per quorum agros ea aqua ducitur, eum aquae ductum corrumpere abducere avertere facereve, quominus ea aqua in oppidum Venafranorum recte duci fluere possit, liceat.

Quaeque aqua in oppidum Venafranorum it fluit ducitur, eam aquam distribuere discribere vendundi causa, aut ei rei vectigal inponere constituere, IIviro IIviris praefec(to) praefectis ejus coloniae ex majoris partis decurionum decreto, quod decretum ita factum erit, cum in decurionibus non minus quam duae partes decurionum adfuerint, legemque ei dicere ex decreto decurionum, quod ita ut supra scriptum est decretum erit, jus potestatem*que* esse placet ; dum ne ea aqua, quae ita distributa discripta deve qua ita decretum erit, aliter quam fistulis plumbeis d(um) t(axat) ab rivo p(edes) L ducatur ; neve eae fistulae aut rivos nisi sub terra, quae terra itineris viae publicae limitisve erit, ponantur conlocentur ; neve ea aqua per locum privatum invito eo, cujus is locus erit, ducatur. Quamque legem ei aquae tuendae operibusve, quae ejus aquae ductus ususve causa facta sunt erunt, tuendis IIviri *praefecti ex* decurion(um) decreto, quod ita ut s(upra) s(criptum) est factum erit, dixerin*t, eam* ..... *fir*mam (?) ratamque esse lacet... (*manquent 11 lignes*)... Venafranae s... atio quam colono aut incolae *aut...* da... is cui ex decreto decurionum ita ut supra comprensum est negotium datum erit, agenti, tum, qui inter civis et peregrinos jus dicet, judicium reciperatorium in singulas res HS X reddere, testibusque dumtaxat X denuntiando *quaeri* placet ; dum reciperatorum rejectio inter eum qui aget et eum quorum agetur ita fie*t, ut ex lege, q*uae de judicis privatis lata est, licebit oportebit.

2. ÉDIT DE CLAUDE SUR LA CONDITION DES ANAUNI ET DES POPULATIONS VOISINES (an 46 après J.-C.).

C. I. L., V, 5050 ; Bruns, p. 224. Table de bronze découverte en 1869, à Cles, dans le Val di Non, auprès de Trente et rapportant un édit de l'an 46 de l'empereur Claude, qui a été publié et commenté par Mommsen, *Hermes*, 4, 1869, pp. 99 et ss. et *Z. R. G.* 9, 179-181 ; Fr. Schupfer, *Archivio*, 3, 1869, pp. 559-591 ; Fr. Kenner, *Edict des Kaisers Claudius*, 1869, et Ernest Dubois, *Revue de dr. français et étranger*, 1872, pp. 7-52. L'empereur commet, pour statuer sur la qualité de terres situées dans le val de Bregaglia actuel et signalées comme appartenant au fisc, le délégué Julius Planta envoyé par lui sur les lieux. En même temps, il statue lui-même sur la condition personnelle des habitants des territoires litigieux, qui, sans preuves bien positives de leur droit, se trouvaient depuis longtemps en possession des droits de citoyens, portant des noms romains, figurant dans le corps des prétoriens et dans les décuries de juges : il leur accorde rétroactivement le droit de cité, confirme expressément les actes antérieurement faits par eux et les maintient dans la possession des noms romains qu'ils avaient usurpés.

M. Junio Silano Q. Sulpicio Camerino cos., idibus Martis, Bais in praetorio edictum Ti. Claudi Caesaris Augusti Germanici propositum fuit id quod infra scriptum est :

Ti. Claudius Caesar Augustus Germanicus, pont(ifex) maxim(us), trib(unicia) potest(ate) VI, imp(erator) XI, p(ater) p(atriae), co(n)s(ul) designatus IIII, dicit :

(1). Cum ex veteribus controversis pe*n*dentibus aliquamdiu etiam temporibus Ti. Caesaris patrui mei, ad quas ordinandas Pinarium Apollinarem miserat, quae tantum modo inter Comenses essent, quantum memoria refero, et Bergaleos, isque primum apsentia pertinaci patrui mei, deinde etiam Gai principatu quod ab eo non exigebatur referre, non stulte quidem, neglexserit, et posteac detulerit Camurius Statutus ad me, agros plerosque et saltus mei juris esse: in rem praesentem misi Plantam Julium amicum et comitem meum, qui cum adhibitis procuratoribus meis qui[s]que in alia regione quique in vicinia erant, summa cura inquisierit et cognoverit, cetera quidem, ut mihi demonstrata commentario facto ab ipso sunt, statuat pronuntietque ipsi permitto.

(2). Quod ad condicionem Anaunorum et Tulliassium et Sindunorum pertinet, quorum partem delator adtributam Tridentinis, partem ne adtributam quidem arguisse dicitur, tametsi animadverto non nimium firmam id genus hominum habere civitatis Romanae originem: tamen cum longa usurpatione in possessionem ejus fuisse dicatur et ita permixtum cum Tridentinis, ut diduci ab is sine gravi splendi*di* municipi injuria non possit, patior eos in eo jure, in quo esse se existimaverunt, permanere benificio meo, eo quidem libentius, quod plerique ex eo genere hominum etiam militare in praetorio meo dicuntur, quidam vero ordines quoque duxisse, nonnulli allecti in decurias Romae res judicare.

(3). Quod benificium is ita tribuo, ut quaecumque tamquam cives Romani gesserunt egeruntque, aut inter se aut cum Tridentinis alisve, rat*a* esse jube*am*, nominaque ea, quae habuerunt antea tanquam cives Romani, ita habere is permittam.

3. EPISTULA DE VESPASIEN AUX VANACINI (an 72 ?).

C. I. L., X, 8038 ; Bruns, p. 225. Lame de bronze découverte en Corse. Constitution de Vespasien adressée à la cité corse des Vanacini, relative au règlement d'une contestation de limites survenue entre elle et une cité voisine, et à la confirmation des *beneficia* qui lui avaient été concédés par Auguste.

Imp. Caesar Vespasianus Augustus magistratibus et senatoribus Vanacinorum salutem dicit.

Otacilium Sagittam, amicum et procuratorem meum, ita vobis praefuisse, ut testimonium vestrum mereretur, delector.

De controversia finium, quam habetis cum Marianis, pendenti ex is agris, quos a procuratore meo Publilio Memoriale emistis, ut finiret Claudius Clemens procurator meus, scripsi ei et mensorem misi.

Beneficia tributa vobis ab divo Augusto post septimum consulatum, quae in tempora Galbae retinuistis, confirmo.

Egerunt legati Lasemo Leucani f. sacerd(os) Aug(usti),

Eunus Tomasi f. sacerd(os) Aug(usti), C. Arruntio Catellio Celere, M. Arruntio Aquila cos. IIII. idus Octobr.

4. EPISTULA DE VESPASIEN AUX SABORENSES (an 78).

C. I. L., II, 1423; Bruns, p. 225. Lame de bronze découverte au XVIe siècle en Espagne et aujourd'hui perdue. Réponse de l'empereur Vespasien aux habitants de Sabora en Bétique qui lui demandaient l'autorisation de reconstruire leur ville et d'établir de nouvelles taxes : il accueille la première demande, et les renvoie, pour la seconde, à se pourvoir devant le gouverneur sans l'avis duquel il ne veut pas statuer.

Imp. Cae. Vespasianus Aug. pontifex maximus, tribuniciae potestatis VIIII, imp. XIIX, consul VIII, p(ater) p(atriae), salutem dicit IIIIviris et decurionibus Saborensium.

Cum multis difficultatibus infirmitatem vestram premi indicetis, permitto vobis oppidum sub nomine meo, ut voltis, in planum extruere. Vectigalia, quae ab divo Aug. accepisse dicitis, custodio ; si qua nova adjicere voltis, de his proco(n)s(ulem) adire debebitis ; ego enim nullo respondente constituere nil possum. Decretum vestrum accepi VIII. ka. August. ; legatos dimisi IIII. ka. easdem. Valete.

IIviri C. Cornelius Severus et M. Septimius Severus publica pecunia in aere inciderunt.

5. EPISTULA DE DOMITIEN AUX FALERIONES (an 82).

C. I. L., IX, 5420 ; Bruns, p. 226. Table de bronze découverte à la fin du XVIe siècle à Falerio dans le Picenum. Epistula de l'empereur Domitien communiquant aux Faleriones le texte d'une décision rendue par lui entre eux et les Firmani relativement à la possession de *subsiciva*. Sur cette décision par laquel il maintient les Faleriones en possession cf. Hygin., *De gen. controv.* (ed. Lachmann) 133, 9-13 : *Cum divus Vespasianus subsiciva omnia quae non veniissent..., sibi vindicasset..., Domitianus per totam Italiam subsiciva possidentibus donavit.* V. aussi Frontin, *De contr. agr.*, 53-54. Rudorff, *Feldmesser*, 2, 456. Le nom de Domitien a été martelé, par suite de la *damnatio memoriae* de ce prince.

Imp. Caesar divi Vespasiani f. Domitianus[1] Augustus pontifex max., trib. potest., imp. II, cos. VIII, designat. VIIII, p. p., salutem dicit IIII viris et decurionibus Faleriensium ex Piceno.

Quid constituerim de subsicivis cognita causa inter vos et Firmanos, ut notum haberetis, huic epistulae subjici jussi.

P. Valerio Patruino...[2] cos. XIIII kal. Augustas.

Imp. Caesar divi Vespasiani f. Domitianus[1] Aug. adhibitis

---

1. Le nom de Domitien est martelé.
2. Le nom de l'autre consul est martelé.

utriusque ordinis splendidis viris cognita causa inter Falerienses et Firmanos pronuntiavi quod suscriptum est.

Et vetustas litis, quae post tot annos retractatur a Firmanis adversus Falerienses, vehementer me movet, cum possessorum securitati vel minus multi anni sufficere possint, et divi Augusti, diligentissimi et indulgentissimi erga quartanos[1] suos principis, epistula, qua admonuit eos, ut omnia subpsiciva sua colligerent et venderent, quos tam salubri admonitioni paruisse non dubito; propter quae possessorum jus confirmo. Valete.

D(atum) XI k. Aug. in Albano, agente curam T. Bovio Vero, legatis P. Bovio Sabino, P. Petronio Achille, d(ecreto) d(ecurionum) p(ublice).

6. RESCRIT DE COMMODE RELATIF AUX COLONS DU SALTUS BURUNITANUS (180-183).

Inscription découverte à Souk-el-Khmis, sur la route de Carthage à Bulla Regia par le docteur Dumartin et communiquée à l'Académie des inscriptions, le 2 août 1880, par une lettre de M. Tissot (*Comptes rendus de l'Ac. des Inscr.* 1880, pp. 80-85). Elle a depuis été étudiée par MM. Mommsen, *Hermes*, 15, 1880, pp. 385-411 ; 478-408 ; Esmein, *Journal des savants*, novembre 1880, reproduit *Mélanges*, pp. 293-321 ; Fernique et Cagnat, *R. Arch.*, 1881, 1, pp. 94-103. 138-151 ; Karlowa, *R. R. G.* ; 1885, pp. 616, 656, 657, 924-926. Fustel de Coulange, *Recherches sur quelques problèmes d'histoire*, 1886, pp. 33-42. V. aussi *C. I. L.*, VIII, 10570 et *Eph. ep.* V. n. 470. La restitution la plus récente en a été donnée dans Bruns, pp. 228-230, par M. Mommsen, duquel nous reproduisons le texte. Le document, gravé sur une table de calcaire, était divisé en quatre colonnes, dont la première manque à peu près complètement, dont la seconde a perdu la fin de ses lignes dans sa dernière moitié, et dont la troisième et la quatrième sont complètes à quelques lignes près. Il contient : d'abord un *libellus* des *coloni* du *saltus Burunitanus* se plaignant de l'administration des domaines impériaux et des corvées illégales qu'elle leur impose au profit d'un gros fermier voisin ; puis la réponse de l'empereur Commode, donnée, sous forme de *subscriptio*, à une date que les titres, pris par l'empereur placent entre 160 et 163, et enfin une *epistula* du *procurator* dans la circonscription duquel était le *saltus*, c'est-à-dire du *procurator tractus Karthaginiensis*, notifiant la décision impériale à un certain Andronicus, qui peut bien être l'intendant dont se plaignaient les *coloni*. Une inscription trouvée depuis sur un autre point du domaine, *Eph. ep.*, V. n. 471, paraît avoir reproduit seulement le rescrit impérial. Enfin une dernière inscription très mutilée, trouvée à peu de distance, *Eph. ep.*, V., n. 465, semble contenir une plainte symétrique formulée vers la même époque par d'autres colons, et également gravée avec la réponse impériale et la lettre de transmission. Notre inscription, à laquelle seule se rapportent à peu près tous les commentaires cités, présente un intérêt certain pour la connaissance de l'administration impériale et de l'exploitation des grands domaines

---

1. C'est-à-dire les soldats de la 4ᵉ légion.

laissés, notamment en Afrique, en dehors de circonscriptions des cités;
en outre, certains auteurs, considérant les plaignants comme des colons
au sens technique récent du mot, y voient un document important
pour l'histoire du colonat (voir surtout Esmein, pp. 306-321), tandis
qu'il reste étranger à cette question si on les considère, avec M. Mommsen notamment, comme de simples fermiers.

..... *Procuratoris tui intellegis praevaricationem* quam non modo cum Allio Maximo adversario nostro, set cum omnibus fere conductorib(us) contra fas atq(ue) in perniciem rationum tuarum sine modo exercuit, ut non solum cognoscere per tot retro annos instantibus ac suplicantibus vestramq(ue) divinam subscriptionem adlegantibus nobis supersederit, verum etiam hoc ejusdem Alli Maximi conductoris artibus gratiosissimi an(?) imo indulserit, ut missis militib(us) *in eundem* saltum Burunitanum alios nostrum adprehendi et vexari, alios vinciri, nonnullos cives etiam Romanos... virgis et fustibus effligi jusserit, *scilicet* eo solo merito nostro, quod, *venientes* in tam gravi pro modulo mediocritatis nostrae tamque manifesta *injuria* imploratum majestatem tuam, *acerba* epistula usi fuissemus. Cujus nostrae injuriae evidentia, Caes(ar), *inde profecto* potest aestimari quod..... quidem, quem majesta....... exsistimamus vel pro..... t omnino cognos..... plane gratificati....... mum invenerit..... nostris, quibus..... bamus cogni....... beret inte..... tare operas..... ita tot.......

(*Lacune*).

... *Idque* compulit nos miserrimos homines rursum divinae providentiae *tuae* supplicare. Et ideo rogamus, sacratissime imp(erator), subvenias. Ut kapite legis Hadriane, quod supra scriptum est, ademptum est, ademptum sit jus etiam proc(uratoribus), nedum conductori, adversus colonos ampliandi partes agrarias aut operar(um) praebitionem jugorumve: et ut se habent littere proc(uratorum), quae sunt in tabulario tuo tractus Karthag(iniensis), non amplius annuas quam binas aratorias, binas sartorias, binas messorias operas debeamus[1] itq(ue) sine ulla controversia sit, utpote cum in aere inciso et ab omnib(us) omnino undiq(ue) versum vicinis nostris *lecto legis capite ita sit* perpetua in hodiernum forma praestitutum et proc(uratorum) litteris, quas supra scripsimus, ita confirmatum. Subvenias, et cum homines rustici tenues manum nostrarum operis victum tolerantes conductori profusis largitionib(us) gratiosissimo impares aput proc(uratores)

---

1. L'inscription mutilée *Eph. ep.* V, 465, porte : 'ut aratorias IIII, sartorias IIII messicias IIII'.

tuos simus, quib(us) *per* vices succession(is) per condicionem conductionis notus est, miser*ear*is ac sacro rescripto *non* amplius praestare nos, quam ex lege Hadriana et ex litteras proc(uratorum) tuor(um) debemus, id est ter binas operas, praecipere digneris, ut beneficio majestatis tuae rustici tui vernulae et alumni saltum tuorum n(on) ultr(a) a conductorib(us) agror(um) fiscalium in quiete ma*nere*.. *nulla nostra culpa prohibeamur.*

(*Lacune*).

Imp. Caees. M. Aurelius Commodus An*toni*nus Aug(ustus) Sarmat(icus) Germanicus maximus Lurio Lucullo et nomine aliorum. Proc(uratores) contemplatione discipulinae et instituti mei [ne plus quam ter binas operas] curabunt, ne quit per injuriam contra perpetuam formam a vobis exigatur. Et alia manu : Scripsi. Recognovi.

Exemplum epistulae proc(uratoris) e(gregii) v(iri). Tussanius Aristo et Chrysanthus Andronico suo salutem. Secundum sacram subscriptionem domini n(ostri) sanctissimi imp(eratoris), quam ad libellum suum datam Lurius Lucullus *misit*.... (*manquent 6 lignes*).

Et alia manu : *Opta*mus te felicissimum *bene vive*re. Vale. Dat(a) pridie idus Sept. Karthagine.

Feliciter consummata et dedicata idibus Mais Aureliano et Corneliano coss., cura agente C. Julio... ope Salaputi mag(istro).

DEUXIÈME PARTIE

LES COMMENTAIRES

DEUXIÈME PARTIE

1. FRAGMENT DE M. VALERIUS PROBUS.

En laissant de côté les opinions des jurisconsultes rapportées par des auteurs littéraires, qu'on trouvera notamment relevées dans Huschke, pp. 1-129, 144-146, le premier ouvrage relatif au droit dont nous ayons, dans l'ordre chronologique, à donner ici les restes, n'est pas l'œuvre d'un jurisconsulte, mais d'un grammairien, du contemporain de Néron et de Domitien, Valerius Probus. Ce petit traité presque exclusivement juridique, qui faisait sans doute partie d'un tout plus étendu et qui porte dans les mss. le titre *De juris notarum*, nous a été rendu dans sa forme première par M. Mommsen qui l'a dégagé d'éléments étrangers qu'on lui avait adjoints depuis le XVe siècle. Après une introduction sur l'utilité de la connaissance des abréviations (*notae*), l'auteur y indique, dans trois sections, les mots et les formules exprimés par des initiales: 1° dans les lois, les plébiscites et les sénatus-consultes ; 2° dans les actions de la loi ; 3° dans les *edicta perpetua* ; seulement, la fin de la 3e section semble manquer, car toutes les abréviations qu'elle contient se rapportent aux premières parties de l'édit. Mais M. Mommsen a encore découvert que les lacunes peuvent être comblées en partie à l'aide d'un autre ms. d'Einsiedeln, du Xe siècle, dans lequel sont annexées à une autre collection alphabétique, à celle de Papias, un certain nombre d'abréviations tirées du Probus complet. La plupart se rapportent aux *edicta perpetua* pour lesquels elles s'étendent aux dernières parties omises dans le texte principal de Probus. Quelques autres, pour lesquelles on peut se demander si elles n'appartiennent pas à une nouvelle section de Probus ou même à une autre source ancienne, se rapportent à des actes juridiques tels que la mancipation, l'institution d'héritier, les legs. Les principales éd. modernes sont celles de Mommsen, *Berichte der sæchs. Gesellschaft*, 1853, pp. 91-134, et dans Keil, *Gramm. Latini*, 4, 1864, pp. 265-276. 347-352; Huschke, pp. 129-143 ; Krueger, *Coll. libr.* 2, p. 141-148. Cf. Karlowa, *R. R. G.*, 1, pp. 758-759; Krueger, *Gesch. d. Q.* pp. 254-255. Nous reproduisons ici le texte de Probus d'après l'éd. qui en a été donnée par M. Mommsen dans les *Gramm.* de Keil, soit pour le corps du traité pour lequel il est établi principalement sur deux mss. de la fin du XVe siècle ou du commencement du XVIIe (Ambrosianus J. 115 *sup.* ; Chigianus, I. VI. 204), soit pour les additions du ms. d'Einsiedeln (Einsidl ensis, 326) que nous donnons à part, dans l'ordre adopté par M. Mommsen.

VALERII PROBI

[DE JURIS NOTARUM] [1].

1. — Est etiam circa perscribendas vel paucioribus litteris

---

1. Titre dont la fausseté a été établie par Mommsen, *Gramm.*, 4, p. 268.

notandas voces studium necessarium. Quod partim pro voluntate cujusque fit, partim pro usu publico et observatione communi. Namque apud veteres cum usus notarum nullus esset, propter scribendi *diffi*cultatem, maxime in senatu qui scribendo aderant, ut celeriter dicta comprehenderent, quaedam verba atque nomina ex communi consensu primis litteris notabant, et singulae litterae quid significarent, in promptu erat. Quod *in* praenominibus legibus publicis pontificumque monumentis et in juris civilis libris etiam nunc manet. Ad quas notationes publicas accedit etiam studiosorum voluntas. Sed unusquisque familiares sibi notas pro voluntate *quas signarit*, comprehendere infinitum est : publicae sane tenendae, quae in monumentis plurimis et in historiarum libris sacrisque publicis reperiuntur, ut :

2. — P. Publius : C. Gaius : M. Marcus : CN. Gnaeus : Q. Quintus : NV. Manius : TI. Tiberius : CL. Claudius : SP. Spurius : SEX. Sextus : SER. Servius : OP. Opiter : A. V. C. ab urbe condita : P. R. E. post reges exactos : P. C. patres conscripti : S. P. Q. R. senatus populusque Romanus : EQ. R. eques Romanus : V. R. urbs Roma : C. R. civis Romanus : COL. coloniae vel coloni : MVN. municipia vel municipes : N. L. nominis Latini : L. C. Latini colonarii : S. N. L. socii nominis Latini : et similia. Secundum haec curiarum nomina, tribuum, comitiorum, sacerdotiorum, potestatum, magistratuum, praefecturarum, sacrorum, ludorum, rerum urbanarum, rerum militarium, collegiorum, decuriarum, fastorum, numerorum, mensurarum, [juris civilis] et similium ceterorum notationes proprias habent.

LITTERAE SINGULARES IN JURE CIVILI DE LEGIBUS ET
PLEBISCITIS *ET SENATUS CONSULTIS* [1].

3. — 1. P. I. R. P. Q. I. S. I. F. P. R. E. A. D. P. populum jure rogavit populusque jure *scivit* in foro pro rostris ex ante diem pridie.

2. E. H. O. L. N. R. ejus hac omnibus[2] lege nihilum rogatur.

3. S. R. L. R. I. C. Q. O. R. E. siremps lex res jus causaque omnium rerum esto.

4. S. N. L. socii nominis Latini.

5. L. P. C. R. Latini prisci cives Romani.

---

1. 'Et senatus consultis' omis par les mss. — 2. Huschke transporte 'O. omnibus' au n° 3 après : 'O. omnium'.

6. M. E. M. D. D. E. municip*ibus* ejus municipii dare damnas esto.
7. C. E. C. colonis ejus coloniae.
8. Q. E. R. F. E. D. quod ejus recte factum esse dicetur.
9. L. I. D. A. C. lex Julia de adulteriis cohercendis.
10. V. D. P. R. L. P. unde de plano recte legi possit.
11. A. A. A. F. F. aere argento auro flando feriundo.
12. I. N. Q. Q. justis nuptiis quaesitos quaesitas.
13. S. Q. S. S. E. Q. N. I. S. R. E. H. L. N. R. si quid sacri sancti est, quod non jure sit rogatum, ejus hac lege nihil rogatur.
14. V. P. R. veteri possessori redditum.
15. V. A. veterano adsignatum.
16. V. F. usus fructus.
17. S. C. senatus consultum.
18. P. S. plebi scitum.
19. Q. D. E. R. F. P. D. E. R. V. I. C. qu*id* de ea re fieri place*ret*, de ea re universi ita censuerunt.
20. Q. F. E. quod factum est.
21. I. S. F. in senatu fuerunt.
22. D. C. S. de consilii sententia.
23. S. Q. M. D. E. R. A. P. P. V. L. O. E. COS. PR. TR. PL. Q. N. S. Q. E. V. A. P. P. V. F. *Q. S. N. T. COS. PR. TR. PL. Q. D. E. Q. E. V. A. P. P. V. F.* si quid mee[1] de ea re ad populum plebemve *lato* opus est, cos., praetores, tribuni plebis, qui nunc sunt, quod *ei*s videbitur, ad populum plebem *ve* ferant : quod si non tulerint, cos., praetores, tribuni plebis, qui deinceps erunt, quod eis videbitur, ad populum plebemve ferant.
24. S. F. S. sine fraude sua.

4. IN LEGIS ACTIONIBUS HAEC:

1. A. T. M. D. O. aio, te mihi dare oportere.
2. Q. N. T. S. Q. P. quando negas, te sacramento quingenario provoco.
3. Q. N. Q. A. N. Q. N. quando neque ais neque negas.
4. E. I. M. C. V. ex jure manum consertum vocavit.
5. S. N. S. Q. si negat, sacramento quaerito.
6. S. S. C. S. D. E. T. V. secundum suam causam sicut dixi ecce tibi vindicta.

---

1. Mss. ; Huschke : 'm*ag*(istratus)'. Mommsen : 'melius'.

7. Q. I. I. T. C. P. A. F. A. quando in jure te conspicio, postulo, anne far auctor.
8. T. PR. I. A. V. P. V. D. te praetor judicem arbitrumve postulo uti des.
9. I. D. T. S. P. in diem tertium sive perendinum.
10. A. L. A. arbitrum liti aestimandae.
11. Q. B. F. quare bonum factum[1].

5. In edictis perpetuis haec :

1. I. D. P. E. jure dicundo praeerit.
2. I. D. C. juris dicundi causa.
3. Q. R. F. E. V. quod recte factum esse videbitur.
4. V. B. A. viri boni arbitratu.
5. D. M. F. V. C. dolo malo fraudisve causa.
6. I. D. judicium dabo.
7. I. D. juris dictio.
8. Q. E. R. E. T. P. I. R. D. T. Q. P. D. T. D. D. P. F. quanti ea res erit, tantae pecuniae judicium recuperatorium dabo testibusque publice dum taxat decem denuntiandi potestatem faciam.
9. Q. S. S. S. quae supra scripta sunt.
10. I. C. E. V. justa causa esse videbitur.
11. N. K. C. non calumniae causa.
12. C. C. consilium cepit vel causa cognita.
13. F. C. fraudare creditores vel fiduciae causa vel fideicommissum.
14. P. C. [patres conscripti vel] pactum conventum vel pecunia constituta.
15. C. V. centum viri [vel clarissimi viri].
16. S. T. A. sine tutoris auctoritate.
17. T. A. tutore auctore.
18. F. E. D. factum esse dicetur.
19. H. S. haec sic [vel hora secunda].
20. Q. A. M. quemadmodum.
21. Q. M. quo modo vel quo magis.
22. P. P. L. V. pro praede litis vindiciarum.
23. I. S. judicatum solvi.
24. B. E. E. P. P. V. Q. I. bona ex *edicto* possideri proscribi venirique jubebo[2].

---

1. Transporté avec raison par Huschke dans la partie suivante.
2. Restitué par Mommsen à l'aide de notes séparées du ms. d'Einsiedeln.

FRAGMENT DE VALERIUS PROBUS

Extraits d'Einsiedeln (ms. 326).

1. I. E. judex esto.
2. R. S. reciperatores sun*to*.
3. E R. A. ea res agitur.
4. Q. D. R. A. qua de re agitur.
5. N. N. Numerius Negidius.
6. O. E. R. ob eam rem.
7. O. O. oportet opor*t*ebit.
8. O. *E.* F. B. oportebit *ex* fide bona.
9. M. A. E. melius aequius erit.
10. S. D. E. R. Q. D. A. si de ea re qua de agitur.
11. S. P. *si* parret.
12. S. N. P. A. si non parre*t*, absolvito.
13. T. M. D. F. O. te mihi dare facere oportere.
14. D. M. F. dolo malo fecisti.
15. D. V. M. T. dolove malo tuo.
16. D. V. M. dolo*ve* malo.
17. M. T. F. E. malo tuo factum est.
18. N. R. non restituetur.
19. O. C. ope consilio.
20. V. R. urbis Romae.
21. R. R. E. P. Romae rec*t*e experiri possit.
22. M. C. F. municipio *colonia* foro.
23. D. D. decreto decurionum.
24. M. P. D. majorem partem diei.
25. P. P. D. pro parte dimidia.
26. S. S. S. supra scripti sunt.
27. Q. I. S. S. quae infra scripta sunt.
28. L. E. leg*e* egisse.
29. L. A. E. lege actum est.
30. R. R. recte recipitur.
31. M. M. P. manu mancipio potestate.
32. E. I. Q. ex jure Quiritium.
33. P. D. E. possessio data est.
34. S. L. P. H. A. secundum *legem*[1] publicam hoc aere.
35. H. B. V. P. heres bonorumve possessor.
36. M. H. E. mihi heres erit.
37. H. Q. M. heredemque meum.
38. E. H. E. exheres esto.
39. V. V. C. volo vos curare.
40. S. *P.*[2]. S. Q. H. sine praesumere sibique habere.

1. '*L.* legem' ajouté par Mommsen, arg. Gaius, 2, 104. — 2. Le ms. : S. N.

41. P. S. T. Q. H. praecipito sumito tibique habeto.
42. T. Q. H. tibique habeto.
43. O. O. O. T. omnia ornamenta, omnia texta.
44. V. M. M. vestem mundum muliebrem.
45. T. T. A. A. A. tegulas testas aurum argentum aes.
46. F. T. C. familiam testamenti causa.
47. T. C. testamenti causa.
48. L. C. libertatis causa.
49. M. C. M. M. mortis causa manumissa.
50. V. R. C. vindicta recte competet.
51. S. Q. M. M. M. M. M. si quis manumissus manumissa moritur.
52. D. D. D. [M.] deinde deperit deminutum.
53. H. COG. herede cognitore.
54. D. M. O. donum munus operas.
55. O. D. M. operas donum munus.
56. Q. P. N. M. C. quod pondere numero mensura continetur.
57. F. P. P. R. forma publica populi Romani.
58. R. R. P. rebus recte praestari.
59. F. P. fidei promissor.
60. P. A. pluviae arcendae.
61. F. E. familiae erciscundae.
62. F. R. finibus regundis.
63. V. F. I. vadimonium fieri jubere.
64. N. C. N. P. nec clam nec precario.
65. V. F. V. vim fieri veto.
66. F. C. L. fraudationis causa latitat.
67. P. P. V. pupillus pupillave.
68. R. P. C. S. D. M. rei publicae causa se dolo malo.
69. V. I. I. videbitur in integrum.
70. R. A. Q. E. I. E. restituas antequam ex jure exeas.
71. EX. C. ex consuetudine.
72. O. A. Q. omnes ad quos.
73. O. F. fenestrae[1].
74. Q. M. E. quae mea est.
75. R. N. rerum novarum.
76. S. N. P. Q. A. D. si non plus quam magnus[2].
77. S. P. M. Sexti Pedii Medivani[3].

P. M. S. R. S. que Mommsen contracte en S. P.; Huschke écarte les quatre premières lettres qu'il suppose signifier : 'si non potest mancipare' et lit :'sinito rem sumere sibique habere'. — 1. Huschke; 'ostia fenestras'. — 2. Mommsen : 'mille aeris'; Huschke : 'mille asses'. — 3. Huschke: 'Medmani'.

2. FRAGMENTS DE POMPONIUS.

Règle rapportée par Le Ferron, *Consuetudinum Burdigalensium commentarii, Arnoldo Ferrono regio consiliario Burdigalensi auctore, Lugd. ap. Seb. Gryph.* 1536, p. 72, comme tirée 'ex libris Pomponii,... ex vetutissimis quibusdam fragmentis carie corrosis,... quae nobis dono dedit Julius Caesar Scaliger,... excepta e bibliotheca Petri Criniti Florentini', et qui paraît appartenir au *liber singularis regularum* de ce jurisconsulte dont les œuvres se placent sous Hadrien (117-138), Antonin le Pieux (138-161), et Marc-Aurèle et Lucius Verus (161-169). V., pour le premier règne, *D.*, 1, 2, 2, 49, et pour le dernier *D.*, 50, 12, 14.

Et servitutes dividi non possunt : nam eorum usus ita conexus est, ut qui eum partiatur, naturam ejus corrumpat.

3. INSTITUTES DE GAIUS.

Les Institutes de Gaius sont l'ouvrage de droit romain dont le texte original nous est parvenu le moins incomplètement. Mais leur auteur reste parmi les jurisconsultes dont la biographie nous est le plus mal connue. Tout ce que nous savons sur lui vient de ses œuvres. Son nom, qui n'est qu'un simple prénom, apparaît pour la première fois dans des constitutions impériales du Ve siècle, postérieures de 300 ans à la date approximative de sa vie : sauf une exception apparente, *D.*, 45, 3, 39, qui se rapporte probablement à Gaius Cassius Longinus, il n'est jamais cité par les jurisconsultes. On ne sait rien de précis sur sa carrière ni sur sa patrie, quoique la nature de ses livres donne à penser qu'il s'est exclusivement adonné à l'enseignement et que son commentaire sur l'édit provincial et d'autres indices, — par exemple, sa dénomination par un simple prénom, contraire aux habitudes des jurisconsultes de Rome, sa connaissance de la langue technique des grecs (*D.*, 19, 2, 25; 50, 16, 30. 232, 2, 236, 1), ses citations des lois de Solon (*D.* 10, 1, 13. 47, 22, 4) et du droit des Bythiniens et des Galates (1, 55, à 193), ses exemples du *jus Italicum* pris uniquement dans la portion grecque de l'empire, *D.*, 50, 15, 7, — aient permis à M. Mommsen de soutenir avec une grande force qu'il a vécu et écrit non seulement dans une province, mais dans une province de la moitié grecque de l'empire, probablement dans la province proconsulaire d'Asie. C'est par ses livres que nous savons qu'il était sabinien. C'est aussi par eux qu'on peut essayer de déterminer les dates de sa vie. Il est né au plus tard sous Hadrien (117-138) ; car il relate, *D.*, 34, 5, 7, *pr.*, comme ayant eu lieu de son vivant un événement arrivé sous ce prince. Il n'y a pas d'indices qu'il ait publié aucun ouvrage avant 138. Au contraire, il en a écrit un assez grand nombre sous Antonin le Pieux (138-161). Les Institutes n'ont été rédigées que vers la fin du règne d'Antonin et n'ont même été terminées qu'après sa mort, car, tandis qu'elles l'appellent *Imperator Antoninus* au livre premier (v. notamment 1, 53 = *Inst.* 1, 8, 2, rapproché de *D.*, 1, 6, 2. 1, 102 rapproché de *D.*, 38, 5, 13) et même au commencement du livre II (v. surtout 2, 151e rapproché de *D.*, 28, 4, 3), elles l'appellent *Divus Pius Antoninus*, à la fin du même livre (2, 195). Mais Gaius y cite comme antérieurement publiés par lui, 1, 188, les *libri ex Q. Mucio*, 1, 188, l'*edicti interpretatio*, par laquelle on discute s'il faut entendre l'ouvrage sur l'édit provincial, celui sur l'édit urbain, qui en est le complément, ou, comme nous croirions plus volontiers, les deux, 3, 33, des *commentarii* relatif à la *bonorum possessio*, qui peuvent être ceux sur l'édit, et 3, 54, d'autres *commentarii* sur la succession des affranchis, qui sont probablement ceux sur les lois Julia et Papia où cette question était traitée au livre 8 ou 10. Il a publié seulement après la mort d'Antonin le Pieux : son traité des fidéicommis en 2 livres dans lequel cet empereur est appelé *Divus Antoninus* (*D.* 35, 1, 90. 32, 9, 6. 36, 1, 63, 5) ; les derniers livres du commentaire des lois Julia et Papia, où la même expression se trouve employée au livre 14 (*D.*, 31, 56) ; le *liber singularis regularum*, nécessairement postérieur aux Institutes, par rapport à la solution desquelles, 1, 101, il indique *D.*, 1, 7, 21, une innovation législative ; enfin ses *res cottidianae*, qui doivent également être postérieures aux Institutes sur lesquelles elles accusent un progrès de méthode. Celui de ses ouvrages qui fournit la date la plus récente est son traité sur le sénatus-consulte Orfitien de 178, écrit même après 180 si c'est à Commode qu'il faut rapporter la formule : *oratio sacratissimi principis nostri*, par laquelle il désigne, *D.*, 38, 17, 9, ce sénatus-consulte rendu sous Marc-Aurèle et Commode. Gaius paraît donc avoir encore vécu dans les dernières années du règne de Marc-Aurèle et peut-être même sous le gouvernement exclusif de Commode (180-192). On ne sait rien de plus sur l'époque de sa mort. — V. sur tous ces points, Fitting, *Alt. d. Schr.*, pp. 19-23 ; Th. Mommsen, *Jahrbuch d. gem. Rechts*, 3, 1859, pp. 1-15 ; Huschke, *J. Ant.* pp. 148-162 ; Glasson, *Étude sur Gaius*, 1888, pp. 5-37. 126-129. 201-211 ; Karlowa, *R. R. G.*, 1, 720-728. Krueger, *Gesch. d. Q.*, pp. 183-191 et les notes de Lenel sous le titre des divers ouvrages, *Pal.*, 1, pp. 181-266.

Les Institutes de Gaius, que leur nom même d'*Institutiones* signale comme destinées à l'enseignement et dans lesquelles un auteur a voulu voir littéralement la publication du cours d'un professeur (Dernburg, *Die Institutionen des Gaius, ein Kollegienheft aus dem Jahre 161 nach Christi Geburt*, 1869 ; en sens contraire Glasson, *Gaius*, pp. 141-151 ; Karlowa, *R. R. G.*, 1, p. 724) exposent, dans leurs quatre *commentarii*, après une brève introduction sur l'histoire des sources, l'ensemble du droit privé, civil et prétorien, suivant un plan d'ensemble et selon la division, depuis bien connue, en droit des personnes, droit des choses et droit des actions : v. pour l'analyse détaillée de leur plan Glasson, *Gaius*, pp. 131-136 ; Krueger, *Gesch. d. Q.*, pp. 187-189 et les tableaux annexés à l'éd. de Boecking. Quoique cette division tripartite eut déjà été employée dans d'autres domaines, par exemple, pour la théorie des *res divinae*, par Varron qui étudie, dans ses *Antiquitates*, d'abord, livres 2-4, les personnes en rapport avec ces choses, puis, livres 5-7, les *loca sacra vel religiosa* et enfin, livres 8-10, le calendrier et les fêtes, nous ne connaissons aucun ouvrage juridique antérieur dans lequel se rencontre le plan méthodique suivi par Gaius. Mais cela ne prouve pas que Gaius en ait été l'inventeur. M. Krueger, a même fait valoir des considérations très sérieuses qui semblent indiquer qu'avec sa docilité d'esprit ordinaire, Gaius a simplement reproduit un plan déjà ancien, suivi sans explications dans un ouvrage qu'il avait pris comme modèle ; sans cela, on ne comprendrait pas que Gaius n'essayât pas de justifier son innovation au lieu de donner sa division comme allant de soi ; en outre et surtout, Gaius paraît ne pas avoir toujours parfaitement compris le plan de son modèle et l'avoir par suite alourdi par endroits de transitions embarrassées et de subdivisions inutiles : v. par exemple la transition de Gaius, 4, 69, où le modèle passait probablement après l'étude des actions et des parties de la formule, aux cas où l'on est tenu *alieno nomine* (4, 69-81) puis à ceux où l'on peut *agere alieno nomine* (4, 82-87) ; v. encore 4, 103-114, les théories des *judicia legitima* et *imperio continentia*, de la prescription et de la transmissibilité des actions, de la satisfaction du demandeur au cours du procès mises simplement à la file au lieu d'être rassemblées sous l'idée commune d'extinction des actions. L'omission parmi les contrats réels (Gaius, 3, 90-91) du dépôt, du gage et du commodat peut être relevée comme un indice de l'antiquité de ce plan qui reparaît plus ou moins fidèlement dans d'autres ouvrages, par exemple dans les *Regulae* d'Ulpien, dans les *Institutiones* d'Ulpien et de Marcien, sans qu'il y ait la moindre raison de penser à un emprunt fait à Gaius par ces auteurs qui ne le nomment jamais. Au contraire, Justinien indique lui-même les Institutes de Gaius comme le modèle de ses propres Institutes, qui leur ont, dans la mesure du possible, emprunté avec leurs termes mêmes leur cadre et leur distribution.

Les Institutes de Gaius n'ont été, jusqu'au début de ce siècle, connues que par des extraits contenus dans les compilations de Justinien, dans la *Collatio*, dans Priscien et dans Boèce et surtout par un résumé en deux livres, l'*Epitome Gai* de la loi romaine des Wisigoths, qui va jusqu'au milieu du 3ᵉ livre de l'ouvrage original, et que l'on pensait autrefois en avoir été directement extrait par les commissaires d'Alaric, mais que l'on croit aujourd'hui plutôt provenir d'une nouvelle version rédigée en Occident vers la fin du IVᵉ siècle ou le début du Vᵉ. V. sur ce dernier point Karlowa, *R. R. G.*, 1, pp. 1980-1982 ; Krueger, *Gesch. d. Q.*, pp. 313-314, et les auteurs cités. Parmi les éditions de cet *Epitome*, encore utile à consulter pour combler les lacunes de l'ouvrage original, celle donnée par Boecking, dans le *Corpus juris antejustiniani*, 1, 2, 1841, est préférable à celle de Haenel, *Lex Romana Wisigothorum*, 1849. L'ouvrage même de Gaius a été retrouvé, presque entièrement, en 1816, par l'illustre Niebuhr, dans un manuscrit palimpseste de la bibliothèque du chapitre de Vérone, où il avait été recouvert par une copie du VIᵉ siècle des *Epistulae* et des *Polemica* de St-Jérôme. Une feuille, qui avait été détachée du ms. avant la 2ᵉ écriture, avait été publiée dès le milieu du XVIIIᵉ siècle par Scipion Maffei ; mais elle était restée inaperçue des jurisconsultes jusqu'aux environs de la découverte de Niebuhr, qui a été l'un des instruments essentiels du relèvement des études de droit romain au XIXᵉ siècle. Le ms. de Vérone, auquel il manque seulement trois feuillets, dont l'un peut être intégralement restitué à l'aide d'autres sources, a été écrit, vers le Vᵉ siècle, en lettres onciales, avec des abréviations juridiques, en partie inconnues jusqu'à sa découverte, et des incorrections fort nombreuses. Son déchiffrement, qui était fort difficile, fut accompli d'abord par Göschen, Imm. Bekker et Bethmann-Hollweg, puis après eux par Bluhme, qui employa des réactifs fort énergiques au moyen desquels il obtint des lectures nouvelles, mais détériora le ms. à tel point qu'on a cru pendant longtemps impossible d'en essayer un nouvel examen. C'est sur les données ainsi acquises que s'est exclusivement exercée, jusqu'aux quinze à vingt dernières années, la critique dont le texte de Gaius a été l'objet de la part de nombreux savants en tête desquels il faut citer, en Allemagne, Lachmann, Huschke, Boecking, et, chez nous, Pellat : cf., sur le ms., sa découverte et les éd. antérieures à Studemund, Glasson, *Gaius*, pp. 165-197 ; Karlowa, *R. R. G.*, 1, 759-761 ; Krueger, *Gesch. d. Q.*, pp. 243-245. Mais un autre philologue, M. Studemund a, dans les années 1866 à 1868, entrepris un nouvel examen méthodique du ms., et il est parvenu, avec une admirable habileté, à établir, aussi bien pour les passages lus par Göschen que pour ceux traités par Bluhme, toute une série de leçons inédites qui renouvellent le texte à la fois pour le fond et pour la forme et qui n'ont été complétement connues qu'en 1874, par un fac-similé du manuscrit édité sous le titre : *Gai Institutionum commentarii IV. Codicis Veronensis denuo collati apographum edidit G. Studemundus*. On en trouvera des relevés dans Dubois, *Institutes de Gaius*, 1881, pp. 533-534 ; Glasson, *Gaius*, pp. 192-194 ; Labbé, *N. R. Hist.*, 1881, pp. 122-127. Parmi les éd. postérieures à l'apographum, on peut citer celle donnée en 1876, avec une lettre critique de M. Mommsen, dans la *collectio librorum juris antejustiniani*, par MM. Studemund et Krueger ; celle de M. Polenaar, *Syntagma institutionum novum*, Leyde, 1879 ; celle avec commentaire de M. Muirhead, *The Institutes of Gaius and Rules of Ulpian*, Edimbourg, 1880 ; celle donnée par Huschke en 1878 dans la 4ᵉ éd. de la *Jurisprudentia antejustiniana* ; celle donnée en 1881, avec une collection commode des leçons anciennes et nouvelles, par M. Ernest Dubois, et enfin celle, inspirée surtout du texte de Huschke, publiée en 1882 par M. Giraud comme supplément de son *Enchiridion* qui, pas plus que le *Manuale* de Pellat, ne donnait les lectures nouvelles. Malheureusement ces diverses éditions ne se trouvent plus elles-mêmes en concordance parfaite avec le texte depuis un nouvel examen qui a été fait de divers passages du ms. par M. Studemund en 1878 et en 1883 et duquel il a donné les résultats en 1884 dans un supplément à l'apographum placé en tête de la 2ᵉ éd. de Gaius de lui et M. Krueger. Ces corrections, sur l'importance desquelles on pourra consulter notamment un article de M. Krueger, *K. V. I.*, 1884, 548-556, ne figurent jusqu'à présent que dans la 2ᵉ éd. précitée du Gaius de MM. Krueger et Studemund, dans la 5ᵉ éd. de la *Jurisprudentia antejustiniana* de Huschke, 1886, pp. 172-408, et dans le *Manuale delle fonti del diritto Romano* de M. Cogliolo, 1, 1885, pp. 383-385, 375-377. Elles ont naturellement été soigneusement accueillies par nous. Pour l'établissement critique du texte, nous renvoyons spécialement à l'éd. de MM. Krueger et Studemund qui est incontestablement la meilleure éd. actuelle et de laquelle nous nous sommes principalement inspiré.

COMMENTARIUS PRIMUS.

[I. DE JURE CIVILI ET NATURALI.] 1[1]. *Omnes populi qui legibus et moribus reguntur, partim suo proprio, partim communi omnium hominum jure utuntur* ; nam quod quisque populus ipse sibi jus constituit, id ipsius proprium est vocaturque jus civile, quasi jus proprium civitatis ; quod vero naturalis ratio inter omnes homines constituit, id apud omnes populos peraeque custoditur vocaturque jus gentium, quasi quo jure omnes gentes utuntur. Populus itaque Romanus partim suo proprio, partim communi omnium hominum jure utitur. Quae singula qualia sint, suis locis proponemus.

2. Constant autem jura populi Romani ex legibus, plebiscitis, senatusconsultis, constitutionibus principum, edictis

---

1. = D., 1, 1, 9.

eorum qui jus edicendi habent, responsis prudentium. 3. Lex est quod populus jubet atque constituit. Plebiscitum est quod plebs jubet atque constituit. Plebs autem a populo eo distat, quod populi appellatione universi cives significantur, connumeratis et*iam* patriciis; plebis autem appellatione sine patriciis ceteri cives significantur; unde olim patricii dicebant plebiscitis se non teneri, qu*ia* sine auctorita*te* eorum facta essent; sed postea lex Hortensia lata est, qua cautum est ut plebiscita universum populum tenerent : itaque eo modo legibus exaequata sunt. 4. Senatusconsultum est, quod senatus jubet atque constituit; idque legis vicem optinet, quamvis fuerit quaesitum. 5. Constitutio principis est, quod imperator decreto vel edicto vel epistula constituit. Nec umquam dubitatum est, quin id legis vicem optineat, cum ipse imperator per legem imperium accipiat. 6. *Edicta sunt praecepta eorum, qui jus edicendi habent*[1]. Jus autem edicendi habent magistratus populi Romani, sed amplissimum jus est in edictis duorum praetorum, urbani et peregrini, quorum in provinc*iis* jurisdictionem praesides earum habent; item in edictis aedilium curulium, quorum jurisdictionem in provinc*iis* populi Romani quaestores habent; nam in provincias Caesaris omnino quaestores non mittuntur, et ob id hoc edictum in his provinc*iis* non proponitur. 7. Responsa prudentium sunt sententiae et opiniones eorum, quibus permissum est jura condere. Quorum omnium si in unum sententiae concurrunt, id, quod ita sentiunt, legis vicem optinet ; si vero dissentiunt, judici licet quam velit sententiam sequi; idque rescripto divi Hadriani significatur.

[II. DE JURIS DIVISIONE.] 8. Omne autem jus, quo utimur vel ad personas pertinet, vel ad res, vel ad actiones. Et prius videamus de personis.

[III. DE CONDICIONE HOMINUM]. 9. Et quidem summa divisio de jure personarum haec est, quod omnes homines aut liberi sunt aut servi. 10. Rursus liberorum hominum al*ii* ingenui sunt, al*ii* libertini. 11. Ingenui sunt qui liberi nati sunt; libertini, qui ex justa servitute manumissi sunt. Rursus libertorum *tria sunt genera; nam aut cives Romani aut Latini aut dediticiorum*[2] numero sunt; de quibus singulis dispiciamus; ac prius de dediticiis.

[III. DE DE*DI*TICIIS VEL LEGE AELIA SENTIA.] 13. Lege itaque Aelia Sentia cavetur, u*t* qui servi a dominis poenae nomine vincti s*i*nt, quibusve stigmata inscripta s*i*nt, deve quibus ob noxam quaestio tormentis habita sit et in ea noxa fuisse con-

1. Restitué d'après le sens par Huschke. — 2. *Ep. 1, 1. pr.*

victi sint, quive *ut* ferro aut cum bestiis depugnarent traditi sint, inve ludum custodiamve *con*jecti fuerint, et postea vel ab eo*dem* domino vel ab alio manumissi, ejusdem condicionis liberi fiant, cujus condicionis sunt peregrini dediticii. [v. DE PEREGRINIS DED*I*TICIIS.] 14. Vocantur autem peregrini dediticii hi qui quondam adversus populum Romanum armis susceptis pugnaverunt, deinde victi se dediderunt. 15. Hujus ergo turpitudinis servos quocumque modo et cujuscumque aetatis manumissos, etsi pleno jure dominorum fuerint, numquam aut cives Romanos aut Latinos fieri dicemus, sed omni modo dediticiorum numero constit*ui* intellegemus. 16. Si vero in nulla tali turpitudine sit servus, manumissum modo civem Romanum modo Latinum fieri dicemus. 17. Nam in cujus persona tria haec concurrunt, ut major sit annorum triginta, et ex jure Quiritium domini, et justa ac legitima manumissione liberetur, id est vindicta aut censu aut testamento, is civis Romanus fit; sin vero aliquid eorum deerit, Latinus erit.

[*VI.* DE MANUMISSIONE VEL CAUSAE PROBATIONE.] 18. Quod autem de aetate servi requiritur, lege Aelia Sentia introductum est. Nam ea lex minores XXX annorum servos non aliter voluit manumissos cives Romanos fieri, quam si vindicta, apud consilium justa causa manumissionis adprobata, liberati fuerint. 19. Justa autem causa manumissionis est veluti si quis filium filiamve aut fratrem sororemve naturalem, aut alumnum, aut pae*d*agogum, aut servum procuratoris habendi gratia, aut ancillam matrimon*ii* causa apud consilium manumittat.

[*VII.* DE CONSILIO AD*H*IBENDO.] 20. Consilium autem adhibetur in urbe Roma quidem quinque senatorum et quinque *e*quitum Romanorum puberum; in provinc*ii*s autem viginti recuperatorum civium Romanorum, idque fit ultimo die conventus; sed Romae certis diebus apud consilium manumittuntur. Majores vero triginta annorum servi semper manumitti solent, adeo ut vel in transitu manumittantur, veluti cum praetor aut pro consule in balneum vel in *t*heatrum eat. 21. Praeterea minor triginta annorum servus [manumissus] potest civis Romanus fieri, si ab eo domino qui solvendo non erat, testamento eum liberum *et* heredem relictum *alius heres nullius excludit; idque eadem lege Aelia Sentia cautum est*[1].

Manquent 24 lignes illisibles dans le ms.

22... homines Latini Juniani appellantur; Latini ideo, quia adsimulati sunt Latinis coloniar*ii*s; Juniani ideo, quia per

---

1. Restitution quant au sens de Mommsen; sur le passage perdu qui suit, cf. *Inst.*, 1, 6, 2; Ulpien, 1, 14; *Ep.*, 1, 1, 2.

legem Juniam libertatem acceperunt, cum olim servi viderentur esse. Non tamen illis permittit lex Junia vel ipsis testamentum facere, vel ex testamento alieno capere, vel tutores testamento dari. 24. Quod autem diximus ex testamento eos capere non posse, ita intellegemus, ne quid directo hereditatis legatorumve nomine eos posse capere dicamus; alioquin per fideicommissum capere possunt.

25. Hi vero qui dediticiorum numero sunt, nullo modo ex testamento capere possunt, non magis quam quilibet peregrinus, nec ipsi testamentum facere possunt secundum id quod magis placuit. 26. Pessima itaque libertas eorum est qui dediticiorum numero sunt ; nec ulla lege aut senatusconsulto aut constitutione principali aditus illis ad civitatem Romanam datur. 27. Quin etiam in urbe Roma vel intra centesimum urbis Romae miliarum morari prohibentur; et si qui contra ea fecerint, ipsi bonaque eorum publice venire jubentur ea condicione, ut ne in urbe Roma vel intra centesimum urbis Romae miliarium serviant neve umquam manumittantur ; et si manumissi fuerint, servi populi Romani esse jubentur; et haec ita lege Aelia Sentia conprehensa sunt.

[QUIBUS MODIS LATINI AD CIVITATEM ROMANAM PERVENIANT]. 28. Latini vero multis modis ad civitatem Romanam perveniunt. 29. Statim enim ex lege Aelia Sentia minores triginta annorum manumissi et Latini si uxores duxerint vel cives Romanas vel Latinas coloniarias vel ejusdem condicionis cujus et ipsi essent, idque testati fuerint adhibitis non minus quam septem testibus civibus Romanis puberibus, et filium procreaverunt, cum is filius anniculus esse coeperit, datur eis potestas per eam legem adire praetorem vel in provinciis praesidem provinciae, et adprobare se ex lege Aelia Sentia uxorem duxisse et ex ea filium anniculum habere ; et si is apud quem causa probata est, id ita esse pronuntiaverit, tunc et ipse Latinus et uxor ejus, si et ipsa *ejusdem condicionis sit, et filius, si et ipse* ejusdem condicionis sit, cives Romani esse jubentur. 30. Ideo autem in *hujus persona* adjecimus 'si et ipse ejusdem condicionis sit', quia si uxor Latini civis Romana est, qui ex ea nascitur, ex novo senatusconsulto quod auctore divo Hadriano factum est, civis Romanus nascitur. 31. Hoc tamen jus adipiscendae civitatis Romanae etiamsi soli minores triginta annorum manumissi et Latini facti ex lege Aelia Sentia habuerunt, tamen postea senatusconsulto quod Pegaso et Pusione consulibus factum est, etiam majoribus triginta annorum manumissis Latinis factis concessum est. 32. Ceterum etiamsi ante de

cesserit Latinus, quam anniculi filii causam probaverit, potest mater ejus causam probare, et sic et ipsa fiet civis Romana, si Latina fuerit... Permissum............. *quibusdam*............ ipse filius civis Romanus sit, quia ex cive Romana matre natus est, tamen debet causam probare, ut suus heres patri fiat[1]. 32ª. *Quae* vero diximus de filio anniculo, *eadem et de filia annicula* dicta intellegemus. 32ᵇ. *Praeterea ex lege Visellia tam majores quam minores triginta annorum manumissi et Latini facti jus Quiritium adipiscuntur*[2], id est fiunt cives Romani, si Romae inter vigiles sex annis militaverint. Postea dicitur factum esse senatusconsultum, quo data est illis civitas Romana, si triennium militiae expleverint. 32ᶜ. Item edicto Claudii Latini jus Quiritium consequuntur, si navem marinam aedificaverint, quae non minus quam decem milia modiorum *frumenti* capiat, eaque navis vel quae in ejus locum substituta *sit*, *sex* annis frumentum Romam portaverit. 33. Praeterea *a Nero*ne *constitutum est*[3], ut si Latinus qui patrimonium sestertium CC milium plurisve habebit, in urbe Roma domum aedificaverit, in quam non minus quam partem dimidiam patrimonii sui inpenderit, jus Quiritium consequatur. 34. Denique Trajanus constituit, ut si *Latinus* in urbe triennio pistrinum exercuerit *in quo in* dies singulos non minus quam centenos *modios* frumenti *p*inseret, ad jus Quiritium perveniat..................
35... majores triginta annorum manumissi et Latini facti *eo modo possunt* jus Quiritium consequi quod *ut servi triginta annorum manumittantur justa ac legitima manumissione ab eo, cujus ex jure Quiritium sint. Itaque Latinus* manumissus vindicta aut censu aut testamento *et civis Romanus et ejus* libertus fit, qui *manumissionem*[4] iteraverit. Ergo si servus *in* bonis tuis, ex jure Quiritium meus erit, Latinus quidem a te solo fieri potest, iterari autem *manumissio* a me, non etiam a te potest, et eo modo meus libertus fit. *Sed* et ceteris modis jus Quiritium consecutus meus libertus fit. Bonorum autem quae...[5] *cum* is morietur reliquerit, tibi possessio datur, quocumque modo jus Quiritium fuerit consecutus. Quodsi cujus et in bonis et ex jure Quiritium sit manumissus, ab eodem scilicet et Latinus fieri potest et jus Quiritium consequi.

36. *Non tamen cuicumque volenti manumittere licet.* 37. *Nam is qui* in fraudem creditorum vel in fraudem patroni manu-

---

1. Seconde révision de Studemund, qui a prouvé l'inadmissibilité de toutes les restitutions antérieures. — 2. Restitution de Huschke, arg. Ulp., 3, 5. — 3. Cf. Tacite, *Ann.*, 15. 43. — 4. Restitution de Huschke, d'après la 2ᵉ lecture de Studemund qui a déchiffré une grande partie antérieurement illisible du § 35. — 5. Abréviation inconnue traduite sans preuves par *nunc aut* dans Huschke.

mittit, nihil agit, quia lex Aelia Sentia inpedit libertatem.
38. *Item* eadem lege minori xx annorum domino non aliter manumittere permittitur, quam [si] vindicta apud consilium justa causa manumissionis adpro*b*ata [fuerit]. 39. Justae autem causae manumissionis sunt veluti si quis patrem aut matrem aut paedagogum aut conlactaneum manumittat. Sed et illae causae quas superius in servo minore xxx annorum exposuimus, ad hunc quoque casum de quo loquimur, adferri possunt. Item ex diverso hae causae quas in minore xx annorum domino rettulimus, porrigi possunt et ad servum minorem xxx annorum. 40. Cum ergo certus modus manumittendi minoribus xx annorum dominis per legem Aeliam Sentiam constitutus sit, evenit ut qui xiiii annos aetatis expleverit, licet testamentum facere possit et in eo heredem sibi instituere legataque relinquere possit, tamen si adhuc minor sit annorum xx, libertatem servo dare non possit. 41. Et quamvis Latinum facere velit minor xx annorum dominus, tamen nihilo minus debet apud consilium causam pro*b*are, et ita postea inter amicos manumittere.

42. Praeterea lege Fufia Caninia certus modus constitutus est in servis testamento manumittendis. 43. Nam ei qui plures quam duos neque plures quam decem servos habebit, usque ad partem dimidiam ejus numeri manumittere permittitur ; *ei* vero qui plures quam x neque plures quam xxx servos habebit, usque ad tertiam partem ejus n*u*meri manumittere permittitur. At ei qui plures quam xxx neque plures quam centum habebit, usque ad partem quartam potestas manumittendi *d*atur. Novissime ei qui plures quam c nec plures quam D habebit, non plures *m*anumittere permittitur quam quintam partem ; neque plures *quam D servos habentis mentio in ea lege habe*tur[1] : sed *praescribit lex, ne cui plures m*anumittere liceat quam c. Quodsi quis unum servum omnino aut duos habet, ad hanc legem non pertinet, et ideo liberam habet potestatem manumittendi. 44. Ac ne ad eos quidem omnino haec lex pertinet, qui sine testam*ento* manumittun*t :* itaque licet *ii*s qui vindicta aut censu aut inter amicos manumittunt, totam familiam liberare, scilicet si alia causa non inpediat libertatem. 45. Sed qu*od* de numero servorum testamento manumittendorum diximus, ita intellegemus, ne umquam ex eo numero, ex quo dimidia aut tertia aut quarta aut quinta pars liberari potest, *pauciores* m*anumittere* liceat, quam ex antecedenti numero licuit. Et hoc ipsa *lege provisum*

1. Supplément proposé par Krueger et Studemund sans lacune dans le ms

est ; erat enim sane absurdum, ut x servorum domino quinque liberare liceret, quia usque ad dimidiam partem ejus numeri manumittere ei conceditur, xii *autem* servos habenti non plures liceret manumittere quam iiii; *item* eis qui plures quam x neque...[1]

Manquent 24 lignes illisibles dans le ms.

46. Nam et si *testamento* scriptis in orbem servis libertas data sit, quia nullus ordo manumissionis invenitur, nulli liberi erunt, quia lex Fufia Caninia quae in fraudem ejus facta sint rescindit. Sunt etiam specialia senatusconsulta, quibus rescissa sunt ea quae in fraudem ejus legis excogitata sunt.

47. In summa sciendum est, *cum* lege Aelia Sentia cautum sit, *ut* creditorum fraudandorum causa manumissi liberi non fiant, *hoc etiam* ad peregrinos pertinere (senatus ita censuit ex auctoritate Hadriani), cetera vero jura ejus legis ad peregrinos non pertinere.

48. Sequitur de jure personarum alia divisio. Nam quaedam personae sui juris sunt, quaedam alieno juri subjectae sunt. 49. Rursus earum personarum quae alieno juri subjectae sunt, aliae in potestate, aliae in manu, aliae in mancipio sunt. 50. Videamus *nunc* de his quae alieno juri subjectae sint; *nam* si cognoverimus quae *istae* personae sint, simul intellegemus quae sui juris sint. 51. Ac prius dispiciamus de iis qui in aliena potestate sunt.

52. In potestate itaque sunt servi dominorum. Quae quidem potestas juris gentium est; nam apud omnes peraeque gentes animadvertere possumus dominis in servos vitae necis-

---

[1]. Gaius continuait dans la page illisible qui suit à donner des exemples relatifs à des chiffres supérieurs; puis il posait les règles analysées dans les termes suivants par l'*Epitome*, 1, 2, 2-4 : Nam si aliquis testamento plures manumittere voluerit, quam quot continet numerus supra scriptus, ordo servandus est, ut illis tantum libertas valeat, qui prius manumissi sunt, usque ad illum numerum, quem explanatio continet superius comprehensa; qui vero postea supra constitutum numerum manumissi leguntur, in servitute eos certum est permanere. Quodsi non nominatim servi vel ancillae in testamento manumittantur, sed confuse omnes servos suos vel ancillas is qui testamentum facit, liberos facere voluerit nulli penitus firma esse jubetur hoc ordine data libertas, sed omnes in servili condicione, qui hoc ordine manumissi sunt, permanebunt. Nam etsi ita in testamento servorum manumissio adscripta fuerit, id est in circulo, ut qui prior, qui posterior nominatus sit, non possit agnosci, nulli ex his libertatem valere manifestum est, si agnosci non potest qui prior, qui posterior fuerit manumissus. — (§ 3) Nam si aliquis in aegritudine constitutus in fraudem hujus legis facere noluerit testamentum, sed epistulis aut quibuscumque aliis rebus servis suis pluribus quam per testamentum licet, conferre voluerit libertates, et sub tempore mortis hoc fecerit, hi qui prius manumissi fuerint, usque ad numerum superius constitutum liberi erunt, qui vero post statutum numerum manumissi fuerint, servi sine dubio permanebunt. — (§ 4) Nam si incolumis quoscumque diverso tempore manumisit, inter eos qui per testamentum manumissi sunt, nullatenus computentur'.

que potestatem esse ; et quodcumque per servum adquiritur, id domino adquiritur. 53. Sed hoc tempore neque civibus Romanis nec ullis aliis hominibus qui sub imperio populi Romani sunt, licet supra modum et sine causa in servos suos saevire ; nam ex constitutione imperatoris Antonini qui sine causa servum suum occiderit, non minus teneri jubetur, quam qui alienum servum occiderit. Sed et major quoque asperitas dominorum per ejusdem principis constitutionem coercetur; nam consultus a quibusdam praesidibus provinciarum de his servis qui ad fana deorum vel ad statuas principum confugiunt, praecepit, ut si intolerabilis videatur dominorum saevitia, cogantur servos suos vendere. Et utrumque recte fit ; male enim nostro jure uti non debemus; qua ratione et prodigis interdicitur bonorum suorum administratio. 54. Ceterum cum apud cives Romanos duplex sit dominium (nam vel in bonis vel ex jure Quiritium vel ex utroque jure cujusque servus esse intellegitur), ita demum servum in potestate domini esse dicemus, si in bonis ejus sit, etiamsi simul ex jure Quiritium ejusdem non sit; nam qui nudum jus Quiritium in servo habet, is potestatem habere non intellegitur.

55. Item in potestate nostra sunt liberi nostri quos justis nuptiis procreavimus. Quod jus proprium civium Romanorum est ; fere enim nulli alii sunt homines qui talem in filios suos habent potestatem qualem nos habemus. Idque divus Hadrianus edicto, quod proposuit de his qui sibi liberisque suis ab eo civitatem Romanam petebant, significavit. Nec me praeterit Galatarum gentem credere in potestate parentum liberos esse.

56. *Itaque liberos suos in potestate habent cives Romani*[1], si cives Romanas uxores duxerint, vel etiam Latinas peregrinasve cum quibus conubium habeant; cum enim conubium id efficiat, ut liberi patris condicionem sequantur, evenit ut non *solum* cives Romani fiant, sed *etiam* in potestate patris sint. 57. Unde *et* veteranis quibusdam concedi solet principalibus constitutionibus conubium cum his Latinis peregrinisve quas primas *post* missionem uxores duxerint; et qui ex eo matrimonio nascuntur, et cives Romani et in potestate parentum fiunt.

58. *Non tamen omnes nobis uxores ducere licet:* nam a quarundam nuptiis abstinere debemus. 59. Inter eas enim personas quae parentum liberorumve locum inter se optinent, nup-

1. Krueger et Studemund ; Huschke: '*Justas autem nuptias contraxisse liberosque iis procreatos in potestate habere cives Romani ita intelliguntur*'.

tiae contrahi non possunt, nec inter eas conubium est, veluti inter patrem et filiam, vel inter matrem et filium, vel inter avum et neptem ; et si tales personae inter se coierint, nefarias et incestas nuptias contraxisse dicuntur. Et haec adeo ita sunt, ut quamvis per adoptionem parentum liberorumve loco sibi esse coeperint, non possint inter se matrimonio conjungi, in tantum, ut etiam dissoluta adoptione idem juris maneat ; itaque eam quae mihi per adoptionem filia*e aut* neptis loco esse coeperit, non potero *uxorem* ducere, quamvis eam emancipaverim. 60. Inter eas quoque personas quae ex transverso gradu cognatione junguntur, est quaedam similis observatio, sed non tanta. 61. Sane inter fratrem et sororem prohibitae sunt nuptiae, sive eodem patre eademque matre nati fuerint, sive alterutro eorum ; sed si qua per adoptionem soror mihi esse coeperit, quamdiu quidem *constat* adoptio, sane inter me et eam nuptiae non possunt consistere ; cum vero per emancipationem adoptio dissoluta sit, potero eam uxorem ducere ; sed et si ego emancipatus fuero, nihil in*p*edimento erit nuptiis. 62. Fratris filiam uxorem ducere licet ; idque primum in usum venit, cum divus Claudius Agrippinam fratris sui filiam uxorem duxisset ; sororis vero filiam uxorem ducere non licet. Et haec ita principalibus constitutionibus significantur. Item amitam et materteram uxorem ducere non licet. Item eam quae mihi quondam socrus aut nurus aut privigna aut noverca fuit. Ideo autem diximus 'quondam', quia si adhuc constant eae nuptiae, per quas tali adfinitas quaesita est, alia ratione mihi nupta esse non potest, quia neque eadem duobus nupta esse potest, neque idem duas uxores habere. 64. Ergo si quis nefarias atque incestas nuptias contraxerit, neque uxorem habere videtur neque liberos ; itaque hi qui ex eo coitu nascuntur, matrem quide*m* habere videntur, patrem vero non utique ; nec ob id in potestate ejus *sunt, sed tales* sunt quales sunt hi quos mater vulgo concepit ; nam et hi patrem habere non intelleguntur, cum *is* etia*m* incertus sit ; unde solent spurii filii appellari, vel a Graeca voce quasi σποράδην concepti, vel quasi sine patre filii.

65. *Aliquando autem evenit, ut liberi qui statim ut nati sunt, parentum in potestate non fiant, ii postea tamen redigantur in potestatem.* 66. *Veluti si Latinus ex lege Aelia Sentia uxore ducta filium procreaverit aut Latinum ex Latina aut civem Romanum ex cive Romana, non habebit eum in potestate ; sed si postea causa probata jus Quiritium consecutus fuerit,* simul eum in potestate sua habere incipit. 67. Item si civis Ro-

manus Latinam aut peregrinam uxorem duxerit per ignorantiam, cum eam civem Romanam esse crederet, et filium procreaverit, hic non est in potestate ejus, quia ne quidem civis Romanus est, sed aut Latinus aut peregrinus, id est ejus condicionis cujus et mater fuerit, quia non aliter quisque ad patris condicionem accedit, quam si inter patrem et matrem ejus conubium sit; sed ex senatusconsulto permittitur causam erroris probare, et ita uxor quoque et filius ad civitatem Romanam perveniunt, et ex eo tempore incipit filius in potestate patris esse. Idem juris est si eam per ignorantiam uxorem duxerit quae dediticiorum numero est, nisi quod uxor non fit civis Romana. 68. Item si civis Romana per errorem nupta sit peregrino tamquam civi Romano, permittitur ei causam erroris probare, et ita filius quoque ejus et maritus ad civitatem Romanam perveniunt, et aeque simul incipit filius in potestate patris esse. Idem juris est si peregrino tamquam Latino ex lege Aelia Sentia nupta sit; nam et de hoc specialiter senatusconsulto cavetur. Idem juris est aliquatenus si ei qui dediticiorum numero est, tamquam civi Romano aut Latino e lege Aelia Sentia nupta sit; nisi quod scilicet qui dediticiorum numero est, in sua condicione permanet, et ideo filius, quamvis fiat civis Romanus, in potestatem patris non redigitur. 69. Item si Latina peregrino, cum eum Latinum esse crederet, *e lege Aelia Sentia* nupserit, potest ex senatusconsulto filio nato causam erroris probare, *et ita* omnes fiunt cives Romani, et filius in potestate patris esse incipit. 70. Idem constitutum est si Latinus per errorem peregrinam quasi Latinam aut civem Romanam e lege Aelia Sentia uxorem duxerit. 71. Praeterea si civis Romanus qui se credidisset Latinum esse, ob id Latinam *uxorem duxerit*, permittitur ei filio nato erroris causam probare, tamquam si e lege Aelia Sentia uxorem duxisset. Item his qui cum cives Romani essent peregrinos se esse credidissent et peregrinas uxores duxissent, permittitur ex senatusconsulto filio nato causam erroris probare; quo facto fiet uxor civis Romana et filius quoque ex ea non solum ad civitatem Romanam pervenit, sed etiam in potestatem patris redigitur. 72. Quaecumque de filio esse diximus, eadem et de filia dicta intellegemus. 73. Et quantum ad erroris causam probandam attinet, nihil interest cujus aetatis filius sit *nisi forte eorum aliquis, qui e lege Aelia Sentia matrimonium se contrahere putarint causam probare velit; ab hoc enim*, si minor anniculo sit filius filiave, causa probari non potest. Nec me praeterit in aliquo rescripto divi Hadriani ita esse constitutum, tamquam

quo*d* ad erroris quo*que causam* probandam *attinet, anniculus filius esse debeat*[1]..
.... imperator..............
dedit. 74. Sed si peregrinus civem Romanam uxorem duxerit, an ex senatusconsulto *causam* probare possit, quaesitum est............; *probare* causam non *potest*, quamvis ipse...........
hoc ei specialiter concessum est. Sed cum peregrinus civem Romanam uxorem duxisset et filio nato alias civitatem Romanam consecutus esset, deinde cum qu*a*ereretur an causam probare posset, rescripsit imperator Antoninus proinde posse eum causam probare, atque si peregrinus mansisset. Ex quo colligimus etiam peregrinum causam probare posse. 75. Ex *his* quae diximus apparet, sive civis Romanus peregrinam sive peregrinus civem Romanam uxorem duxerit, eum qui nascitur peregrinum esse. *Sed* siquidem pe*r* errorem tale matrimonium contractum fuerit, emendari vitium ejus ex *senatusconsulto licet secundum* ea quae superius diximus. Si vero nullus error intervenerit, *sed* scientes suam condicionem ita coierint, nullo casu emendatur vitium e*jus* matrimonii. 76. Loquimur autem de his scilicet, *inter* quos conubium non sit; nam alioquin si civis Romanus peregrinam cum qua ei conubium est, uxorem duxerit, sicut supra quoque diximus, justum matrimonium contrahi*tur;* et tunc ex his qui nascitur, civis Romanus est et in potestate patris erit. 77. Item si civis Romana peregrino cum qu*o* ei conubium est, nupseri*t*, peregrinus sane procreatur et is justus patris filius est, tamquam si ex peregrina eum procreasset. Hoc tamen tempore *ex* senatusconsulto quod auctore divo Hadriano factum est, etiamsi non fuerit conubium inter civem Romanam et peregrinum, qui nascitu*r*, justus patris filius est. 78. Quod autem diximus inter civem Romanam peregrinumque *nisi conubium sit, qui* nascitur, peregrinum esse, lege Minicia cav*etur, qua lege effectum est ut si matrimonium inter cives Romanos peregrinosque non interveniente conubio contrahatur, is qui nascitur peregrini*[2] *parentis condicionem sequatur,* eadem lege enim ex diverso cavet*ur, ut si peregrinam, cum* qua ei conubium non sit, uxorem dux*erit civis Romanus,* peregrinus ex eo coitu nascatur. Sed hoc maxime casu necessaria lex Minicia; nam remota ea lege diversam condicionem se-

---

1. Krueger suppose que Gaius ajoutait qu'on ne peut argumenter de ce récit contre le maintien de la législation décrite par lui, attendu que l'empereur n'y aurait fait que reproduire les allégations de l'impétrant auquel il répondait; Huschke restitue : '*sed non semper videri debet generale jus inductum,* cum imperator epistulam *ad* quendam dedit'. — 2. Restitution quant au sens de Krueger ; v. le supplément de l'apographum.

qui deb*ebat, quia* ex eis inter quos non est conubium, qui
nascitur, jure gentium matris condicioni accedit. Qua parte
autem jubet lex ex cive Romano et peregrina peregrinum
nasci, supervacua videtur; nam et remota ea lege hoc utique
jure gentium futurum erat. 79. Adeo autem hoc ita est, ut *ex
cive Romano et Latina qui nascitur, Latinus nascatur, quamquam
ad eos qui hodie Latini app*ell*antur, lex Minicia non pertinet;
nam comprehenduntur quidem peregrinorum appellatione in ea
lege non*[1] solum exterae nationes et gentes sed etiam qui Latini
nominantur; sed ad alios Latinos pertinet, qui proprios populos propriasque civitates habebant et erant peregrinorum
numero. 80. Eadem ratione ex contrario ex Latino et cive Romana, sive ex lege Aelia Sentia sive *aliter contractum fuerit*
matrimonium, civis Romanus nascitur. Fuerunt tamen qui
putaverunt ex lege Aelia S*entia* contracto matrimonio Latinum
nasci, quia videtur eo *casu* per legem Aeliam Sentiam et Juniam conubi*um* inter eos dari, et semper conubium efficit, ut
qui nascitur patris condicioni accedat; aliter vero contracto
*matri*monio eum qui nascitur, jure gentium matris condicionem sequi et ob id esse civem Romanum. *Sed* hoc jure utimur
ex senatusconsulto, quo auctore divo Hadriano significatur, ut
quo*quo* modo ex Latino et cive Romana natus civis Romanus
nascatur. 81. His *convenienter etiam* illud senatusconsultum
divo Hadriano auctore significavit, ut *qui* ex Latino *et* peregrina, item contra *qui* ex peregrino et Latina nasci*tur,* is matris condicionem sequatur. 82. Illud quoque his consequens
est, quod ex ancilla et libero jure gentium servus nascitur, et
contra ex libera et servo liber nascitur. 83. Animadvertere tamen debemus, *ne* juris gentium regulam ve*l* lex aliqua vel
quod leg*is* vicem optinet, aliquo casu commutaverit. 84. Ecce
enim ex senatusconsulto Claudiano poterat civis Romana quae
alieno servo volente domino ejus coiit, ipsa ex pactione libera
permanere, sed servum procreare; nam quod inter eam et do-
minu*m* istius servi convenerit, eo senatusconsulto ratum esse
jubetur. Sed postea divus Hadrianus iniquitate rei et inelegantia juris motus restituit juris gentium regulam, ut cum
ipsa mulier libera permaneat, liberum pariat. 85. *Item e lege
.....*[2] ex ancilla et libero poterant *liberi* nasci; nam ea lege cavetur, ut si quis cum aliena ancilla quam cre*l*ebat liberam
esse coierit, siquidem masculi nascantur, liberi sint, si vero

---

1. Restitution de Mommsen. — 2. Loi inconnue, dont on ne sait même si
c'est une loi romaine; Huschke, suivi dubitativement par Giraud: '*e lege Latina*';
v. d'autres conjectures dans Dubois.

feminae, ad eum pertineant, cujus mater ancilla fuerit. Sed et in hac specie divus Vespasianus inelegantia juris motus restituit juris gentium regulam, ut omni modo, etiamsi masculi nascantur, servi sint ejus cujus et mater fuerit. 86. Sed illa pars ejusdem legis salva est, ut ex libera et servo alieno quem sciebat servum esse, servi nascantur. Itaque apud quos talis lex non est, qui nascitur, jure gentium matris condicionem sequitur et ob id liber est.

87. Quibus autem casibus matris et non patris condicionem sequitur qui nascitur, isdem casibus in potestate eum patris, etiamsi is civis Romanus sit, non esse plus quam manifestum est. Et ideo superius rettulimus quibusdam casibus per errorem non justo contracto matrimonio senatum intervenire et emendare vitium matrimonii, eoque modo plerumque efficere, ut in potestatem patris filius redigatur. 88. Sed si ancilla ex cive Romano conceperit, deinde manumissa civis Romana facta sit, et tunc pariat, licet civis Romanus sit qui nascitur, sicut pater ejus, non tamen in potestate patris est, quia neque ex justo coitu conceptus est neque ex ullo senatusconsulto talis coitus quasi justus constituitur.

89. Quod autem placuit, si ancilla ex cive Romano conceperit, deinde manumissa pepererit, qui nascitur liberum nasci, naturali ratione fit; nam hi qui illegitime concipiuntur, statum sumunt ex eo tempore quo nascuntur; itaque si ex libera nascuntur, liberi fiunt, nec interest ex quo mater eos conceperit, cum ancilla fuerit; at hi qui legitime concipiuntur, ex conceptionis tempore statum sumunt. 90. Itaque si cui mulieri civi Romanae praegnati aqua et igni interdictum fuerit, eoque modo peregrina facta tunc pariat, complures distinguunt et putant, siquidem ex justis nuptiis conceperit, civem Romanum ex ea nasci, si vero vulgo conceperit, peregrinum ex ea nasci. 91. Item si qua mulier civis Romana praegnas ex senatusconsulto Claudiano ancilla facta sit ob id quod alieno servo invito et denuntiante domino ejus coierit, complures distinguunt et existimant, siquidem ex justis nuptiis conceptus sit, civem Romanum ex ea nasci, si vero vulgo conceptus sit, servum nasci ejus cujus mater facta esset ancilla. 92. Peregrina quoque si vulgo conceperit, deinde civis Romana fiat et tunc pariat, civem Romanum parit; si vero ex peregrino secundum leges moresque peregrinorum conceperit, ita videtur ex senatusconsulto quod auctore divo Hadriano factum est, civem Romanum parere, si et patri ejus civitas Romana donetur.

93. Si peregrinus sibi liberisque suis civitatem Romanam petierit, non aliter fil*ii* in potestate ejus fient, quam si imperator eos in potestatem redegerit; quod ita demum is facit, si causa cognita aestimaverit hoc filiis expedire. Diligentius autem exactiusque causam cognoscit de i*n*puberibus absentibusque; et haec ita edicto divi Hadriani significa*n*tur. 94. Item si quis cum uxore praegn*ate* civitate Romana donatus sit, quamvis is qui nasci*tur*, ut supra dixi*mus*, civis Romanus sit, tamen in potestate patris non fit; idque subscriptione div*i* Hadriani significatur; qua de causa qui intellegit uxorem suam esse pr*ae*gnatem, dum civitatem sibi et uxori ab imperatore petit, simul ab eodem petere debet, ut eum qui natus erit, in potestate su*a* habeat.

95. Alia causa est eorum qui Lat*ii* jure cum liberis suis ad civitatem Romanam perveniunt; nam horum in potestate fiunt liberi. Quo*d* jus quibusdam peregrinis civitatibus datum est vel a populo Romano vel a senatu vel a Caesare. 96. *Hujus autem juris duae species sunt;* nam aut majus est Latium aut minus: majus est Latium, cum et h*i* qui decuriones leguntur et ei qui honorem aliquem aut magistratum gerunt, civitatem Romanam consequuntur; minus Latium est, cum hi tantum qui magistratum vel honorem gerunt, ad civitatem Romanam perveniunt; idque compluribus epistulis principum significatur.

97. *Non solum tamen naturales liberi secundum ea quae diximus*[1], in potestate nostra sunt, verum et hi quos adoptamus. 98. Adoptio autem duobus modis fit, aut populi auctoritate, aut imperio magistratus, vel*uti* praetoris. 99. Populi auctoritate adoptamus eos qui sui juris sunt; quae species adoptionis dicitur adrogatio, quia et is qui adoptat rogatur, id est interrogatur, an velit eum quem adoptaturus sit, justum sibi filium esse; et is qui adoptatur rogatur, an id fieri patiatur; et populus rogatur, an id fieri jubeat. Imperio magistratus adoptamus eos qui in potestate parent*um* sunt, sive primum gradum liberorum optineant, qualis est filius et filia, sive inferiorem, qualis est nepos neptis, pronepos proneptis. 100. Et quidem illa adoptio quae per populum fit, nusquam nisi Romae fit; a*t* haec etiam in provinciis apu*d* praesides earum fieri solet. 101. Item per populum feminae non adoptantur, nam id magis placuit; apu*d* pr*ae*torem vero vel in provinciis apu*d* proconsulem legatumve etiam feminae solent adoptari. 102. Item impuberem apu*d* populum adoptari

1. *Inst.* 1, 11, pr.

aliquando prohibitum est, aliquando permissum est, nam nunc ex epistula optimi imperatoris Antonini quam scripsit pontificibus, si justa causa adoptionis esse videbitur, cum quibusdam condicionibus permissum est. Apud praetorem vero, et in provinciis apud proconsulem legatumve, cujuscumque aetatis *personas* adoptare possumus. 103. Illud utriusque adoptionis commune est, quod et hi qui generare non possunt, quales sunt spadones, adoptare possunt. 104. Feminae vero nullo modo adoptare possunt, quia ne quidem naturales liberos in potestate habent. 105. Item si quis per populum sive apud praetorem vel apud praesidem provinciae adoptaverit, potest eumdem alii in adoptionem dare. 106. Sed et illa quaestio, an minor natu majorem natu adoptare possit, utriusque adoptionis comm*un*is est. 107. Illud proprium est ejus adoptionis quae per populum fit, quod is qui liberos in potestate habet, si se adrogandum dederit, non solum ipse potestati adrogatoris subjicitur, sed etiam liberi ejus in ejusdem fiunt potestate *tamquam* nepotes.

108. *Nunc de his personis videamus quae in manu nostra sunt.* Quod et ipsum jus proprium civium Romanorum est. 109. Sed in potestate quidem et masculi et feminae esse solent; in manum autem feminae tantum conveniunt. 110. Olim itaque *tribus* modis in manum conveniebant, usu, farreo, coemptione. 111. Usu in manum conveniebat quae anno continuo nupta perseverabat; *quia* enim veluti annua possessione usucapiebatur, in familiam viri transibat filiaeque locum optinebat. Itaque lege XII tabularum cautum est, ut si qua nollet eo modo in manum mariti convenire, ea quotannis trinoctio abesset atque eo modo *usum* cujusque anni interrumperet. Sed hoc totum jus partim legibus sublatum est, partim ipsa desuetudine obliteratum est. 112. Farreo, in manum conveniunt per quoddam genus sacrificii quod Jovi Farreo fit; in quo farreus panis adhibetur, unde etiam confarreatio dicitur; complura praeterea hujus juris ordinandi gratia cum certis et sollemnibus verbis, praesentibus decem testibus, aguntur et fiunt. Quod jus etiam nostris temporibus in usu est; nam flamines majores, id est Diales Martiales Quirinales, item reges sacrorum, nisi ex farreatis nati non leguntur; ac ne ipsi quidem sine confarreatione sacerdotium habere possunt. 113. Coemptione vero in manum conveniunt per mancipationem, *id est* per quamdam imaginariam venditionem; nam adhibitis non minus quam v testibus civibus Romanis puberibus, item libripende, emit *is* mulierem, cujus

in manum convenit. 114. *Potest* autem coemptionem facere mulier non solum cum marito suo se*d* etiam cum extraneo; scilicet aut matrimonii causa facta coemptio dicitur, aut fiduciae; quae enim cum marito suo facit coemptionem, *ut* apu*d* eum filiae loco sit, dicitur matrimonii causa fecisse coemptionem; quae vero alterius rei causa facit coemptionem aut cum viro suo aut cum extraneo, veluti tutelae evitandae causa, dicitur fiduciae causa fecisse coemptionem. 115. Quod est tale: si qua velit quos habet tutores *d*eponere et alium nancisci, illis *auc*toribus coemptionem facit; deinde a coemptionatore remancipata ei cui ipsa velit, et ab eo vindicta manumissa incipit eum habere tutorem, *a* quo manumissa est; qui tutor fiduciarius dicit*ur*, sicut inferi*us* appa*r*ebit. 115ᵃ. Oli*m* etiam testamenti faciendi gratia fiduciar*ia* fiebat coemptio ; tunc enim non al*iter* feminae testamenti faciendi jus habebant, exceptis qui*bu*sdam personis, quam si coemptionem fecissent remancipataeque et manumissae fuissent; se*d* hanc necessitatem coemptionis faciendae ex auctoritate divi Hadriani senatus remisit... femina... 115ᵇ....¹ fiduciae causa *cum viro suo* fece*rit* coem*ptio*nem, nihilo minus filiae loco incipit esse; nam si omnino qualibet ex causa uxor in manu viri sit, placu*it* eam filiae jura nancisci.

116. Superest ut exponamus, quae personae in mancipio sint. 117. Omnes igitur liberorum personae, sive masculini sive femi*n*ini s*e*xus, quae in potestate parentis sunt, mancipari ab *hoc eodem* modo possunt, quo etiam servi mancipari possunt. 118. Idem juris est in earum personis quae in manu sunt; *nam feminae a* coemptionatoribus eodem modo possunt *mancipari, quo liberi a parente mancipantur, adeo* quidem ut, quamvis *e*a sola apu*d* coemptionatorem filiae loco sit, *quae ei* nupta sit, *tamen* nihilo minus etia*m* quae ei nupta non *sit* nec ob id filiae loco sit, ab eo mancipari possit. 118ᵃ. Plerumque *vero tum* solum et a parentibus et a coemptionatoribus mancipantur, cum velint parentes coemptionatoresque *ex* suo jure eas personas dimittere, sicut inferius evidentius apparebit. 119. Est autem mancipatio, ut supra quoque diximus, imaginaria quaedam venditio ; quo*d* et ipsum jus proprium civium Romanorum est ; eaque res ita agitur: adhibitis non minus qua*m* quinque testibus civibus Romanis puberibus et praeterea

---

1. Passage illisible. Selon Studemund et Krueger, Gaius disait que la femme qui faisait une *conventio in manum* fiduciaire avec un *extraneus* ne tombait pas sous sa *patria potestas*, mais que celle qui, etc. Huschke écrit; 'censen*tur* enim ipso jure feminae *capite deminutae.* 115 b. *Si tamen mulier*'.

alio ejusdem conditionis, qui libram aeneam teneat, qui appellatur libripens, is qui mancipio accipit, aes tenens ita dicit: HUNC EGO HOMINEM EX JURE QUIRITIUM MEUM ESSE AIO ISQUE MIHI EMPTUS ESTO HOC AERE AENEAQUE LIBRA ; deinde aere percutit libram idque aes dat ei a quo mancipio accipit quasi pretii loco. 120. Eo modo et serviles et liberae personae mancipantur; animalia quoque quae mancipi[1] sunt, quo in numero habentur boves, equi, muli, asini; item praedia tam urbana quam rustica quae et ipsa mancipi sunt, qualia sunt Italica, eodem modo solent mancipari. 121. In eo solo praediorum mancipatio a caeterorum mancipatione differt, quod personae serviles et liberae, item animalia quae mancipi sunt, nisi in praesentia sint, mancipari non possunt; adeo quidem, ut eum qui mancipio accipit, apprehendere id ipsum quod ei mancipio datur, necesse sit ; unde etiam mancipatio dicitur, quia manu res capitur ; praedia vero absentia solent mancipari. 122. Ideo autem aes et libra adhibetur, quia olim aereis tantum nummis utebantur, et erant asses, dupundii, semisses, quadrantes, nec ullus aureus vel argenteus nummus in usu erat, sicut ex lege XII tabularum intellegere possumus ; eorumque nummorum vis et potestas non in numero erat sed in pondere posita; nam et asses librales erant, et dupundii bilibres; unde etiam dupundius dictus est quasi duo pondo, quod nomen adhuc in usu retinetur; semisses quoque et quadrantes pro rata scilicet portione ad pondus examinati erant. Quam ob rem qui dabat olim pecuniam, non numerabat eam, sed appendebat; unde servi quibus permittitur administratio pecuniae, dispensatores appellati sunt et . . . . 123 . . . .
. . . . coemptio. . . . .[2] ea quidem quae coemptionem facit non deducitur in servilem condicionem; a parentibus autem et a coemptionatoribus mancipati mancipataeve servorum loco constituuntur, adeo quidem, ut ab eo cujus in mancipio sunt, neque hereditatem neque legata aliter capere possint, quam si simul eodem testamento liberi esse jubeantur, sicut juris est in persona servorum. Sed differentiae ratio manifesta est, cum a parentibus et a coemptionatoribus isdem verbis mancipio accipiantur, quibus servi ; quod non similiter fit in coemptione.

1. Krueger, ici et partout : 'mancipii'; cf. en sens contraire P. Bonfanti, Bullettino dell' instituto di diritto Romano, 1, 1888, pp. 46-51 ; Dubois, p. 127. —
2. Passage illisible; Gaius devait ensuite parler de la différence de condition de la femme in manu et de l'individu in mancipio ; Huschke écrit : 'et ad hunc diem dicuntur. 123. Si tamen quaerat aliquis quare si qua coemptionem fecit, differat a mancipatis illa quidem, etc'.

124. Videamus nunc quomodo *hi* qui alieno juri *subj*ecti sunt, eo jure liberentur.

125. Ac prius de his dispiciamus qui in potestate sunt. Et quidem servi *quem*admo*dum* potestate liberentur, ex his intel*legere* possumus quae de servis manumittend*is* s*u*perius exposuimus. 126. Hi vero qui *in potestate parentis sun*t, *mortuo eo sui juris fiunt. Sed hoc di*stinctionem recipit ; nam *mortuo patre s*ane omni modo filii filiaeve sui juris efficiunt*ur* ; mortuo vero avo *non omni* modo *nepotes nep*te*s*ve *sui j*uris *fiunt, sed ita, si post mortem avi* in patris sui potestatem recusari non sunt. Itaque si moriente avo *pater eorum et vivat et in potestate* patris *sui* fu*erit*, tunc post *obitum avi in patris* sui potestate fiunt ; si vero is, quo tempore av*us* moritur, aut jam mort*uus* est aut exiit de potestate *patris, tunc hi, quia in potestatem* ejus cadere non possunt, sui *j*uris fiunt. 127. Cum autem is cui ob aliquod maleficium ex lege Cornelia aqua et igni interdicitur, civitatem Romanam amittat, sequitur ut, quia eo modo ex numero civium Romanorum tolli*tur*, proinde ac mortuo eo desinant liberi in potest*a*te ejus esse ; nec enim ratio patitur, ut peregrinae condicionis homo civem Romanum in potestate habeat. Pari ratione et si ei qui in potestate parentis sit, aqua et igni interdictum fuerit, desinit in potestate parentis esse, quia aequa ratio non patitur, ut peregrin*ae* condicionis homo in potestate sit civis Romani parentis. 128. Quodsi ab hostibus captus fuerit parens, quamvis serv*us* hostium fiat, tamen pendet jus liberorum propter jus postlimin*ii*, quo hi qui ab hostibus capti sunt, si reversi fuerint, omn*ia* pristina jura recipiunt ; itaque revers*us* habebit liberos in potestate. Si vero illic mortuus sit, erunt quidem liberi sui juris ; sed utrum ex hoc tempore quo mort*uus* est apu*d* hostes parens, an ex illo quo ab hostibus captus est, dubitari potest. Ipse quoque filius neposve si ab hostibus captus fuerit, similiter dicemus propter jus postlimin*ii* potestatem quoque parentis in suspenso esse. 129. Praeterea exeunt liberi virilis sexus de parentis potestate, si flamines Diales inaugurentur, et feminini sexus, si virgines Vestales capiantur. 130. Olim quoque, quo tempore populus Romanus in Latinas regiones[1] colonias deducebat, qui *j*ussu parentis in coloniam Latinam nomen dedissent, desinebant in potestate *p*arentis esse, quia efficerentur alterius civitatis cives.

132. *Praeterea* emancipatione desinunt liberi in potestate

---

1. Effacé comme une glose par Mommsen ; cf. cependant Krueger, *Gesch. d. Q.* p. 185, n. 23.

parentum esse ; sed filius quidem tribus mancipationibus, ceteri vero liberi, sive masculini sexus sive feminini, una mancipatione exeunt de parentum potestate ; lex enim xii tabularum tantum in persona filii de tribus mancipationibus loquitur his verbis : SI PATER FILIUM TER VENUM DUIT, A PATRE FILIUS LIBER ESTO. *Eaque* res ita agitur: mancipat pater filium alicui ; is eum vindicta manumittit ; eo facto revertitur in potestatem patris ; is eum iterum mancipat vel eidem vel alii (sed in usu est eidem mancipari) isque eum postea similiter vindicta manumittit ; eo facto rursus in potestatem patris revertitur ; tertio pater eum mancipat vel eidem vel alii (sed hoc in usu est, ut eidem mancipetur), *eaque* mancipatione *desinit in potestate* patris esse, etiamsi nondum manumissus sit sed adhuc in causa mancipi. Si[1] . . . .

Manque une page entière.

. . . . 133. *Admonendi autem sumus liberum esse arbitrium ei qui filium et ex eo nepotem in potestate habebit, filium quidem de potestate dimittere, nepotem vero in potestate retinere ; vel ex diverso filium quidem in potestate retinere, nepotem vero manumittere, vel omnes sui juris efficere. Eadem et de pronepote dicta esse intellegemus.* 134. Praeterea parentes, liberis in adoptionem datis, in potestate eos habere desinunt. Et in filio quidem, si in adoptionem datur, tres mancipationes et duae intercedentes manumissiones proinde fiunt, ac fieri solent, cum ita eum pater de potestate dimittit, ut sui juris efficiatur. Deinde aut patri remancipatur, et ab eo is qui adoptat, vindicat apud praetorem filium suum esse, et illo contra non vindicante a praetore vindicanti filius addicitur; aut non remancipatur patri, sed ab eo vindicat is qui adoptat, apud quem in tertia mancipatione est ; sed sane commodius est patri remancipari. In ceteris vero liberorum personis, seu masculini seu feminini

---

1. Manque une page complète de laquelle on n'a pu lire que les mots: 'missi... patrono in bonis liberti.... mancipatione exeunt de patris potestate..... manumissae fuerint. s...' qui s'accordent bien avec l'idée courante selon laquelle Gaius traite là des matières exposées *Ep.*, 1, 6, 3 : 'Tamen cum tertio mancipatus fuerit filius a patre naturali fiduciario patri, hoc agere debet naturalis pater, ut ei a fiduciario patre remancipetur et a naturali patre manumittatur, ut si filius ille mortuus fuerit, ei in hereditate naturalis pater, non fiduciarius, succedat. Feminae vel nepotes masculi ex filio una emancipatione de patris vel avi exeunt potestate et sui juris efficiuntur. Et hi ipsi quamlibet una mancipatione de patris vel avi potestate exeant, nisi a patre fiduciario remancipati fuerint et a naturali patre manumissi, succedere eis naturalis pater non potest, nisi fiduciarius, a quo manumissi sunt, (Krueger intercale: 'hereditatem repudiaverit aut decesserit'). Nam si remancipatum eum sibi naturalis pater vel avus manumiserit, ipse ei in hereditate succedit'. Le § 133 de la même p. est restitué d'après *D.*, 1, 7, 28 et *Inst.*, 1, 12, 7.

sexus, una scilicet mancipatio sufficit, et aut remancipantur parenti aut non remancipantur. Eadem et in provinciis apud praesidem provinciae solent fieri. 135. Qui ex filio semel iterumve mancipato conceptus est, licet post tertiam mancipationem patris sui nascatur, tamen in avi potestate est, et ideo ab eo et emancipari et in adoptionem dari potest. At is qui ex eo filio conceptus est qui in tertia mancipatione est, non nascitur in avi potestate. Sed eum Labeo quidem existimat in ejusdem mancipio esse cujus et pater sit ; utimur autem hoc jure, ut quamdiu pater ejus in mancipio sit, pendeat jus ejus ; et siquidem pater ejus ex mancipatione manumissus erit, cadat in ejus potestatem; si vero is dum in mancipio sit, decesserit, sui juris fiat. 135ª. Eadem scilicet *dicemus de eo qui ex nepote semel mancipato necdum* manumisso *conceptus fuerit. Nam* ut supra diximus, quod in filio faciunt tres mancipationes, hoc facit una mancipatio in nepote. 136. *Praeterea mulieres quae in manum conveniunt, in patris potestate esse desinunt, sed in* conferreatis nuptiis de flaminica Diali *senatusconsulto ex relatione*[1] Maximi et Tuberonis cautum est, ut haec quod ad sacra tantum videatur in manu esse, quod vera ad ceteras causas proinde habeatur, atque si in manum non convenisset. *Coemptione autem facta mulieres omni modo* potestate parentis liberantur ; nec interest an in viri sui manu sint an extranei, quamvis hae solae loco filiarum habeantur, quae in viri manu sunt.

137. *In manu autem esse mulieres desinunt isdem modis, quibus filiae familias potestate patris liberantur ; sicut igitur filiae familias una mancipatione de potestate patris exeunt, ita eae quae in manu sunt, una mancipatione* desinunt in manu esse, et si ex ea mancipatione manumissae fuerint, sui juris efficiuntur.

137ª. Inter eam vero quae cum extraneo, et eam quae cum viro suo coemptionem fecerit, hoc interest, quod illa quidem cogere coemptionatorem potest, ut se *remancipet*, cui ipsa velit, haec autem *virum* suum nihilo magis potest cogere, quam et filia patrem[2]. Sed filia quidem nullo modo patrem potest cogere, etiamsi adoptiva sit ; haec autem *virum* repudio misso proinde compellere potest, atque si ei numquam nupta fuisset.

138. *Ii qui in causa mancipii sunt, quia servorum loco*

---

1. Restitué seulement quant au sens par Krueger, Autres conjectures dans Dubois. — 2. Restitution de Krueger ; restitution différente dans Huschke.

habentur, vindicta, censu, testamento manumissi sui juris fiunt. 139. Nec tamen in hoc casu lex Aelia Sentia locum habet. Itaque nihil requirimus, cujus aetatis sit is qui manumittit et qui manumittur; ac ne illud quidem, an patronum creditoremve manumissor habeat; ac ne numerus quidem lege Fufia Caninia finitus in his personis locum habet. 140. Quin etiam invito quoque eo cujus in mancipio sunt, censu libertatem consequi possunt, excepto eo quem pater ea lege mancipio dedit, ut sibi remancipetur ; nam quodammodo tunc pater potestatem propriam reservare sibi videtur eo ipso, quod mancipio recipit. Ac ne is quidem dicitur invito eo cujus in mancipio est, censu libertatem consequi, quem pater ex noxali causa [mancipio dedit], veluti quod furti ejus nomine damnatus est, [et eum] mancipio actori dedit ; nam hunc actor pro pecunia habet. 114. In summa admonendi sumus adversus eos quos in mancipio habemus, nihil nobis contumeliose facere licere; alioquin injuriarum tenebimur. Ac ne diu quidem in eo jure detinentur homines, sed plerumque hoc fit dicis gratia uno momento, nisi scilicet ex noxali causa mancipentur.

142. Transeamus nunc ad aliam divisionem. Nam ex his personis quae neque in potestate, neque in manu, neque in mancipio sunt, quaedam vel in tutela sunt vel in curatione, quaedam neutro jure tenentur. Videamus igitur quae in tutela, quae in curatione sint; ita enim intellegemus ceteras personas quae neutro jure tenentur. 143. Ac prius dispiciamus de his quae in tutela sunt.

144. Permissum est itaque parentibus, liberis quos in potestate sua habent, testamento tutores dare : masculini quidem sexus impuberibus, *feminini autem sexus cujuscumque aetatis sint, et tum quoque cum* nuptae sint. Veteres enim voluerunt feminas, etiamsi perfectae aetatis sint, propter animi levitatem in tutela esse. 145. Itaque si quis filio filiaeque testamento tutorem dederit, et ambo ad pubertatem pervenerint, filius quidem desinit habere tutorem, filia vero nihilo minus in tutela permanet; tantum enim ex lege Julia et Papia Poppaea jure liberorum tutela liberantur feminae. Loquimur autem exceptis virginibus Vestalibus, quas etiam veteres in honorem sacerdotii liberas esse voluerunt, itaque etiam lege xii tabularum cautum est. 146. Nepotibus autem neptibusque ita demum possumus testamento tutores dare, si post mortem nostram in patris sui potestatem [jure] recusari non sint. Itaque si filius meus mortis meae tempore in potestate mea

sit, nepotes *ex* eo non pote*run*t ex testamento meo habere tutorem, quamvis in potestate mea fuerint ; scilicet quia mortuo me in patris sui potestate futuri s*un*t. 147. Cum tamen in compluribus aliis causis postumi pro jam natis habeantur, et in hac causa placuit non minus postumis quam jam natis testamento tutores dari posse, si modo in ea causa sint, ut si *vivis* nobis nascantur, in potestate nostra fiant. Hos *enim* etiam heredes instituere possumus, cum extraneos postumos heredes instituere permissum non sit. 148. *Uxori* quae in manu est, proinde ac filiae, item nurui quae in filii manu est, proinde ac nepti tutor dari potest. 149. Rectissime autem tutor sic dari potest : L. TITIUM LIBERIS MEIS TUTOREM DO. Sed et si ita scriptu*m* sit : LIBERIS MEIS vel UXORI MEAE TITIUS TUTOR ESTO, recte datus intelligitur. 150. In persona tamen uxoris quae in manu est, recepta est etiam tutoris optio, id est ut liceat ei permittere quem velit ipsa tutorem sibi optare, hoc modo : TITIAE UXORI MEAE TUTORIS OPTIONEM DO. Quo casu licet uxori *tutorem optare* vel in omnes res vel in unam forte aut duas. 151. Ceterum aut plena optio datur aut angusta. 152. Plena ita dari solet, ut prox*ime* supra diximus. Angusta ita dari solet : TITIAE UXORI MEAE *TUTORIS OPTIONEM DUMTAXAT* SEMEL DO, aut : DUMTAXAT BIS DO. 153. Quae optiones plurimum inter se differ*un*t. Nam qu*ae* plenam optionem habet, potest semel et bis et ter et saepius tutorem optare ; quae vero angus*tam* habet optionem, si dumtaxat semel data est optio, amplius quam semel optare non potes*t* ; si *dumtaxat* bis, amplius quam *bis* optandi facultatem non habet. 154. Vocantur autem hi qui nominatim testamento tutores dantur, dativi : qui ex optione sumuntur, optivi.

155. Quibus testamento quidem tutor datus non sit, iis ex lege XII *tabularum* agnati sunt tutores, qui vocantur legitimi. 156. Sunt autem agnati per virilis sexus personas cognatione juncti, quasi a patre cognati, veluti frater eodem patre natus, fratris filius neposve ex eo, item patruus et patrui filius et nepos ex eo. At hi qui per feminini sexus personas cognatione conjunguntur, non sunt agnati, sed alias naturali jure cognati. Itaque inter avunculum et sororis filium non agnatio est, sed cognatio. Item amitae, materterae filius non est mihi agnatus, sed cognatus, et invicem scilicet *ego* illi eodem jure conjungor, quia qui nascuntur, patris, non matris familiam se*qu*untur. 157. *Et* olim quidem, quantum ad legem XII tabularum attinet, etiam femi*nae* agnatos habebant tutores. Sed postea lex Claudia lata est, quae quo*d* ad feminas attinet, *agnatorum* tu-

telas sustulit ; itaque masculus quidem impubes fratrem puberem aut patruum habet tutorem, femina vero talem habere tutorem non potest. 158. Sed agnationis quidem jus capitis deminutione perimitur, cognationis vero jus eo modo non commutatur, quia civilis ratio civilia quidem jura corrumpere potest, naturalia vero non potest. 159. Est autem capitis deminutio prioris *status* permutatio. Eaque tribus modis accidit : nam aut maxima est capitis deminutio, aut minor quam quidam mediam vocant, aut minima. 160. Maxima est capitis deminutio, cum aliquis simul et civitatem et libertatem amittit ; quae accidit incensis, qui ex forma censuali venire jubentur ; quod jus proprie *hodie in usu non est ; sed libertatem poenae causa hodie amittunt* ex lege *Aelia Sentia qui dediticiorum numero sunt, si*[1] qui contra eam legem in urbe Roma domicilium habuerint ; item feminae, quae ex senatusconsulto Claudiano ancillae fiunt eorum dominorum, quibus invitis et denuntiantibus cum servis eorum coierint. 161. Minor sive media est capitis deminutio, cum civitas amittitur, libertas retinetur ; quod accidit ei cui aqua et igni interdictum fuerit. 162. Minima est capitis deminutio, cum et civitas et libertas retinetur, sed status hominis commutatur ; quod accidit in his qui adoptantur, item in his quae coemptionem faciunt, et in his qui mancipio dantur quique ex mancipatione manumittuntur ; adeo quidem, ut quotiens quisque mancipetur aut manumittatur, totiens capite deminuatur. 163. Nec solum major*ibus capitis* deminutionibus jus agnationis corrumpitur, sed etiam minima ; et ideo si ex duobus liberis alterum pater emancipaverit, post obitum ejus neuter alteri agnationis jure tutor esse poterit. 164. Cum autem ad agnatos tutela pertineat, non simul ad omnes pertinet, sed ad eos tantum qui proximo gradu sunt[2].

Manquent 18 lignes illisibles.

165. Ex eadem lege XII tabularum libertarum et impuberum libertorum tutela ad patronos liberosque eorum pertinet. Quae et ipsa tutela legitima vocatur, non *quia nominatim* ea lege de hac tutela *cavetur, sed* quia proinde accepta est per interpretationem, *atque* si verbis legis *introducta* esset. Eo enim ipso, *quod hereditates* libertorum libertarumque, si in-

---

1. Restitution de Mommsen ; v. les autres conjectures dans Dubois.
2. Gaius traite sans doute ensuite de la tutelle des gentils à laquelle doit se reporter le renvoi de 3, 17. Des 16 premières lignes de la page on n'a pu lire que les mots : 'urbe... in urbe Roma... itaque ut serv... est... sunt... esse....., simile' qui, malgré les conjectures de Huschke reproduites par Giraud, ne permettent guère une supposition quelconque.

*t*estati decessissent, jusserit lex ad patronos liberosve eorum pertinere, crediderunt veteres voluisse legem etiam tutelas ad eos pertinere, quia et agnatos quos ad hereditatem vocavit, eosdem et tutores esse jusserat.

166. Exemplo patronorum receptae *sunt et aliae tutelae, quae et ipsae legitimae vocantur. Nam si quis filium nepotemve ex filio et deinceps impuberes, ut filiam neptemve ex filio et deinceps tam puberes quam impuberes alteri ea lege mancipio dederit, ut sibi remanciparentur, remancipatosque manumiserit, legitimus eorum tutor erit.* [DE FIDUCIARIA *TUTELA*]. 166ᵃ. Sunt et aliae tutelae, quae fiduciariae vocantur, id est quae ideo nobis competunt, quia liberum caput mancipatum nobis vel a parente vel a coemptionatore manumiserimus. 167. Se*d* Latinarum et Latinorum *im*puberum *tut*ela non omni modo ad manumissores eorum pertinet, sed ad eos quorum ante manumissionem *ex jure Quiritium fuerunt; unde si ancilla* ex jure Quiritium tua sit, in bonis mea, a me quidem solo, non etiam a te manumissa, Latina fieri potest, et bona ejus ad me pertinent, se*d* ejus *tut*ela ti*bi* competit; nam ita lege Junia cavetur ; itaque si ab eo cujus et in bonis et ex *jure Quiritium* ancilla fuerit, facta sit Latina, ad eumdem et bona et tutela pertinent.

168. Agnatis et patronis et liberorum capitum manumissoribus permissum est feminarum tutelam alii in jure cedere ; pupillorum autem tutelam non est permissum cedere, quia non videtur onerosa, cum tempore pubertatis finiatur.

169. Is autem cui ceditur tutela, cessicius *tutor* vocatur. 170. Quo mortuo aut capite deminuto revertitur ad eum tutorem tutela qui cessit ; ipse quoque qui cessit si mortuus aut capite deminutus sit, *a* cessicio tutela discedit et revertitur ad eum qui post eum qui cesserat, secundum gradum in ea tutela habueri*t*. 171. Se*d* quantum ad agnatos pertinet, nihil hoc tempore de cessicia tutela quaeritur, cum agnatorum tutelae in feminis lege Claudia sublatae sint. 172. Sed fiduciarios quoque quidam putaverunt cedendae tutelae jus non habere, cum ipsi se oneri subjecerint. Quod et si placeat, in parente tamen qui filiam neptemve aut proneptem alteri ea lege mancipio dedit, ut sibi remanciparetur, remancipatamque manumisit, idem dici non debet, cum is et legitimus tutor habeatur, et non minus huic quam patronis honor praestandus *sit*.

173. Praeterea senatusconsulto mulieribus permissum est in absentis tutoris locum alium petere ; quo petito prior desinit ; nec interest quam longe absit is tutor. 174. Se*d* excipitur, ne in absentis patroni locum liceat libertae tutorem

petere. 175. Patroni autem loco habemus etiam parentem qui ex eo, quod ipse sibi remancipatam filiam neptemve aut proneptem manumissit, legitimam tutelam nactus est. Sed hujus quidem liberi fiduciarii tutoris loco numerantur, *patroni autem* liberi eamdem tutelam adipiscuntur, quam et pater eorum habuit. 176. Sed aliquando etiam in patroni absentis locum *permittitur* tutorem petere, veluti ad hereditatem adeundam. 177. Idem senatus censuit et in persona pupilli patroni filii. 178. Nam *et* lege Julia de maritandis ordinibus ei quae in legitima tutela pupilli sit, permittitur dotis constituendae gratia a praetore urbano tutorem petere. 179. Sane patroni filius etiamsi impubes sit, libertae efficie*tur* tutor, *quamquam* in nulla re auctor fieri potest, cum ipsi nihil permissum sit sine tutoris auctoritate agere. 180. Item si qua in tutela legitima furiosi aut muti sit, permittitur ei senatusconsulto dotis constituendae gratia tutorem petere. 181. Quibus casibus salvam manere tutelam patrono patronique filio manifestum est. 182. Praeterea senatus censuit, ut si tutor pupilli pupillaeve suspectus a tutela remotus sit, sive ex justa causa fuerit excusatus, in locum ejus alius tutor detur, quo facto prior tutor amittit tutelam. 183. Haec omnia similiter et Romae et in provinciis observantur, scilicet *ut Romae a praetore* et in provinciis a praeside provinciae tutor *peti debeat.* 184. Olim cum legis actiones in usu erant, etiam ex illa causa tutor dabatur, si inter tutorem et mulierem pupillumve lege agendum erat; nam quia ipse tutor in re sua auctor esse non poterat, alius dabatur, quo auctore legis actio perageretur; qui dicebatur praetorius tutor, quia a praetore urbano dabatur. Sed post sublatas legis actiones quidam putant hanc speciem dandi tutoris in usu esse desüsse, ali*is autem* placet adhuc in usu esse, si legitimo judicio agatur.

185. Si cui nullus omnino tutor sit, ei datur in urbe Roma ex lege Atilia a praetore urbano et majore parte tribunorum plebis, qui Atilianus tutor vocatur; in provinciis vero a praesidibus provinciarum *ex* lege Julia et Titia. 186. Et ideo si cui testamento tutor sub condicione aut ex die certo datus sit, quamdiu condicio aut dies pendet, tutor dari potest; item si pure datus fuerit, quamdiu nemo heres existat, tamdiu ex *his* legibus tutor petendus est; qui desini*t* tutor esse, posteaquam aliquis ex testamento tutor esse coeperit. 187. Ab hostibus quoque tutore capto ex *his* legibus tutor peti debet; qui desinit tutor esse, si is qui captus est, in civitatem reversus fuerit; nam reversus recipit tutelam jure postliminii.

188. Ex his apparet quot sint species tutelarum. Si vero quaeramus in quot genera hae species diducantur longa erit disputatio; nam de ea re valde veteres dubitaverunt, nosque diligentius hunc tractatum executi sumus et in edicti interpretatione et in his libris quos ex Q. Mucio fecimus. Hoc tantisper sufficit admonuisse, quod quidam quinque genera esse dixerunt, ut Q. Mucius; alii tria, ut Ser. Sulpicius; alii duo, ut Labeo; alii tot genera esse crediderunt, quot etiam species essent.

189. Sed impuberes quidem in tutela esse omnium civitatium jure contingit; quia id naturali rationi conveniens est, ut is qui perfectae aetatis non sit, alterius tutela regatur. Nec fere ulla civitas est in qua non licet parentibus liberis suis impuberibus testamento tutorem dare; quamvis, ut supra diximus, soli cives Romani videantur liberos suos in potestate habere. 190. Feminas vero perfectae aetatis in tutela esse fere nulla pretiosa ratio suasisse videtur; nam quae vulgo creditur, quia levitate animi plerumque decipiuntur et aequum erat eas tutorum auctoritate regi, magis speciosa videtur quam vera; mulieres enim quae perfectae aetatis sunt, ipsae sibi negotia tractant, et in quibusdam causis dicis gratia tutor interponit auctoritatem suam; saepe etiam invitus auctor fieri a praetore cogitur. 191. Unde cum tutore nullum ex tutela judicium mulieri datur; at ubi pupillorum pupillarumve negotia tutores tractant, ei post pubertatem tutelae judicio rationem reddunt. 192. Sane patronorum et parentum legitimae tutelae vim aliquam habere intelleguntur eo quod hi neque ad testamentum faciendum neque ad res mancipi alienandas neque ad obligationes suscipiendas auctores fieri coguntur, praeterquam si magna causa alienandarum rerum mancipi obligationisque suscipiendae interveniat; eaque omnia ipsorum causa constituta sunt, ut, quia ad eos intestatarum mortuarum hereditates pertinent, neque per testamentum excludantur ab hereditate, neque alienatis pretiosioribus rebus susceptoque aere alieno minus locuples ad eos hereditas perveniat. 193. Apud peregrinos non similiter ut apud nos in tutela sunt feminae; sed tamen plerumque quasi in tutela sunt; ut ecce lex Bithynorum, si quid mulier contrahat, maritum auctorem esse jubet aut filium ejus puberem.

194. Tutela autem liberantur ingenuae quidem trium liberorum jure, libertinae vero quattuor, si in patroni liberorumve ejus legitima tutela sint; nam ceterae quae alterius generis tutores habent, velut Atilianos aut fiduciarios, trium

liberorum jure tutela liberantur. 195. *Potest* autem pluribus modis libertina alterius generis *tutorem* habere, veluti si a femina manumissa sit ; tunc enim e lege Atilia petere debet tutorem, vel in provinc*iis* e *lege Julia* et Titia ; nam in patronae tutela esse non potest. 195ᵃ. Item si *a* masculo manumissa *fuerit* et auctore eo coemptionem fecerit, deinde remancipata et manumissa sit, patronum quidem habere tutorem desinit, incipit autem habere eum tutorem a quo manumissa est, qui fiduciarius dicitur. 195ᵇ. Item si patron*us ejusve filius* in adoptionem se dedit, debet liberta *e lege Atilia vel Julia et* Titia tutorem petere. 195ᶜ. Similiter ex isdem legibus petere debet tutorem *liberta*, si patronus decesserit nec ullum virilis sexus liberorum in familia re*liquerit*.

196. Masculi *autem cum* puberes esse coeperint, tutela liberantur. *Puberem autem* Sabinus quidem et Cassius ceterique nostri praeceptores eum esse putan*t*, qui habitu corporis pubertatem ostendit, id est eum qui generare potest ; sed in his qui pubescere non possunt, quales sunt spadones, eam aetatem esse spectandam, cujus aetatis puberes fiunt ; sed diversae scholae auctores annis putant pubertatem aestimandam, id est eum puberem esse existimant *qui* XIIII *annos explevit*[1].

23 lignes illisibles.

197[2]..... aetatem pervener*it*, in qua res suas tueri possit ; sicuti apu*d* peregrinas gentes custodiri superius indicavimus. 198. Ex isdem causis et in provinciis a praesidibus earum curatores dari solent[3]. 199. Ne tamen et pupillorum et eorum qui in curatione sunt, negotia a tutoribus curatoribusque consumantur aut deminuantur, curat praetor, ut et tutores *et* curatores eo nomine satisdent. 200. Se*d* hoc non est perpetuum ; nam et tutores *testamento* dati satisdare non coguntur, quia fides eorum et diligentia ab ipso testatore probata est ; et curatores, a*d* quos non e lege curatio pertinet, se*d qui* vel a consule vel a praetore vel a praeside provinciae *dantur*, plerumque non coguntur satisdare, scilicet quia sa*t*is ho*n*esti *electi* sunt.

1. Dans la page illisible qui suit, Gaius doit avoir d'abord cité l'opinion de Neratius Priscus sur le moment de la puberté (Ulp., 11, 28), puis avoir traité des curateurs tels qu'ils existaient de son temps dans le même ordre qu'Ulpien, 12 (cf. *Ep.* 1, 85). — 2. Krueger suppose que le début du § se rapporte à la curatelle imposée au mineur par le testament du père et confirmée par le préteur *donec ad eam* aetatem... En sens contraire, Huschke. — 3. Ms. : volunt. Lachmann : solent ; Huschke : voluit en le rapportant non pas, comme on a fait autrefois, à la décision de Marc-Aurèle qui est postérieure, mais à la loi Plaetoria.

COMMENTARIUS SECUNDUS.

1. *Superiore commentario de jure personarum* exposuimus ; modo videamus de rebus ; quae vel in nostro patrimonio sunt vel extra nostrum patrimonium habentur. 2. Summa itaque rerum divisio in duos articulos diducitur : nam aliae sunt divini juris, aliae humani. 3. Divini juris sunt veluti res sac*rae* et religiosae. 4. Sacrae sunt quae diis superis consecratae sunt ; religiosae quae diis Manibus relictae sunt. 5. Sed sacrum quidem hoc solum existimatur quod *ex* auctoritate populi Romani consec*ratum* est, veluti lege de ea re lata aut senatusconsulto facto. 6. Religiosum vero nostra voluntate facimus mortuum inferentes in locum nostrum, si modo ejus mortui funus a*d* nos pertineat. 7. Se*d* in provinciali solo placet plerisque solum religiosum non fieri, quia in eo solo dominium populi Romani est vel Caesaris, nos autem possessionem tantum vel usumfructum habere videmur ; utique tamen etiamsi non sit religiosum, pro rel*igi*oso habetur. 7ª. Item quod in provinciis non ex auctoritate populi Romani consecratum est, proprie sacrum non est, tamen pro sacro habetur. 8. Sanctae quoqu*e* res, velut muri et portae, quodammodo divini juris s*unt*. 9. Quod autem *d*ivini juris est, id nullius in bonis est ; id vero quod humani *juris est, plerumque alicujus in bonis est ; potest autem et nullius in bonis esse ; nam res hereditariae, antequam aliquis heres existat, nullius in bonis sunt*[1].

8 lignes illisibles environ.

... e domino. 10. Hae autem quae humani juris sunt, *aut publicae sunt* aut privatae. 11. Quae publicae sunt, nul*l*ius videntur in bonis esse ; ipsius enim universitatis esse credunt*ur*. Privatae sunt quae singulorum hominu*m sunt*.

12. Quaedam praeterea res corporales sunt, quaedam in*corporales*. 13. Corporales hae *sunt* quae tangi possunt, velut fundus homo vestis aurum argentum et denique aliae res innumerabiles. 14. Incorporal*es sunt quae* tangi non possunt, qualia sunt ea quae jure consistunt, sicut hereditas, ususfructus, obligationes quoquo modo contractae. Nec ad rem perti*net, quod in hereditate res corporales continentur* et fructus qui ex fundo percipiuntur, corporales sunt, et quod ex aliqua

---

1. Restitué d'après *D.*, 1, 8, 1, *pr.* Le texte devait ensuite contenir un autre passage omis au *Dig.* V. les conjectures dans Dubois.

obligatione nobis debe*tur, id* plerumque corpo*rale est, veluti* fundus homo pecunia ; nam ipsum jus successionis et ipsum jus u*tendi* fruendi et ipsum jus obligationis incorporale est. Eodem numero sunt jura praediorum urbanorum et rusticorum. *Praediorum urbanorum jura sunt velut jus* altius tollen*di aedes et officiendi* luminibus vicini aed*ium aut* non extollendi ne luminibus vicini officiatur. Item fluminum et stillicidiorum jus *id est* ut *vicinus flumen vel stillicidium* in aream *vel in aedes suas recipiat; item cloacae immittendae et luminum immittendorum.* Praediorum rusticorum jura sunt velut via iter actus, item pecoris ad aquam adpulsus item jus aquae ducendae. *Haec jura tam rusticorum quam urbanorum praediorum* servitutes vocantur[1]. 14ᵃ. *Est etiam alia rerum divisio : nam aut mancipi sunt aut* nec mancipi. Mancipi *sunt velut fundus in Italico solo,* item aedes in Italico solo, *item servi et ea animalia quae collo dorsove domari solent, velut boves equi muli asini ; item servitutes praediorum rusticorum. Nam servitutes* praediorum urbanorum nec mancipi *sunt*[2]. 15. Item stipendiaria praedia et tributaria nec mancipi sunt. Sed quod diximus *ea animalia quae domari solent* mancipi esse *quomodo intellegendum sit, quaeritur, quia, non statim ut nata sunt, domantur. Et nostrae quidem scholae auctores,* statim ut nata sunt mancipi esse puta*nt* ; Nerva vero et Proculus et ceteri diversae sc*h*olae auctores non aliter ea mancipi esse putant, quam si domita sunt ; et si propter *n*imiam feritatem domari non possunt, tunc videri mancipi esse incipere, cum ad eam aetatem pervenerint, qua domari solent. 16. *Item* ferae bestiae nec mancipi sunt, velut ursi, leones, item ea animalia quae fere *b*estiarum numero sunt, veluti elep*h*anti et cameli ; et ideo ad rem non pertinet, quod haec animalia etiam collo dorsove domari solen*t* ; nam ne *nomen* quidem eorum animalium illo tempore *notum* fuit, quo constituebatur quasdam res mancipi esse quasdam nec mancipi. 17. Item fere omnia quae incorporalia sunt, nec mancipi sunt, exceptis servitutibus praediorum rusticorum ; nam eas mancipi esse constat, quamvis sint ex numero rerum incorporalium.

18. Magna autem differentia est inter mancipi res et nec mancipi. 19. Nam res nec mancipi ipsa traditione pleno jure alterius fiunt, si modo corporales sunt et ob id recipiunt traditionem. 20. Itaque si tibi vestem vel aurum vel argentum

---

1. Restitué quant au sens par Studemund et Krueger ; v. d'autres restitutions dans Dubois.— 2. Restitué quant au sens.

tradidero sive ex venditionis causa sive ex donationis sive quavis alia ex causa, statim tua fit ea res, si modo ego ejus dominus sim. 21. In eadem causa sunt provincialia praedia, quorum alia stipendiaria alia tributaria vocamus. Stipendiaria sunt ea quae in his provinciis sunt, quae propriae populi Romani esse intelleguntur; tributaria sunt ea quae in his provinciis sunt, quae propriae Caesaris esse creduntur.

22. Mancipi vero res sunt quae per mancipationem ad alium transferuntur; unde etiam mancipi res sunt dictae. Quod autem valet *mancipatio, idem valet et in jure cessio.* 23. *Et* mancipatio quidem quemadmodum fiat, superiore commentario tradidimus. 24. In jure cessio autem hoc modo fit: apud magistratum populi Romani, vel*uti* praetorem, is cui res in jure ceditur, rem tenens ita dicit: HUNC EGO HOMINEM EX JURE QUIRITIUM MEUM ESSE AIO ; deinde postquam hic vindica*verit, praetor inter*rogat eum qui cedit, an contra vindicet; quo negan*te* aut tacente tunc ei qui vindicaverit, eam rem addicit; i*d*que legis actio vocatur. 25. Hoc fieri potest etiam in provinciis apu*d* praesides earum. 26. Plerumque tamen et fere semper mancipationibus utimur: quod enim ipsi per nos praesentibus amicis agere possumus, hoc non est necesse cum majore difficultate apu*d* praetorem aut apu*d* praesidem provinciae agere. 27. Quodsi neque mancipata neque in jure cessa sit res mancipi[1], *sed tantum tradita*.....[1]

Suivent 31 lignes presque totalement illisibles.

27... est quo nomine....... ere vel....... praedium..... dem ulla libera civitas..... a*d*monendi sumus... esse, provincialis soli nexum non e......... significationem solum *Italicum* mancipi *est*, provinciale nec mancipi est ; aliter enim veteri lingua a........... mancipā...

28. *Res* incorporales traditionem non recipere manifestum est. 29. Sed jura praediorum urbanorum in jure cedi *tantum* possunt ; rusticorum vero etiam mancipari possunt.

30. Ususfructus in jure cessionem tantum recipit, nam dominus proprietatis alii usumfructum in jure cedere pot*est*, ut ille usumfructum habeat et ipse nudam proprietatem reti-

---

1. Suit une page très difficile dans laquelle on n'avait rien lu avant Studemund qui n'y a discerné que quelques mots: '... plena possessio... concessa... ex formula qua hi qu... fructus na... Item adhuc i... non fuissent'. Pour cette page, ainsi que pour la suivante, dont le commencement est également très difficile à lire, les lettres lues par Studemund condamnent quant à la forme à peu près toutes les restitutions antérieures. Quant au fond, Gaius paraît avoir traité, dans le passage qui manque, de la tradition d'une *res mancipi* et du *commercium*. Cf. Ulpien, 19, 4-5.

neat. Ipse usufructuarius in jure cedendo domino proprietatis usumfructum efficit, ut a se discedat et convertatur in proprietatem ; alii vero in jure cedendo nihilo minus jus *suum* retine*t* ; creditur enim ea cessione nihil agi. 31. Sed haec scilicet in Italicis praediis ita sunt, quia et ipsa praedia mancipationem et in jure cessionem recipiunt, alioquin in provincialibus praediis sive qu*is* usumfructum sive jus eundi, agendi aquamve ducendi vel altius tollendi aedes aut non tollendi, ne luminibus vicini officiatur, ceteraque similia jura constituere velit, pactionibus et *st*ipulationibus id efficere potest ; quia ne ipsa quidem praedia mancipationem aut *in* jure cessionem recipiun*t*. 32. Se*d* cum ususfructus et hominum et ceterorum animalium constitui possit, intellegere debemus horum usumfructum etiam in provinciis per in jure cessionem constitui posse. 33. Qu*od* autem diximus usumfructum in jure cessionem tantum recipere, non est temere dictum, qu*amv*is etiam per mancipationem constitui possit eo, quod in mancipanda proprietate detrahi potest ; non enim ipse ususfructus mancipatur, sed cum in mancipanda proprietate deducatur, eo fit ut apu*d* alium ususfructus, apu*d* alium proprietas sit.

34. Hereditas quoque in jure cessionem tantum recipit. 35. Nam si is a*d* quem ab intestato legitimo jure pertinet hereditas, in jure eam alii ante aditionem cedat, id est antequam *h*eres exstiterit, proinde fit heres is cui in jure cesserit, ac si ipse per legem ad her*edita*tem vocatus esset ; post obligationem vero si cess*er*it, nihilo minus ipse heres permanet et ob i*d* creditoribus tenebitur, debita vero pereunt eoque modo debitores hereditarii lucrum faciunt ; corpora vero ejus hereditatis proinde transeunt ad eum cui cess*a* est hereditas, ac si ei singula in jure cess*a* fuissent. 36. Testamento autem scriptus heres ante aditam quidem hereditatem in jure cedendo eam alii nihil agi*t* ; postea vero quam adierit si cedat, ea accidunt quae proxim*e* diximus de eo ad quem ab intestato legitimo jure pertinet hereditas, si post obligationem *in* jure cedat. 37. Idem et de necessariis heredibus diversae s*c*holae auctores existimant, quod nihil videtur interesse, utrum *aliquis* adeundo heredita*em* fiat heres, an invitus exista*t* ; quod quale sit, suo loco appare*bit*. Sed nostri praeceptores putant nihil agere necessarium heredem, cum in jure cedat hereditatem.

38. Obligationes quoquo modo contractae nihil eorum recipiunt. Nam quod mihi ab aliquo debetur, id si velim tibi deberi, nullo eorum modo, quibus res corporales ad alium transferuntur, id efficere possu*m*, sed opus est, ut ju*b*ente me tu ab

eo stipuleris; quae res efficit, ut a me liberetur et incipiat tibi teneri; quae dicitur novatio obligationis. 39. Sine hac vero novatione non poteris tuo nomine agere, sed debes ex persona mea quasi cognitor aut procurator meus experiri. 40. Sequitur ut admoneamus apud peregrinos quidem unum esse dominium; nam aut dominus quisque est, aut dominus non intellegitur. Quo jure etiam populus Romanus olim utebatur : aut enim ex jure Quiritium unusquisque dominus erat, aut non intellegebatur dominus ; sed postea divisionem accepit dominium, ut alius possit esse ex jure Quiritium dominus, alius in bonis habere. 41. Nam si tibi rem mancipi neque mancipavero neque in jure cessero, sed tantum tradidero, in bonis quidem tuis ea res efficitur, ex jure Quiritium vero mea permanebit, donec tu eam possidendo usucapias; semel enim impleta usucapione proinde pleno jure incipit, id est et in bonis et ex jure Quiritium tua res esse, ac si ea mancipata vel in jure cessa esset. 42. *Usucapio autem* mobilium quidem rerum anno completur, fundi vero et aedium biennio ; et ita lege xii tabularum cautum est.

43. Ceterum etiam earum rerum usucapio nobis competit quae non a domino nobis traditae fuerint, sive mancipi sint eae res sive nec mancipi, si modo eas bona fide acceperimus, cum crederemus eum qui traderet, dominum esse. 44. Quod ideo receptum videtur, ne rerum dominia diutius in incerto essent, cum sufficeret domino ad inquirendam rem suam anni aut biennii spatium; quod tempus ad usucapionem possessori tributum est.

45. Sed aliquando etiamsi maxime quis bona fide alienam rem possideat, non tamen illi usucapio procedit, velut si quis rem furtivam aut vi possessam possideat; nam furtivam lex xii tabularum usucapi prohibet, vi possessam lex Julia et Plautia. 46. Item provincialia praedia usucapionem non recipiunt. 47. *Item olim* mulieris quae in agnatorum tutela erat, res mancipi usucapi non poterant, praeterquam si ab ipsa tutore *auctore* traditae essent; idque ita lege xii tabularum *cautum erat*. 48. Item liberos homines et res sacras et religiosas usucapi non posse manifestum est. Quod ergo vulgo dicitur furtivarum rerum et vi possessarum usucapionem per legem xii tabularum prohibitam esse, non eo pertinet, ut *ne ipse fur quive* per vim *possidet*, usucapere *possit* (nam huic alia ratione usucapio non competit, quia scilicet mala fide possidet); sed nec ullus alius, quamquam ab eo bona fide emerit, usucapiendi jus habeat. 49. Unde in rebus mobilibus non facile *pro-*

cedit, ut bonae fidei possessori usucapio competat, quia qui alienam rem vendidit et tradidit, furtum committit; idemque accidit etiam si ex alia causa tradatur. Sed tamen hoc aliquando aliter se habet; nam si heres rem defuncto commodatam aut locatam vel apud eum depositam, existimans eam esse hereditariam vendiderit aut donaverit, furtum non committit; item si is ad quem ancillae ususfructus pertinet, partum etiam suum esse credens vendiderit aut donaverit, furtum non committit; furtum enim sine adfectu furandi non committitur. Aliis quoque modis accidere potest, ut quis sine vitio furti rem alienam ad aliquem transferat et efficiat, ut a possessore usucapiatur. Fundi quoque alieni potest aliquis sine vi possessionem nancisci, quae vel ex neglegentia domini vacet, vel quia dominus sine successore decesserit vel longo tempore afuerit; quam si ad alium bona fide accipientem transtulerit, poterit usucapere possessor; et quamvis ipse qui vacantem possessionem nactus est, intellegat alienum esse fundum, tamen nihil hoc *bonae fidei* possessori ad usucapionem nocet, cum improbata sit eorum sententia, qui putaverint furtivum fundum fieri posse.

52. Rursus ex contrario accidit, ut qui sciat alienam rem se possidere, usucapiat, veluti si rem hereditariam, cujus possessionem heres nondum nactus est, aliquis possederit; nam ei concessum est usucapere, si modo ea res est quae recipit usucapionem; quae species possessionis et usucapionis pro herede vocatur. 53. Et in tantum haec usucapio concessa est, ut et res quae solo continentur, anno usucapiantur. 54. Quare autem *hoc casu etiam* soli rerum annua constituta sit usucapio, illa ratio est, quod olim rerum hereditariarum possessione velut ipsae hereditates usucapi credebantur, scilicet anno. Lex enim XII tabularum soli quidem res biennio usucapi jussit, ceteras vero anno. Ergo hereditas in ceteris rebus videbatur esse, quia soli non est, quia neque corporalis est : et quamvis postea creditum sit ipsas hereditates usucapi non posse, tamen in omnibus rebus hereditariis, etiam quae solo tenentur, annua usucapio remansit. 55. Quare autem omnino tam improba possessio et usucapio concessa sit, illa ratio est, quod voluerunt veteres maturius hereditates adiri, ut essent qui sacra facerent, quorum illis temporibus summa observatio fuit, et ut creditores haberent, a quo suum consequerentur. 56. Haec autem species possessionis et usucapionis etiam lucrativa vocatur; nam sciens quisque rem alienam lucri facit. 57. Sed hoc tempore jam non est lucrativa: nam ex auctoritate Hadriani

senatusconsultum factum est, ut tales usucapiones revocarentur; et ideo potest heres ab eo qui rem usucepit, hereditatem petendo proinde eam rem consequi, atque si usucapta non esset. 58. Necessario tamen herede extante nihil ipso jure pro herede usucapi potest. 59. Adhuc etiam ex aliis causis sciens quisque rem alienam usucapit; nam qui rem alicui fiduciae causa mancipio dederit vel in jure cesserit, si eamdem ipse possederit, potest usucapere, anno scilicet, *etiam* soli si sit. Quae species usucapionis dicitur usureceptio, quia id quod aliquando habuimus, recipimus per usucapionem. 60. Se*d* fiducia contrahitur aut cum creditore pignoris jure, aut cum amico, quo tutius nostrae res apud eum *sint*; *et* siquidem cum amico contracta sit fiducia, sane omni modo competit ususreceptio; si vero cum creditore, soluta quidem pecunia omni modo competit, nondum vero soluta ita demum competit, si neque conduxerit eam rem a creditore debitor, neque precario rogaverit, ut eam rem possidere liceret; quo casu lucrativa ususcapio competit. 61. Item si rem obligatam sibi populus vendiderit eamque dominus possederit, concessa est ususreceptio; sed hoc casu praedium biennio usurecipitur. Et hoc est quod vulgo dicitur ex praediatura possessionem usurecipi; nam qui mercatur a populo, praediator appellatu*r*[1].

62. Accidit aliquando, ut qui dominus sit, alienandae rei potestatem non habeat, et qui dominus non sit, *ali*enare possit. 63. Nam dotale praedium maritus invita muliere per legem Juliam prohibetur alienare, quamvis ipsius *sit* vel mancipatum ei dotis causa vel in jure cessum vel usucaptum. Quod quidem jus utrum ad Italica tantum prae*d*ia an etiam ad provincialia pertineat, dubitatur. Ex diverso agnatus furiosi curator rem furiosi alienare potest ex lege XII tabularum; item procurator *si quid ne corrumpatur distra*hen*d*um est[2]; item creditor pignus ex pactione, quamvis ejus ea res non sit. Sed hoc forsitan ideo videatur fieri, quod voluntate debitoris intellegitur pignus alienari, qui olim pactus est, ut liceret creditori pignus vendere, si pecunia non solvatur.

65. Ergo ex his quae diximus apparet quaedam naturali jure alienari, qualia sunt ea quae traditione alienantur; quaedam civili, nam mancipationis et in jure cessionis et usucapionis jus proprium est civium Romanorum.

---

1. Beaucoup d'éditeurs transportent ici, en supposant un déplacement de pages, les §§ 65-79; en sens contraire Mommsen. — 2. Mommsen, arg. *D.*, 3, 3, 63; Krueger, arg. *Inst*: 2, 1, 43. *D.*, 41, 1, 9, 4: 'item procurator *rem absentis, cujus negotiorum libera administratio ei permissa est*'; Huschke: 'item procurator jure civili *cujus* persona officio muneris *eadem est*' (?).

66. Nec tamen ea tantum quae traditione nostra fiunt, naturali nobis ratione adquiruntur, sed etiamsi occupando ideo *res adquis*ierimus[1], quia antea nullius essent ; qualia sunt omnia quae terra mari caelo capiuntur. 67. Itaque si feram bestiam aut volucrem aut piscem ceperimus, *quidquid ita* captum *fuerit, id statim nostrum fit et eo* usque[2] nostrum esse intellegitur, donec nostra custodia coerceatur ; cum vero custodiam nostram evaserit et in naturalem *libertatem se receperit*, rursus occupantis fit, quia nostrum esse desinit ; naturalem autem libertatem recipere videtur, cum aut oculos nostros evaserit, aut licet in conspectu sit nostro, difficilis tamen inde rei persecutio sit. 68. In his autem animalibus quae ex consuetudine abire et redire solent, veluti columbis et apibus, item cervis qui in silvas ire et redire solent, talem habemus regulam traditam, ut si revertendi animum habere desierint, etiam nostra esse desinant et fiant occupantium ; revertendi autem animum videntur desinere habere, cum revertendi consuetudinem deseruerint. 69. Ea quoque quae ex hostibus capiuntur, naturali ratione nostra fiunt. 70. Sed et id quod per adluvionem nobis adjicitur, eodem jure nostrum fit ; per adluvionem autem id videtur adjici quod ita paulatim flumen agro nostro adjicit, ut aestimare non possimus, quantum quoquo momento temporis adjiciatur ; hoc est quod vulgo dicitur per adluvionem id adjici videri quod ita paulatim adjicitur, ut oculos nostros fallat. 71. Itaque si flumen partem aliquam ex tuo praedio resciderit et ad meum praedium pertulerit, haec pars tua manet. 72. At si in medio flumine insula nata sit, haec eorum omnium communis est qui ab utraque parte fluminis prope ripam praedia possident ; si vero non sit in medio flumine, ad eos pertinet qui ab ea parte quae proxima est, juxta ripam praedia habent. 73. Praeterea id quod in solo nostro ab aliquo aedificatum est, quamvis ille suo nomine aedificaverit, jure naturali nostrum fit, quia superficies solo cedit. 74. Multoque magis id accidit et in planta quam quis in solo nostro posuerit, si modo radicibus terram complexa fuerit. 75. Idem contingit et in *frumento* quod in solo nostro ab aliquo satum fuerit. 76. Sed si ab eo petamus *fundum* vel aedificium, et impensas in aedificium vel in seminaria vel in sementem factas ei solvere nolimus, poterit nos per exceptionem doli mali repellere, utique si bonae fidei possessor fuerit.

1. Krueger et Studemund, d'après les traits du ms., quoique ne pouvant être de Gaius. — 2. Restitution ancienne exacte quant au fond, mais non quant aux termes (cf. *Inst.*, 2, 1, 12. *D.*, 41, 1, 8, 3).

77. Eadem ratione probatum est, quod in chartulis sive membranis meis aliquis scripserit, licet aureis litteris, meum esse, quia litterae chartulis sive membranis cedunt. Itaque si ego eos libros easve membranas petam nec impensam scripturae solvam, per exceptionem doli mali summoveri potero. 78. Sed si in tabula mea aliquis pinxerit veluti imaginem, contra probatur; magis enim dicitur tabulam picturae cedere. Cujus diversitatis vix idonea ratio redditur; certe secundum hanc regulam si me possidente petas imaginem tuam esse, nec solvas pretium tabulae, poteris per exceptionem doli mali summoveri; at si tu possideas, consequens est ut utilis mihi actio adversum te dari debeat; quo casu nisi solvam impensam picturae, poteris me per exceptionem doli mali repellere, utique si bonae fidei possessor fueris. Illud palam est, quod sive tu subripueris tabulam sive alius, competit mihi furti actio.

79. In aliis quoque speciebus naturalis ratio requiritur. Proinde si ex uvis *aut olivis aut spicis* meis vinum aut oleum aut frumentum feceris, quaeritur utrum meum sit id vinum aut oleum aut frumentum, an tuum. Item si ex auro aut argento meo vas aliquod feceris, vel ex tabulis meis navem aut armarium aut subsellium fabricaveris; item si ex lana mea vestimentum feceris, vel si ex vino et melle meo mulsum feceris, sive ex medicamentis meis emplastrum vel collyrium feceris, *quaeritur utrum tuum sit id quod ex meo effeceris*, an meum. Quidam materiam et substantiam spectandam esse putant, id est ut cujus materia sit, illius et res quae facta sit videatur esse, idque maxime placuit Sabino et Cassio. Alii vero *ejus rem* esse putant qui fecerit, idque maxime diversae scholae auctoribus visum est; sed eum quoque cujus materia et substantia fuerit, furti adversus eum qui subripuerit, habere actionem; nec minus adversus eumdem condictionem ei competere, quia extinctae res, licet vindicari non possint, condici tamen furibus et quibusdam aliis possessoribus possunt.

[R. V. DE PUPILLIS AN ALIQUID A SE ALIENARE POSSUNT].

80. Nunc admonendi sumus neque feminam neque pupillum sine tutoris auctoritate rem mancipi alienare posse; nec mancipi vero feminam quidem posse, pupillum non posse. 81. Ideoque si quando mulier mutuam pecuniam alicui sine tutoris auctoritate dederit, quia facit eam accipientis, cum scilicet *p*ecunia res nec mancipi sit, contrahit obligationem. 82. At si pupillus idem fecerit, quia non *facit accipientis sine tutoris auctoritate*, nullam contrahit obligationem; unde pupillus vindicare quidem nummos suos potest, sicubi extent, id est eos

petere suos ex jure Quiritium *esse neque tamen stricto jure* petere potest *sibi eos dare opor*tere. Unde de pupillo quidem quaeritur an num*mis* quos mutuos dedit ab eo qui accepit *consumptis civili* actione eos persequi possit, quoniam *dari eos sibi oportere intendere non* potest[1]. 83. At ex contrario *omnes res tam mancipi quam* nec mancipi mulier*ibus* et pupillis sine tutoris auctoritate solvi possunt, quoniam meliorem condicionem suam facere eis etiam sine tutoris auctoritate concessum est. 84. Itaque si debitor pecuniam pupillo solvat, facit quidem pecuniam pupilli, sed ipse non liberatur, quia nullam obligationem pupillus sine tutoris auctoritate dissolvere potest, quia nullius rei alienatio ei sine tutoris auctoritate concessa est; se*d* tamen si ex ea pecunia locupletior factus sit et adhuc petat, per exceptionem doli mali summoveri potest. 85. Mulieri vero etiam sine tutoris auctoritate recte solvi potest; nam qui solvit, liberatur obliga*t*ione, quia res nec mancipi, ut proxime diximus, a se dimittere mulier*es* etiam sine tutoris auctoritate possunt. Quamquam hoc ita est si accipiat pecuniam ; a*t* si non accipiat, se*d* habere se dicat et per acceptilationem velit debitorem sine tutoris auctoritate liberare, non potest.

86. Adquiritur autem nobis non solum per nosmet ipsos, sed etiam per eos quos in potestate manu mancipiove habemus ; item p*er* eos servos in quibus usum*fructum* habemus ; item per homines liberos et servos alienos quos bona fide possidemus. De quibus singulis diligenter dispiciamus. Igitur *quod* liberi nostri quos in potestate habemus, item quod servi *nost*ri mancipio accipiunt vel ex traditione nanciscuntur, sive quid stipulentur, vel ex aliqualibet causa adquirunt, id nobis adquiritur ; ipse enim qui in potestate nostra est, nihil suum habere potest. Et ideo si h*e*res institutus sit, nisi nostro jussu hereditatem adire non potest ; et si *j*ub*en*tibus nobis adierit, hereditas nobis adquiritur proinde a*t*que si nos ipsi here*d*es instituti essemus ; et convenienter scilicet legatum per eos nobis adquiritur. 88. Dum tamen sciamus, si alterius in bonis sit servus, alterius ex jure Quiritium, ex omnibus causis ei soli per eum adquiri, cujus in bonis est. 89. Non solum autem proprietas per eos quos in potestate habemus adquiritur nobis, sed etiam possessio ; cujus enim rei possessionem adepti fuerint, id nos possidere videmur ; unde etiam per eos usucapio procedit. 90. Per eas vero personas quas in manu mancipiove

---

1. Mommsen. V. les autres restitutions dans Dubois, p. 158-160.

habemus, proprietas quidem adquiritur nobis ex omnibus causis sicut per eos qui in potestate nostra sunt ; an autem possessio adquiratur, quaeri solet, quia ipsas non possidemus. 91. De his autem servis in quibus tantum usumfructum habemus, ita placuit, ut quidquid ex re nostra vel ex operis suis adquirant, id nobis adquiratur ; quod vero extra eas causas, id ad dominum proprietatis pertineat. Itaque si iste servus heres institutus sit legatumve quod ei datum fuerit, non mihi sed domino proprietatis adquiritur. 92. Idem placet de eo qui a nobis bona fide possidetur, sive liber sit sive alienus servus. Quod enim placuit de usufructuario, idem probatur etiam de bonae fidei possessore. Itaque quod extra duas istas causas adquiritur, id vel ad ipsum pertinet, si liber est, vel ad dominum, si servus est. 93. Sed bonae fidei possessor cum usuceperit servum, quia eo modo dominus fit, ex omni causa per eum sibi adquirere potest. Usufructuarius vero usucapere non potest : primum quia non possidet, sed habet jus utendi [et] fruendi ; deinde quia scit alienum servum esse. 94. De illo quaeritur, an per eum servum in quo usumfructum habemus, possidere aliquam rem et usucapere possimus, qui ipsum non possidemus. Per eum vero quem bona fide possidemus, sine dubio et possidere et usucapere possumus. Loquimur autem in utriusque persona secundum definitionem quam proxime exposuimus, id est si quid ex re nostra vel ex operis suis adquirant [id nobis adquiritur]. 95. Ex his apparet per liberos homines quos neque juri nostro subjectos habemus neque bona fide possidemus, item per alienos servos in quibus neque usumfructum habemus neque justam possessionem, nulla ex causa nobis adquiri posse. Et hoc est quod vulgo dicitur per extraneam personam nobis adquiri non posse. Tantum de possessione quaeritur, an *per liberam* personam nobis adquiratur. 96. In summa sciendum est his qui in potestate manu mancipiove sunt, nihil in jure cedi posse ; cum enim istarum personarum nihil suum esse possit, conveniens est scilicet, ut nihil suum esse in jure vindicare possint.

97. *Hactenus* tantisper admonuisse sufficit quemadmodum singulae res nobis adquirantur. Nam legatorum jus, quo et ipso singulas res adquirimus, opportunius alio loco referemus. Videamus itaque nunc quibus modis per universitatem res nobis adquirantur. 98. Si cui heredes facti sumus, sive cujus bon*orum possessionem* petierimus, sive cujus bona emerimus, sive quem adoptaverimus, sive quam in manum ut uxorem receperimus, ejus res ad nos transeunt.

99. Ac prius de hereditatibus dispiciamus, quarum duplex condicio est : nam vel ex testamento vel ab intestato ad nos pertinent. 100. Et prius est ut de his dispiciamus quae nobis ex testamento obveniunt.

101. Testamentorum autem genera initio duo fuerunt : nam aut calatis comitiis testamentum faciebant, quae comitia bis in anno testamentis faciendis destinata erant, aut in procinctu, id est cum belli causa arma sumebant; procinctus est enim expeditus et armatus exercitus. Alterum itaque in pace et in otio faciebant, alterum in proelium exituri. 102. Accessit deinde tertium genus testamenti, quod per *aes et libram* agitur. Qui neque calatis comitiis neque in procinctu testamentum fecerat, is si subita morte arguebatur, amico familiam suam, id est patrimonium suum, mancipio dabat, eumque rogabat, quid cuique post mortem suam dari vellet. Quod testamentum dicitur per *aes et libram*, scilicet quia per mancipationem peragitur. 103. Sed illa quidem duo genera testamentorum in desuetudinem abierunt; hoc vero solum quod per *aes et libram* fit, in usu retentum est. Sane nunc aliter ordinatur quam olim solebat. Namque olim familiae emptor, id est qui a testatore familiam accipiebat mancipio, heredis locum optinebat, et ob id ei mandabat testator, quid cuique post mortem suam dari vellet ; nunc vero alius heres testamento instituitur, a quo etiam legata relinquuntur, alius dicis gratia propter veteris juris imitationem familiae emptor adhibetur. Eaque res ita agitur : qui facit *testamentum*, adhibitis, sicut in ceteris mancipationibus, vatestibus civibus Romanis puberibus et libripende, postquam tabulas testamenti scripserit, mancipat alicui dicis gratia familiam suam ; in qua re his verbis familiae emptor utitur : FAMILIA PECUNIAQUE TUA ENDO MANDATELA TUA CUSTODELAQUE MEA, ESSE AIO, ET EA QUO TU JURE TESTAMENTUM FACERE POSSIS SECUNDUM LEGEM PUBLICAM, HOC AERE, et ut quidam adjiciunt AENEAQUE LIBRA, ESTO MIHI EMPTA[1] ; deinde aere percutit libram, idque aes dat testatori velut pretii loco ; deinde testator tabulas testamenti tenens ita dicit : HAEC ITA UT IN HIS TABULIS CERISQUE SCRIPTA SUNT, ITA DO ITA LEGO ITA TESTOR ITAQUE VOS QUIRITES TESTIMONIUM MIHI PERHIBETOTE ; et hoc dicitur nuncupatio : nuncupare est enim palam nominare, et sane quae testator specialiter in tabulis testamenti scripserit, ea videtur generali sermone nominare

---

1. Mommsen adopté par Giraud. V. les autres restitutions dans Dubois. Ajoutez Salkowski, *Zsavst.* 3, 1, 1882, 197-211.

atque confirmare. 105. In testibus autem non debet is esse qui in potestate *est* aut familiae emptoris aut ipsius testatoris, quia propter veteris juris imitationem totum hoc negotium quod agitur testamenti or*d*inandi gratia, creditur inter familiae emptorem agi et testatorem ; quippe olim, ut proxime diximus, is qui familiam testatoris mancipio accipiebat, heredis loco erat ; itaque repro*b*atum est in ea re domesticum testimonium. 106. Unde et si is qui in potestate patris est, familiae emptor a*d*hibitus sit, pater ejus testis esse non potest ; ac ne is quidem qui *in* eadem potestate est, velut frater ejus. Sed si filius familias ex castrensi peculio post missionem faciat testamentum, nec pater ejus recte testis adhibetur nec is qui in potestate patris *est*. 107. De libripende eadem quae et de testibus dicta esse intellegemus ; nam et is testium numero est. 108. Is vero qui in potestate heredis aut legatarii est, cujusve heres ipse aut legatarius in potestate est, quique in ejusdem potestate est, a*d*eo testis et libripens adhiberi potest, ut ipse quoque heres *a*ut legatarius jure a*d*hibeantur. Sed tamen quod ad heredem pertinet quique in ejus potestate est cujusve *i*s in potestate erit, minime hoc jure uti debemus.

[DE TESTAMENTIS MILITUM.]

109. Se*d* haec diligens observatio in ornandis testamentis militibus propter nimiam imperitiam cons*t*itutionibus principum remissa est. Nam quamvis neque legitimum numerum testium a*d*hibuerint neque vendiderint familiam neque nuncupaverint testamentum, recte nihilo minus testantur. 110. Praeterea permissum est iis et peregrinos et Latinos instituere heredes vel iis legare ; cum alioquin peregrini quidem ratione civili prohibeantur capere hereditatem legataque, Latini vero per legem Juniam. 111. Caelibes quoque qui lege Julia hereditate*m* legataque capere vetantur ; item orbi, id est qui liberos non habent quos lex...[1]

Manquent 69 lignes perdues ou illisibles.

1. Manquent un feuillet perdu et les 21 premières lignes de la p. suivante où on n'a pu lire que les mots : 'prohibentur hi... ejus more faciant... XXX anno*rum*'. Huschke finit la phrase interrompue par : *Papia plus quam dimidias partes hereditatis legatorumque capere vetat, ex militis testamento solidum capiunt*. Gaius terminait la théorie du testament militaire ; puis il traitait de ceux qui sont incapables de tester, comme Ulp., 20, 10, et ss. et l'*Ep.* 2, 2, 1, qui porte : 'Id quoque statutum est, quod non omnibus liceat facere testamentum ; sicut sunt hi qui sui juris non sunt, sed alieno juri subjecti sunt, hoc est filii tam ex nobis nati quam adoptivi. (§ 2) Item testamenta facere non possunt impuberes, id est minores quattuordecim annorum, aut puellae duodecim. (§ 3) Item et hi qui furiosi, id est mente insani fuerint, non possunt facere testamenta. Sed hi qui insani sunt, per intervalla quibus sani sunt, possunt facere testamenta'.

112... *ex auctoritate* divi Hadriani senatusconsultum factum est, quo permissum est *sui juris* feminis etiam sine coemptione testamentum facere, si modo non minores essent ann*orum* xii[1], scilicet ut quae tutela liberatae non essent, *tutore auctore* testari deb*erent*. 113. Videntur ergo melioris condicionis esse feminae quam masculi ; nam masculus min*or* ann*orum* xiii testamentum facere non potest, etiamsi tutore auctore testamentum facere velit, femina vero post xii ann*um* testamenti faciendi jus nanciscitur.

114. Igitur si qu*ae*ramus an valeat testamentum, inprimis advertere debemus an is qui id fecerit, habuerit testamenti factionem ; deinde, si habuerit, requiremus an secundum juris civilis regulam *te*status sit, exceptis militibus, qui*bus* propter nimiam *im*peritiam, ut diximus, quomodo velint vel quom*odo possint*, permittitur testamentum facere.

115. Non tamen, ut jure civili *valeat* testamentum, sufficit ea observa*tio* quam supra exposuimus de familiae venditione et de testibus et de nuncupationibus. 116. S*ed* ante omnia requirendum e*st*, an institutio heredis sollemni more facta sit ; nam aliter facta institutione nihil proficit familiam testatoris ita venire testesque ita a*d*hibere *et ita* n*un*cupare testamentum, ut supra diximus. 117. Sollemnis autem institutio haec est : TIT*I*US HERES ESTO ; sed et illa jam comprobata videtur ; TITIUM HEREDEM ESSE JUBEO ; at illa non est comprobata : TITIUM HEREDEM ESSE VOLO ; se*d* et illae a plerisque inprobatae s*un*t : TITIUM HEREDEM INSTIT*U*O, item HEREDEM FACIO.

118. Observandum praeterea est, ut si mulier quae in tutela est, faciat testamentu*m*, tutore *auctore* facere debeat ; alioquin inutiliter jure civili testabitur. 119. Praetor tamen si septem signis testium signatum sit testamentum, scriptis heredibus secundum tabulas testamenti *bonorum possessionem* pollicetur ; *et* si nemo sit, a*d* quem ab intestato jure legitimo pertineat hereditas, velut frater eodem patre natus aut pa*truus* aut fratris filius, ita poterunt scripti heredes retinere hereditatem. Nam idem juris est et si alia ex *causa* testamentum non valeat, velut quod familia non venierit aut nuncupationis verba testator locutus non sit. 120. Sed videamus an etiamsi frater aut patruus extent, potiores scriptis heredibus habeantur. Rescripto enim imperatoris Antonini significatur eos qui secundum tabulas testamenti non jure factas bonorum possessionem petierint, posse adversus eos qui ab intestato

---

1. Le ms. : 'tab.' ; v. les détails dans Dubois.

vindicant hereditatem, defendere se per exceptionem doli mali. 121. Quod sane quidem ad masculorum testamenta pertinere certum est; item ad feminarum quae ideo non utiliter testatae sunt, quia verbi gratia familiam non vendiderint aut nuncupationis verba locutae non sint; an autem et ad ea testamenta feminarum quae sine tutoris auctoritate fecerint, haec constitutio pertineat, videbimus. 122. Loquimur autem de his scilicet feminis quae non in legitima parentum aut patronorum tutela sunt, sed [de his] quae alterius generis tutores habent, qui etiam inviti coguntur auctores fieri; alioquin parentem et patronum sine auctoritate ejus facto testamento non summoveri palam est.

123. Item qui filium in potestate habet, curare debet ut eum vel heredem instituat vel nominatim exheredet; alioquin si eum silentio praeterierit, inutiliter testabitur, adeo quidem, ut nostri praeceptores existiment, etiamsi vivo patre filius defunctus sit, neminem heredem ex eo testamento existere posse, quia scilicet statim ab initio non constiterit institutio, sed diversae scholae auctores, siquidem filius mortis patris tempore vivat, sane impedimento eum esse scriptis heredibus et illum ab intestato heredem fieri confitentur; si vero ante mortem patris interceptus sit, posse ex testamento hereditatem adiri putant, nullo jam filio impedimento ; quia scilicet existimant non statim ab initio inutiliter fieri testamentum filio praeterito. 124. Ceteras vero liberorum personas si praeterierit testator, valet testamentum, sed praeteritae istae personae scriptis heredibus in partem adcrescunt, si sui heredes sint, in virilem, si extranei, in dimidiam. Id est si quis tres verbi gratia filios heredes instituerit et filiam praeterierit, filia adcrescendo pro quarta parte fit heres, et ea ratione idem consequitur, quod ab intestato patre mortuo habitura esset : at si extraneos ille heredes instituerit et filiam praeterierit, filia adcrescendo ex dimidia parte fit heres. Quae de filia diximus, eadem et de nepote deque omnibus liberorum personis seu masculini seu feminini sexus dicta intellegemus. 125. Quid ergo est ? licet eae secundum ea quae diximus, scriptis *heredibus dimidiam partem* detrahant, tamen praetor eis contra tabulas bonorum possessionem promittit, qua ratione extranei heredes a tota hereditate repelluntur et efficiuntur sine re heredes. 126. Et hoc jure utebamur, quasi nihil inter feminas et masculos interesset ; sed nuper imperator Antoninus significavit rescripto suas[1] non plus nancisci feminas per bonorum possessionem,

---

1. Huschke, suivi par Krueger, *Deutsche Litteraturzeitung*, 1877, p. 872.

qu*am* qu*od* jure adcrescendi consequer*entur*. Quod in emancipatarum quoque persona observandum est, *ut hae quoque, quod* adcrescendi jure habitur*ae* essen*t*, si in po*testate* fuissent, id ipsum etiam per bonorum possessionem habeant. 127. Sed siquidem filius a patre exheredetur, nominatim ex*her*edari *debet* ; alioquin non *videtur* exheredari. Nominatim autem *ex*heredari videtur, sive ita exheredetur : TITIUS FILIUS MEUS EXHERES ESTO, *sive ita* : FILIUS MEUS EXHERES ESTO, non adjecto proprio nomine. 128. Ceter*ae* vero liberorum personae vel feminini sexus vel masculini satis inter ceteros exheredantur, id est his *verbis* : CETERI OMNES EXHEREDES SUNTO, *quae verba semper post* institutionem heredum adjici solent. Sed hoc ita *est jure civili*. 129. Nam praetor omnes virilis sexus liberorum *personas*, id est nepotes quoque et pronepotes *nominatim exheredari jubet, feminini vero inter ceteros* ; *qui nisi fuerint ita exheredati, promittit eis contra tabulas bonorum possessionem*[1].

130[2]. Postumi quoque liberi *vel heredes insti*tui debent vel exheredari. 131. Et *in* eo par omnium condicio *est, quod et in* filio po*stumo et in quolibet ex ceteris liberis* sive *feminini sexus sive masculini* praeterito valet *quidem testamentum, sed postea agnatione postumi sive* postumae rumpitur, et ea ra*tione totum infir*matur. Ideoque si mulier, ex qua *postumus aut pos*tuma sperabatur, abor*tum fecerit, nihil impedimento est scriptis heredibus ad hereditatem adeundam*. 132. *Sed feminini* quidem sexus personae *vel nominatim vel inter ceteros exheredari solent, dum tamen si inter ceteros exheredentur, aliquid eis legetur, ne videantur per oblivionem* praeteritae esse. *Masculini vero sexus personas* placuit non aliter recte ex*heredari, nisi nominatim exheredentur, hoc scilicet modo* : QUICUMQUE MIHI FILIUS GENITUS FUERIT, EXHERES ESTO. 132a[3]...

8 lignes presque entièrement illisibles.

133[4]. *Postumorum autem loco sunt et hi qui in sui heredis locum succedendo quasi agnascendo fiunt parenti*bus sui heredes. Ut ecce si filium et *ex eo nepotem neptemve in potestate habeam, quia filius gradu praecedit, is solus jura sui heredis habet, quamvis nepos quoque et neptis ex eo in eadem potestate sint ; sed si filius meus me vivo moriatur, aut qualibet ratione exeat de potestate mea, incipit nepos neptisve in ejus locum succe-*

---

1. Restitution de Lachmann, critiquée par Huschke. — 2. Restitution des §§ 310-132 à l'aide des *Inst.*, 2, 13, 1, confirmée par les fragments du texte lus par Studemund. — 3. Espace vide dans lequel on n'a lu que les mots :'.... potest u ... agat... n...' et dans lequel Gaius a dû traiter de quelque objet omis par Justinien entre les §§ 1 et 2 des *Inst.*, 2, 13, de l'institution et de l'exhérédation de *postumi* autres que le fils et la fille, conjecture Huschke. — 4. §§ 133 et 134 complétés d'après *Inst.*, 2, 13, 2 et *D.*, 28, 2, 13.

dere, et eo modo jura suorum *heredum quasi agnatio*ne nanciscuntur. 134. Ne ergo eo modo rumpatur mihi *testamentum, sicut ipsum filium vel heredem* instituere vel exheredare debeo, ne *non jure faciam testamentum*, ita et *nepotem neptemve ex eo* necesse est mihi *vel heredem instituere vel exheredare*, ne forte, me vivo filio mortuo, succedendo in locum ejus nepos neptisve quasi *agnatione* rumpat testamentum ; idque lege Junia Vellaea provisum est, in qua simul exheredationis modus notatur, ut virilis sexus *postumi* nominatim, feminini vel nominatim vel inter ceteros exheredentur, dum tamen iis qui inter ceteros exheredantur, aliqui*d* legetur. 135. Emancipatos liberos jure civili neque heredes instituere neque exheredare necesse est, quia non sunt sui heredes ; sed praetor omnes tam feminini quam masculini sexus si heredes non instituantur, exheredari jubet, virilis sexus *nominatim*, feminini vel nominatim vel inter ceteros ; quodsi neque heredes instituti fuerint neque ita, ut supra diximus, exheredati, praetor promittit eis contra tabulas bonorum possessionem. 135ᵃ. In potestate patri*s* non sunt, qui cum eo civitate Romana donati s*unt* nec in accipienda civitate Romana pater *petiit ut* eos in potestate haberet, aut, si petiit, *non* impetr*avit* ; nam qui *in potestatem* patris ab imperatore rediguntur, nihil differunt ab *his qui in potestate patris nati sunt*[1]. 136. Adoptivi fil*ii* quamdiu manent in adoption*e*, naturalium loco sunt ; emancipati vero a patre adoptivo neque jure civili neque quod ad edictum praetoris pertinet, inter liberos numerantur. 137. Qua ratione accidit, ut ex diverso quod ad naturalem parentem pertinet, quamdiu quidem sint in adoptiva familia, extraneorum numero habeantur ; si vero emancipati fuerint ab adoptivo patre, tunc incipiant in ea causa esse, qua futuri essent, si ab ipso naturali patre *emancipati* fuissent.

138. Si quis post factum testamentum adoptaverit sibi filium aut per populum eum qui sui juris est, aut per praetorem eum qui in potestate parentis fuerit, omni modo testamentum ejus rumpitur quasi agnatione sui heredis. 139. Idem juris est, si cui post factum testamentum uxor in man*um* conveniat, vel quae in manu fuit nubat ; nam eo modo filiae loco esse incipit et quasi su*a*. 140. Nec prodest, sive haec sive ille qui adoptatus est, in eo testamento sit institutus institutave ; nam de exheredatione ejus supervacuum videtur quaerere, cum testamenti faciendi tempore suorum heredum numero non fuerit. 141. Filius quoque qui ex prima secundave mancipa-

1. Krueger-Studemund ; ms. : 'athisunit' ; Huschke : 'a sic natis'.

tione manumittitur, quia revertitur in potestatem patriam, rumpi*t* ante factum testamentum ; nec prodest, *si* in eo testamento heres institutus vel exheredatus fuerit. 142. Simile jus olim fuit in ejus persona cujus nomine ex senatusconsulto erroris causa pro*batur*, quia forte ex peregrina vel Latina quae per errorem quasi civis Romana uxor ducta esset, natus esset ; nam sive heres institutus esset a parente sive exheredatus, sive vivo patre causa proba*ta* sive post mortem ejus, omni modo quasi *agnatione* rumpebat testamentum. 143. Nunc vero ex novo senatusconsulto quod auctore divo Hadriano factum est, siquidem vivo patre causa pro*batur*, aeque ut olim omni modo rumpit testamentum ; si vero post mortem patris, praeteritus quidem rumpit testamentum, si vero heres in eo scriptus est vel exheredatus, non rumpit testamentum ; ne scilicet diligenter facta testamenta rescinderentur eo tempore quo renovari non possent. 144. Posteriore quoque testamento quod jure fac*tum* est, superius rumpitur. Nec interest, an extiterit aliquis ex eo heres, an non extiterit ; hoc enim solum spectatur, an existere potuerit : ideoque si quis ex posteriore testamento quod jure factum est, aut noluerit heres esse, aut vivo testatore, aut post mortem ejus, antequam hereditatem adiret, decesserit, aut per *cretionem* exclusus fuerit, aut condicione sub qua heres *institutus* est defectus sit, aut propter caelibatum ex lege Julia summotus fuerit ab hereditate : quibus casibus pater familias intestatus moritur, nam et prius testamentum non valet, ruptum a posteriore, et posterius aeque nullas vires habet, cum ex eo nemo heres extiterit. 145. Alio quoque modo testamenta jure facta infirmantur, veluti *cum* is qui fecerit testamentum, *capite* deminu*tus* sit ; quod quibus modis accidat, primo commentario relatum est. 146. Hoc autem casu irrita fieri testamenta dicemus, cum alioquin et quae rumpuntur, irrita fiant, *et quae statim ab initio non jure fiunt, irrita sint ; sed et ea quae jure facta sunt et postea propter capitis deminutionem irrita fiunt*[1], possunt nihilo minus rupta dici. Sed quia sane commodius erat singulas causas singulis appellationibus distingui, ideo quaedam non jure fieri dicuntur, quaedam jure facta rumpi vel irrita fieri.

147. Non tamen per omnia inutilia sunt ea testamenta quae vel ab initio non jure facta sunt vel jure facta postea irrita facta aut rupta sunt. Nam si septem testium signis signata sint testamenta, potest scriptus heres secundum tabulas bonorum possessionem petere, si modo defunctus testator

---

1. Restitué à l'aide d'*Inst.*, 2, 17, 5.

et civis Romanus et *suae* potestatis mortis tempore fuerit. Nam si ideo irritum *factum sit* testamentum, quod puta civitatem vel etiam libertatem testator amisit, *aut is* in adoptionem se dedit *et* mortis tempore in adoptivi patris potestate fuit, non potest scriptus heres secundum tabulas bonorum possessionem pete*re*. 148. *Itaque qui* secundum tabulas testamenti quae aut statim ab initio non jure factae sint, aut jure factae postea *r*uptae vel irritae erunt, bonorum possessionem accipiunt, si modo possunt hereditatem optinere, habebunt bonorum possessionem cum re ; si vero ab *ü*s avocari hereditas potest, habebunt bonorum possessionem sine re. 149. Nam si quis heres jure civili institutus sit vel ex primo vel ex posteriore testamento, vel ab intestato jure legitimo heres sit, is potest ab *ü*s hereditatem avocare ; si vero nemo sit alius jure civili heres, ipsi retinere hereditatem possunt, nec ullum jus adversus eos habent cognati, *qui* legitimo jure deficiuntur. 149. Aliqu*ando tamen, sicut s*upra quoque notavimus, etiam legitim*is hered*ibus potior*es* scri*pti* habentur, *veluti* si ideo non *jure* factum sit testamentum, quod familia non venierit, aut nuncupationis verba testator locutus non sit ; *cum si agnati* petant hered*itatem exceptione doli mali* ex *constitutione imperatoris Antonini remo*veri *possint*. 150. *Sane* lege Julia s*criptis non aufertur hereditas si bonorum* possessores *ex edicto constituti sint. Nam ita demum e*a lege bona caduca fiunt et ad populum deferri jubentur, si defuncto nemo *heres vel bonorum possessor existat*[1].

151. Potest ut jure facta testamenta *contraria voluntate* infirmentur. Apparet *autem* non posse *ex eo solo infirmari* testamentum quod postea testator id noluerit valere, usque adeo, ut si[2] linum ejus inciderit, nihilo minus jure civili valeat. Quin etiam si deleverit quoque *aut* conbusse*rit* tabulas testamenti, ni*hilo* minus *non* desinent valere *quae* ibi fuerunt scripta, licet eorum probatio diffi*cilis* sit. 152. Quid ergo est ? si quis ab intestato bonorum possessionem petierit *et* is qui ex eo testamento heres *est*, petat *hereditatem per exceptionem doli mali repelletur ; si vero nemo ab intestato bonorum possessionem petierit, fiscus scripto heredi quasi indigno auferet hereditatem, ne ullo modo ad eum quem testator heredem habere noluit*[3], perveniat hereditas ; et hoc ita *r*escripto imperatoris Antonini significatur.

1. Restitué quant au sens par Krueger depuis' *cum si aguati*' ; cf. Dubois.— 2. Schirmer, *Zsavst.* ; 7, 1, 1886, p. 1-15, 8, 1, 1887, pp. 99-108 : 'usque adeo ut nisi' ; mais v. en sens contraire Krueger, *Zsavst.* 7, 2, 1886, pp. 91-94, 8, 1887, pp. 109-112.— 3. Restitution quant au sens de Krueger. Autres restitutions dans Dubois.

152. Heredes autem aut necessarii dicuntur aut sui et necessarii aut extranei. 153. Necessarius heres est servus cum libertate heres institutus, ideo sic appellatus, quia sive velit sive nolit, omni modo post mortem testatoris protinus liber et heres est. 154. Unde qui facultates suas suspectas habet, solet servum suum primo aut secundo vel etiam ulteriore gradu liberum et heredem instituere, ut si creditoribus satis non fiat, potius hujus heredis quam ipsius testatoris bona veneant, id est ut ignominia quae accidit ex venditione bonorum, hunc potius heredem quam ipsum testatorem contingat; quamquam apud Fufidium Sabino placeat eximendum eum esse ignominia, quia non suo vitio sed necessitate juris bonorum venditionem pateretur; sed alio jure utimur. 155. Pro hoc tamen incommodo illud ei commodum praestatur, ut ea quae post mortem patroni sibi adquisierit, sive ante bonorum venditionem sive postea, ipsi reserventur; et quamvis pro portione bona venierint, iterum ex hereditaria causa bona ejus non venient, nisi si quid ei ex hereditaria causa fuerit adquisitum, velut si[1] Latinus adquisierit, locupletior factus sit; cum ceterorum hominum quorum bona venierint pro portione, si quid postea adquirant, etiam saepius eorum bona venire solent. 156. Sui autem et necessarii heredes, sunt velut filius filiave, nepos neptisve ex filio, et deinceps ceteri qui modo in potestate morientis fuerunt. Sed uti nepos neptisve suus heres sit, non sufficit eum in potestate avi mortis tempore fuisse, sed opus est ut pater quoque ejus vivo patre suo desierit suus heres esse aut morte interceptus aut qualibet ratione liberatus potestate; tum enim nepos neptisve in locum sui patris succedunt. 157. Sed sui quidem heredes ideo appellantur, quia domestici heredes sunt et vivo quoque parente quodammodo domini existimantur; unde etiam si quis intestatus mortuus sit, prima causa est in successione liberorum. Necessarii vero ideo dicuntur, quia omni modo, *sive* velint *sive nolint, tam* ab intestato quam ex testamento heredes fiunt. 158. Sed his praetor permittit abstinere se ab hereditate, ut potius parentis bona veneant. 159. Idem juris est et *in* uxoris persona quae in manu est, quia filiae loco est, et in nuru quae in manu filii est, quia neptis loco est. 160. Quin etiam similiter abstinendi potestatem facit praetor etiam [mancipato, id est] ei qui in causa mancipii est, si cum libertate heres institutus sit, *quamvis* necessarius, non etiam suus heres sit, tamquam servus. 161. Ceteri qui testatoris juri subjecti non sunt, extranei here-

---

1. Omission dans le ms. selon quelques interprètes; cf. Dubois.

des appellantur. Itaque liberi quoque nostri qui in potestate nostra non sunt, her*edes* a nobis instituti [sicut] extranei videntur, qua de causa et qui a matre heredes institu*u*ntur, eodem numero sunt, quia feminae liberos in potestate non habent, servi quoque, qui cum liber*tate* heredes instituti sunt et postea a domino manumissi, eodem numero habentur. 162. Extraneis autem heredibus deliberandi potestas data est de adeunda hereditate vel non adeunda. 163. Sed sive is cui a*b*stinendi potestas est, immiscuerit se bonis hereditariis, sive is cui de adeunda *hereditate* deliberare licet, adierit, postea relinquendae hereditatis facultatem non habet, nisi si minor sit annorum xxv. Nam hujus aetatis hominibus, sicut in ceteris omnibus causis deceptis, ita etiam si temere damnosam hereditatem susceperint, praetor succurrit. Scio quidem divum Hadrianum etiam majori xxv annorum veniam dedisse, cum post *a*ditam hereditatem grande *a*es alienum quod aditae hereditatis tempore latebat, apparuisset.

164. Extraneis heredibus solet cretio dari, id est finis deliberandi, ut intra certum tempus vel adeant hereditatem, vel si non adeant, temporis fine summoveantur. Ideo autem cretio appellata est, quia cernere est quasi decernere et constituere. 165. Cum ergo ita scri*p*tum sit : HERES TITIUS ESTO, adjicere debemus : CERNITOQUE IN CENTUM DIEBUS PROXIMIS QUIBUS SCIES POTERISQUE. QUODNI ITA CREVERIS, EXHERES ESTO. 166. Et qui ita heres institutus est, si velit heres esse, debebit intra diem cretionis cernere, id est haec verba dicere : QUOD ME P. MEVIUS TESTAMENTO SUO HEREDEM INSTITUIT, EAM HEREDITATEM ADEO CERNOQUE. Quodsi ita non creverit, finito tempore cretionis excluditur ; nec quicquam proficit, si pro herede gerat, id est si rebus hereditariis tamquam heres utatur. 167. At is qui sine cretione heres insti*tu*tus sit, aut qui ab intestato legitimo jure ad hereditatem vocatur, pote*st* aut cernendo aut pro herede gerendo vel etiam nuda voluntate suscipiend*a*e hereditatis heres fieri ; eique liberum est quocumque tempore voluerit, adire hereditatem ; *sed* solet praetor postulantibus hereditariis creditoribus tempus constituere, intra quod si vel*it* adeat hereditatem, si minus, ut liceat creditoribus *bona* defuncti vendere. 168. Sicu*t* autem *qui* cum cretione heres institutus est, nisi creverit hereditatem, non fit heres, ita non aliter excluditur, quam si non creverit intra id tempus quo cretio finita *est* ; itaque, licet ante diem cretionis constituerit hereditatem non adire, tamen p*a*enitentia actus superante die cretionis cernendo heres esse potest. 169. At *is* qui sine cre-

tione heres institutus est, quive ab intestato per legem vocatur, sicut voluntate nuda heres fit, ita et contraria destinatione statim ab hereditate repellitur. 170. Omnis autem cretio certo tempore constringitur. In quam rem tolerabile tempus visum est centum dierum. Potest tamen nihilo minus jure civili aut longius aut brevius tempus dari; longius tamen interdum praetor coartat. 171. Et quamvis omnis cretio certis diebus constringatur, tamen alia cretio vulgaris vocatur, alia certorum dierum : vulgaris illa, quam supra exposuimus, id est in qua adjiciuntur haec verba : QUIBUS SCIET POTERITQUE; certorum dierum, in qua detractis his verbis cetera scribuntur. 172. Quarum cretionum magna differentia est. Nam vulgari cretione data nulli dies computantur, nisi quibus scierit quisque se heredem esse institutum et possit cernere. Certorum vero dierum cretione data etiam nescienti se heredem institutum esse numerantur dies continui; item ei quoque qui aliqua ex causa cernere prohibetur, et eo amplius ei qui sub condicione heres institutus est, tempus numeratur; unde melius et aptius est vulgari cretione uti. 173[1]. Continua haec cretio vocatur, quia continui dies numerantur. Sed quia [tamen] dura est haec cretio, altera in usu habetur; unde etiam vulgaris dicta est.

[DE SUBSTITUTIONIBUS]. 174. Interdum duos pluresve gradus heredum facimus, hoc modo : L. TITIUS HERES ESTO CERNITOQUE IN DIEBUS (CENTUM) PROXIMIS QUIBUS SCIES POTERISQUE. QUODNI ITA CREVERIS, EXHERES ESTO. TUM MEVIUS HERES ESTO CERNITOQUE IN DIEBUS CENTUM et reliqua ; et deinceps in quantum velimus substituere possumus. 175. Et licet nobis vel unum in unius locum substituere pluresve, et contra in plurium locum vel unum vel plures substituere. 176. Primo itaque gradu scriptus heres hereditatem cernendo fit heres et substitutus excluditur; non cernendo summovetur, etiamsi pro herede gerat, et in locum ejus substitutus succedit. Et deinceps si plures gradus sint, in singulis simili ratione idem contingit. 177. Sed si cretio sine exheredatione sit data, id est in haec verba : SI NON CREVERIS, TUM P. MEVIUS HERES ESTO, illud diversum invenitur, quod si prior omissa cretione pro herede gerat, substitutum in partem admittit et fiunt ambo aequis partibus heredes; quodsi neque cernat neque pro herede gerat, tum sane in universum summovetur, et substitutus in totam hereditatem succedit. 178. Sed Sabino quidem placuit, quamdiu cernere et eo modo heres fieri possit prior, etiamsi pro herede gesserit, non

---

1. Paragraphe supprimé tout entier comme une glose par Muirhead.

tamen admitti substitutum ; cum vero cretio finita sit, tum pro herede gerente admitti substitutum : aliis vero placuit etiam superante cretione posse eum pro herede gerendo in partem substitutum admittere et amplius ad cretionem reverti non posse.

179. Liberis nostris impuberibus quos in potestate habemus, non solum ita, ut supra diximus, substituere possumus, id est ut si heredes non extiterint, alius nobis heres sit ; sed eo amplius ut etiamsi heredes nobis extiterint et adhuc impuberes mortui fuerint, sit iis aliquis heres ; velut hoc modo : TITIUS FILIUS MEUS MIHI HERES ESTO. SI FILIUS MEUS MIHI *HERES NON ERIT SIVE HERES*[1] ERIT ET PRIUS MORIATUR QUAM IN SUAM TUTELAM VENERIT, TUNC SEIUS HERES ESTO. 180. Quo casu siquidem non extiterit heres filius, substitutus patri fit heres ; *si vero* heres extiterit filius et ante pubertatem decesserit, ipsi filio fit heres substitutus. Quam ob rem duo quodammodo sunt testamenta, aliud patris, aliud filii, tamquam si ipse filius sibi heredem instituisset ; aut certe unum est testamentum duarum hereditatum. 181. Ceterum ne post obitum parentis periculo insidiarum subjectus videatur pupillus, in usu est vulgarem quidem substitutionem palam facere, id est eo loco quo pupillum heredem instituimus ; *nam* vulgaris substitutio ita vocat ad hereditatem substitutum, si omnino pupillus heres non extiterit ; quod accidit, cum vivo parente moritur, quo casu nullum substituti maleficium suspicari possumus, cum scilicet vivo testatore omnia quae in testamento scripta sint, ignorentur : illam autem substitutionem, per quam *etiamsi* heres extiterit pupillus et intra pubertatem decesserit, substitutum vocamus, separatim in inferioribus tabulis scribimus, easque tabulas proprio lino propriaque cera consignamus, et in prioribus tabulis cavemus, ne inferiores tabulae vivo filio et adhuc impubere aperiantur. Sed longe tutius est utrumque genus substitutionis [separatim] in inferioribus tabulis consignari, quod si ita [consignatae vel] separatae fuerint substitutiones, ut diximus, *ex* priore potest intellegi in altera [alter] quoque idem esse substitutus. 182. Non solum autem heredibus institutis impuberibus liberis ita substituere possumus, ut si ante pubertatem mortui fuerint, sit is heres quem nos voluerimus, sed etiam exheredatis. Itaque eo casu si quid pupillo ex hereditatibus legatisve aut donationibus propinquorum adquisitum fuerit, id omne ad substitutum pertinet. 183. Quaecumque diximus de substitutione impuberum liberorum vel heredum instituto-

1. Restitué à l'aide d'*Inst.*, 2, 16, pr.

rum vel exheredatorum, eadem etiam de postumis intellegemus. 184. Extraneo vero heredi instituto ita substituere non possumus, ut si heres extiterit et intra aliquod tempus decesserit, alius ei heres sit; sed hoc solum nobis permissum est, ut eum per fideicommissum obligemus, ut hereditatem nostram totam vel pro parte restituat; quod jus quale sit, suo loco trademus.

185. Sicut autem liberi homines, ita et servi, tam nostri quam alieni, heredes scribi possunt. 186. Sed noster servus simul et liber et heres esse juberi debet, id est hoc modo : STICHUS SERVUS MEUS LIBER HERESQUE ESTO, vel : HERES LIBERQUE ESTO. 187. Nam si sine libertate heres institutus sit, etiamsi postea manumissus fuerit a domino, heres esse non potest, quia institutio in persona ejus non constitit; ideoque licet alienatus sit, non potest jussu domini novi cernere hereditatem. 188. Cum libertate vero heres institutus siquidem in eadem causa duraverit, fit ex testamento liber et inde necessarius heres. Si vero ab ipso testatore manumissus fuerit, suo arbitrio hereditatem adire potest. Quodsi alienatus sit, jussu novi domini adire hereditatem debet, qua ratione per eum dominus fit heres; nam ipse neque heres neque liber esse potest. 189. Alienus quoque servus heres institutus si in eadem causa duraverit, jussu domini hereditatem adire debet; si vero alienatus ab eo fuerit aut vivo testatore aut post mortem ejus, antequam cernat, debet jussu novi domini cernere; si vero manumissus est, suo arbitrio adire hereditatem potest. 190. Si autem servus alienus heres institutus est vulgari cretione data, ita intellegitur dies cretionis cedere, si ipse servus scierit se heredem institutum esse, nec ullum impedimentum sit, quominus certiorem dominum faceret, ut illius jussu cernere possit.

191. Post haec videamus de legatis. Quae pars juris extra propositam quidem materiam videtur ; nam loquimur de his juris figuris, quibus per universitatem res nobis adquiruntur; sed cum omni modo de testamentis deque heredibus qui testamento instituuntur, locuti sumus, non sine causa sequenti loco poterit haec juris materia tractari.

[DE LEGATIS].

192. Legatorum itaque genera sunt quattuor : aut enim per vindicationem legamus, aut per damnationem, aut sinendi modo, aut per praeceptionem.

193. Per vindicationem hoc modo legamus : TITIO verbi gratia HOMINEM STICHUM DO LEGO ; sed et si alterutrum verbum

positum sit, veluti : DO aut : LEGO, aeque per vindicationem legatum est ; item, ut magis *visum est*, si ita legatum fuerit : SUMITO, vel ita : SIBI HABETO, *vel* ita : CAPITO, aeque per vindicationem legatum est. 194. Ideo *autem* per vindicationem legatum appellatur, quia post aditam hereditatem statim ex jure Quiritium res legatarii fit ; et si eam rem legatarius vel ab herede vel ab alio quocumque qui eam possidet, petat, vindicare debet, id est intendere suam *rem* ex jure Quiritium esse. 195. In eo solo dissentiunt prudentes, quod Sabinus quidem et Cassius ceterique nostri praeceptores quod ita legatum sit, statim post aditam hereditatem putant fieri legatarii, etiamsi ignoret sibi legatum esse [dimissum], *sed* posteaquam scierit et *omi*serit legatum, proinde esse atque si legatum non esset ; Nerva vero et Proculus ceterique illius *sc*holae auctores non alite*r* putant rem legatarii fieri, quam si voluerit eam ad se pertinere. Sed hodie ex divi Pii Antonini constitutione hoc magis jure uti *v*idemur quod Proculo placuit ; nam cum legatus fuisset Latinus pe*r* vindicationem coloniae, 'Deliberent, inqui*t*, decuriones, an ad se velint pertinere, proinde ac si uni legatus esset'. 196. Eae autem sol*ae* res per vindicationem legant*ur* recte, quae ex jure Quiritium ipsius testatoris sunt. Sed eas quidem res quae pondere numero mensura constant, placuit sufficere, si mortis tempore sint ex jure Quiritium testatoris, veluti vinum oleum frumentum pecuniam numeratam. Ceteras res vero placuit utroque tempore testatoris ex jure Quiritium esse debere, id est et quo facere*t* testamentum et quo moreretur ; alioquin inutile est legatum. 197. Sed sane hoc ita est jure civili. Postea vero auctore Nerone Caesare senatusconsultum factum est quo cautum est, ut si eam rem quisque legaverit quae ejus numquam fuerit, proinde utile sit legatum, atque si optimo jure relictum esset ; op*timum* autem jus est per damnationem legat*i*, quo genere etiam aliena res legari potest, sicut inferius apparebit. 198. Sed si quis rem suam legaverit, deinde post testamentum factum eam alienaverit, plerique putant non solum jure civili inutile esse legatum, sed nec ex senatusconsulto confirmari. Quod ideo dictum est, quia et si per damnationem aliquis rem suam legaverit eamque postea alienaverit, plerique putant, licet ipso jure debeatur legatum, tamen legatarium petentem posse per exceptionem doli mali repelli, quasi contra voluntatem defuncti petat. 199. Illu*d* constat, si duobus pluribusve per vindicationem eadem res legata sit, sive conjunctim sive disjunctim, et omnes veniant ad legatum, partes ad singulos pertinere et

13

deficientis portionem collegatario adcrescere. Conjunctim autem ita legatur : TITIO ET SEIO HOMINEM STICHUM DO LEGO ; disjunctim ita : L. TITIO HOMINEM STICHUM DO LEGO. SEIO EUNDEM HOMINEM DO LEGO. 200. Illu*d* quaeritur, quod sub condicione per vindicationem legatum est, pendente condicione cujus *sit*. Nostri praeceptores heredis esse putant exemplo statuliberi, id est ejus servi qui testamento sub aliqua condicione liber esse jussus est ; quem constat interea heredis servum esse. Sed divers*ae* scholae auctores putant nullius interim eam rem esse ; quod multo magis dicunt de eo quod [sine condicione] pure legatum est, antequam legatarius a*d*mittat legatum.

201. Per damnationem hoc modo legamus : HERES MEUS STICHUM SERVUM MEUM DARE DAMNAS ESTO ; sed et si DATO scriptum fuerit, per damnationem legatum est. 202. Eo*que* genere legati etiam aliena res legari potest, *ita* ut heres redimere *rem* et praestare aut *ae*stimationem ejus dare debeat. 203. Ea quoque res quae in rerum natura non est, si modo futura est, per damnationem legari potest, velut : FRUCTUS QUI IN ILLO FUNDO NATI ERUNT, aut QUOD EX ILLA ANCILLA NATUM ERIT. 204. Quod autem ita legatum est, post aditam hereditatem, etiamsi pure legatum est, non, ut per vindicationem legatum, continuo legatario adquiritur, sed nihilo minus heredis est. Et ideo legatarius in personam agere debet, id est intendere heredem sibi dare oportere ; et tum heres, si *res* mancipi sit, mancipio dare aut in jure cedere possessione*m*que tradere debet ; si nec mancipi sit, sufficit si tradiderit. Nam si mancipi rem tantum tradiderit nec mancipaverit, usucapione pleno jure fit legatarii ; completur autem usucapio, sicut alio quoque loco diximus, mobilium quidem rerum anno, earum vero quae solo tenentur, biennio. 205. Est et illa differentia hujus *et* per vindicationem legati, quod si eadem res duobus pluribusve per damnationem legata sit, siquidem conjunctim, plane singulis partes debentur, sicut in [illö] *per* vindicationem legato *diximus*[1], *si vero* disjunctim, singulis solid*um* de*b*etur. Ita fit, ut scilicet heres alteri rem, alteri *ae*stimationem ejus praestare debeat. Et in conjunctis deficientis portio non ad collegatarium pertinet, sed in hereditate remane*t*.

206. Quod autem diximus deficientis portionem *in* per damnationem quidem legato in hereditate retine*ri*, in per vindicationem vero collegatario adcrescere, admonendi sumus ante legem Papiam *hoc* jure civili ita fuisse ; post legem

---

1. Conjecture de Kalb, *Das Juristenlatein*, 2e éd., 1888, p. 52, n. 1.

vero Papiam deficientis portio caduca fit et ad eos pertinet qui in eo testamento liberos habent. 207. Et quamvis prima causa sit in caducis vindicandis heredum liberos habentium, deinde si heredes liberos non habeant, legatariorum liberos habentium, tamen ipsa lege Papia significatur, ut collegatarius conjunctus, si liberos habeat, potior sit heredibus, etiamsi liberos habebunt. 208. Sed plerisque placuit, quantum ad hoc jus quod lege Papia conjunctis constituitur, nihil interesse, utrum per vindicationem an per damnationem legatum sit.

209. Sinendi modo ita legamus : HERES MEUS DAMNAS ESTO SINERE L. TITIUM HOMINEM STICHUM SUMERE SIBIQUE HABERE. 210. Quod genus legati plus quidem habet *quam per* vindicationem legatum, minus autem quam per damnationem. Nam eo modo non solum suam rem testator utiliter legare potest, sed etiam heredis sui; cum alioquin per vindicationem nisi suam rem legare non potest, per damnationem autem cujuslibet extranei rem legare potest. 211. Sed siquidem mortis testatoris tempore res vel ipsius testatoris sit vel heredis, plane utile legatum est, etiamsi testamenti faciendi tempore neutrius fuerit. 212. Quodsi post mortem testatoris ea res heredis esse coeperit, quaeritur an utile sit legatum. Et plerique putant inutile esse. Quid ergo est? Licet aliquis eam rem legaverit quae neque ejus umquam fuerit neque postea heredis ejus umquam esse coeperit, ex senatusconsulto Neroniano proinde videtur, ac si per damnationem relicta esset. 213. Sicut autem per damnationem legata res non statim post aditam hereditatem legatarii efficitur, sed manet heredis eo usque, donec is [heres] tradendo vel mancipando vel in jure cedendo legatarii eam fecerit, ita et in sinendi modo legato juris est; et ideo hujus quoque legati nomine in personam actio est QUIDQUID HEREDEM EX TESTAMENTO DARE FACERE OPORTET. 214. Sunt tamen qui putant ex hoc legato non videri obligatum heredem, ut mancipet aut in jure cedat aut tradat, sed sufficere ut legatarium rem sumere patiatur; quia nihil ultra ei testator imperavit, quam ut sinat, id est patiatur, legatarium rem sibi habere. 215. Major illa dissensio in hoc legato intervenit, si eandem rem duobus pluribusve disjunctim legasti; quidam putant utrisque solidam deberi, [sicut per vindicationem;] nonnulli occupantis esse meliorem condicionem aestimant, quia cum eo genere legati damnetur heres patientiam praestare, ut legatarius rem habeat, sequitur, ut si priori patientiam praestiterit et is rem

sumpserit, securus si adversus eum qui postea legatum petierit, quia neque habet rem, ut patiatur eam ab eo sumi, neque dolo malo fecit quominus eam rem haberet.

216. Per praeceptionem hoc modo legamus : L. TITIUS HOMINEM STICHUM PRAECIPITO. 217. Sed nostri quidem praeceptores nulli alii eo modo legari posse putant, nisi ei qui aliqua ex parte heres scriptus esset; praecipere enim esse praecipuum sumere; quod tantum in ejus persona procedit qui aliqua ex parte heres institutus est, quod is extra portionem hereditatis praecipuum legatum habiturus sit. 218. Ideoque si extraneo legatum fuerit, inutile est legatum; adeo ut Sabinus existimaverit ne quidem ex *senatus*consulto Neroniano posse convalescere : nam eo, inquit, senatusconsulto ea tantum confirmantur quae verborum vitio jure civili non valent, non quae propter ipsam personam legatarii non deberentur. Sed Juliano et Sexto placuit etiam hoc casu ex senatusconsulto confirmari legatum; nam ex verbis etiam hoc casu accidere, ut jure civili inutile sit legatum, *inde* manifestum esse, quod eidem aliis verbis recte legatur, veluti per vindicationem, per damnationem, sinendi modo; tunc autem vitio personae legatum non valere, cum ei legatum sit, cui nullo modo legari possit, velut peregrino, cum quo testamenti factio non sit; quo plane casu senatusconsulto locus non est. 219. Item nostri praeceptores quod ita legatum est nulla *alia* ratione putant posse consequi *eum* cui ita fuerit legatum, qu*am* judicio familiae erciscundae, quod inter heredes de hereditate erciscunda, id est dividunda, accipi solet; officio enim judicis id contineri, ut ei quod per praeceptionem legatum est, adjudicetur. 220. Unde intellegimus nihil aliu*d* secundum nostrorum praeceptorum opinionem per praeceptionem legari posse nisi quod testatoris sit; nulla enim alia res quam hereditaria deducitur in hoc judicium. Itaque si non suam rem eo modo testator legaverit, jure quidem civili inutile erit legatum; sed ex senatusconsulto confirmabitur. Aliquo tamen casu etiam alienam rem *per* praeceptionem legari posse fatentur; veluti si quis eam rem legaverit quam creditori fiduciae causa mancipio dederit; nam officio judicis coheredes cogi posse existimant soluta pecunia *l*uere eam rem, ut possit praecipere *is* cui ita legatum sit. 221. Sed diversae *scholae* auctores putant etiam extraneo per praeceptionem legari posse proinde ac si ita scribatur : TITIUS HOMINEM STICHUM CAPITO, supervacuo adjecta PRAE syllaba; ideoque per vindicationem eam *rem* legatam videri : quae sententia dici-

tur divi Hadriani constitutione confirmata esse. 222. Secundum hanc igitur opinionem si ea res ex jure Quiritium defuncti fuerit, po*test* a legatario vindicari, sive *is* unus ex heredibus sit sive extraneus ; quodsi in bonis tantum testatoris fuerit, extraneo quidem ex senatusconsulto utile erit legatum, heredi vero familiae *e*rciscundae judicis officio praestabitur ; quodsi nullo jure fuerit testatoris, tam heredi quam extraneo ex senatusconsulto utile erit. 223. Sive tamen heredibus secundum nostrorum opinionem, sive etiam extraneis secundum illorum opinionem, duobus pluribusve eadem res conjunctim aut disjunctim legata fuerit, singuli partes ha*b*ere debent.

[AD LEGEM FALCIDIAM. R.] 224. Sed ol*i*m quidem licebat totum patrimonium legatis atque libertatibus erogare nec quicquam heredi relinquere praeterquam inane nomen here*di*s ; i*d*que lex XII tabularum permittere videbatur, qua cavetur, ut quod quisque de re sua testatus esset, id ratum ha*b*eretur, his verbis : UTI LEGASS*I*T SUAE RE*I*, ITA JUS ESTO. Quare qui scripti heredes erant, ab hereditate se abstinebant, et idcirco plerique intestati moriebantur. 225. Itaque lata est lex Furia, qua, exceptis personis quibusdam, ceteris plus mill*e* assibus legatorum nomine mortisve causa capere permissum non est. Sed et *h*aec lex non perfecit quod voluit ; qui enim verbi gratia quinque milium *a*eris patrimonium habebat, poterat quinque hominibus singulis millenos asses legando totum patrimonium erogare. 226. Ideo postea lata est lex Voconia, qua cautum est, ne cui plus legatorum nomine mortisve causa capere liceret quam heredes caperen*t*. Ex qua lege plane quidem aliquid utique heredes habere videbantur ; se*d* tamen fere vitium simile nasceb*a*tur ; nam in multas legatariorum personas distributo patrimonio poterat *testator* adeo heredi minimum relinquere, ut non expediret he*r*edi hujus lucri gratia totius hereditatis onera sustinere. 227. Lata est itaque lex Falcidia, qua cautum est, ne plus ei legare liceat quam dodran*t*em : itaque necesse est, ut heres quartam partem hereditatis habeat ; et hoc nu*n*c jure utimur. 228. In libertatibus quoque dandis nimiam licentiam compescuit lex Fufia Caninia, sicut in primo commentario rettulimus.

[R. DE INUTILITER RELICTIS LEGATIS. R.] 229. Ante heredis institutionem *i*nutiliter legatur, scilicet quia testamenta vim ex institutione heredis accipiunt, et ob id velut caput et fundamentum intelligitur totius testamenti heredis institutio. 230. Pari ratione nec libertas ante heredis institutionem dari potest.

231. Nostri praeceptores nec tutorem eo loco dari posse existimant; sed Labeo et Proculus tutorem posse dari, quod nihil ex hereditate erogatur tutoris datione. 232. Post mortem quoque heredis inutiliter legatur, id est hoc modo: CUM HERES MEUS MORTUUS ERIT, DO LEGO, aut : DATO. Ita autem recte legatur: CUM HERES (MEUS) MORIETUR, quia non post mortem heredis relinquitur, sed ultimo vitae ejus tempore. Rursum ita non potest legari: PRIDIE QUAM HERES MEUS MORIETUR; quod non pretiosa ratione receptum videtur. 233. Eadem et de libertatibus dicta intellegemus. 234. Tutor vero an post mortem heredis dari possit quaerentibus eadem forsitan [poterit esse] quaestio, quae de eo agitatur qui ante heredum institutionem datur.

[DE POENAE CAUSA RELICTIS LEGATIS.] 235. Poenae quoque nomine inutiliter legatur. Poenae autem nomine legari videtur quod coercendi heredis causa relinquitur, quo magis heres aliquid faciat aut non faciat; veluti quod ita legatur: SI HERES MEUS FILIAM SUAM TITIO IN MATRIMONIUM COLLOCAVERIT, X MILIA SEIO DATO, vel ita : SI FILIAM TITIO IN MATRIMONIUM NON COLLOCAVERIS, X MILIA TITIO DATO; sed et si heredem si verbi gratia intra biennium monumentum sibi non fecerit, x milia Titio dare jusserit, poenae nomine legatum est; et denique ex ipsa definitione multas similes species circumspicere possumus. 236. Nec libertas quidem poenae nomine dari potest, quamvis de ea re fuerit quaesitum. 237. De tutore vero nihil possumus quaerere, quia non potest datione tutoris heres compelli quicquam facere aut non facere; ideoque nec datur poenae nomine tutor; si vero ita tutor[1] datus fuerit, magis sub condicione quam poenae nomine datus videbitur.

238. Incertae personae legatum inutiliter relinquitur. Incerta autem videtur persona quam per incertam opinionem animo suo testator subjicit velut cum ita legatum sit: QUI PRIMUS AD FUNUS MEUM VENERIT, EI HERES MEUS X MILIA DATO. Idem juris est si generaliter omnibus legaverit : QUICUMQUE AD FUNUS MEUM VENERIT. In eadem causa est quod ita relinquitur : QUICUMQUE FILIO MEO IN MATRIMONIUM FILIAM SUAM COLLOCAVERIT, EI HERES MEUS X MILIA DATO. Illud quoque [in eadem causa est] quod ita relinquitur : QUI POST TESTAMENTUM SCRIPTUM PRIMI CONSULES DESIGNATI ERUNT, aeque incertis personis legari videtur. Et denique aliae multae hujusmodi species sunt. Sub certa vero demonstratione incertae personae recte legatur, veluti : EX COGNATIS MEIS QUI NUNC SUNT QUI PRIMUS AD FUNUS MEUM VENE-

---

1. Correction ancienne et répandue d'un passage certainement défectueux; v. d'autres corrections dans Dubois. Ajoutez Cogliolo, p. 184.

RIT, EI X MILIA HERES MEUS DATO. 239. Libertas quoque non videtur incertae person*ae* dari posse, quia lex Fufia Caninia jubet nominatim servos liberari. 240. Tutor quoque certus dari debet. 241. Postumo quoque alieno inutiliter legat*ur*. *Est* autem alienus postumus qui natus inter suos heredes testatori futurus non est; ideoque ex emancipato *quo*que filio conceptus nepos extraneus post*umus est*; *item qui* in utero est ejus qu*ae* jure civili non intellegitur uxor, extraneus postumus patris intellegit*ur*. 242. Ac ne heres quidem potest institui postumus alienus; est enim incerta persona. 243. Cetera vero quae supra diximus, ad legata propri*e* pertinent. Quamquam non immerito quibusdam placeat poen*ae* nomine heredem institui non posse; nihil enim interest, utrum legatum dare jubeatur heres, si fecerit aliquid aut non fecerit, an coheres ei adjiciatur, quia tam coheredis adjectione quam legati datione compellitur, ut aliquid contra propositum suum faciat aut non faciat.

244. An ei qui in potestate sit ejus quem heredem instituimus, recte le*g*emus qu*ae*ritur. Servius recte legari putat, sed evanescere legatum, si quo tempore dies legatorum cedere solet, adhuc in potes*tate* sit; ideoque sive pure legatum sit et vivo testatore in potestate heredis esse desierit, sive sub condicione et ante condicionem id acciderit, deberi legatum. Sabinus et Cassius sub condicione recte legari, pure non recte, putant; licet enim vivo testatore possit desinere in potestate heredis esse, ideo tamen inutile legatum intellegi oportere, quia quod nullas vires ha*b*iturum foret, si statim post testamentum factum decessisset testator, hoc ideo valere, quia *v*itam longius traxerit, absurdum esset. *Sed* diversae schol*ae* auctores nec sub condicione recte legari, quia quos in potestate habemus, eis non magis sub condicione quam pure debere possumus. 245. Ex diverso constat ab eo qui in potestate *tua* est, herede instituto recte tibi legari; sed si tu per eum heres extiteris, evanescere legatum, quia ipse tibi legatum debere non possis; si vero filius emancipatus aut servus manumissus erit vel in alium translatus, et ipse heres extiterit aut alium fecerit, deberi legatum.

246. *N*unc transeamus ad fideicommissa.

247. Et prius de hereditatibus videamus. 248. Inprimis igitur sciendum est opus esse, ut aliquis heres recto jure instituatur ejusque fidei committ*a*tur, ut eam hereditatem alii restituat; alioquin inutile est testamentum, in quo nemo recto jure heres instituitur. 249. Verba autem [utilia] fidei-

commissorum haec [recte] maxime in usu esse videntur : PETO, ROGO, VOLO, FIDEI COMMITTO ; quae proinde firma singula sunt, atque si omnia in unum congesta sint. 250. Cum igitur scripserimus : L. TITIUS HERES ESTO, possumus adjicere : ROGO TE L. TITI PETOQUE A TE, UT CUM PRIMUM POSSIS HEREDITATEM MEAM ADIRE, C. SEIO REDDAS RESTITUAS. Possumus autem et de parte restituenda rogare; et liberum est vel sub condicione vel pure relinquere fideicommissa, vel ex die certa. 251. Restituta autem hereditate is qui restituit nihilo minus heres permanet ; is vero qui recipit hereditatem, aliquando heredis loco est, aliquando legatarii. 252. Olim autem nec heredis loco erat nec legatarii, sed potius emptoris. Tunc enim in usu erat ei cui restituebatur hereditas, nummo uno eam hereditatem dicis causa venire ; et quae stipulationes *inter venditorem hereditatis et emptorem interponi solent, eaedem interponebantur* inter heredem et eum cui restituebatur hereditas, id est hoc modo : heres quidem stipulabatur ab eo cui restituebatur hereditas, ut quidquid hereditario nomine condemnatus *solvisset*, sive quid alias bona fide dedisset, eo nomine indemnis *esset*, et omnino si quis cum eo hereditario nomine ageret, ut recte defenderetur ; ille vero qui recipiebat hereditatem, invicem stipulabatur, ut si quid ex hereditate ad heredem pervenisset, id sibi restitueretur, ut etiam pateretur eum hereditarias actiones precuratorio aut cognitorio nomine exequi. 253. Sed posterioribus temporibus Trebellio Maximo et Annaeo Seneca consulibus senatusconsultum factum est, quo cautum est, ut si cui hereditas ex fideicommissi causa restituta sit, actiones quae jure civili heredi et in heredem competerent, *ei* et in eum darentur cui ex fideicommisso restituta esset hereditas. Per quod senatusconsultum desierunt illae cautiones in usu haberi ; praetor enim utiles actiones ei et in eum qui recepit hereditatem, quasi heredi et in heredem dare coepit, eaeque in edicto proponuntur. 254. Sed rursus quia heredes scripti cum aut totam hereditatem aut paene totam plerumque restituere rogabantur, adire hereditatem ob nullum aut minimum lucrum recusabant, atque ob id extinguebantur fideicommissa, *postea* Pegaso et Pusione *consulibus* senatus censuit, ut ei qui rogatus esset hereditatem restituere, proinde liceret quartam partem retinere, atque e lege Falcidia in legatis [retinendis] conceditur. (Ex singulis quoque rebus quae per fideicommissum relinquuntur, eadem retentio permissa est). Per quod senatusconsultum ipse *heres* onera hereditaria sustinet. Ille autem qui ex fideicommisso reliquam partem hereditatis recipit, legatarii partiarii loco est, id est ejus legatarii cui pars bonorum legatur ; quae species legati partitio vocatur, quia cum herede legatarius partitur hereditatem. Unde effectum est, ut quae solent stipulationes inter heredem et partiarium legatarium interponi, eaedem interponantur inter eum qui ex fideicommissi causa recipit hereditatem, et heredem, id est ut et lucrum et damnum hereditarium pro rata parte inter eos commune sit. 255. Ergo siquidem non plus quam dodrantem hereditatis scriptus heres rogatus sit restituere, tum ex Trebelliano senatusconsulto restituitur hereditas, et in utrumque actiones hereditariae pro rata parte dantur, in heredem quidem jure civili, in eum vero qui recipit hereditatem, ex senatusconsulto Trebelliano : quamquam heres etiam pro ea parte quam restituit, heres permanet, eique et in eum solidae actiones competunt ; sed non ulterius oneratur nec ulterius illi dantur actiones, quam apud eum commodum hereditatis remanet. 256. At si quis plus quam dodrantem vel etiam totam hereditatem restituere rogatus sit, locus est Pegasiano senatusconsulto. 257. Sed is qui semel adierit hereditatem, si modo sua voluntate adierit, sive retinuerit quartam partem sive noluerit retinere, ipse universa onera hereditaria sustinet ; sed quarta quidem retenta quasi partis et pro parte stipulationes interponi debent tamquam inter partiarium legatarium et heredem ; si vero totam hereditatem restituerit, ad exemplum emptae et venditae hereditatis stipulationes interponendae sunt. 258. Sed si recuset scriptus heres adire hereditatem ob id quod dicat eam sibi suspectam esse quasi damnosam, cavetur Pegasiano senatusconsulto, ut desiderante eo cui restituere rogatus est, jussu praetoris adeat et restituat, proindeque ei et in eum qui receperit *hereditatem*, actiones dentur, ac juris est ex senatusconsulto Trebelliano. Quo casu nullis stipulationibus opus est, quia simul et huic qui restituit securitas datur, et actiones hereditariae ei et in eum transferuntur, qui receperit hereditatem. 259. Nihil autem interest, utrum aliquis ex asse heres institutus aut totam hereditatem aut pro parte restituere rogetur, an ex parte heres institutus aut totam eam partem aut partis partem restituere rogetur ; nam et hoc casu de quarta parte ejus partis ratio ex Pegasiano senatusconsulto haberi solet.

260. Potest autem quisque etiam res singulas per fideicommissum relinquere, velut fundum hominem vestem argentum pecuniam, et vel ipsum heredem rogare, ut alicui restituat, vel legatarium, quamvis a legatario legari non possit. 261. Item

potest non solum propria testatoris res per fideicommissum relinqui, sed etiam heredis aut legatarii aut cujuslibet alterius. Itaque et legatarius non solum de ea re rogari potest, ut eam alicui restituat quae ei legata sit, sed etiam de alia, sive ipsius legatarii sive aliena sit. [Sed] hoc solum observandum est, ne plus quisquam rogetur aliis restituere, quam ipse ex testamento ceperit; nam quod amplius est, inutiliter relinquitur. 262. Cum autem aliena res per fideicommissum relinquitur, necesse est ei qui rogatus est, aut ipsam redimere et praestare, aut *a*estimationem *ejus* solvere, s*icut juris est si* per damnationem alie*n*a res legata sit. Sunt tamen qui putant, si rem per fideicommissum relictam dominus non vendat, extingui fideicommissum; sed aliam esse causam per damnationem legati.

263. Libertas quoque servo per fideicommissum dari potest, ut vel *h*eres rogetur manumittere, vel legatarius. 264. Nec *interest, utrum de suo proprio* servo testator roget, an de eo qui ipsius heredis aut legatarii vel etiam extranei sit. 265. Itaque et alienus ser*v*us redimi et manumitti debet. Quodsi dominus eum non vendat, sane extinguitur fideicommissaria libertas, quia hoc ca*s*u pretii computatio nulla intervenit. 266. Qui autem ex fideicommisso manumittitur, non testatoris fit libertus, etiamsi testatoris servus *fuerit*, se*d* ejus qui ma*n*um*ittit*. 267. A*t* qui directo testamento liber esse jubetur, ve*l*ut hoc modo : STICHUS SERVUS *MEUS* LIBER ESTO; vel hoc : STICHUM SERVUM MEUM LIBERUM ESSE JUBEO, *is ipsius testat*oris fit libertus. Nec alius ullus directo ex testamento libertatem habere potest, quam qui utroque tempore testatoris ex jure Q*uiritium fuerit, et quo f*aceret testamentum et quo moreretur.

268. Multum autem dif*ferunt* ea quae per fideicommissum reli*n*quuntur, ab his quae directo jure legantur. 269. Nam ecce per fideicommissum *etiam ab herede* heredis relinqui potest; cum alioquin legatum *ita relictum* inutile sit[1]. 270. Item intestatus moriturus potest ab eo ad quem bona ejus pertinent, fideicom*m*issum alicui relinquere; cum alioquin ab eo legari non possit. 270ᵃ. *Item legatum codicillis* relictum non aliter valet, quam si a testatore confirmati fuerint, id est nisi in testamento cave*r*it testator, ut quidquid in codicillis scripserit, id ratum sit ; fideicommissum vero etiam non confirmatis codicillis relinqui potest. 271. Item a legatario legari non potest ; sed fideicommissum relinqui potest. Quin etiam ab eo quoque cui per fideicommissum relinquimus, rursus alü per

---

1. Restitution quant au sens de Krueger, d'après *Ep*., 2, 7, 8 ; cf. de nombreuses autres restitutions dans Dubois.

fideicommissum relinquere possumus. 272. Item servo alieno directo libertas dari non potest; sed per fideicommissum potest. 273. Item codicillis nemo heres institu*i* potest neque exheredari, quamvis testamento confirmati sint. At *is* qui testamento heres institutus est, potest codicillis rogari, ut eam hereditatem alii totam vel ex parte restituat, quamvis testamento codicilli confirmati non sint. 274. Item mulier qu*ae* ab eo qui centum milia aeris census est, per legem Voconiam heres institu*i* non potest, tamen fideicommisso relictam sibi hereditatem capere potest. 275. Latini quoque qui hereditates legataqu*e* directo jure lege Junia capere prohibentur, ex fideicommisso capere possunt. 276. Item cum senatusconsulto prohibitum sit proprium servum minorem annis xxx liberum et heredem instituere, plerisque placet posse nos jubere liberum esse, cum annorum xxx erit, et rogare ut tunc illi restituatur hereditas. 277. Item quamvis non *possimus* post mortem ejus qui nobis heres extiterit, alium in locum ejus heredem instituere, tamen possumus eum rogare, ut cum morietur, alii eam hereditatem totam vel ex parte restituat; et quia post mortem quoque heredis fideicommissum dari potest, idem efficere possumus et si ita scripserimus : CUM TITIUS HERES MEUS MORTUUS ERIT, VOLO HEREDITATEM MEAM AD P. MEVIUM PERTINERE. Utroque autem modo, tam hoc quam illo, Titius heredem suum obligatum relinquit de fideicommisso restituendo. 278. Praeterea legata *per* formulam petimus; fideicommissa vero Romae quidem apu*d* consulem vel apu*d* eum praetorem qui praecipue de fideicommissis jus dicit, persequimur, in *pro*vinciis vero apu*d* praesidem provinciae. 279. Item de fideicommissis semper in urbe jus dicitur; de legatis vero, cum res agun*tur*. 280. Item fideicommissorum usurae et fructus debentur, si modo moram solutionis fecerit qui fideicommissum debebit; legatorum vero usurae non debentur; idque rescripto divi Hadriani significatur. Scio tamen Juliano placuisse, in eo legato quod sinendi modo relinquitur, idem juris esse quod in fideicommissis; quam sententiam et his temporibus magis optinere video. 281. Item legata Graec*e* scripta non valent; fideicommissa vero valent. 282. Item si legatum per damnationem relictum heres infi*ti*etur, in duplum cum eo agitur; fideicommissi vero nomine semper in simplum persecutio est. 283. Item *quod* quisque ex fideicommisso plus debito per errorem solverit, repetere potest; a*t* id quod ex causa falsa per damnationem legati plus de*b*ito solutum sit, repeti non potest. Idem scilicet jur*is* est de eo [legato] quod non debitum vel ex hac vel ex illa causa per errorem solutum fuerit.

284. Erant etiam aliae differentiae quae nunc non sunt. 285. Ut ecce peregrini poterant fideicommissa capere; et fere haec fuit origo fideicommissorum. Sed postea id prohibitum est; et nunc ex oratione divi Hadriani senatusconsultum factum est, ut ea fideicommissa fisco vindicarentur. 286. Caelibes quoque qui per legem Juliam hereditates legataque capere prohibentur, olim fideicommissa videbantur capere posse. 286ª. Item orbi qui per legem Papiam [ob id quod liberos non habebant] dimidias partes hereditatum legatorumque perdunt, olim solida fideicommissa videbantur capere posse. Sed postea senatusconsulto Pegasiano proinde fideicommissa quoque ac legata hereditatesque capere posse prohibiti sunt; eaque translata sunt ad eos qui in eo testamento liberos habent, aut si nullus liberos habebit, ad populum, sicut juris est in legatis et in hereditatibus, quae eadem aut simili ex causa caduca fiunt. 287. Item olim incertae personae vel postumo alieno per fideicommissum relinqui poterat, quamvis neque heres institui neque legari ei posset; sed senatusconsulto quod auctore divo Hadriano factum est, idem in fideicommissis quod in legatis hereditatibusque constitutum est. 288. Item poenae nomine jam non dubitatur nec per fideicommissum quidem relinqui posse.

289. Sed quamvis in multis juris partibus longe latior causa sit fideicommissorum quam eorum quae directo relinquuntur, in quibusdam tantumdem valeant, tamen tutor non aliter testamento dari potest quam directo, veluti hoc modo: LIBERIS MEIS TITIUS TUTOR ESTO, vel ita: LIBERIS MEIS TITIUM TUTOREM DO; per fideicommissum vero dari non potest.

COMMENTARIUS TERTIUS[1].

1. *Intestatorum hereditates ex lege* XII *tabularum primum ad suos heredes pertinent.* 2. *Sui autem heredes existimantur liberi qui in potestate morientis fuerunt, veluti filius filiave, nepos neptisve ex filio, pronepos proneptisve ex nepote filio nato prognatus prognatave. Nec interest, utrum naturales sint liberi an adoptivi.*

---

1. Manque une feuille entière du manuscrit. — Les §§ 1 à 5 sont restitués à l'aide de la *Collatio*, 16, 2, complétée pour les §§ 1, 2, 4, par les *Inst.*, 3, 1, 1-2. Mais ils ne suffisent pas pour remplir les deux pages perdues, soit qu'il s'y trouvât des développements omis dans la *Collatio*, soit que plutôt l'une d'elles fût laissée en blanc.

Ita demum tamen nepos neptisve et pronepos proneptisve suorum heredum numero sunt, si praecedens persona desierit in potestate parentis esse, sive morte id acciderit, sive alia ratione, veluti emancipatione. Nam si per id tempus quo quisque moritur, filius in potestate ejus sit, nepos ex eo suus heres esse non potest. Idem et in ceteris deinceps liberorum personis dictum intellegemus. 3. *Uxor quoque quae in manu est, sua heres est, quia filiae loco est. Item nurus quae in filii manu est, nam et haec neptis loco est. Sed ita demum erit sua heres, si filius cujus in manu fuerit, cum pater moritur, in potestate ejus non sit. Idemque dicemus et de ea quae in nepotis manu matrimonii causa sit, quia proneptis loco est.* 4. *Postumi quoque qui si vivo parente nati essent, in potestate ejus futuri forent, sui heredes sunt.* 5. *Idem juris est de his quorum nomine ex lege Aelia Sentia vel ex senatusconsulto post* mortem patris causa probatur. Nam et hi vivo patre causa probata in potestate ejus futuri essent. 6. Quod etiam de eo filio qui ex prima secundave mancipatione post mortem patris manumittitur, intellegemus. 7. Igitur cum filius filiave et ex altero filio nepotes neptesve extant, pariter ad hereditatem vocantur; nec qui gradu proximior est, ulteriorem excludit, aequum enim videbatur nepotes neptesve in patris sui locum portionemque succedere. Pari ratione et si nepos neptisve sit ex filio et ex nepote pronepos proneptisve, simul omnes vocantur ad hereditatem. 8. Et quia placebat nepotes neptesve, item pronepotes proneptesve in parentis sui locum succedere, conveniens esse visum est non in capita, sed *in stirpes* hereditatem dividi; ita ut filius partem dimidiam hereditatis ferat et ex altero filio duo pluresve nepotes alteram dimidiam; item si ex duobus filiis nepotes extent, ex altero filio unus forte vel duo, ex altero tres aut quattuor, ad unum aut ad duos dimidia pars pertineat et ad tres aut quattuor altera dimidia.

9. Si nullus sit suorum heredum, tunc hereditas pertinet ex eadem lege xii tabularum ad *a*gnatos. 10. Vocantur autem agnati qui legitima cognatione juncti sunt: legitima autem cognatio est ea quae *per* virilis se*x*us personas *conjungitur. Itaque eodem patre nati fratres agnati sibi sunt, qui etiam consanguinei*[1] vocantur, nec requiritur an etiam matrem eamdem habuerint. Item patru*u*s fratris filio et invicem is illi agnatus est. Eodem numero sunt fratres patrueles inter se, id est qui ex duobus fratribus progenerati sunt, quos plerique *etiam* consobrinos vocant. Qua ratione scilicet etiam ad plures gradus

---

1. Restitué à l'aide de *Coll.*, 16, 2, 10 et *Inst.*, 3, 2, 1.

agnationis pervenire poterimus. 11. Non tamen omnibus simul agnatis dat lex xii tabularum hereditatem, sed his qui tum cum certum est aliquem intestatum decessisse, proximo gradu sunt. 12. Nec in eo jure successio est. Ideoque si agnatus proximus hereditatem omiserit, vel antequam adierit, decesserit, sequentibus nihil juris ex lege competit. 13. Ideo autem non mortis tempore quis *proximus fuerit* requirimus, sed eo tempore quo certum fuerit aliquem intestatum decessisse ; quia si quis *testamento facto* decesserit, melius esse visum est tunc requiri proximum, cum certum esse coeperit neminem ex eo testamento fore heredem. 14. Quod ad feminas tamen attinet, in hoc jure aliu*d* in ipsarum hereditatibus capiendis placuit, aliu*d* in ceterorum [bonis] ab his capiendis : nam feminarum *hereditates* proinde a*d* nos agnationis jure redeunt atque masculorum ; nostrae vero hereditates ad feminas ultra consanguineorum gradum non pertinent. Itaque soror fratri sororive legitima heres esse *non potest. Sororis autem nobis loco est* etiam mater aut noverca quae per in manum conventionem apu*d* patrem nostrum jura filiae nacta est. 15. Si ei qui defunctus erit, si*t* frater et alterius fratris filius, sicut ex superioribus intellegitur, frater po*t*ior est, quia gradu praecedit ; sed alia facta est juris interpretatio inter suos heredes. 16. Quodsi defuncti nullus frater extet, *sed* sint liberi fratrum, ad omnes quidem hereditas pertinet ; sed quaesitum est, si dispari forte numero sint nati, ut ex uno unus vel duo, ex altero tres vel quattuor, utrum in stirpes dividenda sit hereditas, sicut inter suos heredes juris est, an potius in capita. Ja*m* dudum tamen placuit in capita dividendam esse hereditatem : itaque quo*t*quo*t* erunt ab utraque parte personae, in tot portiones hereditas dividetur, ita ut singuli singulas portiones ferant.

17. Si nullus agnatus sit, eadem le*x* xii tabularum gentiles ad hereditatem vocat. Qui sint autem gentiles, primo commentario rettulimus ; et cum illic admonuerimus totum gentilicium jus in desuetudinem abüsse, supervacuum est hoc quoque loco de eadem re curiosius tractare.

18. Hactenus lege xii tabularum finitae sunt intestatorum hereditates, quod jus quemadmodum strictum fuerit, palam est intellegere. 19. Statim enim emancipati li*b*eri nullum jus in hereditatem parentis ex ea lege habent, cum desierint sui heredes esse. 20. *Idem* juris est, si ideo liberi non sint in potestate patris, quia sint cum eo civitate Romana donati, nec ab imperatore in potestatem redacti fuerint. 21. Item agnati capite deminuti non admittuntur ex ea lege ad here-

ditatem, quia nomen agnationis capitis deminutione perimitur. 22. Item proximo agnato non adeunte hereditatem nihilo magis sequens jure legitimo admittitur. 23. Item feminae agnatae quaecumque consanguineorum gradum excedunt, nihil juris ex lege haben*t*. 24. Similiter non admittuntur cognati qui per feminini sexus personas necessitudine junguntur ; adeo quidem, ut nec inter matrem et filium filiamve ultro citroque hereditatis capiendae jus competat, praeterquam si per in manum conventionem consanguinitatis jura inter eos constiterint.

25. Sed hae juris iniquitates edicto praetoris emendatae sunt. 26. Nam *libero*s omnes qui legitimo jure deficiuntur, vocat ad hereditatem, proinde ac si in potestate parentis mortis tempore fuissent, sive soli sint sive etiam sui heredes, id est qui in potestate patris fuerunt, concurrant. 27. Agnatos autem capite deminutos non secundo gradu post suos heredes vocat, id est non eo gradu vocat quo per legem vocarentur, si capite *d*eminuti non essent, sed tertio proximitatis nomine ; licet enim capitis deminutione jus legitimum perdiderint, certe cognationis jura retinent. Itaque si quis alius sit qui integrum jus agnationis habebit, is potior erit, etiamsi longiore gradu fuerit. 28. Idem juris est, ut quidam putant, in ejus agnati persona, qui proximo agnato omittente hereditatem nihilo magis jure legitimo admittitur. Sed sunt qui putant hunc eodem gradu a praetore vocari, quo etiam per legem agnatis hereditas datur. 29. Feminae certe agnatae quae consanguineorum gradum excedunt, tertio gradu vocantur, id est si neque suus heres neque agnatus ullus erit. 30. Eodem grad*u* vocantur etiam eae personae quae per feminini sexus personas copulatae sunt. 31. Liberi quoque qui in adoptiva familia s*unt*, ad naturalium parentum hereditatem hoc eodem gradu vocantur.

32[1]. Quos autem *praetor* vocat ad hereditatem, hi heredes ipso quidem jure non fiunt ; nam praetor heredes facere non po*test* ; *per legem enim tantum vel similem juris constitu*tionem h*eredes* fiunt, veluti per senatusconsultum et constitutionem principalem : sed *cum eis* praetor *dat bonorum posses*sionem, loco heredum *constituuntur*.

33. A*dhuc autem etiam* alios complures gradus *praetor facit in bonorum possessionibus dandis, dum id agit, ne quis sine successore moriatur*[2]. De quibus in his commentariis con-

---

1. Restitué d'après *Inst.*, 3, 9, 2. — 2. Phrase restituée d'après *Inst.*, 3, 9, 2.

sul*to non agimus, cum* hoc jus totum propriis commentariis executi simus. 33ᵃ. *Hoc* solum admonuisse sufficit... [1].

37 lignes presque complètement illisibles.

33ᵇ. *Aliquando tamen neque emendandi neque impugnandi veteris juris sed magis confirmandi gratia pollicetur bonorum possessionem. Nam illis quoque qui recte facto testamento heredes instituti sunt,* dat secundum *tabulas bonorum possessionem*[2]. 34. Item ab in*testato* heredes suos et ag*natos* ad bonorum possessionem vocat. 34. Quibus casibus beneficium ejus in eo solo videtur aliquam utilitatem habere, ut *is* qui ita bonorum possessionem petit, interdicto cujus principium est QUORUM BONORUM uti possit. Cujus interdicti quae sit utilitas, suo loco proponemus. Alioquin remota quoque bonorum possessione ad eos hereditas pertinet jure civili.

35. Ceterum saepe quibusdam ita datur bonorum possessio, ut is cui data sit, *non* optineat hereditatem ; quae bonorum possessio dicitur sine re. 36. Nam si verbi gratia jure facto testamento heres ins*titu*tus creverit hereditatem, sed bonorum possessionem secundum tabulas testamenti petere noluerit, contentus eo quod jure civili heres sit, nihilo minus ii qui nullo facto testamento ad intestati *bona* vocantur, possunt petere bonorum possessionem ; sed sine re ad eos [hereditas] pertinet, cum testamento scriptus heres evincere hereditatem possit. 37. Idem juris est, si intestato aliquo mortuo suus heres nolue*rit* petere *bonorum* possessionem, contentus *legitimo jure* ; *id si fiet,* agnato competit quidem bonorum possessio, sed sine re, quia evinci hereditas *a* suo herede potest. Et [illud] convenienter, si ad agnatum jure civili pertinet hereditas et is adierit hereditatem, se*d* bonorum possessionem petere noluerit, et si [quis ex proximis] cognatus petierit, sine re habebit bonorum possessionem propter eandem rationem. 38. Sunt et al*ii* quidam similes casus, quorum aliquos superiore commentario tradidimus.

39. Nunc de libertorum *bonis* videamus. 40. Olim itaque licebat liberto patronum suum *impune* testamento praeterire ; nam ita demum lex XII tabularum ad hereditatem liberti vocabat patro*num*, si intestatus mortuus esset libertus nullo suo herede *relicto.* Itaque intestato quoque mortuo liberto, si is

---

1. Passage dont on n'a pu lire que des mots entrecoupés : '.... tabulis... hereditatem... invi*diosum*... per in manum *convention*em jura consanguin*itatis* pacta... fratre... nam... *heredit*as non pertine.....' et dans lequel il est probable que Gaius traitait du sénatus-consulte Tertullien. — 2. Restitué d'après *Inst.,* 3, 9, 1.

suum heredem reliquerat, nihil in *bonis* ejus patrono juris erat. Et siquidem ex naturalibus liberis aliquem suum heredem reliquisset, nulla videbatur esse querella ; si vero vel adoptivus filius filiave vel uxor quae in manu esset, sua heres esset, aperte ini*qu*um erat nihil ju*ris* patrono superesse. 41. Qua de causa postea praetoris edicto haec ju*ris* iniquitas emendata est. Sive enim faciat testamentum libertus, jubetur ita testari, ut patrono suo partem dimidiam *b*onorum suorum relinqua*t*, et si aut nihil aut minus quam partem dimidiam reliquerit, datur patrono contra tabulas testamenti partis dimidiae bonorum possessio ; si vero intestatus moriatur suo herede relicto adoptivo filio *vel* uxore quae in manu ipsius esset, vel nur*u* quae in manu filii ejus fuerit, da*tur* aeque patrono adversus hos suos heredes partis dimidiae bonorum possessio. Prosunt autem liberto ad excludendum patronum naturales liberi, non solum quos in potestate mortis tempore habet, se*d* etiam emancipati et in adoptionem dati, si modo aliqua ex parte heredes scripti *sint, aut praeteriti contra*[1] tabulas testamenti bonorum possessionem ex edicto petierint ; nam exheredati nullo modo repellunt patronum. 42. Postea lege Papia aucta sunt jura patronorum, quod ad locupletiores libertos pertinet. Cautum est enim ea lege, ut ex bonis ejus qui sestertiorum *centu*m *milium plurisve* patrimonium reli*qu*erit, et pauciores quam tres liberos habebit, sive is testamento facto sive intestato mort*uu*s erit, virilis pars patrono debeatur. Itaque cum unum filium unamve filiam heredem reliquerit libertus, proinde pars dimidia patrono debetur, ac si sine ullo filio filiave moreretur ; cum vero duos duasve heredes reliquerit, tertia pars debe*tur* ; si tres relinquat, repellitur patronus.

43. In bonis libertinarum nullam injuriam antiquo jure patiebantur patroni. Cum enim hae in patronorum legitima tutela essent, non aliter scilicet testamentum facere poterant quam patrono auctore. Itaque sive auctor ad testamentum faciendum factus er*at, aut sibi imputare debebat, quod heres ab ea* relic*tus non erat, aut ipsum ex testamento*, si *heres factus* erat, *sequ*ebatur hereditas ; si vero auctor ei fac*tus* non erat, et intestata liberta moriebatur, ad *patronum....... pert*inebat. Nec enim ullus *olim ab intestato heres vel bonorum possessor* erat, *qui* posset patronum a bonis liber*tae invitum* repellere[2]. 44. Sed postea lex Papia cum quattuor liberorum jure liber-

---

1. Restitué d'après *Inst.*, 3, 7, 1. — 2. Fin du § lue incomplètement, mais dans laquelle le déchiffrement partiel obtenu par la 2ᵉ révision de Studemund contredit à peu près toutes les restitutions antérieures.

tinas tutela patronorum liberaret et eo modo concederet eis etiam sine tutoris auctoritate *condere testamentum*, *prospexit*, ut pro numero liberorum *quos liberta mortis tempore* habuerit, virilis pars patrono debeatur. Ergo ex bonis ejus quae omn*es quattuor* incolume*s* liberos reli*q*uerit *quinta pars patrono debetur*; quod*s*i *omnibus liberis superstes fuerit, heredita*s ad patronum pertinet[1].

45. Quae diximus de patrono, eadem intellegemus et de filio patroni; item de *nepote ex* filio *et de* pronepote *ex nepote* filio nato prognato. 46. Filia vero patroni et *neptis* ex filio et prone*ptis ex* nepote filio nat*o* progna*ta* olim quide*m eo jure utebantur quod* lege xii tabularum patrono datum est, *praetor autem non nisi virilis* sexus patronorum liberos *vocat, filio vero ut contra tabulas*[2] testamenti liberti *aut* ab intestato contra filium adoptivum vel uxorem nurumve quae in manu fuerit, bonorum possessionem petat, trium liberorum jure lege Papia consequitur; aliter hoc jus non habet. 47. Se*d* ut ex bonis libertae testatae quattuor liberos habentis virilis pars ei debeatur, ne liberorum quidem jure consequitur, ut quidam putant. Se*d* tamen intestata liberta mortua verba legis Papiae faciunt, ut ei virilis pars debeatur. Si vero testamento facto mortua sit liberta, tale jus ei datur, quale datum est contra tabulas testamenti liberti, id est quale et virilis sexus patronorum liberi contra tabulas testamenti liberti habent; quamvis parum diligenter ea pars legis scripta sit. 48. Ex *his* apparet e*x*traneos heredes patronorum longe remotos *esse* ab om*n*i eo jure, quod vel in *intes*tatorum bonis vel con*tra* tabulas testamenti patrono competit.

49. Patronae olim ante legem Papiam hoc solum jus habebant in bonis libertorum, quod etiam patronis *ex* lege xii tabularum datum est. Nec enim ut contra tabulas tes*t*amenti ingrati liberti vel ab intestato contra filium adoptivum vel uxorem nurumve bonorum possessionem partis dimidiae peterent, praetor similiter ut de patrono liberisque ejus curabat. 50. Sed lex Papia duobus liberis honora*tae* ingenuae patronae, libertinae tribus, eadem fere jura dedit quae ex edicto praetoris patroni habent; trium vero liberorum jure honoratae ingenuae patronae ea jura dedit, quae per eandem legem patrono data sunt; libertinae autem patronae non idem juris praestitit. 51. Quod autem ad libertinarum bona pertinet,

---

1. Restitution de Krueger, d'après la 2ᵉ révision de Studemund; même observation que sur 43 *in fine*. — 2. Restitution quant au sens de Krueger; v. d'autres conjectures dans Dubois.

siquidem intestatae decesserint, nihil novi patronae liberis honoratae lex Papia praestat. Itaque si neque ipsa patrona neque liberta *capite* deminuta sit, ex lege XII tabularum ad eam hereditas pertinet et excluduntur libertae liberi ; quod juris est etiam si liberis honorata non sit patrona ; numquam enim, sicut supra diximus, feminae suum heredem habere possunt. Si vero vel hujus vel illius capitis deminutio interveniat, rursus liberi libertae excludunt patronam, quia legitimo jure *capitis deminutione* perempto evenit, ut liberi libertae cognationis jure potiores habeantur. 52. Cum autem testamento facto moritur liberta, ea quidem patrona quae liberis honorata non est, nihil juris habet contra liber*tae* testamentum ; ei vero quae liberis honorata sit, hoc jus tribuitur per legem Papiam, quod habet ex edicto patronus contra tabulas liberti.

53. Eadem lex patronae filio liberis honorato *civi Romano* patroni jura dedit ; sed in hujus persona etiam unius filii filiaeve jus sufficit[1].

54. Hactenus omnia jura quasi per indicem tetigisse satis est ; alioquin diligentior interpretatio propriis commentariis exposita est.

55. Sequitur ut de bonis Latinorum libertinorum dispiciamus. 56. Quae pars juris ut manifestior fiat, admonendi sumus, id quod alio loco diximus, eos qui nunc Latini Juniani dicuntur, olim ex jure Quiritium servos fuisse, sed auxilio praetoris in li*b*ertatis forma servari solitos ; unde etiam res eorum peculii jure ad patronos pertinere solita est ; postea vero per legem Juniam eos omnes quos praetor in libertat*e* tuebatur, liberos esse coepisse et appellatos esse Latinos Junianos : Latinos ideo, quia lex eos liberos perinde esse voluit atque [si essent cives Romani ingenui] qui ex urbe Roma in Latinas colonias deducti Latini coloniarii esse coeperunt ; Junianos ideo, quia per legem Juniam liberi facti sunt, [etiamsi non essent cives Romani]. Legis itaque Juniae lator cum intellegeret futurum ut ea fictione res Latinorum defunctorum ad patronos pertinere desinerent, quia *scilicet* neque ut servi decederent, ut possent jure peculii res eorum ad patronos pertinere, neque liberti Latini hominis bon*a* possent manumissionis jure ad patronos pertinere, necessarium existimavit, ne beneficium istis datum in injuriam patronorum converteretur, cavere [voluit], ut bona eorum proinde ad manumissores pertinerent, ac si lex lata non esset ; itaque jure quodammodo

1. Cf. sur la lecture de ce § les notes de Dubois.

peculii bona Latinorum ad manumissores ea lege pertinent. 57. *Unde* accidit ut longe differant ea jura quae in bonis Latinorum ex lege Junia constituta sunt, ab his quae in hereditate civium Romanorum libertorum observantur. 58. Nam civis Romani liberti hereditas ad extraneos heredes patroni nullo modo pertinet; ad filium autem patroni nepotesque ex filio et pronepotes ex nepote *filio nato* prognatos omni modo pertinet, etiamsi *a* parente fuerint ex*h*eredati. Latinorum autem bona tamquam peculia servorum etiam ad extraneos heredes pertinent, et ad liberos manu*missoris* exheredatos non pertinent. 59. Item *civis Romani liberti* hereditas ad duos pluresve patronos aequaliter pertinet, licet dispar in eo servo dominium habuerint; bona vero Latinorum pro ea parte pertinent, pro qua parte quisque eorum dominus fuerit. 60. Item in hereditate civis Romani liberti patronus alterius patroni filium excludi*t*, et filius patroni alterius patroni nepotem repellit; bona autem Latinorum [et ad ipsum patronum] et *ad alterius* patroni heredem simul pertinent, pro qua parte ad ipsum manumissorem pertinerent. 61. Item si unius patroni tres forte liberi sunt et alterius unus, hereditas civis Romani liberti in capita dividitur, id est tres fratres tres portiones ferunt et unus quarta*m*; bona vero Latinorum pro ea parte ad successores pertinent, pro qua parte ad ipsum manumissorem pertinerent. 62. Item si alter ex *his* patronis suam partem in hereditate civis Romani liberti spernat, vel ante moriatur quam cernat, tota hereditas ad alterum pertinet; bona autem Latini pro parte de*fi*cientis patroni caduca fiunt et ad populum pertinent.

63. Postea Lupo et Largo consulibus senatus censuit, ut bona Latinorum primum ad eum pertinerent qui eos liberasset; deinde ad liberos eorum non nominatim ex*h*eredatos, uti quisque proximus esset; tunc antiquo jure ad heredes eorum qui liberassent, pertinerent. 64. Quo senatusconsulto quidam *id* actum esse putant, ut in bonis Latinorum eodem jure utamur, quo utimur in hereditate civium Romanorum libertinorum I*d*que maxime Pegaso placuit. Quae sententia aperte falsa est. Nam civis Romani liberti hereditas numquam ad extraneos patroni heredes pertinet, bona autem Latinorum [etiam] ex hoc ipso senatusconsulto non obstantibus liberis manumissoris etiam ad extraneos heredes pertine*nt*. Item in hereditate civis Romani liberti liberis manumissoris nulla exheredatio nocet, in bonis Latinorum nocere nominatim factam exheredationem ipso senatusconsulto significatur. 64ª. Verius est ergo hoc so-

lum eo senatusconsulto actum esse, ut manumissoris liberi qui nominatim exheredati non sint, praeferantur extraneis heredibus. 65. Itaque emancipatus filius patroni praeteritus quamvis contra tabulas testamenti parentis sui bonorum possessionem non petierit, tamen extraneis heredibus in bonis Latinorum potior habetur. 66. Item filia ceterique sui heredes licet jure civili inter ceteros exheredati sint et ab omni hereditate patris sui summoveantur, tamen in bonis Latinorum, nisi nominatim a parente fuerint exheredati, potiores erunt extraneis heredibus. 67. Item ad liberos qui ab hereditate parentis se abstinuerunt, nihilo minus bona Latinorum pertinent; nam hi quoque exheredati nullo modo dici possunt, non magis quam qui testamento silentio praeteriti sunt. 68. Ex his omnibus satis illud apparet, si is qui Latinum fecerit, ... [1]

<small>Suivent 24 lignes presque totalement illisibles.</small>

69. Item illud quoque constare videtur, si solos liberos ex disparibus partibus patronus heredes instituerit, ex isdem partibus bona Latini, si patri heredes existant[2], ad eos pertinere, quia nullo interveniente extraneo herede senatusconsulto locus non est. 70. Sed si cum liberis suis etiam extraneum heredem patronus reliquerit, Caelius Sabinus ait tota bona pro virilibus partibus ad liberos defuncti pertinere, quia cum extraneus heres intervenit, non habet lex Junia locum, sed senatusconsultum. Javolenus autem ait tantum eam partem ex senatusconsulto liberos patroni pro virilibus partibus habituros esse, quam extranei heredes ante senatusconsultum lege Junia habituri essent, reliquas vero partes pro hereditariis partibus ad eos pertinere. 71. Item quaeritur an hoc senatusconsultum ad eos patroni liberos pertineat, qui ex filia nepteve procreantur, id est ut nepos meus ex filia potior sit in bonis Latini mei quam extraneus heres. Item an ad maternos Latinos hoc senatusconsultum pertineat quaeritur, id est ut in bonis Latini materni potior sit patronae filius quam heres extraneus matris. Cassio placuit utroque casu locum esse senatusconsulto. Sed hujus sententiam plerique improbant, quia senatus de his liberis [patronarum] nihil sentiat, qui aliam familiam sequerentur. Idque ex eo apparet quod nominatim exheredatos summovet; nam videtur de his sentire qui exheredari a parente solent, si heredes non instituantur; neque autem matri filium

---

1. Passage dans lequel on n'a pu lire que les mots entrecoupés: '... esse; hunc enim solum... in bonis Latinorum... quaeritur an exheredes... et libe... constat... bona Latinorum... est ut... ab alteri...'. — 2. Restitution indiquée comme possible par Krueger et Studemund; autres conjectures dans Dubois.

filiamve, neque avo materno nepotem neptemve, si eum eamve heredem non instituat, ex*h*eredare necesse est, sive de jure civili qu*a*eramus, sive de edicto praetoris, quo praeteritis liberis contra tabulas testamenti bonorum possessio promittitur.

72. Aliquando tamen civis Romanus libertus tamquam Latinus moritur, velut si Latinus salvo jure patroni ab imperatore jus Quiritium consecutus fuerit. Nam, ut divus Trajanus constituit, si Latinus invito vel ignorante patrono jus Quiritium ab imperatore consecutus sit, [quibus casibus] dum vivit iste libertus, ceteris civibus Romanis libertis similis est et justos liberos procreat, moritur autem Latini jure, nec ei liberi ejus hered*es* esse possunt ; et in hoc tantum habet testamenti factionem, *ut* patronum heredem instituat eiqu*e*, si heres esse noluerit, alium substituere possit. 73. Et quia hac constitutione videbatur effectum, ut ne umquam isti homines tamquam cives Romani morerentur, quamvis eo jure postea *u*si essent, quo vel ex lege *Aelia* Sentia vel ex senatusconsulto cives Romani essent, divus Hadrianus iniquitate rei motus auctor fuit senatusconsulti faciendi, ut qui ignorante vel recusante patrono ab imperatore jus Quiritium consecuti essent, si eo jure postea usi essent, quo ex lege Aelia Sentia vel ex senatusconsulto, si Latini ma*ns*issent, civitatem Romanam consequerentur, proinde ipsi haberentur ac si lege Aelia Sentia vel senatusconsulto ad civitatem Romanam pervenissent.

74. Eorum autem quos lex Aelia Sentia dediticiorum numero facit, bona modo quasi *civium Romanorum* libertorum, modo quasi Latinorum ad patronos pertinent. 75. Nam eorum bona qui, s*i* in aliquo vitio non essent, manumissi cives Romani futur*i* essent, quasi civium Romanorum patronis eadem lege tribuuntur : non tamen *h*i habent etiam testamenti factionem ; nam id plerisque placuit, nec immerito : nam incredibile *v*idebatur pessim*a*e condicionis hominibus voluisse legis latorem testamenti faciendi jus concedere. 76. Eeorum vero bona qui, si non in aliquo vitio essent, manumissi futur*i* Latini essent, proinde tribu*u*ntur patronis, ac si Latini decessissent : nec me pra*e*terit non satis in ea re legis *l*atorem voluntatem suam verbis expre*ss*isse.

77. Videamus autem et d*e* ea successione qu*a*e nobis ex emptione bonorum competit. 78. Bona autem veneunt aut vivorum aut mortuorum : vivorum veluti eorum qui fraudationis causa latitant nec absentes defenduntur ; item eorum qui ex lege Julia *b*onis cedunt ; item judicatorum post tempus quod e*is* parti*m* lege XII tabularum partim edicto praetoris ad

expediendam pecuniam tribuitur. Mortuorum bona *veneunt* veluti eorum quibus certum est neque heredes neque bonorum possessores neque ullum alium justum successorem existere. 79. Siquidem vivi bona veneant, ju*bet* ea praetor per dies continuos xxx possi*deri et* proscribi; si vero mortui, p*er* dies xv. Postea jubet convenire creditores et ex eo numero magistrum creari, id est eum per quem bona veneant. Itaque si vivi bona veneant, in diebus x *bonorum venditionem* fieri jubet, si mortui, in dimidio. D*iebus* ita*que* vivi bona xxx*x*, mortui vero xx emptori addici jubet[1]. Quare autem tardius viventium bonorum venditionem compleri jubet, illa ratio est, quia de vivis curandum erat, ne facile bonorum venditiones paterentur.

80. Neque autem bonorum possess*orum* neque *bonorum emptorum* res pleno jure fiunt, sed in bonis efficiuntur; *ex jure* Quiritium autem ita demum adquiruntur, si us*u*ceperunt. Interdum quidem bonorum emptoribus n*e u*sus quidem capio contingit, veluti si . . . . . bonorum emptor[2] . . . . .

81. Item quae de*bita sunt ei cujus fuerunt bona* aut ipse debuit, neque bonorum possessor ne*que* bonorum emptor ipso jure debe*t aut ipsis debentur, et ideo* de omnibus rebus *utilibus actionibus et experiuntur et conveniuntur, quas in* sequenti commentario proponemus.

82. Sunt autem etiam alterius generis successiones quae neque lege xii tabularum neque praetoris edicto, sed eo jure *quod* consensu receptum est, introductae sunt. 83. Etenim cum pater familias se in adoptionem ded*it,* mulierve in manum convenit, omnes ejus res incorporales et corporales quaeque ei debitae sunt, patri adoptivo coemptionatorive adquiruntur, exceptis his quae per capitis deminutionem pereunt, quales sunt ususfructus, operarum obligatio *libertinorum* quae per jusjurandum contracta est, et *lites contestatae* legitimo judicio. 84. Ex diverso quod *is* debu*it, qui se in* adoptionem dedit quaeve in manum conven*it, non* transit ad coemptionatorem aut ad patrem adoptivum, *nisi si* hereditarium aes alienum fuerit. Tunc enim quia ipse pater adoptivus aut coemptionator heres fit, directo tenetur jure; is *vero qui* se adoptandum dedit quaeve in manum convenit, desinit esse heres. De eo vero

---

1. Restitution de Krueger admise par Giraud; v. les restitutions aboutissant à des chiffres différents, notamment de Huschke, dans Dubois. — 2. Paragraphe incomplet dans lequel Gaius traitait, selon Huschke, du cas où le *bonorum emptor* était pérégrin, selon l'opinion plus vraisemblable de Krueger, de celui où la *venditio* était nulle pour quelque irrégularité (cf. *D.* 42, 4, 7, 3. 42, 5, 30).

quod proprio nomine ea*e* personae debuerint, licet neque pater adoptivus teneatur neque coemptionator, *et ne* ipse quidem qui se *in ad*optionem ded*it quaeve* in manum convenit, maneat obligatus obligata*ve*, quia *scilicet* per capitis deminutionem liberetur, tamen in eum eamve utilis actio datur rescissa capitis deminutione ; et si adversus hanc actionem non defendantur, quae bona eorum futura fuissent, si se alieno juri non subjecissent, universa vendere creditoribus praetor permitti*t*.

85. *Item si* legitimam h*ereditatem heres, antequam ce*rnat aut pro herede gerat, alii in jure cedat, pleno jure fit ille heres, cui cessa est hereditas, *proinde ac si ipse per* legem ad hereditatem vocaretur ; quodsi posteaquam heres extiterit, cesserit, adhuc heres manet et ob i*d* creditoribus ipse tenebitur ; sed res corporales transferet proinde ac si singulas in jure cessisset, de*b*ita vero pereunt, eoque modo debitores hereditarii lucrum faciunt. 86. Idem juris est, si testamento scriptus heres posteaquam heres extiterit, in jure cesserit hereditatem ; ante aditam vero hereditatem cedendo nihil agit. 87. *Suus* autem et necessarius heres an aliqui*d* agant[1] in jure cedendo quaeritur. Nostri praeceptores nihil eos agere existimant ; diversa*e* scholae auctores idem eos agere putant, quod ceteri post aditam hereditatem ; nihil enim interest, utrum aliquis cernendo aut pro herede gerendo heres fiat, an juris necessitate hereditati adstringatur[2].

88. *Nunc transeamus*[3] ad obligationes. Quarum summa divisio in duas species diducitur : omnis enim obligatio vel ex contractu nascitur vel ex delicto.

89. Et prius videamus de his quae ex contractu nascuntur. Harum autem quattuor genera sunt : aut enim re *contra*hitur obligatio aut verbis aut litteris aut consensu.

90. Re contrahitur obligatio velut mutui datione. *Mutui autem datio*[4] proprie in his [fere] rebus contingit quae pondere numero mensura consta*nt*, qualis est pecunia numerata vinum oleum frumentum *ae*s argentum aurum. Quas res aut numerando aut metiendo aut pendendo in hoc damus, ut accipientium fiant et quandoque nobis non eaedem, sed aliae ejusdem naturae reddantur. Unde etiam mutuum appellatum est, quia quod ita *tibi* a me datum est, ex meo *tuum* fit. 91. Is quoque qui non debitum accepit ab eo qui per errorem solvit, re obli-

---

1. Ms. : 'agat' ; la plupart des éditeurs : 'agant'. Cf. Dubois sur l'intérêt de la question. — 2. Sur la conjecture de Polenaar considérant les §§ 85-87 comme n'étant pas de Gaius, v. en sens divers Krueger et Dubois. — 3. Restitué à l'aide d'*Inst.*, 3, 13, pr. — 4. Restitué à l'aide d'*Inst.*, 3, 14, pr.

gatur : nam proinde ei condici potest si paret eum dare oportere, ac si mutuum accepisset. Unde quidam putant pupillum aut mulierem cui sine *tutoris auctoritate* non debitum per errorem datum est, non teneri condictione, non magis quam mutui datione. Sed haec species obligationis non videtur ex contractu consistere, quia is qui solvendi animo dat, magis distrahere vult negotium quam contrahere.

92. Verbis obligatio fit ex interrogatione *et responsione*, veluti : dari spondes ? spondeo, dabis ? dabo, promittis ? promitto, fidepromittis ? fidepromitto, fidejubes ? fidejubeo, facies ? faciam. 93. Sed haec quidem verborum obligatio : dari spondes ? spondeo propria civium Romanorum est ; ceterae vero juris gentium sunt, itaque inter omnes homines, sive cives Romanos sive peregrinos, valent ; et quamvis ad Graecam vocem expressae fuerint, veluti hoc modo : Δώσεις ; Δώσω · Ὁμολογεῖς ; Ὁμολογῶ · Πίστει κελεύεις ; Πίστει κελεύω · Ποιήσεις ; Ποιήσω,[1] [etiam haec] tamen inter cives Romanos valent, si modo Graeci sermonis intellectum habeant ; et e contrario quamvis Latine enuntientur, tamen etiam inter peregrinos valent, si modo Latini sermonis intellectum habeant. At illa verborum obligatio : dari spondes ? spondeo adeo propria civium Romanorum est, ut ne quidem in Graecum sermonem per interpretationem proprie transferri possit, quamvis dicatur a Graeca voce figurata esse. 94. Unde dicitur uno casu hoc verbo peregrinum quoque obligari posse, veluti si imperator noster principem alicujus peregrini populi de pace ita interroget : pacem futuram spondes ? vel ipse eodem modo interrogetur. Quod nimium subtiliter dictum est, quia si quid adversus pactionem fiat, non ex stipulatu agitur, sed jure belli res vindicatur. 95. Illud dubitari potest, si quis[2] . . . . . .
. . . . . . 95ᵃ. *Sunt et aliae obligationes*[3]. . . . .

Suivent dix lignes presque totalement illisibles.

---

1. Mots grecs restitués d'après la paraphrase des *Inst.* attribuée à Théophile ; espace laissé en blanc dans le ms. — 2. Relatif à des hypothèses de stipulations de validité discutable réstituées différemment par Krueger et Huschke. — 3. Connu vraisemblablement quant au sens à l'aide de l'*Ep.*, 2, 9, 3, qui dit : 'Sunt et aliae obligationes, quae nulla praecedente interrogatione contrahi possunt, id est ut si mulier sive sponsa uxor futura sive jam marito dotem dicat. Quod tam de mobilibus rebus quam de fundis fieri potest. Et non solum in hac obligatione ipsa mulier obligatur, sed et pater ejus, et debitor ipsius mulieris, si pecuniam quam illi debebat, sponso creditricis ipse debitor in dotem dixerit. Hae tantum tres personae nulla interrogatione praecedente possunt dictione dotis legitime obligari. Aliae vero personae si pro muliere dotem viro promiserint, communi jure obligari debent, id est ut et interrogata respondeant et stipulata promittant'. Mais le mot

.....*item* si debitor mulieris jussu ejus, dum... doti dicat quod debet; alius autem obliga*ri hoc* modo non potest. Et ideo si quis alius *pro muliere dotem promittere velit*, communi jure obliga*re se debet, id est stipulanti viro promittere*[1]. 96. Item uno loquente *et sine interrogatione alii promittente contrahitur obligatio, si libertus patrono aut donum aut munus aut operas se daturum esse juravit*[2], sed haec sola causa est, ex qua jurejurando contrahi*tur* obligatio. Sane ex alia nulla causa[3], jurejurando homines obligantur, utique cum quaeritur de jure Romanorum. Nam apu*d* peregrinos quid juris sit, singularum civitatium jura requirentes aliud intellegere poterimus *in aliis valere*.

97. Si id quod dari stipulamur, tale sit, ut dari non possit, inutilis est stipulatio, velut si quis hominem liberum quem servum esse credebat, aut mortuum quem vivum esse credebat, aut locum sacrum vel religiosum quem putaba*t* humani juris esse, dari *stipuletur*. 97ª. *Item si quis rem quae in rerum natura esse non potest, velut hippocentaurum*[4], stipuletur, aeque inutilis est stipulatio. 98. Item si quis sub ea condicione stipuletur quae existere non potest, veluti si digito caelum tetigerit, inutilis est stipula*tio*. Sed legatum sub impossibili condicione relictum nostri praeceptores proinde deberi putant, ac si sine condicione relictum esset; diversae scholae auctores ni*hi*lo minus legatum inutile existimant quam stipulationem. Et sane vix idonea diversitatis ratio reddi potest. 99. Praeterea inutilis est stipulatio, si quis ignorans rem suam esse, dari sibi eam stipuletur; quip*pe* quod alicujus est, id ei dari non potest. 100. Denique inutilis est talis stipulatio, si quis ita dari stipuletur: POST MORTEM MEAM DARI SPONDES? vel ita: POST MORTEM TUAM DARI SPONDES?; *valet autem, si quis ita dari stipuletur*: CUM MORIAR DARI SPONDES? *vel ita*: CUM MORIERIS DARI SPONDES? id est ut in novissimum vitae tempus stipulatoris aut promissoris obligatio conferatur. Nam inelegans esse visum est ab heredis persona incipere obligationem. Rursum ita stipulari non possumus: PRIDIE QUAM MORIAR, aut: PRIDIE QUAM MORIERIS DARI SPONDES? quia non potest aliter intellegi 'pridie quam aliquis morietur', quam si mors secuta sit; rursus morte

---

'corpora'... de la 7ᵉ ligne manquante montre que Gaius y parlait aussi de la distinction des choses corporelles ou non. Cf. aussi Ulp. 6, 2. — 1. Lignes provenant en partie de la 2ᵉ lecture de Studemund par laquelle il faut rectifier toutes les éd. antérieures. — 2. Restitué à l'aide de l'*Epitome* par Huschke. — 3. Lignes provenant de la 2ᵉ lecture de Studemund, par laquelle il faut rectifier, quant à la forme plus que quant au fond, les éd. antérieures. — 4. Cf. *Inst.*, 3, 19, 1.

secuta in praeteritum reducitur stipulatio et quodammodo talis est : HEREDI MEO DARI SPONDES? quae sane inutilis est. 101. Quaecumque de morte diximus, eadem et de capitis deminutione dicta intellegemus. 102. Adhuc inutilis est stipulatio, si quis ad id quod interrogatus erit, non responderit, veluti si sestertia x a te dari stipuler, et tu sestertia *v* promittas, aut si ego pure stipuler, tu sub condicione promittas. 103. Praeterea inutilis est stipulatio, si ei dari stipulemur, cujus juri subjecti non sumus. Unde illud quaesitum est, si quis sibi et ei cujus juri subjectus non est, dari stipuletur, in quantum valeat stipulatio. Nostri praeceptores putant in universum valere et proinde ei soli qui stipulatus sit, solidum deberi, atque si extranei nomen non adjecisset ; sed diversae scholae auctores dimidium ei deberi existimant, pro altera vero parte inutilem esse stipulationem. 103ª. Alia causa est si *ita stipulatus sim* : MIHI AUT TITIO DARI SPONDES? *quo casu constat, mihi* solidum deberi et me solum *ex ea stipulatione agere posse quamquam* etiam Titio *solvendo liberaris*[1]. 104. Praeterea inutilis est stipulatio, si ab eo stipuler qui juri meo subjectus est, item si is a me stipuletur. Sed servus quidem et qui in mancipio est et *filia familias* et quae in manu est non solum ipsi cujus juri subjecti subjectaeve sunt, obligari non possunt, sed ne alii quidem ulli. 105. Mutum neque stipulari neque promittere posse palam est. Idem etiam in surdo receptum est ; quia et is qui stipulatur, verba promittentis, et qui promittit, verba stipulantis exaudire debet. 106. Furiosus nullum negotium gerere potest, quia non intellegit quid agat. 107. Pupillus omne negotium recte gerit, *ut* tamen, sicubi tutoris auctoritas necessaria sit, a*d*hibeatur *tutor*, veluti si ipse obligetur ; nam alium sibi obligare etiam sine tutoris auctoritate potest. 108. Idem juris est in feminis quae in tutela sunt. 109. Sed quod diximus de pupillo, utique de eo verum est qui jam aliquem intellectum habet. Nam infans et qui infanti proximus est, non multum a furioso differt, quia hujus aetatis pupilli nullum intellectum habent ; sed in his pupillis *propter* utilitatem benignior juris interpretatio facta est.

110. Possumus tamen ad id quod stipulamur, alium a*d*hibere qu*i* idem stipuletur ; quem vulgo adstipulatorem vocamus. 111. *Et* huic proinde actio competit proindeque ei recte solvitur ac nobis ; sed quidquid consecutus erit, mandati *j*udicio nobis restituere cogetur. 112. Ceterum potest

---

1. Restitué quant au sens par Krueger et Studemund ; restitution toute différente dans Huschke.

etiam aliis verbis uti adstipulator quam quibus nos usi sumus. Itaque si verbi gratia ego ita stipulatus sim : DARI SPONDES ?, ille sic adstipulari potest : IDEM FIDE TUA PROMITTIS ? vel IDEM FIDEJUBES ? vel contra. 113. Item minus adstipulari potest, plus non potest. Itaque si ego sestertia x stipulatus sim, ille sestertia v stipulari potest ; contra vero plus non potest. Item si ego pure stipulatus sim, ille sub condicione stipulari potest ; contra vero non potest. Non solum autem in quantitate sed etiam in tempore minus et plus intellegitur ; plus est enim statim aliquid dare, minus est post tempus dare. 114. In hoc autem jure quaedam singulari jure observantur. Nam adstipulatoris heres non habet actionem. Item servus adstipulando nihil agit, quamvis ex ceteris omnibus causis stipulatione domino adquirat. Idem de eo qui in mancipio est, magis placuit ; nam et is servi loco est. Is autem qui in potestate patris est, agit aliquid, sed parenti non adquirit, quamvis ex omnibus ceteris causis stipulando ei adquirat. Ac ne ipsi quidem aliter actio competit, quam si sine *capitis* deminutione exierit de potestate parentis, veluti morte ejus aut quod ipse flamen Dialis inauguratus est. Eadem de filia familias et quae in manu est dicta intellegemus.

115. Pro eo quoque qui promittit solent alii obligari ; quorum alios sponsores, alios fidepromissores, alios fidejussores appellamus. 116. Sponsor ita interrogatur : IDEM DARI SPONDES ? fidepromissor *ita* : IDEM FIDEPROMITTIS ? fidejussor ita : IDEM FIDE TUA ESSE JUBES ? Videbimus [de his] autem, quo nomine possint proprie appellari qui ita interrogantur : IDEM DABIS ? IDEM PROMITTIS ? IDEM FACIES ? 117. Sponsores quidem et fidepromissores et fidejussores saepe solemus accipere, dum curamus ut diligentius nobis cautum sit ; adstipulatorem vero fere tunc solum adhibemus, cum ita stipulamur, ut aliquid post mortem nostram detur ; *quia enim nobis ut post mortem nostram detur*[1], stipulando nihil agimus, adhibetur adstipulator, ut is post mortem nostram agat ; qui si quid fuerit consecutus, de *resti*tuendo eo mandati judicio heredi [meo] tenetur.

118. Sponsoris vero et fidepromissoris similis condicio *est*, fidejussoris valde dissimilis. 119. Nam illi quidem nullis obligationibus accedere possunt nisi verborum, (quamvis interdum ipse qui promiserit, non fuerit obligatus, velut si *mulier* aut pupillus sine tutoris auctoritate aut quilibet post

---

1. Ligne omise par suite d'une similitude de mot final, pense Mommsen.

mortem suam dari promiserit. At illud quaeritur, si servus
aut peregrinus spoponderit, an pro eo sponsor aut fidepromissor obligetur). 119a. Fidejussor vero omnibus obligationibus, id est sive re sive verbis sive litteris sive consensu contractae fuerint obligationes, adjici potest. Ac ne illud quidem
interest, utrum civilis an naturalis obligatio sit cui adjiciatur;
adeo quidem, ut pro servo quoque obligetur, sive extraneus
sit qui a servo fidejussorem accipiat, sive ipse dominus in id
quod sibi debeatur. 120. Praeterea sponsoris et fidepromissoris heres non tenetur, nisi si de peregrino fidepromissore
quaeramus, et alio jure civitas ejus utatur. 121. Fidejussoris
autem etiam heres tenetur. Item sponsor et fidepromissor
lege Furia biennio liberantur, et quotquot erunt numero eo
tempore quo pecunia peti potest, in tot partes diducitur inter
eos obligatio et singuli in viriles partes obligantur. Fidejussores vero perpetuo tenentur, et quotquot erunt numero, singuli in solidum obligantur. Itaque liberum est creditori a quo
velit solidum petere. Sed nunc ex epistula divi Hadriani compellitur creditor a singulis qui modo solvendo sint, partes
petere. Eo igitur distat haec epistula a lege Furia, quod si
quis ex sponsoribus aut fidepromissoribus solvendo non sit,
hoc onus ad ceteros non pertinet; sed ex fidejussoribus etsi unus
tantum solvendo sit, ad hunc onus[1] ceterorum quoque pertinet.
121a. Sed cum lex Furia tantum in Italia locum habeat, evenit ut in ceteris provinciis sponsores quoque et fidepromissores
proinde ac fidejussores perpetuo teneantur et singuli in solidum obligentur, nisi ex epistula divi Hadriani hi quoque adju-
ventur in parte. 122. Praeterea inter sponsores et fidepromissores lex Appuleia quandam societatem introduxit. Nam si
quis horum plus sua portione solverit, de eo quod amplius
dederit, adversus ceteros actiones constituit. Quae lex ante
legem Furiam lata est, quo tempore in solidum obligabantur.
Unde quaeritur an post legem Furiam adhuc legis Appuleiae
beneficium supersit. Et utique extra Italiam superest. Nam
lex quidem Furia tantum in Italia valet, Appuleia vero etiam
in ceteris provinciis. Sed an etiam in Italia beneficium legis
Appuleiae supersit, valde quaeritur. Ad fidejussores autem lex
Appuleia non pertinet. Itaque si creditor ab uno totum consecutus fuerit, hujus solius detrimentum erit, scilicet si is pro
quo fidejussit, solvendo non sit. Sed ut ex supra dictis apparet, is a quo creditor totum petit, poterit ex epistula divi

---

1. Omission comblée par Mommsen ; v. une autre restitution dans Huschke.

Hadriani desiderare, ut pro parte in se detur actio. 123. Praeterea lege Cicereia cautum est, ut is qui sponsores aut fidepromissores accipiat, praedicat palam et declaret, et de qua re satis accipiat et quot sponsores aut fidepromissores in eam obligationem accepturus sit; et nisi praedixerit, permittitur sponsoribus et fidepromissoribus intra diem xxx praejudicium postulare, quo quaeratur an ex ea lege praedictum sit; et si judicatum fuerit praedictum non esse, liberantur. Qua lege fidejussorum mentio nulla fit; sed in usu est etiam si fidejussores accipiamus, praedicere.

124. Sed beneficium legis Corneliae omnibus commune est. Qua lege idem pro eodem apud eundem eodem anno vetatur in ampliorem summam obligari creditae pecuniae quam in xx milia; et quamvis sponsores vel fidepromissores in ampliorem pecuniam, veluti si sestertium c milium *se obligaverint, tamen dumtaxat xx tenentur*. Pecuniam autem creditam dicimus non solum eam quam credendi causa damus, sed omnem quam tum cum contrahitur obligatio, certum est debitum iri, id est quae sine ulla condicione deducitur in obligationem. Itaque et ea pecunia quam in diem certum dari stipulamur, eodem numero est, quia certum est eam debitum iri, licet post tempus petatur. Appellatione autem pecuniae omnes res in ea lege significantur: itaque si vinum vel frumentum aut si fundum vel hominem stipulemur, haec lex observanda est. 125. Ex quibusdam tamen causis permittit ea lex in infinitum satis accipere, veluti si dotis nomine, vel ejus quod ex testamento tibi debeatur, aut jussu judicis satis accipiatur. Et adhuc lege *Julia de* vicesima hereditatium cavetur, ut ad eas satisdationes quae ex ea lege proponuntur, lex Cornelia non pertineat. 126. In eo quoque jure par condicio est omnium, sponsorum, fidepromissorum, fidejussorum, quod ita obligari non possunt, ut plus debeant quam debet is pro quo obligantur. At ex diverso ut minus debeant, obligari possunt, sicut in adstipulatoris persona diximus. Nam ut adstipulatoris ita et horum obligatio accessio est principalis obligationis, nec plus in accessione esse potest quam in principali re. 127. In eo quoque par omnium causa est quod si quid pro reo solverint, ejus reciperandi causa habent cum eo mandati judicium. Et hoc amplius sponsores ex lege Publilia propriam habent actionem in duplum, quae appellatur depensi.

128. Litteris obligatio fit veluti *nominibus* transscripticiis. Fit autem nomen transscripticium duplici modo, vel a re in personam vel a persona in personam. 129. *A re in personam*

*trans*scriptio fit, veluti si id quod *tu* ex emptionis causa aut conductionis aut societatis mihi debeas, id expensum tibi tulero. 130. A persona in persona*m* transscriptio fit, veluti si id quod mihi Titius debet, tibi id expensum tulero, id est si Titius *te* delegaverit mihi. 131. Alia causa est eorum nominum quae arcaria vocantur. In his enim re*i*, non litterarum obligatio consistit, qui*p*pe non aliter valen*t*, quam si numerata sit pecunia ; numeratio autem pecuniae re facit obligationem. Qu*a* de causa recte dicemus arcaria nomina nullam facere obligationem, sed obligationis factae testimonium praebere. 132. Unde *non* proprie dicit*ur* arcariis nominibus etiam peregrinos obligari, quia non ipso nomi*ne*, sed n*u*meratione *p*ecuniae obligantur ; quod genus obligationis juris gentium est. 133. Tr*a*nsscripticiis vero nominibus an obligentur peregrini, merito quaerit*ur*, quia quodammodo juris civilis est talis obligatio ; quod Nervae placuit. Sabino autem et Cassio visum est, si a re in personam fiat nomen transscripticium, etiam peregrinos obligari ; si vero a persona in personam, non obligari. 134. Praeterea litterarum obligatio fieri videtur chirogra*ph*is et syngra*ph*is, id est si quis debere se aut daturum s*e* scribat ; ita scilice*t* si eo nomine stipulatio non fiat. Quod genus obligationis proprium peregrinorum est.

135. Consensu fiunt obligationes in emptionibus venditionibus, locationibus conductionibus, societatibus, mandatis. 136. Ideo autem istis modis consensu dicimus obligationes contrahi, qui*a* neque verborum neque scripturae ulla proprietas desiderat*ur*, sed sufficit eos qui negotium gerunt, consensisse. Unde inter absentes quoque talia negotia contrahuntur, veluti per epistulam aut per internuntium ; cum alioquin ver*b*orum obligatio inter absentes fieri non possit. 137. Item in his contractibus alter alteri obligatur de eo quod alterum alteri ex *bono* et aequo praestare oportet, cum alioquin in verborum obligationibus alius stipuletur, alius promittat, et in nominibus alius expensum ferendo oblige*t*, alius obligetur. [138][1]. [Sed absenti expensum ferri potest, etsi verborum obligatio cum absente contrahi non possit].

[DE EMPTIONE ET VENDITIONE].

139. Emptio *et venditio contrahitur*, cum de pretio convenerit, quamvis nondum pretium numeratum sit, ac ne arra quidem data fuerit ; nam quod arr*ae* nomine datur, argumentum est emptionis et venditionis contractae. 140. Pretium autem certum esse debet. Nam alioquin si ita inter nos convene-

1. Exclu comme une glose par Krueger.

rit, ut quanti Titius rem aestimaverit, tanti sit empta, Labeo negavit ullam vim hoc negotium habere ; cujus opinionem Cassius probat. Ofilius et eam emptionem et venditionem ; cujus opinionem Proculus secutus est. 141. Item pretium in numerata pecunia consistere debet. Nam in ceteris rebus an pretium esse possit, veluti homo aut toga aut fundus alterius rei *pretium esse possit*, valde quaeritur. Nostri praeceptores putant etiam in alia re posse consistere pretium. Unde illud est quod vulgo putant per permutationem rerum emptionem et venditionem contrahi, eamque speciem emptionis venditionisque vetustissimam esse ; argumentoque utuntur Graeco poeta Homero qui aliqua parte sic ait :

Ἔνθεν ἄρ οἰνίζοντο καρηκομόωντες Ἀχαιοί,
ἄλλοι μὲν χαλκῷ, ἄλλοι δ' αἴθωνι σιδήρῳ,
ἄλλοι δὲ ῥινοῖς, ἄλλοι δ' αὐτῇσι βόεσσιν,
ἄλλοι δ' ἀνδραπόδεσσι[1].

Diversae scholae auctores dissentiunt aliudque esse existimant permutationem rerum, aliud emptionem et venditionem ; alioquin *non posse* rem expediri permutatis rebus, quae videatur res venisse, et quae pretii nomine data esse, sed rursus utramque rem videri et venisse et utramque pretii nomine datam esse absurdum videri. Sed ait Caelius Sabinus, si rem tibi venalem habenti, veluti fundum, [acceperim et] pretii nomine hominem forte dederim, fundum quidem videri venisse, hominem autem pretii nomine datum esse, ut fundus acciperetur.

142. Locatio autem et conductio similibus regulis constituitur ; nisi enim merces certa statuta sit, non videtur locatio et conductio contrahi. 143. Unde si alieno arbitrio merces permissa sit, velut quanti Titius aestimaverit, quaeritur an locatio et conductio contrahatur. Qua de causa si fulloni polienda curandave, sarcinatori sarcienda vestimenta dederim, nulla statim mercede constituta, postea tantum daturus quanti inter nos convenerit, quaeritur an locatio et conductio contrahatur. 144. *Item* si rem tibi utendam dederim et invicem aliam rem utendam acceperim, quaeritur an locatio et conductio contrahatur. 145. Adeo autem emptio et venditio et locatio et conductio familiaritatem aliquam inter se habere videntur, ut in quibusdam causis quaeri soleat, utrum emptio et venditio contrahatur an locatio et conductio. Veluti si qua res in perpetuum locata sit, quod evenit in praediis municipum

1. Restitué d'après les *Inst.*, 3, 23, 2 ; le ms. : 'ait et reliqua'.

quae ea lege locantur, ut quamdiu [id] vectigal praestetur, neque ipsi conductori neque heredi ejus praedium auferatur. Sed magis placuit locationem conductionemque esse. 146. Item [quaeritur] si gladiatores ea lege tibi tradiderim, ut in singulos qui integri exierint, pro sudore denarii xx mihi darentur, in eos vero singulos qui occisi aut debilitati fuerint, denarii mille, quaeritur utrum emptio et venditio an locatio et conductio contrahatur. Et magis placuit eorum qui integri exierint, locationem et conductionem contractam videri, at eorum qui occisi aut debilitati sunt, emptionem et venditionem esse ; idque ex accidentibus apparet, tanquam sub condicione facta cujusque venditione an locatione. Jam enim non dubitatur quin sub condicione res veniri aut locari possint. 147. Item quaeritur, si cum aurifice mihi convenerit, ut is ex auro suo certi ponderis certaeque formae anulos mihi faceret, et acceperit verbi gratia denarios cc, utrum emptio et venditio an locatio et conductio contrahatur. Cassius ait materiae quidem emptionem venditionemque contrahi, operarum autem locationem et conductionem. Sed plerisque placuit emptionem et venditionem contrahi. Atqui si meum aurum ei dedero, mercede pro opera constituta, convenit locationem conductionem contrahi.

148. Societatem coire solemus aut totorum bonorum aut unius alicujus negotii, veluti mancipiorum emendorum aut vendendorum. 149. Magna autem quaestio fuit, an ita coiri possit societas, ut quis majorem partem lucretur, minorem damni praestet. Quod Q. Mucius *contra naturam societatis esse existimavit. Sed Ser. Sulpicius, cujus*[1] etiam praevaluit sententia, adeo ita coiri posse societatem existimavit, ut dixerit illo quoque modo coiri posse, ut quis nihil omnino damni praestet, sed lucri partem capiat, si modo opera ejus tam pretiosa videatur, ut aequum sit eum cum hac pactione in societatem admitti. Nam et ita posse coiri societatem constat, ut unus pecuniam conferat, alter non conferat, et tamen lucrum inter eos commune sit ; saepe enim opera alicujus pro pecunia valet. 150. Et illud certum est, si de partibus lucri et damni nihil inter eos convenerit, [tamen] aequis ex partibus commodum et incommodum inter eos commune esse. Sed si in altero partes expressae fuerint, velut in lucro, in altero vero omissae, in eo quoque quod omissum est, similes partes erunt. 151. Manet autem societas eo usque, donec in eodem consensu perse-

---

1. Restitué d'après *Inst.*, 3, 25, 2.

verant. At cum aliquis renuntiaverit societati societas solvitur. Sed plane si quis in hoc renuntiaverit societati, ut obveniens aliquod lucrum solus habeat, veluti si mihi totorum bonorum socius, cum ab aliquo heres esset relictus, in hoc renuntiaverit societati, ut hereditatem solus lucri faciat, cogetur hoc lucrum communicare. Si quid vero aliud lucri fecerit quod non captaverit, ad ipsum solum pertinet. Mihi vero quidquid omnino post renuntiatam societatem adquiritur, soli conceditur. 152. Solvitur adhuc societas etiam morte socii, quia qui societatem contrahit, certam personam sibi eligit. 153. Dicitur etiam capitis deminutione solvi societatem, quia civili ratione capitis deminutio morti coaequatur; sed utique si adhuc consentiant in societatem, nova videtur incipere societas. 154. Item si cujus ex sociis bona publice aut privatim venierint, solvitur societas. Sed haec quoque societas de qua loquimur, id est quae consensu contrahitur nudo, juris gentium est, itaque inter omnes homines naturali ratione consistit[1].

155. Mandatum consistit, sive nostra gratia mandemus sive aliena ; itaque sive ut mea negotia geras, sive ut alterius, mandaverim, contrahitur mandati obligatio, et invicem alter alteri tenebimur in id, quod vel me tibi vel te mihi bona fide praestare oportet. 156. Nam si tua gratia tibi mandem, supervacuum est mandatum ; quod enim tu tua gratia facturus sis, id de tua sententia, non ex meo mandatu facere debes. Itaque si otiosam pecuniam domi te habentem hortatus fuerim, ut eam faenerares, quamvis eam ei mutuam dederis a quo servare non potueris, non tamen habebis mecum mandati actionem. Item si hortatus sim, ut rem aliquam emeres, quamvis non expedierit tibi eam emisse, non tamen tibi mandati tenebor. Et adeo haec ita sunt, ut quaeratur an mandati teneatur qui mandavit tibi, ut Titio pecuniam faenerares. [Sed] Servius negavit ; nec magis hoc casu obligationem consistere putavit, quam si generaliter alicui mandetur, uti pecuniam suam faeneraret. Sed sequimur Sabini opinionem contra sentientis, quia non aliter Titio credidisses, quam si tibi mandatum esset. 157. Illud constat, si quis de ea re mandet quae contra bonos mores est, non contrahi obligationem ; veluti si tibi mandem, ut Titio furtum aut injuriam facias. 158. Item si quid post mortem meam faciendum mihi mandetur, inutile mandatum est, quia generaliter placuit ab heredis persona obligationem incipere non posse. 159. Sed recte quoque con-

---

1. Passage considéré par plusieurs auteurs comme corrompu ou incomplet ; v. dans Dubois les restitutions et compléments proposés.

summatum mandatum si, dum adhuc integra res sit, revocatum fuerit, evanescit. 160. Item si adhuc integro mandato mors alterutrius alicujus interveniat, id est vel ejus qui mandaverit vel ejus qui mandatum susceperit, solvitur mandatum. Sed utilitatis causa receptum est, ut si mortuo eo qui mihi mandaverit, ignorans eum decessisse executus fuero mandatum, posse me agere mandati actione ; alioquin justa et probabilis ignorantia damnum mihi adferret. Et huic simile est quod plerisque placuit, si debitor meus manumisso dispensatori meo per ignorantiam solverit, liberari eum, cum alioquin stricta juris ratione non posset liberari eo quod alii solvisset quam cui solvere deberet. 161. Cum autem is cui recte mandaverim, egressus fuerit mandatum, ego quidem eatenus cum eo habeo mandati actionem, quatenus mea interest implesse eum mandatum, si modo implere potuerit ; at ille mecum agere non potest. Itaque si mandaverim tibi, ut verbi gratia fundum mihi sestertiis c emeres, tu sestertiis CL emeris, non habebis mecum mandati actionem, etiamsi tanti velis mihi dare fundum, quanti emendum tibi mandassem ; idque maxime Sabino et Cassio placuit. Quodsi minoris emeris, habebis mecum scilicet actionem, quia qui mandat, ut c milibus emeretur, is utique mandare intellegitur, uti minoris, si posset, emeretur. 162. In summa sciendum est, quotiens aliquid gratis faciendum dederim, quo nomine si mercedem statuissem, locatio et conductio contraheretur, mandati esse actionem ; veluti si fulloni polienda curandave vestimenta dederim aut sarcinatori sarcienda.

163. Expositis generibus obligationum quae ex contractu nascuntur, admonendi sumus adquiri nobis non solum per nosmet ipsos, sed etiam per eas personas quae in nostra potestate manu mancipiove sunt. 164. Per liberos quoque homines et alienos servos quos bona fide possidemus, adquiritur nobis, sed tantum ex duabus causis, id est si quid ex operis suis vel ex re nostra adquirant. 165. Per eum quoque servum in quo usumfructum habemus, similiter ex duabus istis causis nobis adquiritur. 166. Sed qui nudum jus Quiritium in servo habet, licet dominus sit, minus tamen juris in ea re habere intellegitur quam usufructuarius et bonae fidei possessor. Nam placet ex nulla causa ei adquiri posse ; adeo ut etsi nominatim ei dari stipulatus fuerit servus, mancipiove nomine ejus acceperit, quidam existiment nihil ei adquiri. 167. Communem servum pro dominica parte dominis adquirere certum est ; excepto eo quod uni nominatim stipulando aut

mancipio accipiendo illi soli adquirit, velut cum ita stipuletur : TITIO DOMINO MEO DARI SPONDES? aut cum ita mancipio accipiat : HANC REM EX JURE QUIRITIUM L. TITII DOMINI MEI ESSE AIO EAQUE EI EMPTA ESTO HOC AERE AENEAQUE LIBRA. 167ª. Illud quaeritur an quod domini nomen adjectum efficit, idem faciat unius ex dominis jussum intercedens. Nostri praeceptores perinde ei qui jusserit soli adquiri existimant, atque si nominatim ei soli stipulatus esset servus mancipiove accepisset. Diversae scholae auctores proinde utrisque adquiri putant, ac si nullius jussum intervenisset.

168. Tollitur autem obligatio praecipue solutione ejus quod debetur. Unde quaeritur, si quis consentiente creditore aliud pro alio solverit, utrum ipso jure liberetur, quod nostris praeceptoribus placuit, an ipso jure maneat obligatus, sed adversus petentem exceptione doli mali defendi debeat, quod diversae scholae auctoribus visum est.

169. Item per acceptilationem tollitur obligatio. Acceptilatio autem est veluti imaginaria solutio ; quod enim ex verborum obligatione tibi debeam, id si velis mihi remittere, poterit sic fieri, ut patiaris haec verba me dicere : QUOD EGO TIBI PROMISI, HABESNE ACCEPTUM? et tu respondeas : HABEO. 170. Quo genere, ut diximus, tantum eae obligationes solvuntur, quae ex verbis consistunt[1], non etiam ceterae ; consentaneum enim visum est verbis factam obligationem posse aliis verbis dissolvi. Sed id quod ex alia causa debeatur, potest in stipulationem deduci et per acceptilationem dissolvi. 171. Quamvis autem dixerimus contineri acceptilationem imaginaria solutione, tamen mulier sine tutoris auctoritate acceptum facere non potest, cum alioquin solvi ei sine tutoris auctoritate possit. 172. Item quod debetur, pro parte recte solvitur; an autem in partem acceptum fieri possit, quaesitum est.

173. Est etiam alia species imaginariae solutionis per aes et libram. Quod et ipsum genus certis in causis receptum est, veluti si quid eo nomine debeatur quod per aes et libram gestum sit, sive quid ex judicati causa debeatur. 174. Eaque res ita agitur : adhibentur non minus quam quinque testes et libripens. Deinde is qui liberatur, ita oportet loquatur : QUOD EGO TIBI TOT MILIBUS CONDEMNATUS SUM, ME EO NOMINE A TE SOLVO LIBEROQUE HOC AERE AENEAQUE LIBRA. HANC TIBI LIBRAM PRIMAM POSTREMAMQUE EXPENDO SECUNDUM LEGEM PUBLICAM. Deinde asse percutit libram eumque dat ei a quo liberatur, veluti solvendi

---

1. Restitué d'après Inst., 3, 29, 1.

causa. 175. Similiter legatarius heredem eodem modo liberat de legato quod per damnationem relictum est, ut tamen scilicet, sicut judicatus condemnatum se esse significat, ita heres *testamento* se dare damnatum esse dicat. De eo tamen tantum potest heres eo modo liberari, quod pondere numero constet et ita si certum sit; quidam et de eo quod mensura constat *idem* existimant.

176. Praeterea novatione tollitur obligatio; veluti si quod tu mihi debeas, a Titio dari stipulatus sim. Nam interventu novae personae nova nascitur obligatio et prima tollitur translata in posteriorem, adeo ut in*ter*dum, licet posterior stipulatio inutilis sit, tamen prima novationis jure tollatur; veluti si quod mihi debes, a Titio post mortem ejus vel a muliere pupillove sine tutoris auctoritate stipulatus fuero. Quo casu rem amitto; nam et prior debitor liberatur et posterior obligatio nulla est. Non idem juris est si a servo stipulatus fuero; nam tunc *prior* proinde a*d*huc obligatus tenetur, ac si postea a nullo stipulatus fuissem. 177. Sed si eadem persona sit, a qua postea stipuler, ita demum novatio fit, si quid in posteriore stipulatione novi sit, forte si condicio *aut dies aut sponsor* adjiciatur aut *d*etrahatur. 178. Sed quo*d* de sponsore diximus, non constat; nam diversae s*c*holae auctoribus placuit nihil ad novationem proficere sponsoris adjectionem aut detrac*t*ionem. 179. Quod autem diximus, si condicio adjiciatur, novationem fieri, sic intellegi *oportet*, ut ita dicamus factam novationem, si condicio extiterit; alioquin si defecerit, durat prior obligatio. Sed videamus num is qui eo nomine agat, doli mali aut pacti conventi exceptione possit summoveri, quia videtur inter eos id actum, ut ita ea res peteretur, si posterioris stipulationis *ex*titerit condicio. Ser. tamen Sulpicius existimavit statim et pendente condicione novationem fieri, et si defecerit condicio, ex neutra causa agi posse *et* eo modo rem perire. Qui consequenter et illu*d* respondit, si quis id quod sibi L. Titius deberet, a servo fuerit stipulatus, novationem fieri et rem perire, quia cum servo agi non posset. *Sed* in utroque casu alio jure utimur: nec magis his casibus novatio fit, quam si id quod tu mihi debeas, a peregrino cum quo spons*us* *communio* non est, SPONDES verbo stipulatus sim.

180. Tollitur a*d*huc obligatio litis contestatione, si modo legitimo judicio fuerit actum. Nam tunc obligatio quidem principalis dissolvi*tur*, incipit autem teneri reus litis contestatione; sed si condemnatus sit, sublata litis contestatione

incipit ex causa judicati teneri. Et hoc *est* quod apud veteres scri*ptum* est, ante litem contestatam dare debitorem oportere, post litem contestatam condemnari oportere, post condemnationem judicatum facere oportere. 181. Unde fit, ut si legitimo judicio debit*um* petiero, postea de eo ipso jure agere non possim, quia inutiliter in*tendo* DARI MIHI OPORTERE, quia litis contestatione dari oportere desiit : aliter atque si imperio continenti judicio egerim ; tunc enim nihilo minus obligatio durat, et ideo ipso jure postea agere poss*um*, sed debeo p*er* exc*eptionem* rei judicatae vel in judicium deductae summoveri. Quae autem legitima judicia et quae imperio continen*tia sint*, sequenti commentario refer*em*us.

182. Transeamus nunc ad obligationes quae ex delicto nascuntur, veluti si quis furtum fecerit, bona rapuerit, damnum dederit, injuriam commiserit ; quarum omnium rerum uno genere cons*is*tit obligatio, cum ex contractu obligationes in IIII genera d*i*ducantur, sicut supra exposuimus.

183. Furtorum autem genera Ser. Sulpicius et Masurius Sabinus IIII esse dixerunt, manifestum et nec manifestum, conceptum et oblatum ; Labeo duo, manifestum *et* nec manifestum ; nam conceptum et oblatum species potius actionis esse furto cohaerentes quam genera furtorum ; quod sane verius videtur, sicut inferius appare*bit*. 184. M*ani*festum furtum quidam id esse dixerunt, quo*d* dum fit, deprehenditur. Alii vero ulterius, quod eo loco deprehendit*ur*, ubi fit, veluti si in *o*liveto olivarum, in *v*ineto uvarum furtum factum est, quamdiu in eo oliveto aut vineto fur sit ; a*ut* si in domo furtum factum sit, quamdiu in ea domo fur sit. Alii adhuc ulterius eo usq*ue* manifestum furtum esse dixerunt, donec perferret eo quo perferre fur destinasset. Alii adhuc ulterius, quandoque eam rem fur tenens visus fuerit ; quae sententia non optinuit. Se*d* et illorum sententia qui existimaverunt, donec perferret eo quo fur destinasset, deprehensum furtum manifestum esse, ideo non videtur probari, qu*ia* magnam recipit dubitatione*m*, utrum unius diei an etiam plurium dierum spatio id terminandum sit : quod eo pertinet, quia saepe in aliis civitatibus su*b*reptas res in alias civitates vel in alias pro*-*vincias destinant fures perferre. Ex duabus itaque superioribus opinionibus alterutra adprobatur ; magis tamen plerique posteriorem probant. 185. N*ec* manifestum furtum qu*id* sit, ex iis quae diximus intellegitur ; nam qu*od* manifestum non est, id nec manifestum est. 186. Conceptum furtum dicitur, cum apud aliquem testibus praesentibus furtiva res quaesita et inventa

sit ; nam in eum propria ac*tio* constituta est, quamvis fur non sit, quae appellatur concepti. 187. Oblatum furtum dicitur, cum res furtiva tibi ab aliquo oblata sit eaque apud te concepta sit ; *utique* si ea mente data tibi fuerit, ut apud te potius quam *apud* eum qui dederit, conciperetur ; nam tibi, apud quem concepta est, propria adversus eum qui optulit, quamvis fur non sit, constituta est actio, *quae* appellatur ob*lati*. 188. Est etiam prohibiti furti *actio* adversus eum qui furtum quaerere volentem prohibuerit.

189. Poena manifesti furti ex lege xii tabularum capitalis erat. Nam liber verberatus addicebatur ei cui furtum fecerat ; utrum autem servus efficeretur ex addictione, an adjudicati loco constitueretur, veteres quaerebant. In *servum* aeque verbera*tum animadvertebatur*. Sed postea improbata est asperitas poenae et tam ex servi persona quam ex liberi quadrupli actio praetoris edicto constituta est. 190. Nec manifesti furti poena per legem xii tabularum dupli inrogatur, eamque etiam praetor conservat. 191. Concepti et oblati poena ex lege xii tabularum tripli est, *eaque* similiter a praetore servatur. 192. Prohibiti actio quadrupli est ex e*dicto* praetoris introducta ; lex autem eo nomine nullam poenam constituit : hoc solum praecipit, ut qui quaerere velit, nudus quaerat, licio cinctus, lancem habens ; qui si quid invenerit, jubet id lex furtum manifestum esse. 193. Quid sit autem licium, quaesitum est ; sed verius est consuti genus esse, quo necessariae partes tegerentur. Quae res [lex tota] ridicula est. Nam qui vestitum quaerere prohibet, is et nudum quaerere prohibiturus est, eo magis quod ita quaesita re et inventa majori poenae subjiciatur. Deinde quod lancem sive ideo haberi jubeat, ut manibus occupatis nihil subjiciat, sive ideo ut quod invenerit, ibi imponat, neutrum eorum procedit, si id quod quaeratur, ejus magnitudinis aut naturae sit, ut neque subjici neque ibi imponi possit. Certe non dubitatur, cujuscumque materiae sit ea lanx, satis legi fieri. 194. Propter hoc tamen quod lex ex ea causa manifestum furtum esse jubet, sunt qui scribunt furtum manifestum aut lege *intellegi* aut natura : lege id ipsum de quo loquimur, natura illud de quo superius exposuimus. Sed verius est natura tantum manifestum furtum intellegi : neque enim lex facere potest, ut qui manifestus fur non sit, manifestus sit, non magis quam qui omnino fur non sit, fur sit, et qui adulter aut homicida non sit, adulter vel homicida sit ; at illud sane lex facere potest, ut proinde aliquis poena teneatur atque si furtum vel

adulterium vel homicidium admisisset, quamvis nihil eorum admiserit.

195. Furtum autem fit non solum cum quis intercipiendi causa rem alienam amovet, sed generaliter cum quis rem alienam invito domino contrectat. 196. Itaque si quis re quae apud eum deposita sit utatur, furtum committit; et si quis utendam rem acceperit eamque in alium usum transtulerit, furti obligatur, veluti si quis argentum utendum acceperit, quasi amicos ad cenam invitaturus, et id peregre secum tulerit, aut si quis equum gestandi gratia commodatum longius aliquo duxerit, quod veteres scripserunt de eo qui in aciem[1] perduxisset. 197. Placuit tamen eos qui rebus commodatis aliter uterentur quam utendas accepissent, ita furtum committere, si intellegant id se invito domino facere, eumque, si intellexisset, non permissurum; at si permissurum credant, extra furti crimen videri; optima sane distinctione, quod furtum sine dolo malo non committitur. 198. Sed et si credat aliquis invito domino se rem contrectare, domino autem volente id fiat, dicitur furtum non fieri. Unde illud quaesitum [et probatum] est, cum Titius servum meum sollicitaverit, ut quasdam res mihi subriperet et ad eum perferret, et servus id ad me pertulerit, ego, dum volo Titium in ipso delicto deprehendere, permiserim servo quasdam res ad eum perferre, utrum furti an servi corrupti judicio teneatur Titius mihi, an neutro. Responsum neutro eum teneri, furti ideo quod non invito me res contrectaverit, servi corrupti ideo quod deterior servus factus non est. 199. Interdum autem etiam liberorum hominum furtum fit, veluti si quis liberorum nostrorum qui in potestate nostra sint, sive etiam uxor quae in manu nostra sit, sive etiam judicatus vel auctoratus meus subreptus fuerit. 200. Aliquando etiam suae rei quisque furtum committit, veluti si debitor rem quam creditori pignori dedit, subtraxerit, vel si bonae fidei possessori rem meam possidenti subripuerim. Unde placuit eum qui servum suum quem alius bona fide possidebat, ad se reversum celaverit, furtum committere. 201. Rursus ex diverso interdum alienas res occupare et usucapere concessum est, nec creditur furtum fieri, veluti res hereditarias quarum heres non est nactus possessionem, nisi necessarius heres extet; nam necessario herede extante placuit nihil pro herede usucapi posse. Item debitor rem quam fiduciae causa creditori mancipaverit aut in jure cesserit, secundum ea quae in superiore commentario rettulimus, sine furto possidere et

---

1. Polenaar, suivi par Huschke, arg. Val. Max., 8, 2, 4 : 'uls Ariciam'.

usucapere potest. 202. Interdum furti tenetur *qui* ipse furtum non fecerit, qualis est cujus ope consilio furtum factum est. In quo numero est qui nummos tibi excussit, ut eos alius su*b*riperet, vel *ob*stitit tibi, ut alius su*b*riperet, aut *ov*es aut *b*oves tuas fugavit, ut alius eas exciperet : et hoc veteres scripserunt de eo qu*i* panno rubro fugavit armentum. Sed si qui*d* per lasciviam et non data opera ut furtum commi*tt*eretur, factum sit, videbimus a*n* utilis a*c*tio *d*ari debeat, cum per legem *A*quiliam quae de damno lata es*t*, etiam culpa puniatur.

203. Furti autem a*c*tio ei competit cujus interest rem salvam esse, licet dominus non sit. Itaque nec domino aliter competit quam si ejus in*ter*sit rem non perire. 204. Unde constat creditorem de pignore subrepto furti agere posse ; adeo quidem, ut qu*amvis* ipse dominus, id est ipse debitor, eam rem subripuerit, nihilo minus creditori competat actio furti. 205. Item si fullo polienda curandave aut sarcinator sarcienda vestimenta mercede certa acceperit eaqu*e* furto amiserit, ipse furti habet actionem, non dominus, quia domini nihil *inter*est ea non periisse, cum judicio locati a fullone aut sarcinatore suum c*onse*qui possi*t*, si modo is fullo aut sarcinator rei praestand*ae* sufficia*t* ; nam si solvendo non est, tunc quia ab eo dominus s*uum* consequi non potest, ipsi furti actio competit, quia hoc casu ipsius interest rem salvam esse. 206. *Quae de* fullone aut sarci*n*atore diximus, eadem transferemus et ad eum cui rem commodavimus ; nam ut illi mercedem capiendo custodiam praestant, ita hic quoque utend*i* commodum percipiendo similiter necess*e* habet custodiam praestare. 207. Sed is apu*d* quem res deposita es*t*, custodiam non praesta*t*, tantumque in eo obnoxius est, si quid ipse dolo *malo* fecerit. Qua de *causa si* res ei subrepta fuerit, qu*ia* restituend*ae* ejus *nomine* deposi*ti* non tenetur, nec ob id ejus interest rem salvam esse, furti [itaque] agere non potest, se*d* ea actio domino competit.

208. In summa sciendum est qua*e*situm esse an i*m*pubes rem aliena*m am*ovendo furtum faciat. Plerisque placet, quia furtum ex a*df*ectu consistit, ita demum obligari eo crimine impuberem, si proximus pubertati sit et ob id intellegat se delinquere.

209. Qui res alienas rapit, tenetur e*tiam* furti : quis enim magis alienam rem invito domino c*ontrect*at quam qui *vi* rapit ? itaque recte *dictum* est eum improbum furem esse. Sed propriam actione*m* ejus *delicti* no*mine* praetor introduxit, quae

appellatur vi *bonorum* raptorum, et est intra annum quadrupli [actio], post annum simpli. Quae actio utilis est, *e*tsi quis unam rem, licet minimam, rapuerit.

210. Damni injuriae actio constitui*tur* per legem Aquiliam, cujus primo capite cautum est, *ut si* quis hominem alienum *alienam*ve quadrupedem quae *p*ecudum numero sit, injuria occiderit, quanti ea res in eo anno plurimi fue*r*it, tantum domino dare damnetur. 211. Injuria autem occidere intellegitur, cujus dolo a*ut* culpa id acciderit; nec ulla alia lege damnum quod sine injuria da*tur*, reprehendi*tur*; itaque impunitus est qui sine culpa et dolo malo casu quodam damnum committit. 212. Nec solum corpus in actione hujus legis aestimatur; sed sane si servo occiso plus dominus capiat damni quam pretium servi si*t*, id quoque aestimatur, veluti si servus meus ab aliquo heres institutus antequam jussu meo hereditatem cerneret, occis*us* fuerit; non enim tantum ipsius pretium aestimatur, sed et hereditatis amissae quantitas. Item si ex gemellis vel ex comoedis vel ex sym*p*honiacis unus occisus fuerit, non solum occisi fit *a*estimatio, sed eo amplius *id* quo*que* computa*tur* quod ceteri qui supersunt, dep*r*etiati su*nt*. Idem juris est etiam si ex pari mularum unam vel etiam ex quadrigis *e*quorum unum occiderit. 213. Cujus autem servus occisus est, is liberum arbitrium habet vel capitali crimine reum facere eum qui occiderit, vel hac lege damnum persequi. 214. Quod autem adjectum est in hac lege: QUANTI IN EO ANNO PLURIMI EA RES FUERIT, ill*ud* efficit, si clodum puta aut luscum servum occiderit, qui in eo anno integer *fuerit, ut non quanti fuerit, cum occideretur, sed quanti in eo anno plurimi*[1] fuerit, aestimatio fiat; quo fit, ut quis plus in*t*erdum consequatur quam ei damnum datum est.

215. Capite secundo *adv*ersus adstipulatorem qui pecuniam in fraudem stipulatoris acceptam fecerit, quanti ea res es*t*, ta*n*ti actio constituitur. 216. Qua et ipsa parte legis damni nomine actionem introduci *m*ani*f*es*t*um est; sed id caveri non fuit necessarium, cum actio mand*a*ti ad eam rem sufficeret; nisi quod ea lege adversus in*fi*tiantem in duplum agitur.

217. Capite tertio de omni cetero damno cavetur. Itaque si quis servum vel eam quadrupedem quae pecudum *numero est, vulneraverit, sive eam quadrupedem quae pecudum* numero *non est,* veluti canem, aut feram *b*estiam, vel*u*ti ursum, leonem, vulneraverit vel occiderit, *hoc* capite actio constituitur. In ce-

---

1. Restitué d'après *Inst.*, 4, 3, 9. — 2. Restitué d'après *Inst.* 4, 3, 13.

teris quoque animalibus, item in omnibus rebus quae anima
carent, damnum injuria datum hac parte vindicatur. Si quid
enim ustum aut ruptum aut fractum *fuerit*, actio hoc capite
constituit*ur*, qu*am*quam potuerit sola rupti appellatio in omnes istas causas sufficere; ruptum *enim intellegitur quod quoquo modo corruptum* est. Unde non solum usta [aut rupta] aut
fracta, s*ed* et*iam* scissa et conlisa et effusa et quoquo modo
vitiata aut perempta atque deteriora facta hoc verbo continentur. 218. Hoc tamen capite non quanti in eo anno, s*ed*
quanti in diebus xxx prox*im*is ea res fuerit, damnat*ur* is qui
damnum dederit. Ac ne PLURIMI quidem verbum adjicitur; et
ideo quidam *p*utaverunt liberum esse judici ad id tempus ex
diebus xxx aestimationem redigere, quo plurimi res fuerit,
vel ad id quo minoris fuerit; sed Sabino placuit proinde ha-
bendum ac si et*iam* hac parte PLURIMI verbum adjectum esset;
nam leg*is* latorem contentum fuisse, *quod prima parte eo verbo usus esset*[1]. 219. *Ceterum* placuit ita demum ex ista lege actionem esse, si quis corpore suo damnum dederit; *ideoque*
alio modo damno dato utiles actiones dant*ur*, veluti si quis
alienum hominem a*ut* pecudem incluserit et *f*ame necaverit,
aut jumentum tam vehementer egerit, ut rump*er*etur; item si
quis alieno servo persuaserit, ut in arborem ascenderet vel in
puteum descenderet, et *is* ascendendo aut descendendo ceciderit *et* aut mortuus fuerit aut aliqua parte corporis laesus
sit; s*ed* si quis alienum servum de ponte a*ut* ripa in flumen
projecerit et is suffocatus fuerit, corpore suo damnum dedisse
eo quod projecerit, non difficiliter intellegi potest.

220. Injuria autem committit*ur* non solum cum quis pugno
puta aut fuste percussus vel etiam *verb*eratus erit, sed *etiam*
si cui convicium factum fuerit, sive quis *bona* alicujus quasi
debitoris sciens eum nihil sibi debere proscripserit, sive quis
ad infamiam alicujus libellum aut carmen scripserit, sive quis
matrem familias aut praetextatum adsectatus fuerit, et denique aliis pluribus modis. 221. *Pati* a*utem* injuriam videmur
non solum per nosmet ipsos, sed *etiam* per liberos nostros
quos in potestate habemus; item per uxores nostras, [cum in
manu nostra sint][2]. Itaque si *f*iliae meae quae Titio nupta est,
injuriam feceris, non solum filiae nom*ine* tecum agi injuriarum potest, verum etiam meo quoque et Titii nom*ine*. 222.
Servo autem ipsi qui*dem* nulla injuria intellegitur fieri, sed
domino per eum fieri videtur; non tamen isdem modis quibus

1. Restitué d'après *Inst.*, 4, 3, 15. — 2. Effacé par Mommsen comme une
glose; v. dans Dubois, les autres corrections proposées.

etiam per liberos nostros vel uxores injuriam pati videmur, sed ita cum quid atrocius commissum fuerit, quod ape*rte* in co*n*tumeliam domini fieri videtur, veluti si quis alienum servum verberaverit; et in hunc casum formula proponitur. At si quis servo convicium fecerit vel pugno eum percusserit, non proponit*ur* ulla formula, nec temere petenti datur.

223. Poena autem injuriarum ex lege XII tabula*rum* propter membrum quidem ruptum talio erat; propter os vero fractum aut conlisum trecentorum assium poena era*t*, si libero os fractum erat; at si servo, CL ; propter ceteras vero injurias XXV assium poena erat constituta, et *videbantur illis temporibus in magna paupertate satis idoneae istae pecuniariae poenae.* 224. Se*d* nunc alio jure utimur; permittit*ur* enim nobis a praetore *ipsis* injuriam *a*estimare, et judex vel tanti condemnat quanti nos aestimaverimus, vel minoris, p*r*ou*t ei* visum fuerit. Se*d* cum atrocem injuriam praetor aestimare soleat, si simul constituerit quantae pecuniae eo nomine fieri debeat vadimonium, *h*ac ipsa quantitate taxamus formulam, et judex qu*amvis* possit vel minoris damnare, plerumque tamen propter ipsius praetoris auctoritatem non audet minuere condemnationem. 225. Atrox autem injuria aestimatur vel ex facto, veluti si quis ab aliquo vulneratus aut verberatus fustibusve caesus fuerit; vel ex loco, veluti si cui in theatro aut in foro injuria facta sit; vel ex persona, veluti si magistratus injuriam passus fuerit vel senato*ri* ab humili persona facta sit injuria.

COMMENTARIUS QUARTUS.

1. *Superest ut* de actionibus loquamur[1]? Et si quae*ramus* quo*t* genera actionum sint, verius videtur duo esse, in rem et in personam ; nam qui IIII esse dixer*unt* ex sponsion*um* generibus, non animadverterunt quasdam species actionum inter genera se rettulisse. 2. In personam actio est qua agimus cum aliquo qui nobis vel ex contractu vel ex delicto obligatus est, id est cum intendimus DARE, FACERE, PRAESTAR*E* OPORTER*E*. 3. In *rem* actio est, cum aut corporalem rem intendimus nostram esse, *aut j*us aliquod nobis competere, veluti utend*i* aut utendi fruend*i*, eundi agendi aquamve ducendi vel altius tollendi *p*rospiciendive ; *aut cum* actio ex diverso adversario est negativa. 4. Sic itaque discretis actionibus certum est non posse nos rem nos-

---

1. Restitué d'après *Inst.*, 4, 6, *pr.*

tram ab alio ita petere: SI PARET EUM DARE OPORTERE ; nec enim quod nostrum est, nobis dari potest, cum scilicet id dari nobis intellegatur quod *ita datur*, *ut* nostrum fiat ; nec res quae *nostra jam est*[1], nostra amplius fieri potest. Plane odio furum, quo magis pluribus actionibus teneantur, receptum est, ut extra poenam dupli aut quadrupli rei recipiendae nomine fures *etiam* hac actione teneantur : SI PARET EOS DARE OPORTERE, quamvis sit etiam adversus eos haec actio qua rem nostram esse petimus. 5. Appellantur autem in rem quidem actiones vindicationes, in personam vero actiones quibus DARI FIERIVE OPORTERE intendimus, condictiones.

6. Agimus autem interdum, ut rem tantum consequamur, interdum ut poenam tantum, alias ut rem et poenam. 7. Rem tantum persequimur velut actionibus *quibus* ex contractu agimus. 8. Poenam tantum *per*sequimur velut actione furti et injuriarum et secundum quorundam opinionem actione vi bonorum raptorum ; nam ipsius rei et vindicatio et condictio nobis competit. 9. Rem vero et poenam persequimur velut ex his causis, ex quibus adversus infitiantem in duplum agimus ; quod accidit per actionem judica*ti*, depensi, damni in*juriae legis* Aquiliae, *aut* legatorum nomine quae per damnationem certa relicta sunt.

10. Quaedam praeterea sunt actiones quae ad legis actionem exprimuntur, quaedam sua vi ac potestate constant. Quod ut manifestum fiat, opus est ut prius de legis actionibus loquamur.

11. Actiones quas in usu veteres *h*abuerunt, legis actiones appellaba*n*tur vel ideo quod legibus proditae erant (quippe tunc edicta praetoris, quibus complures actiones introductae sunt, nondum in usu habebantur), vel ideo quia ipsarum legum verbis accomodatae erant et ideo immutabiles proinde atque leges observa*b*antur, unde eum qui de vi*t*ibus succisis ita egisset, ut in actione vites nominaret, responsum *est* rem perdidisse, cum debuisset arbores nominare eo quod lex XII tabularum, ex qua de vitibus succisis actio competeret, generaliter de arboribus succisis loqueretur. 12. Lege autem agebatur modis quinque : sacramento, per judic*is* postulationem, per condictionem, per manus injectionem, per pignoris ca*p*ionem.

13. Sacramenti actio generalis erat ; *de* quibus enim rebus ut aliter ageretur lege cautum non erat, de his sacramento agebatur. Eaque actio proinde periculosa erat falsi[2]...,

---

1. Restitutions d'après *Inst.*, 4, 6, 14. — 2. Mot illisible en partie pour lequel la 2ᵉ révision de Studemund ne semble autoriser aucune des restitutions proposées.

15.

atque hoc tempore periculosa est actio certae creditae pecuniae propter sponsionem qua periclitatur reus si temere neget, *et* restipulationem qua periclitatur actor si non debitum petat; nam qui victus erat, summam sacramenti praestabat poenae nomine, eaque in publicum cedebat praedesque eo nomine praetori dabantur, non ut nunc sponsionis et restipulationis poena lucro cedit adversario *qui* vicerit. 14. Poena autem sacramenti aut quingenaria erat aut quinquagenaria. Nam de rebus mille aeris plurisve quingentis assibus, de minoris vero quinquaginta assibus sacramento contendebatur; nam ita lege XII tabularum cautum erat. *At* si de libert*ate* hominis controversia erat, etiamsi pretiosissimus homo esset, tamen ut L assibus sacramento contenderetur, eadem lege cautum est favore scilicet libertatis, ne *o*nerarentur adsertor*es* [1].

Suivent 23 lignes presque complètement illisibles.

15... Omnes actiones............... captus... ad judicem accipiendum venirent; postea *vero* reversis dabatur. Ut autem *die* XXX judex d*ar*etur, per legem Pinariam factum est; ante eam autem lege*m statim* dabatur judex. Illu*d* ex superioribus intellegimus, si de re minoris quam M aeris agebatur, quinquagenario sacramento, non quingenario eos contendere solitos fuisse. Postea tamen quam judex datus esset, comperendinum diem, ut ad judicem venirent, denuntiabant. Deinde cum ad judicem venerant, antequam apud eum *causam* perorarent, solebant breviter ei et quasi per indicem rem exponere; quae dicebatur causae conjectio[2], quasi causae suae in breve coactio. 16. Si in rem agebatur, mobilia quidem et moventia, quae modo in jus adferri adducive possent, in jure vindicabantur ad hunc modum: qui vindicabat, *f*estucam tenebat; deinde ipsam rem adprehendebat, veluti hominem, et ita dicebat: HUNC EGO HOMINEM EX JURE QUIRITIUM MEUM ESSE AIO SECUNDUM SUAM CAUSAM. SICUT DIXI, ECCE TIBI, VINDICTAM IMPOSUI, et simul homini festucam imponebat; adversarius eadem similiter dicebat et faciebat; cum uterque vindicasset praetor dicebat: MITTITE AMBO HOMINEM; illi mittebant; qui prior vindicaverat, *ita alterum interrogab*at: POSTULO ANNE DICAS QUA EX CAUSA VINDICAVERIS; ille respondebat: JUS FEC*I* SICUT VINDICTAM IMPOSUI; deinde qui prior vindicaverat, dicebat: QUANDO TU INJURIA VINDICAVISTI, D AERIS SACRAMENTO TE

---

1. Page illisible sauf les mots : 'omnes actiones' à la ligne 12 et 'captus' à la ligne 18. Gaius y traitait sans doute du *sacramentum* dans les actions personnelles. Cf. les diverses restitutions dans Dubois. — 2. Correction assez généralement admise ; le ms. : 'collectio'.

PROVOCO; adversarius quoque dicebat similiter : ET EGO TE ; scilicet *si de re majoris quam M aeris agebatur*, D, *si de minoris*, L asses sacramenti nominabant ; deinde *eadem* sequebantur quae *cum* in personam ageretur ; postea praetor secundum alterum eorum vindicias dicebat, id est interim aliquem possessorem constituebat, eumque jubebat praedes adversario dare litis et vindiciarum, id est rei et fructuum ; alios autem praedes ipse praetor ab utroque accipiebat sacramenti, quod id in publicum cedebat. Festuca autem utebantur quasi hastae loco, signo quodam justi dominii; *quod maxime* sua esse credebant quae ex hostibus cepissent; unde in centumviralibus judiciis hasta praeponitur. 17. Si qua res talis erat, ut sine incommodo non posset in jus adferri vel adduci, veluti si columna aut grex alicujus pecoris esset, pars aliqua inde sumebatur ; deinde in eam partem quasi in totam rem praesentem fiebat vindicatio. Itaqu*e* ex gr*ege* vel una ovis aut capra in jus adducebatur, vel et*iam* pilus *inde* sumebatur et in jus adferebatur, ex nave vero et columna aliqua pars defringebatur. Similiter si de fundo vel de aedibus sive de hereditate controversia erat, pars aliqua inde sumebatur et in jus adferebatur et in eam partem perinde atque in totam rem praesentem fiebat vindicatio, veluti ex fundo gleba sumebatur et ex aedibus tegula, et si de hereditate controversia erat, aeque *res aliqua inde sumebatur*...[1]

48 lignes perdues.

..... qualem... capiendum judicio... die XXX ad judicem capiendum praesto esse debe*bant*. 18. *C*ondicere autem denuntiare est prisca lingua. Itaque haec quidem actio proprie condictio vocabatur ; nam *a*ctor adversario denuntiabat, ut ad judicem capiendum die XXX adesset. Nunc vero non proprie condictionem dicimus actionem in personam *esse*, *qua* intendimus DARI NOBIS OPORTERE; null*a* enim hoc tempore eo nomine denuntiatio fit. 19. Haec autem legis actio constituta est per legem Siliam et Calpurniam, lege quidem Silia certae pecuniae, lege vero Calpurnia de omni certa re. 20. Quare autem haec actio desiderata sit, cum de eo quod *n*obis dari oportet, potue*r*im*us* aut sacramento aut per judicis postulationem agere, valde quaeritur.

21. Per manus injectionem aeque *de* his rebus agebatur de quibus ut ita ageretur, lege a*liqua* cautum est, veluti judicati lege XII tabularum. Quae actio talis erat : qui agebat, sic

---

1. Feuillet perdu dans lequel on admet généralement que Gaius devait finir la théorie du *sacramentum*, faire celle de la *judicis postulatio* et aborder celle de la *condictio*.

dicebat : QUOD TU MIHI JUDICATUS (sive DAMNATUS) ES SESTERTIUM X MILIA, QUANDOC NON SOLVISTI, OB EAM REM EGO TIBI SESTERTIUM X MILIUM JUDICATI MANUM INJICIO, et simul aliquam partem corporis ejus prehendebat. Nec licebat judicato manum sibi depellere et pro se lege agere ; sed vindicem dabat qui pro se causam agere solebat; qui vindicem non dabat, domum ducebatur ab actore et vinciebatur. 22. Postea quaedam leges ex aliis quibusdam causis pro judicato manus injectionem in quosdam dederunt : sicut lex Publilia in eum pro quo sponsor dependisset, si in sex mensibus proximis quam pro eo depensum esset, non solvisset sponsori pecuniam ; item lex Furia de sponsu adversus eum qui a sponsore plus quam virilem partem exegisset ; et denique complures aliae leges in multis causis talem actionem dederunt. 23. Sed aliae leges *ex quibusdam causis* constituerunt quasdam actiones per manus injectionem, sed puram, id est non pro judicato : veluti lex *Furia* testamentaria adversus eum qui legatorum nomine mortisve causa plus M assibus cepisset, cum ea lege non esset exceptus, ut ei plus capere liceret ; item lex Marcia adversus faeneratores, ut si usuras exegissent, de his reddendis per manus injectionem cum eis ageretur. 24. Ex quibus legibus et si quae aliae similes essent, cum agebatur, *reo licebat* manum sibi depellere et pro se lege agere. Nam et actor in ipsa legis actione non adjiciebat hoc verbum PRO JUDICATO, sed nominata causa ex qua agebat, ita dicebat : OB EAM REM EGO TIBI MANUM INJICIO ; cum hi quibus pro judicato actio data erat, nominata causa ex qua agebant, ita inferebant : OB EAM REM EGO TIBI PRO JUDICATO MANUM INJICIO. Nec me praeterit in forma legis Furiae testamentariae PRO JUDICATO verbum inseri, cum in ipsa lege non sit ; quod videtur nulla ratione factum. 25. Sed postea lege Vallia, excepto judicato et eo pro quo depensum est, ceteris omnibus cum quibus per manus injectionem agebatur, permissum est sibi manum depellere et pro se agere. Itaque judicatus et is pro quo depensum est, etiam post hanc legem vindicem dare debebant, et nisi darent, domum ducebantur. Idque quamdiu legis actiones in usu erant, semper ita observabatur ; unde nostris temporibus is cum quo judicati depensive agitur, judicatum solvi satisdare cogitur.

26. Per pignoris capionem lege agebatur de quibusdam rebus moribus, *de quibusdam rebus* lege. 27. Introducta est moribus rei militaris. Nam et propter stipendium licebat militi ab eo qui *id* distribuebat, nisi daret, pignus capere ; dicebatur autem ea pecunia quae stipendii nomine dabatur, aes

militare. Item propter eam pecuniam licebat pignus capere ex qua *equus* emendus erat ; quae pecunia dicebatur aes equestre. Item propter eam pecuniam ex qua hordeum equis erat comparandum ; quae pecunia dicebatur aes hordiarium. 28. Lege autem introducta est pignoris capio veluti lege xii tabularum adversus eum qui hostiam emisset nec pretium redderet ; *item* adversus eum qui mercedem non redderet pro eo jumento quod quis ideo locasset, ut inde pecuniam acceptam in da*p*em, id est in sacrificium, impenderet. Item lege censoria data est pignoris ca*p*io publicanis vectigalium publicorum populi Romani adversus eos qui aliqua lege vectigalia deberent. 29. Ex omnibus autem istis causis certis verbis pignus capiebatur, et ob id plerisque placebat hanc quoque actionem legis actionem esse ; quibusdam autem *contra* placebat, primum quod pignoris ca*p*io extra jus peragebatur, id est non apu*d* p*r*ae*torem*, plerumque etiam absente adversario, cum alioquin ceteris actionibus non aliter uti possent quam apu*d* praetorem praesente adversario, praeterea quod nefasto quoque die, id est quo non licebat lege agere, pignus capi poterat.

30. Se*d* istae omnes legis actiones paulatim in odium venerunt, namque ex nimia subtilitate veterum qui tunc jura condiderunt, eo res perducta *est*, ut vel qui minimum errasset, *litem* perderet. Itaque per legem *A*ebutiam et duas Julias sublatae sunt istae legis actiones effectumque est, ut per concepta verba, id est per formulas litigemus. 31. Tantum ex duabus causis permissum *est* lege agere : damni infecti et si centumvirale judicium *futurum est*. Sane q*uidem* cum ad centumviros i*tur*, ante lege agitur sacramento apu*d* praetorem urbanum vel peregrinum [praetorem]. Damni vero infecti nemo vult lege agere, se*d* potius stipulatione qua*e* in edicto proposita est, obligat adversarium suum, i*d*que et commodius jus et plenius est. Per pignoris *capionem*. . .[1]

Suivent 23 lignes illisibles.

apparet. 32. *Item* in ea forma quae publicano proponit*ur*, talis fictio est, ut quanta pecunia olim, si pignus captum esset, id pignus is a quo captum erat, luere deberet, tantam pecuniam condemnetur. 33. Nulla autem formula ad condictionis fictionem exprimitur. Sive enim pecunia*m* sive rem aliquam certam de*b*itam nobis petamus, eam ipsam DARI NOBIS OPORTERE

---

1. Page restée totalement illisible dans laquelle on pense assez communément que Gaius aurait de nouveau traité de la *legis actio per pignoris capionem*, puis serait revenu aux *actions quae ad legis actionem exprimuntur* du § 10 à propos desquelles il a exposé le système des Actions de la loi. V. les diverses conjectures dans Dubois. Ajouter Baron, *Die Condictionen*, 1881, pp. 214-217.

intendimus ; nec ullam adjungimus condictionis fictionem.
Itaque simul intellegimus eas formulas quibus pecuniam aut
rem aliquam nobis dari oportere intendimus, sua vi ac potestate valere. Ejusdem naturae sunt actiones commodati, fiduciae, negotiorum gestorum et aliae innumerabiles.

34. Habemus adhuc alterius generis fictiones *in* quibusdam formulis, veluti cum is qui ex edicto bonorum possessionem petiit, ficto se herede agit. Cum enim praetorio jure, non legitimo succedat in locum defuncti, non ha*bet* directas actiones, et neque id quod defuncti fuit, potest intendere SUUM ESSE, *neque id quod* ei debebatur, potest intendere DARI SIBI OPORTERE ; itaque ficto se herede intendit veluthoc modo : JUDEX ESTO. SI A. AGERIUS (id est si ipse actor) *L. TITIO* HERES *ESSET, TUM SI EUM* FUND*UM* DE QUO AGITUR EX JURE QUIRITIUM *EJUS E*SSE OPORTERET ; et sic *de* deb*ito cum* praeposita simili *fictione hered*is[1] ita subjicitur : TUM SI PARERET N. NEGIDIUM *A. A*GERIO SESTERTIUM X MILIA DARE OPORTERE. 35. Similiter et bonorum emptor ficto se herede agit ; sed interdum et alio modo agere solet ; nam ex persona ejus cujus bona emerit, sumpta intentione convertit condemnationem in suam personam, id est ut quod illius esset vel illi dari oporteret, eo nomine adversarius huic condemnetur ; quae species actionis appellatur Rutiliana, quia a praetore P. Rutilio, qui et bonorum venditionem introduxisse dicitur, comparata est. Superior autem species actionis qua ficto se herede bonorum emptor *agit*, Serviana *vocatur*. 36. *Item usucapio fingitur in ea actione quae Publiciana* vocatur. Datur autem haec actio ei qui ex justa causa traditam sibi rem nondum usucepit eamque *amissa* possession*e* petit. Nam quia non potest eam EX JURE QUIRITIUM SUAM ESSE intendere, fingitur rem usucepisse et ita quasi ex jure Quiritium dominus factus esset intendit, *veluti* hoc modo : JUDEX ESTO. SI QUEM HOMINEM A. AGERIUS EMIT *ET* IS EI TRADITUS EST, ANNO POSSEDISSET, TUM SI EUM HOMINEM DE QUO AGIT*UR EX JURE QUIRITIUM EJUS* ESSE OPORTERET e*t* reliqua. 37. Item civitas Romana peregrino fingitur, si eo nomine agat aut cum eo agatur, quo nomine nostris legibus actio constituta est, si modo justum sit eam actionem etiam ad peregrinum extendi : veluti si furti agat peregrinus aut cum eo *agatur. Nam si cum peregrino* agatur, *f*ormula ita concipitur : JUDEX ESTO. SI PARET *L. TITIO A DIONE HERMAEI FILIO OPEVE* CONSILIO[VE][2] DIONIS HERMAEI FILII FURTUM FACTUM ESSE PATERAE

---

1. Restitution de Mommsen ; cf. les autres restitutions dans Dubois. — 2. Restitution proposée par Lenel, *Ed.*, p. 263, n. 3. Nombreuses autres conjectures dans Dubois.

AUREAE, QUAM OB REM EUM, SI CIVIS ROMANUS ESSET, PRO FURE DAMNUM DECIDERE OPORTERET et reliqua. Item si peregrinus furti agat, civitas ei Romana fingitur. Similiter si ex lege Aquilia peregrinus damni injuriae agat aut cum eo agatur, ficta civitate Romana judicium datur. 38. Praeterea aliquando fingimus adversarium nostrum capite deminutum non esse. Nam si ex contractu nobis obligatus obligatave sit et capite deminutus deminutave fuerit, velut mulier per coemptionem, masculus per adrogationem, desinit jure civili debere nobis, nec directo intendi potest sibi dare eum eamve oportere ; sed ne in potestate ejus sit jus nostrum corrumpere, introducta est contra eum eamve actio utilis rescissa capitis deminutione, id est in qua fingitur capite deminutus deminutave non esse.

39. Partes autem formularum hae sunt : demonstratio, intentio, adjudicatio, condemnatio. 40. Demonstratio est ea pars formulae quae praecipit id quod geritur, ut demonstretur res de qua agitur : velut haec pars formulae : QUOD A. AGERIUS N. NEGIDIO HOMINEM VENDIDIT ; item haec : QUOD A. AGERIUS APUD N. NEGIDIUM HOMINEM DEPOSUIT. 41. Intentio est ea pars formulae qua actor desiderium suum concludit : velut haec pars formulae : SI PARET N. NEGIDIUM A. AGERIO SESTERTIUM X MILIA DARE OPORTERE ; item haec : QUIDQUID PARET N. NEGIDIUM A. AGERIO DARE FACERE OPORTERE ; item haec : SI PARET HOMINEM EX JURE QUIRITIUM A. AGERII ESSE. 42. Adjudicatio est ea pars formulae qua permittitur judici rem alicui ex litigatoribus adjudicare : velut si inter coheredes familiae erciscundae agatur, aut inter socios communi dividundo, aut inter vicinos finium regundorum ; nam illic ita est : QUANTUM ADJUDICARI OPORTET, JUDEX TITIO ADJUDICATO. 43. Condemnatio est ea pars formulae qua judici condemnandi absolvendive potestas permittitur : velut haec pars formulae : JUDEX N. NEGIDIUM A. AGERIO SESTERTIUM X MILIA CONDEMNA. SI NON PARET, ABSOLVE ; item haec : JUDEX N. NEGIDIUM A. AGERIO DUMTAXAT X MILIA CONDEMNA. SI NON PARET, ABSOLVITO ; item haec : JUDEX N. NEGIDIUM A. AGERIO CONDEMNATO, et reliqua, ut non adjiciatur : DUMTAXAT X MILIA[1]. 44. Non tamen istae omnes partes simul inveniuntur, sed quaedam inveniuntur, quaedam non inveniuntur. Certe intentio aliquando sola invenitur, sicut in praejudicialibus formulis, qualis est qua quaeritur, aliquis libertus sit, vel quanta dos sit, et aliae complures. Demonstratio autem et adjudicatio et

---

1. X MILIA transporté ici de la ligne précédente ; les ms. : 'JUDEX N. NEGIDIUM A. AGERIO X MILIA CONDEMNATO, et reliqua, ut non adjiciatur DUMTAXAT'.

condemnatio. numquam solae inveniuntur, nihil enim omnino *demonstratio* sine intentione vel condemnatione valet : item condemnatio sine demonstratione vel intentione, vel adjudica*tio sine demonstratione vel intenti*one nullas vires habet, *et* ob id numquam solae inveniuntur.

45. Sed eas quide*m* formulas in quibus de jure quaeritur, in jus conceptas vocamus, quales sunt quibus intendimus NOSTRUM ESSE ALIQUID EX JURE QUIRITIUM, aut NOBIS DARI OPORTERE aut PRO FURE DAMNUM *DECIDI OPORTERE*; *in* quibus juris civilis intentio est. 46. Ceteras vero in factum conceptas vocamus, id est in quibus nulla talis intentio concepta est, *sed* initio formulae nominato eo quod factum est, adj*iciun*tur ea verba per quae judici damnandi absolvendive potestas datur : qualis est formula qua utitur patron*us* contra *li*bertum qui eum contra edictum praetoris in jus *v*ocavit ; nam in ea ita est : RECUPERATORES SUNTO. SI PARET ILLUM PATRONUM AB ILLO LIBERTO CONTRA EDICTUM ILLIUS PRAETORIS IN JUS VOCATUM ESSE, RECUPERATORES ILLUM LIBERTUM ILLI PATRONO SESTERTIUM X MILIA CONDEMNATE. SI NON PARET, ABSOLVIT*E*. Ceterae quoque formulae quae sub titulo DE IN JUS VOCANDO propositae sunt, in factum conceptae sunt, velut adversus eum qui in jus vocatus neque venerit neque vindicem dederit ; item contra eum qui vi exemerit eum qui in jus voc*atur*; et denique innumerabiles ejus modi aliae formulae in al*b*o proponuntur. 47. Sed ex quibusdam causis praetor et in jus et in factum conceptas formulas proponit, veluti depositi et commodati. Illa enim formula quae ita concepta est : JUDEX ESTO. QUOD A. AGERI*US* APUD N. NEGIDIUM MENSAM ARGENTEAM DEPOSU*I*T, QUA DE RE AGITUR, QUIDQUID OB EAM REM N. NEGIDIUM A. AGERIO DARE FACERE OPORTET EX FIDE BONA, EJUS JUDEX N. NEGIDIUM A. AGERIO CONDEMNATO. *NISI RESTITUAT*.[1] SI NON PARET, ABSOLV*ITO*, in jus concepta est. At illa formula quae ita concepta est : JUDEX ESTO. SI PARET A. AGERIUM APUD N. NEGIDIUM MENSAM ARGENTEAM DEPOSUISSE EAMQUE DOLO MALO N. NEGIDII A. AGERIO REDDITAM NON ESSE, QUANTI EA RES ERIT, TANTAM PECUNIAM JUDEX N. NEGIDIUM A. AGERIO CONDEMNATO. SI NON PARET, ABSOLV*ITO*, in factum concepta est. Similes etiam commodati formulae sunt.

48. Omnium autem formularum quae condemnationem habent, ad pecuniariam aestimationem condemnatio concepta est. Itaque et si corpus aliquod petamus, veluti fundum hominem vestem *aurum* argentum, judex non ipsam rem condem-

---

1. Le ms. : N R, ordinairement traduit par *NISI RESTITUAT*; cf. cependant Lenel, *Ed.* p. 230, n. 11 et les auteurs cités par Dubois.

nat *eum* cum quo actum est, sicut olim fieri solebat, *sed* aestimata re pecuniam eum condemnat[1]. 49. Condemnatio autem vel certae pecuniae in formula proponitur vel incertae. 50. Certae pecuniae velut in ea formula qua certam pecuniam petimus; nam illic ima parte formulae ita est : JUDEX N. NEGIDIUM A. AGERIO SESTERTIUM X MILIA CONDEMNA. SI NON PARET, ABSOLVE. 51. Incertae vero condemnatio pecuniae duplicem significationem habet. Est enim una *cum* aliqua praefinitione, quae vulgo dicitur cum taxatione, velut si incertum aliquid petamus; nam illic ima parte formulae ita est: JUDEX N. NEGIDIUM A. AGERIO DUMTAXAT SESTERTIUM X MILIA CONDEMNA. SI NON PARET, ABSOLVE ; vel incerta es*t* et infinita, *vel*ut si rem aliquam a possidente nostram esse petamus, id est si in rem agam*us* vel ad exhibendum ; nam illic ita est : QUANTI EA RES ERIT, TANTAM PECUNIAM, JUDEX, N. NEGIDIUM A. AGERIO CONDEMNA. SI NON PARET, ABSOLVITO. 52. Quid ergo es*t* ? judex si condemnet, certam pecuniam condemnare debet, etsi certa pecunia in condemnatione posita non sit. Debet autem judex attendere, *ut* cum certae pecuniae condemnatio posita sit, neque majoris neque minoris summa posi*ta* condemnet, alioquin litem suam facit. Item si taxatio posita sit, ne pluris condemnet quam taxa*tum* sit, alias enim similiter litem suam facit. Minoris autem damnare ei permissum est. At si etiam[2] . . . .
. . . . qui formulam acci*pit*, intendere de*bet* nec am*plius*. . . . . . certa condemnatione constringi. . . . . *potest condemnare quo*usque velit.

53[3]. Si quis intentione p*lus* complexus fuerit, *causa cadit,* id est rem perdit, nec a praetore in integr*um* restituitur excep*tis* quibusdam casibus in *quibus*. . . . . . *p*raetor non patitur. . . . .
. . . . 53ᵃ. *Plus autem quattuor* modis petitur : re, tempore, loco, causa. Re, *veluti si quis pro x* milibus quae ei debentur, xx milia petierit, *aut si is cujus* ex parte res est, totam eam aut majore ex parte suam esse intenderi*t*. 53ᵇ. *Tempore plus petitur, veluti si quis* ante *diem petierit.* 53ᶜ. *Loco plus petitur, veluti si quod certo loco* dari promissum est, id *alio loco sine commemoratione* ejus loci

---

1. Brini, *Archivio,* 1878, pp. 213-278, suivi par Thaller, *N. R. Hist.*, 1884, pp. 459-470 ponctue: 'eum cum quo actum est. Sicut olim fieri solebat aestimata re, pecuniam eum condemnat'. — 2. Passage lu très incomplètement dans lequel Gaius traitait peut être des précautions à prendre pour que les parties ne souffrent pas d'une mauvaise rédaction de la *condemnatio* et ensuite de la *condemnatio in infinitum.* — 3. §§ restitués à l'aide d'*Inst.*, 4, 6, 33. 33 a. 33 b. 33 c.

petatur, velut si *quis ita stipulatus fuerit:* EPHESI DARE SPONDES?, *deinde* Romae *pure intendat* DARI SIBI OPORTERE. . . . . . .
. . . . . . dare mihi oportere. . . . .

Suivent 2 lignes illisibles.

. . . . . petere id *est* non adjecto loco. 53ᵈ. Causa plus petitur, velut si quis in intentione tollat electionem debitoris quam *is* habet obligationis jure: velut si quis ita stipulatus sit: SESTERTIUM X MILIA AUT HOMINEM STICHUM DARE SPONDES?, deinde alterutrum ex his petat; nam quamvis petat quod minus est, plus tamen petere videtur, quia potest adversarius interdum facilius id praestare quod non petitur. Similiter si quis genus stipulatus sit, deinde speciem petat: veluti si quis purpuram stipulatus sit generaliter, deinde Tyriam specialiter petat; quin etiam licet vilissimam petat, idem juris est *propter* eam rationem quam proxime diximus. Idem juris est, si quis generaliter hominem stipulatus sit, deinde nominatim aliquem petat, velut Stichum, quamvis vilissimum. Itaque sicut ipsa stipulatio concepta est, ita et intentio formulae concipi debet. 54. Illud satis apparet in incertis formulis plus peti non posse, quia, cum certa quantitas non petatur, sed QUIDQUID adversarium DARE FACERE OPORTET *intendatur,* nemo potest plus intendere. Idem juris est et si in rem incertae partis actio data sit: velut *talis:* QUANTAM PARTEM PARET IN EO FUNDO QUO DE AGITUR actoris ESSE; quod genus actionis in paucissimis causis dari solet. 55. Item palam est, si quis aliud pro alio intenderit, nihil eum periclitari eumque ex integro agere posse, quia nihil ante videtur egisse: veluti si is qui hominem Stichum petere deberet, Erotem petierit; aut si quis EX TESTAMENTO DARI sibi OPORTERE intenderit, cui ex stipulatu debebatur; aut si cognitor aut procurator intenderit sibi DARI OPORTERE. 56. Se*d* plus quidem intendere, sicut supra diximus, periculosum est; minus autem intendere licet; sed de reliquo intra ejusdem praeturam agere non permittitur, n*am* qui ita agit, per exceptionem excluditur, quae exceptio appellatur litis dividuae. 57. A*t* si in condemnatione plus positum sit quam oportet, actoris qui*dem* periculum nullum est, sed *reus cum* iniquam formulam acceperit, in integrum restituitur, ut minuatur condemnatio. Si vero minus positum fuerit quam oportet, hoc solum consequitur *actor* quod posuit; nam tota quidem res in judicium deducitur, constringitur autem condemnationis fine, quam judex egredi non potest. Nec ex ea parte praetor in integrum restituit; facilius enim reis praetor succurrit quam actoribus. Loquimur autem exceptis minoribus xxv annorum;

nam hujus aetatis hominibus in omnibus rebus lapsis praetor succurrit. 58. Si in demonstratione plus aut minus positum sit, nihil in judicium deducitur, et ideo res in integro manet ; et hoc est quod dicitur falsa demonstratione rem non perimi. 59. Sed sunt qui putant minus recte comprehendi, ut qui forte Stichum et Erotem emerit, recte videatur ita demonstrare : QUOD EGO DE TE HOMINEM EROTEM EMI, et si velit, de Sticho alia formula agat, quia verum est eum qui duos emerit, singulos quoque emisse ; idque ita maxime Labeoni visum est. Sed si is qui unum emerit, de duobus egerit, falsum demonstrat. Idem et in aliis actionibus est, veluti commodati et depositi. 60. Sed nos apud quosdam scriptum invenimus, in actione depositi et denique in ceteris omnibus ex quibus damnatus unusquisque ignominia notatur, eum qui plus quam oporteret demonstraverit, litem perdere : veluti si quis una re deposita duas pluresve se deposuisse demonstraverit ; aut si is cui pugno mala percussa est, in actione injuriarum etiam aliam partem corporis percussam sibi demonstraverit. Quod an debeamus credere verius esse, diligentius requiremus. Certe cum duae sint depositi formulae, alia in jus concepta, alia in factum, sicut supra quoque notavimus, et in ea quidem formula quae in jus concepta est, initio res de qua agitur demonstratorio modo designetur, deinde inferatur juris contentio his verbis : QUIDQUID OB EAM REM ILLUM ILLI DARE FACERE OPORTET ; in ea vero quae in factum concepta est, statim initio intentionis alio modo res de qua agitur designetur his verbis : SI PARET ILLUM APUD ILLUM REM ILLAM DEPOSUISSE : dubitare non debemus, quin si quis in formula quae in factum composita est, plures res designaverit quam deposuerit, litem perdat, quia in intentione plus posuisse videatur. . .[1]

Suivent 48 lignes illisibles.

61[2]. . . Continetur, ut habita ratione ejus quod invicem actorem ex eadem causa praestare oporteret, in reliquum eum cum quo actum est, condemnare. 62. Sunt autem bonae fidei judicia haec : ex empto vendito, locato conducto, negotiorum gestorum, mandati, depositi, fiduciae, pro socio, tutelae, rei uxoriae[3]. 63. Liberum est tamen judici nullam omnino invicem compensationis rationem habere : nec enim aperte for-

---

1. 2 pages restées illisibles dans lesquelles on admet communément que Gaius traitait des matières exposées dans Inst. 4, 6, 36-39. — 2. Sur le commencement du §, cf. Inst., 4, 6, 30. — 3. Énumération généralement complétée à l'aide d'Inst., 4, 6, 28 ; mais cf., outre Huschke, Labbé, R. de Législat., 1873, pp. 312-313 pour l'action praescriptis verbis, et, pour les actions en partage, Gradenwitz, Interpolationen in den Pandekten, 1878, p. 108, n. 1.

mulae ve*r*bis praecipitur, sed quia id bonae fidei judicio conveniens videtur, id*eo* officio ejus contineri creditur. 64. Alia causa est illius actionis qua argentarius experitur : nam is cogitur cum compensatione agere, et ea compensatio verbis formulae exprimitur ; adeo quidem, u*t* ab initio compensatione facta minus intendat sibi dar*i* oportere. Ecce enim si s*es*tertium x milia debeat Titio, atque ei xx debeantur, sic intendit : SI PARET TITIUM SIBI X MILIA DARE OPORTERE AMPLIUS QUAM IPSE TITIO DEBET. 65. Item *bonorum* emptor cum deductione agere jube*tur*, *id est ut* in hoc solum adversarius ejus condemnetur quod superest, deducto eo quod invicem ei bonorum emptor defraudatoris nomin*e* debet. 66. Inter compensationem autem quae argentario opponitur, et deductionem quae objicitur bonorum emptori, ill*a* differentia est, quod in compensatione*m* hoc solum vocatur quod ejusdem generis et naturae est : veluti pecunia cum pecunia compensatur, triticum cum tritico, vinum cum vino ; adeo ut quibusdam placeat non omni modo vinum cum vino aut triticum cum tritico compensandum, sed ita si ejusdem naturae qualitatisque sit. In deductionem autem vocatur et quod non est ejusdem generis. Itaque si [vero] pecuniam petat bonorum emptor et invicem frumentum aut vinum is debeat, deducto quanti id erit, in reliquum experitur. 67. Item vocatur in deductione*m* et id quod in diem debetur ; compensatur autem hoc solum quod praesenti die de*b*etur. 68. Praeterea compensationis quidem ratio in intentione ponitur ; quo fit, ut si facta compensatione plus nummo uno intendat argentarius, causa cadat et ob id rem perdat. Deductio vero ad condemnationem ponitur, quo loco plus petenti periculum non intervenit ; utique bonorum emptore agente, qui licet de certa pecunia agat, incerti tamen condemnationem concipit.

69. Quia tamen superius mentionem habuimus de actione qua in peculium filiorum familias servorumque agitur, opus est ut de *h*ac actione et de ceteris quae eoru*n*dem nomine in parentes dominosve dari solent, diligentius admoneamus. 70. Inprimis itaque si jussu patris dominive negotium gestum erit, in solidum praetor actionem in patrem dominumve comparavit ; et recte, quia qui ita negotium gerit, magis patris dominive quam filii servi*v*e fidem sequitur. 71. Eadem ratione comparavit duas alias actiones, exercitoriam et insti*t*oriam. Tunc autem exercitoria locum habet, cum pater dominusve filium servumve magistrum nav*i* praeposuerit, et quid cum eo ejus rei gratia cui praepositus fuerit, [negotium] gestum

erit. Cum enim ea quoque res ex voluntate patris dominive
contrahi videatur, aequissimum esse visum est in solidum
actionem *in eum* dari. Quin etiam, licet extraneum quisque
magistrum navi praeposuerit sive servum sive liberum, tamen
ea praetoria actio in eum redditur. Ideo autem exercitoria
actio appellatur, quia exercitor vocatur is a*d* quem cottidia-
nus navis quaestus pervenit. Institoria vero formula tum locum
habet, cum quis tabernae aut cuilibet negotiationi filium servumve aut quemlibet extraneum sive servum sive liberum
praeposuerit, et quid cum eo ejus rei gratia cui praepositus
est, contractum fuerit. Ideo autem insti*t*oria vocat*ur*, quia
qui tabernae praeponitur, insti*t*or appellat*ur*. Qua*e* et ipsa
formula in solidum est. 72. Praeterea tributoria quoque actio
in patrem dominumve constituta est, cum filius servusve in
peculiari merce sciente patre dominove negotietur. Nam si
quid ejus rei gratia cum eo contrac*t*um fuerit, ita praetor jus
dicit, ut quidquid in *his* mercibus *erit quodque inde receptum
erit, id inter patrem dominumve, si quid ei debebitur, et ceteros
creditores pro rata portione distribuatur*[1].

Suivent 21 lignes illisibles.

73. *Cum autem quaeritur, quantum in peculio sit*, ante deducitur quod patri dominove quique in ejus potestate sit, a
filio servove debe*t*ur, et quod superest, hoc solum peculium
esse intellegitur. Aliquando tamen id quod ei debet filius servusve qui in potestate patris dominive sit, non deducitur ex
peculio, velut si is cui debet, in hujus ipsius peculio sit. 74.
Ceterum du*b*ium non est, quin et is qui jussu patris dominive
contraxit cuique exercitoria vel insti*t*oria formula competit,
de peculio aut de in rem verso agere possit. Sed nemo tam
stultus erit, ut qui aliqua illarum actionum sine dubio solidum
consequi possi*t*, in difficultatem se deducat probandi habere
peculium eum cum quo contraxerit, exque eo peculio posse
sibi satisfieri, vel id quod persequitur, in rem patris dominive
versum esse. 74ᵃ. Is quoque cui tributoria actio competit, de
peculio vel de in rem verso agere potest. Sed huic sane plerumque expedit hac potius actione uti quam tributoria ; nam
in tributoria ejus solius peculii ratio habetur, quod in his
mercibus est quibus negotiatur filius servusve quodque inde
receptum erit ; a*t* in actione peculii, totius. Et potest quisque
tertia forte aut quarta vel et*iam* minore parte peculii nego-

---

1. Restitué d'après *Inst.*, 4, 7, 4 c. Le passage illisible qui suit doit, en visant
à la fois l'esclave et le fils et en termes un peu plus concis, avoir traité les mêmes
points qu'*Inst.*, 4, 7, 3 ; 4. 4a. 4b.

tiari, maximam vero partem peculii in aliis rebus habere; longe magis si potest adprobari, id quod *dederit is qui cum filio servove* contraxit, in rem patris dominive versum esse, ad hanc actionem transire debet; nam, ut supra diximus, eadem formula et de peculio et de in rem verso agitur.

75. Ex maleficiis filiorum familias servorumque, veluti si furtum fecerint aut injuriam commiserint, noxales actiones proditae sunt, uti liceret patri dominove aut litis aestimationem sufferre aut noxae dedere; erat enim iniquum nequitiam eorum ultra ipsorum corpora parentibus dominisve damnosam esse. 76. Constitutae sunt autem noxales actiones aut legibus aut edicto praetoris : legibus, velut furti lege xii tabularum, damni injuriae *lege* Aquilia ; edicto praetoris, velut injuriarum et vi bonorum *r*aptorum. 77. Omnes autem noxales actiones cap*ut* sequuntur, nam si filius tuus servusve noxam commiserit, quamdiu *in* tua potestate est, tecum est actio ; si in alterius potestatem pervenerit, cum illo incipit actio esse ; si sui juris coeperit esse, directa actio cum ipso est, et noxae deditio extinguitur. Ex diverso quoque directa actio noxalis esse incipit, nam si pater familias noxam commiserit, et *is* se in adrogatione*m* tibi dederit aut servus tuus esse coeperit, *quod* quibusdam casibus accidere primo commentario tradidimus, incipit tecum noxalis actio esse quae ante directa fuit. 78. Sed si filius patri aut servus domino noxam commiserit, nulla actio nascitur ; nulla enim omnino inter me et eum qui in potestate mea est, obligatio nasci potest. Ideoque etsi in alienam potestatem pervenerit aut sui juris esse coeperit, neque cum ipso neque cum eo cujus nunc in potestate est, agi potest. Unde quaeritur, si alienus servus filiusve noxam commiserit mihi, et is postea in mea esse coeperit potestate, utrum intercidat actio an quiescat. Nostri praeceptores intercidere putant, quia in eum casum deducta sit, in quo consistere non potuerit, ideoque licet exierit de mea potestate, agere me non posse ; diversae scholae auctores, quamdiu in mea potestate sit, quiescere actionem putant, qui*a* ipse mecum agere non possum, cum vero exierit de mea potestate, tunc eam resuscitari. 79. Cum autem filius familias ex noxali causa mancipio datur, diversae scholae auctores putant ter eum mancipio dari debere, quia lege xii tabularum cautum sit, *ne aliter filius de potestate patris exeat, quam si ter fuerit mancipatus*; Sabinus et Cassius ceterique nost*rae* scholae auctores sufficere unam mancipationem crediderunt, et illas tres leg*is* xii tabularum ad voluntarias mancipationes pertinere.

80. Haec ita de his personis quae in potestate *sunt* sive ex contractu sive ex *maleficio* earum *controve*rsia esset ; quod vero ad eas personas quae in manu mancipiove sunt, ita jus dicitur, ut cum ex *contractu*[1] earum agatur nisi ab eo cujus juri subjectae sint, in solidum defendantur, bona quae earum futura forent, si e*jus* juri subjectae non essent, veneant. Sed cum rescissa *capitis deminutione cum iis* imperio continen*ti* ju*dicio* agitur, *si adversus eam actionem non defendantur, etiam cum ipsa muliere, dum in manu est, agi potest, quia tum tutoris auctoritas necessaria non est*[2].

Suivent 20 lignes presque totalement illisibles.

81. *Quid* ergo *est* ? . . . . . diximus. . . non permissum fuerit ei mortuos homines dedere, tamen etsi quis eum dederit qui fato suo vita excesserit, aeque libera*tur*.

82. Nunc admonendi sumus ag*ere* nos aut nostro nomine aut alieno, veluti cognitorio, procuratorio, tutorio, curatorio, cum olim, quo tempore legis actiones in usu fuissent, alieno nomine agere non liceret, pr*ae*ter*quam* ex certis causis. 83. Cognitor autem certis verbis in litem cora*m* adversario substituitur. Nam actor i*ta* cognit*o*rem dat : QUOD EGO A TE verbi gratia FUNDUM PETO, IN EAM REM L. TITIUM TIBI COGNITOREM DO ; adversarius ita : QUIA TU A ME FUNDUM PETIS, IN EAM *REM* TIBI P. MEVIUM COGNITOREM DO. Potest ut actor ita dicat : QUOD EGO TECUM AGERE VOLO, IN EAM REM COGNITOREM DO, adversarius ita : QUIA TU MECUM AGERE VIS, IN EAM REM COGNITOREM DO. Nec interest praesens an absens cognitor detur ; sed si absens datus fuerit, cognitor ita erit, si cognoverit et susceperit officium cognitoris. 84. Procurator vero nullis certis verbis in litem substituitur, sed ex solo mandato et absente et ignorante adversario constituitur. Quin etiam sunt qui putant eum quoque procuratorem videri cui non sit mandatum, si modo bona fide accedat ad negotium et caveat ratam rem dominum habitur*um* ; qu*am*quam et ille cui mandatum *est*, plerumque satisdare debet, quia saepe mandatum initio litis in obscuro es*t* et postea apu*d* judicem ostenditur[3]. 85. Tutores autem et curatores quemadmodum constituantur, primo commentario rettulimus. 86. Qui autem alieno nomine agit, intentionem quidem ex persona

---

1. Mandry, *Das gemeine Familiengüterrecht*, 2, 1876, p. 348 : 'ex maleficio.' mais cf. Girard, *N. R. Hist.*, 1857, p. 423, n. 3. — 2. Restitution vraisemblable de Huschke. Dans les lignes suivantes où l'on n'a pu lire que les mots : '*XII tabularum*', Gaius paraît avoir traité des actions noxales, y compris, suppose Huschke, les actions *de pastu* et *de pauperie* auxquelles se rapporterait le § 81 ; mais, au moins sur ce dernier point, cf. en sens contraire *N. R. Hist.* 1887, p. 437, n. 2. — 3. 'Quia saepe mandatum..... ostenditur' signalé comme une glose postérieure à *C. Th.*, 2, 12, 3, par Eisele, *Cognitur und Procuratur*, 1881, pp. 143-145.

domini sumit, condemnationem autem in suam personam convertit. Nam si verbi gratia L. Titius *pro* P. Mevio agat, ita formula concipitur : SI PARET N. NEGIDIUM P. MEVIO SESTERTIUM X MILIA DARE OPORTERE, JUDEX N. NEGIDIUM L. TITIO SESTERTIUM X MILIA CONDEMNA, SI NON PARET, ABSOLVE ; in rem quoque si agat intendit P. *MEVII* REM ESSE EX JURE QUIRITIUM, et condemnationem in suam personam convertit. 87. Ab adversarii quoque parte si interveniat aliquis cum quo actio constituitur, intenditur dominum DARE OPORTERE, condemnatio autem in ejus persona*m* convertitur qui judicium acce*p*it ; sed cum in rem agitur, nihil *in* intention*e* facit ejus persona cum quo agitur, sive suo nomine sive alieno aliquis judicio interveniat ; tantum enim intenditur REM ACTORIS ESSE.

88. Videamus nunc quibus ex causis is cum quo agitur, vel hic qui a*git,* coga*tur* satisdare. 89. Igitur si verbi gratia in rem tecum agam, satis mihi dare debes ; *a*equum enim visum est *te ideo* quod interea tibi rem quae an a*d* te pertineat *dubium* es*t*, possidere conceditur, cum satisdatione cavere, ut si victus sis *nec rem* ipsam restituas nec litis aestimationem suffer*a*s, sit mihi potestas aut tecum agendi aut cum sponsoribus tuis. 90. Multoque magis debes satisdare mihi, si alieno nomine judicium accipias. 91. Ceterum cum in rem actio duplex sit, aut enim per formulam petitoriam agi*tur* aut per sponsionem, siquidem per formulam petitoriam agitur, illa stipulatio locum habet quae appellatur JUDICATUM SOLVI ; si vero pe*r* sponsionem, illa quae appellatur PRO PRAEDE LITIS ET VINDICIARUM. 92. Petitoria autem formula haec est qua actor intendit REM SUAM ESSE. 93. Per sponsionem vero hoc modo agimus : provocamus adversarium tali sponsione : SI HOMO QUO DE AGITUR EX JURE QUIRITIUM MEUS EST, SESTERTIOS XXV NUMMOS DARE SPONDES ? ; deinde formulam edimus qu*a* intendimus sponsionis summam nobis dari oportere ; qua formula ita demum vincimus, si pro*b*averimus re*m* nostra*m* esse. 94. Non tamen *h*aec summa sponsionis exigitur, non enim poenalis est, sed praejudicialis, et propter hoc solum fit ut per eam de re judicetur : unde etiam is cum quo agi*tur*, non restipula*tur*. Ideo autem appellata est PRO PRAEDE LITIS VINDICIARUM stipulatio, quia in locum praedium successit, qui olim, cum lege agebatur, pro lite et v*i*ndiciis, id est pro re et fructibus, a possessore petitori dabantu*r*. 95. Ceterum si apud centumviros agitur, summam sponsionis non per formulam petimus, sed per legis actionem ; sacramento enim re*um* provocamus ; eaque sponsio sestertium cxxv nummum fi*t scilicet* propter legem Crepereiam.

96. Ipse autem qui in rem agit, si suo nomine agat, satis non dat. 97. Ac nec si per cognitorem quidem agatur, ulla satisdatio vel ab ipso vel a domino desideratur; cum enim certis et quasi sollemnibus verbis in locum domini substituatur cognitor, merito domini loco habetur. 98. Procurator vero si agat, satisdare jubetur ratam rem dominum habiturum; periculum enim est, ne iterum dominus de eadem re experiatur; quod periculum non intervenit, si per cognitorem actum fuerit, quia de qua re quisque per cognitorem egerit, de ea non magis amplius actionem habet quam si ipse egerit. 99. Tutores et curatores eo modo quo et procuratores satisdare debere verba edicti faciunt; sed aliquando illis satisdatio remittitur. 100. Haec ita, si in rem agatur; si vero in personam, ab actoris quidem parte quando satisdari debeat quaerentes, eadem repetemus quae diximus in actione qua in rem agitur. 101. Ab ejus vero parte cum quo agitur, siquidem alieno nomine aliquis interveniat, omni modo satisdari debet, quia nemo alienae rei sine satisdatione defensor idoneus intellegitur. Sed siquidem cum cognitore agatur, dominus satisdare jubetur; si vero cum procuratore, ipse procurator. Idem et de tutore et de curatore juris est. 102. Quodsi proprio nomine aliquis judicium accipiat in personam, certis ex causis satisdare solet quas ipse praetor significat. Quarum satisdationum duplex causa est: nam aut propter genus actionis satisdatur, aut propter personam, quia suspecta sit; propter genus actionis, veluti judicati depensive aut cum de moribus mulieris agitur; propter personam, veluti si cum eo agitur qui decoxerit, cujusve bona a creditoribus possessa proscriptave sunt, sive cum eo herede agatur quem praetor suspectum aestimaverit.

103. Omnia autem judicia aut legitimo jure consistunt aut imperio continentur. 104. Legitima sunt judicia quae in urbe Roma vel intra primum urbis Romae miliarium inter omnes cives Romanos sub uno judice accipiuntur; eaque e lege Julia judiciaria, nisi in anno et sex mensibus judicata fuerint, expirant. Et hoc est quod vulgo dicitur e lege Julia litem anno et sex mensibus mori. 105. Imperio vero continentur recuperatoria et quae sub uno judice accipiuntur interveniente peregrini persona judicis aut litigatoris. In eadem causa sunt, quaecumque extra primum urbis Romae miliarium tam inter cives Romanos quam inter peregrinos accipiuntur. Ideo autem imperio contineri judicia dicuntur, quia tamdiu valent, quamdiu is qui ea praecepit, imperium habebit. 106. Et siquidem imperio continenti judicio actum fuerit,

sive in rem sive in personam, sive ea formula quae in factum concepta est, sive ea quae in jus habet intentionem, postea nihilo minus ipso jure de eadem re agi potest; et ideo necessaria est exceptio rei judicatae vel in judicium deductae. 107. Si vero legitimo judicio in personam actum sit ea formula quae juris civilis habet intentionem, postea ipso jure de eadem re agi non potest, et ob id exceptio supervacua est; si vero vel in rem vel in factum actum fuerit, ipso jure nihilo minus postea agi potest, et ob id exceptio necessaria est rei judicatae vel in judicium deductae. 108. Alia causa fuit olim legis actionum : nam qua de re actum semel erat, de ea postea ipso jure agi non poterat; nec omnino ita, ut nunc, usus erat illis temporibus exceptionum. 109. Ceterum potest ex lege quidem esse judicium, sed legitimum non esse; et contra ex lege non esse, sed legitimum esse. Nam si verbi gratia ex lege Aquilia vel Ollinia vel Furia in provinciis agatur, imperio continebitur judicium; idemque juris est et si Romae apud recuperatores agamus, vel apud unum judicem interveniente peregrini persona ; et ex diverso si ex ea causa ex qua nobis edicto praetoris datur actio, Romae sub uno judice inter omnes cives Romanos accipiatur judicium, legitimum est.

110. Quo loco admonendi sumus eas quidem actiones quae ex lege senatusve consultis proficiscuntur, perpetuo solere praetorem accommodare, eas vero quae ex propria ipsius jurisdictione pendent, plerumque intra annum dare. 111. Aliquando tamen *et perpetuo eas dat, scilicet cum*[1] imitatur jus legitimum : quales sunt eae quas bonorum possessoribus ceterisque qui heredis loco sunt, accomodat. Furti quoque manifesti actio, quamvis ex ipsius praetoris juris dictione proficiscatur, perpetuo datur ; et merito, cum pro capitali poena pecuniaria constituta sit.

112. Non omnes actiones quae in aliquem aut ipso jure competunt aut a praetore dantur, etiam in heredem aeque competunt aut dari solent. Est enim certissima juris regula, ex maleficiis poenales actiones in heredem nec competere nec dari solere, veluti furti, vi bonorum raptorum, injuriarum, damni injuriae ; sed heredibus hujus modi actiones competunt nec denegantur, excepta injuriarum actione et si qua alia similis inveniatur actio. 113. Aliquando tamen *etiam* ex contractu actio neque heredi neque in heredem competit ; nam adsti-

---

1. Restitution de Huschke corrigée par Mommsen.

pulatoris heres non habet actionem, *et* sponsoris et fidepromissoris heres non tenetur.

114. Superest ut dispiciamus, si ante rem judicatam is cum quo agitur, post acceptum judicium satisfaciat actori, quid officio judicis conveniat, utrum absolvere, an ideo potius damnare, quia judicii accipiendi tempore in ea causa fuerit, ut damnari debeat. Nostri praeceptores absolvere eum debere existimant, nec interesse cujus generis sit judicium; et hoc est quod vulgo dicitur Sabino et Cassio placere omnia judicia absolutoria esse. Diversae scholae auctores[1] . . . . . de bonae fidei judiciis autem idem sentiunt, quia in ejusmodi judiciis liberum est officium judicis. Tantumdem *et de in* rem actionibus putant, quia *formulae verbis* id ipsum *exprimatur*[2] . . . . quibus. . . . . petentur et ad. . . . . *interdu*m enim . . . . . . sunt etiam in personam tales actiones in quibus *exprimitur ut arbitretur judex, quomodo reus satis facere debeat* actori quominus condemnetur[3] . . .

Suivent 3 lignes presque entièrement illisibles.

115. Sequitur ut de exceptionibus dispiciamus. 116. Comparatae sunt autem exceptiones defendendorum eorum gratia cum quibus agitur. Saepe enim accidit, ut quis jure civili teneatur, sed iniquum sit eum judicio condemnari 116ᵃ. Veluti si stipulatus sim *a* te pecuniam tamquam credendi causa numeraturus, nec numeraverim; nam eam pecuniam a te peti posse certum est, dare enim te oportet, cum ex stipulatu teneris; sed quia iniquum est te eo nomine condemnari, placet per exceptionem doli mali te defendi debere. 116ᵇ. Item si pactus fuero tecum, ne id quod mihi debeas, a te petam, nihilo minus [id ipsum] a te petere possum dari mihi oportere, quia obligatio pacto convento non tollitur; sed placet debere me petentem per exceptionem pacti conventi repelli. 117. In his

---

1. Il est certain, quant au sens, que Gaius opposait là à l'opinion des Sabiniens l'opinion différente des Proculiens. Krueger et Studemund pensent qu'il disait qu'ils admettaient l'opinion contraire pour les *judicia stricti juris*; Huschke lit: '*diversae autem scholae auctores* de bonae fidei *quidem* judiciis idem sentiunt'. — 2. Ita demum, reum condemnandum esse, nisi arbitratu judicis rem restituta erit', conjecturent Krueger et Studemund. Restitution équivalente quant au fonds dans Huschke. Gaius traitait ensuite probablement avant 'sunt' des mêmes matières qu'*Inst.*, 4, 17, 2. — 3. Restitution quant au sens de Krueger et Studemund. Les lignes qui suivent dans lesquelles on lit seulement : 'paratus ad actoris... actum fuerit', peuvent, selon les mêmes auteurs, s'être rapportées à ce qui est dit, *Inst.*, 4, 17, 3, de l'action *ad exhibendum* et de la caution imposée à celui qui demande un délai pour l'exhibition.

quoque actionibus quae *non* in personam sunt, exceptiones locum habent : veluti si metu me coegeris aut dolo induxeris, ut tibi rem aliquam mancipio *darem*; nam *si* eam rem a me petas, datur mihi exceptio p*er* quam, si metus causa te fecisse vel dolo malo arguero, repelleris. 117ª. Item si fundum litigiosum sciens *a* non possidente emeris eumque a possidente petas, opponitur tibi exceptio per quam omni modo summoveris. 118. Exceptiones autem alias in edicto praetor habet propositas, alias causa cognita accommodat. Quae omnes vel ex legibus vel ex his quae legis vicem optinent, substantiam cap*i*unt, vel ex jurisdictione praetoris proditae sunt. 119. Omnes autem exceptiones in contrarium concipiuntur, quam adfirmat is cum quo agitur. Nam si verbi gratia reus dolo malo aliquid actorem facere dicat, qui forte pecuniam petit quam non numeravit, sic exceptio concipitur : SI IN EA RE NIHIL DOLO MALO A. AGERII FACTUM SIT NEQUE FIAT ; item si dica*t* contra pactionem pecuniam peti, ita concipitur exceptio : SI INTER A. AGERIUM ET N. NEGIDIUM NON CONVENIT NE EA PECUNIA PETERETUR ; et denique in ceteris causis similiter concipi solet ; ideo scilicet qu*ia* omn*is* exceptio objicitur quidem a reo, sed ita formulae inserit*ur*, ut condicionalem faciat condemnationem, id est ne aliter judex eum cum quo agitur condemnet, quam si nihil in ea re qua de agitur dolo actoris factum sit ; item ne aliter judex eum condemnet, quam si nullum pactum conven*tum* *d*e non petenda pecunia factum *f*uerit.

120. Dicuntur autem exceptiones aut peremptoriae aut dilatoriae. 121. Peremptoriae sunt quae perpetuo valent, nec evitari possunt, veluti quod metus causa, aut dolo malo, aut quod contra legem senatusve consult*um* factum est, aut quod res judicata est vel in judicium deducta est, item pacti conventi quod *f*actum est, ne omnino pecunia peteretur. 122. Dilatoriae sunt exceptiones quae ad tempus valent, veluti illius pacti conventi quod factum est verbi gratia, ne intra quinquennium peteretur ; finito *enim* eo tempore non habet locum exceptio. Cui similis exceptio est litis dividuae et rei residuae, nam si quis partem rei petierit et intra ejusdem praeturam reliquam partem petat, hac exceptione summovetur quae appellatur litis dividuae ; item si is qui cum eodem plures lites habebat, de quibusdam egerit, de quibusdam distulerit, ut ad alios judices eant, si intra ejusdem praeturam de his quas distulerit, agat, per hanc exceptionem quae appellatur rei residuae, summovet*ur*. 123. Observandum est autem ei cui dilatoria objicitur exceptio, ut differat actionem ; alioquin si

objecta exceptione egerit, rem perdit; non enim post illud tempus quo integra re eam evitare poterat, adhuc ei potestas agendi superest re in judicium deducta et per exceptionem perempta. 124. Non solum autem ex tempore, sed etiam ex persona dilatoriae exceptiones intelleguntur, quales sunt cognitoriae: veluti si is qui per edictum cognitorem dare non potest, per cognitorem agat, vel dandi quidem cognitoris jus habeat, sed eum det cui non licet cognituram suscipere; nam si objiciatur exceptio cognitoria, si ipse talis erit, ut ei non liceat cognitorem dare, ipse agere potest; si vero cognitori non liceat cognituram suscipere, per alium cognitorem aut per semet ipsum liberam habet agendi potestatem, et tam hoc quam illo modo evitare potest exceptionem; quodsi dissimulaverit cum et per cognitorem egerit, rem perdit. 125. Sed peremptoria quidem exceptione si reus per errorem non fuerit usus, in integrum restituitur adjiciendae exceptionis gratia; dilatoria vero si non fuerit usus, an in integrum restituatur, quaeritur.

126. Interdum evenit, ut exceptio quae prima facie justa videatur, inique noceat actori. Quod cum accidat, alia adjectione opus est adjuvandi actoris gratia; quae adjectio replicatio vocatur, quia per eam replicatur atque resolvitur vis exceptionis. Nam si verbi gratia pactus sum tecum, ne pecuniam quam mihi debes, a te peterem, deinde postea in contrarium pacti sumus, id est ut petere mihi liceat, et, si agam tecum, excipias tu, ut ita demum mihi condemneris: SI NON CONVENERIT NE EAM PECUNIAM PETEREM, nocet mihi exceptio pacti conventi; namque nihilo minus hoc verum manet, etiamsi postea in contrarium pacti sumus; sed quia iniquum est me excludi exceptione, replicatio mihi datur ex posteriore pacto hoc modo: SI NON POSTEA CONVENIT UT MIHI EAM PECUNIAM PETERE LICERET. 126a. Item si argentarius pretium rei quae in auctionem venerit, persequatur, objicitur ei exceptio, ut ita demum emptor damnetur, SI EI RES QUAM EMERIT, TRADITA EST; et est justa exceptio; sed si in auctione praedictum est NE ANTE EMPTORI RES TRADERETUR QUAM SI PRETIUM SOLVERIT, replicatione tali argentarius adjuvatur: AUT SI PRAEDICTUM EST, NE ALITER EMPTORI RES TRADERETUR, QUAM SI PRETIUM EMPTOR SOLVERIT. 127. Interdum autem evenit, ut rursus replicatio quae prima facie justa sit, inique reo noceat: quod cum accidat, adjectione opus est adjuvandi rei gratia, quae duplicatio vocatur. 128. Et si rursus ea prima facie justa videatur, sed propter aliquam causam inique actori noceat, rursus adjectione opus est qua actor adjuvetur, quae dicitur triplicatio. 129. Quarum omnium adjec-

tionum usum interdum etiam ulterius quam diximus varietas negotiorum introduxit.

130. Videamus etiam de praescriptionibus quae receptae sunt pro actore. 131. Saepe enim ex una eademque obligatione aliquid jam praestari oportet, aliquid in futura praestatione est : veluti cum in singulos annos vel menses certam pecuniam stipulati fuerimus ; *nam* finitis quibusdam annis aut mensibus hujus quidem temporis pecuniam praestari oportet, futurorum autem annorum sane quidem obligatio contracta intellegitur, praestatio vero adhuc nulla est ; si ergo velimus id quidem quod praestari oportet, petere et in judicium deducere, futuram vero obligationis praestationem in integro relinquere, necesse est ut cum hac praescriptione agamus : EA RES AGATUR CUJUS REI DIES FU*IT* ; alioquin si sine hac praescriptione egerimus, ea scilicet formula qua incertum petimus, cujus intentio his verbis concepta est : QUIDQUID PARET N. NEGIDIUM A. AGERIO DARE FACERE OPORTERE, totam obligationem, id est etiam futuram in hoc judicium deducimus, et quae ante *tempus obligatio in judicium deducitur ex ea condemnatio fieri non potest neque rursus de ea agi potest*[1]. 131ᵃ. Item si verbi gratia ex empto agamus, *ut* nobis fundus mancipio detur, debemus *hoc modo* praescribere : EA RES AGATUR DE FUNDO MANCIPANDO, ut postea, si velimus vacuam possessionem nobis tradi, *vel* tradita *ea de evictione nobis caveri, iterum ex empto agere possimus. Alioquin si praescribere obliti*[2] sumus, totius illius juris obligatio illa incerta actione : QUIDQUID OB EAM REM N. NEGIDIUM A. AGERIO DARE FACERE OPORTET, per i*n*tentionem consumitur, ut postea nobis agere volentibus de vacua possessione tradenda nulla supersit actio. 132. Praescriptiones *autem* appellatas esse ab eo quod ante formulas praescribuntur, plus quam manifestum est. 133. Sed *h*is quidem temporibus, sicut supra quoque notavimus, omnes praescriptiones ab actore proficiscuntur. Olim autem quaedam et pro reo opponebantur, qualis illa erat praescriptio : EA RES AGATUR, SI *IN EA RE* PRAEJUDICIUM HEREDITATI NON FIAT, quae nunc in speciem exceptionis deducta est, et locum habet, cum petitor hereditatis alio genere judicii praejudicium hereditati faciat, veluti cum singulas res pet*at* ; est enim iniquum *per unius rei petitionem universae hereditati praejudicium fieri*[3].

---

1. Restitué quant au sens par Krueger. — 2. Restitution donnée à titre d'exemple par Krueger. — 3. Restitution du même. Gaius traitait ensuite probablement des *praescriptiones pro reo*, puis revenait aux *praescriptiones pro actore* destinées à déterminer l'objet du litige. Autres conjectures dans Huschke.

Suivent 23 lignes illisibles.

134. Et si quidem ex contractu servorum agatur, intentione[1] formulae det...m est cui dari oporteat, et sane domino dari oportet quod servus stipulatur; at in praescriptione de facto quaeritur, quod secundum naturalem significationem verum esse debet. 135. Quaecumque autem diximus de servis, eadem de ceteris quoque personis quae nostro juri subjectae sunt, dicta intellegemus. 136. Item admonendi sumus, si cum ipso agamus qui incertum promiserit, ita nobis formulam esse propositam, ut praescriptio inserta sit formulae loco demonstrationis hoc modo : JUDEX ESTO. QUOD A. AGERIUS DE N. NEGIDIO INCERTUM STIPULATUS EST, CUJUS REI DIES FUIT, QUIDQUID OB EAM REM N. NEGIDIUM A. AGERIO DARE FACERE OPORTET et reliqua. 137. Si cum sponsore aut fidejussore agatur, praescribi solet in persona quidem sponsoris hoc modo : EA RES AGATUR, QUOD A. AGERIUS DE L. TITIO INCERTUM STIPULATUS EST, QUO NOMINE N. NEGIDIUS SPONSOR EST, CUJUS REI DIES FUIT, in persona vero fidejussoris : EA RES AGATUR, QUOD N. NEGIDIUS PRO L. TITIO INCERTUM FIDE SUA ESSE JUSSIT, CUJUS REI DIES FUIT ; deinde formula subjicitur.

138. Superest ut de interdictis dispiciamus.

139. Certis igitur ex causis praetor aut proconsul principaliter auctoritatem suam finiendis controversiis interponit : quod tum maxime facit, cum de possessione aut quasi possessione inter aliquos contenditur ; et in summa aut jubet aliquid fieri aut fieri prohibet. Formulae autem et verborum conceptiones quibus in ea re utitur, interdicta vocantur vel accuratius interdicta decretaque. 140. Vocantur autem decreta, cum fieri aliquid jubet, veluti cum praecipit, ut aliquid exhibeatur aut restituatur ; interdicta vero, cum prohibet fieri, veluti cum praecipit, ne sine vitio possidenti vis fiat, neve in loco sacro aliquid fiat. Unde omnia interdicta aut restitutoria aut exhibitoria aut prohibitoria vocantur. 141. Nec tamen cum quid jusserit fieri aut fieri prohibuerit, statim peractum est negotium, sed ad judicem recuperatoresve itur et ibi editis formulis quaeritur, an aliquid adversus praetoris edictum factum sit, vel an factum non sit, quod is fieri jusserit. Et modo cum poena agitur, modo sine poena : cum poena, veluti cum per sponsionem agitur, sine poena, veluti cum arbiter petitur. Et quidem ex prohibitoriis interdictis semper per sponsionem agi solet ; ex restitutoriis vero vel exhibitoriis modo per sponsionem, modo per formulam agitur quae arbitraria vocatur.

1. Restitution de Krueger ; cf. la restitution différente de Hüschke.

142. Principalis igitur divisio in eo est, quod aut prohibitoria sunt interdicta aut restitutoria aut exhibitoria. 143. Sequens in eo est divisio, quod vel adipiscendae possessionis causa comparata sunt vel retinendae vel reciperandae. 144. Adipiscendae possessionis causa interdictum accommodatur bonorum possessori, cujus principium est QUORUM BONORUM; ejusque vis et potestas haec est, ut quod quisque ex his bonis quorum possessio alicui data est, pro herede aut pro possessore possideat, id ei cui bonorum possessio data est, restituatur. Pro herede autem possidere videtur tam is qui heres est, quam is qui putat se heredem esse; pro possessore is possidet qui sine causa aliquam rem hereditariam vel etiam totam hereditatem sciens ad se non pertinere possidet. Ideo autem adipiscendae possessionis vocatur *interdictum*, quia ei tantum utile est qui nunc primum conatur adipisci rei possessionem : itaque si quis adeptus possessionem amiserit, desinit ei id interdictum utile esse. 145. Bonorum quoque emptori similiter proponitur interdictum quod quidam possessorium vocant. 146. Item ei qui publica bona emerit, ejusdem condicionis interdictum proponitur quod appellatur sectorium, quod sectores vocantur qui publice bona mercantur. 147. Interdictum quoque quod appellatur Salvianum, apiscendae[1] possessionis *causa* comparatum est, eoque utitur dominus fundi de rebus coloni quas is pro mercedibus fundi pignori futuras pepigisset. 148. Retinendae possessionis causa solet interdictum reddi, cum ab utraque parte de proprietate alicujus rei controversia est, et ante quaeritur, uter ex litigatoribus possidere et uter petere debeat; cujus rei gratia comparata sunt UTI POSSIDETIS et UTRUBI. 149. Et quidem UTI POSSIDETIS interdictum de fundi vel aedium possessione redditur, UTRUBI vero de rerum mobilium possessione. 150. Et siquidem de fundo vel aedibus interdicitur, eum potiorem esse praetor jubet, qui eo tempore quo interdictum redditur, nec vi nec clam nec precario ab adversario possideat; si vero de re mobili, eum potiorem esse jubet, qui majore parte ejus anni nec vi nec clam nec precario ab adversario possederit; idque satis ipsis verbis interdictorum significatur. 151. Sed in UTRUBI interdicto non solum sua cuique possessio prodest, sed etiam alterius quam justum est ei accedere, veluti ejus cui heres extiterit, ejusque a quo emerit vel ex donatione aut dotis nomine acceperit: itaque si nostrae possessioni juncta alterius justa possessio exuperat

---

1. Ms.: 'apiscendae'. Krueger et Studemund: 'adipiscendae'. Mais cf. Kalb, *Juristenlatein*, 2ᵉ éd., 1889, p. 11, note 3.

adversarii possessionem, nos eo interdicto vincimus : nullam autem propriam possessionem habenti accessio temporis nec datur nec dari potest; nam ei quod nullum est, nihil accedere potest: sed et si *vitiosam* habeat possessionem, id est aut vi aut clam aut precario ab adversario adquisitam, non datur accessio; nam ei *possessio* sua nihil prodest. 152. Annus autem retrorsus numeratur : itaque si tu verbi gratia vIII mensibus possederis prioribus, et ego VII posterioribus, ego potior ero, quod trium priorum mensium possessio nihil tibi in hoc interdicto prodest, quod alterius anni possessio est. 153. Possidere autem videmur non solum si ipsi possideamus, sed etiam si nostro nomine aliquis in possessione sit, licet is nostro juri subjectus non sit, qualis est colonus et inquilinus; per eos quoque, apud quos deposuerimus, aut quibus commodaverimus, aut quibus gratuitam habitationem *praestiterimus*, ipsi possidere *videmur*; et hoc est quod vulgo dicitur retineri possessionem posse per quemlibet, qui nostro nomine sit in possessione. Quin etiam plerique putant animo quoque *retineri possessionem, id est ut quamvis neque ipsi simus in possessione*[1] *neque nostro nomine alius, tamen si non relinquendae possessionis animo sed postea reversuri inde discesserimus*, retinere possessionem videamur. Apisci[2] vero possessionem per quos possimus, secundo commentario rettulimus; nec ulla dubitatio est quin animo possessionem apisci non possimus. 154. Reciperandae possessionis causa solet interdictum dari, si quis ex possessione vi dejectus sit; nam ei proponitur interdictum cujus principium est: UNDE TU ILLUM VI DEJECISTI per quod is qui dejecit, cogitur ei restituere rei possessionem, si modo is qui dejectus est, nec vi nec clam nec precario *ab eo posiderit*; *namque*[3] eum qui a me vi aut clam aut precario possidet, impune dejicio. 155. Interdum tamen etsi eum vi dejecerim qui a me vi aut clam aut precario possederit, cogor ei restituere possessionem, veluti si armis eum vi dejecerim; nam propter atrocitatem delicti in tantum patior actionem, ut onni modo debeam ei restituere possessionem. Armorum autem appellatione non solum scuta et gladios et galeas significari intellegemus, sed et fustes et lapides.

156. Tertia divisio interdictorum in hoc est, quod aut simplicia sunt aut duplicia. 157. Simplicia *sunt* veluti in quibus

---

1. Restitué d'après *Inst.*, 4, 15, 5. — 2. Ms.; Krueger et Studemund : 'adipici'. Mais cf. p. 284, note 1. — 3. Huschke, d'après 2ᵉ revision de Studemund selon laquelle il faut rectifier les conjectures antérieures.

alter actor, alter reus est, qualia sunt omnia restitutoria aut exhibitoria ; namque actor est qui desiderat aut exhiberi aut restitui, reus is est a quo desideratur ut exhibeat aut restituat. 158. Prohibitoriorum autem interdictorum alia duplicia, alia simplicia sunt. 159. Simplicia sunt veluti quibus prohibet praetor in loco sacro aut in flumine publico ripave ejus aliquid facere reum ; nam actor est qui desiderat ne quid fiat, reus is qui aliquid facere conatur. 160. Duplicia sunt veluti UTI POSSIDETIS interdictum et UTRUBI. Ideo autem duplicia vocantur, quod par utriusque litigatoris in his condicio est, nec quisquam praecipue reus vel actor intellegitur, sed unusquisque tam rei quam actoris partes sustinet ; quippe praetor pari sermone cum utroque loquitur ; nam summa conceptio eorum interdictorum haec est: UTI NUNC POSSIDETIS, QUOMINUS ITA POSSIDEATIS VIM FIERI VETO ; item alterius : UTRUBI HIC HOMO DE QUO AGITUR [APUD QUEM] MAJORE PARTE HUJUS ANNI FUIT, QUOMINUS IS EUM DUCAT, VIM FIERI VETO.

161. Expositis generibus interdictorum sequitur, ut de ordine et de exitu eorum dispiciamus ; et incipiamus a simplicibus. 162. Si igitur restitutorium vel exhibitorium interdictum redditur, veluti ut restituatur ei possessio qui vi dejectus est, aut exhibeatur libertus cui patronus operas indicere vellet, modo sine periculo res ad exitum perducitur, modo cum periculo. 163. Namque si arbitrum postulaverit is cum quo agitur, accipit formulam quae appellatur arbitraria, et judicis arbitrio si quid restitui vel exhiberi debeat, id sine periculo exhibet aut restituit, et ita absolvitur ; quodsi nec restituat neque exhibeat, quanti ea res est condemnatur. Sed et actor sine poena experitur cum eo quem neque exhibere neque restituere quicquam oportet, praeterquam si calumniae judicium ei oppositum fuerit decimae partis ; quamquam Proculo placuit denegandum calumniae judicium ei qui arbitrum postulaverit, quasi hoc ipso confessus videatur restituere se vel exhibere debere : sed alio jure utimur, et recte ; potius enim ut modestiore via litiget, arbitrum quisque petit quam quia confitetur. 164. Observare autem debet is qui vult arbitrum petere, ut statim petat, antequam ex jure exeat, id est antequam a praetore discedat ; sero enim petentibus non indulgetur. 165. Itaque si arbitrum non petierit, sed tacitus de jure exierit, cum periculo res ad exitum perducitur. Nam actor provocat adversarium sponsione, quod contra edictum praetoris non exhibuerit aut non restituerit ; ille autem adversus sponsionem adversarii restipulatur. Deinde actor quidem sponsionis for-

mulam edit adversario, ille huic invicem restipulationis. Sed actor sponsionis *formulae subjicit* et *aliud* judicium de re restituenda vel exhibenda, ut si sponsione vicerit, nisi ei res exhibeatur aut restituatur, *quanti ea res erit, adversarius ei condemnetur*[1].

Suivent 24 lignes illisibles.

..... aliud facere quam *qu... dicat qu.....*

Suivent 23 lignes presque totalement illisibles.

166. ... *Et qui superaverit*[2] fructus licitando, is tantisper in possessione constituitur, si modo adversario suo fructuaria stipu*latione caverit, cujus* vis *et* potestas haec est, ut si contra eum *de possessione* pronun*tiatum fuerit, ea*m summam adversario solvat. Haec autem licendi contentio fructus licitatio vocatur, scilicet quia[3]. . . . . Postea alter alterum sponsione provocat, quod adversus edictum praetoris possidenti si*bi vi*s facta s*it*, et invicem ambo restipulantur adversus sponsionem ; vel[4]. . . . . una inter eos sponsio item*que re*stipulatio una[5] . . . . ad eam fit. . . . .

166ª. *Deinde editis formul*is *sponsionum et restipulationum*[6], judex apud quem de ea re agitur, illud scilicet requirit *quod* praetor interdicto complexus est, id est uter eorum eum fundum easve aedes per id tempus quo interdic*tum* redditur, nec vi nec clam nec precario posse*derit*. Cum judex id exploraverit, et forte secundum me judicatum sit, adversarium mihi et sponsionis et restipulationis summas quas cum eo feci, condemnat, et convenienter me sponsioni*s* et restipulationis, quae mecum factae sunt, absolvit. Et hoc amplius si apud adversarium meum possessio est, qui*a* is fructus licitatione vicit, nisi restituat mihi possessionem, Cascelliano sive secutorio judicio condemnatur. 167. Ergo is qui fructus licitatione vicit, si non probat ad se pertinere possessionem, sponsionis et restipulationis et fructus licitationis summam poenae nomine solvere et praeterea possessionem restituere jubetur ; et hoc amplius

---

1. Restitué approximativement quant au sens. Dans les 24 lignes de la page qui suit et dans la page suivante où, après la ligne rapportée au texte, les 23 autres lignes donnent seulement les mots entrecoupés : '... appellata... intelle.. qua ..... modis..... paratus fuit........' Gaius devait traiter de la procédure et des résultats des interdits *retinendae possessionis*. V. les restitutions dans Dubois. — 2. Restitution de Krueger. — 3. Krueger: '*de eo inter se certant, uter eorum fructus interim percipiat*'. — 4. Schmidt, *Interdiktenverfahren*, 1853, p. 288 : '*vel si unus tantum sponsione provocaverit alterum* una inter eos sponsio'. Huschke : '*vel stipulationibus junctis duabus* una inter eos sponsio'. — 5. Huschke : '*alterius adversarius* eam' ; Krueger et Studemund, dubitativement par exemple : '*tantum* ad eam'. — 6. Restitué quant au sens par les mêmes.

fructus quos interea percepit, reddit. Summa enim fructus licitationis non pretium est fructuum, sed poenae nomine solvitur, quod quis alienam possessionem per hoc tempus retinere et facultatem fruendi nancisci conatus est. 168. Ille autem qui fructus licitatione victus est, si non probaverit ad se pertinere possessionem, tantum sponsionis et restipulationis summam poenae nomine debet. 169. Admonendi tamen sumus liberum esse ei qui fructus licitatione victus erit, omissa fructuaria stipulatione, sicut Cascelliano sive secutorio judicio de *possessione reciperanda* experitur, ita *similiter* de fructus licitatione agere. In quam rem proprium judicium comparatum est quod appellatur fructuarium, quo nomine actor judicatum solvi satis accip*it*. Dicitur autem et hoc judicium secutorium, quod sequitur sponsionis victoriam; sed non aeque Cascellianum vocat*ur*. 170. Sed quia nonnulli interdicto reddito cetera ex interdicto facere nolebant, atque ob id non poterat res expediri, praetor in eam rem prospexit et comparavit interdicta quae secundaria appellamus, quod secundo loco redduntur. Quorum *vis et potest*as haec est, ut qui cetera ex interdicto non faci*at*, veluti qui vim non faciat aut fructus non liceatur aut qui fructus licitationis sat*is* non d*et* aut si sponsion*es* non faciat sponsion*um*ve judicia non accipiat, sive possid*eat*, restituat adversario possessionem, *sive non* possid*eat*, vim illi possidenti n*e* faciat. Itaque etsi alias potue*rit* interdicto UTI POSSIDETIS vincere, si cetera ex interdicto . . . .
. . . . per interdictum secundarium[1] . . . .
Suivent 2 lignes illisibles.

. . . . secundarium. . . . .
. . . . quamvis hanc opinion*em* . . . . .
. . . . *Sabi*nus et Cassius secuti fuerint. . .
Suivent 29 lignes illisibles.

171. *Temeritas tam agentium quam eorum cum quibus agitur, modo pecuniaria poena modo jurisjurandi religione modo metu infamiae coercetur*[2]; eaque praetor. . . . . adversus in*fi*tiantes *ex quibusdam* causis dupl*i* actio constituitur, veluti si judicati aut depensi aut damni injuriae aut legatorum per damnationem relictorum nomine agitur; ex quibusdam causis sponsionem facere permittitur, veluti de pecunia certa credita et pecunia constituta; sed cert*ae* quidem creditae pecuniae tertiae partis, constitutae vero pecuniae partis dimidiae.

1. Huschke restitue : 'si cetera ex interdicto *fecisset, si non fecit*, tamen per interdictum secundarium vincitur'. — 2. Restitué par Krueger et Studemund d'après le ms., en s'inspirant d'*Inst.*, 4, 16, *pr.*

172. Quodsi neque sponsionis neque dupli actionis periculum ei cum quo agitur, injungatur, ac ne statim quidem ab initio pluris quam simpli sit actio, permittit praetor jusjurandum exigere NON CALUMNIAE CAUSA INFITIAS IRE. Unde quamvis heredes vel qui heredum loco *habentur, nisi ex suo facto*[1] obligati sint, item feminae pupillique *eximantur* periculo sponsionis, jubet tamen eos jurare. 173. Statim au*tem* ab initio pluris quam simpli actio est veluti furti manifesti quadrupli, nec manifesti dupli, concepti et oblati tripli. Nam ex his causis et aliis quibusdam, sive quis ne*g*et sive fateatur, pluris quam simpli est actio.

174. Actoris quoque calumnia coercetur modo calumniae judicio, modo contrario, modo jurejurando, modo restipulatione. 175. Et quidem calumniae judicium adversus omnes actiones locum habet, et est decimae partis, *praeterquam quod* adversus adsertorem tertiae partis est. 176. Liberum est autem ei cum quo agitur, aut calumniae judicium opponere aut jusjurandum exigere, non calumniae causa agere. 177. Contrarium autem judicium ex certis causis constitui*tur*, veluti si injuriarum agatur, et si cum muliere eo nomine agatur, quod dicatur ventris nomine in possessionem missa dolo malo ad alium possessionem transtulisse, et si quis eo nomine agat, quod dicat se a praetore in possessionem missum ab alio quo admissum non esse. Sed adversus injuriarum quidem actionem decimae partis datur, adversus vero duas istas quintae. 178. Severior autem coercitio est per contrarium judicium. Nam calumniae judicio decimae partis nemo damnatur nisi qui intellegit non recte se agere, sed vexandi adversarii gratia actionem instituit, potiusque ex judicis errore vel iniquitate victoriam sperat quam ex causa veritatis; calumnia enim in adfectu est, sicut furti crimen. Contrario vero judicio omni modo damnatur actor, si causam non tenuerit, licet aliqua opinione inductus crediderit se recte agere. 179. Utique autem ex quibus causis contrario judicio agi potest, etiam calumniae judicium locum habet; sed alterutro *tantum* judicio agere permittitur. Qua ratione si jusjurandum de calumnia exactum fuerit, quemadmodum calumniae judicium non datur, ita et contrarium *dari non* debet. 180. Restipulationis quoque poena ex certis causis fieri solet; et quemadmodum contrario judicio omni modo condemnatur actor, si causam non tenuerit, nec requiritur an scierit non recte se agere, ita etiam restipula-

---

1. Restitué quant au sens par Krueger.

tionis poena omni modo damnatur actor, si vincere non potuerit. 181. Qui autem restipulationis poenam patitur, ei neque calumniae judicium opponitur, neque jurisjurandi religio *in*jungitur ; *nam* contrarium judicium ex his causis locum non habere palam est.

182. Quibusdam judiciis damnati ignominiosi fiunt, veluti furti, vi bonorum raptorum, injuriarum ; item pro socio, fiduciae, tutelae, mandati, depositi. Sed furti aut vi *bonorum* raptorum aut injuriarum non solum damnati notantur ignominia, sed etiam pacti, *ut* in edicto praetoris scriptum est ; et recte : plurimum enim interest, utrum ex delicto aliquis an ex contractu debitor sit. N*ec tamen* ulla parte edicti id ipsum nominatim exprimitur, ut aliquis ignominiosus *sit* ; s*ed qui* prohibe*tur* et pro alio postulare *et* cogni*t*orem dare procuratoremve habere, item *p*rocuratorio aut cogni*t*orio nomine judicio intervenire, ignominiosus esse *dicitur*[1].

183. In summa sciendum est eum qui cum aliquo consistere velit, *in jus vocare* oportere et eum qui vocatus est, si non venerit, poenam ex edicto praetoris committere. Quasdam tamen personas sine permissu praetoris in jus vocare non licet, veluti parentes patronos patronas, item liberos et parentes patroni patronaeve ; et in e*um* qui adversus ea egerit, poena constituitur. 184. Cum autem in jus vocatus fuerit adversarius, neque eo die finiri potuerit negotium, vadimonium ei faciendum est, id est ut promittat se certo die sisti. 185. Fiunt autem vadimonia quibusdam ex causis pura, id est sine satisdatione, quibusdam cum satisdatione, quibusdam jurejurando, quibusdam recuperatoribus suppositis, id est ut qui non steterit, is protinus a recuperatoribus in summ*am* vadimonii condemnetur ; eaque singula diligenter praetoris edicto significantur. 186. Et siquidem judicati depensive agetur, tanti fit[2] vadimonium, quanti ea res erit ; si vero ex ceteris causis, quanti actor juraverit no*n* calumniae causa postulare sibi vadimonium promitti. Nec tamen *pluris quam partis dimidiae*, *nec* pluribus quam sestertium c m fit vadimonium. Itaque si centum milium res erit, nec judicati depensive agetur, non plus quam sestertium quinquaginta mili*um* fit vadimonium. 187. Quas autem personas sine permissu praetoris impune in jus vocare non possumus, easdem nec

---

1. Restitution de Krueger d'après la 2ᵉ révision de Studemund ; restitution équivalente pour le sens dans Huschke. Restitution diamétralement opposée et beaucoup moins vraisemblable dans Karlowa, *R. R. G.*, 1, p. 762. — 2. Huschke : le ms. : 'fiat' ; Krueger et Studemund : 'fiet' ; mais cf. M. Wlassak, *Die Litis Kontestation in Formular.process*, 1889, p. 40, n. 5.

vadimonio invi*t*as obligare *p*ossumus, praeterquam si praetor aditus pe*r*mittat.

4. FRAGMENTS DES LIVRES I, V ET IX DES RÉPONSES DE PAPINIEN.

Jusqu'aux dernières années le seul fragment de Papinien qui nous fût parvenu en dehors du Digeste, de la *Collatio*, et des fragments du Vatican était l'extrait du livre premier des *Responsa* placé à la fin de la loi romaine des Wisigoths. Nous possédons en outre aujourd'hui des extraits plus étendus des livres V et IX du même ouvrage avec les notes d'Ulpien et de Paul, inscrits sur des débris de parchemin qui ont été envoyés d'Égypte en 1877 et en 1883 aux musées de Berlin et de Paris et qui appartiennent probablement tous à un même ms. du IVe ou du Ve siècle. — Les *responsorum libri XIX*, auxquels appartiennent ces divers extraits sont un des deux principaux ouvrages du célèbre jurisconsulte Papinien, ou mieux Aemilius Papinianus, qui, après avoir été l'élève de Q. Cervidius Scaevola en même temps que le futur empereur Septime Sévère, fut successivement nommé assesseur des préfets du prétoire, *advocatus fisci* en remplacement de Septime Sévère sous Marc-Aurèle, puis, sous Septime Sévère, *magister libellorum* et, probablement en 203, préfet du prétoire, qui fut exécuté par ordre de Caracalla en 212 et qui a été considéré par les générations suivantes comme le premier des jurisconsultes romains : v., sur sa biographie, Hirschfeld, *Untersuchungen*, 1, p. 208, n. 2. p. 231 ; Karlowa, *R. R. G.*, 1, pp. 735-736 ; Krueger, *Gesch. d. Q.*, pp. 197-198 et, parmi les ouvrages anciens, le *Papinianus* d'Otto, éd. de 1743. Papinien a composé ses *responsa* après son autre grand ouvrage, ses *quaestionum libri XXXVII*, — qui appartiennent à la période du gouvernement exclusif de Septime Sévère (193-198), — en totalité ou en partie sous le gouvernement commun de Sévère et Caracalla (198-211) qu'il cite tous deux dès le 1er livre (*D.*, 50, 5, 8, 5) et qu'il continue à supposer vivants dans les livres 5-12 (cf., par ex., *F. V.*, 294), et, tout au moins depuis le livre 4, postérieurement à l'*oratio* de 206 sur les donations entre époux (*D.* 24, 1, 32, 16) ; mais un texte du livre 15 et même, croit Lenel, du livre 14 (*D.* 34, 9, 18, *pr.*) où se trouve mentionné le *divus Severus* prouverait que les derniers livres ont été écrits après la mort de Sévère (en ce sens Fitting, *Alter d. Schr.* p. 31 ; Lenel, *Pal.* 1, p. 881, n. 6), à moins qu'on n'admette avec l'opinion d'Otto reprise par Krueger, *Gesch. d. Q.*, p. 199, n. 70, que cette phrase émane d'un annotateur de Papinien. En tout cas, nos fragments extraits des livres 1, 5 et 9 se placent donc tous sûrement entre 198 et 211, et même sauf le 1er entre 206 et 211. — Le 1er, extrait de la loi des Wisigoths figure depuis longtemps dans tous les recueils. Quant aux fragments du livre V, qui sont relatifs à l'administration de la tutelle et à la *bonorum possessio contra tabulas* et dont le texte écrit sur une feuille double de parchemin se trouve à Berlin, ils ont été publiés pour la 1re fois en 1879. La restitution la meilleure en a été donnée par M. Krueger dans deux articles de la *Zsavst.*, 1, 1880, pp. 93-116. 2, 1881, pp. 83-90, qu'il faut toujours avoir soin de comparer entre eux, la version publiée dans le 1er étant sur plusieurs points modifiée dans le second en vertu de principes posés dans l'intervalle par M. Alibrandi, *Studi e doc.*, 1, 1880, pp. 183-190. Ils ont en outre été édités par M. Alibrandi, *loc. cit.*, pp. 39-61, 183-190 et par Huschke, *Die jüngst aufgefundenen Bruchstücke*, 1880, pp. 26-53. *Jurisp. ant.*

pp. 436-438. Mais la dernière éd. de Huschke en particulier est absolument défectueuse ; cf. Krueger, *Deutsche Litteraturzeitung*, 1877, p. 872. Au contraire M. Lenel donne un texte commode de ceux qui sont assez complets pour que le sens en soit certain dans sa *Pal.* 1, pp. 900-904, où il les réunit aux autres fragments du même livre. Les fragments de Paris, qui traitent des affranchissements, ont d'abord été déchiffrés et publiés par M. Dareste, *N. R. Hist.*, 1883, pp. 361-385 ; le texte en a depuis été de nouveau édité et commenté en France par M. Esmein, qui a été le premier à en déterminer l'attribution au livre IX des Réponses de Papinien dans une communication à l'Institut du 17 août 1883, *Mélanges*, pp. 339-358 ; en Italie, par M. Alibrandi, qui fit presque simultanément la même observation, *Studi e doc.*, 4, 1883, pp. 125-142 ; en Allemagne, par MM. Krueger, *Zsavst.*, 5, 1884, pp. 166-180, et Huschke, *Zsavst.*, 5, 1884, pp. 180-191. M. Lenel a également admis ceux dont le sens peut se déterminer avec quelque certitude dans sa restitution du livre IX, *Pal.*, 1, pp. 926-927. Comme lui, nous n'avons cru devoir reproduire soit parmi les fragments de Berlin, soit parmi ceux de Paris que les fragments assez complets pour présenter un sens arrêté ; nous avons dû par suite leur donner un numérotage distinct de ceux, du reste divergents, suivis dans les diverses éditions précédentes.

LIBER I.
(Extrait de la *lex Romana Wisigothorum*[1]).

1. Inter virum et uxorem pacta non solum verbis sed et voluntate contrahentium constituuntur, ut neuter conjugum locupletior fiat.

LIBER V.
(Fragments de Berlin).

1[2]. Post mortem furiosi *non dabitur in curatorem qui negotia* gessit *actio judicati, si modo* nullam *ex consensu novationem factam et in curatorem obligationem esse translatam constabit*[3].

2[4]... Nam *hereditatis in provincia* fideicommisso *restituto causam quidem juris expediri potuisse, rerum autem administrationem ad eos recidere debuisse* qui tutelam *in Italia suscepissent*.

3[5]. *Adversus tutorem*, qui pupillum *hereditate patris abstinuit, actionem denegari* non oportet creditori, *qui cum ipso tutore* contraxit, quamvis tutor pecuniam in rem impuberis verterit[6].

1. Fragment rapporté à la fin de cette loi sous la rubrique: 'Papiniani, lib. I responsorum I de pactis inter virum et uxorem' où les mots 'I De pactis...' paraissent, comme le suppose Krueger, une addition des Wisigoths. — 2. = *D.*, 26, 9, 5, pr., sauf quelques mots omis dans notre fr.; vient dans le ms. après une autre réponse dont le sujet ne peut être déterminée. — 3. Suivi par une autre réponse dont le sujet ne peut être déterminé. — 4. = *D.*, 26, 7, 39, 3. — 5. = *D.*, 26, 7, 39, 4. — 6. Ensuite vient une ligne presque totalement illisible contenant peut-être

4¹. *Curatores adulescentis* mutui *periculi gratia cautionem invicem sibi praebuerunt et in eam rem pignora dederunt*: *cum officio deposito* solvendo *fuissent, irritam cautionem esse facta*m *et pignoris vinculum solu*tum *apparuit*.

5². Scriptus..... filius per fratrem *emancipatum ac praeteritum edicto commisso* contra tabulas solus possessionem *accepit. Extrariis legata praestabit neque edictum* commisisse videtur qui volun*tatem* patris tueri potuit ac de*buit*: idque optimi maximique principes nostri *rescripserunt* idemque sententia divi Hadriani in persona Cornelii..... ni demonstravit.

6³. Bonorum possessione contra tabulas praeterito filio da*ta scrip*tus heres alter filius qui possessio*nem accepit*, vel jure civil*i contentus non accepit*, *legata praecipua non* habebit⁴.

7⁵. Peculium castrense *filius* accepta bonorum *possessione* contra tabulas aut intestati *patris* fratribus *conferre non cogi*tur. *Itaque* fisco.....

8⁶. *Filius emancipatus intestati patris bonorum possessionem accepit*. Nepos ex eodem *in familia retentus semissem hereditatis* cum emolu*mento collationis habebit*⁷..... *Idem* nepos si *postea possessionem intestati* patris a*ccipiat, fratri post emanci*patio*nem patris quaesito et in familia* retento *bona conferre cogetur*⁸.

9⁹. Filio praeterito *qui fuit in patris potestate neque libertates competunt neque legata praestantur, si praeteritus fratribus* partem hereditatis avoc*avit*: *quod si* bonis se patris abstinuit*¹⁰.....

10¹¹.... possessionem haberet, ideoque liber*is et* parentibus primo loco *legata r*elicta praestabit, quae non praesta*bit si c*ondicio institutionis defe*cerit*. Eadem erunt tabulis quoque non sig*natis*: defertur enim contra nuncupa*tionem* filio possessio, cum valuit nuncu*patio*, tametsi primus gradus *non* valuit.

---

une note placée entre les §§ 4 et 5. — 1 = *D.*, 26, 7, 39, 5. Suivent plusieurs lignes dont le sujet ne peut être déterminé. — 2. Cf. *D.*, 37, 5, 14, pr. 15, 1. — 3 = *D.*, 37, 5, 22, sauf quelques mots omis. — 4. Suivent deux notes de Paul dont le sens ne peut être restitué. — 5. Cf. *D.*, 37, 6, 1, 15. — 6. = *D.*, 37, 6, 9. — 7. Passage illisible omis dans le *D.* — 8. Suivaient une note d'Ulpien, puis une autre réponse de Papinien accompagnée d'une note d'Ulpien, puis une autre colonne, dont le sens ne peut être restitué. — 9. = *D.*, 28, 3, 17. — 10. Le *D.* finit par les mots: 'licet suptilitas juris refragari videtur, attamen voluntas testatoris ex bono et aequo tuebitur' qui ne correspondent pas à la finale restée illisible dans notre ms. — 11. Lenel, qui rapproche la 1ᵉ phrase de *D.*, 37, 5, 12, 13, restitue au début: 'Duos quis gradus heredum fecit: suum a primo gradu praeteriit, a secundo exheredavit: a primo gradu liberis et parentibus legata adscripsit. Suus contra tabulas bonorum possessionnem agnitam retinebit, licet instituti hereditatem omittant, quamvis jam in eo gradu versetur hereditas, ex quo suus neque hereditatem adiret neque bonorum' etc.

Ulpianus (?): *Si a* secundo exheredatus non fuit, puto *contra* nuncupationem peti posse bonorum possessionem : caducariae enim non offenditur cum *vocatur* suus heres, qui legem exclu*dit* caducaria*m*.

11. *Testamento j*ure facto nepos alteri ex *institutis* substitutus contra *tabulas* bonorum possessionem acc*e*pit. Quoniam in pr..... m gradum, a quo praeteritus est, eum..... e non successurum.

Paulus: Adquin jure honorario potest succedere, immo successit.

Ulpianus: *Idem Julianus* (?) *p*utat, qui negat nepotes *substitutos* in rupto testamento secundum *tabulas habere* possessionem, sed contra tabulas. *Marcellus*... sententia Ma*rcelli* melior videt*ur*.

12¹. Filius *emanc*ipatus, qui possession*em contra* tabulas accipere potuit, intestati patris possessionem accepit atque ita filia.....

LIBER IX.
(Fragments de Paris).

1². *Non videbitur* per statuli*berum non stare, quominus* condicio libertatis existat, *si de* peculio, quod apud vend*itorem* servus habuit, pecuniam condic*ionis o*fferre non possit; ad alienum *enim* peculium voluntas de*functi p*orrigi non potuit. Idem erit *et si cum* peculio servus venierit *et venditor fide* rupta *peculium* retinuerit. Quamquam enim ex em*pto* sit *actio* tamen apud emptorem pecul*ium* servus no*n* habuit.

2³. Servos ab eo, qui non condito cen*su* ante crimen inlatum manumisi*t*, ad libertatem pervenire placuit. *M*anumissi quoque similiter ut patronus incensorum crimine *t*enebuntur.

Ulpianus: Qui a me (?) census tempore non fuerint libertatem. . . . .

Paulus: Si cluso censu *m*anumissi sunt, nec postea census *conditus* est, incensorum poenis non *t*enebuntur.

Paulus: Quare ipsi si cluso cen*su m*anumissi sunt . . . . libertatem. . . . .

Apud *v*eteres autem antequam *in*census dominus judicaretur, *libertat*es obtinere constitit. . . . .

---

1. = *D.*, 37, 7, 5. — 2 = *D.*, 40, 7, 35. Réponse précédée et suivie de deux autres textes mutilés dans lesquels M. Esmein croit reconnaître deux réponses se rapportant la 1ʳᵉ à l'hypothèse de *D.*, 40, 7, 15, pr., la 2ᵉ à celle de *D.*, 40, 7, 13, 2. — 3. Sur la lecture de ce texte cf. Esmein, *Mélanges*, pp. 354-358; Lenel, *Pal.*, p. 926, n. 624.

3. Ulpianus : Exceptis qui *testamento* libertatem *acce*-*perunt.*

Quod si verbis fideicommissi libertatem acce*perunt*, eorum causam probandam.

4[1]. Quod divo Marco pro *libertatibus* conservandis placuit, locum habet irrito testamento facto, si bona venitura sint ; al*i*oquin vacantibus populo vindicatis non habere constitutionem *locum* ape*rte* cavetur[2].

5[3]. Servos *autem testamento* manumissos u*t bona suscipiant jure* cautionem *offerre* non minus quam ceteros defu*ncti* liber*tos aut extrarios declaravit;* quod *beneficium* minoribus an*nis heredibus* scriptis *auxilium bonis praestitutum more solito* desiderantibus *non* aufe*rtur*[4].

5. SENTENCES DE PAUL.

Le jurisconsulte Julius Paullus, qui fut sans doute l'élève de Q. Cervidius Scaevola qu'il appelle *noster*, eut une carrière administrative fort remplie. Après avoir probablement débuté comme avocat, il fut membre du conseil impérial de Septime Sévère (193-198), *magister memoriae* sous Sévère et Caracalla (198-211), assesseur du préfet du prétoire Papinien (203-212), et il parvint lui-même à la préfecture du prétoire sous Alexandre Sévère (222-235), d'après les uns, du vivant d'Ulpien, d'après les autres, à sa mort en 228. V. sur tous ces points, Huschke, *Jur. ant.*, p. 450; Karlowa, *R. R. G.*, 1, pp. 744-745; Krueger, *Gesch. d. Q.*, p. 204. Mais il a en même temps été l'un des jurisconsultes les plus féconds : il a publié, outre des *notae* sur divers auteurs, 86 ouvrages en 319 livres, dont les premiers remontent peut-être jusqu'au temps de Commode (180-192) et dont les plus récents sont seulement de celui d'Alexandre Sévère. Dans cette foule d'ouvrages dont on trouvera les débris rassemblés chez Lenel, *Pal.*, 1, pp. 951-1308 et sur les titres et les dates desquels on pourra de plus consulter Fitting, *Alt. d. Schr.* pp. 44-50; *Peculium Castrense*, 1871, p. XXXII; Mommsen, *Z. R. G.*, 9, 1870, pp. 114-116; Karlowa, *R. R. G.*, 1, pp. 745-750; Krueger, *Gesch. d. Q.*, pp. 204-214, les plus importants paraissent avoir été un commentaire sur l'édit en 78 livres — 80 avec les deux livres sur l'édit des édiles, — placé avec raison, croyons-nous, par Fitting et Krueger sous le règne de Commode ; 16 *libri ad Sabinum* que les mêmes auteurs estiment ne pouvoir être postérieurs au règne de Septime Sévère ; deux recueils de *Quaestiones* et de *Responsa*, dont le premier a été publié après la mort de Caracalla qui y est qualifié de *divus* et le second a été terminé sous Alexandre Sévère appelé *imperator noster* dans les derniers livres; et enfin les 5 livres des Sentences.

Les Sentences de Paul, qui sont désignées le plus ordinairement du simple nom de *sententiae*, par quelques mss. de la loi des Wisigoths, du nom de *sententiae ad filium*, par d'autres et par un passage de la *Consultatio* de celui plus suspect de *sententiae receptae* et dont

---

1. = *D.*, 40, 4, 50, *pr.*, sauf la substitution du *D.* de 'fisco' a 'populo'. — 2. Suit une note d'Ulpien dont le sens n'a pu être restitué. — 3. = *D.* 40, 4, 50, 1. — 4. Suit une note de Paul dont il ne reste que la rubrique.

le titre complet était, pense-t-on généralement, *Julii Paulli sententiarum ad filium libri quinque*, ont certainement été écrites après l'*Oratio* de Caracalla de 206 sur les donations entre époux, qui y est invoquée 2,23,5-7, et probablement après la concentration du pouvoir opérée en février 212 sur la tête de ce prince à une constitution duquel (*D*., 8, 4, 2), elles semblent faire allusion, 1, 17, 3, en employant le mot *hodie*. En revanche, les solutions données par Paul, 5, 22, 3-4, sans prévoir le cas où les *cives Romani* dont il parle seraient eux-mêmes juifs, sont nécessairement formulées par lui avant la concession par Caracalla du droit de cité à l'ensemble de la population de l'empire, qui, selon Dion Cassius, 77, 9, 5, aurait eu lieu en 212. Les sentences de Paul ont donc été publiées probablement en 212, sûrement entre l'*oratio* de 206 et la mort de Caracalla en 217. L'ordre qui y est suivi est celui de l'édit ou plus exactement celui des *Digestes*, ouvrages en deux parties dont la première était disposée selon le plan de l'édit et la seconde étudiait d'autres branches du droit d'après un plan distinct. Paul se contente d'y poser sans discussion ni citations les règles du droit en vigueur dans une forme élémentaire et pratique qui a certainement beaucoup contribué à la popularité obtenue par son livre dans la période de la décadence. On le trouve déjà recommandé aux juges comme autorité dans une constitution de Constantin de 327, *C. Th.*, 1, 4, 2, qui fut expressément confirmée par une disposition spéciale et remarquable de la loi des citations de 426, *C. Th.*, 1, 4, 3, et les compilateurs de la loi des Wisigoths n'ont fait que suivre un courant dont il existe encore bien d'autres traces en y prenant, pour compléter leur *epitome* du code Théodosien, le long extrait par lequel surtout nous connaissons la structure et le contenu de l'ouvrage original de Paul.

Cet extrait est divisé, comme l'était sans doute l'ouvrage lui-même, non seulement en livres, mais en titres accompagnés de rubriques. Par malheur, les rubriques actuelles ne correspondent certainement pas exactement aux rubriques primitives. Il en a été ajouté de nouvelles. Il en a été supprimé d'anciennes. D'autres ont été modifiées. D'autres ont été déplacées, rapportées par suite de coupures à des textes auxquels elles étaient primitivement étrangères, — cf. par exemple, 5, 10, la rubrique *de contrahenda auctoritate* placée au-dessus d'un texte relatif au *damnum infectum* par suite de la suppression des textes relatifs à la *stipulatio duplae* qui suivaient cette rubrique et de la rubrique *de damno infecto* qui précédait le texte conservé. — Elles ne peuvent dans leur ensemble être considérées comme authentiques. Quant au texte, bien que les commissaires d'Alaric n'eussent pas reçu le pouvoir de l'interpoler, il porte quelques traces de remaniement et même, au moins en deux endroits (1, 19, 1, 2, 31, 12) d'interpolation caractérisée, sans qu'on puisse au reste dire si la responsabilité en remonte aux Wisigoths eux-mêmes ou à leur source. Il est surtout considérablement mutilé, parfois jusqu'à l'obscurité, au point de ne correspondre peut-être qu'au 6e de l'original qu'il remplace et qu'on doit désespérer de restituer complètement. Cependant le texte des Wisigoths peut parfois être rectifié et surtout être complété dans une proportion sensible par un certain nombre d'autres extraits de l'ouvrage de Paul. Ce sont : les fragments des sentences insérés dans le Digeste et naturellement encore plus suspects d'interpolation que ceux de la loi des Wisigoths ; les fragments non interpolés, mais quelquefois déplacés de leur ordre primitif contenus dans la *Collatio* ; ceux moins nombreux rapportés dans la *Consultatio* et dans les Fragments du Vatican; quelques citations de la *lex Romana Burgundionum* ; enfin, par un phénomène qui atteste l'existence en Occident, après la publication du bréviaire d'Alaric, d'exemplaires complets de l'ouvrage original, des additions de deux sortes faites à certains mss.. de la loi des Wisigoths : en premier lieu, des sentences plus ou moins nombreuses intercalées dans le corps du texte des Wisigoths, pour le compléter, par certains mss. dont le plus important était un ms. de Besançon, le *Vesontinus*, utilisé par Cujas et aujourd'hui perdu ; ensuite des sentences ajoutées à part à la fin de la loi dans des appendices distincts qui n'existent également que dans certains mss. Il n'y a au contraire rien à tirer des abrégés postérieurs de la loi des Wisigoths qu'on a parfois voulu mettre à contribution et dont le plus connu est l'*Epitome Aegidii* ainsi désigné du nom de son 1er éditeur. Cf., sur tous ces points, Huschke, *J. a.*, pp. 451-456 ; Karlowa, *R. R. G.*, 1, pp. 772-775 ; Krueger, *Gesch. d. Q.*, pp. 246-247 et surtout *Collectio libr.* 2, pp. 41-45.

Quant aux éditions, on conçoit l'intérêt pour ne pas dire la nécessité que présentait en vue de l'établissement scientifique du texte de Paul, un classement méthodique des mss. de la loi des Wisigoths. Cependant ce travail préalable a pendant longtemps fait presque entièrement défaut. On n'a eu jusqu'aux dernières années d'autre instrument critique que le recueil de variantes de Paul mis par Haenel à la suite de l'éd. de Arndts dans le *Corpus juris antejustiniani* de Bonn, 1, pp. 104-204, recueil dont Arndts ne s'est pas servi pour son éd., qui a au contraire servi de base à Huschke pour la sienne, généralement suivie par Giraud, mais qui, dit M. Krueger est surchargé de citations de mss. sans valeur en même temps que défiguré par des erreurs et des lacunes. M. Krueger, que l'étude de l'*Epitome* du Code Théodosien a conduit à diviser les mss. de la loi des Wisigoths en deux groupes, a donné des sentences de Paul un texte bien supérieur fondé sur 2 mss. de Paris (Paris, 4403) et de Munich (Monac. D2) qu'il a reconnus comme les représentants les plus purs des deux familles. C'est ce texte que nous avons pris pour point de départ en y apportant quelques modifications de détail qui ne touchent pas à sa transmission et en y ajoutant pour les points les plus importants l'indication des principales conjectures proposées. Comme M. Krueger et avant lui Arndts et Pellat, nous avons adjoint au texte des Wisigoths non seulement les compléments qui y sont annexés dans certains mss. et qui sont seuls reproduits dans les éd. de Huschke et de Giraud, mais tous les autres fragments des sentences de Paul qui nous sont parvenus par un canal quelconque, en ayant seulement soin de distinguer les uns et les autres par des astériques et d'en faire connaître la source dans les notes.

JULII PAULI SENTENTIARUM AD FILIUM

LIBER PRIMUS

[IA].

1[1]. *Consiliario eo tempore quo adsidet negotia tractare in suum quidem auditorium nullo modo concessum est, in alienum autem non prohibetur*. 2[2*]. Filii libertorum libertorumque liberti paterni et patroni manumissoris domicilium aut originem sequuntur. 3. Vidua mulier amissi mariti domicilium retinet exemplo clarissimae personae per maritum factae : sed utrumque aliis intervenientibus nuptiis permutatur. 4. Municipes sunt liberti et in eo loco, ubi ipsi domicilium sua voluntate tulerunt, nec aliquod ex hoc origini patroni faciunt praejudicium et utrubique muneribus adstringuntur. 5. Relegatus in eo loco, in quem relegatus est, interim necessarium domicilium habet. 6[3]. Senator ordine motus ad originalem patriam, nisi hoc specialiter impetraverit, non restituitur. 7. Senatores et eorum filii filiaeque quoquo tempore nati nataeve, itemque nepotes pronepotes et proneptes ex filio origini eximuntur, licet municipalem retineant dignitatem. 8. Senatores, qui liberum commeatum, id est ubi velint morandi arbitrium impetraverunt, domicilium in urbe retinent. 9. Qui fenus exercent, omnibus patrimonii intributionibus fungi debent, etsi possessionem non habeant*. 10[4]. *Honores et munera non ordinatione, sed potioribus quibusque injungenda sunt. 11. Surdus et mutus si in totum non audiant aut non loquantur, ab honoribus civilibus, non etiam a muneribus excusantur. 12. Is, qui non sit decurio, duumviratu vel aliis honoribus fungi non potest, quia decurionum honoribus plebeii fungi prohibentur. 13. Ad decurionatum filii ita demum pater non consentit, si contrariam voluntatem vel apud acta praesidis vel apud ipsum ordinem vel quo alio modo contestatus sit*. 14[5]. *Aestimationem honoris aut muneris in pecunia pro administratione offerentes audiendi non sunt. 15. Qui pro honore pecuniam promisit, si solvere eam coepit, totam praestare operis inchoati exemplo cogendus est. 16. Invitus filius pro patre rem publicam salvam fore cavere non co-

---

1. 1a, 1 = D., 1, 22, 5. — 2. 1a, 2-9 = D., 50, 1, 22. — 3. Mommsen transpose les §§ 6 et 7. — 4. 1a, 10-13 = D., 50, 2, 7. — 5. 1a, 14-17 = D., 50, 4, 16.

gitur. 17. Defensionem rei publicae amplius quam semel suscipere nemo cogitur, nisi id fieri necessitas postulet*. 18¹. *Ab his oneribus, quae possessionibus vel patrimonio indicuntur, nulla privilegia praestant vacationem. 19. Corpus mensurarum frumenti juxta annonam urbis habet vacationem : in provinciis non item. 20. Angariorum praestatio et recipiendi hospitis necessitas et militi et liberalium artium professoribus inter cetera remissa sunt. 21. Auctis post appellationem medio tempore facultatibus paupertatis obtentu non excusantur. 22. Defensores rei publicae ab honoribus et muneribus eodem tempore vacant*. 23². *Legato, qui publicum negotium tuitus sit, intra tempora vacationis praestituta rursum ejusdem negotii defensio mandari non potest. 24. Comites praesidum et proconsulum procuratorumve Caesaris a muneribus vel honoribus et tutelis vacant*. 25³. *Legatus antequam officio legationis functus sit, in rem suam nihil agere potest, exceptis his quae ad injuriam ejus vel damnum parata sunt. 26. Si quis in munere legationis, antequam ad patriam reverteretur, decessit, sumptus qui proficiscenti sunt dati non restituuntur*. 27⁴.* Decuriones pretio viliori frumentum, quod annona temporalis est patriae suae, praestare non sunt cogendi. 28. Nisi ad opus novum pecunia specialiter legata sit, vetera ex hac reficienda sunt*. 29⁵. *Ad curatoris rei publicae officium spectat, ut dirutae domus a dominis extruantur. 30. Domum sumptu publico extructam, si dominus ad tempus pecuniam impensam cum usuris restituere noluerit, jure [eam] res publica distrahit*.

[I. DE PACTIS ET CONVENTIS].

1⁶.* De his rebus pacisci possumus, de quibus transigere licet; ex his enim pacti obligatio solummodo nascitur*.

2⁷. *In bonae fidei contractibus pactum conventum alio *pacto dissolvitur, *et *licet exceptionem pariat*, replicatione tamen excluditur*. 3⁸. *Pacto convento Aquiliana stipulatio subjici solet: sed consultius est huic poenam quoque subjungere, quia rescisso quoquo modo pacto poena ex stipulatu peti potest*. 4. Neque contra leges, neque contra bonos mores pacisci

1. 1⁵, 18-22 = *D.*, 50, 5, 10. — 2. 1ᵃ, 23. 24 = *D.*, 50, 5, 12. — 3, 1ᵃ. 25. 26. = *D.*, 50, 7, 11. — 4. 1ᵃ, 27. 28 = *D.*, 50, 8, 7. — 5. 1ᵃ, 29. 30 = *D.*, 39, 2, 46. — 6. Ajouté dans quelques mss. — 7. 1, 2 = *Cons.*, 4, 4 ; la *lex Wisig.*: 'omne pactum posteriore pacto dissolvitur, licet pariat exceptionem'. — 8. Ajouté dans quelques mss. (= *D.*, 2, 15, 15).

possumus. 4a¹. *Pactum contra jus aut constitutiones aut senatusconsulta interpositum nihil momenti habet*. 5². *De rebus litigiosis et convenire et transigere possumus*. 5a³. *Post rem judicatam pactum, nisi donationis causa interponatur, servari non oportet*. 6⁴. *Functio dotis pacto mutari non potest, quia privata conventio juri publico nihil derogat.* 7⁵. *De criminibus propter infamiam nemo cum adversario pacisci potest*.

[IB].

1⁶. *Parentes naturales in jus vocare nemo potest : una est enim omnibus parentibus servanda reverentia*. 2⁷. *Ingratus libertus est, qui patrono obsequium non praestat, vel res ejus filiorumve tutelam administrare detractat.*

[II. DE PROCURATORIBUS ET⁸ COGNITORIBUS].

1. Omnes infames, qui postulare prohibentur, cognitores fieri non *possunt* etiam volentibus adversariis. 2. Femina in rem suam cognitoriam operam suscipere non prohibetur. 3. In rem suam cognitor procuratorve ille fieri potest, qui pro omnibus postulat. 4. Actio judicati non solum in dominum aut domino, sed etiam heredi et in heredem datur.

[III. DE PROCURATORIBUS].

1. Mandari potest procuratio praesenti⁹ et nudis verbis et per litteras et per nuntium et apud acta praesidis et magistratus. 2. Procurator aut ad litem aut ad omne negotium aut ad partem negotii aut ad res administrandas datur. 3¹⁰. *Voluntarius procurator, qui se negotiis alienis offert, rem ratam dominum habiturum cavere debet*. 4¹¹. *Cum quo agitur suo nomine, si in rem actio est, pro praede litis et vindiciarum adversario satisdare cogitur aut judicatum solvi. . . . . si in personam sit actio, d . . . . in rem pro praede litis et vindiciarum.* . . . .
5¹². *Actoris procurator non solum absentem defendere sed et rem ratam dominum habiturum satisdare cogitur*. 6¹³. *Procurator antequam. . . . . accipere

---

1. 1, 4ª = *Cons.*, 7, 5. — 2. Ajouté dans quelques mss. — 3. 1, 5ª = *Cons.*, 4, 6. 7, 6. — 4. 1, 6 = *Cons.*, 4, 3. — 5. 1, 7 = *Cons.*, 4, 7. — 6. 1 b, 1 = *D.*, 2, 4, 6. — 7. 1 b, 2 = *D.*, 37, 14, 19. — 8. Cujas efface PROCURATORIBUS ET. — 9. Huschke : 'et praesenti et absenti'. — 10. 3, 3 = *Cons.*, 3, 6. — 11. 3, 4 = *F. V.*, 336. — 12. 3, 5 = *Cons.*, 3, 7, *F. V.*, 336. — 13. 3, 6 = *F. V.*, 337.

judicium. . . . .* 7¹. *Petitoris procurator rem ratam dominum habiturum desiderante adversario satisdare cogendus est, quia nemo in re aliena idoneus est sine satisdatione. 8. Si satis non det procurator absentis, actio ei absentis nomine non datur*. 9². *Actoris procurator non in rem suam datus propter impensas quas in litem fecit potest desiderare, ut sibi ex judicatione satis fiat, si dominus litis solvendo non sit*. 10³. *Absens reus causas *absentiae per* procuratorem reddere potest*.

[IV. DE NEGOTIIS GESTIS].

1. Qui negotia aliena gerit et bonam fidem et exactam diligentiam rebus ejus, pro quo intervenit, praestare debet. 2. Tutor post finitam tutelam si in administratione duret, actione negotiorum gestorum pupillo vel curatori ejus tenebitur. 2ᵃ⁴. *Litis contestatae tempore quaeri solet, an pupillus, cujus sine tutoris auctoritate negotia gesta sunt, locupletior sit ex ea re factus, cujus patitur actionem*. 3⁵. Si pecuniae quis negotium gerat, usuras quoque totius temporis praestare cogitur et periculum eorum nominum quibus collocavit agnoscere, si litis tempore solvendo non sint : hoc enim in bonae fidei judiciis servari convenit. 4. Mater, quae filiorum suorum rebus intervenit, actione negotiorum gestorum et ipsis et eorum tutoribus tenebitur. 5. Filiusfamilias vel servus si negotium alicujus gerant, in patrem dominumve peculio tenus actio dabitur. 6. Si pater vel dominus servo vel filiofamilias negotia aliena agenda commiserit, in solidum tenebitur. 7. Pater si emancipati filii res sine ulla exceptione a se donatas administravit, filio actione negotiorum gestorum tenebitur. 8. Qui, cum tutor curatorve non esset, pro tutore curatoreve res pupilli adultive administravit, actione negotiorum gestorum pro tutore curatoreve tenebitur. 9⁶* Actio negotiorum gestorum illi datur, cujus interest hoc judicio experiri. 10. Nec refert directa quis an utili actione agat vel conveniatur, quia in extraordinariis judiciis, uti conceptio formularum non observatur, haec subtilitas supervacua est, maxime cum utraque actio ejusdem potestatis est eundemque habet effectum*.

1. 3, 7, 8 = *Cons.*, 3, 8. 9. — 2. 3, 9 = *D.*, 3, 3, 30. — 3. 3, 10 = *D.*, 3, 3, 71. — 4. 4, 2ᵃ = *D.*, 3, 5, 36, *pr*. — 5. Texte plus complet dans *D.*, 3, 5, 36, 1. — 6. 4, 9. 10 = *D.*, 3, 5, 46.

[V. DE CALUMNIATORIBUS].

1. Calumniosus est, qui sciens prudensque per fraudem negotium alicui comparat. 2. Et in privatis et in publicis judiciis omnes calumniosi extra ordinem pro qualitate admissi plectuntur.

[VI^A. *DE FUGITIVIS*1].

1.* Servus a fugitivario comparatus intra decem annos manumitti contra prioris domini voluntatem non potest. 2. Contra decretum amplissimi ordinis fugitivum in fuga constitutum nec emere nec vendere permissum est, inrogata poena in utrumque sestertiorum D^2 milium. 3. Limenarchae et stationarii fugitivos deprehensos recte in custodiam retinent. 4. Magistratus municipales ad officium praesidis provinciae vel proconsulis comprehensos fugitivos recte transmittunt. 5. Fugitivi in fundis fiscalibus quaeri et comprehendi possunt. 6. Fugitivi, qui a domino non agnoscuntur, per officium praefecti vigilum distrahuntur. 7. Intra triennium^3 venditionis agniti fugitivi emptor pretium a fisco recipere potest.*

[VI^B DE REIS INSTITUTIS].

1^a,4. *Ab accusatione destitit qui cum adversario suo de compositione ejus criminis quod intendebat fuerit locutus. 1^b. Animo ab accusatione destitit, qui affectum et animum accusandi deposuit. 1^c. Destitisse videtur, qui intra praefinitum accusationis a praeside tempus reum suum non peregit. 1^d. Nuntiatores, qui per notoriam indicia produnt, notoriis suis adsistere jubentur. 1^e. Calumniae causa puniuntur, qui in fraudem alicujus librum vel testimonium aliudve quid conquisisse vel scripsisse vel in judicium protulisse dicuntur.* 1. De his criminibus, de quibus quis absolutus est, ab eo qui accusavit refricari accusatio non potest. 2. Filius accusatoris si hoc crimen, quod pater intendit, post liberatum reum persequi velit, ab accusatione removendus est. 3. Crimen, in quo alius destitit vel victus discessit, alius objicere non prohibetur. 4^5. *Delator non est, qui protegendae causae suae gratia aliquid ad fiscum nuntiat.*

1. 6^a donné par Cujas d'après le Vesontinus sauf peut-être les §§ 3 et 4 que M. Krueger croit extraits par lui uniquement de *D.*, 11, 4, 4. — 2. Huschke, arg. *Coll.*, 14, 3, 5: L. — 3. Huschke, arg. *C.*, 7, 37, 1: 'quadriennium'. — 4. 6 b, 1^a-1e = *D.*, 48, 16, 6. — 5. 6 b, 4 = *D.*, 49, 14, 4.

[VII. DE INTEGRI RESTITUTIONE].

1. Integri restitutio est redintegrandae rei vel causae actio. 2. Integri restitutionem praetor tribuit ex his causis: quae per metum, dolum, et status permutationem, et justum errorem, et absentiam necessariam, et infirmitatem aetatis gesta esse dicuntur. 3. Integri restitutio plus quam semel non est decernenda, ideoque causa cognita decernitur.

4[1]. *Integri restitutio aut in rem competit aut in personam. In rem competit, ut res ipsa qua de agitur revocetur; in personam aut quadrupli poena intra annum vel simplum post annum peti potest*. 5. Si aliquis, ut se de vi latronum vel hostium vel populi liberaret, aliquid mancipavit vel promisit, ad metum non pertinet; mercedem enim depulsi metus tribuit. 6. Servus per metum mancipatus quidquid quaesierit vel stipulatus sit, ei adquirit qui vim passus est. 7. Vis est major rei impetus, qui repelli non potest. 8. Qui quem in domo inclusit, ut sibi rem manciparet aut promitteret, extorsisse mancipationem *promissionemve* videtur. 9. Qui quem ferro vinxit, ut sibi aliquid traderet vel venderet, vim intulisse videtur. 10. Qui in carcerem quem detrusit, ut aliquid ei extorqueret, quidquid ob hanc causam factum est, nullius est momenti.

[VIII. DE DOLO].

1. Dolus est, cum aliud agitur, aliud simulatur. 2. Qui [dolum aut] metum adhibuit, ut res ad alium transiret, utraque de vi et *de* dolo actione tenebitur.

[IX. DE MINORIBUS VIGINTI ET QUINQUE ANNORUM].

1. Minor viginti et quinque annorum si aliquod flagitium admiserit, quod ad publicam coercitionem spectet, ob hoc in integrum restitui non potest. 2. Qui minori mandavit, ut negotia sua agat, ex ejus persona in integrum restitui non potest, nisi minor sua sponte negotiis ejus intervenerit[2]. 3. Si major effectus rem, quam minor egit, pacto[3] vel silentio comprobavit, adversus hoc quoque in integrum restitui frustra desiderat. 4. Si minor minori heres existat, ex sua persona, non ex defuncti in integrum restitui potest. 4a[4]. *Si minor viginti quinque annis filio familias minori pecuniam credidit,

---

1. Intercalé dans quelques mss. Huschke ajoute en tête: 'Cum metus causa decernitur'. — 2. Cf. *D.*, 4, 4, 24, *pr.* — 3. Les mss.: 'pacto'; Huschke, Pellat, suivant une conjecture ancienne: 'facto'. —4. 9, 4ᵃ. 4ᵇ = *D.*, 4, 4, 34.

melior est causa consumentis, nisi locupletior ex hoc inveniatur litis contestatae tempore is qui accepit. 4ᵇ. Minores si in judicem compromiserunt et tutore auctore stipulati sunt, integri restitutionem adversus talem obligationem jure desiderant.* 5. Minor se in his, quae fidejussit vel fidepromisit vel spopondit vel mandavit, in integrum restituendo reum principalem non liberat. 5ᵃ¹ *Minor ancillam vendidit : si eam emptor manumiserit, ob hoc in integrum restitui non poterit, sed adversus emptorem quanti sua interest actionem habebit. 5ᵇ. Mulier minor viginti quinque annis si pactione dotis deterior condicio ejus fiat et tale pactum inierit, quod numquam majoris aetatis constitutae pasciscerentur, atque ideo revocare velit, audienda est.* 6. Qui sciens prudensque se pro minore obligavit, si id consulto consilio fecit, licet minori succurratur, ipsi tamen non succurretur. 7. Minor adversus emptorem in integrum restitutus pretio restituto fundum recipere potest : fructus enim in compensationem usurarum penes emptorem remanere placuit. 8. Minor adversus distractiones eorum pignorum et fiduciarum, quas pater obligaverat, si non ita ut oportuit a creditore distractae sint, restitui in integrum potest.

[IXᴬ]².

1. *Is, qui rei publicae causa afuturus erat, si procuratorem reliquerit, per quem defendi potuit, in integrum volens restitui non auditur*.

[X. DE PLUS PETENDO].

1. *Plus petendo* causa cadimus aut loco aut summa aut tempore aut qualitate : loco alibi, summa plus, tempore petendo ante tempus, qualitate ejusdem rei speciem meliorem postulantes.

[XI. DE SATISDANDO].

1. Quoties hereditas petitur, satisdatio jure desideratur ; et, si *satis* non detur, in petitorem hereditas transfertur : si petitor satisdare noluerit, penes possessorem possessio remanet ; in pari enim causa potior est possessor. 2. Usufructuarius et de utendo usufructu satisdare debet, perinde usurum, ac si ipse paterfamilias uteretur.

1, 9, 5ᵃ. 5ᵇ = D., 4, 4, 48, 1. 2. — 2. 9ᵃ = D., 4, 6, 39.

[XII. DE JUDICIIS OMNIBUS].

1. Hi, qui falsa rescriptione usi fuerint, lege Cornelia de falsis puniuntur. [2¹. Qui ancillam corruperit alienam, aliam reformare cogendus est]. 3. Qui falsum nesciens allegavit, falsi poena non tenetur. 4. In caput domini patronive nec servus nec libertus interrogari potest. 5. Praegnantes neque torqueri neque damnari nisi post editum partum possunt. 6². *Qui rescriptum a principe falsa allegatione elicuerint, uti eo prohibentur*. 7. Qui de se confessus est, in alium torqueri non potest, ne alienam salutem in dubium deducat, qui de sua desperaverit. 8³. *Qui sine accusatoribus in custodiam recepti sunt, quaestio de his habenda non est, nisi si aliquibus suspicionibus urgueantur*. 9⁴. *Per minorem causam majori cognitioni praejudicium fieri non oportet: major enim quaestio minorem causam ad se trahit*. 10⁵. *In crimine adulterii nulla danda dilatio est, nisi ut personae exhibeantur, aut judex ex qualitate negotii motus hoc causa cognita permiserit*.

[XIII^A. DE JUDICATO].

1^a⁶. *Eum, pro quo quis apud officium cavit, exhibere cogitur. Item eum qui apud acta exhibiturum se esse quem promisit, etsi officio non caveat, ad exhibendum tamen cogitur*. 1. Qui exhibiturum se aliquem judicio caverat, mortuo eo pro quo caverat periculo cautionis liberatur. 1^b⁷. *Acta apud se habita, si partes consentiant et judex hoc permiserit, potest jubere ea die circumduci, nisi vel negotium vel lis terminata est. 1^c. De amplianda uel minuenda poena damnatorum post sententiam dictam sine principali auctoritate nihil est statuendum. 1^d. Contra indefensos minores tutorem vel curatorem non habentes nulla sententia proferenda est*. 1^e⁸. *Contra pupillum indefensum eumque qui rei publicae causa abest vel minorem viginti quinque annis propositum peremptorium nihil momenti habet. 1^f. Is, qui ad majus auditorium vocatus est, si litem inchoatam deseruit, contumax non videtur*. 1^g⁹. *Bonis venditis excipiuntur concubina et liberi naturales. 1^h. Respublica creditrix omnibus chirographariis creditoribus praefertur*. 2. Filius familias jussu patris manumittere potest,

---

1. Texte étranger à Paul introduit dans certains mss. probablement sous l'influence du droit barbare; cf. *Interpr.* 1, 13ᵃ, 6. *Lex Rom. Burgund.* 19, 2. — 2. Ajouté dans quelques mss. — 3. 12, 8 = *D.*, 48, 18, 22. — 4. 12, 9 = *D.*, 5, 1, 54. — 5. 12, 10 = *D.*, 48, 5, 42. — 6. 13ᵃ, 1ᵃ = *D.*, 2, 4, 17 — 7. 13ᵃ, 1.b, 1ᵈ = *D.*, 42, 1, 45. — 8. 13ᵃ, 1ᵉ, 1ᶠ. = *D.*, 42, 1, 54. — 9. 13ᵃ, 1ᵍ, 1ʰ = *D.*, 42, 5, 38.

matris non potest. 3. In eum, qui album raserit corruperit sustulerit mutaverit, quidve aliud propositum edicendi causa turbaverit, extra ordinem punitur. 4. Si id, quod emptum est, neque tradatur neque mancipetur, venditor cogi potest, ut tradat aut mancipet. 5. Deteriorem servum facit, qui fugam suaserit et qui furtum, et qui mores ejus corpusve corruperit. 6. Qui ancillam alienam virginem immaturam corruperit, poena legis Aquiliae tenebitur.

[XIII^B. *SI HEREDITAS VEL QUID ALIUD PETATUR*][1].

1. In petitione hereditatis ea veniunt, quae defunctus mortis tempore reliquit, vel ea, quae post mortem ante aditam hereditatem ex ea quaesita sunt. 2. Possessor hereditatis pretia earum rerum, quas dolo alienavit, cum usuris praestare cogendus est. 3[2]. *Rerum ex hereditate alienatarum aestimatio in arbitrio petitoris consistit*. 4. Petitio hereditatis, cujus defunctus litem non erat contestatus, ad heredem non transmittittur. 5[3]. *Hereditas pro ea parte peti debet, pro qua ad nos pertinet: alioquin plus petendi periculum incurrimus et causam perdimus*. 6[4]. *Qui petit hereditatem ipse probare debet ad se magis quam ad eum qui possidet sive ex testamento sive ab intestato pertinere. 7. Eas res, quas quis juris sui esse putat, petere potest, ita tamen ut ipsi incumbat necessitas probandi eas ad se pertinere*. 8[5]. *Possessor hereditatis, qui ex ea fructus capere vel possidere neglexit, duplam eorum aestimationem praestare cogetur. 9. Hi fructus in restitutione praestandi sunt petitori, quos unusquisque diligens paterfamilias et honestus colligere potuisset*.

[XIV, DE VIA PUBLICA].

1[a6]. *Si in agrum vicini viam publicam quis rejecerit, in tantum in eum viae receptae actio dabitur, quanti ejus interest, cujus fundo injuria inrogata est*. 1. Qui viam publicam exaravit, ad munitionem ejus solus compellitur.

[XV. SI QUADRUPES DAMNUM INTULERIT].

1. Si quadrupes pauperiem fecerit damnumve dederit quidve depasta sit, in dominum actio datur, ut aut damni aestimationem subeat aut quadrupedem dedat: quod etiam lege

---

1. Rubrique restituée à l'aide de *Consultatio*, 5, 5. 6, 5. 7 et *App.* 1, 10. — 2. Intercalé dans quelques mss. — 3. 13b, 5 = *Cons.*, 5, 5. — 4. 13b, 6, 7 = *Cons.*, 6, 5°. 6. — 5. 13b. 8, 9 = *App.*; 1, 10. 11 — 6. 14, 1ª = *D.*, 43, 11, 3.

Pesolania[1] de cane cavetur. 1[a2]. *Si quis saevum canem habens in plateis vel in viis publicis in ligamen diurnis horis non redegerit, quidquid damni fecerit, a domino solvatur. 1[b]. Si quis caballum quodve aliud animal habens scabidum ita ambulare permiserit, ut vicinorum gregibus permixtus proprium inferat morbum, quidquid damni per eum datum fuerit, similiter a domino sarciatur*. 2. Feram bestiam in ea parte, qua populo iter est, colligari praetor prohibet: et ideo, sive ab ipsa sive propter eam ab alio alteri damnum datum sit, pro modo admissi extra ordinem actio in dominum vel custodem datur, maxime si ex eo homo perierit. 3. Ei, qui inritatu suo feram bestiam vel quamcumque aliam quadrupedem in se proritaverit eaque damnum dederit, neque in ejus dominum neque in custodem actio datur. 4[3]. *In circulatores, qui serpentes circumferunt et proponunt, si cui ob eorum metum damnum datum est, pro modo admissi actio dabitur*.

[XVI. FINIUM REGUNDORUM].

1. In eum, qui per vim terminos dejecit vel amovit, extra ordinem animadvertitur.

[XVII. DE SERVITUTIBUS].

1. Viam, iter, actum, aquae ductum, qui biennio usus non est, amisisse videtur; nec enim ea usucapi possunt, quae non utendo amittuntur. 2. Servitus hauriendae aquae vel ducendae biennio *omissa* intercidit, et biennio usurpata recipitur. 3[4]. *Servitus aquae ducendae vel hauriendae nisi ex capite vel ex fonte constitui non potest: hodie tamen ex quocumque loco constitui solet*.

[XVIII. DE FAMILIAE HERCISCUNDAE].

1. Arbiter familiae herciscundae plus quam semel dari non potest: et ideo de his, quae divisa eo judicio non sunt, communi dividundo arbiter postulatus partietur. 2[5]. *De omnibus rebus hereditariis judex cognoscere debet et celebrata divisione in semel de omnibus pronuntiet. 3. Judici familiae herciscundae convenit, ut ea, quae quis ex communi accepit, aut ipsa aut aestimationem eorum repraesentet, ut inter coheredes dividi possint. 4. Judex familiae herciscundae nec inter paucos coheredes, sed inter omnes dandus est: *alioquin inu-*

1. Cujas: 'Solonia'. — 2. 15, 1ª, 1.b = *Lex Rom. Burg.*, 13. — 3-15, 4 = *D*, 47, 11, 11. — 4. 17, 3 = *D.*, 8, 3, 9. — 5. 18, 2-5 = *App.*, 1, 12-15.

tiliter datur. 5. Omnes res, quae sociorum sunt, communi dividundo *judicio* inter eos separantur*.

[XIX. QUEMADMODUM ACTIONES PER INFITIATIONEM DUPLENTUR].

1. Quaedam actiones si a reo infitientur, duplantur, velut judicati, depensi, legati per damnationem relicti, damni injuriarum legis Aquiliae, [item de modo agri, cum a venditore emptor deceptus est][1]. 2. Ex his causis, quae infitiatione duplantur, pacto decidi non potest.

[XX. DE FIDEJUSSORE ET SPONSORE].

1. Inter fidejussores ex edicto praetoris, si solvendo sint, licet singuli in solidum teneantur, obligatio dividetur.

[XXA][2].

1. *In dardanarios propter falsum mensurarum modum ob utilitatem popularis annonae pro modo admissi extra ordinem vindicari placuit*.

[XXI. DE SEPULCHRIS ET LUGENDIS].

1. Ob incursum fluminis vel metum *ruinae*[3] corpus jam perpetuae sepulturae traditum sollemnibus redditis sacrificiis per noctem in alium locum transferri potest. 2. Corpus in civitatem inferri non licet, ne funestentur sacra civitatis: et qui contra ea fecerit, extra ordinem punitur. 3[4]. *Intra muros civitatis corpus sepulturae dari non potest vel ustrina fieri. 4. Qui corpus perpetuae sepulturae traditum vel ad tempus alicui loco commendatum nudaverit et solis radiis ostenderit, piaculum committit: atque ideo, si honestior sit, in insulam, si humilior, in metallum dari solet. 5. Qui sepulchrum violaverint aut de sepulchro aliquid sustulerint, pro personarum qualitate aut in metallum dantur aut in insulam deportantur. 6. Qui sepulchrum alienum effregerit vel aperuerit eoque mortuum suum alienumve intulerit, sepulchrum violasse videtur. 7. Vendito fundo religiosa loca ad emptorem non transeunt nec in his jus inferre mortuum habet. 8. Qui monumento inscriptos titulos eraserit vel statuam everterit

1. Addition mensongère; cf. 2, 17, 4. et Rudorff, *Z. G. R.*, 15, pp. 447 et ss. — 2. 20ª = *D.*, 48, 19, 37. — 3. Mot omis par les Wisigoths ajouté par le Vesontinus et un autre ms. — 4. 21, 3-9 suppléés par Cujas d'après le Vesontinus.

vel quid ex eodem traxerit, lapidem columnamve sustulerit, sepulchrum violasse videtur. 9. In eo sarcophago vel solo ubi corpus jam depositum est, aliud corpus inferri non potest, et qui intulerit reus sepulchri violati postulari potest*. 10¹. Qui alienum mortuum sepelierit, si in funus ejus aliquid impenderit recipere id ab herede vel a patre vel a domino potest. 11². *Maritus id, quod in funus uxoris impendit, ex dote retinere potest. 12. Neque juxta monumentum neque supra monumentum habitandi jus est; attactu enim conversationis humanae piaculum admittitur; et qui contra ea fecerit, pro qualitate personae vel opere publico vel exilio multatur. 13. Parentes et filii majores sex annis anno lugeri possunt, minores mense; maritus decem mensibus, et cognati proximioris gradu octo. Qui contra fecit, infamium numero habetur*. 14. Qui luget, abstinere debet a conviviis, ornamentis, *purpura*³ et alba veste. 15. Quidquid in funus erogatur, inter aes alienum primo loco deducitur. 16⁴. *Corpora animadversorum quibuslibet petentibus ad sepulturam danda sunt*.

LIBER SECUNDUS.

[I. DE REBUS CREDITIS ET DE JUREJURANDO].

1ᵃ⁵. *Praesidis provinciae officiales quia perpetui sunt mutuam pecuniam dare et fenebrem exercere possunt. 1ᵇ. Praeses provinciae mutuam pecuniam fenebrem sumere non prohibetur.* 1. In pecuniariis causis si alter ex litigatoribus jusjurandum deferat, audiendus est : hoc enim et compendio litium et aequitatis ratione provisum est. 2. Deferre jusjurandum prior actor potest : contrarium autem de calumnia jusjurandum reo competit. 3. Si, reus cum jurare velit, actor illi necessitatem jurisjurandi remisit et hoc liquido appareat, actio in eum non datur. 4. Heredi ejus cum quo contractum est jusjurandum deferri non potest, quoniam contractum ignorare potest.

5. Si qui de debito quocumque modo confessus docetur, ex ea re actio creditori non datur, sed ad solutionem compellitur.

1. 21, 10, placé à cet endroit par le Vesontinus, transposé à la fin du titre par les Wisigoths. — 2. 21, 11-13 suppléé par Cujas à l'aide du Vesontinus. — 3. Mot omis par les Wisigoths suppléé à l'aide du Vesontinus. — 4. 21, 16 = D., 48, 24, 3. — 5. 1, 1ᵃ 1 b = D., 12, 1, 34.

[II. DE PECUNIA CONSTITUTA].

1. Si id, quod mihi L. Titius debet, soluturum te constituas, teneris actione pecuniae constitutae. 2[1]. *Idem est et si ei qui bona fide mihi servit constitutum fuerit* 3[2]. *Si quis duobus pecuniam constituerit TIBI AUT TITIO, etsi stricto jure propria actione pecuniae constitutae manet obligatus, etiamsi Titio solverit, tamen per exceptionem adjuvatur.*

[III. DE CONTRACTIBUS].

1. Stipulatio est verborum conceptio, ad quam quis congrue interrogatus respondet : velut SPONDES ? SPONDEO : DABIS ? DABO : PROMITTIS ? PROMITTO : FIDEI TUAE ERIT ? FIDEI MEAE ERIT : et tam pure quam sub condicione concipi potest.

[IV. DE COMMODATO ET DEPOSITO PIGNORE FIDUCIAVE].

1. Quidquid in rem commodatam ob morbum vel aliam rationem impensum est, a domino recipi potest. 2. Si facto incendio ruina naufragio aut quo alio simili casu res commodata amissa sit, non tenebitur eo nomine is cui commodata est, nisi forte, cum posset rem commodatam salvam facere, suam praetulit. 3. Servus vel *equus a* latronibus vel in bello *occisi*, si in aliam causam commodati sunt, actio commodati datur; custodia enim et diligentia rei commodatae praestanda est. 4. Si rem aestimatam tibi dedero, ut ea distracta pretium ad me deferres, eaque perierit, siquidem ego te rogavi, meo periculo perit : si tu de vendenda promisisti, tuo periculo perit.

[V. DE PIGNORIBUS].

1. Creditor si simpliciter sibi pignus depositum distrahere velit, ter ante denuntiare debitori suo debet, ut pignus luat, ne a se distrahatur. 2. Fetus vel partus ejus rei quae pignori data est pignoris jure non tenetur, nisi hoc inter contrahentes convenerit. 3. Compensatio debiti ex pari specie et causa dispari[3] admittitur : velut, si pecuniam tibi debeam et tu mihi pecuniam debeas, aut frumentum aut cetera hujusmodi, licet ex diverso contractu, compensare vel deducere debes; si totum petas, plus petendo causa cadis.

1. 2, 2 = D., 13, 5, 6. — 2. 2, 3 = D., 13, 5, 30. — 3. Huschke, suivi par Eisele, *Compensation*, 1876, p. 97, n. 40 : 'paris speciei et ex causa dispari'.

[VI. DE EXERCITORIBUS ET INSTITORIBUS].

1. Filiusfamilias si voluntate patris navem exerceat, patrem in solidum ob ea, quae salva receperit, obligat.

[VII. AD LEGEM RHODIAM].

1. Levandae navis gratia jactus cum mercium factus est, omnium intributione sarciatur, quod pro omnibus jactum est. 2(3). Nave vel arbore vi tempestatis amissa vectores ad contributionem non tenentur, nisi ipsis arborem salutis causa eruentibus navis salva sit. 3(2). Jactu navis levata si perierit, extractis aliorum per urinatores mercibus, ejus *quoque* rationem haberi placuit, qui merces salva nave jactavit. 4. Levandae navis gratia merces in scapham transjectas atque ideo amissas intributione earum, quae in navi salvae sunt, refici convenit; nave autem perdita conservatae cum mercibus scaphae ratio non habetur. 5. Collatio intributionis ob jactum salva nave fieri debet.

[VIII. DE INSTITORIBUS].

1. Sicut commoda sentimus ex actu praepositi institoris, ita et incommoda sentire debemus. Et ideo *qui* servum sive filium filiamve familias sive ancillam praeposuit negotio, vel mercibus exercendis, eorum nomine in solidum convenitur. 2. Si quis pecuniae foenerandae agroque colendo, condendis vendendisque frugibus praepositus est, ex eo nomine, quod cum illo contractum est, in solidum fundi dominus obligatur; nec interest, servus an liber sit. 3. Quod cum discipulis eorum, qui officinis vel tabernis praesunt, contractum est, in magistros vel institores tabernae in solidum actio datur.

[IX. DE IN REM VERSO].

1. Servus vel filiusfamilias si acceptam pecuniam in rem patris vel domini verterit, hoc modo : agrum puta colendo, domum fulciendo, mancipia vestiendo, mercando vel creditori solvendo vel quid tale faciendo, de in rem verso in solidum vel patrem vel dominum obligat : si tamen ob hanc causam pecunia data sit. 2¹. *Filiusfamilias si in id acceperit mutuam pecuniam, ut eam pro sorore sua in dotem daret, pater ejus de in rem verso actione tenebitur : ipsi enim mortua in matrimonio puella repetitio dotis datur*.

1. 9, 2 = D., 14, 6, 17.

[X. DE SENATUS CONSULTO MACEDONIANO].

Qui filio familias contra interdictum amplissimi ordinis pecuniam mutuam crediderit, post mortem patris ex eo quod vivo patre credidit cum eo agere non potest.

[XI. AD SENATUS CONSULTUM VELLEIANUM].

1. In omni genere negotiorum et obligationum tam pro viris quam pro feminis intercedere mulieres prohibentur. 2. Mulier, quae pro[1] tutoribus filiorum suorum indemnitatem promisit, ad beneficium senatus consulti non pertinet. 3[2].* Si decipiendi animo, vel cum sciret se non teneri, mulier pro aliquo intercesserit, exceptio ei senatus consulti non datur: actionem enim, quae in dolum mulieris competit, amplissimus ordo non excludit. 4. Procurator si mandatu mulieris pro alio intercesserit, exceptione senatus consulti Velleiani adjuvatur, ne alias actio intercidat*.

[XII. DE DEPOSITO].

1[3]. *Deponere possumus apud alium id quod nostri juris est vel alieni. 2. Depositum est quasi diu positum. Servandum est, quod ad breve tempus custodiendum datur. 3. Deponere videtur qui in metu ruinae incendii naufragii apud alium custodiae causa deponit. 4. Deponere videtur et is, qui suspectam habens vel minus idoneam custodiam domus vel vim latronum timens apud aliquem rem custodiendam commodat.* 5. Si sacculum vel argentum signatum deposuero, et is penes quem depositum fuit me invito contrectaverit, et depositi et furti actio mihi in eum competit. 5a[4]. *Si ex permissu meo deposita pecunia is penes quem deposita est utatur, ut in ceteris bonae fidei judiciis usuras ejus nomine praestare mihi cogitur*. 6[5]. *Ob res depositas dolus tantum praestari solet*. 6a[6]. *Latae culpae finis est non intellegere id quod omnes intellegunt*. 7. In judicio depositi ex mora et fructus veniunt et usurae rei depositae praestantur. 8[7]. *Si quis rem penes se depositam apud alium deposuerit, tam ipse directam, quam is qui apud eum deposuit utilem actionem depositi habere possunt. 9. Si pecuniam deposuero eaque uti tibi permisero, mutua magis videtur quam deposita, ac per

---

1. Huschke: 'pro se tutoribus'; Cujas efface pro, arg. C., 4, 29, 6, pr. 5, 46, 2. — 2. 11, 3. 4 = D., 16, 1, 30. — 3. 12, 1-4 = Coll., 10, 7, 1-4. — 4. 12, 5* = D., 16, 3, 29, 1. — 5. 12, 6 = Coll., 10, 7, 6. — 6. 12, 6* = D., 50, 16, 223. — 7. 12, 8-11 = Coll., 10, 7, 8-11.

hoc periculo tuo erit. 10. Si rem apud te depositam vendideris eamque *postquam* redemeris perdideris, semel admisso dolo perpetua depositi actione teneberis. 11. Ex causa depositi lege duodecim tabularum in duplum actio datur, edicto praetoris in simplum.* 12. In causa depositi compensationi locus non est, sed res ipsa reddenda est.

[XIII. DE LEGE COMMISSORIA][1].

1. Debitor distractis fiduciis a creditore de superfluo adversus eum habet actionem. 1a.[2] *Si autem tardius superfluum restituat creditor id quod apud eum depositum est, ex mora etiam usuras debitori hoc nomine praestare cogendus est*. 1 b[3]. *Cum debitor gratuita pecunia utatur, potest creditor de fructibus rei sibi pigneratae ad modum legitimum usuras retinere*. 2. Quidquid creditor per fiduciarium servum quaesivit, sortem debiti minuit. 3. Debitor creditori vendere fiduciam non potest: sed alii si velit vendere potest, ita ut ex pretio ejusdem pecuniam offerat creditori, atque ita remancipatam sibi rem emptori praestet. 4. Si per suppositam personam creditor pignus suum invito debitore comparaverit, emptio non videtur et ideo quandoque lui potest: ex hoc enim causa pignoris vel fiduciae finiri non potest. 5. Si inter creditorem et debitorem convenerit, ut fiduciam sibi vendere non liceat, non solvente debitore, creditor denuntiare ei sollemniter potest et distrahere: nec enim *ex* tali conventione fiduciae actio nasci potest. 6. Si creditor rem fiduciae datam uni ex heredibus vel extraneo legaverit, adversus omnes heredes actio fiduciae competit. 7. Si creditor rem fiduciariam fecerit meliorem, ob ea recuperanda, qu*ae* impendit, judicio fiduciae debitorem habebit obnoxium. 8. Novissimus creditor priorem, oblata pecunia, quo possessio in eum transferatur, demittere potest. Sed et prior creditor secundum creditorem, si voluerit, dimittere non prohibetur, quamquam ipse in pignore potior sit. 9. Servus si mutuam pecuniam servitutis tempore acceperit, ex ea obligatione post manumissionem conveniri non potest.

[XIV. DE USURIS].

1. Si pactum nudum de praestandis usuris interpositum sit, nullius est momenti; ex nudo enim pacto inter cives Romanos actio non nascitur. 2. Usurae supra centesimam solu-

---

1. Rubrique placée dans les mss. entre les §§ 5 et 6 et transportée ici par la plupart des éditeurs. — 2. 13, 1a = D., 13, 7, 7. — 3. 13, 1 b, = D., 20, 2, 8.

tae sortem minuunt, consumpta sorte repeti possunt. 3. Trajectitia pecunia propter periculum creditoris, quamdiu navigat navis, infinitas usuras recipere potest. 4. Usurae, quae centesimam excedunt, per errorem solutae repeti non possunt. 5. Si quis pignora debitoris citra auctoritatem judicantis abduxerit, violentiae crimen admittit. 5ᵃ¹. *Si tutor constitutus quos invenerit debitores non convenerit ac per hoc minus idonei efficiantur, vel intra sex primos menses pupillares pecunias non collocaverit, ipse in debitam pecuniam et in usuras ejus pecuniae quam non feneravit convenitur.* 6. Tutor in usuras non convenitur, si pecuniam pupillarem ideo non collocavit quod idonea nomina non habebat, cui pecunia collocetur: cujus rei contestatio apud praesidem provinciae deponenda est. 7². * Ob fenus pupillaris pecuniae per contumaciam non exercitum aut fundorum omissam comparationem tutor, si non ad damnum resarciendum idoneus est, extra ordinem coercebitur.*

[XV. DE MANDATIS].

1. Ob subitam valetudinem, ob necessariam peregrinationem, ob inimicitiam et inanes rei actiones integra³ adhuc causa mandati negotio renuntiari potest. 2. Si meis nummis mandato tuo aliquid tibi comparavero, etsi rem postea accipere nolis, mandati actio mihi adversus te competit; non enim tantum quod impensum est, sed *et* usuras ejus consequi possum. 3. Certo pretio rem jussus distrahere si minoris vendiderit, mandati judicio pretii summa poterit integrari: venditionem enim dissolvi non placuit.

[XVI. PRO SOCIO].

1. Sicut lucrum, ita damnum inter socios communicatur: nisi quid culpa socii vel fraude eversum sit.

[XVII. EX EMPTO ET VENDITO].

1. Venditor si ejus rei quam vendidit dominus non sit, pretio accepto auctoritatis manebit obnoxius; aliter enim non potest obligari. 2. Si res simpliciter traditae evincantur, tanto venditor emptori condemnandus est, quanto si stipulatione pro evictione cavisset. 3. Res empta, mancipatione et traditione perfecta, si evincatur, auctoritatis venditor duplo

---

1. 14, 5ᵃ = D., 26, 7, 15. — 2. 14, 7 = D., 26, 7, 49. — 3. Huschke : 'nec integra' arg. *Inst.*, 3, 26, 11. D., 17, 1, 23-25.

tenus obligatur. 4¹. Distracto fundo si quis de modo mentiatur, in duplo ejus, quod mentitus est, officio judicis aestimatione facta convenitur. 5. Redhibitio vitiosi mancipii intra sex menses fieri potest propter latens vitium. 6. Si, ut servum quis pluris venderet, de artificio ejus vel de peculio mentitus est, actione ex empto conventus, quanto minoris valuisset, emptori praestare compellitur, nisi paratus sit eum redhibere. 7. Ex die emptionis [si pars pretii numerata sit]² et fructus et operae *servorum* et fetus pecorum et ancillarum partus ad emptorem pertinent. 8. Fundum alienum mihi vendidisti; postea idem ex causa lucrativa meus factus est; competet mihi adversus te ad pretium recuperandum actio ex empto. 9. Post rem traditam nisi emptor pretium statim exsolvat, usuras ejus praestare cogendus est. 10. Mutus emere et vendere potest; furiosus autem neque emere neque vendere potest. 11. Servus bona fide comparatus si ex veteri vitio fugerit, non tantum pretium dominus, sed *et* ea quae per fugam abstulit reddere cogitur. 12 (13). Cum probatio prioris fugae defecerit, servi responsioni credendum est: in se enim interrogari, non pro domino aut in *dominum* videtur. 13 (14). In eo contractu qui ex bona fide descendit, instrumentorum oblatio sine causa desideratur, si quo modo *veritas* de fide contractus possit ostendi. 13ª³. *Instrumentorum nomine ea omnia accipienda sunt, quibus causa instrui potest: et ideo tam testimonia quam personae instrumentorum loco habentur*. 14 (15). Fundus ejus esse videtur, cujus nomine comparatus est, non a quo pecunia numerata est, si tamen fundus comparatori sit traditus. 15⁴ (12). *Heredibus debitoris adversus creditorem, qui pignora vel fiducias distraxit, nulla actio datur, nisi a testatore inchoata ad eos transmissa sit*. 16. Electo reo principali fidejussor vel heres ejus liberatur: non *idem* in mandatoribus observatur.

[XVIII. DE LOCATO ET CONDUCTO].

1. Homo liber, qui statum suum in potestate habet, et pejor*em* eum et meliorem facere potest: atque ideo operas suas diurnas nocturnasque locat. 2. Fundi deterioris facti et culturae non exercitatae et aedificiorum non refectorum culpa arbitrio judicis domino a conductore sarciri potest. 3⁵. *Domi-

---

1. Les mss. insèrent ici la rubrique 'de modo'. — 2. Membre de phrase signalé par Cujas comme contenu dans le Vesontinus et transposé par Huschke au § 8 après 'factus est'. — 3. 17, 13ª = *D.*, 22, 4, 1. — 4. 17, 15 = *Cons.*, 6, 8. — 5. 18, 3-5 = *D.*, 19, 2, 55.

nus horreorum effractis et compilatis horreis non tenetur, nisi custodiam eorum recepit : servi tamen ejus cum quo contractum est propter aedificiorum notitiam in quaestionem peti possunt. 4. In conducto fundo si conductor sua opera aliquid necessario vel utiliter auxerit vel aedificaverit vel instituerit, cum id non convenisset, ad recipienda ea quae impendit ex conducto cum domino fundi experiri potest. 5. Qui contra legem conductionis fundum ante tempus sine justa ac probabili causa deseruerit, ad solvendas totius temporis pensiones ex conducto conveniri potest, quatenus locatori in id quod ejus interest indemnitas servetur*.

[XIX. DE NUPTIIS].

1. Sponsalia tam inter puberes quam inter impuberes contrahi possunt. 2. Eorum qui in potestate patris sunt sine voluntate ejus matrimonia jure non contrahuntur, sed contracta non solvuntur: contemplatio enim publicae utilitatis privatorum commodis praefertur. 3[1]. *Inter parentes et liberos jure civili matrimonia contrahi non possunt : nec filiam sororis aut neptem uxorem ducere possumus : proneptem aetatis ratio prohibet. 4. Adoptiva cognatio impedit nuptias inter parentes ac liberos omnimodo, inter fratres eatenus, quatenus capitis minutio non intervenit. 5. Nec socrum nec nurum *nec* privignam nec novercam aliquando citra poenam incesti uxorem ducere licet, sicut nec amitam aut materteram. Sed qui vel cognatam contra interdictum duxerit, remisso mulieris juris errore ipse poenam adulterii lege Julia patitur, non etiam ducta*.

6. Inter servos et liberos matrimonium contrahi non potest, contubernium potest. 7. Neque furiosus neque furiosa matrimonium contrahere possunt ; sed contractum matrimonium furore non tollitur. 8. Vir absens uxorem ducere potest ; femina absens nubere non potest. 9. Libertum, qui ad nuptias patronae vel uxoris filiaeque patroni affectaverit, pro dignitate personae metalli poena vel operis publici coerceri placuit. 10[2]. *Si quis officium in aliqua provincia administrat, inde oriundam vel ibi domicilium habentem uxorem ducere non potest, quamvis sponsare non prohibeatur : ita scilicet, ut, si post officium depositum noluerit mulier nuptias contrahere, liceat ei hoc facere arris tantummodo redditis quas acceperat. 11. Veterem sponsam in provincia, qua quis administrat, uxo-

1. 19, 3-5 = *Coll.*, 6, 3. — 2. 19, 10-12 = *D.*, 23, 2, 38.

rem ducere potest, et dos data non fit caduca. 12. Qui in provincia aliquid administrat, in ea provincia filias suas in matrimonium collocare et dotem constituere non prohibetur*. 13¹. *Non est matrimonium, si tutor vel curator pupillam suam intra vicesimum et sextum annum non desponsam a patre nec testamento destinatam ducat uxorem vel eam filio suo jungat : quo facto uterque infamatur et pro dignitate pupillae extra ordinem coercetur : nec interest, filius sui juris an in patris potestate sit. 14. Curatoris libertum eam pupillam, cujus patronus res administrat, uxorem ducere satis incivile est*.

[XX. DE CONCUBINIS].

1. Eo tempore, quo quis uxorem habet, concubinam habere non potest. Concubina igitur ab uxore solo dilectu separatur. 2². *Concubinam ex ea provincia, in qua quis aliquid administrat, habere potest*.

[XXI^A ³. *DE MULIERIBUS QUAE SE SERVIS ALIENIS JUNXERINT VEL AD SENATUS CONSULTUM CLAUDIANUM*].

1. *Si mulier ingenua civisque Romana vel Latina alieno se servo conjunxerit, si quidem invito et denuntiante domino in eodem contubernio perseveraverit, efficitur ancilla. 2. Si servo pupilli ingenua mulier se conjungat, denuntiatione tutoris efficitur ancilla. 3. Mulier et si . . .⁴, tamen ei quae se servo junxerit denuntiando adquirit ancillam. 4. Procurator et filius familias et servus jussu patris aut domini denuntiando faciunt ancillam. 5. Si peculiari servo filii familias libera se mulier conjunxerit, nulla disquisitione paternae voluntatis jure sollemni decurso adquiret ancillam. 6. Liberta sciente patrono alieni servi secuta contubernium ejus qui denuntiavit efficitur ancilla. 7. Liberta si ignorante patrono servo se alieno conjunxerit, ancilla patroni efficitur ea condicione, ne aliquando ab eo ad civitatem Romanam perducatur. 8. Filii familias servo, quem ex castrensi peculio habet, si se ingenua mulier conjunxerit, ejus denuntiatione efficitur ancilla. 9. Filiafamilias si invito vel ignorante patre servo alieno se junxerit, etiam post denuntiationem statum suum retinet, quia facto filiorum pejor condicio parentum fieri non potest. 10. Filiafamilias si jubente patre, invito domino, servi alieni con-

---

1. 19, 13-14 = D., 23, 2, 66. — 2. 20, 2 = D., 25, 7, 5. — 3. 21ᵃ restitué par Cujas à l'aide du Vesontinus. — 4. Pellat: 'deferre non possit'; Krueger: 'tutorem habeat'.

tubernium secuta sit, ancilla efficitur, quia parentes deteriorem filiorum condicionem facere possunt. 11. Liberta servi patroni contubernium secuta etiam post denuntiationem in eo statu manebit, quia domum patroni videtur deserere noluisse. 12. Errore quae se putavit ancillam, atque ideo alieni servi contubernium secuta est, *si* postea liberam se sciens in contubernio eodem perseveraverit, efficitur ancilla. 13. Si patrona servo liberti sui se conjunxerit, ejus denuntiatione conventam ancillam fieri non placuit. 14. Mulier ingenua, quae se sciens servo municipum junxerit, etiam citra denuntiationem ancilla efficitur; non item, si nesciat : nescisse autem videtur, quae comperta condicione contubernio se abstinuit, aut libertum putavit. 15. Libera mulier contubernium ejus secuta, qui plures dominos habuit, ejus fit ancilla, qui prior denuntiavit, nisi forte ab omnibus factum sit. 16. Si mater servo filii se junxerit, non tollit senatus consultum Claudianum erubescendam matris etiam in re turpi reverentiam, exemplo ejus, quae se servo liberti sui conjunxerit. 17. Tribus denuntiationibus conventa etsi ex senatus consulto facta videatur ancilla, domino tamen adjudicata citra auctoritatem interpositi per praesidem decreti non videtur ; ipse enim debet auferre, qui dare potest libertatem. 18. Filiafamilias mortuo patre si in servi contubernio perseveraverit, pro tenore senatus consulti Claudiani conventa efficitur ancilla*.

[XXIB. DE DOTIBUS].

1. Dos aut antecedit aut sequitur matrimonium, et ideo vel ante nuptias vel post nuptias dari potest : sed ante nuptias data earum expectat adventum. 1^{a1}. *Mutus surdus caecus dotis nomine obligantur, quia et nuptias contrahere possunt. 1^b. Manente matrimonio non perditurae uxori ob has causas dos reddi potest : ut sese suosque alat, ut fundum idoneum emat, ut in exsilium vel in insulam relegato parenti praestet alimonia, aut ut egentem virum, fratrem sororemve sustineat*.

2. Lege Julia de adulteriis cavetur, ne dotale praedium maritus invita uxore alienet.

[XXII. DE PACTIS INTER VIRUM ET UXOREM].

1. Fructus fundi dotalis constante matrimonio percepti lucro mariti cedunt, etiam pro rata anni ejus, quo factum est

---

1. 21b 1^a-1b = *D.*, 23, 3, 73.

divortium. 2. Omnibus pactis stipulatio subjici debet, ut ex stipulatu actio nasci possit.

[XXIII. DE DONATIONIBUS INTER VIRUM ET UXOREM].

1. Mortis causa donatio est, quae impendentis metu mortis fit, ut ortu valetudinis peregrinationis navigationis vel belli. 2. Manumissionis gratia inter virum et uxorem donatio favore libertatis recepta est, vel certe quod nemo ex hoc fiat locupletior: ideoque servum manumittendi causa invicem sibi donare non prohibentur. 3. Inter virum et uxorem nec per interpositam personam donatio fieri potest. 4. Inter virum et uxorem contemplatione donationis imaginaria venditio contrahi non potest. 5¹. Superstite eo qui matrimonii tempore donaverat, ante decedente cui fuerat donatum, id quod donatum est penes donatorem remanet. * Quod si simul tam is cui donatum est quam is qui donavit decesserit, quaestionis decidendae gratia magis placuit valere donationem, quod donator non supervivat, qui rem condicere possit*. 6. Quocumque tempore contemplatione mortis inter virum et uxorem donatio facta est, morte secuta convalescit. 7². *Si quis uxori ea condicione donavit, ut quod donavit in dotem accipiat; defuncto eo donatio convalescit*.

[XXIIIA]³.

1. *Mulier si in rem viri damnum dederit, pro tenore legis Aquiliae convenitur.*

[XXIV. DE LIBERIS AGNOSCENDIS].

1. Si serva conceperit et postea manumissa pepererit, liberum parit. 2. Si libera conceperit et ancilla facta pepererit, liberum parit: id enim favor libertatis exposcit. 3. Si ancilla conceperit et medio tempore manumissa sit, rursus facta ancilla pepererit, liberum parit; media enim tempora libertati prodesse, non nocere possunt. 4. Ex ea muliere natus, quae ex causa fideicommissi manumitti debuit, si post moram libertati factam nascatur, ingenuus nascitur. 5. Si mulier divortio facto gravidam se sciat, intra tricesimum diem viro denuntiare debet vel patri ejus, ut ad ventrem inspiciendum

1. 23, 5 = D., 34, 5, 8. — 2. 23, 7 = D., 24, 1, 59. — 3. 23ᵃ = D., 9, 2, 56.

observandumque custodes mittant: quo omisso[1] partum mulieris omnimodo coguntur agnoscere. 6. Si praegnantem se *esse* mulier non denuntiaverit, vel custodes ventris missos non admiserit, liberum est patri vel avo natum non alere. Ceterum negligentia matris, quominus suus patri heres sit, obesse non debet. 7. Si mulier se ex viro praegnantem neget, permittitur marito ventrem inspicere et ventri custodes dare. 8. Venter inspicitur per quinque obstetrices, et quod maxima pars earum denuntiaverit, pro vero habetur. 9. Obstetricem, quae partum alienum attulit, ut supponi possit, summo supplicio adfici placuit. 10[2]. *Necare videtur non tantum is quis partum *praefocat* sed et is qui abjicit et qui alimonia denegat et is qui publicis locis misericordiae causa exponit, quam ipse non habet.*

[XXIV][3].

1. *Adoptare quis nepotis loco potest, etiam si filium non habet. 2. Eum, quem quis adoptavit, emancipatum vel in adoptionem datum iterum non potest adoptare.*

[XXV. QUEMADMODUM FILII SUI JURIS EFFICIUNTUR.]

1. Pater ab hostibus captus desinet habere filios in potestate: postliminio reversus tam filios quam omnia sui juris in potestatem recipit, ac si numquam ab hostibus captus sit. 2. Singulae mancipationes vel isdem vel aliis testibus fieri possunt, vel eodem die vel intermisso tempore. 3. Emancipatio etiam die feriato fieri potest. 4. Apud magistratus municipales, si habeant legis actionem, emancipari et manumitti potest. 5. Filius familias invitus emancipari non cogitur.

[XXVI. DE ADULTERIIS].

1[4]. *Capite secundo legis Juliae de adulteriis permittitur patri tam adoptivo quam naturali adulterum cum filia cujuscumque dignitatis domi suae vel generi sui deprehensum sua manu occidere. 2. Filius familias pater si filiam in adulterio deprehenderit, verbis quidem legis prope est, ut non possit occidere: permitti tamen ei debet, ut occidat. 3. Capite quinto legis Juliae cavetur, ut adulterum deprehensum viginti horas attestando vicinos retinere liceat. 4. Maritus in adulterio deprehensos non alios quam infames et eos qui

---

1. Sichard, suivi par Pellat: 'quibus missis' conformément à l'*interpretatio*, mais contrairement à *D.*, 25, 3, 1, 11. — 2. 24, 10 = *D.*, 25, 3, 4. — 3. 24* = *D.*, 1, 7, 37. — 4. 26, 1-6, restitués d'après le Vesontinus et Vat. reg. 1050; 26, 1. 2. 4-6 = *Coll.* 4, 12.

corpore quaestum faciunt, servos etiam, excepta uxore quam prohibetur,[r]occidere potest. 5. Maritum, qui uxorem deprehensam cum adultero occidit, quia hoc impatientia justi doloris admisit, lenius puniri placuit. 6. Occiso adultero dimittere statim maritus debet uxorem atque ita triduo proximo profiteri, cum quo adultero et in quo loco uxorem deprehenderit*. 7. Inventa in adulterio uxore maritus ita demum adulterum occidere potest, si eum domi suae deprehendat. 8. Eum, qui in adulterio deprehensam uxorem non statim dimiserit, reum lenocinii postulari placuit. 9[1]. *Servi vero tam mariti quam uxoris in causa adulterii torqueri possunt, nec his libertas sub specie impunitatis data valebit*. 10[2]. *Duos uno tempore uxoris adulteros accusari posse sciendum est; plures vero non posse. 11. Cum his, quae publice mercibus vel tabernis exercendis procurant, adulterium fieri non placuit. 12. Qui masculum liberum invitum stupraverit, capite punitur*. 13[3]. *Qui voluntate sua stuprum flagitiumque impurum patitur, dimidia parte bonorum suorum multatur nec testamentum ei ex majore parte facere licet.*

14[4].* Adulterii convictas mulieres dimidia parte dotis et tertia parte bonorum ac relegatione in insulam placuit coerceri, adulteris vero viris pari in insulam relegatione dimidiam bonorum partem auferri, dummodo in diversas insulas relegentur. 15. Incesti poenam, quae in viro in insulam deportatio est, mulieri placuit remitti, hactenus tamen, quatenus lege Julia de adulteriis non apprehenditur. 16. Ancillarum sane stuprum, nisi deteriores fiant, aut per eas ad dominam adfectet, citra noxam habetur.* 17. In causa adulterii dilatio postulata impertiri non potest.

[XXVII. DE EXCUSATIONE TUTORUM].

1. Inimicitiae capitales, quas quis cum patre defuncto habuit, a tutelis excusant, ne paterno inimico pupillus committatur. 2. Ad curam ejus, cujus quis tutelam administravit, invitus vocari non potest. 3[5]. *Quinquaginta dierum spatium tantummodo ad contestandas excusationum causas pertinet: peragendo enim negotio ex die nominationis continui quattuor menses constituti sunt*. 4[6]. *Post susceptam tutelam caecus aut surdus aut mutus aut furiosus aut valetudinarius de-

---

1. 26, 9 = *Coll.*, 4, 12, 8. — 2. 26, 10-12, restitués d'après le Vesont. et Vat. reg. 1050. 26, 12 = *Coll.* 5, 2, 1. — 3. 26, 13 = *Coll.*, 5, 2, 2. — 4. 26, 14-16, restitués d'après le Vesont. et Vat. reg. 1050. — 5. 27, 3 = *D.*, 27, 1, 38. — 6. 27, 4-5 = *D.*, 27, 1, 40.

ponere tutelam potest. 5. Paupertas, quae operi et oneri tutelae impar est, solet tribuere vacationem*. 6¹. *Pro t. . . . . ut est Latinus Junia*nus*. . . . .*codi*cillis ad testamentum non pertinen*tibus*. . . . .*.

[XXVIII. DE POTIORIBUS NOMINANDIS].

1. Non recte potiorem videtur nominare, qui causam nominati potioris non expresserit. 2. Potior quis esse debet non solum gradu generis, sed et substantia rei familiaris. 3². *Amicos appellare debemus non levi notitia conjunctos, sed quibus fuerint in jura cum patre familias honestis familiaritatis quaesita rationibus*.

[XXIX. QUI POTIORES NOMINARE NON POSSUNT].

Libertus, quem pater tutorem dedit, si minus idoneus, dicatur, excusari quidem non potest, sed adjungi illi curator potest.

[XXX. AD ORATIONEM DIVI SEVERI].

1. Dolo tutoris curatorisve detecto in duplum ejus pecuniae condemnatione conveniuntur, qua minorem fraudare voluerunt.

[XXXA]³.

1. *Postumo tutor datus non nato postumo neque tutelae, quia nullus pupillus est, neque negotiorum gestorum judicio tenetur, quia administrasse negotia ejus qui natus non esset non videtur: et ideo utilis in eum actio dabitur*.

[XXXI. DE FURTIS].

1. Fur est qui dolo malo rem alienam contrectat. 2. Furtorum genera sunt quattuor: manifesti, nec manifesti, concepti et oblati. Manifestus fur est, qui in faciendo deprehensus est; et qui intra terminos ejus loci, unde quid sustulerat, deprehensus est, vel antequam ad eum locum, quo destinaverat, pervenerit. Nec manifestus fur est, qui in faciendo quidem deprehensus non est, sed eum furtum fecisse negari non potest. 3. Concepti actione is tenetur, apud quem furtum quaesitum

1. 27, 6 = *F. V.*, 172. — 2. 28, 3 = *D.*, 50, 16, 223, 1. — 3. 30¹ = *D.*, 27, 3, 24.

et inventum est : oblati actione is tenetur, qui rem furtivam alii obtulit, ne apud se inveniretur. 4. Furti actione is agere potest, cujus interest rem non perdidisse. 5. Concepti is agere potest, qui rem concepit et invenit : oblati is agere potest, penes quem res concepta et inventa est. 6. Manifesti furti actio et nec manifesti et concepti et oblati heredi quidem competit, sed in heredem non datur. 7. Servus, qui furtum fecerit damnumve dederit, nisi id pro sui quantitate dominus sarcire sit paratus, noxae dedi potest. 8. Si servus furtum fecerit, deinde manumissus fuerit aut alienus, cum ipso manumisso vel emptore agi potest ; noxa enim caput sequitur. 9. Filiusfamilias si furtum fecerit, deinde emancipetur, furti actio in eum datur ; quia in omnibus noxa caput sequitur. 10. Non tantum qui furtum fecerit, sed etiam is, cujus ope aut consilio furtum factum fuerit, furti actione tenetur. 11[1]. *Rei hereditariae, antequam ab herede possideatur, furtum fieri non potest*. [12[2]. Qui meretricem libidinis causa rapuit et celavit, eum quoque furti actione teneri placuit.] 13. Furti manifesti actio praeter quadrupli poenam ipsius rei persecutionem genere vindicationis et condictionis continet. 14. Furti concepti[3] actio adversus eum qui obtulit tripli est poena et ipsius rei repetitio. 15. Furti quocumque genere condemnatus famosus efficitur. 16. Quaecumque in caupona vel in meritorio stabulo diversoriove perierint, in exercitores eorum furti actio competit. 17[4]. *Si res vendita ante traditionem subrepta sit, emptor et venditor furti agere possunt : utriusque enim interest rem tradi vel tradere. 18. Si quid in nave rateve perierit, furti actio in exercitorem navis datur*. 19. Rem pignori datam debitor creditori subtrahendo furtum facit : quam si et ipse similiter amiserit, suo nomine persequi potest. 20. Pater vel dominus de ea re, quae filio familias vel servo subrepta est, furti agere potest : interest enim ei deferri actionem, qui de peculio convenitur. 21. Si rem, quam tibi commendavi, postea subripui, furti actio competere tibi non poterit : rei enim nostrae furtum facere non possumus. 22. *Qui furtum quaesiturus est, antequam quaerat, debet dicere, quid quaerat, et rem suo nomine et sua specie designare*. 23. Si, cum furtum quis quaerit, damnum injuriae dederit, actione legis Aquiliae tenebitur. 24 (25). Sive seges per furtum sive quaelibet arbores caesae sint, in duplum ejus rei nomine reus

1. 31, 11 restitué à l'aide du Vesont. — 2. N'est pas de Paul; cf. § 31 et D., 47, 2, 39. — 3. Pellat: *'oblati'*; Huschke : 'concepti *et oblati'*. — 4. 31, 17. 18. 22. 26-28 restitués d'après le Vesont.

convenitur. 25 (24). Ob indicium comprehendendi furis praemium promissum jure debetur. 26. *Si servum communem quis furatus sit, socio quoque actio furti dabitur. 27. Qui pro derelicto rem jacentem occupavit, furtum non committit, tametsi a domino *non* derelinquendi animo relicta *sit*. 28. Si servus furtum fecerit cum domino, praeter rei condictionem furti actio in dominum datur*. 29¹. *Fullo et sarcinator, qui polienda vel sarcienda vestimenta accepit, si forte his utatur, ex contrectatione eorum furtum fecisse videtur; quia non in eam causam ab eo videntur accepta. 30. Frugibus ex fundo subreptis tam colonus quam dominus furti agere possunt, quia utriusque interest rem persequi. 31. Qui ancillam non meretricem libidinis causa subripuit, furti actione tenebitur, et si suppressit, poena legis Fabiae coercetur*. 32. Qui tabulas cautionesve subripuit, in adscriptam summam furti actione tenebitur: nec interest, cancellatae necne sint; quia ex his debitum dissolutum interest comprobari. 33². *Qui servo fugae consilium dedit, furti quidem actione non tenetur, sed servi corrupti. 34. Res subrepta si in domini potestatem reversa sit, cessat furti actio. 35. Qui furandi animo conclave effregit vel aperuit, sed nihil abstulit, furti actione conveniri non potest, injuriarum potest. 36. Qui rem suam furatur, ita demum furti actione non tenetur, si alteri ex hoc non noceatur*. 37. Servus, qui in fuga est, a domino quidem possidetur, sed dominus furti actione ejus nomine non tenetur, quia in potestate eum non habet.

[XXXII. DE OPERIS LIBERTORUM].

1. Egentem patronum libertus obligatione doni muneris et operarum solutus alere cogendus est pro modo facultatum suarum.

LIBER TERTIUS.

[Iᴬ].

1³. *Quotiens is, cui bonorum possessio ab altero postulata est, furere coeperit, magis probatum ratum eum videri habuisse: rati enim habitio ad confirmationem prioris postulati pertinet*. 2⁴. *Si is, cui ignoranti petita est bonorum posses-

---

1. 31, 29-31 = D., 47, 2, 83, pr.-2. — 2. 31,33-36 restitués d'après le Veson!.. — 3. 1*, 1 = D., 37, 1, 10. — 4. 1*, 2 = D., 40, 8, 7.

sio, decesserit, heres ejus intra tempora petitionis ratam eam habere non potest*.

[I. DE CARBONIANO EDICTO].

1. Si fratri puberi controversia fiat, an pro parte impuberis differri causa debeat, variatum est: sed magis est, ut differri non debeat.

[II. DE BONIS LIBERTI].

1. In bonis liberti prior est patronus quam filius alterius patroni, itemque prior est filius patroni quam nepos alterius patroni. 2. Libertus duos patronos heredes instituit: alter eorum vivo liberto moritur: is qui superest contra tabulas testamenti bonorum possessionem recte postulat. 3. Libertorum hereditas in capita, non in stirpes dividitur: et ideo si unius patroni duo sint liberi et alterius quattuor, singuli viriles (id est aequales) portiones habebunt. 4. Patronus vel patroni liberi ex parte dimidia heredes instituti aes alienum liberti pro portionibus exsolvere coguntur. 5^1. *Sicut testamento facto decedente liberto potestas datur patrono vel libertatis causa imposita petere vel partis bonorum possessionem, ita et cum intestato decesserit, earum rerum electio ei manet*. 6^2. *Liberto per obreptionem adrogato jus suum patronus non amittit*.

[III. DE LEGE[3] FABIANA].

1. Ea, quae in fraudem patroni a liberto quoquo modo alienata sunt, Fabiana formula tam ab ipso patrono quam a liberis ejus revocantur.

[IV^a. DE TESTAMENTIS].

1. Testamentum facere possunt masculi post impletum quartum decimum annum, feminae post duodecimum. 2. Spadones eo tempore testamentum facere possunt, quo plerique pubescunt, id est annorum decem et octo. 3. Filiusfamilias, qui militavit, de castrensi peculio, tam communi quam proprio jure, testamentum facere potest. Castrense autem peculium est, quod in castris adquiritur vel quod proficiscenti ad militiam datur. 4. Caecus testamentum potest facere, quia *accire* potest adhibitos testes et audire sibi testimonium perhibentes.

1. 2, 5 = *D*., 37, 14, 20. — 2. 2, 6 = *D*., 33, 2, 49. — 3. Schulting, Huschke: 'formula'.

4ᵉ¹. *Qui manus amisit, testamentum facere potest, quamvis scribere non possit*. 5. Furiosus tempore intermissi furoris testamentum facere potest. 6². *Et mulieri, quae luxuriose vivit, *bonis* interdici potest*. 7. Moribus per praetorem bonis interdicitur hoc modo : QUANDO TIBI BONA PATERNA AVITAQUE NEQUITIA TUA DISPERDIS LIBEROSQUE TUOS AD EGESTATEM PERDUCIS, OB EAM REM TIBI Eᴬ RE COMMERCIOQUE INTERDICO. 8. Qui ab hostibus captus est, testamentum quasi servus facere non potest. Sane valet testamentum id, quod ante captivitatem factum est, si revertatur, jure postliminii, aut si ibidem decedat, beneficio legis Corneliae, qua lege etiam legitimae tutelae hereditatesque firmantur. 9. In insulam relegatus et in opus publicum ad tempus damnatus, quia retinent civitatem, testamentum facere posunt et ex testamento capere. 10. Plures quam septem ad testamentum adhibiti non nocent. Superflua enim facta prodesse juri tantum, nocere non possunt. 11. In adversa corporis valetudine mente captus eo tempore testamentum facere non potest. 12. Prodigus recepta vitae sanitate ad bonos mores reversus et testamentum facere potest et ad testamenti sollemnia adhiberi potest. 13. Ex his, qui ad testamentum adhibentur, si qui sint qui Latine nesciant vel non intellegant, si tamen sentiant, cui rei intersint, adhibiti non vitiant testamentum. 14³. *Repetundarum damnatus nec ad testamentum nec ad testimonium adhiberi potest. 15. Hermaphroditus an ad testamentum adhiberi possit, qualitas sexus incalescentis ostendit*. 16⁴. *Singulos testes, qui in testamento adhibentur, proprio chirographo adnotare convenit, quis et cujus testamentum signaverit*.

[IV ᴮ. *DE INSTITUTIONE HEREDUM*⁵].

1. Condicionum duo sunt genera : aut enim possibilis est, aut impossibilis : possibilis, quae per rerum naturam admitti potest, impossibilis, quae non potest : quarum ex eventu altera expectatur, altera [impossibilis] submovetur. 2. Condiciones contra leges et decreta principum vel bonos mores adscriptae nullius sunt momenti: veluti : SI UXOREM NON DUXERIS, SI FILIOS NON SUSCEPERIS, SI HOMICIDIUM FECERIS, SI LARVALI HABITU PROCESSERIS et his similia. 3. Quotiens non apparet, qui sit heres institutus, institutio non valet : quod evenit, si testator plures amicos unius nominis habeat. 4. Heredes aut instituti

1. 4ᵃ, 4ᵉ = *D.*, 28, 1, 10. — 2. 4¹, 6 ajouté d'après quelques mss. et *D.*, 27, 10, 15, *pr.* — 3. 4¹, 14-15 = *D.*, 22, 5, 15. — 4. 4¹, 16 = *D.*, 28, 1, 30. — 5. Rubrique suppléée d'après *Cons.*, 4, 8.

aut substituti dicuntur, instituti primo gradu, substituti secundo vel tertio scripti. 5. Substituere quis et pure et sub condicione potest, et tam suis quam extraneis, tam puberibus quam impuberibus. 6. In quot vult uncias testator hereditatem suam dividere potest; impleto asse sine parte heredes instituti ad prioris assis semissem aequis portionibus veniunt. 7. Servus alienus cum libertate heres institutus institutionem non infirmat: sed libertas ut alieno supervacue data videtur. 8. Filio et extraneo aequis partibus heredibus institutis si praeterita adcrescat, tantum suo avocabit, quantum extraneo: si vero duo sint filii instituti, suis tertiam, extraneis dimidiam tollet. 9. Talis postumorum institutio : SI QUI POST MORTEM MEAM POSTUMI NATI FUERINT, HEREDES SUNTO : si vivo eo nascantur, rumpunt testamentum. 10. Nepos postumus, quid in locum patris succedere potest, ab avo aut heres instituendus est aut nominatim exheredandus, ne agnascendo rumpat testamentum. 10^{a1}. *Filius familias si militet, ut paganus nominatim a patre aut heres scribi aut exheredari debet, jam sublato edicto divi Augusti, quo cautum fuerat, ne pater filium militem exheredet*.

11. Qui semel constituit ad se hereditatem pertinere ac se ejus rebus immiscuit, repudiare eam non potest, etiamsi damnosa sit². 12³. *Pater quotiens filio mandat adire, certus esse debet, an pro parte an ex asse, et an ex institutione an ex substitutione, et an testamento an ab intestato filius suus heres exsistat. 13. Mutus pater vel dominus filio vel servo heredibus institutis magis est ut, si intellectu non careat, nutu jubere possit adire hereditatem, ut ei jure ejus commodum quaeri possit; quod facile explicari possit scientia litterarum. 14. Mutus servus jussu domini pro herede gerendo obligat dominum hereditati. *

[V. AD SENATUS CONSULTUM SILANIANUM].

1. Hereditas ejus, qui a familia occisus esse dicitur, ante habitam quaestionem adiri non potest, neque bonorum possessio postulari. 2. Occisus videtur non tantum qui per vim aut per caedem interfectus est, velut jugulatus praecipitatus, sed et is, qui veneno necatus dicitur : honestati enim heredis convenit, qualemcumque mortem testatoris inultam non praetermittere. 3. Domino occiso de ea familia quaestio habenda

1. 4 b, 10e = D., 28, 2, 26.— 2. Remanié, à la suite de la suppression des formules, en 407, afin de supprimer la mention de la *cretio*, pense M. Kalb, *Das Juristenlatein*, p. 14, n. 1.— 3. 4 b, 12-14 = D., 29, 2, 93.

est, quae intra tectum fuerit, vel certe extra tectum cum domino eo tempore, quo occidebatur. 4. Qui occisus dicitur, si constet eum sibi quoquo modo manus intulisse, de familia ejus quaestio non est habenda, nisi forte prohibere potuit nec prohibuit. 5. Neroniano senatus consulto cavetur, ut occisa uxore etiam de familia viri quaestio habeatur, idemque jus *in* uxoris familia observatur, si vir dicatur occisus. 6. Servi, qui sub eodem tecto fuerunt, ubi dominus perhibetur occisus, et torquentur et puniuntur, etsi testamento occisi manumissi sint; sed et hi torquentur, qui cum occiso in itinere fuerunt. 7. Servi de proximo si, cum possent ferre, auditis clamoribus auxilium domino non tulerunt, puniuntur. 8. Servos, qui in itinere circumdatum a latronibus dominum per fugam deseruerunt, apprehensos et torqueri et summo supplicio adfici placuit. 9. Habebitur de familia quaestio et si heres testatorem occidisse dicatur: nec interest, extraneus an ex liberis sit. 10[1]. *In summa tamen sciendum et de his omnibus habendam esse quaestionem, qui in suspicione quacumque ratione veniunt. 11. In disponenda eorum quaestione, quorum dominus dicitur interemptus, *hic* ordo servatur, primum ut constet occisum dominum, deinde, si *id* liqueat, de quibus ea quaestio habenda *sit*, atque ita de reis inquirendis. 12. Etsi percussor certus sit, tamen de familia habenda quaestio est, ut caedis mandator inveniri possit*.

12a[2]. *Hereditas a fisco ut indignis aufertur his primum, qui, cum [3]suscepta re esset testatoris, apertis tabulis testamenti vel ab intestato adi*erunt* hereditatem bonorumve possessionem accep*erunt*: amplius his et centum milia sestertiorum poena inrogatur. Nec refert, a quibus pater familias vel quemadmodum dicatur *occisus esse**. 13. Omnibus, qui contra voluntatem defuncti faciunt, ut indignis aufertur hereditas, si nihil testamento in fraudem legis fuerit cautum.

14. Sive falsum sive ruptum sive irritum dicatur esse testamentum, salva eorum disceptatione, scriptus heres jure in possessionem mitti desiderat. 15. Si inter heredem institutum et substitutum controversia sit, magis placet, eum in possessionem rerum hereditariarum mitti, qui primo loco scriptus est. 16. Scriptus heres, ut statim in possessionem mittatur, jure desiderat. Hoc post annum impetrare non poterit. 17. In eo testamento heres scriptus, quod neque ut oportuit oblatum nec publice recitatum est, *in* possessionem mitti frustra desiderat.

1. 3, 10-12 = App., 2, 16-17. — 2. 5, 12a = App., 2, 15. — 3. Huschke: 'suspecta nex'; Cujas: 'interfectus esset testator'.

18. In possessionem earum rerum, quas mortis tempore testator non possedit, heres scriptus, priusquam jure ordinario experiatur, improbe mitti desiderat.

[Vᴀ]¹.

1. *Litterae, quibus hereditas promittitur vel animi adfectus exprimitur, vim codicillorum non obtinent*.

[VI. DE LEGATIS].

1. Per praeceptionem uni ex heredibus nummi legati, qui domi non erant, officio judicis familiae herciscundae a coheredibus praestabuntur. 2. Ante heredis institutionem legari non potest: inter medias heredum institutiones, sive alter sive uterque adeat, potest. Interdum dimidium, interdum totum debetur: dimidium, si per vindicationem legatum sit; totum, si per damnationem 3². *Post diem legati cedentem actio, quae inchoata non est ad heredem non transmittitur*. 4. Communi servo cum libertate et sine libertate legari potest, totumque legatum socio testatoris adquiritur. 5. Post mortem heredis legari non potest, quia nihil ab herede heredis relinqui potest.

6. In mortis tempus tam suae quam heredis ejus legata conferri possunt hoc modo : Lᴜᴄɪᴏ Tɪᴛɪᴏ, ᴄᴜᴍ ᴍᴏʀɪᴇᴛᴜʀ, ᴅᴏ ʟᴇɢᴏ, aut : ʜᴇʀᴇs ᴍᴇᴜs ᴅᴀʀᴇ ᴅᴀᴍɴᴀs ᴇsᴛᴏ. 7. Per vindicationem legatum etsi nondum constituerit legatarius ad se pertinere, atque ita post apertas tabulas ante aditam hereditatem decesserit, ad heredem suum legatum transmittit. 7ᵃ³. *Iʟʟᴜᴅ ᴀᴜᴛ ɪʟʟᴜᴅ ᴜᴛʀᴜᴍ ᴇʟᴇɢᴇʀɪᴛ ʟᴇɢᴀᴛᴀʀɪᴜs : nullo a legatario electo decedente eo post diem legati cedentem ad heredem transmitti placuit*. 8. Si res obligata creditori, cujus causam testator non ignoravit, per damnationem legata sit, luitio ad heredis sollicitudinem spectat. 9. Servo fataliter interempto legatarii damnum est, quia legatum nulla culpa heredis intercidit. 10. Damnari heres potest, ut alicui domum extruat, aut aere alieno eum liberet. 11. Sinendi modo tam corporales res, quam quae in jure consistunt, legari possunt, et ideo debitori id quod debet recte legatur. 12. Ejus rei, quae legata est, exemplo heredis partem agnoscere, partem repudiare legatarius non potest. 13. Legatum nisi certae rei sit et ad certam personam deferatur, nullius est momenti. 14. Si quis sibi et Titio legatum ads-

---

1. 5* = *D.*, 29, 7, 17. — 2. 6, 3 = *Cons.*, 6, 9. — 3. 6, 7ᵃ = *D.*, 33, 5, 19.

cripserit, magis est ut totum legatum ad conjunctum pertineat. 14ª¹. *Uxori legatum in alieno testamento scribere non prohibemur*. 15². Qui se filio testatoris impuberi tutorem adscripsit, ut suspectus a tutela removendus est, ad quam ultro videtur adfectasse. 16. Rem legatam testator si postea pignori vel fiduciae dederit, ex eo voluntatem mutasse non videtur. 17. Ususfructus uniuscujusque rei legari potest, et aut ipso jure constituetur aut per heredem praestabitur : ex causa damnationis per heredem praestabitur ; ipso jure per vindicationem. 18. Furiosi et aegrotantis et infantis ususfructus utiliter relinquitur. Horum enim alius resipiscere, alius crescere potest. 19. Ancillae usufructu legato, partus ejus ad fructuarium non pertinent. 20. Gregis usufructu legato, grege integro manente, fetus ad usufructuarium pertinent, salvo eo, ut quidquid gregi deperierit, ex fetibus impleatur. 21. Areae usufructu legato, aedificia in ea constitui non possunt. 22. Accessio ab alluvione ad fructuarium fundi, quia fructus fundi non est, non pertinet : venationis vero et aucupii reditus ad fructuarium pertinent. 23. Servos nec torquere, neque flagellis caedere, neque in eum casum facto suo perducere usufructuarius potest, quo deteriores fiant. 24. Fructu legato, si usus non adscribatur, magis placuit usumfructum videri adscriptum ; fructus enim sine usu esse non possunt. 25. Si alteri usus, alteri fructus legatus sit, fructuarius in usum concurrit, quod in fructu usuarius facere non potest. 26. Conjunctim duobus ususfructus DO LEGO legatus altero mortuo ad alterum in solidum pertinebit. 27. Usufructu legato, de modo utendi cautio a fructuario solet interponi, et ideo perinde omnia se usurum, ac si optimus paterfamilias uteretur, fidejussoribus oblatis cavere cogitur.

27ª³. *Arbores vi tempestatis, non culpa fructuarii eversas ab eo substitui non placet. 27ᵇ. Quidquid in fundo nascitur vel quidquid inde percipitur, ad fructuarium pertinet : pensiones quoque jam antea locatorum agrorum, si ipsae quoque specialiter comprehensae sint. Sed ad exemplum venditionis, nisi fuerint specialiter exceptae, potest usufructuarius conductorem repellere. 27ᶜ. Caesae harundinis vel pali compendium, si in eo quoque fundi vectigal esse consuevit, ad fructuarium pertinet.* 28. Ususfructus amissus ad proprietatem recurrit ; amittitur autem quinque modis : capitis minutione, rei permutatione, non utendo, in jure cessione, dominii compara-

1. 6, 14ª = D., 48, 10, 18, pr. — 2. Rédaction plus prolixe dans D., 48, 10, 18, 1. — 3. 6, 27ª-27ᶜ = D., 7, 1, 59.

tione. 29. Capitis minutione amittitur, si in insulam fructuarius deportetur, vel si ex causa metalli servus poenae efficiatur, et si statum ex adrogatione vel adoptione mutaverit. 30. Non utendo amittitur ususfructus, si possessione fundi biennio fructuarius non utatur, vel rei mobilis anno. 31. Rei mutatione amittitur ususfructus, si domus legata incendio conflagraverit aut ruina perierit, licet postea restituatur. 32. In jure cessione amittitur ususfructus, quotiens domino proprietatis eum fructuarius in jure cesserit. 33. Finitur ususfructus aut morte aut tempore : morte, cum usufructuarius moritur : tempore, quotiens ad certum tempus ususfructus legatur, velut biennio aut triennio. 34. Fundo vel servo legato tam fundi instrumentum quam servi peculium ad legatarium pertinet. 35. Quaerendorum fructuum causa esse videntur, qui opus rusticum faciunt, et monitores et vilici et saltuarii : item boves aratorii, aratra, bidentes et falces putatoriae : frumentum quoque ad sementem repositum. 36. Fructuum cogendorum causa comparata instrumento cedunt, velut corbes, alvei, falces messoriae et fenariae, item molae olivariae. 37. Conservandorum fructuum causa comparata instrumento cedunt, velut dolia, cupae, vehicula rustica, cibaria, pistores, asini, focariae : item ancillae quae vestimenta rusticis faciunt, scutra quoque et sutor continebuntur. 38. Uxores eorum qui operantur magis est ut instrumento cedant ; pecora quoque et pastores eorum stercorandi causa parata instrumento continentur. 39. Ea autem, quae custodiae magis causa quod ad usus patris familias eo delata sunt, instrumenti nomine non continentur. 40. Uxores vero eorum, qui mercedes praestare consueverant, neque instructionis neque instrumenti appellatione continentur. 41. Piscaturae vel venationis instrumentum ita demum instrumento fundi continetur, si ex his maxime fundi reditus cogantur. 42. Fructus percepti instrumento fundi ita demum cedunt, si ibidem absumi a testatore consueverant. 43. Fundo cum omni instrumento rustico et urbano et mancipiis quae ibi sunt legato semina quoque et cibaria debebuntur. 44. Fundo cum omni instrumento rustico et urbano et mancipiis quae ibi sunt legato tam supellex quam aeramentum itemque argentum et vestes, quae ibi pater familias instruendi gratia habere solet, debebuntur : item ea mancipia, quae usui patris familias esse solent, itemque aves et pecora, quae instruendarum epularum gratia in fundo comparata sunt : exceptis his, quae ibi custodiae causa deposita sunt. 45. Fundo legato ITA UT OPTIMUS MAXIMUSQUE EST retia apraria et cetera venationis instrumenta continebuntur : quae etiam ad instrumentum pertinent, si quaestus fundi ex maxima parte in venationibus consistat. 46. Fructus, qui solo cohaerebant mortis testatoris tempore, ad legatarium pertinent ; ante percepti ad heredem. 47. Fundo legato cum mancipiis et pecoribus et omni instrumento rustico et urbano, peculium actoris ante testatorem defuncti, si ex eodem fundo fuerit, magis placet ad legatarium pertinere. 48. Actor vel colonus ex alio fundo in eodem constitutus, qui cum omni instrumento legatus erat, ad legatarium non pertinet, nisi eum ad-jus ejus fundi testator voluerit pertinere. 49. Adjunctiones, quas fundo legato testator ex diversis emptionibus applicaverat, legatario cedere placuit. 50. Instructo praedio legato, fabri ferrarii, item tignarii, putatores, qui instruendi fundi gratia ibidem morabantur, legato cedunt. 51. Instructo fundo legato, libri quoque et bibliothecae, quae in eodem fundo sunt, legato continentur. 52. Servos studendi gratia ex eodem fundo, qui cum mancipiis fuerat legatus, alio translatos ad legatarium placuit pertinere. 53. Fundo ita ut possederat legato mancipia tam urbana quam rustica, itemque argentum et vestes, quae eodem tempore in fundo comprehendentur, ad legatarium pertinent. 54. Pascualia quae postea comparata ad fundum legatum testator adjunxerat, si ejus appellatione contineantur, ad legatarium pertinent. 55. Quidquid in eadem domo, quam instructam legavit paterfamilias, perpetuo instruendi se gratia habuit, legatario cedit. 56. Instructa domo legata, ea legato continentur, quibus domus munitior vel tuta ab incendio praestatur : tegulae, specularia et vela legato continebuntur; item aeramenta, lecti, culcitae, pulvini, subsellia, cathedrae, mensae, armaria, delphicae, pelves, conchae, aquimanalia, candelabra, lucernae, et similia quacumque materia expressa. 57. Domo legata, balneum ejus, quod publice praebetur, nisi alias separetur, legato cedit. 58. Domo cum omni jure suo, sicut instructa est, legata, urbana familia, item artifices et vestiarii[1] et zetarii et aquarii eidem domui servientes legato cedunt. 59. Omnibus, quae in domo sunt, legatis, cautiones debitorum rationesque servorum legato cedunt. 60. Monilibus legatis, aurum vel argentum non debetur, nisi de his quoque manifeste sensisse testatorem possit ostendi. 61. Instrumento cauponio legato, ea debentur, *quae* cauponis usui parata sunt, velut vasa, in quibus vinum defunditur ; escaria quoque et

---

1. Cujas : 'ostiarii'.

pocula*ria* vasa debentur ; sane ministri earum rerum legato
non cedunt. 62. Instrumento medici legato, collyria et em-
plastra et apparatus omnis conficiendorum medicamentorum,
itemque ferramenta legato cedunt. 63. Instrumento pictoris
legato, colores, penicilli, cauteria et temperandorum colorum
vasa debebuntur. 64. Pistoris instrumento legato, cribra, asini,
molae et servi, qui pistrinum exercent, item machinae, quibus
farinae subiguntur, legato cedunt. 65. Instrumento balneato-
rio legato, balneator ipse, et scamna, et hypo*p*odia, fistulae,
miliaria, epitonia, rotae aquariae, jumenta quoque, quibus
ligna deferuntur, legato cedunt. 66. Instrumento piscatoris
legato, et retia et nassae et fuscinae et navicula*e*, hami quoque
et cetera ejusmodi usibus destinata debentur. 67. Supellectile
legata, capsae armaria, ni*si* solum librorum aut vestis ponen-
dae gratia paratae sint, debebuntur ; sed et bu*x*ina et cristal-
lina et argentea et vitrea vasa, tam escaria quam pocularia,
et vestes stratoriae legato cedunt. 68. Villis vel agris separatim
legatis alterum alteri cedit. 69. Servis DO LEGO legatis, ancillae
quoque debebuntur : non item servi, legatis ancillis ; sed ancillarum appellatione tam virgines, quam servorum pueri
continentur : his scilicet exceptis, qui fiduciae dat*i* sunt. 70. Servis *a*manuensibus legatis, omnes, qui ex conversatione urbana
eo in ministerio fuerint, debebuntur, nisi ex his aliqui perpetuo ad opus rusticum transferantur. 71. Venatores servi vel
aucupes an inter urbana ministeria contineantur, dubium remansit : et ideo voluntatis est quaestio. Tamen si instruendarum cotidianarum epularum gratia habentur, debentur.
72. Muliones et institores inter urbana ministeria continentur ;
item opsonatores et vestiarii et cellararii et cubicularii et ar-
carii et coqui placentarii tonsores pistores lecticarii. 73. Pecoribus legatis quadrupedes omnes continentur, quae gregra-
tim pascuntur. 74. Jumentis legatis boves non continentur :
equis vero legatis equas quoque placuit contineri, ovibus autem legatis agni non continentur, nisi annuales sint. 75. Grege
ovium legato arietes etiam continentur. 76. Avibus legatis,
anseres, phasiani, gallinae et aviaria debebuntur : an autem
phasianarii et pastores anserum, voluntatis est quaestio.
77. Dulcibus legatis, sapa, defrut*um*, muls*um*, dulce etiam
vin*um*, palmae, caricae, uvae passae debebuntur. Sed in hoc
quoque voluntatis est quaestio, quia et in specie pomorum
comprehendi possunt. 78. Frugibus legatis tam legumina quam
hordeum et triticum continentur. 79. Veste legata, ea cedunt,
quae ex lana et lino texta sunt ; item serica et bombycina,

quae tamen indutui vel operiendi cingendi sternendi injiciendique causa parata sunt: pelles quoque indutoriae continebuntur. 80. Veste virili legata, ea tantummodo debentur, quae ad usum virilem salvo pudore virilitatis attinent; stragula quoque huic legato cedunt. 81. Muliebri veste legata, omnia quae ad usum muliebrem spectant debebuntur. 82. Lana legata, sive sucida sive lota sit sive pectinata sive versicoloria, legato cedit: purpura vero aut stamen subtemenve hoc nomine non continentur. 83. Mundo muliebri legato ea cedunt, per quae mundior mulier lautiorque efficitur, velut speculum, conchae, situli, item pyxides, unguenta et vasa, in quibus ea sunt; item sella balnearis et cetera ejusmodi. 84. Ornamentis legatis ea cedunt, per quae ornatior mulier efficitur, veluti anuli, catenae, reticuli, et cetera, quibus collo vel capite vel manibus mulieres ornantur. 85. Argento legato, massae tantummodo debebuntur: vasa enim, quae proprio nomine separantur, legato non cedunt, quia nec lana legata vestimenta debebuntur. 86. Vasis argenteis legatis ea omnia continentur, quae capacitati alicui parata sunt, et ideo tam potoria quam escaria, item ministeria omnia debebuntur, veluti urceoli, lances, patinae, piperataria; cochlearia quoque, itemque trullae, calices, scyphi et his similia. 87. Libris legatis tam chartae volumina vel membranae et philyrae continentur; codices quoque debentur: librorum enim appellatione non volumina chartarum, sed scripturae modus, qui certo fine concluditur, aestimatur. 88. Auro legato, gemmae quoque inclusae, itemque margaritae et smaragdi legato cedunt. Sed magis est voluntatis esse quaestionem: infectum enim aurum debebitur; factum enim ornamentorum genere continetur. 89. Vasis argenteis legatis, emblemata quoque ex auro infixa legato cedunt. 90. Argento potorio legato, omnia, quae ad poculorum speciem comparata sunt, debebuntur, veluti paterae, calices, scyphi, urceoli, oenophoria et conchae. 91. Carruca cum junctura legata, mulae quoque legatae, *non* et mulio videtur, propter cotidianam loquendi consuetudinem. 91^{a1}. *Heres servum proprium, quem testator legaverat, manumittendo nihil agit, quia scientiae vel ignorantiae ejus nullam placuit admitti rationem*. 91^{b2}. *Libertus, qui in priore parte testamenti legatum acceperat et ingratus postea eadem scriptura a testatore appellatus est, commutata voluntate actionem ex testamento habere non potest*.

1, 6, 91^a = D., 40, 9, 28. — 2, 6, 91 b, = D., 34, 4, 29.

92. Prolatis codicillis vel alio testamento, quibus ademptum est legatum vel certe rescissum, perperam soluta repetuntur.

[VII. DE MORTIS CAUSA DONATIONIBUS].

1. Mortis causa donat, qui ad bellum proficiscitur, et qui navigat, ea scilicet condicione, ut, si reversus fuerit, sibi restituatur; si perierit, penes eum remaneat cui donavit. 2. Donatio mortis causa cessante valetudine et secuta sanitate, paenitentia etiam revocatur: morte enim tantummodo convalescit.

[VIII. AD LEGEM FALCIDIAM].

1. Exhausta legatis aut fideicommissis vel mortis causa donationibus hereditate auxilio Falcidiae institutus heres quadrantem retinere potest. 2. Quoties de modo quartae retinendae quaeritur, propter periculum plus petendi, officio judicis omnibus aestimatis, quarta facienda est, quae apud heredem remaneat, aut certe exigenda cautio a legatario, ut quod plus dodrante perceperit, restituat. 3. Ea, quae mater viva filio donavit, in quartam non imputantur. 3a1. *Aeris alieni loco deducuntur non solum pretia eorum quibus libertas data est et eorum qui supplicio sunt adfecti, sed et ejus quem praetor propter indicium proditae mortis vel detectae eorum conjurationis libertate donavit*.

4. Ex mora praestandorum fideicommissorum vel legatorum fructus et usurae peti possunt; mora autem fieri videtur, cum postulanti non datur.

[IX^2].

1. *Si nullae sint res hereditariae, in quas legatarii vel fideicommissarii mittantur, in rem quidem heredis mitti non possunt, sed per praetorem denegatas heredi actiones ipsi persequantur*.

[X^3].

1. *In bonis curatoris privilegium furiosi furiosaeve servatur: prodigus et omnes omnino, etiamsi in edicto non fit eorum mentio, in bonis curatoris decreto privilegium consequuntur*.

1. 8, 3^1 = D., 35, 2, 39. — 2. 9 = D., 36, 4, 10. — 3. 10 = D., 27, 10, 15, 1.

LIBER QUARTUS.

[I. DE FIDEICOMMISSIS].

1. Ab uxore, cui vir dotem praelegavit, fideicommissum relinqui non potest, quia non ex lucrativa causa testamento aliquid capit, sed proprium recipere videtur. 2. A postumo herede instituto fideicommissum dari potest. 3. Ab imperatore herede instituto legatum et fideicommissum peti potest. 4. A surdo vel muto, sive legatum acceperit, sive heres institutus sit, vel ab intestato successerit, fideicommissum relinquitur. 4^{a1}. *A patre vel domino relictum fideicommissum, si hereditas ei non quaeratur, ab emancipato filio vel servo manumisso utilibus actionibus postulatur: penes eos enim quaesitae hereditatis emolumentum remanet*. 5. Qui fideicommissum relinquit, etiam cum eo loqui potest cui relinquit, velut: PETO, GAI SEI, CONTENTUS SIS ILLA RE, aut: VOLO TIBI ILLUD PRAESTARI. 6. Fideicommittere his verbis possumus: ROGO, PETO, VOLO, MANDO, DEPRECOR, CUPIO, INJUNGO. DESIDERO quoque et IMPERO verba utile faciunt fideicommissum. RELINQUO vero et COMMENDO nullam fideicommissi pariunt actionem.

6^{a2}. *Nutu etiam relinquitur fideicommissum, dummodo is nutu relinquat, qui et loqui potest, nisi superveniens morbus ei impedimento sit*.

7. Tam nostras res quam alienas per fideicommissum relinquere possumus; sed nostrae statim, alienae autem aestimatae aut redemptae praestantur. 8. Si alienam rem tamquam suam testator per fideicommissum reliquerit, non relicturus, si alienam scisset, ut solet legatum, ita inutile erit fideicommissum. 9. Testator supervivens si eam rem, quam reliquerat, vendiderit, extinguitur fideicommissum. 10. Codicillis, qui testamento confirmati non sunt, adscriptum fideicommissum jure debetur. 11. Filio quibuscumque verbis a patre fideicommissum relictum jure debetur: sufficit enim inter conjunctas personas quibuscumque verbis, ut in donatione, voluntas expressa. Et ideo etiam PRIDIE QUAM MORIETUR, recte relictum videtur. 12. In tempus emancipationis, vel CUM SUI JURIS ERIT, fideicommissum relictum quocumque modo patria potestate liberato debetur. 13. Rogati invicem sibi, si sine liberis decesserint, hereditatem restituere, altero decedente sine liberis hereditas ad eum pervenit, qui supervixit;

1. 1, 4^a = D., 32, 4. — 2. 1, 6^a = D., 32, 21, pr.

nec ex eo pacisci contra voluntatem testatoris possunt. 14. Heres ante aditam hereditatem, legatarius antequam legatum accipiat, fideicommissum praestare non possunt. 15. Rem fideicommissam si heres vendiderit, eamque sciens comparaverit, nihilominus in possessionem ejus fideicommissarius mitti jure desiderat. 16. Quotiens libertis fideicommissum relinquitur, ad eos tantummodo placuit pertinere, qui manumissi sunt, vel qui in eodem testamento libertatem intra numerum legitimum consecuti sunt. 17. Cui ab herede fideicommissum non praestatur, non solum in res hereditarias, sed et in proprias heredis inducitur. 18. Jus omne fideicommissi non in vindicatione, sed in petitione consistit. 19[1]. *Fideicommissum relictum et apud eum qui relictum est ex causa lucrativa inventum extingui placuit, nisi defunctus aestimationem quoque ejus praestari voluit. 20. Columnis aedium vel tignis per fideicommissum relictis ea tantummodo amplissimus ordo praestari voluit nulla aestimationis facta mentione, quae sine domus injuria auferri possunt*.

[II. DE SENATUS CONSULTO TREBELLIANO].

1. Senatus consulto Trebelliano prospectum est, ne solus heres omnibus hereditariis actionibus oneretur : et ideo, quotiens hereditas ex causa fideicommissi restituitur, actiones ejus in fideicommissarium transferuntur, quia unicuique damnosam esse fidem suam non oportet.

[III. DE SENATUS CONSULTO PEGASIANO].

1. Inter heredem et fideicommissarium, cui ex Pegasiano hereditas restituitur, partis et pro parte stipulatio interponitur, ut heredi instituto pro quarta actiones, pro ceteris vero portionibus fideicommissario competant. 2. Totam hereditatem restituere rogatus si quartam retinere nolit, magis est, ut eam ex Trebelliano debeat restituere; tunc enim omnes actiones in fideicommissarium dantur. 3. Lex Falcidia itemque senatus consultum Pegasianum deducto omni aere alieno deorumque donis quartam residuae hereditatis ad heredem voluit pertinere. 4. Qui totam hereditatem restituit, cum quartam retinere ex Pegasiano debuisset, si non retineat, repetere eam non potest. Nec enim indebitum solvisse videtur, qui plenam fidem defuncto praestare maluit.

1. 1, 19-20 = D., 32. 21, 1-2.

[IV. DE REPUDIANDA HEREDITATE].

1. Recusari hereditas non tantum verbis, sed etiam re potest et alio quovis indicio voluntatis. 2. Heres per magistratus municipales ex auctoritate praesidis fideicommissario postulante hereditatem adire et restituere compellitur. 3. Fideicommissarius si adfirmet heredem nolle adire hereditatem, absente eo interponi decretum et in possessionem mitti jure desiderat. 4. Suspectam hereditatem adire compulsus omnia ex Trebelliano restituit.

[V. DE INOFFICIOSI QUERELLA].

1. Inofficium dicitur testamentum, quod frustra liberis exheredatis non ex officio pietatis videtur esse conscriptum. 2. Post factum a matre testamentum filius procreatus, non mutata ab ea, cum posset, voluntate, ad exemplum praeteriti, inofficiosi querellam recte instituit. 3. Testamentum, in quo imperator scriptus heres est, inofficiosum argui potest: eum enim, qui leges facit, pari majestate legibus obtemperare convenit. 4. Qui inofficiosum dicere potest, hereditatem petere non prohibetur. 5. Ex asse heres institutus inofficiosum dicere non potest: nec interest, exhausta nec ne sit hereditas, cum apud eum quarta aut legis Falcidiae aut senatus consulti Pegasiani beneficio sit remansura. 6. Quartae portionis portio liberis, deducto aere alieno et funeris impensa, praestanda est, ut ab inofficiosi querella excludantur. Libertates quoque eam portionem minuere placet. 7. Filius judicio patris si minus quarta portione consecutus sit, ut quarta sibi a coheredibus fratribus citra inofficiosi querellam impleatur, jure desiderat. 8. Pactio talis, ne de inofficioso testamento dicatur, querellam super judicio futuram non excludet: meritis enim liberos quam pactionibus adstringi placuit. 9. Rogatus hereditatem restituere etsi inofficiosi querellam instituerit, fideicommisso non fit injuria : quartam enim solummodo hereditatis amittit, quam beneficio senatus consulti habere potuisset. 10. Heres institutus, habens substitutum, si de inofficioso dixerit nec obtinuerit, non id ad fiscum, sed ad substitutum pertinebit.

[VI. DE VICESIMA].

1. Tabulae testamenti aperiuntur hoc modo, ut testes vel maxima pars eorum adhibeatur, qui signaverint testa-

mentum, ita ut agnitis signis, rupto lino, aperiatur et recitetur, atque ita describendi exempli fiat potestas, ac deinde signo publico obsignatum in archivum redigatur, ut, si quando exemplum ejus interciderit, sit, unde peti possit. 2. Testamenta in municipio, colonia, oppido[1], praefectura, vico, castello, conciliabulo facta in foro vel basilica praesentibus testibus vel honestis viris inter horam secundam et decimam diei *aperiri* recitarique debebunt, exemploque sublato, ab iisdem rursus [magistratibus] obsignari, in quorum praesentia aperta *sunt*. 2a[2]. *Qui aliter aut alibi, quam uti lege praecipitur, testamentum aperuerit recitaveritve, poena sestertiorum quinque milium tenetur.* 3. Testamentum lex statim post mortem testatoris aperiri voluit : et ideo, quamvis sit rescriptis variatum, tamen a praesentibus intra triduum vel quinque dies aperiendae sunt tabulae ; *ab* absentibus quoque intra eos dies, cum supervenerint : nec enim oportet *tam* heredibus aut legatariis aut libertatibus, quam necessario vectigali moram fieri.

[VII. DE LEGE CORNELIA].

1. Qui testamentum falsum scripserit, recitaverit, subjecerit, signaverit, suppresserit, amoverit, resignaverit, deleverit, poena legis Corneliae de falsis tenebitur, id est in insulam deportatur. 2. Non tantum is, qui testamentum subjecit, suppressit, delevit, poena legis Corneliae coercetur, sed et is, qui sciens dolo malo id fieri jussit faciendumve curavit. 3. Testamentum supprimit, qui sciens prudensque tabulas testamenti in fraudem heredum vel legatariorum fideivecommis-*sariorum* aut libertatum non profert. 4. Supprimere tabulas videtur, qui, cum habeat et proferre possit, eas proferre non curat. 5. Codicilli quoque, si lateant nec proferantur, supprimi videbuntur. 6. Edicto perpetuo cavetur, ut si tabulae testamenti non appareant, de earum exhibitione interdicto reddito intra annum agi possit, quo ad exhibendum compellitur, qui supprimit : tabularum autem appellatione chartae quoque et membranae continentur.

[VIII. DE INTESTATORUM SUCCESSIONE].

1[3]. *Intestati dicuntur, qui testamentum facere non possunt, vel ipsi linum, ut intestati decederent, abruperunt, vel

---

1. Mommsen, *Dr. public*, tr. fr., 6, 2, p. 438, n. 2 ; les mss. : 'municipiis colonia oppidis'; Krueger, Huschke : 'municipiis coloniis oppidis', — 2. 6, 2ᵃ ajouté d'après deux mss. — 3. 8, 1-13 = *Coll.*, 16, 2, 1-13.

ii quorum hereditas repudiata est, cujusve condicio defecerit. 2. [Sine] jure praetorio factum testamentum objecta doli exceptione obtinebit. 2ᵃ. *Quorum* testamenta rumpuntur aut irrita fiunt, ipso quidem jure testati decedunt, sed per consequentias sublato testamento intestati decedunt. 3. Intestatorum hereditas lege duodecim tabularum primum suis heredibus, deinde agnatis et aliquando quoque gent*ili*bus deferebatur. Sane consanguinei, *quos* lex non apprehenderat, interpretatione prudentium primum inter agnatos locum acceperunt. 4. Sui heredes sunt h*i* : primo loco filius filia in potestate patris constituti : nec interest, *ad*optivi sint an naturales et secundum legem Juliam Papiamve quaesiti : modo maneant in potestate. 5. Qui sui heredes sunt, ipso jure heredes etiam ignorantes constituuntur, ut furiosi aut infantes et peregrinantes : quibus bonorum possessionis *petitio* propter praetoriam actionem non erat necessaria. 6. In suis heredibus adeo a morte testatoris rerum hereditariarum dominium continuatur, ut nec tutoris auctoritas pupillis nec furiosis curator sit necessarius, *nec* si forte solvendo *non* sit hereditas : quamvis etiam furiosus, si resipuerit, et pupillus, si adoleverit, abstinere possint. 7. Post mortem patris natus vel ab hostibus reversus aut ex primo secundove mancipio manumissus, cujusve erroris causa probata, licet non fuerint in potestate, sui tamen patri heredes efficiuntur. 8. Post filios filias ad intestatorum successionem inter suos veniunt nepotes neptes pronepotes pronepotes ac deinde masculino sexu post filium descendentes, si nullus parentum impedimento ipsis in avi potestate vel proavi familia remanserit : parentes enim liberis suis, cum quibus in potestate fuerunt ipsi, ordine successionis obsistunt. 9. Fili*i si* cum nepotibus ex alio filio susceptis in familia retinentur, ad intestati patris successionem cum fratris filiis vocantur. Quibus in patris sui partem venientibus hereditas in stirpes, non in capita dividitur, ita ut unus filius *et* plures nepotes singulos semisses habeant. Idemque evenit, si avo ex duobus filiis impari numero nepotes successerint. 10. Ex filia nepotes sui heredes non sunt : in avi enim materni potestate alienam familiam sequentes ipsa ratione esse non possunt. 11. Eo tempore suus heres constituendus est, quo certum est aliquem intestatum decessisse : quod ex eventu deficientis condicionis et ortu nepotis, qui vivo avo post mortem patris natus *est*, *defi*niri potest. 12. *Quem* filius emancipatus suscepit vel adoptavit, sui heredis locum in avi successione, sicut ipse pater, obtinere non potest ; adoptivus tamen nec quasi cognatus bonorum possessionem ejus petere potest. 13. Si sui heredes non sunt, ad agnatos legitima hereditas pertinebit, inter quos primum locum consanguinei obtinent : agnati autem sunt cognati virilis sexus per virilem *sexum* descendentes, sicut filius fratris et patruus et deinceps tota successio*. 14. Inter agnatos et cognatos hoc interest, quod in agnatis etiam cognati continentur, inter cognatos vero agnati non comprehenduntur. Et ideo patruus et agnatus est et cognatus, avunculus autem cognatus tantummodo. 15¹. *Consanguinei sunt eodem patre nati, licet diversis matribus, qui in potestate fuerunt mortis tempore : adoptivus quoque frater, si non sit emancipatus, et hi qui post mortem patris nati sunt vel causam probaverunt. 16. Soror jure consanguinitatis tam ad fratris quam ad sororis hereditatem admittitur. 17. Consanguineis non exsistentibus agnatis defertur hereditas, prout quis alterum grad*u* praecesserit : quod si plures eodem gradu consistunt, simul admittuntur*. 18. Si sint fratres defuncti et fratris filii vel nepotes fratre non exsistente, filius fratris nepoti praefertur. 19². *Sed si duorum fratrum sint liberi, non in stirpes, sed in capita hereditas distribuitur, scilicet ut pro numero singulorum viritim distribuatur hereditas*. 20 (22)³. Feminae ad hereditates legitimas ultra consanguineas successiones non admittuntur : idque jure civili Voconiana ratione videtur effectum. Ceterum lex XII tabularum nulla discretione sexus *agnatos* admittit. 21 (23). In hereditate legitima successioni locus non est : et ideo fratre decedente, antequam adeat aut repudiet hereditatem, fratris filius admitti non potest, quia omissa successio proximiori defertur. 22 (24). Ab hostibus captus neque sui neque legitimi heredis jus amittit postliminio reversus. Quod et circa eos, qui in insulam deportantur vel servi poenae effecti sunt, placuit observari, si per omnia in integrum indulgentia principali restituantur. 23 (25). Pro herede gerere est destinatione futuri dominii aliquid ex hereditariis rebus usurpare : et ideo pro herede gerere videtur, qui fundorum hereditariorum culturas rationesque disponit, et qui servis hereditariis, jumentis rebusve aliis utitur. 24 (26). Ex pluribus heredibus iisdemque legitimis si qui omiserint hereditatem vel in adeundo aliqua ratione fuerint impediti, his qui adierunt vel eorum heredibus omittentium

---

1. 8, 15-17 = *Coll.*, 16, 3, 15-17. — 2. 8, 19 = *Coll.*, 16, 3, 19. — 3. La plupart des éditeurs ajoutent après le § 19, un § 20 tiré de l'Épitome d'Aegidius : 'Filius fratris intestati filio sororis praefertur' et un § 21 tiré d'*App.*, 1, 7 : 'Legitimi heredes jure gallico intra centesimum diem nisi adierint hereditatem ad proximos eadem successio transfertur' écartés tous deux avec raison par M. Krueger comme n'étant pas de Paul.

portiones acrescunt. Quod in herede instituto, [eum] qui acceperat substitutum, evenire non poterit : diversa enim causa est scripti et legitimi.

[IX. AD SENATUS CONSULTUM TERTULLIANUM].

1. Matres tam ingenuae quam libertinae cives Romanae, ut jus liberorum consecutae videantur, ter et quater peperisse sufficiet, dummodo vivos et pleni temporis pariant. 2. Quae semel uno partu *tres* filios edidit, jus liberorum non consequitur : non enim ter peperisse, sed semel partum fudisse videtur ; nisi forte per intervalla pariat. 3[1]. Mulier si monstrosum aliquid aut prodigiosum enixa sit, nihil proficit : non sunt enim liberi, qui contra formam humani generis converso more procreantur. 4. Partum, qui membrorum humanorum officia duplicavit, quia hoc ratione aliquatenus videtur effectum matri prodesse placuit. 5. Septimo mense natus matri prodest : ratio enim Pythagorae*i* numeri hoc videtur admittere, ut aut septimo pleno, aut decimo mense partus maturior videatur. 6. Aborsus vel abactus venter partum efficere non videtur. 7. Libertina ut jus liberorum consequi possit, quater eam peperisse ut ingenuam sufficit. 8. Latina ingenua, jus Quiritium consecuta si ter peperit, ad legitimam filii hereditatem admittitur : non est enim manumissa. 9. Jus liberorum mater habet, quae tres filios aut habet, aut habuit, aut neque habet neque habuit. Habet, cui supersunt ; habuit, quae amisit ; neque habet neque habuit, quae beneficio principis jus liberorum consecuta est. 10[2]. *Mater per fratrem excluditur et in successione frater cum sorore aequa sorte succedit ; quod si frater defuerit, mater et filiae, quantae fuerint, aequales capiunt portiones*.

[X].

1[3]. *Filii vulgo quaesiti ad legitimam matris hereditatem adspirare non prohibentur, quia pari jure, *ut* ipsorum *hereditates* matribus, ita ipsis matrum deferri debuerunt. 2. Ad filiam ancillam vel libertam ex senatus consulto Claudiano effectam legitima matris intestatae hereditas pertinere non potest, quia neque servi neque liberti matrem civilem habere intelleguntur. 3. Ad legitimam intestatae matris hereditatem filii cives Romani, non etiam Latini admittuntur ; cives autem

1. Rapprocher de 9, 3-4, la rédaction différente et plus brève de *D*., 1, 5, 14. — 2. 9, 10 *Lex Rom*. = *Burgund*., 28, 2-3. — 3. 10, 1-3 = *App*., 1, 17-19.

Romanos eo tempore esse oportet, quo eis defertur et ab iis legitima hereditas aditur : perinde autem matris certiores filii fiunt, non nuntio accepto, sed pro liquido comperto, quod intestata decesserit*. 4¹. *Filius maternam hereditatem eandemque legitimam nisi adeundo quaerere non potest.*

[XI. DE GRADIBUS].

1¹·². *Στέμματα cognationum directo limite in duas lineas separantur, quarum altera superior, altera inferior : ex superiore autem et secundo gradu transversae lineae pendent, quas omnes latiore tractatu habito in librum singularem contexuimus*. 1. Primo gradu superiori linea continentur pater, mater ; inferiori, filius filia : quibus nullae aliae personae junguntur. 2. Secundo gradu continentur superiori linea avus, avia ; inferiori nepos, neptis ; transversa frater, soror. Quae personae duplicantur, avus enim et avia tam ex patre quam ex matre, nepos, neptis tam ex filio quam ex filia, frater, soror tam ex patre quam ex matre accipiuntur. Quae personae sequentibus quoque gradibus similiter pro substantia earum, quae in quoque gradu consistunt, ipso ordine duplicantur. 3. Tertio gradu veniunt supra proavus, proavia : infra pronepos, proneptis : ex obliquo fratris sororisque filius, filia ; patruus, amita, id est patris frater et soror ; avunculus, matertera, id est matris frater et soror. 4. Quarto gradu veniunt supra abavus, abavia : infra abnepos, abneptis : ex obliquo fratris et sororis nepos, neptis ; frater patruelis, soror patruelis, id est patrui filius, filia ; consobrinus, consobrina, id est avunculi et materterae filius, filia ; amitinus, amitina, id est amitae filius, filia ; itemque consobrini, qui ex duabus sororibus nascuntur, quibus adcrescit patruus magnus, amita magna, id est avi paterni frater et soror ; avunculus magnus, matertera magna, id est aviae tam paternae quam maternae frater et soror. 5. Quinto gradu veniunt supra quidem atavus, atavia : infra adnepos adneptis : ex obliquo fratris et sororis pronepos, proneptis ; fratris patruelis, sororis patruelis, amitini, amitinae, consobrini, consobrinae filius, filia ; propius sobrino, sobrina, id est patrui magni, amitae magnae, avunculi magni, materterae magnae filius, filia. His adcrescunt propatruus, proamita, hi sunt proavi paterni frater et soror ; proavunculus, promatertera, hi sunt proaviae paternae maternaeque frater et soror, proavique materni. 6. Sexto gradu veniunt supra tritavus, tritavia : infra

1. 10, 4 = App., 1, 8. — 2. 11, 1¹ = D., 38, 10, 9.

trinepos, trineptis : ex obliquo fratris et sororis abnepos, abneptis : fratris patruelis, sororis patruelis, amitini, amitinae, consobrini, consobrinae patrui magni, amitae magnae, avunculi magni, materterae magnae nepos, neptis, propioris sobrina filius, filia, qui consobrini appellantur. Quibus ex latere adcrescunt propatrui, proamitae, proavunculi, promaterterae filius, filia ; abpatruus, abamita, hi sunt abavi paterni frater et soror ; abavunculus, abmatertera, hi sunt abaviae paternae maternaeque frater et soror, abavique materni. 7. Septimo gradu qui sunt cognati, recta linea supra infraque propriis nominibus non appellantur : sed ex transversa linea continentur fratris sororisve adnepotes, adneptes consobrini filii filiaeque. 8. Successionis idcirco gradus septem constituti sunt, quia ulterius per rerum naturam nec nomina inveniri, nec vita succedentibus prorogari potest.

[XII. DE MANUMISSIONIBUS].

1. Servum communem unus ex dominis manumittendo Latinum facere non potest, nec magis civem Romanum : cujus potior eo casu, quo, si, proprius esset, ad civitatem Romanam perveniret, socio adcrescit. 2. Mutus et surdus servum vindicta liberare non possunt : inter amicos tamen et per epistulam manumittere non prohibentur. Ut autem ad justam libertatem pervenire possit, condicione venditionis excipi potest. 3. Tormentis apud praesidem subjectus et de nulla culpa confessus ad justam libertatem perduci potest. 4. Fideicommissa libertas data facto heredis non mutatur, si servum, quem manumittere jussus est, vinxerit. 5. Communem servum unus ex sociis vinciendo futurae libertati non nocebit : inter pares enim sententia clementior severiori praefertur : et certe humanae rationis est favere misericribus, prope et innocentes dicere, quos absolute nocentes pronuntiare non possunt. 6. Debitor creditorve servum pignoris vinciendo dediticium facere non possunt : alter enim sine altero causam pignoris deteriorem facere non potest. 7. Servus furiosi domini vel pupilli jussu vinctus dediticiorum numero non efficitur, quia neque furiosus neque pupillus exacti consilii capax est. 8. Non tantum si ipse dominus vinciat, nocet libertati, sed et si vinciri jubeat, aut vincientis procuratoris actorisve factum comprobet. Quodsi antequam sciret vinctum, solutionis ejus causas approbaverit, libertati futurae vincula non nocebunt. 9. Caeco curator dari non potest, quia ipse sibi procuratorem instituere potest.

[XIII. DE FIDEICOMMISSIS LIBERTATIBUS].

1. Ea condicione heres institutus : SI LIBEROS SUOS EMANCIPAVERIT, omnimodo eos emancipare cogendus est, pro condicione enim hoc loco emancipatio videtur adscripta. 2. Decedente eo, a quo fideicommissa libertas relicta est, heredes ejus eam praestare cogendi sunt. 3. Decedens servis suis libertatem ita dedit : ILLUM ET ILLUM LIBEROS ESSE VOLO, EOSQUE FILIIS MEIS TUTORES DO ; impeditur fideicommissa libertas, quia pupilli sine tutoris auctoritate manumittere non possunt, et habentibus tutores tutor dari non potest. Sed interim vice absentium pupilli habebuntur, ut ex decreto amplissimi ordinis primum libertas ac deinde tutela competere possit.

[XIV. AD LEGEM FUFIAM CANINIAM].

1. Nominatim servi testamento manumitti secundum legem Fufiam possunt. Nominatim autem manumitti proprie intellegitur hoc modo : STICHUS LIBER ESTO. Cum autem OPSONATOREM, vel QUI EX ANCILLA ILLA NASCETUR, LIBERUM ESSE VOLO, ex Orfitiano senatus consulto perinde libertas competit, ac si nominatim data sit : officiorum enim et artium appellatio nihil de significatione nominum mutat ; nisi forte plures sint, qui eo officio designentur : tunc enim nomen adjungendum est, ut eluceat, de quo testator sensisse videatur. 2. Codicillis testamento confirmatis datae libertates cum his, quae tabulis testamenti datae sunt, concurrunt, et sive antecedant sive sequantur testamentum, novissimo loco adhibentur ; quia ex testamento utraeque confirmantur. 3. Quotiens numerus servorum propter legem Fufiam Caniniam ineundus est, fugitivi quoque, quorum semper possessio animo retinetur, computandi sunt. 4. Lege Fufia Caninia cavetur, ut certus servorum numerus testamento manumittatur. Subductis igitur duobus, usque ad decem pars dimidia, a decem usque ad triginta pars tertia, *a triginta* usque ad centum pars quarta, a centum usque ad quingentos pars quinta. Plures autem quam centum ex majori numero servorum manumitti non licet.

[XIV^A.]¹

1. *Nec filio patroni invito libertus natalibus suis restitui potest : quid enim interest ipsi patrono an filiis ejus fiat injuria*?

1. 14ᵃ = D., 40, 11, 4.

LIBER QUINTUS.

[I. DE LIBERALI CAUSA].

1[1]. Qui contemplatione extremae necessitatis aut alimentorum gratia filios suos vendiderint, statui ingenuitatis eorum non praejudicant: homo enim liber nullo pretio aestimatur. Idem nec pignori ab his aut fiduciae dari possunt; ex quo facto sciens creditor deportatur. Operae tamen eorum locari possunt. 2. Veritati et origini ingenuitatis manumissio, quocumque modo facta non praejudicat. 3. Descriptio ingenuorum ex officio fisci inter fiscalem familiam facta ingenuitati non praejudicat. 4. Qui metu et impressione alicujus terroris apud acta praesidis servum se esse mentitus est, postea statum suum defendenti non praejudicat. 5. Post susceptum liberale judicium si adsertor causam deseruerit, in alium adsertorem omne judicium transferri placuit: in priorem vero, quod prodendae libertatis gratia factum est, extra ordinem vindicatur; non enim oportet susceptam status causam nulla cogente necessitate destitui. 6[2]. *Cui necessitas probandi de ingenuitate sua non incumbit, ultro si ipse probare desideret, audiendus est. 7. Qui de ingenuitate cognoscunt, de calumnia ejus, qui temere controversiam movit, ad modum exsilii possunt ferre sententiam. 8. Tutores vel curatores pupillorum, quorum tutelam et res administraverunt, postea status quaestionem facere non possunt. 9. Maritus uxori eidemque libertae status quaestionem inferre non prohibetur.*

[1A].

1[2].*Locatio vectigalium, quae calor licitantis ultra modum solitae conductionis inflavit, ita demum admittenda est, si fidejussores idoneos et cautionem is qui licitatione vicerit offerre paratus sit. 2. Ad conducendum vectigal invitus nemo compellitur et ideo impleto tempore conductionis elocanda sunt. 3. Reliquatores vectigalium ad iterandam conductionem, antequam superiori conductioni satisfaciant, admittendi non sunt. 4. Debitores fisci itemque rei publicae vectigalia conducere prohibentur, ne ex alia causa eorum debita onerentur: nisi forte tales fidejussores obtulerint, qui debitis eorum satisfacere parati sint. 5. Socii vectigalium si separatim partes administrent, alter ab altero minus idoneo in se portionem

---

1. 1, 6-9 = D., 40, 12, 39. — 2. 1ª, 1ª-9 = D., 39, 4, 9.

transferri jure desiderat. 6. Quod illicite publice privatimque exactum est cum altero tanto passis injuriam exsolvitur : per vim vero extortum cum poena tripli restituitur : amplius extra ordinem plectuntur : alterum enim utilitas privatorum, alterum vigor publicae disciplinae postulat. 7. Earum rerum vectigal, quarum numquam praestitum est, praestari non potest : quod si praestari consuetum indiligentia publicani omiserat, alius exercere non prohibetur. 8. Res exercitui paratas praestationi vectigalium subjici non placuit. 9. Fiscus ab omnium vectigalium praestationibus immunis est ; mercatores autem, qui de fundis fiscalibus mercari consuerunt, nullam immunitatem solvendi publici vectigalis usurpare possunt*. 10[1]. *Cotem ferro subigendo necessariam hostibus quoque venumdari, ut ferrum et frumentum et sales, non sine periculo capitis licet. 11. Agri publici, qui in perpetuum locantur, a curatore sine auctoritate principali revocari non possunt. 12. Dominus navis si illicite aliquid in nave vel ipse vel vectores imposuerint, navis quoque fisco vindicatur ; quod si absente domino [id] a magistro vel gubernatore aut proreta nautave aliquo id factum sit, ipsi quidem capite puniuntur commissis mercibus, navis autem domino restituitur. 13. Illicitarum mercium persecutio heredem quoque adfligit. 14. Eam rem, quae commisso vindicata est, dominus emere non prohibetur vel per se vel per alios quibus hoc mandaverit. 15. Qui maximos fructus ex redemptione vectigalium consequuntur, si postea tanto locari non possunt, ipsi ea prioribus pensionibus suscipere compelluntur.*

[II. DE USUCAPIONE].

1. Possessionem adquirimus et animo et corpore : animo utique nostro, corpore vel nostro vel alieno ; sed nudo animo adipisci quidem possessionem non possumus, retinere tamen nudo animo possumus, sicut in saltibus hibernis aestivisque contingit. 2. Per liberas personas, quae in potestate nostra non sunt, adquiri nobis nihil potest. Sed per procuratorem adquiri nobis possessionem posse utilitatis causa receptum est. Absente autem domino comparata non aliter ei, quam si rata sit, quaeritur. 3. Longi autem temporis praescriptio inter praesentes continui decennii spatio, inter absentes vicennii comprehenditur. 4. Viginti[2] annorum praescriptio etiam adversus rem publicam prodest ei, qui justum initium possessionis

1, 1*, 10-15 = D., 39, 4, 11. — 2. Huschke : *'Decem vel viginti'*.

habuit, nec medio tempore interpellatus est. Actio tamen quanti ejus interest, adversus eos rei publicae datur, qui ea negotia defendere neglexerunt. 5. Si post motam intra tempora quaestionem res ad novum dominum emptione transierit, nec is per viginti annos fuerit inquietatus, avelli ei possessionem non oportet.

[III. DE HIS QUAE PER TURBAM FIUNT].

1. In eos, qui per turbam seditionemve damnum alicui dederint dandumve curaverint, si quidem res pecuniaria est, aestimatione dupli sarcitur ; quodsi ex hoc corpori alicujus, vitae membrisve noceatur, extra ordinem vindicatur. 2. Quidquid ex incendio, ruina, naufragio, navique expugnata raptum, susceptum suppressumve erit, eo anno in quadruplum ejus rei, quam quis suppresserit, celaverit, rapuerit, convenitur ; postea in simplum. 3. Hi, qui aedes alienas villasve expilaverint, effregerint, expugnaverint, si quidem id turba cum telis coacta fecerint, capite puniuntur. Telorum autem appellatione omnia, ex quibus saluti hominis noceri possit, accipiuntur. 4. Receptores adgressorum, itemque latronum eadem poena adficiuntur, qua ipsi latrones : sublatis enim susceptoribus grassantium cupido conquiescit. 5. Fures vel raptores balnearum plerumque in metallum aut in opus publicum damnantur : nam nonnumquam pro frequentia admissorum judicantis sententia temperatur. 6. Incendiarii, qui consulto incendium inferunt, summo supplicio adficiuntur. Quodsi per incuriam ignis evaserit, dupli compendio damnum ejusmodi sarciri placuit.

[IV. DE INJURIIS].

1. Injuriam patimur aut in corpus aut extra corpus : in corpus verberibus et illatione stupri, extra corpus conviciis et famosis libellis : quod ex adfectu uniuscujusque patientis et facientis aestimatur. 2. Furiosus, itemque infans adfectu doli et captu contumeliae carent ; idcirco injuriarum agi cum his non potest. 3. Si liberis qui in potestate sunt aut uxori fiat injuria, nostra interest vindicare ; ideoque per nos actio inferri potest, si modo is, qui fecit, *in* injuriam nostram id fecisse doceatur. 4. Corpori injuria infertur, cum quis pulsatur cuive stuprum infertur aut de stupro interpellatur ; quae res extra ordinem vindicatur, ita ut pulsatio pudoris poena capitis vindicetur. 5. Sollicitatores alienarum nuptiarum itemque

matrimoniorum interpellatores, et si effectu sceleris potiri non possint, propter voluntatem perniciosae libidinis extra ordinem puniuntur. 6. Injuriarum actio aut lege aut more aut mixto jure introducta est. Lege duodecim tabularum de famosis carminibus, membris ruptis et ossibus fractis. 7. Moribus, quotiens factum pro qualitate sui arbitrio judicis aestimatur, *aut* congruentis poenae supplicio vindicatur. 8. Mixto jure injuriarum actio ex lege Cornelia constituitur, quotiens quis pulsatur vel cujus domus introitur ab his, qui vulgo directarii appellantur: in quos extra ordinem animadvertitur, ita ut *furis inruentis* consilium pro modo commentae fraudis poena vindicetur exilii aut metalli aut operis publici. 9. Injuriarum civiliter damnatus ejusque aestimationem inferre jussus famosus efficitur. 10. Atrox injuria aestimatur aut loco aut tempore aut persona: loco, quotiens in publico inrogatur; tempore, quotiens interdiu; persona, quotiens senatori vel equiti Romano decurionive vel alias spectatae auctoritatis viro: et si plebeius vel humili loco natus senatori vel equiti Romano decurioni vel magistratui vel aedili vel judici, quilibet horum, vel si his omnibus plebeius[1]. 11. Qui per calumniam injuriae actionem instituit, extra ordinem punitur: omnes enim calumniatores exilii vel insulae relegatione aut ordinis amissione puniri placuit. 12. Injuriarum non nisi praesentes accusare possunt: crimen enim, quod vindictae aut calumniae judicium expectat, per alios intendi non potest. 13. Fit injuria contra bonos mores, veluti si quis fimo corrupto aliquem perfuderit, coeno, luto oblinierit, aquas spurcaverit, fistulas, lacus, quidve aliud in injuriam publicam contaminaverit: in quos graviter animadverti solet. 14. Qui puero praetextato stuprum aliudve flagitium, abducto ab eo vel corrupto comite, persuaserit, mulierem puellamve interpellaverit, quidve corrumpendae pudicitiae gratia fecerit, domum praebuerit, pretiumve, quo id persuadeat, dederit, perfecto flagitio capite punitur, imperfecto in insulam deportatur: corrupti comites summo supplicio adficiuntur. 15[2]. *Qui carmen famosum in injuriam alicujus vel alia quaelibet cantica, quo agnosci possit, composuerit, ex auctoritate amplissimi ordinis in insulam deportatur: interest enim publicae disciplinae, opinionem uniuscujusque a turpi carminis infamia vindicare*. 16. Psalterium, quod vulgo can-

---

1. Finale certainement corrompue que Cujas supprime toute entière depuis 'et si'. Krueger conjecture: '... viro plebeius vel humili loco natus injuriam facit vel magistratui vel aedili vel judici quilibet'. Autre conjecture adoptée par Pellat et Giraud dans Huschke. — 2. 4, 15 intercalé dans quelques mss.

ticum dicitur in alterius infamiam compositum et publice cantatum, tam in eos, qui hoc cantaverint, quam in eos, qui composuerint, extra ordinem vindicatur: eo acrius, si personae dignitas ab hac injuria defendenda sit. 17. In eos auctores qui famosos libellos in contumeliam alterius proposuerint, extra ordinem usque ad relegationem insulae vindicatur. 18. Convicium judici ab appellatoribus fieri non oportet; alioquin infamia notantur. 19. Maledictum, itemque convicium publice factum ad injuriae vindictam revocatur; quo facto condemnatus infamis efficitur. 20. Non tantum is, qui maledictum aut convicium ingesserit, injuriarum convictus famosus efficitur, sed et is, cujus ope consiliove factum esse dicitur. 21[1]. *Convicium contra bonos mores fieri videtur, si obscaeno nomine aut inferiore parte corporis nudatus aliquis insectatus sit. Quod factum contemplatione morum et causa publicae honestatis vindictam extraordinariae ultionis expectat*. 22. Servus, qui injuriam aut contumeliam fecerit, siquidem atrocem, in metallum damnatur; si vero levem, flagellis caesus sub poena vinculorum temporalium domino restituitur.

[V^A. DE EFFECTU SENTENTIARUM ET FINIBUS LITIUM].

1. Res judicatae videntur ab his, qui imperium potestatemque habent, vel qui ex auctoritate eorum inter partes dantur, itemque *a* magistrat*ibus* municipal*ibus* usque ad summam, qua jus dicere possunt; itemque ab his, qui ab imperatore extra ordinem petuntur. Ex compromisso autem judex sumptus rem judicatam non facit; sed si poena inter eos promissum sit, poena *re* in judicium deducta ex stipulatu peti potest. 2. Confessi debitores pro judicatis habentur; ideoque ex die confessionis tempora solutioni praestituta computantur. 3. Confiteri quis in judicio non tantum sua voce, sed et litteris et quocumque modo potest: convinci autem non nisi scriptura aut testibus potest. 4. Eorum, qui de debito confessi sunt, pignora capi et distrahi possunt. 5 (6). Ea, quae altera parte absente decernuntur, vim rerum judicatarum non obtinent. 5^a (6^a)[2]. *De unoquoque negotio praesentibus omnibus, quos causa contingit, judicari oportet: aliter enim judicatum tantum inter praesentes tenet. 5^b. Qui apud fiscum causam defendere [saepius conventi] neglexerint, rebus judicatis subjiciendi sunt. Quod eo apparet, si saepe conventi praesentiam suam facere noluerint*. 6 (7). Trinis litteris vel edictis aut uno pro

1. *4, 21* intercalé dans quelques mss. — 2. 5A, 5^a 5 b = *D.*, 42, 1, 47.

omnibus dato aut trina denuntiatione conventus nisi ad judicem, ad quem sibi denuntiatum est aut cujus litteris vel edicto conventus est, venerit, quasi in contumacem dicta sententia auctoritatem rerum judicatarum obtinet : quin immo nec appellari ab ea potest. 6ᵃ (7ᵃ). Ab ea sententia, quae adversus contumaces lata est, neque appellari neque in duplum revocari potest. 7 (5)¹. *Confessionem suam reus in duplum revocare non potest*. 8. Res olim judicata post longum silentium in judicium deduci non potest nec eo nomine in duplum revocari : longum autem tempus exemplo longae praescriptionis decennii inter praesentes, inter absentes vicennii computatur. 9. In causa capitali absens nemo damnatur neque absens per alium accusare aut accusari potest. 10. Falsis instrumentis religione judicis circumducta, si jam dicta sententia prius de crimine admisso constiterit, ejus causae instauratio jure deposcitur. 11². *Ratio calculi saepius se patitur supputari atque ideo potest quocumque tempore retractari, si non longo tempore evanescat*.

[Vᴮ.]³

1. *Pupillus si non defendatur, in possessione creditoribus constitutis, ex his usque ad pubertatem alimenta praestanda sunt. 2. Ejus, qui ab hostibus captus est, bona venire non possunt, quamdiu revertatur*.

[VI. DE INTERDICTIS].

1ᵃ⁴. *Neque muri neque portae habitari sine permissu principis propter fortuita incendia possunt*. 1 ᵇ⁵. *Concedi solet, ut imagines et statuae, quae ornamento rei publicae sunt futurae, in publicum ponantur*. 1. Retinendae possessionis gratia comparata sunt interdicta, per quae eam possessionem quam jam habemus retinere volumus, quale est UTI POSSIDETIS de rebus soli et UTRUBI de re mobili. Et in priore quidem is potior est, qui redditi interdicti tempore nec vi nec clam nec precario ab adversario possedit ; in altero vero potior est, qui majore parte anni retrorsum numerati nec vi nec clam nec precario possedit. 2. Ut interdictum, ita et actio proponitur, ne quis via publica aliquem prohibeat. Cujus rei sollicitudo ad viarum curatores pertinet, a quarum munitione nemo exceptus est. Si quis tamen in ea aliquid operis

1. 5ᵃ, 7 = *App.*, 2, 10. — 2. 5ᵃ, 11 = *App.*, 1, 16. — 3. 5 b = *D.*, 42, 5, 39. — 4. 6, 1ᵃ = *D.*, 43, 6, 3. — 5. 6, 1 b = *D.*, 43, 9, 2.

fecerit, quo commeantes impediantur, demolito opere condemnatur. 3. Non tantum si ipse dominus possessione dejiciat, utile interdictum est, sed etiam si familia ejus : familiae autem nomine etiam duo servi continentur. 4. Vi dejicitur non tantum, qui oppressu multitudinis aut fustium aut telorum aut armorum metu terretur, sed et is, qui violentiae opinione comperta possessione cessit, si tamen eam adversarius ingressus sit. 5. De navi vi dejectus hoc interdicto experiri non potest ; sed utilis ei actio de rebus recuperandis, exemplo vi bonorum raptorum, datur. Idemque in eo dicendum est, qui carruca aut equo dejicitur ; quibus non abductis, injuriarum actio datur. 6. Vi dejectus videtur et qui in praedio vi retinetur, et qui in via territus est, ne ad fundum suum accederet. 7. Qui vi aut clam aut precario possidet ab adversario, impune dejicitur. 8. Ex rebus vi possessis si aliquae res arserint, vel servi decesserint, licet id sine dolo ejus, qui dejecit, factum sit, aestimatione tamen condemnandus est, qui ita voluit adipisci rem juris alieni. 8^{a1}. *Cujuscumque fundi usufructuarius prohibitus aut dejectus de restitutione omnium rerum simul occupatarum agit : sed et si medio tempore aliquo casu interciderit ususfructus, aeque de perceptis antea fructibus utilis actio tribuitur. 8^b. Si fundus, cujus ususfructus petitur, non a domino possideatur, actio redditur : et ideo si de fundi proprietate inter duos quaestio sit, fructuarius nihilo minus in possessione esse debet satisque ei a possessore cavendum est, quod non sit prohibiturus frui eum, cui usufructus relictus est, quamdiu de jure suo probet. Sed si ipsi usufructuario quaestio moveatur, interim ususfructus ejus *di*ffertur : sed caveri de restituendo eo, quod ex his fructibus percepturus est, vel si satis non detur, ipse frui permittitur*. 8^{c2}. *Si de via itinere actu aquaeductu agatur, hujusmodi cautio praestanda est, quamdiu quis de jure suo doceat, non se impediturum agentem et aquam ducentem et iter facientem. Quod si neget jus esse adversario agendi aquae ducend*ae*, cavere sine praejudicio amittendae servitutis debebit, donec quaestio finietur, non se usurum*. 8^{d3}. *. . . fructuarius, licet suo nomine. 8^e. . . . . . sive ad fundum nostrum facit sive ex fundo. 8^f. Servitute usus non videtur nisi is, qui suo jure uti se credidit : ideoque si quis pro via publica vel pro alterius servitute usus sit, nec interdictum nec actio utiliter competit*. 9. Si inter vicinos ex

1. 6, 8^a-8b = D., 7, 1, 60. — 2. 6, 8^c = D., 43, 20, 7. — 3. 6, 8^d-8^f = D., 8, 6, 21. 23. 25.

communi rivo aqua ducatur, induci prius debet, et his vicibus, quibus a singulis duci consuevit, *ducenti* vis fieri prohibetur : alienam autem aquam usurpanti nummaria poena irrogatur. Cujus rei cura ad sollicitudinem praesidis spectat. 10. Redditur interdicti actio, quae proponitur ex eo, ut quis, quod precarium habet, restituat ; nam et civilis actio hujus rei, sicut commodati, competit : eo vel maxime, quod ex beneficio suo unusquisque injuriam pati non debet. 11. Precario possidere videtur non tantum, qui per epistulam vel quacumque alia ratione hoc sibi concedi postulavit, sed et is, qui nullo voluntatis indicio, patiente tamen domino, possidet. 12. Heres ejus, qui precariam possessionem tenebat, si in ea manserit, magis dicendum est clam videri possidere : nullae enim preces ejus videntur adhibitae : et ideo persecutio ejus rei semper manebit, nec interdicto locus est. 13. Arbor, quae in alienas aedes imminet vel in vicini agrum, nisi a domino sublucari non potest, isque conveniendus est, ut eam sublucet. Quodsi conventus dominus id facere noluerit, a vicino luxuries ramorum compescitur ; idque qualiscumque dominus facere non prohibetur. 14. Adversus eum, qui hominem liberum vinxerit, suppresserit, incluserit, operamve ut id fieret dederit tam interdictum quam legis Fabiae super ea re actio redditur ; et interdicto quidem id agitur, ut exhibeatur is, qui detinetur, lege autem Fabia, *ut etiam* poena nummaria coerceatur. 15. Bene concordans matrimonium separari a patre divus Pius prohibuit : itemque a patrono libertum, a parentibus filium filiamque ; nisi forte quaeratur, ubi utilius morari debeat. 16. Omnibus bonis, quae habet quaeque habiturus est, obligatis, nec concubina, nec filius naturalis, nec alumnus, nec quae in usu cotidiano habet obligantur ; ideoque de his nec interdictum redditur.

[VII. DE OBLIGATIONIBUS[1]].

1. Obligationum firmandarum gratia stipulationes inductae sunt, quae quadam verborum sollemnitate concipiuntur, et appellatae, quod per eas firmitas obligationum constringitur ; stipulum enim veteres firmum appellaverunt. 2. Verborum obligatio inter praesentes, non etiam inter absentes contrahitur. Quodsi scriptum fuerit instrumento, promisisse aliquem, perinde habetur, atque si interrogatione praecedente responsum sit. 2a[2]. *Si sub una significatione diversis nominibus ea

1. Schulting suivi par Huschke: 'De verborum obligationibus'. — 2. 7, 2ª, 2 b. = D., 45, 1, 136.

res quae in stipulatum deducitur appellatur, non infirmat obligationem, si alter altero verbo utatur. 2[b]. Si, qui viam ad fundum suum dari stipulatus fuerit, postea fundum partemve ejus ante constitutam servitutem alienaverit, evanescit stipulatio*. 3. Fructuarius servus si quid ex re fructuarii aut ex operis suis adquirit, ad fructuarium pertinet. Quidquid autem aliunde vel ex re proprietarii adquirit, domino proprietatis adquirit. 4. Cum facto promissoris res in stipulatum deducta intercidit, perinde agi ex stipulatu potest ac si ea res extaret: ideoque promissor aestimatione ejus punitur, maxime si in dolum quoque ejus concepta fuerit stipulatio.

[VIII. DE NOVATIONIBUS].

1. Non solum per nosmet ipsos novamus, quod nobis debetur, sed etiam per eos, per quos stipulari possumus, velut per filiumfamilias vel per servum, jubendo vel ratum habendo. Procurator quoque noster ex jussu nostro receptum est ut novare possit.

[IX. DE STIPULATIONIBUS].

1. Substitutus heres ab instituto, qui sub condicione scriptus est, utiliter sibi institutum hac stipulatione cavere compellit, ne petita bonorum possessione res hereditarias deminuat: hoc enim casu ex die interpositae stipulationis duplos fructus praestare compellitur. Hujus enim praejudicium a superiore differt, quo quaeritur, an ea res, de qua agitur, major sit centum sestertiis; ideoque in longiorem diem concipitur. 2. Ex die accepti judicii dupli fructus computantur. Et tam dantes quam accipientes, heredes quoque eorum, procuratorum cognitorumque personae, itemque sponsores eadem stipulatione comprehenduntur; eorum quoque, quorum nomine promittitur[1]. 3. Quotiens judicatum solvi stipulatione satisdatur, omissa ejus actio rei judicatae persecutionem non excludit. 4. Emancipati liberi praeteriti si velint miscere se paternae hereditati, et cum his, qui in potestate remanserint, communis patris dividere hereditatem, antequam bonorum possessionem petant, de conferendo cavere cum satisdatione debebunt. Quodsi satisdare non possunt, statim ex fide bonorum confusionem, excepto peculio castrensi, facere cogendi sunt.

[1]. Krueger corrige: 'dantis quam accipientis heredes, procuratorum quoque eorum cognitorumque personae eadem stipulatione comprehenduntur, itemque sponsores eorum quorum nomine promittitur'.

[X. DE CONTRAHENDA AUCTORITATE].

1. Ob metum impendentis damni vicino satisdare debet, additis sponsoribus, super eo quod damni acciderit. 2. De communi pariete utilitatis causa hoc coepit observari, ut aedificet quidem cujus aedificare interest, cogatur vero socius portionis suae impensas agnoscere.

[XI. DE DONATIONIBUS].

1. Species extra dotem a matre in honorem nuptiarum praesente filia genero traditae donationem perfecisse videntur. 2. Probatio traditae vel non traditae possessionis non tam in jure quam in facto consistit; ideoque sufficit ad probationem, si rem corporaliter teneant. 3. Pater si filiofamilias aliquid donaverit et in ea voluntate perseverans decesserit, morte patris donatio convalescit. 4. Cum unius rei in duos donatio confertur, potior est ille, cui res tradita est: nec interest, posterior *is* an prior acceperit, et exceptae necne personae sint. 5. Invitus donator de evictione rei donatae promittere non cogitur, nec eo nomine, si promiserit, oneratur, quia lucrativae rei possessor ab evictionis actione ipsa juris ratione depellitur. 5a1.* Si pater emancipati filii nomine donationis animo pecuniam feneravit eamque filius stipulatus est, ipso jure perfectam donationem ambigi non potest*. 6. Ei, qui aliquem a latrunculis vel hostibus eripuit, in infinitum donare non prohibetur (si tamen donatio et non merces eximii laboris appellanda est), quia contemplationem salutis certo modo aestimari non placuit.

[XII. DE JURE FISCI ET POPULI].

1a2.* In fraudem fisci non solum per donationem, sed quocumque modo res alienatae revocantur. Idemque juris est et si non quaeratur: aeque enim in omnibus fraus punitur. 1b. Bona eorum, qui in custodia vel in vinculis vel compedibus decesserunt, heredibus eorum non auferuntur, sive testato sive intestato decesserunt. 1c. Ejus bona, qui sibi mortem conscivit, non ante ad fiscum coguntur, quam prius constiterit, cujus criminis gratia manus sibi intulerit.* 1. Ejus bona, qui sibi ob aliquod admissum flagitium mortem conscivit et manus intulit, fisco vindicantur. Quod si id taedio vitae aut pudore aeris alieni vel valetudinis alicujus impatientia admisit, non

1, 11, 5ª = D., 39, 5, 34. — 2, 12, 1ª-1ᶜ. = D.; 49, 14, 45 pr. 1. 2.

inquietabuntur, sed ordinariae successioni relinquuntur. 1ᵈ¹. *A debitore fisci in fraudem datas libertates retrahi placuit. Sane ipsum ita ab alio emere mancipium, ut manumittat, non est prohibitum : ergo tunc et libertatem praestare possit*. 2. Ei etiam velut indigno aufertur hereditas qui adfinem vel cognatum, cui ipse ab intestato successurus erat, testamentum facere prohibuit aut ne jure subsisteret operam dedit. 2ᵃ². *Portiones quoque eorum fisco vindicantur, qui mortem libertorum suspecto decedentium non defenderunt : omnes enim heredes vel eos qui loco heredis sunt officiose agere circa defuncti vindictam convenit*. 3. Si pater vel dominus id testamentum, quo filius ejus vel servus heredes instituti sunt aut legatum acceperunt, falsum redarguant nec obtineant, fisco locus est. 4. Aetati ejus, qui accusat testamentum, si non obtineat, succurri solet in id quod ita amisit; maxime si tutoris aut curatoris consilio actio instituta sit. 4ᵃ³. *Minor viginti quinque annis omissam allegationem per in integrum restitutionis auxilium repetere potest*.

5. In ea provincia, ex qua quis originem ducit, officium fiscale administrare prohibetur, ne aut gratiosus aut calumniosus apud suos esse videatur. 6. Quotiens sine auctoritate judicati officiales alicujus bona occupant vel describunt vel sub observatione esse faciunt, adito procuratore injuria submovetur, et rei hujus auctores ad praefectos praetorio puniendi mittuntur. 7. Litem in perniciem privatorum fisco donari non oportet, nec ab eodem donatam suscipi. 8. Imperatorem litis causa heredem institui invidiosum est : nec enim calumniandi facultatem ex principali majestate capi oportet. 9. Ex nuda pollicitatione nulla actio nascitur ; ideoque ejus bona, qui se heredem imperatorem facturum esse jactaverat, a fisco occupari non possunt. 9ᵃ⁴. *Ex imperfecto testamento legata vel fideicommissa imperatorem vindicare inverecundum est : nec enim calumniandi facultatem ex principali majestate capi oportet*. 9ᵇ⁵. *Quod si ea bona, ex quibus imperator heres institutus est solvendo non sint, re perspecta consulitur imperator : heredis enim instituti in adeundis vel repudiandis hujusmodi hereditatibus voluntas exploranda est*.

10. Privilegium fisci est inter omnes creditores primum locum retinere. 11. Quicumque a fisco convenitur, non ex indice et exemplo alicujus scripturae, sed ex authentico conveniendus est, et ita, si contractus fides possit ostendi. Ceterum

1. 12, 1ᵈ = D., 49, 14, 45, 3. — 2. 12, 2ᵃ = D., 34, 9, 21. — 3. 12, 4ᵃ = D., 4, 4, 36. — 4. 12, 9ᵃ = D., 32, 23. — 5. 12, 9 b = D., 1, 19, 2.

calumniosam scripturam vim justae petitionis in judicio obtinere non convenit. 12. Ejus bona, qui falsam monetam percussisse dicitur, fisco vindicantur. Quodsi servi ignorante domino id fecisse dicantur, ipsi quidem summo supplicio adficiuntur, domino tamen nihil aufertur, quia pejorem domini causam servi facere, nisi forte scierit, omnino non possunt.

13[1]. *Ex his bonis, quae ad fiscum delata sunt, instrumenta vel chirographa, acta etiam ad jus privatorum pertinentia restitui postulantibus convenit. 14. Neque instrumenta neque acta a quoquam adversus fiscum edi oportet. 15. Ipse autem fiscus actorum suorum exempla hac condicione edit, ut is, cui describendi fit potestas, adversus se vel rem publicam his actis *ne* utatur: de quo cavere compellitur, ut, si usus is contra interdictum fuerit, causa cadat. 16. Quotiens apud fiscum agitur, actorum potestas postulanda est, ut merito his uti liceat, eaque manu commentariensis adnotanda sunt. Quod si ea aliter proferantur, is qui ita protulerit causa cadit. 17. Quotiens iterum apud fiscum eadem causa tractatur, priorum actorum, quorum usus non fuerat postulatus, ex officio recitatio jure poscetur. 18. Qui pro alio a fisco conventus debitum exsolvit, non inique postulat persecutionem bonorum ejus pro quo solvit: in quo etiam adjuvari per officium solet. 19. Fiscalibus debitoribus petentibus ad comparandam pecuniam dilationem negari non placuit. Cujus rei aestimatio ita arbitrio judicantis conceditur, ut in majoribus summis non plus quam tres menses, in minoribus vero non plus quam duo prorogentur: prolixioris autem temporis spatium ab imperatore postulandum est. 20. Si principalis rei bona ad fiscum devoluta sint, fidejussores liberantur: nisi forte minus idonei sint et in reliquum non exsolutae quantitatis accesserint. 21. Si plus servatum est ex bonis debitoris a fisco distractis, jure ac merito restitui postulatur. 22. Conductor ex fundo fiscali nihil transferre potest nec cupressi materiam vendere vel olivae non substitutis aliis ceterasque arbores pomiferas caedere: et facta ejus rei aestimatione in quadruplum convenitur. 23. Minoribus viginti quinque annis neque fundus neque vectigalia locanda sunt, ne adversus ea beneficio aetatis utantur*.

[XIII. DE DELATORIBUS].

1. Omnes omnino deferre alterum et causam pecuniariam

1. 12, 13-23 = *D*., 49, 14, 45, 4-14.

fisco nuntiare prohibentur ; nec refert, mares istud an feminae faciant, servi an ingenui an libertini, an suos an extraneos deferant : omni enim modo puniuntur. 2. Servi fiscales, qui causam domino prodere ac nuntiare contendunt, deferre non videntur. Subornati sane reum prodere coguntur, ne qui, quod per se non potest, per alium deferat. Perinde autem subornatores ac delatores puniuntur. 3. Damnati servi, sive post sententiam sive ante sententiam dominorum facinora confessi sint, nullo modo audiuntur, nisi forte reos deferant majestatis.

[XIV. DE QUAESTIONIBUS HABENDIS].

1. In criminibus eruendis quaestio quidem adhibetur : sed non statim a tormentis incipiendum est, ideoque prius argumentis quaerendum, et si suspicione aliqua reus urgueatur, adhibitis tormentis de sociis et sceleribus suis confiteri compellitur. 2. Unius facinoris plurimi rei ita audiendi sunt, ut ab eo primum incipiatur, qui timidior et tenerae aetatis esse videatur. 3[1]. *Reus evidentioribus argumentis oppressus repeti in quaestionem potest, maxime si in tormenta animum corpusque duraverit. 4. In ea causa, in qua nullis reus argumentis urguebatur, tormenta non facile adhibenda sunt : sed instandum accusatori, ut id quod intendat comprobet atque convincat. 5. Testes torquendi non sunt convincendi mendacii aut veritatis gratia, nisi cum facto intervenisse dicuntur*.

[XV. DE TESTIBUS].

1. Suspectos gratiae testes, et eos vel maxime, quos accusator de domo produxerit vel vitae humilitas infamarit, interrogari non placuit : in teste enim et vitae qualitas spectari debet et dignitas. 2. In adfinem vel cognatum inviti testes interrogari non possunt. 3. Adversus se invicem parentes et liberi, itemque liberti nec volentes ad testimonium admittendi sunt, quia rei verae testimonium necessitudo personarum plerumque corrumpit. 4. Testes, cum de fide tabularum nihil dicitur, adversus scripturam interrogari non possunt. 5. Qui falso vel varie testimonia dixerunt vel utrique parti prodiderunt, aut in exilium aguntur aut in insulam relegantur aut curia submoventur. 6. In re pecuniaria tormenta, nisi cum de rebus hereditariis quaeritur, non adhibentur : alias autem jurejurando aut testibus explicantur.

1. 14, 3-5 = D., 48. 18, 18, 1-3.

[XVI. DE SERVORUM QUAESTIONIBUS].

1. Servum de facto in se interrogari posse ratio aequitatis ostendit: nec enim obesse ei debet, qui per servum aliquid sine cautione commodat *vel* deponit. 2. Judex tutelaris itemque centumviri, si aliter de rebus hereditariis vel de fide generis instrui non possunt, poterunt de servis hereditariis habere quaestionem. 3. Servi alieni in alterius caput non nisi singuli torqueri possunt. Et hoc invito domino non est permittendum, nisi delator, cujus interest quod intendit probare, pretia eorum, quanti dominus taxaverit inferre sit paratus vel certe deterioris facti servi subire taxationem. 4. Servo qui ultro aliquid de domino confitetur, fides non accommodatur: nec enim oportet in rebus dubiis salutem dominorum servorum arbitrio committi. 5. Servi in caput domini neque a praeside neque a procuratore, neque in pecuniariis *neque* in capitalibus causis interrogari possunt. 6. Communis servus in caput alterius ex dominis torqueri non potest. 7. Qui servum ideo comparavit, ne in se torqueretur, restituto pretio poterit interrogari. 8. Servus in caput ejus domini, a quo distractus est cuique aliquando servivit, in memoriam prioris dominii interrogari non potest. 8ª¹. *Servus nec si a domino ad tormenta offeratur, interrogandus est. 8ᵇ. Sane quotiens quaeritur, an servi in caput domini interrogandi sint, prius de eorum dominio oportet inquiri*. 9. Si servus ad hoc fuerit manumissus, ne torqueatur, quaestio de eo nihilo minus haberi potest.

10. Quaestioni ejus latronis, quem quis obtulit, cum de eo confitetur, fidem accommodari non convenit: nisi id forte velandae conscientiae suae gratia, quam cum reo habuit, fecisse doceatur.

11. Neque accusator per alium accusare neque reus per alium defendi potest, nisi ingratum libertum patronus accuset aut rei absentia defendatur. 11ᵃ² *.... alii propter suspicionem calumniae, ut illi qui falsum testimonium subornati dixerunt.* 12. Si pecunia data judici reus absolutus esse dicatur idque in eum fuerit comprobatum, ea poena damnatur, qua reus damnari potuisset. 13. In convictum reum, sive torqueri possit sive non possit, pro modo admissi sceleris statuendum est. 14. Reis suis edere crimina accusatores cogendi sunt: scire enim oportet, quibus sint criminibus responsuri. 15³.

1. 16, 8ᵃ-8ᵇ = D., 48, 18, 18, 7-8. — 2. 16, 11ᵃ = D., 48, 2, 9. — 3. 16, 15-16 = D., 48, 18, 18, 9-10.

Cogniturum de criminibus praesidem oportet ante diem palam facere custodias se auditurum, ne hi, qui defendendi sunt, subitis accusatorum criminibus opprimantur : quamvis defensionem quocumque tempore postulante reo negari non oportet, adeo ut propterea et differantur et proferantur custodiae. 16. Custodiae non solum pro tribunali, sed et de plano audiri possunt atque damnari. 17¹. *In pecuniariis causis omnibus dilatio singulis causis plus semel tribui non potest : in capitalibus autem reo tres dilationes, accusatori duae dari possunt : sed utrumque causa cognita.*

[XVII. DE ABOLITIONIBUS].

1 (2). ²Post abolitionem publicam a delatore suo reus intra tricesimum diem repeti potest, postea non potest. 2 (3). Summa supplicia sunt crux, crematio, decollatio ; mediocrium autem delictorum poenae sunt metallum, ludus, deportatio ; minimae, relegatio, exilium, opus publicum, vincula. Sane qui ad gladium dantur, intra annum consumendi sunt.

[XVIII. DE ABACTORIBUS].

1. Abactores sunt, qui unum equum duas equas, totidemque boves vel capras decem aut porcos quinque abegerint. Quidquid vero intra hunc numerum fuerit ablatum, in poenam furti pro qualitate ejus aut in duplum aut in triplum convenitur, vel fustibus caesus in opus publicum unius anni datur, aut sub poena vinculorum domino restituetur. 2³. *Atroces pecorum abactores plerumque ad gladium vel in metallum, nonnumquam autem in opus publicum dantur. Atroces autem sunt, qui equos et greges ovium de stabulo vel de pascuis abigunt, vel si id saepuis aut ferro conducta manu faciunt.* 3. Si ea pecora, de quibus quis litigat, abegerit, ad forum remittendus est, atque ita convictus in duplum vel in triplum furis more damnatur. 4⁴. *Qui bovem vel equum errantem quodve aliud pecus abduxerit, furem magis eum quam abactorem constitui placuit.*

[XIX. DE SACRILEGIS].

1. Qui noctu manu facta praedandi ac depopulandi gratia templum irrumpunt, bestiis objiciuntur ; si vero per diem leve

---

1. 16, 17 = *D.*, 2, 12, 10. — 2. La plupart des éditions mettent à tort en tête de ce titre comme § 1, les mots : 'Abolitio est deletio oblivio vel extinctio accusationis, tirés de l'*Epitome* d Aegidius. — 3. 18, 2 = *Coll.*, 11, 2. — 4. 18, 4 = *Coll.*, 11, 5.

aliquid de templo abstulerint, vel deportantur honestiores, vel humiliores in metallum damnantur.

[XIX^A]¹.

1. *Rei sepulchrorum violatorum, si corpora ipsa extraxerint vel ossa eruerint, humilioris quidem fortunae summo supplicio adficiuntur, honestiores in insulam deportantur : alias autem relegantur aut in metallum damnantur.*

[XX. DE INCENDIARIIS].

1². *Incendiarii, qui quid in oppido praedandi causa faciunt, capite puniuntur. 2. Qui casam aut villam inimicitiarum gratia incenderunt, humiliores in metallum aut in opus publicum damnantur, honestiores in insulam relegantur. 3. Fortuita incendia, quae casu venti ferente vel incuria ignem supponentis ad usque vicini agros evadunt, si ex eo seges vel vinea vel olivae vel fructiferae arbores concrementur, datum damnum aestimatione sarciatur. 4. Commissum vero servorum, si domino videatur, noxae deditione sarcitur. 5. Messium sane per dolum incensores, vinearum olivarumve aut in metallum humiliores damnantur, aut honestiores in insulam relegantur.* 6. Qui noctu frugiferas arbores manu facta ceciderint, ad tempus plerumque in opus publicum damnantur aut honestiores damnum sarcire coguntur vel curia submoventur vel relegantur.

[XXI. DE VATICINATORIBUS ET MATHEMATICIS].

1. Vaticinatores, qui se deo plenos adsimulant, idcirco civitate expelli placuit, ne humana credulitate publici mores ad spem alicujus rei corrumperentur, vel certe ex eo populares animi turbarentur. Ideoque primum fustibus caesi civitate pelluntur ; perseverantes autem in vincula publica conjiciuntur aut in insulam deportantur vel certe relegantur. 2. Qui novas sectas vel ratione incognitas religiones inducunt, ex quibus animi hominum moveantur, honestiores deportantur, humiliores capite puniuntur. 3. Qui de salute principis vel summa reipublicae mathematicos hariolos haruspices vaticinatores consulit, cum eo, qui responderit, capite puniatur. 4. Non tantum divinatione quis, sed ipsa scientia ejusque

1. 19ᵃ = D., 47, 12, 11. — 2. 20, 1-5 (= Coll., 12, 4. 2. 3) trouvés dans cet ordre par Cujas dans le Vesontinus.

libris melius fecerit abstinere. Quodsi servi de salute dominorum consuluerint, summo supplicio, id est cruce adficiuntur; consulti autem si responsa dederint, aut in metallum damnantur aut in insulam relegantur[1].

[XXI^A][2].

1. *Si quis aliquid ex metallo principis vel ex moneta sacra furatus sit, poena metalli et exilii punitur. 2. Transfugae ad hostes vel consiliorum nostrorum renuntiatores aut vivi exuruntur aut furcae suspenduntur*.

[XXII. DE SEDITIOSIS].

1. Auctores seditionis et tumultus vel concitatores populi pro qualitate dignitatis aut in crucem tolluntur aut bestiis objiciuntur aut in insulam deportantur.
2. Qui terminos effodiunt vel exarant, arboresve terminales evertunt, siquidem id servi sua sponte fecerint, in metallum damnantur; humiliores in opus publicum, honestiores in insulam amissa tertia parte bonorum relegantur aut exulare coguntur. 3. Cives Romani qui se Judaico ritu vel servos suos circumcidi patiuntur, bonis ademptis in insulam perpetuo relegantur; medici capite puniuntur. 4. Judaei si alienae nationis comparatos servos circumciderint, aut deportantur aut capite puniuntur. 5[3]. *Qui nondum viripotentes virgines corrumpunt, humiliores in metallum damnantur, honestiores in insulam relegantur aut in exilium mittuntur. 6. Qui se suis nummis redemptum non probaverit, libertatem petere non potest: amplius eidem domino sub poena vinculorum redditur, vel, si ipse dominus malit, in metallum damnatur*.

[XXIII. AD LEGEM CORNELIAM DE SICARIIS ET VENEFICIS].

1. Lex Cornelia poenam deportationis infligit ei qui hominem occiderit ejusve rei causa furtive faciendi cum telo fuerit, et qui venenum hominis necandi causa habuerit vendiderit paraverit, falsum testimonium dixerit, quo quis periret, mortisve causam praestiterit. Quae omnia facinora in honestiores poena capitis vindicari placuit, humiliores vero in crucem tolluntur aut bestiis objiciuntur. 2[4]. *Homicida est qui aliquo genere teli hominem occidit mortisve causam praestitit*.

1. Huschke, Pellat: 'deportantur'. — 2. 21^i = D., 48, 19, 38, pr. 1. — 3. 22, 5, 6 = D., 48, 19, 38, 3. 4. — 4. 23, 2 = Coll., 1, 4.

3. Qui hominem occiderit, aliquando absolvitur, et qui non occidit, ut homicida damnatur : consilium enim uniuscujusque, non factum puniendum est. Ideoque qui, cum vellet occidere, id casu aliquo perpetrare non potuit, ut homicida punitur : et is, qui casu jactu teli hominem imprudenter occidit, absolvitur. 4[1]. *Quod si in rixa percussus homo perierit, quoniam ictus quoque ipsos contra unumquemque contemplari oportet, ideo humiliores in ludum aut in metallum damnantur, honestiores dimidia parte bonorum multati relegantur.* 5[2]. *Causa mortis idonea non videtur, cum caesus homo post aliquot dies officium diurnae vitae retinens decessit, nisi forte fuerit ad necem caesus aut letaliter vulneratus.* 6[3]. *Servus si plagis defecerit, nisi id dolo fiat, dominus homicidii reus non potest postulari : modum enim castigandi et in servorum coercitione placuit temperari.* 7[4]. *Qui telum tutandae salutis causa gerit, non videtur hominis occidendi causa portare. Teli autem appellatione non tantum ferrum continetur, sed omne quod nocendi causa portatum est.* 8. Qui latronem caedem sibi inferentem vel alium quemlibet stuprum *inferentem*[5] occiderit, puniri non placuit : alius enim vitam, alius pudorem publico facinore defenderunt. 9[6]. *Si quis furem nocturnum vel diurnum, cum se telo defenderet, occiderit, hac quidem lege non tenetur : sed melius fecerit, si eum comprehensum transmittendum ad praesidem magistratibus obtulerit.* 10 (11). Mandatores caedis perinde ut homicidae puniuntur. 11 (10). Judex, qui in caput fortunasque hominis pecuniam accepit, in insulam bonis ademptis deportatur. 12. Si putator ex arbore cum ramum dejiceret, non proclamaverit, ut vitaretur, atque ita praeteriens ejusdem ictu perierit, etsi in legem non incurrit, in metallum datur. 13. Qui hominem invitum libidinis aut promercii causa castravit castrandumve curavit, sive is servus sive liber sit, capite punietur; honestiores publicatis bonis in insulam deportantur. 14. Qui abortionis aut amatorium poculum dant, etsi id dolo non faciant, tamen quia mali exempli res est, humiliores in metallum, honestiores in insulam amissa parte bonorum relegantur; quodsi ex hoc mulier aut homo perierit, summo supplicio afficiuntur. 15. Qui sacra impia nocturnave, ut quem obcantarent defigerent obligarent, fecerint faciendave curaverint, aut cruci suffiguntur aut bestiis objiciuntur. 16. Qui hominem

---

1. 23, 4 = *Coll.*, 1, 7, 2. *D.*, 48, 8, 17. — 2. 23, 5 = *Coll.*, 2, 7. — 3. 23, 6 = *Coll.*, 3, 2. — 4. 23, 7 = *Coll.*, 1, 13 ; cf. *D.*, 48, 6, 11, 2. — 5. Huschke, suivi par Pellat ; les mss. : 'alias quemlibet stupro offenderit'. — 6. 23, 9 = *Coll.*, 7, 2.

immolaverint, exve ejus sanguine litaverint, fanum templumve polluerint, bestiis objiciuntur, vel si honestiores sint, capite puniuntur. 17. Magicae artis conscios summo supplicio adfici placuit, id est bestiis objici aut cruci suffigi. Ipsi autem magi vivi exuruntur. 18. Libros magicae artis apud se neminem habere licet; et penes quoscumque reperti sint, bonis ademptis, ambustis his publice in insulam deportantur, humiliores capite puniuntur. [Non tantum hujus artis professio, sed etiam scientia prohibita est]. 19. Si ex eo medicamine, quod ad salutem hominis vel ad remedium datum erat, homo perierit, is qui dederit, si honestior sit, in insulam relegatur, humilior autem capite punitur.

[XXIV. AD LEGEM POMPEIAM DE PARRICIDIIS].

1. Lege Pompeia de parricidiis [tenentur] qui patrem matrem avum aviam fratrem sororem patronum patronam occiderint, etsi antea insuti culleo in mare praecipitabantur, hodie tamen vivi exuruntur vel ad bestias dantur.

[XXV. AD LEGEM CORNELIAM TESTAMENTARIAM].

1. Lege Cornelia testamentaria [tenentur:] qui testamentum quodve aliud instrumentum falsum sciens dolo malo scripserit recitaverit subjecerit suppresserit amoverit resignaverit deleverit, quodve signum adulterinum sculpserit fecerit expresserit amoverit reseraverit, quive nummos aureos argenteos adulteraverit laverit conflaverit raserit corruperit vitiaverit, vultuve principum signatam monetam, praeter adulterinam, reprobaverit : honestiores quidem in insulam deportantur, humiliores autem aut in metallum dantur aut in crucem tolluntur : servi autem post admissum manumissi capite puniuntur. 1^{a1}. *Qui falsam monetam percusserint, si id totum formare noluerunt, suffragio justae paenitentiae absolvuntur. 1^b. Accusatio suppositi partus nulla temporis praescriptione depellitur, nec interest, decesserit nec ne ea quae partum subdidisse contenditur*. 2. Qui ob falsum testimonium perhibendum vel verum non perhibendum pecuniam acceperit dederit judicemve, ut sententiam ferat vel non ferat, corruperit corrumpendumve curaverit, humiliores capite puniuntur, honestiores publicatis bonis cum ipso judice in insulam deportantur. 3^2. *Falsum est, quidquid in veritate non est, sed pro vero adseveratur*. 4. Judex, qui contra sacras

1. 25, 1^a-1 b = D., 48, 10, 19. — 2. 25, 3 = Coll., 8, 6.

principum constitutiones contrave jus publicum, quod apud se recitatum est, pronuntiat, in insulam deportatur. 5. Qui rationes acta libellos album propositum testationes cautiones chirographa epistulas sciens dolo malo in fraudem alicujus deleverit mutaverit subjecerit subscripserit, quive aes inauraverit argentaverit, quive, cum argentum aurum poneret, aes stannumve subjecerit, falsi poena coercetur. 6. Amplissimus ordo decrevit eas tabulas, quae publici vel privati contractus scripturam continent, adhibitis testibus ita signari, ut in summa marginis ad mediam partem perforatae triplici lino constringantur, atque impositae supra linum cerae signa imprimantur, ut exteriori scripturae fidem interior servet. Aliter tabulae prolatae nihil momenti habent. 6ª¹. *Testamentum, quod nullo jure valet, impune supprimitur: nihil est enim, quod ex eo aut petatur aut consistere possit*. 7. Qui vivi testamentum aperuerit recitaverit resignaverit, poena legis Corneliae tenetur: et plerumque aut humiliores in metallum dantur aut honestiores in insulam deportantur. 8. Si quis instrumenta litis suae a procuratore vel cognitore adversario prodita esse convicerit, tam procurator quam cognitor, si humiliores sunt, in metallum damnantur; si honestiores sunt, adempta dimidia parte bonorum in perpetuum relegantur. 9 (10). Qui falsis instrumentis actis epistulis rescriptis sciens dolo malo usus fuerit, poena falsi coercetur; ideoque humiliores in metallum damnantur, honestiores in insulam deportantur. 10 (9). Instrumenta penes se deposita quicumque alteri altero absente reddiderit vel adversario prodiderit, pro personae ejus condicione aut in metallum damnatur aut in insulam relegatur. 11. Qui sibi falsum nomen imposuerit, genus parentesve finxerit, quo quid alienum interciperet caperet possideret, poena legis Corneliae de falsis coercetur. 12. Qui insignibus altioris ordinis utuntur militiamque confingunt, quo quem terreant vel concutiant, humiliores capite puniuntur, honestiores in insulam deportantur. 13. Si qui de judicis amicitiis vel familiaritate mentientes eventus sententiarum ejus vendunt, quidve obtentu nominis ejus agunt, convicti pro modo delicti aut relegantur aut capite puniuntur.

[XXVI. AD LEGEM JULIAM DE VI PUBLICA ET PRIVATA].

1. Lege Julia de vi publica damnatur, qui aliqua potestate praeditus civem Romanum antea ad populum, nunc ad

1. 25, 6ª = D., 48, 19, 38, 6.

imperatorem appellantem necaverit necarive jusserit torserit verberaverit condemnaverit, inve publica vincula duci jusserit. Cujus rei poena in humiliores capit*is* in honestiores insulae deportatione coercetur. 2. Hac lege excipiuntur, qui artem ludicram faciunt, judicati etiam et confessi, *et* qui ideo in carcerem duci jubentur, quod jus dicenti non obtempera*verint* quidve contra disciplinam publicam fecerint; tribuni etiam militum et praefecti classium alarumve, ut sine aliquo impedimento legis Juliae per eos militare delictum coerceri possit. 3. Lege Julia de vi privata tenetur, qui quem armatis hominibus possessione domo villa agrove dejecerit expugnaverit obsederit cluserit, idve ut fieret homines commodaverit locaverit conduxerit; quive coetum concursum turbam seditionem incendium fecerit, funerari sepelirive aliquem prohibuerit, funusve eripuerit turbaverit; et qui eum, cui aqua et igni interdictum est, receperit celaverit tenuerit; quive cum telo in publico fuerit, templa portas aliudve quid publicum armatis obsederit cinxerit clauserit occupaverit. Quibus omnibus convictis, si honestiores sunt, tertia pars bonorum eripitur et in insulam relegantur; humiliores in metallum damnantur. 4. Creditor chirographarius si sine jussu praesidis per vim debitoris sui pignora, cum non haberet obligata, ceperit, in legem Juliam de vi privata committit. Fiduciam vero et pignora apud se deposita persequi et sine auctoritate judicis vindicare non prohibetur.

[XXVII. AD LEGEM JULIAM PECULATUS].

1. Si quis fiscalem pecuniam attrectaverit subripuerit mutaverit seu in suos usus converterit, in quadruplum ejus pecuniae quam sustulit condemnatur.

[XXVIII. AD LEGEM JULIAM REPETUNDARUM].

1. Judices pedanei si pecunia corrupti dicantur, plerumque a praeside aut curia submoventur aut in exilium mittuntur aut ad tempus relegantur.

[XXIX. AD LEGEM JULIAM MAJESTATIS].

1. Lege Julia majestatis tenetur is, cujus ope consilio adversus imperatorem vel rem publicam arma mota sunt exercitusve ejus in insidias deductus est, quive injussu imperatoris bellum gesserit dilectumve habuerit, exercitum comparaverit

sollicitaverit, deseruerit imperatorem. His antea in perpetuum aqua et igni interdicebatur : nunc vero humiliores bestiis objiciuntur vel vivi exuruntur, honestiores capite puniuntur. Quod crimen non solum facto, sed et verbis impiis ac maledictis maxime exacerbatur. 2. In reum majestatis inquiri prius convenit, quibus opibus, qua factione, quibus hoc auctoribus fecerit : tanti enim criminis reus non obtentu adulationis alicujus, sed ipsius admissi causa puniendus est, et ideo, cum de eo quaeritur, nulla dignitas a tormentis excipitur.

[XXX^A. AD LEGEM JULIAM AMBITUS].

1. Petiturus magistratus vel provinciae sacerdotium si turbam suffragiorum causa conduxerit, servos advocaverit aliamve quam multitudinem conduxerit, convictus ut vis publicae reus in insulam deportatur.

[XXX_B. *AD LEGEM FABIAM*].[1]

1. *Lege Fabia tenetur, qui civem Romanum ingenuum, libertinum servumve alienum celaverit vendiderit vinxerit comparaverit. Et olim quidem hujus legis poena *nummaria* fuit, sed translata est cognitio in praefec*tum* urbis, itemque praesidis provinciae extra ordinem meruit animadversionem. Ideoque humiliores aut in metallum dantur aut in crucem tolluntur, honestiores adempta dimidia parte bonorum in perpetuum relegantur. 2. Si servus sciente domino alienum servum subtraxerit vendiderit celaverit, in ipsum dominum animadvertitur. Quod si id domino ignorante commiserit, in metallum datur.*

[XXXI. DE POENIS MILITUM].

1. Si pecunia accepta miles custodiam dimiserit, capite puniendus est. Et certe quaeritur, cujus criminis reus dimissus esse videatur. 2. Qui custodiam militi prosequenti magna manu excusserunt capite puniuntur. 3[2]. *Qui metu criminis, in quo jam reus fuerat postulatus, nomen militiae dedit, statim sacramento solvendus est. 4. Miles turbator pacis capite punitur.* 5[3]. *Miles, qui ex carcere dato gladio erupit*[4], poena capitis punitur. Eadem poena tenetur et qui cum eo quem

1. 30 b = Coll., 14, 2. Cf. Lex Rom. Burg., 20. — 2. 31, 3. 4 = D., 49, 16, 16. — 3. 31, 5. 6 = D., 48, 19, 38, 11. 12. — 4. Mommsen : 'erupit datus ad gladium',

custodiebat deseruit. 6. Miles, qui sibi manus intulit nec factum peregit, nisi impatientia doloris aut morbi luctusve alicujus vel alia causa fecerit, capite puniendus est: alias cum ignominia mittendus est.*

[XXXII. QUANDO APPELLANDUM SIT].

1. Quotiens jusjurandum postulatur, eo tempore appellandum est, quo defertur, non quo juratur.

[XXXIII. DE CAUTIONIBUS ET POENIS APPELLATIONUM].

1. Ne liberum quis et solutum haberet arbitrium retractandae et revocandae sententiae, et poena et tempora appellatoribus praestituta sunt. Quod nisi juste appellaverint, tempora ad cavendum in poena appellationis quinque dierum praestituta sunt. Igitur morans in eo loco, ubi appellavit, cavere debet, ut ex die acceptarum litterarum continui quinque dies computentur: si vero longius, salva dinumeratione interim[1] quinque dies cum eo ipso, quo litteras acceperit, computantur. 2. Ne quis in captionem verborum in cavendo incidat, expeditissimum est, poenam ipsam vel quid aliud pro ea deponere: necesse enim non habet sponsorem quis vel fidejussorem dare, aut praesens esse; et si contra eum fuerit pronuntiatum, perdit quod deposuit. 3. Quotiens in poena appellationis cavetur, tam unus quam plures fidejussores, si idonei sint, dari possunt: sufficit enim etiam per unum idoneum indemnitati poenae consuli. 4. Si plures appellant, una cautio sufficit, et si unus caveat, omnibus vincit. 5. Cum a pluribus sententiis provocatur, singulae cautiones exigendae sunt et de singulis poenis spondendum est. 6. Modus poenae, in qua quis cavere debet, specialiter in cautione exprimendus est, ut sit, in qua stipulatio committatur: aliter enim recte cavisse non videtur. 7. Adsertor si provocet, in ejusmodi tertiam cavere debet, quanti causa aestimata est. 8[2]. *In omnibus pecuniariis causis magis est, ut in tertiam partem ejus pecuniae caveatur.*

[XXXIV. DE LITTERIS DIMISSORIIS].

1. Ab eo, a quo appellatum est, ad eum, qui de appellatione cogniturus est, litterae dimissoriae diriguntur, quae vulgo apostoli appellantur; quorum postulatio et acceptio

1. Cujas: 'itineris'. — 2. 2, 23, 8 restitué d'après le Vesont. et deux autres mss.

intra quintum diem ex officio facienda est. 2. Qui intra tempora praestituta dimissorias non postulaverit vel acceperit vel reddiderit, praescriptione ab agendo submovetur et poenam appellationis inferre cogitur.

[XXXV. DE REDDENDIS CAUSIS APPELLATIONUM].

1. Meritum appellationis causae capitalis et ipsam rationem status non nisi per nosmet ipsos prosequi possumus: nemo enim absens aut duci in servitutem potest aut damnari. 2. Moratorias appellationes et eas, quae ab exsecutoribus et confessis fiunt, recipi non placuit. 3. Eum qui appellat cum convicio ipsius judicis appellare non oportet; ideoque ita factum arbitrio principis vindicatur.

[XXXVI. POST PROVOCATIONEM QUID OBSERVANDUM EST].

1. Quotiens possessor appellat, fructus medii temporis deponi convenit. Quod si petitor provocet, fructus in causa depositi esse non possunt nec recte eorum nomine satisdatio postulatur. 2. Si propter praedia urbana vel mancipia appelletur, pensiones eorum vel mercedes, vecturae etiam, si de navi agatur, deponi solent.

[XXXVII. DE MERITIS APPELLATIONUM].

1. Omnimodo ponendum est, ut, quotiens injusta appellatio pronuntiatur, sumptus, quos dum sequeretur adversarius impendit, reddere cogatur, non simplos, sed quadruplos.

6. Fragments des Institutes de Paul.

Nous possédons, des Institutes de Paul en 2 livres, qui ne sont représentées au *Digeste* que par 3 extraits (cf. Lenel, *Pal.*, 1, p. 1114), un fragment depuis longtemps connu rapporté par Boèce sur Cicéron, *Top.*, 2, 4, 19. Il faut aujourd'hui y ajouter deux autres fragments du même ouvrage contenus dans un commentaire inédit du *De inventione*, qui ont été découverts à Bruxelles par M. P. Thomas dans le ms. 10.057 de la Bibliothèque de Bourgogne (XIIe siècle) et qui ont été publiés par lui dans la *Revue de l'Instruction publique en Belgique*, 21, 1878, pp. 30-31, mais qui n'ont encore été reproduits dans aucun recueil juridique et que nous n'avons trouvés signalés que dans Krueger, *Gesch. d. Q.*, p. 247. Nous les reproduisons ici, à la suite du fragment de Boèce, dans la version de M. Thomas, sans vouloir présentement discuter leur attribution ni leur pureté.

1. Paulus institutorum libro secundo titulo de dotibus. Si divortium est matrimonii et hoc sine culpa mulieris factum

370   TEXTES DE DROIT ROMAIN. — II

est, dos integra repetetur. Quod si culpa mulieris factum est divortium, in singulos liberos sexta pars dotis a marito retinetur usque ad mediam partem dumtaxat dotis.

2. Secundum Paulum in libris institutionum, accipere[1] nomen extra ordinem *est* sic accusare aliquem, ut oporteat eum respondere sine respectu loci, temporis, condicionis, dignitatis. Si quis enim accusetur de morte patris aut de eo quod dominum morti tradere voluerit, oportebit eum sine respectu alicujus horum respondere absque dilatione cui libet appellanti illum. Nam in quocunque loco eum appellaverit, sive in quocunque tempore, cujuscunque dignitatis fuerit, sive sit servus sive liber, oportebit eum respondere vel defendere se statim, quam cito appellatus fuerit.

3. Secundum Paulum in eodem libro praejudicium est accusati reatus ante causam.

7. FRAGMENTUM DE FORMULA FABIANA.
(Paul, *ad edictum lib. 42 ?*)

Feuille double de parchemin écrite sur les deux côtés en lettres onciales du IVe au VIe siècle et probablement originaire du même fonds que les fragments de Paris et de Berlin (v. ci-dessus n° 4 et plus bas n° 11), conservée aujourd'hui à Vienne dans la collection de l'archiduc Rainer. Fragments d'un ouvrage juridique incertain publiés d'abord avec d'excellents fac-similés et un commentaire étendu, par MM. Pfaff et Hofmann, *Fragmentum de formula Fabiana* (extrait du tome IV des *Mittheilungen aus der Sammlung der Papyrus Erzherzogs Rainer*), 1888, puis par M. Krueger, *Zsavst.*, 9, 1888, p. 144 et ss. dont M. Gradenwitz, *Zsavst.* 9, p. 395 et ss. a complété la restitution sur quelques points importants et enfin par M. Lenel, *Pal.*, 2, pp. 1231-1232, et *Bullettino dell' instituto di diritto romano*, 2, 1889, pp. 142-150. Des deux feuilles, la seconde, dont il ne subsiste que quelques mots épars relatifs au testament, à l'exhérédation, à la *bonorum possessio* et peut-être aux affranchissements, présente un sens trop indécis pour qu'on puisse en déterminer le sujet, et nous croyons, comme M. Lenel, inutile d'en reproduire les débris. Au contraire, la 1re feuille, du recto et du verso de laquelle nous avons les 11 dernières lignes en totalité et les 5 précédentes en partie, donne un texte généralement lisible et d'un sens suivi relatif à l'action Fabienne accordée au patron contre les aliénations entre-vifs faites par l'affranchi en fraude de ses droits. Les 1ers éditeurs du texte l'ont attribué au commentaire sur l'édit de Pomponius ; mais cette conjecture, qui a été critiquée par M. Krueger et en faveur de laquelle on pourrait cependant invoquer encore d'autres considérations, est à peu près inconciliable avec la citation de Marcellus reconnue ingénieusement par M. Gradenwitz au § 8, et M. Gradenwitz l'attribue, avec des raisons sérieuses, au commentaire sur l'édit de Paul. Nous reproduisons le fragment avec la division en paragraphes de M. Krueger, en signalant soit au texte, soit en notes les principales correc-

---

1. Thomas : 'deferre'.

tions proposées par lui, M. Gradenwitz et M. Lenel pour les lacunes et les défectuosités les plus certaines du ms.

1. ... oluntiduas[1] sunt qui contra sen*tiant teneri eum quia haec actio ex* con*tractu venit et cum eo contrahitur (licet ita concipiatur formula quasi ex delicto venerit liberti) et est in factum et* arbitraria: etiam Vivi*anus* vere huic dici*t*[2] alienatum esse qui *servum manci*pio accepit, alienationem nobis ad dominii translationem referentibus. 2. Sed hoc[3] de illo *quaeritur* si pro muliere dotem dederit, quis teneatur hac formula? Sed in proposito et Javolenus confitetur cum viro actionem esse et idem pu*tat* etiam dissoluto matrimonio sed venire t[4]. Octavenus manente quidem matrimonio posse agi cum marito, et post divortium antequam dotem red*dat*: quod si red*di*derit, cum muliere, et si quid retinuerit maritus, cum utroque. Hoc et ego verum esse didici. 3. *Sed si debitorem* suum jusserit dotem promittere libertus, secundum Javolenum quidem et post divortium ipse tenebitur, ut actiones suas praes*tet*, si nondum exegit: sed si culpa ejus solvendo esse desi*it* debitor, periculo patroni periit. Sed si[5] statim potest mulier rei uxoriae agere et ante quam patronus Fabiana formula *revocet*, damnabitur maritus propter suam culpam. Deinde quaeremus[6]...

4. ... Laetoriae noxales sunt. *Sed si filio suo mancipare jusserit* p*ater*, suo nomine tenebitur, non de *peculio vel de in rem verso, quemadmodum si* quis jussit alii mancipare, ut jam diximus. 5. Sed si se*rvo libertus alienaverit*[7]*, quaeritur* post mortem ejus vel manumissionem vel alienationem dominii, utrum *intra annum* dumtaxat de peculio teneatur, an et post annum de eo quod ad eum perve*nit*. 6. Et ea quidem, quae non mortis causa data sunt, ita revocat, si dolo malo alienata sint: *ea autem* quae mortis causa *data sunt, omnimodo.* Nam in formula ita est: mortis causa *dolove* malo. In mortis causa enim donatione *severitate* uti necesse[8] praetor arbi*tratus* est. 7. Ergo et *si* filio exheredato mortis causa donaverit, tenebitur hac formula. Sed cum potest ei pater legare, videamus ne inutilis sit Fabiana formula adversus filium. 8. Idque etiam Julianus scribit in majore centenario qui, cum tres *filios* haberet, duos *heredes instituit* et tertio exheredato mortis causa

---

1. ? Krueger: 'oluntidua *sed*'; Lenel: 'olunt in *diversa schola*'. — 2. Lenel; Krueger: 'et *a muliere* huic *dicendum*'; — 3. Omission dans le ms., suppose Lenel. — 4. Krueger: 'et id *in rei uxoriae* etiam dissoluto matrimonio *non venire*'; Lenel: 'et idem *probat* etiam dissoluto matrimonio sed venire *tanto minus in rei uxoriae actionem, et*'. — 5. Krueger: '*Secundum Octavenum autem*'. — 6. Krueger: '*an mulier patrono teneatur*'. — 7. Lenel; Krueger: '*si servus injussu patris filio mancipatus fuerit*'. — 8. Lenel; ms.: 'semper uti'; Krueger: 'semper *dolum inesse*'.

donavit. Ait enim patronum, qui tertiae partis bonorum possessionem acceperit, Fabiana inu*ti*liter adversus filium usurum, quia potest ei et legare pater, nisi, inquit, commodum, quod per Falcidiam habiturus esse*t*, e*i* minuatur. Marcellus autem ait[1] non esse aequom quicquam filio eripi, cum etiam ex minima parte *heres institutus* expulsurus sit patronum.

8. Règles d'Ulpien.

Domitius Ulpianus, qui s'indique lui-même comme originaire de Tyr en Phénicie fut, avec Paul, assesseur du préfet du prétoire Papinien (203-212). Il devint ensuite *magister libellorum*, probablement sous Caracalla (212-217), fut un moment en disgrâce sous Elagabal, et apparaît dès le début du règne d'Alexandre Sévère, en 222, comme occupant la préfecture de l'annone le 31 mars et celle du prétoire le 1er décembre. Il conserva ce dernier poste et resta le conseiller le plus écouté de l'empereur jusqu'en 228 où il fut tué par les prétoriens, V. surtout Hirschfeld, *Untersuch.*, 1, p. 208, n. 2, p. 234 ; Karlowa. *R. R. G.*, 1, pp. 739-741 ; cf. Krueger, *Gesch. d. Q.*, pp. 214-215. Les fonctions administratives d'Ulpien ne l'ont pas plus empêché que Paul d'avoir une production juridique fort abondante. Comme lui il paraît avoir voulu embrasser dans ses œuvres tout l'ensemble du droit, et il ne lui est guère inférieur pour la quantité des ouvrages : 287 livres environ, parmi lesquels les principaux sont 81 *libri ad edictum praetoris*, 51 *libri ad Sabinum*, de nombreux traités sur les fonctions des divers magistrats, des *responsa*, des *disputationes*, 2 livres d'*institutiones*, des *regulae* en 7 livres et un *liber singularis regularum* ; v. les fragments de tous ces ouvrages sauf le dernier dans Lenel, *Pal.* 2, pp. 379-1200 ; cf. sur leurs dates Fitting, *Alt. d. Schr.*, pp. 31-44 et *Das castrense peculium*, p. XXXV et ss. ; Mommsen, *Z. R. G.*, 9, 1870, pp. 101-102, 113-114 ; Karlowa, *R. R. G.*, 1, pp. 742-744 ; Krueger, *Gesch. d. Q.*, pp. 215-223. Mais, tandis que l'activité de Paul se répartit sur une période de temps considérable, Ulpien semble avoir publié pour ainsi dire tous ses ouvrages durant les sept années du règne de Caracalla, et rien ne montre mieux le caractère de compilation impersonnelle et un peu hâtive des œuvres de cet écrivain clair et correct qu'une illusion singulière a souvent fait prendre pour l'un des jurisconsultes les plus originaux : v. sur ce point la démonstration topique de M. A. Pernice, *Ulpian als Schriftsteller*, dans les *Sitzungsberichte* de Berlin, 1885, 1, pp. 443-484 ; cf. Krueger, *Gesch. d. Q.* pp. 223. 216, n. 159. 331, n. 81. — L'ouvrage d'Ulpien dont nous sont parvenus les débris les moins incomplets est le *liber singularis regularum* écrit par lui sous Caracalla (Ulpien, 17, 2, rapproché de Dion, 77, 9, 4.5). Le *Digeste* et la *Collatio* en renferment quelques passages ; mais il nous est surtout connu par un ms. écrit en Gaule au Xe siècle ou à la fin du IXe qui en reproduit des extraits à la suite de la *lex Romana Wisigothorum* sous le titre *Incipiunt tituli ex corpore Ulpiani* et qui, après avoir été édité par Dutillet en 1549 et encore consulté par Cujas en 1576, n'a été retrouvé que de notre temps par Savigny au Vatican, dans le ms. 1128 du fonds de la reine Christine. La détermination de l'ouvrage résulte de la concordance de passages du ms.

---

1. Gradenwitz suivi par Lenel ; le ms. : 'arcatait'.

avec des extraits des règles d'Ulpien rapportés au *Digeste* et dans la *Collatio* (5, 6. 7 = *Coll.* 6, 2; 20, 6, 1 = *D.*, 22, 5, 17). Il est aussi facile de constater qu'avec quelques additions Ulpien y suit le même ordre que les Institutes de Gaius : cf. le tableau probant donné dans Bœcking, 4e éd., 1855, pp. 192-197. Mais ce rapprochement montre que le ms. est fort loin de nous donner l'ouvrage complet d'Ulpien. Non seulement son texte est mutilé au commencement et surtout à la fin où il s'arrête à la succession des affranchis, au passage correspondant à Gaius, 3, 53, en omettant par conséquent la fin des successions, la théorie des obligations et celle des actions, pour lesquelles nous n'avons que deux extraits de la *Collatio*, 2, 2, et du *Digeste*, 44, 7, 25. Mais l'ouvrage, dont le commencement et la fin nous manquent ainsi parce que des feuillets manquaient déjà dans le ms. sur lequel le nôtre est copié, présente en outre, dans la partie conservée, des traces de suppressions et de coupures qui viennent de ce que le modèle copié n'était pas le texte primitif des Règles d'Ulpien, mais un abrégé de ces Règles, assez comparable à l'abrégé des Sentences de Paul contenu dans la loi des Wisigoths. On y a supprimé d'abord les divisions méthodiques des matières qui, atteste *D.*, 44, 7, 25, ne manquaient pas plus dans les règles d'Ulpien que dans les Institutes de Gaius, et ensuite tous les renseignements historiques, étrangers au droit en vigueur, ainsi qu'on le voit par l'omission d'à peu près toutes les institutions signalées par Gaius comme en désuétude, ainsi par exemple des deux formes de testaments les plus anciennes, des vieilles lois sur le taux des legs, et en particulier des règles sur la succession des *gentiles* pour lesquelles le texte d'Ulpien nous a été transmis par la *Collatio*, 16, 4. Et l'on peut même, d'après ces suppressions et le droit qu'elles impliquent, déterminer la date de la composition de cet abrégé d'Ulpien placée par M. Mommsen peu après la constitution de Constantin de 320 sur l'abolition des peines du célibat, *C. Th.*, 8, 16, 1. En revanche, l'abréviateur n'a pas interpolé le texte d'Ulpien, il ne l'a modifié nulle part et il n'y a non plus rien ajouté, pas même les rubriques, qui à la vérité ne sont probablement pas d'Ulpien, mais qui sont plus anciennes que l'abrégé ; car on en rencontre quelques-unes dans la *Collatio* et certaines se réfèrent à des portions de l'original effacées dans l'abrégé. Les seuls changements qui puissent être constatés ne sont pas des interpolations, mais des corruptions produites par des erreurs de copistes : ils se rattachent soit à des inintelligences d'abréviations techniques employées dans des mss. anciens (par exemple *jus Quiritium* pour *jure Quiritium*, *Ascia* pour *Aelia Sentia*, *praetoriani* pour *populi Romani*, *re vera* pour *rei uxoriae*, etc.), soit, comme l'a le premier aperçu M. Mommsen, à une interversion faite par le copiste de notre ms. relativement au premier feuillet de son modèle qui devait être détaché du reste du ms. et dont il a copié le verso avant le recto en prenant le titre *De libertis*, pour le 1er de l'ouvrage et en le faisant précéder d'une liste des titres copiés par lui. V. sur tous ces points la dissertation de Mommsen, dans Böcking, pp. 109-120, et en outre Krueger, *Collectio*, 2, pp. 1-4 et *Gesch. d. Q.*, pp. 248-249 ; Karlowa, *R. R. G.*, 1, pp. 768-771. Un fac-simile commode du ms. dressé par Henri Brunn pour Bœcking, se trouve adjoint à l'éd. précitée de Bœcking, à côté de laquelle nous citerons seulement celle de Pellat, *Manuale*, celle de Huschke, *J. a.*, généralement suivie par Giraud, et celle de M. Krueger, basée sur une nouvelle collation des passages les plus délicats du ms.

ULPIANI LIBER SINGULARIS REGULARUM

1. *Leges aut perfectae sunt aut imperfectae aut minus quam perfectae. Perfecta lex est...* Imperfecta lex est, quae fieri aliquid vetat, nec tamen si factum sit, rescindit : qualis est lex Cincia, quae plus quam[1]... *donare* prohibet, exceptis quibusdam cognatis[2], et si plus donatum sit, non rescindit. 2. Minus quam perfecta lex est, quae vetat aliquid fieri, et si factum sit, non rescindit, sed poenam injungit ei qui contra legem fecit : qualis est lex Furia testamentaria, quae plus quam mille assium legatum mortisve causa prohibet capere, praeter exceptas personas, et adversus eum qui plus ceperit quadrupli poenam constituit.

3. Lex aut rogatur, id est fertur aut abrogatur, id est prior lex tollitur, aut derogatur, id est pars primae *legis* tollitur, aut subrogatur, id est adjicitur aliquid primae legi, aut obrogatur, id est mutatur aliquid ex prima lege...

4[3]. Mores sunt tacitus consensus populi, longa consuetudine inveteratus.

[I. DE LIBERTIS].

5. Libertorum genera sunt tria, cives Romani, Latini Juniani, dediticiorum numero.

6. Cives Romani sunt liberti, qui legitime *manumissi sunt, id est aut vindicta aut* censu aut testamento, nullo jure impediente. 7. Vindicta manumittuntur apud magistratum *populi Romani,* velut consulem praetoremve *vel* proconsulem. 8. Censu manumittebantur olim, qui lustrali censu Romae jussu dominorum inter cives Romanos censum profitebantur. 9. Ut testamento manumissi liberi sint, lex duodecim tabularum facit, quae confirmat[4] *ea quae testator de suis rebus disposuerit*[5]. 10. *Qui non legitime manumissierant, sed nuda dominorum voluntate libertate donati erant, olim quidem servi remanebant, praetor autem eos in libertatis possessione tuebatur.* Hodie autem ipso jure liberi sunt ex lege Junia, qua lege Latini *fiunt* nominatim inter amicos manumissi.

11. Dediticiorum numero sunt, qui poenae causa vincti

---

1. Huschke : „duo milia assium' arg. *Schol. ad Juv.* 7, 247 et ss. — 2. Krueger : peut-être *personis* ; Huschke: '*personis* quibusdam *velut* cognatis'. — 3. Placé dans le ms. avant l'index des titres ; cf. p. 373. — 4. Suivent ici, dans le ms., les §§ préliminaires 1 à 3 ; cf. p. 373. — 5. Restitution quant au sens de Krueger. Restitution différente quant à la forme équivalente quant au fond dans Huschke. Restitution équivalente, mais plus laconique, chez Mommsen, dans Boecking.

sunt a domino, quibusve stigmata scripta fuerunt, quive propter noxam torti nocentesque inventi sunt, quive traditi sunt, ut ferro aut cum bestiis depugnarent, *vel in ludum vel* custodiam conjecti fuerunt, deinde quoquo modo manumissi sunt : idque lex *Aelia* Sentia facit.

12. Eadem lege cautum est, ut minor triginta annorum servus vindicta manumissus civis Romanus non fiat, nisi apud consilium causa probata fuerit : ideo sine consilio manumissum Caesaris[1] servum manere putat ; testamento vero manumissum perinde haberi jubet, atque si domini voluntate in libertate esset, ideoque Latinus fit. 13. Eadem lex eum dominum, qui minor viginti annorum est, prohibet servum manumittere, praeterquam si causam apud consilium probaverit. 13ª. In consilio autem adhibentur Romae quinque senatores et quinque equites Romani ; in provinciis viginti reciperatores, cives Romani. 14. Ab eo domino, qui solvendo non est, servus testamento liber esse jussus et heres institutus, etsi minor sit triginta annis, vel in ea causa sit, ut dediticius fieri debeat, civis Romanus et heres fit ; si tamen alius ex eo testamento nemo heres sit. Quod si duo pluresve liberi heredesque esse jussi sint, primo loco scriptus liber et heres fit : quod et ipsum lex *Aelia Sentia* facit. 15. Eadem lex in fraudem creditoris et patroni manumittere prohibet.

16. Qui tantum in bonis, non etiam ex jure Quiritium servum habet, manumittendo Latinum facit. In bonis tantum alicujus servus est velut hoc modo, si civis Romanus a cive Romano servum emerit, isque traditus ei sit, neque tamen mancipatus ei, neque in jure cessus, neque ab ipso anno possessus sit : nam quamdiu horum quid fiat, is servus in bonis quidem emptoris, *ex* jure Quiritium autem venditoris est.

17. Mulier, quae in tutela est, item pupillus et pupilla manumittere non possunt.

18. Communem servum unus ex dominis manumittendo partem suam amittit, eaque adcrescit socio ; maxime si eo modo manumiserit, quo, si proprium haberet, civem Romanum facturus esset : nam si inter amicos eum manumiserit, plerisque placet eum nihil egisse. 19. Servus, in quo alterius est ususfructus, alterius proprietas, *a* proprietatis domino manumissus liber non fit, sed servus sine domino est.

20. Post mortem heredis aut ante institutionem heredis testamento libertas dari non potest, excepto testamento mi-

---

1. Ms.: 'Caesaris'; Hertz: '*lex* Aelia *Sentia*'; Puchta: 'Cassius'; Huschke; 'ejus aetatis'.

litis. 21. Inter medias heredum institutiones libertas data utrisque adeuntibus non valet. Solo autem priore adeunte jure antiquo valet : sed post legem Papiam Poppaeam, quae partem non adeuntis caducam facit, si quidem primus heres vel jus *liberorum vel jus* antiquum habeat, valere eam posse placuit ; quod si non habeat, non valere constat, quod loco non adeuntis legatarii patres heredes fiunt. Sunt tamen qui et hoc casu valere *eam* posse dicunt. 22. Qui testamento liber esse jussus est, mox quam *vel* unus ex heredibus adierit hereditatem, liber fit. 23. Justa libertas testamento potest dari his servis, qui testamenti faciendi et mortis tempore *ex jure* Quiritium testatoris fuerunt.

24. Lex Fufia Caninia jubet, testamento ex tribus servis non plures quam duos manumitti, et usque ad decem dimidiam partem manumittere concedit ; a *decem* usque ad triginta tertiam partem, ut tamen adhuc quinque manumittere liceat, aeque ut ex priori numero ; a triginta usque ad centum quartam partem, aeque ut decem ex superiori numero liberari possint ; a centum usque ad quingentos partem quintam, similiter ut ex antecedenti numero viginti quinque possint fieri liberi. Et denique praecipit, ne plures omnino quam centum ex cujusquam testamento liberi fiant. 25. Eadem lex cavet, ut libertates servis testamento nominatim dentur.

[II. DE STATU LIBERO VEL STATU LIBERIS].

1. Qui sub condicione testamento liber esse jussus est, statu liber appellatur. 2. Statu liber, quamdiu pendet condicio, servus heredis est. 3. Statu liber seu alienetur ab herede sive *usucapiatur* ab aliquo, libertatis condicionem secum trahit. 4. Sub hac condicione liber esse jussus : SI DECEM MILIA HEREDI DEDERIT, etsi ab herede abalienatus sit, emptori dando pecuniam ad libertatem perveniet : idque lex duodecim tabularum jubet. 5. Si per heredem factum sit, quominus statu liber condicioni pareat, proinde fit liber, atque si condicio expleta fuisset. 6. Extraneo pecuniam dare jussus *et* liber esse, si paratus sit dare, et is, cui jussus est dare, aut nolit accipere, aut antequam acceperit moriatur, proinde fit liber ac si pecuniam dedisset.

7. Libertas et directo potest dari hoc modo : LIBER ESTO, LIBER SIT, LIBERUM ESSE JUBEO, et per fideicommissum, ut puta : ROGO, FIDEI COMMITTO HEREDIS MEI, UT *STICH*UM SERVUM MANUMITTAT. 8. *Is*, qui directo liber esse jussus est, orcinus fit libert*us* ;

is autem, cui per fideicommissum data est libertas, non testatoris, sed manumissoris fit libertus. 9. Cujus fidei committi potest ad rem aliquam praestandam, ejusdem etiam libertas fidei committi potest. 10. Per fideicommissum libertas dari potest tam proprio servo testatoris, quam heredis aut legatarii, vel cujuslibet extranei servo. 11. Alieno servo per fideicommissum data libertate si dominus eum justo pretio non vendat, extinguitur libertas, quoniam nec pretii computatio pro libertate fieri potest. 12. Libertas sicut dari, ita et adimi tam testamento quam codicillis testamento confirmatis potest; ut tamen eodem modo adimatur, quo et data est.

[III. DE LATINIS].

1. Latini jus Quiritium consequuntur his modis: beneficio principali, liberis, iteratione, militia, nave, aedificio, pistrino; praeterea ex senatus consulto vulgo quae sit ter enixa[1]. 2. Beneficio principali Latinus civitatem Romanam accipit, si ab imperatore jus Quiritium impetraverit. 3. Liberis jus Quiritium consequitur Latinus, qui minor triginta annorum manumissionis tempore fuit: nam lege Junia cautum est, ut si civem Romanam vel Latinam uxorem duxerit, testatione interposita, quod liberorum quaerendorum causa uxorem duxerit, postea filio filiave nato natave et anniculo facto, possit apud praetorem vel praesidem provinciae causam probare et fieri civis Romanus, tam ipse quam filius filiave ejus et uxor, scilicet si et ipsa Latina sit; nam si uxor civis Romana sit, partus quoque civis Romanus est ex senatus consulto, quod auctore divo Hadriano factum est. 4. Iteratione fit civis Romanus, qui post Latinitatem quam acceperat, major triginta annorum iterum juste manumissus est ab eo, cujus ex jure Quiritium servus fuit. Sed huic concessum est [ut] ex senatus consulto etiam liberis jus Quiritium consequi. 5. Militia jus Quiritium accipit Latinus, si inter vigiles Romae sex annis militaverit, ex lege Visellia. Postea ex senatus consulto concessum est ei, ut, si triennio inter vigiles militaverit, jus Quiritium consequatur. 6. Nave Latinus civitatem Romanam accipit, si non minorem quam decem milium modiorum navem fabricaverit, et Romam sex annis frumentum portaverit, ex edicto divi Claudii.

1. Ms.: 'vulgo quae sit te re nexa'; Boecking: 'vulgo quaesitos tres enixa' Huschke: 'mulier quae sit ter enixa'.

[IV. DE HIS QUI SUI JURIS SUNT].

1. Sui juris sunt familiarum suarum principes, id est pater familiae itemque mater familiae.
2. Qui matre quidem *certa*, patre autem incerto nati sunt, spurii appellantur.

[V. DE HIS QUI IN POTESTATE SUNT].[1]

1. In potestate sunt liberi parentum *ex* justo matrimonio nati.
2. Just*um* matrimonium est, si inter eos, qui nuptias contrahunt, conubium sit, et tam masculus pubes quam femina potens sit, et utrique consentiant, si sui juris sunt, aut etiam parentes eorum, si in potestate sunt. 3. Conubium est uxoris jure ducendae facultas. 4. Conubium habent cives Romani cum civibus Romanis; cum Latinis autem et peregrinis ita si concessum sit. 5. Cum servis nullum est conubium. 6. Inter parentes et liberos infinite cujuscumque gradus sint conubium non est. Inter cognatos autem ex transverso gradu olim quidem usque ad quartum gradum matrimonia contrahi non poterant: nunc autem etiam ex tertio gradu licet uxorem ducere; sed ta*ntum* fratris filiam, non etiam sororis filiam aut amita*m* vel materteram, quamvis eodem gradu sint. Eam, *quae* noverca vel privigna vel nurus vel socrus nostra fuit, uxorem ducere non possumus. 7. Si quis eam, quam non licet, uxorem duxerit, incestum matrimonium contrahit, ideoque liberi in potestate ejus non fiunt, sed quasi vulgo concepti spurii sunt.

8. Conubio interveniente liberi semper patrem sequuntur: non interveniente conubio matris condicioni accedunt, excepto eo, qui ex peregrino et cive Romana peregrinus nascitur, quoniam lex Minicia ex alterutro peregrino natu*m* deterior*is* parentis condicionem sequi jubet. 9. Ex cive Romano et Latina Latinus nascitur, et ex libero et ancilla servus; quoniam, cum his casibus conubia non sint, partus sequi*tur* matrem. 10. In his, qui jure contracto matrimonio nascuntur, conceptionis temp*us* spectatur: in his autem, qui non legitime concipiuntur, editionis; veluti si ancilla conceperit, deinde manumissa pariat, liberum parit; nam quoniam non legitime concepit, cum editionis tempore libera sit, partus quoque liber est.

1. 5, 6-7 = *Coll.*, 6, 2, 1-3, sous la rubrique: 'Ulpianus, lib. regularum singulari sub tit. de nuptiis'.

[VI. DE DOTIBUS].

1. Dos aut datur, aut dicitur, aut promittitur. 2. Dotem dicere potest mulier, quae nuptura est, et debitor mulieris, si jussu ejus dicat; *item* parens mulieris virilis sexus, per virilem sexum cognatione junctus, velut pater, avus paternus. Dare promittere dotem omnes possunt.

3. Dos au*t* profecticia dicitur, id est quam pater mulieris dedit; aut adventicia, id est ea, quae a quovis alio data est.

4. Mortua in matrimonio muliere dos a patre profecta ad patrem revertitur, quintis in singulos liberos in infinitum relictis penes virum. Quod si pater non sit, apud maritum remanet. 5. Adventicia autem dos semper penes maritum remanet, praeterquam si is qui dedit, ut sibi redderetur, stipulatus fu*e*rit; quae dos specialiter recepticia dicitur.

6. Divortio facto si quidem sui juris sit mulier, ipsa habet *rei uxoriae* actionem, id est dotis repetitionem; quodsi in potestate patris sit, pater adjunct*a* filiae persona habet actionem re*i ux*oriae; nec interest, adventicia sit dos an profecticia. 7. Post divortium defuncta mulier*e* heredi ejus actio non aliter datur, quam si moram in dote mulieri reddenda maritus fecerit.

8. Dos si pondere numero mensura contineatur, annua bima trima die redditur; nisi si ut praesens reddatur convenerit. Reliquae dotes statim redduntur.

9. Retentiones ex dote fiunt *aut propter liberos*, aut propter mores, aut propter impensas, aut propter res donatas, aut propter res amotas.

10. Propter liberos retentio fit, si culpa mulieris aut patris, cujus in potestate est, divortium factum sit; tunc enim singulorum liberorum nomine sext*ae* retinentur ex dote, non plures tamen quam tres. Sextae in retentione sunt, non in petitione. 11. Dos quae semel functa est, amplius fungi non potest, nisi aliu*d* matrimonium sit.

12. Morum nomine graviorum quidem sext*a* retinetur; leviorum autem octava. Graviores mores sunt adulteria tantum; leviores omnes reliqui. 13. Mariti mores puniuntur in ea quidem dote, quae a die ¹reddi debet, ita *ut* propter majores mores praesentem dotem reddat, propter minores senum mensum die. In ea autem, quae praesens reddi solet, tantum ex fructibus jubetur reddere, quantum in illa dote, quae *t*rienno redditur, repr*ae*sentatio facit.

---

1. Huschke: '*annua* die'; Cujas, Pellat, Giraud: '*annua, bima, trima* die'; Boecking: '*ad diem*'.

14. *Impensarum* species sunt tres : aut enim necessariae dicuntur, aut utiles, aut voluptuosae. 15. Necessariae sunt impensae, quibus non factis dos deterior futura est, velut si quis ruinosas aedes refecerit. 16. Utiles sunt, quibus non factis quidem deterior dos non fuerit, factis autem fructuosior effecta est, veluti si vineta et oliveta fecerit. 17. Voluptuosae sunt, quibus neque omissis deterior dos fuerit, neque factis fructuosior effecta est ; quod evenit in viridiariis et picturis similibusque rebus.

[VII. DE JURE DONATIONUM INTER VIRUM ET UXOREM].

1. Inter virum et uxorem donatio non valet, nisi certis ex causis, id est mortis causa, divortii causa, servi manumittendi gratia. Hoc amplius principalibus constitutionibus concessum est mulieri in hoc donare viro suo, ut is ab imperatore lato clavo vel equo publico similive honore honoretur.

2. Si maritus[1] divortii causa res amoverit, rerum quoque amotarum actione tenebitur.

3. Si maritus pro muliere se obligaverit vel in rem ejus impenderit, divortio facto eo nomine cavere sibi solet stipulatione tribunicia.

4. In potestate parentum sunt etiam hi liberi, quorum causa probata est, per errorem contracto matrimonio inter disparis condicionis personas: nam seu civis Romanus Latinam aut peregrinam vel eam quae dediticiorum numero est, quasi *civem Romanam* per ignorantiam uxorem duxerit, sive civis Romana per errorem peregrino vel ei qui dediticiorum numero est *quasi civi Romano* aut etiam quasi Latino ex lege *Aelia Sentia* nupta fuerit, causa probata civitas Romana datur tam liberis quam parentibus praeter eos qui dediticiorum numero sunt, et ex eo fiunt in potestate parentum liberi.

[VIII. DE ADOPTIONIBUS].

1. Non tantum naturales liberi in potestate parentum sunt, sed etiam adoptivi. 2. Adoptio fit aut per populum, aut per praetorem vel praesidem provinciae. Illa adoptio, quae per populum fit, specialiter adrogatio dicitur. 3. Per populum qui sui juris sunt adrogantur ; per praetorem autem filii familiae a parentibus dantur in adoptionem. 4. Adrogatio Romae *dumtaxat* fit ; adoptio autem etiam in provinciis apud praesides. 5. Per praetorem vel praesidem provinciae adoptari tam

---

1. Ms. : 'Si maritus'; Huschke : 'Si marito uxor'; Mommsen, Pellat : 'Si mulier'.

masculi quam feminae, et tam puberes quam impuberes possunt, per populum vero Romanum feminae non adrogantur: pupilli antea quidem non poterant adrogari, nunc autem possunt ex constitutione divi Antonini. 6. Hi qui generare non possunt velut spado, utroque modo possunt adoptare; idem juris est in persona caelibis. 7. Item is, qui filium non habet, in locum nepotis adoptare potest. 8. Si pater familiae adrogandum se dederit, liberi quoque ejus quasi nepotes in potestate fiunt adrogatoris. 8. Feminae vero neutro modo possunt adoptare, quoniam nec naturales liberos in potestate habent.

[IX. DE HIS QUI IN MANU SUNT].

1. Farreo convenitur[1] in manum certis verbis et testibus x praesentibus et sollemni sacrificio facto, in quo panis quoque farreus adhibitur.

[X. QUI IN POTESTATE MANCIPIOVE SUNT QUEMADMODUM EO JURE LIBERENTUR].

1. Liberi parentum potestate liberantur emancipatione, id est si, posteaquam mancipati fuerint, manumissi sint. Sed filius quidem ter mancipatus, ter manumissus sui juris fit; id enim lex duodecim tabularum jubet his verbis: SI PATER FILIUM TER VENUM DABIT, FILIUS A PATRE LIBER ESTO. Ceteri autem liberi praeter filium, tam masculi quam feminae, una mancipatione manumissioneque sui juris fiunt. 2. Morte patris filius et filia sui juris fiunt: morte autem avi nepotes ita demum sui juris fiunt, si post mortem avi in potestate patris futuri non sunt, velut si moriente avo pater eorum aut etiam decessit aut de potestate dimissus est: nam si mortis avi tempore pater eorum in potestate ejus sit, mortuo avo in patris sui potestate fiunt. 3. Si patri vel filio aqua et igni interdictum sit, patria potestas tollitur, quia peregrinus fit is, cui aqua et igni interdictum est; neque autem peregrinus civem Romanum, neque civis Romanus peregrinum in potestate habere potest. 4. Si pater ab hostibus captus sit, quamvis servus hostium fiat, tamen cum reversus fuerit, omnia pristina jura recipit jure postliminii. Sed quamdiu apud hostes est, patria potestas in filio ejus interim pendebit, et cum reversus fuerit ab hostibus, in potestate filium habebit; si vero ibi decesserit, sui juris filius erit. Filius quoque si captus fuerit ab hostibus, similiter propter jus postliminii patria potestas

1. Huschke : 'convenit uxor'.

interim pendebit. 5. In potestate parentum esse desinunt et hi, qui flamines Diales inaugurantur, et quae virgines Vestae capiuntur.

[XI. DE TUTELIS].

1. Tutores constituuntur tam masculis quam feminis : sed masculis quidem impuberibus dumtaxat propter aetatis infirmitatem ; feminis autem *tam* impuberibus quam puberibus et propter sexus infirmitatem et propter forensium rerum ignorantiam.

2. Tutores aut legitimi sunt, aut senatus consultis constituti, aut moribus introducti.

3. Legitimi tutores sunt, *qui* ex lege aliqua descendunt ; per eminentiam autem legitimi dicuntur qui ex lege duodecim tabularum introducuntur seu *p*alam, quales sunt agnati, seu per consequentiam, quales sunt patroni. 4. Agnati sunt a patre cognati virilis sexus per virilem sexum descendentes ejusdem familiae, veluti patrui, fratris, filii fratris, patrueles. 5. Qui liberum caput mancipatum sibi vel a parente vel a coemptionatore manumisit, per similitudinem patroni tutor efficitur, qui fiduciarius tutor appellatur. 6. Legitimi tutores alii tutelam in jure cedere possunt. 7. Is, cui tutela in jure cessa est, cessicius tutor appellatur ; qui sive mortuus fuerit, sive capite minutus, sive alii tutelam *in jure* cesserit[1], redit ad legitimum tutorem tutela. Sed et si legitimus decesserit aut capite minutus fuerit, cessicia quoque tutela extinguitur. 8. Quantum ad agnatos pertinet, hodie cessicia tutela non procedit, quoniam permissum erat in jure cedere tutelam feminarum tantum, non etiam masculorum ; feminarum autem legitimas tutelas lex Claudia sus*tul*it, excepta tutela patronorum.

9. Legitima tutela capitis diminutione amittitur. 10. Capitis minutionis species sunt tres, maxima, media, minima. 11. Maxima capitis deminutio est, per quam et civitas et libertas amittitur : veluti cum incensus aliquis venierit, aut quod mulier alieno servo se junxerit, denuntiante domino et ancilla facta fuerit ex senatus consulto Claudiano. 12. Media capitis deminutio dicitur, per quam, sola civitate amissa, libertas retinetur : quod fit in eo, cui aqua et igni interdicitur. 13. Minima capitis deminutio est, per quam, et civitate et libertate salva, status dumtaxat hominis mutatur : quod fit adoptione et in manum con*ven*tione.

1. Ms. : 'processerit'; Krueger : '*in jure* cesserit' ; Bœcking, Huschke : '*porro* cesserit'.

14. Testamento quoque nominatim tutores dati confirmantur eadem lege duodecim tabularum his verbis : UTI LEGASSIT SUPER PECUNIA TUTELAVE SUAE REI, ITA JUS ESTO : qui tutores dativi appellantur. 15. Dari testamento tutores possunt liberis, qui in potestate sunt. 16. Testamento tutores dari possunt hi, cum quibus testamenti faciendi jus est, praeter Latinum Junianum; nam Latinus habet quidem testamenti factionem, sed tamen tutor dari non potest ; id enim lex Junia prohibet. 17. Si capite deminutus fuerit tutor testamento datus, non amittit tutelam ; sed si abdicaverit se tutela, desinit esse tutor. Abdicare autem est dicere nolle se tutorem esse; in jure cedere autem tutelam testamento datus non potest ; nam et legitimus in jure cedere potest, abdicare se non potest.

18. Lex Atilia jubet mulieribus pupillisve non habentibus tutores dari a praetore et majore parte tribunorum plebis, quos tutores Atilianos appellamus. Sed quia lex Atilia Romae tantum locum habet, lege Julia et Titia prospectum est, ut in provinciis quoque similiter a praesidibus earum dentur tutores. 19. Lex Junia tutorem fieri jubet Latinae vel Latini impuberis eum, cujus etiam ante manumissionem *ex jure* Quiritium fuit. 20. Ex lege Julia de maritandis ordinibus tutor datur a praetore urbis ei mulieri virginive, quam ex hac ipsa lege nubere oportet, ad dotem dandam dicendam promittendamve, si legitimum tutorem pupillum habeat. Sed postea senatus censuit, ut etiam in provinciis quoque similiter a praesidibus earum ex eadem causa tutores dentur. 21. Praeterea etiam in locum muti furiosive tutoris alterum dandum esse tutorem ad dotem constituendam senatus censuit. 22. Item ex senatus consulto tutor datur mulieri ei, cujus tutor abest, praeterquam si patronus sit, qui abest : nam in locum patroni absentis alter peti non potest nisi ad hereditatem adeundam et nuptias contrahendas. Idemque permisit in pupillo patroni filio. 23. Hoc amplius senatus censuit, ut si tutor pupilli pupillaeve suspectus a tutela submotus fuerit, vel etiam justa de causa excusatus, in locum ejus tutor alius *detur*.

24. Moribus tutor datur mulieri pupillove, qui cum tutore suo lege aut legitimo judicio agere vult, ut auctore eo agat (ipse enim tutor in rem suam auctor fieri non potest), qui praetorius[1] tutor dicitur, quia *a* praetore urbis dari consuevit.

25. Pupillorum pupillarumque tutores et negotia gerunt et auctoritatem interponunt ; mulierum autem tutores auctoritatem dumtaxat interponunt. 26. Si plures sunt tutores,

---

1. Ms. : 'praetorianus'.

omnes in omni re debent auctoritatem accommodare, praeter eos, qui *testamento* dati sunt ; nam ex his vel unius auctoritas sufficit.

27. Tutoris auctoritas necessaria est mulieribus quidem in his rebus : si lege aut legitimo judicio agant, si se obligent, si civile negotium gerant, si libertae suae permittant in contubernio alieni servi morari, si rem mancipi alienent. Pupillis autem hoc amplius etiam in rerum nec mancipi alienatione tutoris auctoritate opus est.

28. Liberantur tutela masculi quidem pubertate : puberem autem Cassiani quidem eum esse dicunt, qui habitu corporis pubes apparet, id est qui generare possit ; Proculeiani autem eum, qui quattuordecim annos explevit ; verum Priscus eum puberem esse, in quem utrumque concurrit, et habitus corporis, et numerus annorum. 28^a. Feminae autem tutela liberantur...

[XII. DE CURATORIBUS].

1. Curatores aut legitimi sunt, id est qui ex lege duodecim tabularum dantur, aut honorarii, id est qui a praetore constituuntur. 2. Lex duodecim tabularum furiosum itemque prodigum, cui bonis interdictum est, in curatione jubet esse agnatorum. 3. A praetore constituitur curator, quem ipse praetor voluerit, libertinis prodigis itemque ingenuis, qui ex testamento parentis heredes facti male dissipant bona : his enim ex lege curator dari non poterat, cum ingenuus quidem non ab intestato, sed ex testamento heres factus si*t* patri, libertinus autem nullo modo patri heres fieri possit, qui nec patrem habuisse videtur, cum servilis cognatio nulla sit. 4. Praeterea dat curatorem ei etiam, qui nuper pubes factus idonee negotia sua tueri non potest.

[XIII. DE CAELIBE ORBO ET SOLITARIO PATRE].

1. Lege Julia prohibentur uxores ducere senatores quidem liberique eorum libertinas et quae ipsae quarumve pater materve artem ludicram fecerit, item corpore quaestum facientem[1]. 2. Ceteri autem ingenui prohibentur ducere lenam et a lenone lenave manumissam, et in adulterio deprehensam, et judicio publico damnatam, et quae artem ludicram fecerit : adjicit Mauricianus et a senatu damnatam.

---

1. Mommsen, suivi par Huschke, efface ici : 'item corpore quaestum facientem' et transporte 'quaestum corpore facientem et', dans la phrase suivante après 'ducere', arg. D., 23, 2, 43. 44, pr.

[XIV. DE POENA LEGIS JULIAE].

1. Feminis lex Julia a morte viri anni tribuit vacationem, a divortio sex men*sum* : lex autem Papia a morte viri biennii, a repudio anni et sex mens*um*.

[XV. DE DECIMIS].

1. Vir et uxor inter se matrimonii nomine decimam capere possunt. Quod si ex alio matrimonio liberos superstites habeant, praeter decimam, quam matrimonii nomine capiunt, totidem decimas pro numero liberorum accipiunt. 2. Item communis filius filiave post non*am* diem amissus amissave unam decimam adjicit; duo autem post non*am*[1] diem amissi duas decimas adjiciunt. 3. Praeter decimam etiam usumfructum tertiae part*is* bonorum [ejus] capere possunt, et quandoque liberos habuerint, ejusdem part*is* proprietatem; hoc amplius mulier, praeter decimam, dotem *capere* potest legatam sibi.

[XVI. DE SOLIDI CAPACITATE INTER VIRUM ET UXOREM].

1. Aliquando vir et uxor inter se solidum capere possunt, velut si uterque vel alteruter eorum nondum ejus aetatis sint, a qua lex liberos exigit, id est si vir minor annorum xxv sit, aut uxor annorum xx minor : item si utrique lege Papia finitos annos in matrimonio excesserint, id est vir lx annos, uxor l; item si cognati inter se coierint usque ad sextum gradum; aut si vir [2]absit, et donec abes*t* et intra annum, postquam abesse desierit[3]. 1ᵃ. Libera inter eos testamenti factio est, si jus liberorum a principe impetraverint, aut si filium filiamve communem habeant, aut quattuordecim annorum filium vel filiam duo*decim* amiserint; vel si duos trimos, vel tres post non*am*[4] diem amiserint, ut intra annum tamen et sex menses etiam unus cujuscumque aetatis inpubes amissus solidi capiendi jus praes*tet*. Item si post mortem viri intra decem menses uxor ex eo peper*erit*, solidum ex bonis ejus capit.

2. Aliquando nihil inter se capiunt : id est, si contra

---

1. Le ms. : 'post nominum diem..... post nono die'; toutes les éd. modernes : 'post nominum diem... post nom*inum* diem'; mais cf. Mommsen, *Droit public*, VI, 1, p. 227, n. 4. — 2. Huschke : d'après Godefroy, 'rei publicae causa'. — 3. Finale transportée au § 1ᵃ après : 'impetraverint' par Huschke. — 4. Ms. : 'nonum'; toutes les éd. modernes : 'nominum'; mais cf. Mommsen, *loc. cit.*

legem Juliam Papiamque Poppaeam contraxerint matrimonium, verbi gratia si famosam quis[1] uxorem duxerit, aut libertinam senator.

3. Qui intra sexagesimum vel quae intra quinquagesimum annum neutri legi paruerit, licet ipsis legibus post hanc aetatem liberatus esset, perpetuis tamen poenis tenebitur ex senatus consulto Perniciano[2]. Sed Claudiano senatus consulto major sexagenario si minorem quinquagenaria duxerit, perinde habebitur, ac si minor sexaginta annorum duxisset uxorem. 4. Quod si major quinquagenaria minori sexagenario nupserit, impar matrimonium appellatur et senatus consulto Calvisiano jubetur non proficere ad capiendas hereditates et legata et dotes. Itaque mortua muliere dos caduca erit.

[XVII. DE CADUCIS].

1. Quod quis sibi testamento relictum, ita ut jure civili capere possit, aliqua ex causa non ceperit, caducum appellatur, veluti ceciderit ab eo: verbi gratia si caelibi vel Latino Juniano legatum fuerit, nec intra dies centum vel caelebs legi paruerit, vel Latinus jus Quiritium consecutus sit; aut si ex parte heres scriptus vel legatarius ante apertas tabulas decesserit vel peregrinus[3] factus sit. 2. Hodie ex constitutione imperatoris Antonini omnia caduca fisco vindicantur, sed servato jure antiquo liberis et parentibus. 3. Caduca cum suo onere fiunt: ideoque libertates et legata et fideicommissa ab eo data, ex cujus persona hereditas caduca facta est, salva sunt: scilicet et legata et fideicommissa cum suo onere fiunt caduca.

[XVIII. QUI HABEANT JUS ANTIQUUM IN CADUCIS].

1. Item liberis et parentibus testatoris usque ad tertium gradum lex Papia jus antiquum dedit, ut heredibus illis institutis, quod quis ex eo testamento non capit, ad hos pertineat aut totum aut ex parte, prout pertinere possit.

[XIX. DE DOMINIIS ET ADQUISITIONIBUS RERUM].

1. Omnes res aut mancipi sunt aut nec mancipi. Mancipi res sunt praedia in Italico solo, tam rustica, qualis est fundus, quam urbana, qualis domus; item jura praediorum rusticorum, velut via iter actus aquaeductus; item servi et qua-

---

1. Ms.; Huschke: 'ingenuus'. — 2. Huschke d'après Perizionus: 'Persiciano'. — 2. Huschke, d'après Cujas; ms: 'pereger'.

drupedes, quae dorso collove domantur, velut boves muli equi asini. Ceterae res nec mancipi sunt. Elefanti et cameli quamvis collo dorsove domentur, nec mancipi sunt, quoniam bestiarum numero sunt.

2. Singularum rerum dominium nobis adquiritur mancipatione, traditione, usucapione, in jure cessione, *adjudicatione*, lege.

3. Mancipatio propria species alienationis *est* rerum mancipi; eaque fit certis verbis, libripende et quinque testi*bus* praesent*ibus* 4. Mancipatio locum habet inter cives Romanos et Latinos coloniarios Latinosque Junianos eosque peregrinos, quibus commercium datum est. 5. Commercium est emendi vendendique invicem jus. 6. Res mobiles non nisi praesentes mancipari possunt, et non plures quam quo*t* manu capi possunt; immobil*es* autem etiam plures simul et quae diversis locis sunt mancipari possunt.

7. Traditio propria est alienato rerum nec mancipi. Harum rerum dominium ipsa traditione adprehendimus, scilicet si ex justa causa traditae sunt nobis.

8. Usucapione dominium adipiscimur tam mancipi rerum, quam nec mancipi. Usucapio est autem dominii adeptio per continuationem possessionis anni vel biennii: rerum mobilium anni, immobilium biennii.

9. In jure cessio quoque communis alienatio est et mancipi rerum et nec mancipi. Quae fit per tres personas, in jure cedentis, vindicantis, addicentis. 10. In jure cedit dominus; vindicat is, cui ceditur; addicit praetor. 11. In jure cedi res etiam incorporales possunt, velut ususfructus et hereditas et tutela legitima libertae. 12. Hereditas in jure ceditur vel antequam adeatur, vel posteaquam adita fuerit. 13. Antequam adeatur, in jure cedi potest ab herede legitimo[1]; posteaquam adita est, tam a legitimo quam ab eo, qui testamento heres scriptus est. 14. Si antequam adeatur, hereditas in jure cessa sit, proinde heres fit, cui cessa est, ac si ipse heres legitimus esset; quod si posteaqu*am* adita fuerit, in jure cessa sit, is, qui cessit, permanet heres, et ob id creditoribus defuncti manet obligatus: 15. debita vero pereunt, id est debitores defuncti liberantur, res autem corporales, quasi singulae in jure cessae es*sent*[2], transeunt ad eum, cui cessa est hereditas.

16. Adjudicatione dominia nanciscimur per formulam familiae herciscundae, quae locum habet inter coheredes et

---

1. Toutes les éd. modernes d'après Cujas; ms.: 'legitime ab herede'. — 2. Le ms.: 'quoties... sunt'.

per formulam communi dividundo, cui locus est inter socios, et per formulam finium regundorum, quae est inter vicinos. Nam si judex uni ex heredibus aut sociis aut vicinis rem aliquam adjudicaverit, statim illi adquiritur, sive mancipi sive nec mancipi sit.

17. Lege nobis adquiritur velut caducum vel ereptorium ex lege Papia Poppea, item legatum ex lege duodecim tabularum, sive mancipi res sint sive nec mancipi.

18. Adquiritur autem nobis etiam per eas personas, quas in potestate manu mancipiove habemus. Itaque si quid mancipio puta acceperint, aut traditum eis sit, vel stipulati fuerint, ad nos pertinet. 19. Item si heredes instituti sint legatumve eis sit, et hereditatem jussu nostro adeuntes nobis adquirunt, et legatum ad nos pertinet. 20. Si servus alterius in bonis, alterius ex jure Quiritium sit, ex omnibus causis adquirit ei, cujus in bonis est. 21. Is, quem bona fide possidemus, sive liber sive alienus servus sit, nobis adquirit ex duabus causis tantum, id est, quod ex re nostra et quod ex operis suis adquirit : extra has autem causas aut sibi adquirit, si liber sit, aut domino, si alienus servus sit. Eadem sunt et in eo servo, in quo tantum usumfructum habemus.

[XX. DE TESTAMENTIS].

1. Testamentum est mentis nostrae justa contestatio in id sollemniter factum, ut post mortem nostram valeat. 2. Testamentorum genera fuerunt tria, unum, quod calatis comitiis, alterum, quod in procinctu, tertium, quod per aes et libram appellatum est. His duobus testamentis abolitis hodie solum in usu est, quod per aes et libram fit, id est per mancipationem imaginariam. In quo testamento libripens adhibetur et familiae emptor et non minus quam quinque testes, cum quibus testamenti factio est. 3. Qui in potestate testatoris est aut familiae emptoris, testis aut libripens adhiberi non potest, quoniam familiae mancipatio inter testatorem et familiae emptorem fit, et ob id domestici testes adhibendi non sunt. 4. Filio familiam emente pater ejus testis esse non potest. 5. Ex duobus fratribus, qui in ejusdem patris potestate sunt, alter familiae emptor, alter testis esse non potest, quoniam quod unus ex his mancipio accipit, adquirit patri, cui filius suus testis esse non debet. 6¹. Pater et filius, qui in potestate ejus est, item duo

---

1. = D., 22, 5, 17 ; Inst., 2, 10, 8.

fratres, qui in ejus*dem* patris potestate sunt, testes utrique, vel alter testis, alter libripens fieri possunt, alio familiam emente, quoniam nihil nocet ex una domo plures testes alieno negotio adhiberi. 7. Mutus surdus furiosus pupillus femina neque familiae emptor esse neque testis libripensve fieri potest. 8. Latinus Junianus et familiae emptor et testis et libripens fieri potest, quoniam cum eo testamenti factio est.

9. In testamento, quod per aes *et* libram fit, duae res aguntur, familiae mancipatio et nuncupatio testamenti. Nuncupatur testamentum in hunc modum : tabulas testamenti testa*tor* tenens ita dicit : HAEC UT IN HIS TABULIS CERISVE SCRIPTA SUNT, ITA DO, ITA LEGO, ITA TESTOR, ITAQUE VOS, QUI*RITE*S, TESTIMONIUM *PERHI*BETOTE. Quae nuncupatio et testatio vocatur.

10. Filius familiae testamentum facere non potest, quoniam nihil suum habet, ut testari de eo possit. Sed divus Augustus [Marcus][1] constituit, ut filius familiae miles de eo peculio, quod in castris adquisivit, testamentum facere possit. 11. Qui de statu suo incertus est fac*tus*, quod patre peregre mortuo ignorat se sui juris esse, testamentum facere non potest. 12. Impubes, licet sui juris sit, facere testamentum non potest, quoniam nondum plenum judicium animi habet. 13. Mutus surdus furiosus itemque prodigus, cui lege bonis interdictum est, testamentum facere non possunt : mutus, quoniam verba nuncupationis loqui non potest ; surdus, quoniam verba familiae emptoris exaudire non potest ; furiosus, quoniam mentem non habet, ut testari de ea[2] re possit ; prodigus, quoniam commercio illi interdictum est, et ob id familiam mancipare non potest. 14. Latinus Junianus, item is, qui dediticiorum numero est, testamentum facere non potest : Latinus quidem, quoniam nominatim lege Junia prohibitus est ; is autem, qui dediticiorum numero est, quoniam nec quasi civis Romanus testari potest, cum sit peregrinus, nec quasi peregrinus, quoniam nullius certae civitatis ci*vis est*, ut *secundum* leges civitatis suae testetur. 15. Feminae post duodecimum annum aetatis testamenta facere possunt, tutore auctore, donec in tutela sunt. 16. Servus publicus *po*puli Romani[3] *p*artis dimidia*e* testamenti faciendi habet jus.

[XXI. QUEMADMODUM HERES INSTITUI DEBEAT].

1. Heres institui recte potest his verbis : TITIUS HERES ESTO,

1. Ms. : 'Marcus' ; effacé par Cujas, Boecking, Krueger, arg. *Inst.*, 2, 12, *pr.* ; Huschke : 'moribus'. — 2. Ms. ; Pellat, Krueger : 'sua'. — 3. Cujas, suivi par tous les éditeurs modernes ; ms. : 'praetoriani'.

22.

TITIUS HERES SIT, TITIUM HEREDEM ESSE JUBEO; illa autem institutio: HEREDEM INSTITUO, HEREDEM FACIO plerisque improbata est.

[XXII. QUI HEREDES INSTITUI POSSUNT].

1. Heredes institui possunt, qui testamenti factionem cum testatore habent. 2. Dediticiorum numero heres institui non potest, quia peregrinus est, cum quo testamenti factio non est. 3. *Latinus Junianus* si quidem mortis testatoris tempore vel intra diem cretionis civis Romanus sit, heres esse potest; quodsi Latinus manserit, lege Junia capere hereditatem prohibetur. Idem juris est in persona caelibis propter legem Juliam. 4. Incerta persona heres institui non potest, velut hoc modo: QUISQUIS PRIMUS AD FUNUS MEUM VENERIT, HERES ESTO, quoniam certum consilium debet esse testantis. 5. Nec municipia nec municipes heredes institui possunt, quoniam incertum corpus est, et neque cernere universi, neque pro herede *gerere* possunt, ut heredes fiant: senatus consulto tamen concessum est, ut a libertis suis heredes institui possint. Sed fideicommissa hereditas municipibus restitui potest, denique hoc senatus consulto prospectum est. 6. Deos heredes instituere non possumus praeter eos, quos senatus consulto constitutionibus*ve* principum instituere concessum est, sicuti Jovem Tarpeium, Apollinem Didymaeum *Mileti*, Martem in Gallia, Minervam Iliensem, Herculem Gaditanum, Dianam Ephesiam, Matrem Deorum Sipylensem[1] quae Smyrnae colitur, et Caelestem Salinensem Carthaginis.

7. Servos heredes instituere possumus, nostros cum libertate, alienos sine libertate, communes cum libertate vel sine libertate. 8. Eum servum, qui tantum in bonis noster est, nec cum libertate heredem instituere possumus, quia Latinitatem consequitur, quod non proficit ad hereditatem capiendam. 9. Alienos servos heredes instituere possumus eos *tantum*, quorum cum dominis testamenti factionem habemus. 10. Communis servus cum libertate recte quidem heres instituitur quasi proprius pro parte nostra; sine libertate autem quasi alienus propter socii partem. 11. Proprius servus cum libertate heres institutus si quidem in eadem causa permanserit, ex testamento liber et heres fit, id est necessarius. 12. Quod si ab ipso testatore vivente manumissus vel alienatus sit, suo arbitrio vel jussu emptoris hereditatem

---

1. Ms.: 'Sipilensim'; Cujas: 'cybelen'; Jahn suivi par Krueger: 'sipylen*en*, Nem*e*sim'.

adire potest. Sed si sine libertate sit institutus, omnino non consistit institutio. 13. Alienus servus heres institutus si quidem in ea causa permanserit, jussu domini debet hereditatem adire; quod si vivo testatore manumissus aut alienatus a domino fuerit, aut suo arbitrio aut jussu emptoris poterit adire hereditatem.

14. Sui heredes instituendi sunt vel exheredandi. Sui autem heredes sunt liberi, quos in potestate habemus, tam naturales quam adoptivi; item uxor, quae in manu est, et nurus, quae in manu est filii, quem in potestate habemus. 15. Postumi quoque liberi, id est qui in utero sunt, si tales sunt, ut nati in potestate nostra futuri sint, suorum heredum numero sunt. 16. Ex suis heredibus filius quidem neque heres institutus, neque nominatim exheredatus, non patitur valere testamentum. 17. Reliquae vero personae liberorum, velut filia nepos neptis, si praeteritae sint, valet testamentum, *sed* scriptis heredibus adcrescunt, suis quidem heredibus in partem virilem, extraneis autem in partem dimidiam. 18. Postumi quoque liberi cujuscumque sexus omissi, quod valuit testamentum, agnatione rumpunt. 19. Eos, qui in utero sunt, si nati sui heredes nobis futuri sunt, possumus instituere heredes, si quidem post mortem nostram nascantur, ex jure civili, si vero viventibus nobis, ex lege Junia.

20. Filius, qui in potestate est, si non instituatur heres, nominatim exheredari debet: reliqui sui heredes utriusque sexus aut nominatim aut inter ceteros. 21. Postumus filius nominatim exheredandus est: filia postuma ceteraeque postumae feminae vel nominatim vel inter ceteros, dummodo inter ceteros exheredatis aliquid legetur. 22. Nepotes et pronepotes ceterique masculi postumi praeter filium vel nominatim vel inter ceteros cum adjectione legati sunt exheredandi: sed tutius est tamen nominatim eos exheredari; et id observatur magis.

23. Emancipatos liberos q*uamvis* jure civili neque heredes instituere neque exheredare necesse sit, tamen praetor jubet, si non instituantur heredes, exheredari, masculos omnes nominatim, feminas vel inter ceteros; alioquin contra tabulas bonorum possessionem eis pollicetur.

24. Inter necessarios heredes, id est servos cum libertate heredes scriptos, et suos et necessarios, id est liberos, qui in potestate sunt, jure civili nihil interest: nam utrique etiam inviti heredes sunt. Sed jure praetorio suis et necessariis heredibus abstinere se a parentis hereditate permittitur, necessariis

autem tantum heredibus abstinendi potestas non datur.

25. Extraneus heres siquidem cum cretione sit heres institutus, cernendo fit heres ; si vero sine cretione, pro herede gerendo. 26. Pro herede gerit, qui rebus hereditariis tamquam dominus utitur, velut qui auctionem rerum hereditariarum facit, aut servis hereditariis cibaria dat. 27. Cretio est certorum dierum spatium, quod datur instituto heredi ad deliberandum, utrum expediat ei adire hereditatem nec ne, velut : TITIUS HERES ESTO CERNITOQUE IN DIEBUS CENTUM PROXIMIS, QUIBUS SCIERIS POTERISQUE : NISI ITA CREVERIS, EXHERES ESTO. 28. Cernere est verba cretionis dicere ad hunc modum : QUOD ME MEVIUS HEREDEM INSTITUIT, EAM HEREDITATEM ADEO CERNOQUE. 29. Sine cretione heres institutus si constituerit nolle se heredem esse, statim excluditur ab hereditate, et amplius eam adire non potest. 30. Cum cretione vero heres institutus sicut cernendo fit heres, ita non aliter excluditur, quam si intra diem cretionis non creverit : ideoque etiamsi constituerit nolle se heredem esse, tamen, si supersint dies cretionis, paenitentia actus cernendo heres fieri potest.

31. Cretio aut vulgaris dicitur aut continua : vulgaris, in qua adjiciuntur haec verba : QUIBUS SCIERIS POTERISQUE, continua, in qua non adjiciuntur. 32. Ei, qui vulgarem cretionem habet, dies illi tantum computantur, quibus scivit se heredem institutum esse, et potuit cernere ; ei vero, qui continuam habet cretionem, etiam illi dies computantur, quibus ignoravit se heredem institutum, aut scivit quidem, sed non potuit cernere.

33. Heredes aut instituti dicuntur aut substituti : *instituti*, qui primo gradu scripti sunt ; substituti, qui secundo gradu vel sequentibus heredes scripti sunt, velut : TITIUS HERES ESTO CERNITOQUE IN DIEBUS PROXIMIS CENTUM, QUIBUS SCIES POTERISQUE. QUODNI ITA CREVERIS, EXHERES ESTO. TUNC MEVIUS HERES ESTO CERNITOQUE IN DIEBUS et reliqua. Similiter et deinceps substitui potest.

34. Si sub imperfecta cretione heres institutus sit, id est non adjectis his verbis : SI NON CREVERIS, EXHERES ESTO, sed si ita : SI NON CREVERIS, TUNC MEVIUS HERES ESTO, cernendo quidem superior inferiorem excludit, non cernendo autem, sed pro herede gerendo in partem admittit substitutum : sed postea divus Marcus constituit, ut et pro herede gerendo ex asse fiat heres. Quodsi neque creverit, neque pro herede gesserit, ipse excluditur, et substitutus ex asse fit heres.

[XXIII. QUEMADMODUM TESTAMENTA RUMPUNTUR].

1. Testamentum jure factum infirmatur duobus modis, si ruptum aut irritum factum sit.
2. Rumpitur testamentum mutatione, id est, si postea aliud testamentum jure factum sit; item agnatione, id est, si suus heres agnascatur, qui neque heres institutus neque ut oportet exheredatus sit. 3. Agnascitur suus heres aut agnascendo, aut adoptando, aut in manum conveniendo, aut in locum sui heredis succedendo, velut nepos mortuo filio vel emancipato, aut manumissione, id est si filius ex prima secundave mancipatione manumissus reversus sit in patris potestatem.
4. Irritum fit testamentum, si testator capite deminutus fuerit, aut si jure facto testamento nemo extiterit heres.
5. Si is, qui testamentum fecit, ab hostibus captus sit, testamentum ejus valet, si quidem reversus fuerit, jure postliminii, si vero ibi decesserit, ex lege Cornelia, *quae* perinde successionem ejus confirmat, atque si in civitate decessisset.
6. Si septem signis testium signatum sit testamentum, licet jure civili ruptum vel irritum factum sit, praetor scriptis heredibus juxta tabulas bonorum possessionem dat, si testator et civis Romanus et suae potestatis cum moreretur fuit; quam bonorum possessionem cum re, id est cum effectu, habent, si nemo alius jure heres sit.
7. Liberis impuberibus in potestate manentibus, tam natis quam postumis, heredes substituere parentes possunt duplici modo: id est aut eo, *quo* extraneis, ut, si heredes non extiterint liberi, substitutus heres fiat; aut proprio jure, id est, *ut*, si post mortem parentis heredes facti intra pubertatem decesserint, substitutus heres fiat. 8. Etiam exheredatis filiis substituere parentibus licet. 9. Non aliter impuberi filio substituere quis heredem potest, quam si sibi quis[1] heredem instituerit vel ipsum filium vel quemlibet alium.
10. Milites *quo*modocumque fecerint testamenta, valent, id est etiam sine legitima observatione. Nam principalibus constitutionibus permissum est illis, quomodocumque vellent, quomodocumque possent, testari. Idque testamentum quod miles contra juris regulam fecit, ita demum valet, si vel in castris mortuus sit vel post missionem intra annum.

---

1. Ms.; Lachmann, suivi par Boecking, Pellat, Giraud; 'prius',

[XXIV. DE LEGATIS].

1. Legatum est, quod legis modo, id est imperative testamento relinquitur. Nam ea, quae precativo modo relinquuntur, fideicommissa vocantur.

2. Legamus autem quattuor modis : per vindicationem, per damnationem, sinendi modo, per praeceptionem. 3. Per vindicationem his verbis legamus : DO LEGO, CAPITO, SUMITO, SIBI HABETO. 4. Per damnationem his verbis : HERES MEUS DAMNAS ESTO DARE, DATO, FACITO, HEREDEM MEUM DARE JUBEO. 5. Sinendi modo ita : HERES MEUS DAMNAS ESTO SINERE LUCIUM TITIUM SUMERE ILLAM REM SIBIQUE HABERE. 6. Per praeceptionem sic : LUCIUS TITIUS ILLAM REM PRAECIPITO.

7. Per vindicationem legari possunt res, quae utroque tempore ex jure Quiritium testatoris fuerunt, mortis, et quo testamentum faciebat, praeterquam si pondere numero mensura contineantur; in his enim satis est, si vel mortis dumtaxat tempore fuerint ex jure Quiritium. 8. Per damnationem omnes res legari possunt, etiam quae non sunt testatoris, dummodo tales sint, quae dari possint. 9. Liber homo aut res populi aut sacra aut religiosa nec per damnationem legari potest, quoniam dari non potest. 10. Sinendi modo legari possunt res propriae testatoris et heredis ejus. 11. Per praeceptionem legari possunt res, quae etiam per vindicationem.

11ª. Si ea res, quae non fuit utroque tempore testatoris ex jure Quiritium, per vindicationem legata sit, licet jure civili non valeat legatum, tamen senatus consulto Neroniano firmatur, quo cautum est, ut quod minus aptis verbis legatum est, perinde sit, ac si optimo jure legatum esset : optimum autem jus legati per damnationem est.

12. Si duobus eadem res per vindicationem legata sit, sive conjunctim, velut : TITIO ET SEIO HOMINEM STICHUM DO LEGO, sive disjunctim, velut : TITIO HOMINEM STICHUM DO LEGO, SEIO EUNDEM HOMINEM DO LEGO, jure civili concursu partes fiebant ; non concurrente altero pars ejus alteri adcrescebat : sed post legem Papiam Poppaeam non capientis pars caduca fit. 13. Si per damnationem eadem res duobus legata sit, si quidem conjunctim, singulis partes debentur et non capientis pars jure civili in hereditate remanebat, nunc autem caduca fit ; quodsi disjunctim, singulis solidum debetur.

14. Optione autem legati per vindicationem data, legatarii electio est veluti : HOMINEM OPTATO, ELEGITO. Idemque est et si tacite data sit optio hoc modo : TITIO HOMINEM DO LEGO. Si vero

per damnationem, velut: HERES MEUS DAMNAS ESTO TITIO HOMINEM DARE, heredis electio est, *quem* velit dare.

15. Ante heredis institutionem legari non potest, quoniam *vis* et potestas testamenti ab heredis institutione incipit. 16. Post mortem heredis legari non potest, ne ab heredis herede legari videatur, quod juris civilis ratio non patitur. In mortis autem heredis tempus legari potest, velut CUM HERES MORIETUR.

17. Poenae causa legari non potest, poenae autem causa legatur, quod coercendi heredis *causa* relinquitur, ut faciat quid aut non faciat, non ut *ad* legatarium pertineat, ut puta hoc modo : SI FILIAM TUAM IN MATRIMONIO TITIO COLLOCAVERIS, DECEM MILIA SEIO DATO.

18. Incertae personae legari non potest, veluti : QUICUMQUE FILIO MEO FILIAM SUAM IN MATRIMONIUM COLLOCAVERIT, EI *HERES MEUS* TOT MILIA DATO. Sub certa tamen demonstratione incertae personae legari potest, velut : EX COGNATIS MEIS, QUI NUNC SUNT, QUI PRIMUS AD FUNUS MEUM VENERIT, EI HERES MEUS ILLUD DATO.

19. Neque ex falsa demonstratione, neque ex falsa causa legatum infirmatur. Falsa demonstratio est velut : TITIO FUNDUM QUEM A TITIO EMI, DO LEGO, cum is fundus a Titio emptus non sit. Falsa causa est velut : TITIO, QUONIAM NEGOTIA MEA CURAVIT, FUNDUM DO LEGO, *cum* negotia ejus numquam Titius curasset.

20. A legatario legari non potest. 21. Legatum ab eo tantum dari potest, qui *heres institutus est* : ideoque filio familiae herede instituto vel servo, neque a patre neque a domino legari potest. 22. Heredi a semet ipso legari non potest. 23. Ei, qui in potestate manu mancipiove est scripti heredis, sub condicione legari potest, ut requiratur, quo tempore dies legati cedit, in potestate heredis non sit. 24. Ei, cujus in potestate manu mancipiove est heres scriptus, legari non potest.

25. Sicut singulae res legari possunt, ita universarum quoque summa legari potest, ut puta *hoc* modo : HERES MEUS CUM TITIO HEREDITATEM MEAM PARTITO, DIVIDITO ; quo casu dimidia pars bonorum legata videtur : potest autem et alia pars, velut tertia vel quarta, legari : quae species partitio *appellatur*.

26. Ususfructus legari potest jure civili earum rerum, quarum salva substantia utendi fruendi potest esse facultas ; et tam singularum rerum quam plurium, *item* partis. 27. Sen*atus* consulto cautum est, ut, etiamsi earum rerum, quae in abusu continentur, ut puta vini olei tritici, ususfructus legatus sit, legatario res tradantur, cautionibus interpositis de restituendis eis, cum ususfructus ad legatarium pertinere desierit.

28. Civitatibus omnibus, quae sub imperio *populi Romani*[1] sunt, legari potest; idque a divo Nerva introductum, postea a senatu auctore *Hadriano* diligentius constitutum est.

29. Legatum, quod datum est, adimi potest vel eodem testamento vel codicillis testamento confirmatis, dum tamen eodem modo adimatur, quo modo datum est.

30. Ad heredem legatarii legata non aliter transeunt, nisi si jam die legatorum cedente legatarius decesserit. 31. Legatorum, quae pure vel in diem certum relicta sunt, dies cedit antiquo quidem jure ex mortis testatoris tempore; per legem autem *Papiam Poppaeam* ex apertis tabulis testamenti; eorum vero, quae sub condicione relicta sunt, cum condicio extiterit.

32. Lex Falcidia jubet, non plus quam dodrantem totius patrimonii legari, ut omnimodo quadrans integer apud heredem remaneat.

33. Legatorum perperam solutorum repetitio non est.

[XXV. DE FIDEICOMMISSIS].

1. Fideicommissum est, quod non civilibus verbis, sed precative relinquitur, nec ex rigore juris civilis proficiscitur, sed ex voluntate datur relinquentis. 2. Verba fideicommissorum in usu fere haec sunt: FIDEICOMMITTO, PETO, VOLO DARI et similia. 3. Etiam nutu relinquere fideicommissum [in] usu receptum est. 4. Fideicommissum relinquere possunt, qui testamentum facere possunt, licet non fecerint: nam [et] intestato quis moriturus fideicommissum relinquere potest. 5. Res per fideicommissum relinqui possunt, quae etiam per damnationem legari possunt. 6. Fideicommissa dari possunt his, quibus legari potest. 7. Latini Juniani fideicommissum capere possunt, licet legatum capere non possint. 8. Fideicommissum et ante heredis institutionem, et post mortem heredis, et codicillis etiam non confirmatis testamento dari potest, licet *ita* legari non possit. 9. Item Graece fideicommissum scriptum valet, licet legatum Graece scriptum non valeat. 10. Filio, qui in potestate est, servove heredibus institutis, seu his legatum sit, patris vel domini fidei committi potest, quamvis ab eo legari non possit. 11. Qui testamento heres institutus est, codicillis etiam non confirmatis rogari potest, *ut* hereditatem totam vel ex parte alii restituat, quamvis directo heres insti-

---

1. Cujas suivi par les éditions modernes; ms. 'praetoriani'.

tui ne quidem confirmatis codicillis possit. 12. Fideicommissa non per formulam petuntur, ut legata, sed cognitio est Romae quidem consulum aut praetoris, qui fideicommiss*arius* vocatur, in provinciis vero praesi*dum* provinciarum. 13. Poenae causa vel incertae personae ne quidem fideicommissa dari possunt.

14. Is, qui rogatus est alii restituere hereditatem, lege quidem Falcidia *locum* non habente, quoniam non plus puta quam dodrantem restituere rogatus est, ex Trebelliano senatus consulto restituit, ut ei et in eum dentur actiones, cui restituta est hereditas. Lege autem Falcidia interveniente, quoniam plus dodran*te* vel etiam totam hereditatem restituere rogatus sit, ex Pegasiano senatus consulto restituit, ut deducta parte quarta ip*si*, qui scriptus est heres, *et* in ipsum actiones conserventur, is autem, qui recipit hereditatem, legatarii loco habeatur. 15. Ex Pegasiano senatus consulto restituta hereditate commoda et incommoda hereditatis communicantur inter heredem et eum, cui reliquae partes restitutae sunt, interpositis stipulationibus ad exemplum part*is* et pro part*e* stipulationum. Part*is* autem et pro parte stipulationes proprie dicuntur, quae de lucro et damno communicando solent interponi inter heredem et legatarium partiarium, id est cum quo partitus est heres. 16. Si heres damnosam hereditatem dicat, cogetur a praetore adire et restituere totam, ita ut ei et in *eum*, qui recipit hereditatem, actiones dentur, proinde atque si ex Trebelliano senatus consulto restituta fuisset. Idque ut ita fiat, Pegasiano senatus consulto cautum.

17. Si quis in fraudem tacitam fidem accommodaverit, ut non capienti fideicommissum restituat, nec quadrantem eum deducere senatus censuit, nec caducum vindicare ex eo testamento, si liberos habeat.

18. Libertas dari potest per fideicommissum.

[XXVI. DE LEGITIMIS HEREDIBUS.][1]

1. Intestatorum ingenuorum[2] hereditates pertinent primum ad suos heredes, id est liberos qui in potestate sunt, ceterosque qui in liberorum loco sunt; si sui heredes non sunt, ad consanguineos, id est fratres et sorores ex eodem patre; si nec hi sunt, ad reliquos agnatos proximos, id est cognatos virilis sexus, per mares descendentes, ejusdem familiae: id enim cautum est lege duodecim tabularum hac: si

---

1. 26, 1. 1ᵉ = *Coll.*, 16, 4. — 2. *Coll.*: 'gentiliciorum'.

INTESTATO MORITUR, CUI SUUS HERES NEC ES*CIT*, AGNATUS PROXIMUS FAMILIA*M* habeto. 1ª[1]. *Si agnatus defuncti non sit, eadem lex duodecim tabularum gentiles ad hereditatem vocat his verbis* : SI AGNATUS NEC ESCIT, GENTILES FAMILIAM HABENTO. *Nunc nec gentilicia jura in usu sunt.*

2. Si defuncti sit filius, *et* ex altero filio jam mortuo nepos unus vel etiam plures, ad omnes hereditas pertinet, non ut in capita dividatur, sed in stirpes, id est ut filius solus mediam partem habeat et nepotes quotquot sunt alteram dimidiam : aequum est enim nepotes in patris sui loc*um* succedere et eam partem habe*re*, quam pater eorum, si viveret, habiturus esset.

3. Quamdiu suus heres speratur heres fieri posse, tamdiu locus agnatis non est ; velut si uxor defuncti praegnans sit, aut filius apu*d* hostes sit.

4. Agnatorum hereditates dividuntur in capita ; velut si sit frat*ris* filius et alterius fratris duo pluresve liberi, quotquot sunt ab utraque parte personae, tot fiunt portiones, ut singuli singulas capiant. 5. Si plures eodem gradu sint agnati, et quidam eorum hereditatem ad se pertinere noluerint, vel antequam adierint decesserint, eorum pars adcrescit his, qui adierunt ; quod si nemo eorum adierit, ad insequentem grad*um* ex lege hereditas non transmittitur, quoniam in legitimis hereditatibus successio non est. 6. Ad feminas ultra consanguineorum gradu*m* legitima hereditas non pertinet ; itaque soror fratri sororive legitima heres fit. 7. Ad liberos mat*ris* intestatae hereditas ex lege duodecim tabularum non pertinebat, quia feminae suos heredes non habent ; sed postea imperator*um* Antonin*i* et Commodi oratione in senatu recitata id actum est, ut sine in manu*m* conventione[2] matr*um* legitimae hereditates ad filios pertineant, exclusis consanguineis et reliquis agnatis. 8. Intestati filii hereditas ad matrem ex lege duodecim tabularum non pertinet ; sed si jus liberorum habeat, ingenua trium, libertina quattuor, legitima heres fit ex senatus consulto Tertulliano, si tamen ei filio neque suus heres sit quive inter suos heredes ad bonorum possessione*m* a praetore vocatur, neque pater, ad quem lege hereditas bonorumve possessio cum re pertinet, neque frater consanguineus : quod si soror consanguinea sit, ad utrasque pertinere jubetur hereditas.

---

1. Extrait de *Coll.*, 16, 4, 2. — 2. 'Sine... conventione' transporté par Huschke au début du § entre 'hereditas' et 'ex lege'.

[XXVII. DE LIBERTORUM SUCCESSIONIBUS VEL BONIS].

1. Libertorum intestatorum hereditas primum ad suos heredes pertinet ; deinde ad eos, quorum liberti sunt, velut patronum patronam liberosve patroni. 2. Si sit patronus et alterius patroni filius, ad solum patronum hereditas pertinet. 3. Item patroni filius patroni nepotibus obstat. 4. Ad liberos patronorum hereditas defuncti pertinet ita ut in capita, non in stirpes dividatur.

5. Legitimae hereditatis jus, quod ex lege duodecim tabularum descendit, capitis minutione amittitur.

[XXVIII. DE POSSESSIONIBUS DANDIS].

1. Bonorum possessio datur aut contra tabulas testamenti, aut *secundum* tabulas, *aut* intestati.
2. Contra tabulas bonorum possessio datur liberis emancipatis testamento praeteritis, licet legitima non ad eos pertineat hereditas. 3. Bonorum possessio contra tabulas liberis tam naturalibus quam adoptivis datur ; sed naturalibus quidem emancipatis, non tamen et illis qui in adoptiva familia sunt ; adoptivis autem his tantum, qui in potestate manserunt. 4. Emancipatis liberis ex edicto datur bonorum possessio, si parati sunt cavere *f*ratribus suis, qui in potestate manserunt, bona, quae moriente patre habuerunt, se collaturos.

5. Secundum tabulas bonorum possessio datur scriptis heredibus, scilicet si eorum, quibus contra tabulas competit, nemo sit, aut petere nolint. 6. Etiam si jure civili non valeat testament*um*, forte quod familiae mancipatio vel nuncupatio defuit, si signatum testamentum sit non minus quam septem testium civium Romanorum signis, bonorum possessio datur.

7. Intesta*ti* datur bonorum possessio per septem gradus : primo gradu liberis ; secundo legitimis heredibus ; tertio proximis cognatis ; quarto familiae patroni ; *quinto* patrono patronae, item liberis *parentibus*ve patroni patronaeve ; sexto viro uxori ; septimo cognatis manumissoris, quibus per legem Furiam plus mille asses capere licet ; et si nemo sit, ad quem bonorum possessio pertinere possit, aut sit quidem, sed jus suum omiserit, populo bona deferuntur ex lege Julia caducaria. 8. Liberis bonorum possessio datur tam his, qui in potestate usque in mortis tempus fuerunt, quam emancipatis ; item adoptivis, non tamen etiam in adoption*em* datis. 9. **Proximi cognati bonorum possession*em* accipiunt non solum**

per feminini sexus personam cognati, sed etiam agnati capiite deminu*ti*; nam licet legitimum jus agnationis capitis minutione amiserint, natura tamen cognati manent.

10. Bonorum possessio datur parentibus et liberis intra annum, ex quo petere potuerunt, ceteris intra centum dies. 11. Qui omnes intra id tempus si non petierint bonorum possessionem, sequens gradus admittitur, perinde atque si superiores non essent; idque per septem gradus fit.

12. Hi, quibus ex successorio edicto bonorum possessio datur, heredes quidem non sunt, sed heredis loco constituuntur beneficio praetoris. Ideoque seu ipsi agant, seu cum lhis agatur, ficticiis actionibus opus est, in quibus heredes esse finguntur.

13. Bonorum possessio aut *cum re* datur, aut sine re: cum re, *cum* is qui accepit cum effectu bona retineat; sine re, cum alius jure civili evincere hereditatem possit; velu*ti* si suus heres in testa*mento praeteritus sit, licet scripti*s *heredibus secundum tabulas bonorum possessio deferatur, erit tamen ea*[1] sine re, quoniam suus heres evincere hereditatem jure legitimo po*test*.

[XXIX. DE BONIS LIBERTORUM].

1. Ci*vis* Romani liberti hereditatem lex duodecim tabularum patrono defert, si intestato sine suo herede libertus decesserit: ideoque sive testamento facto decedat, licet suus heres ei non sit, seu intestato, et suus heres ei sit, quam*quam* non naturalis, sed uxor puta quae in manu fuit, vel adoptivus filius, lex patrono nihil praestat. Sed ex edicto praetoris, seu testato libertus moriatur, ut aut nihil aut minus quam partem dimidiam bonorum patrono relinquat, contra tabulas testamenti partis dimidiae bonorum possessio illi datur, nisi libertus aliquem ex naturalibus liberis successorem sibi relinquat, sive intestato decedat, et uxorem forte in manu vel adoptivum filium relinquat, aeque partis mediae bonorum possessio contra suos heredes patrono datur.

2. In bonis libertae patrono nihil juris ex edicto datur; itaque *seu testari voluerit liberta, in patroni potestate erat, ne testamento auctor fieret, in quo ipse heres institutus non esset*[2], seu intestata moriatur liberta, semper ad eum hereditas perti-

---

1. Krueger; le ms.: 'intestati'; Huschke: 'si sit *scriptus* heres, intestati bonorum possessio sine re *est*, quoniam *scriptus* heres, etc'. — 2. Krueger; Pellat: '*seu cum testamento decedat, non aliter potuit id testamentum, facere quam patrono auctore*'; Huschke: '*seu testata decedat, id tantum juris patronus habet, quod ei testamento ipso tutore auctore, datum est*'!

net, licet liberi sint libertae, quoniam non sunt sui heredes matri, *ut* obstent patrono. 3. Lex Papia Pop*paea* postea libertas quattuor liberorum jure tutela patronorum liberavit; et cum intulerit jam posse eas sine auctoritate patronorum testari, prospexit, ut pro numero liberorum libertae su*per*stitum virilis pars patrono debeatur. 4. Liberi patroni virilis sexus eadem jura in bonis libertorum parentum suorum habent, quae et ipse patronus. 5. Feminae vero ex lege quidem duodecim tabularum perinde jus habent, atque masculi patronorum liberi; contra tabulas autem testamen*ti* liberti aut ab intestato contra suos heredes non naturales bonorum possessio eis non competit; sed si jus trium liberorum habuerunt, etiam haec jura ex lege Papia Pop*paea* nanciscuntur. 6. Patronae *in* bonis libertorum illud jus tantum habebant, quod lex duodecim tabularum introduxit; sed postea lex Papia patronae *ingenuae* duobus liberis honoratae, libertinae tribus, id juris dedit, quod patronus habet ex edicto. 7. Item ingen*uae* trium liberorum jure honoratae eadem lex id jus dedit, quod ipsi patrono tribuit.

[*DE INJURIIS*].

1. ¹*Injuria si quidem atrox (id est gravis) non est, non sine judicis arbitrio aestimatur. Atrocem autem aestimare solere praetorem : idque colligi ex facto, ut puta si verberatus vel vulneratus quis fuerit.*

1. ²*Actionum genera sunt duo, in rem, quae dicitur vindicatio, et in personam, quae condictio appellatur. 2. In rem actio est, per quam rem nostram, quae ab alio possidetur, petimus : et semper adversus eum est qui rem possidet. 3. In personam actio est, qua cum eo agimus, qui obligatus est nobis ad faciendum aliquid vel dandum : et semper adversus eundem locum habet. 4. Actionum autem quaedam ex contractu, quaedam ex facto, quaedam in factum sunt. 5. Ex contractu actio est, quotiens quis sui lucri causa cum aliquo contrahit, veluti emendo vendendo locando conducendo et ceteris similibus. 6. Ex facto actio est, quotiens ex eo teneri quis incipit, quod ipse admisit, veluti furtum vel injuriam commisit vel damnum dedit. 7. In factum actio dicitur, qualis est exempli gratia actio, quae datur patrono adversus libertum, a quo contra edictum praetoris in jus vocatus est. 8. Omnes autem actiones aut civiles dicuntur aut honorariae.*

1. = Coll., 2, 2. — 2. D., 44, 7, 25.

9. FRAGMENTS DES INSTITUTES D'ULPIEN.

Fragments des *Institutionum libri II* d'Ulpien, découverts à Vienne en 1835 par M. Endlicher, sur d'étroites bandes de papyrus provenant du découpage d'un ms. et employées à la reliure d'un autre ms.. Les débris fournissent : d'abord, en 3 morceaux consécutifs, la portion inférieure d'une feuille double contenant les huit dernières lignes de quatre pages du ms. ; ensuite la partie supérieure de l'une des moitiés de la feuille double qui, quoique ne contenant que la 1re ligne de son recto et de son verso, suffit à établir que le texte des feuilles conservées ne se suit pas et que par conséquent ces deux feuilles devaient être séparées par une autre feuille double au moins ; puis la marge supérieure d'une feuille quelconque du même cahier portant pour suscription au recto *lib. I* et au verso *Ulp. inst.*; et enfin, sur une sixième lanière de papyrus, une coupure de la marge supérieure d'une autre feuille sur laquelle se lisent seulement quelques lettres de la 1e ligne de chacune des deux pages. V. le fac-similé dans Krueger, *Kritische Versuche*, 1870. L'attribution de ces textes aux Institutes d'Ulpien est établie avec certitude non seulement par les suscriptions précitées, mais par le *Digeste*, 43, 26, 1, où se retrouve le début du 1er fragment sous la rubrique : *Ulpianus libro primo institutionum*. Il y a eu beaucoup plus de difficultés sur l'ordre de classement des fragments et sur la détermination générale du plan de l'ouvrage d'Ulpien. On trouvera un exposé complet de la question et une restitution de l'ouvrage dans Krueger, *Krit. Versuche*, pp. 140-172. V. aussi Huschke, *J. a.* pp. 617-620 et la restitution de Lenel, *Pal.*, 2, pp. 926-930. Nous donnons les fragments de Vienne dans l'ordre établi par Krueger, *loc. cit.* et admis par Huschke dans sa 3e éd., en indiquant entre parenthèses l'ordre antérieurement adopté par Huschke et encore suivi par Giraud. — Suivant l'usage, nous donnons à la suite de nos textes le passage de Boëce sur les Topiques dans lequel il cite plus ou moins textuellement les Institutes d'Ulpien sur les sources de la *manus*.

Fr. I (II ancien).

1. [1]*Precarium est, quod precibus petenti utendum conceditur tamdiu, quamdiu is qui concessit patitur. Quod genus liberalitatis ex jure gentium descendit. Et distat a donatione eo, quod qui donat sic dat, ne recipiat : at qui precario concedit, sic dat quasi tunc recepturus, cum sibi libuerit precarium solvere. Et est simile commodato : nam et qui commodat rem, sic commodat ut non faciat rem accipientis, sed ut ei uti re commodata permittat.*

2. Locatum quoque et conductum jus gentium induxit. Nam ex quo coepimus possessiones proprias et res habere, et locandi jus nancti sumus et conducendi res alienas ; et is,

---

[1]. Suppléé à l'aide de *D.*, 43, 26, 1.

qui conduxit, jure gentium tenetur ad mercedem exsolven-
dam.

Fr. II (III ancien).

1... *non eadem corpora* reddis, quae accepisti, sed aliam pecuniam ejusdem quantitatis. Mutuae autem dari possunt res non aliae quam quae pondere numero mensura continentur.

2. Depositi quoque utilitatem jus gentium prodidit, ut quis custodiendam rem suam animalem vel...

Fr. III (V ancien).

1... *comparatum* est interdictum velut cui ini*tium est*.....

Fr. IIII.

1. *Sunt et alia* quae*dam interdicta duplicia tam*[1] adipiscendae quam reciperandae possessionis, qualia sunt interdicta QUEM FUNDUM et QUAM HEREDITATEM. Nam si fundum vel hereditatem ab aliquo peta*m* nec lis defenda*tur*, cogitur ad me transferre possessionem, sive numquam possedi sive an*te* possedi, deinde amisi possessionem.

Fr. V (I ancien).

1... *Restitutoria et exhibitoria interdicta aut per formulam*[2] arbitrariam explicantur aut per sponsionem, prohibitoria vero *semper* per sponsionem explicantur : restitutorio vel exhibitorio interdicto reddito si quidem arbitrum postulaverit is cum quo agitur, formulam ac*cipit* arbitrariam, per quam arbiter *nisi arbitratu suo restituatur vel exhibeatur, quanti ea res est condemnare jubetur*[3].

---

1. Restitué à l'aide de *D.*, 43, 1, 2, 3, *in fine*. — 2. Cf. Gaius, 4, 141. — 3. Cf. Gaius, 4, 162. 163.

1¹. Tribus enim modis uxor habebatur, usu farreo coemptione. Sed confarreatio solis pontificibus conveniebat. Quae autem in manum per coemptionem convenerant, eae matresfamilias vocabantur, quae vero usu vel farreo minime. Coemptio vero certis sollemnitatibus peragebatur, et sese in coemendo invicem interrogabant : vir ita, an mulier sibi materfamilias esse vellet ? illa respondebat velle. Item mulier interrogabat, an vir sibi paterfamilias esse vellet ? ille respondebat velle. Itaque mulier viri conveniebat in manum, et vocabantur hae nuptiae per coemptionem, et erat mulier materfamilias, viro loco filiae. Quam sollemnitatem in suis Institutis Ulpianus exposuit.

10. FRAGMENTS D'ULPIEN, AD EDICTUM.

Nous reproduisons ci-dessous deux citations des *Libri ad edictum* d'Ulpien faites l'une dans des fragments de l'écrivain ecclésiastique Pacatus publiés par Dom Pitra, *Spicilegium Solesmense*, et l'autre dans le grammairien Priscien : cf. sur la première Boecking *Ulpiani fragmenta*, 4ᵉ éd., 1855, pp. 177-179, et sur la seconde Krueger, *Gesch. d. Q.* p. 253, n. 63. Il faudrait naturellement y ajouter le fragment de Berlin *de judiciis* si l'on admettait comme certaine son attribution au même ouvrage du même auteur. Nous avons jugé inutile de reproduire un autre passage de Priscien, 10, 2, 13, où l'autorité d'Ulpien *ad Sabinum* se trouve invoquée par suite d'une confusion et les mots isolés du *de officio proconsulis* signalés par Rudorff, *Abh.* de Berlin, 1865, p. 233 et ss. dans le glossaire latin-grec attribué à Philoxène : v. ces derniers dans Lenel, *Pal.*, 2, p. 991, n. 3.

1². Ulpianus libro ad edictum sexto qui pro aliis ne postulent titulo sexto sic refert : Invenimus apud veteres mulieris appellatione etiam virgines contineri.

2³. Ulpianus in libro XLVI ad edictum : Si quis proximior cognatus nasceretur⁴.

11. FRAGMENT DE BERLIN, DE JUDICIIS.

(Ulpien, *ad edictum lib.* 16 ?)

Fragment mutilé d'une feuille de parchemin écrite sur deux colonnes en caractères qui ne doivent pas être antérieurs au VIᵉ siècle, expédié d'Égypte à Berlin, en 1877, en même temps que le fragment de Berlin de Papinien (p. 292) et publié et commenté en 1ᵉʳ lieu par M. Mommsen, dans les *Sitzungsberichte* de Berlin, 1879, pp. 502-518,

---

1. Citation des Institutes d'Ulpien faite par Boëce, *in Topica*, 3, 4. — 2. *Spicilegium Solesmense*, éd. Pitra, 1, 1852, p. 284. — 3. Priscien, 3, 4, 21 = D., 38, 8, 1, 8. — 4. D.: 'nasci speretur'.

puis par MM. Huschke, *Die jüngst aufgefundenen Bruchstücke*, 1880, pp. 3-26.54; *J. a.* pp. 623-624; Krueger, *Zsavsl.*, 1, 1880, pp. 93-99; Alibrandi, *Studi e doc.*, 1, 1880, pp. 169-183. 2, 1881, pp. 61-70; Cohn, *Zsavst.* 2, 1881, pp. 90-111; Brinz, *Sitzungsberichte* de Munich, 1884, pp. 542 et ss.; Karlowa. *R.R.G.*, 1, pp. 765-768. Il n'a pas encore été publié en France. Son passage le plus important, relatif à une loi qui enjoignait au préteur de statuer et de délivrer des actions relativement aux biens de certains individus comme s'ils n'avaient pas été *dediticiorum numero facti*, est rapporté par MM. Huschke, Krueger, Alibrandi, Cohn et Brinz, aux affranchis deditices; au contraire, MM. Krueger et Karlowa, pensent qu'il ne peut s'y agir d'individus qui, comme ceux-là, seraient esclaves s'ils n'avaient pas été *dediticiorum numero facti*, et M. Mommsen a, dès le principe émis la conjecture maintenue *Droit public*, VI, 1, p. 157, n. 2, qu'il doit être rapporté soit aux *exules*, soit aux déportés. Quant à l'ouvrage dont nos textes sont tirés, le principal indice à ce sujet est fourni par la souscription: *De judiciis, lib. II*, mise à la suite du dernier fragment qui indique sans doute la fin d'un livre. M. Mommsen y voit le titre d'un ouvrage consacré aux *judicia* de la procédure ordinaire par opposition aux *cognitiones* de la procédure extraordinaire, M. Karlowa celui d'un traité général des actions; MM. Huschke, Krueger, Alibrandi pensent au contraire que cette rubrique se rapporte à la *pars de judiciis* de l'édit et que nos textes viennent donc de cette section d'un des commentaires de l'édit, par exemple des *libri ad edictum* d'Ulpien, publiés au moins pour cette partie sous Caracalla (212-217) et dans lesquels il faudrait alors les placer non pas, avec M. Huschke, au livre 14, ou, avec M. Alibrandi, au livre 15, mais, avec M. Lenel, *Ed.* p, 25, n. 5, et *Pal.*, 2, p. 510, n. 2, au livre 16.

1. ..... *Quiritium*..... qui..... anos..... *ex jure Quiritium nostrum*..... egeretur..... os Latinos..... are recte *ex jure* Quiritium pe*tet*.

2. ..... rum esset. Sed cum lege de bonis rebusque eorum hominum ita jus dicere judicium reddere praetor jubeatur, ut ea fiant, quae futura forent, si dediticiorum numero facti non essent, videamus, ne verius sit, quod quidam senserunt, et de universis bonis et de singulis *rebus*.....

3. ..... est an..... restituendo, deinde *ex* abundanti praecepit praetoribus, uti e. nom... redderent.....

12. FRAGMENTS DE JURE FISCI.

Fragments juridiques écrits sur deux feuilles de parchemin qui ont été découvertes à Vérone en même temps que les Institutes de Gaïus et qui ont probablement servi de couverture à la copie des œuvres de St. Jérome écrite par dessus le texte de Gaïus. Les deux feuilles sont écrites sur quatre colonnes, en une écriture semi-onciale du Ve ou du VIe siècle. Elles ont subi dans leur partie supérieure une coupure qui a mutilé le texte de deux ou trois lignes au haut de chaque colonne; quoique il semble naturel que les deux feuilles aient dû former une feuille double au moment où elles furent prises pour servir de couverture au ms. de Vérone, elles n'en portent pas de trace matérielle, et le sens ne prouve pas non plus qu'elles se soient suivies immédiatement ; on ne sait pas davantage laquelle des deux précédait l'autre. Le texte paraît, d'après la langue, appartenir à la fin du IIe siècle ou au commencement du IIIe, en exceptant à cause du paragraphe 3 qui reconnaît sur les *caduca* le *jus patrum*, le court espace qui s'écoula de sa suppression par Caracalla à son rétablissement par Macrin (Ulp., 17, 2 ; Dion, 78, 12 ; *Vita Macrini*, 13). Ils peuvent venir soit d'un ouvrage indépendant sur le *jus fisci*, soit de la portion relative à ce sujet d'un ouvrage général, tel que les Sentences de Paul auxquelles avait pensé à tort Lachmann (cf. § 9 rapproché de Paul, 1, 6ᵃ, 2) ou les *Regulæ* ou les *Opiniones* d'Ulpien pour lesquelles penche Huschke : cf. Huschke. *J. a.*, pp. 633-636; Karlowa, *R. R.G.*, 1, pp. 775-776; Krueger, *Gesch. d. Q.*, pp. 250-251. Le texte, qui, par suite de l'état des feuillets lors de leur découverte, n'avait d'abord été déchiffré qu'imparfaitement, a été revu d'une manière plus exacte et plus complète par M. Krueger qui en a publié un *apographum* à la fin de l'éd. intitulée : *Fragmentum de jure fisci*, ed. P. Krueger, 1868. C'est sur cette éd. que se basent principalement celles données par Krueger lui-même *Collectio.*, 2, pp. 163-165 et Huschke, *J. a.*, pp. 637-643.

Feuille 1.

.. n...t capere poss..

1. Heredi ejus, qui cape*re* non poterat, deferendi potestas concessa *non* est, nisi *si* ostendi possit, ejus vo*luntatis* decessisse de*functum*, ut deferre se *vellet*.

2. Antequam quis ab alio deferatur, ipse se deferre debet: alias sero ad auxilium delationis confugit. Quod si per errorem se detulerit, nihil ei officit inconsiderata diligentia.

3. Jus patrum non minuitur, si se is deferat, qui solidum id, quod relictum est, capere non potest. Sane si post diem centesimum patres caducum vindicent, omnino fisco locus non est.

4. Si se is deferat, cui taci*tum*..... (Manquent 3 lignes environ).

4ᵃ...consid .... ceterum ..... tam personam...... gu..... ejus rei....... *min*ister vero f*raudis quadru*plum... nomen sequi fis...... tet.

5. Bona e*orum*, qui cum fisco contrahunt, *lege* vacuaria[1] velut *pig*noris jure fisco o*bli*gantur, non solum ea qu*ae* habent, sed *et* ea, quae postea habituri sunt.

6. Edicto divi Trajani cave*tur*, ne qui provincialium *cum* servis fiscalibus contrah*ant* nisi adsignante procuratore : quod factum dupli damno vel reliquorum exsolutione pensa-

---

1. Huschke; Boecking : 'lege vicesimaria'.

tur. Et ideo qui cum... (Manquent 3 lignes environ). ... um..'...
cus ido......... contra amo.que ...... sa. m....... o con-
trax..... i non in cu...... u. *tamen* eo*rum*..... vere cogitur na..... causa (?) tu ad eum lo... io pervenit hereditas (?).

6ª. Se*rvi* (?) Caesaris ab ad*mini*strative rerum *s*uarum
itemque communium rerum commercio non prohibentur:
adeo et stipulari ab his et emere donatumv*e* accipere possumus, nisi cum in fraudem portionis Caesaris fiat.

7. *Q*ui mutuam pecuniam contra interdictum dispensatori vicariove ejus crediderit... (Manquent 2 lignes environ). ... in
poenam..... enitur, quia quod c*r*edidit non amisit.

8. Qui *contra* edictum divi Augus*ti r*em litigiosam a *non*
*po*ssi*d*ente comparavit, praeterquam *quod* emptio nullius
momenti est, poenam quinquaginta sestertiorum fisco repraе-
sentare compellitur. Res autem litigiosa videtur, de qua lis
apud suum judicem delata est. Sed hoc in provincialibus fundis prava usurpatione optinuit.

9. Absentes fugitivos venum dari aut comparari amplissimus ordo prohibuit denuntiata in emptorem venditoremque
poena sestertiorum quinquaginta, quae hodie fisco vindic*atur*.

FEUILLE 2.

10....., excepto castrensi peculio bona sua conferre debebunt.

11. Caesare a liberto suo *ex asse* herede instituto, *filia*
jure ad semisse*m vocatur*; cum extraneis vero instituto, filia
ex semiss*e* extraneis, non et*iam* Caesari adcrescit. Quod si plus
semisse Caesar accepit, in id quod plus est etiam Caesari
adcrescit.

12. Libertae Caesaris tam manumissione quam beneficio
conjunctionis effectae si testatae decedant, dimidium, si intestatae, *t*otum fisco vindicatur. Sane patris et patroni igno-
rantis jus non minuitur.

13. Ancilla Caesaris quae quinque liberos habuerit, in nu...
....(Manquent 3 lignes environ). n... caes...... orem ..... milibus s...... edan... um... na..... dicantur.... causa fisco
ae... p... non possunt n... en... vato contra*ctu* n... inter
se fisco stipulantur.

14. E*orum* bonorum, *quae* a*d* fiscum pertinere dicuntur,
si controversia moveatur, an*te sententi*am nec obsigna*ri* nec
describi aut incorporari possunt. Idem servat*ur* et cum a sententia provocatio interponitur.

15. Pro his bonis quae fiscus inquietat, manus opponere nemo quidem prohib*etur*...... (Manquent 3 lignes environ)........ *tur*...... es....... *Caesariani* (?)... pellunt........

16. *Advocati fisci etiam post depositum* officium con*tra* fiscum, a quo sa*larium* acceperunt, nisi in sua *parentum* filiorum *pupillorum*ve suorum causa, liberto*rum* etiam, adesse *prohibentur*, et si adfu*erint*, *infamia* plectuntur. Sane hoc princi*pali* bene*ficio* impetrare non prohibentur.

17. Fisci advocati, quibus ad tempus officium mandatum est, quia salarium non accipiunt, contra fiscum adesse non prohibentur.

18. Capite legis censoriae cavetur, ut non tantum, cum quid... (Manque 1 ligne ou deux au plus) .... praestatur, cujus rei omissa professio commisso *intra* quinquennium locum *facit*.

18. Earum rerum *nomine* quae per fraudem *fisco* ablatae sunt vel professioni subtractae, quadruplum fisco de*p*enditur, alias duplum.

19. A debitore fisci in fraudem datas libertates retrahi placuit. Sane ipsum ita emere, ut manumittat, aut fideicommissam libertatem praes*tare* non est prohibitum.

20. Ab eo, qui reus criminis postulatus adversam sententiam meruit, tempore reatus quocum*que* modo alienata a fisco cum quadruplis fructibus revocantur.

21. Fidejussorem ejus, qui cum dispensatore contraxit, ip...

13. Tableau des degrés de cognation.

Petit exposé du système des degrés de cognation placé en tête de presque tous les mss. de la *Notitia dignitatum*, qui a été publié en premier lieu par Boecking et que sa comparaison avec d'autres dissertations de même nature contenues dans le *Digeste* et ailleurs (Paul, 4, 11. *D.*, 38, 10, 1. *Inst.*, 3, 6) permet de supposer avoir été extrait des œuvres d'un jurisconsulte classique, de celles d'Ulpien, conjecture Huschke. Pour l'établissement critique du texte cf. Krueger, *Collectio.*, 2, pp. 166-167.

DE GRADIBUS.

1. Gradus cognationum appellantur ab eo, quod personae cognatorum aliae proximiore, aliae longiore gradu sunt et ob id quasi gradatim altera alteram antecedit. 2. Omnes personae cognatorum aut supra numerantur aut infra aut ex transverso sive a latere. Supra numerantur parentes, infra

www.ingramcontent.com/pod-product-compliance
Lightning Source LLC
Chambersburg PA
CBHW051833230426
43671CB00008B/941